CURSO
DE PROCESSO DE EXECUÇÃO

FERNANDO AMÂNCIO FERREIRA
Juiz Conselheiro Jubilado do Supremo Tribunal de Justiça

CURSO DE PROCESSO DE EXECUÇÃO

13.ª EDIÇÃO

ALMEDINA

CURSO DE PROCESSO DE EXECUÇÃO

AUTOR
FERNANDO AMÂNCIO FERREIRA

EDITOR
EDIÇÕES ALMEDINA, SA
Av. Fernão Magalhães, n.º 584, 5.º Andar
3000-174 Coimbra
Tel.: 239 851 904
Fax: 239 851 901
www.almedina.net
editora@almedina.net

DESIGN DE CAPA
FBA.

PRÉ-IMPRESSÃO
G.C. – GRÁFICA DE COIMBRA, LDA.
producao@graficadecoimbra.pt

IMPRESSÃO E ACABAMENTO
PERES-SOCTIP, S.A.

DEPÓSITO LEGAL
319518/10

Biblioteca Nacional de Portugal – Catalogação na Publicação

FERREIRA, Fernando Amâncio

Curso de processo de execução. – 13ª ed. - (Manuais
universitários)
ISBN 978-972-40- 4388-3

CDU 347
378

Aos meus antigos alunos do
Curso de Direito da Universidade Independente

PREFÁCIO DA 13.ª EDIÇÃO

Fizemos entrar no prelo uma nova edição, apesar dos meios de comunicação social darem conta que o Governo prepara uma nova reforma da acção executiva, agora não visando a sua desjudicialização, como as anteriores de 2003 e 2008, mas diversamente a sua judicialização, tendo em conta, entre outras razões, a pendência de 1,2 milhões de execuções e de 8 000 processos disciplinares contra solicitadores de execução. Haverá no futuro maior intervenção dos juízes de execução, que recuperarão o poder de destituir o agente de execução, enquanto os oficias de justiça passarão a desempenhar as funções de agentes de execução nas acções executivas até ao montante de 10 mil euros, incluindo laborais, desde que os créditos não resultem de uma actividade profissional autónoma. Deslocar-se-ão assim para os tribunais cerca de 500 mil processos, afastando deles os advogados e os solicitadores que até então exerciam as funções de agentes de execução. Tal transferência implicará a criação de secretarias exclusivamente de execução e a entrada em serviço de várias centenas de novos oficias de justiça. Se se avançar com esta transferência sem o quadro de oficias de justiça se encontrar devidamente preenchido (o que parece ser difícil em período de congelamento de admissões de novos funcionários públicos), o caos será ainda mais elevado do que o existente na actualidade no que toca à movimentação das acções executivas. Esperemos que desta vez o bom senso triunfe.

Na presente edição, na linha das anteriores, incorporaram-se novos elementos doutrinários e jurisprudenciais e a recente produção normativa. Quanto a esta, destacamos pela sua relevância: o Tratado de Lisboa, que deu nova redacção a diversos artigos do Tratado da União Europeia e do Tratado que instituiu a Comunidade Europeia, que passou a denominar-se Tratado sobre o Funcionamento da União Europeia; e as Portarias n.os 195-A/2010, de 8 de Abril, e 471/2010, de

8 de Julho, que modificaram a Portaria n.º 114/2008, de 6 de Fevereiro, reguladora da tramitação electrónica dos processos judiciais.

Faz-se também referência nesta edição ao Regulamento (CE) n.º 4//2009, do Conselho, de 18 de Dezembro de 2008, na parte respeitante ao reconhecimento e execução das decisões em matéria de obrigações alimentares.

Lisboa, Outubro de 2010

AMÂNCIO FERREIRA

SIGLAS UTILIZADAS

AD — Acórdãos Doutrinais do Supremo Tribunal Administrativo
BMJ — Boletim do Ministério da Justiça
BNI — Balcão Nacional de Injunções
CC — Código Civil
CCom — Código Comercial
CDADC — Código do Direito de Autor e dos Direitos Conexos
CGD — Caixa Geral de Depósitos
CIMI — Código do Imposto Municipal sobre Imóveis
CIMT — Código do Imposto Municipal sobre as Transmissões Onerosas de Imóveis
CIRC — Código do Imposto sobre os Rendimentos das Pessoas Colectivas
CIRE — Código da Insolvência e da Recuperação de Empresas
CIRS — Código do Imposto sobre os Rendimentos das Pessoas Singulares
CIS — Código do Imposto do Selo
CIVA — Código do Imposto sobre o Valor Acrescentado
CJ — Colectânea de Jurisprudência
CN — Código do Notariado
CP — Código Penal
CPC — Código de Processo Civil
CPC39 — Código de Processo Civil de 1939
CPC61 — Código de Processo Civil de 1961
CPI — Código da Propriedade Industrial
CPPT — Código de Procedimento e de Processo Tributário
CPT — Código de Processo do Trabalho
CPTA — Código de Processo nos Tribunais Administrativos
CRC — Código do Registo Civil
CRCom — Código do Registo Comercial
CRP — Constituição da República Portuguesa
CRPredial — Código do Registo Predial
CSC — Código das Sociedades Comerciais
CT — Código do Trabalho
CVM — Código dos Valores Mobiliários
DGAJ — Direcção-Geral da Administração da Justiça

DR — Diário da República
DUC — Documento único de cobrança
ECS — Estatuto da Câmara dos Solicitadores
ETAF — Estatuto dos Tribunais Administrativos e Fiscais
IGCP — Instituto de Gestão do Crédito Público
IGFIJ — Instituto de Gestão Financeira e das Infra-Estruturas da Justiça, I.P.
IGFSS — Instituto de Gestão Financeira da Segurança Social
IMI — Imposto Municipal sobre Imóveis
IMT — Imposto Municipal sobre as Transmissões Onerosas de Imóveis
IRC — Imposto sobre o Rendimento das Pessoas Colectivas
IRN — Instituto dos Registos e do Notariado, I.P.
IRS — Imposto sobre o Rendimento das Pessoas Singulares
ISS — Instituto da Segurança Social
LADT — Lei de Acesso ao Direito e aos Tribunais
LAV — Lei da Arbitragem Voluntária
LEC — Ley de Enjuiciamiento Civil (Espanha)
LOFTJ — Lei de Organização e Funcionamento dos Tribunais Judiciais
LUC — Lei Uniforme sobre cheques
LULL — Lei Uniforme sobre letras e livranças
NCPC — Nouveau Code de Procédure Civile (França)
NRAU — Novo Regime do Arrendamento Urbano
OTM — Organização Tutelar de Menores
PGR — Procuradoria-Geral da República
RAU — Regime do Arrendamento Urbano
RC — Relação de Coimbra
RCP — Regulamento das Custas Processuais
RE — Relação de Évora
RG — Relação de Guimarães
RJPI — Regime Jurídico do Processo de Inventário
RL — Relação de Lisboa
RLJ — Revista de Legislação e de Jurisprudência
RLOFTJ — Regulamento da Lei de Organização e Funcionamento dos Tribunais Judiciais
ROA — Revista da Ordem dos Advogados
RP — Relação do Porto
RPC95-96 — Reforma do Processo Civil de 1995 e 1996
RPC2003 — Reforma de Processo Civil de 2003
RPC2007 — Reforma de Processo Civil de 2007
RPCOP — Regime dos procedimentos destinados a exigir o cumprimento de obrigações pecuniárias emergentes de contratos de valor não superior a € 15 000

STA	— Supremo Tribunal Administrativo
STJ	— Supremo Tribunal de Justiça
TC	— Tribunal Constitucional
TFUE	— Tratado sobre o Funcionamento da União Europeia
TJCE	— Tribunal de Justiça das Comunidades Europeias
TJUE	— Tribunal de Justiça da União Europeia
UC	— Unidade de conta
UE	— União Europeia
ZPO	— Zivilprozessordnung (Alemanha)

PARTE I

ELEMENTOS DA ACÇÃO EXECUTIVA

TÍTULO I

NOÇÕES GERAIS

1. PROCESSO DE DECLARAÇÃO E PROCESSO DE EXECUÇÃO. NOÇÃO DE ACÇÃO EXECUTIVA.

Diz-se no art. 817.º do CC que, "não sendo a obrigação voluntariamente cumprida, tem o credor o direito de exigir judicialmente o seu cumprimento e de executar o património do devedor, nos termos declarados neste código e nas leis de processo".

Tem, assim, o credor à sua disposição, para a hipótese de a obrigação não ser voluntariamente cumprida, duas acções: a de cumprimento e a de execução. Através da primeira, o credor logra o reconhecimento de um direito a uma prestação e a intimação do devedor para que cumpra; através da segunda, perante a proibição da auto-defesa e a não satisfação efectiva do seu direito, o credor obtém a realização coactiva da prestação não cumprida.

Como resulta da disposição transcrita, são as leis de processo que disciplinam a tramitação dos dois tipos de acção, correspondendo à de *cumprimento* o processo de declaração, regulado nos arts. 467.º a 796.º[1], e à de *execução* o processo de execução, contido nos arts. 801.º a 942.º.

Diz-se na doutrina[2] que a distinção entre o processo declaratório e o processo executivo corresponde à diferença entre o *declarar* e o *executar*, entre o *dizer* e o *fazer*.

---

[1] Sempre que se cite uma disposição legal sem menção do diploma, entende-se que ela pertence ao Código de Processo Civil vigente.

[2] Cf., entre outros: Manuel de Andrade, "Noções Elementares de Processo Civil", 1976, pp. 56 e segs.; Antunes Varela, J. Miguel Beleza e Sampaio e Nora, "Manual de Processo Civil", 2.ª edição, 1985, pp. 73 e segs; Crisanto Mandrioli, "Corso di Diritto Processuale Civile", 11.ª edição, 1997, vol. I, pp. 25 e seg. e vol. III, pp. 11 e seg; Andrea Lugo, "Manuale de Diritto Processuale Civile", 12.ª edição, 1996, pp. 8 e segs. e 313; Valentín Cortés Domínguez, Vicente Gimeno Sendra e Victor Moreno Catena, "Derecho Procesal Civil", 2.ª edição, 1997, pp. 407 e seg.; Salvatore Satta e Carmine Punzi, "Diritto Processuale Civile" 12.ª edição, pp. 685 e 688 e seg.; e José Becerra Bautista, "El Proceso Civil en México", 1999, pp. 333 e seg.

Utiliza-se o processo declaratório para se obter o reconhecimento de um direito real ou de um direito de crédito e a condenação do réu a realizar certa prestação, por violação do dever jurídico correspondente. Utiliza-se o processo executivo quando, uma vez proferida sentença condenatória, se impõe proceder à sua efectivação, extraindo coactivamente ao devedor a respectiva prestação ou um seu equivalente patrimonial.

Para dirimir os conflitos de interesses públicos e privados, a actividade jurisdicional não só é solicitada, na fase declarativa, para a verificação da existência do direito, com aplicação da regra jurídica respectiva ao caso concreto, como também, na fase executiva, para a actuação prática do comando contido na sentença, através do emprego efectivo ou potencial da força por parte do ordenamento.

Para impedir que a sentença se transforme numa mera declaração de intenções, o princípio da tutela judicial efectiva impõe a intervenção dos órgãos jurisdicionais após a resolução do conflito, a fim de ser dado adequado cumprimento ao decidido na sentença.

A jurisdição implica a aplicação dos meios coactivos a fim de ser restabelecida a vigência da norma abstracta, violada ou desconhecida pela parte que tenha sido condenada em juízo.

Há assim uma estreita relação entre a função jurisdicional de declaração e a de execução, sendo esta o complemento natural daquela[3]. Donde se compreender que, no art.º 117.º, n.º 3, da Constituição espanhola, se disponha que o poder judicial se exercita "julgando e fazendo executar o julgado".

Sem a execução, a sentença condenatória não teria eficácia.

Como diziam os praxistas, seria como o sino sem o badalo ou o trovão sem a chuva (*sententia sine executione veluti campana sine pistillo aut tonitrus sine pluvia*)[4].

No âmbito do nosso quadro legal, a distinção entre o processo declaratório e o processo executivo apenas ocorre em relação às acções de condenação ou às acções de outro género em que haja uma sentença condenatória. Como exemplo das primeiras pense-se numa vulgar acção de dívida; como exemplo das segundas, atente-se numa acção de divórcio (acção constitutiva), com condenação de um dos ex-cônjuges a prestar alimentos ao outro (art. 470.º, n.º 2).

---

[3] Cf. Faustino Córdon Moreno, "El Proceso de Ejecución", 2002, p. 26.

[4] Cf. Gabriel José Rodrigues de Rezende Filho, "Curso de Direito Processual Civil", vol. III, 1960, p. 169.

Há casos em que ao processo declaratório não pode seguir-se o processo executivo, como há casos em que pode instaurar-se processo executivo sem precedência do processo declaratório.

Como exemplos dos primeiros podemos apontar: as acções de condenação julgadas improcedentes ou que terminem com a absolvição do réu da instância; as acções de simples apreciação ou as acções constitutivas em que a mudança na ordem jurídica requerida pelo autor se esgota com a sentença proferida[5]; e o cumprimento voluntário da sentença condenatória por parte do réu. Atente-se, no que concerne ao último exemplo, quando a sentença condena no pagamento de determinada quantia, na entrega de uma coisa ou na observância de uma conduta passiva, e o réu paga a importância, entrega o objecto ou se abstém de realizar o que deve omitir. Verifica-se o que alguns autores cognominam de *execução processual voluntária* [6].

Como exemplo dos segundos casos, aqueles em que o autor se encontra munido de um título executivo extrajudicial, ou seja, de um documento constitutivo ou certificativo de obrigações que a lei considera apto a servir de base ao processo executivo, com dispensa da fase cognitória do julgamento. Isto por ser possível "pedir e obter legitimamente tutela jurisdicional executiva sem haver pedido e obtido antes, no correspondente processo, tutela jurisdicional declarativa"[7].

O art. 4.º classifica as acções em duas categorias: declarativas e executivas. As primeiras, consoante o diferente objecto da pretensão, podem ainda ser de simples apreciação, de condenação ou constitutivas.

---

[5] Quanto a estas pode falar-se de uma *execução imprópria*, por na sequência da sua prolação se impor a publicidade da mudança ocorrida no estado ou situação jurídica, por vezes com comunicação das decisões judiciais ao registo civil, nos termos do art. 78.º do CRC (v.g., sentença de divócio ou de anulação do casamento). Contudo, esta actuação não representa mais que um complemento da sentença. Cf.: Valentín Cortés Domínguez e outros, ob. cit., p. 417; Faustino Cordón Moreno, ob. cit., pp. 29 e seg.; e Andrés de la Oliva Santos, Ignacio Díez-Picazo Giménez e Jaime Vegas Torres, "Derecho Procesal Civil — Ejecución Forzosa, Procesos Especiales, 2.ª edição, pp. 27 e seg.

Pertinentemente, diz-se, no art. 521. da LEC, que não se despachará execução nem das sentenças meramente declarativas nem das constitutivas, não obstante as últimas permitirem, desde que firmes, inscrições e modificações nos Registos públicos, isto sem prejuízo de serem igualmente passíveis de execução quando contenham também pronúncias de condenação.

[6] Assim, Leonardo Prieto Castro, "Derecho Procesal Civil (Manual)", 1954, p. 446.

[7] Andrés de la Oliva Santos e outros, ob. cit., p. 32.

Cabe neste curso apenas cuidar das acções executivas, que vêm definidas no n.º 3 do citado artigo como sendo "aquelas em que o autor requer as providências adequadas à reparação efectiva do direito violado".

Na definição de Eurico Lopes Cardoso[8], é executiva a acção que "tem por fim exigir o cumprimento duma obrigação estabelecida em título bastante, ou a substituição da prestação respectiva por um valor igual do património do devedor".

2. FUNDAMENTO DA EXECUÇÃO

O fundamento da execução reporta-se à questão de saber o que se actua através da execução, que direito se faz valer por meio do processo executivo.

No contexto da nossa actual realidade constitucional, esse fundamento alicerça-se no *direito de acesso aos tribunais* recebido no art. 20.º, n.º 1, da CRP, que se configura como um dos subprincípios concretizadores do princípio de Estado de direito democrático acolhido no art. 2.º da lei fundamental. No programa daquela norma, integra-se o direito de acção, por força do qual é garantido a todos o direito de recorrer aos tribunais para obter a protecção jurídica de direitos e interesses legítimos.

E tanto a doutrina[9] como a jurisprudência constitucionais[10] incluem no âmbito do acesso aos tribunais o *direito a um processo de execução*, ou seja, o direito a que, através do órgão jurisdicional, se efective a *sanção* contida na sentença condenatória proferida pelo tribunal ou que a lei considera integrada no título executivo negocial.

Algo semelhante, e a título de exemplo, ocorre em Itália onde, perante o art. 24.º da sua lei fundamental, se sustenta que o direito de acção e defesa aí previsto compreende também a tutela executiva. Refere-se que a norma constitucional tem um alcance mais vasto do

---

[8] "Manual da Acção Executiva", 3.ª edição, p. 22.

[9] Cf.: Gomes Canotilho e Vital Moreira, "Constituição da República Portuguesa Anotada", 4.ª edição, volume I, p. 415; e Jorge Miranda e Rui Medeiros, "Constituição Portuguesa Anotada", tomo I, 2005, pp. 190 e 203.

[10] Cf., por todos, os Acórdãos do TC n.ºs 473/94, de 28.06.94, e 271/95, de 30.05.95, publicados no DR, II Série, de 7.11.94 e 21.07.95, respectivamente.

que o seu elemento literal pode sugerir, uma vez que garante o direito a uma tutela judicial eficaz, manifestada por todas as formas necessárias à satisfação dos vários direitos, nomeadamente através dos processos de declaração e de execução[11].

Como fundamento da execução acolhem, consequentemente, os ordenamentos jurídico-constitucionais mencionados a doutrina processualista ou publicista, que baseia a execução num direito autónomo em face do direito material (o direito de acção executiva), nanja a doutrina civilista ou privatista, que funda a execução no próprio direito material, ou seja, no próprio direito de crédito[12].

A actividade dos tribunais consistente na implementação das providências de facto necessárias à efectiva reparação do direito violado do credor não resulta da delegação de poderes por parte deste, mas antes de poderes originários que integram a função jurisdicional, tal como se encontra caracterizada no art. 202.º, n.º 2, da CRP, na vertente respeitante à *justiça cível*, qual seja a que se reporta à resolução dos conflitos de interesses públicos e privados.

O direito de acção executiva tem a mesma natureza que o direito de acção declarativa, sendo como este um direito autónomo e independente do direito substancial.

Configura-se como um direito subjectivo público, por se dirigir contra o Estado, tendo por objecto a concessão da tutela jurisdicional de índole executiva, se bem que a actividade desenvolvida pelo Estado na sua implementação não se reconduza a um trabalho de apreciação e de decisão tão intenso como no processo de declaração; isto sem prejuízo deste tipo de trabalho se manifestar na resolução das frequentes impugnações e incidentes que surgem no decurso da acção executiva, onde também podem ocorrer actuações não jurisdicionais a cargo de agentes incumbidos da prática de mais ou menos actos de conteúdo estritamente material, como os secretários judiciais (Espanha), os executores judiciais (Alemanha), os oficiais de justiça (França) e os agentes de execução (Portugal)[13]. Contudo, o processo de execução não se reconduz a

---

[11] Cf. Francesco Luiso, "Diritto Processuale Civile, III — IL Processo Esecutivo", 1997, p. 7.

[12] Cf., para maior desenvolvimento destas doutrinas: Alberto dos Reis, "Processo de Execução", vol. I, pp. 2 e segs; e Pereira Coelho, "Processo Civil", 1957-1958, lições policopiadas, coligidas por Amâncio Ferreira, Fausto Morais e José Correia.

[13] Cf. Faustino Córdon Moreno, ob. cit., p. 29.

uma sucessão de actuações materiais, havendo nele lugar a uma actividade jurisdicional declarativa, no decurso da qual se examinam certos pressupostos especiais específicos, independentemente dos apreciados no processo declarativo prévio, quando o haja, e se viabiliza um debate sobre o direito subjectivo material para o qual se solicita a tutela jurisdicional executiva[14].

Acção e obrigação (entendendo-se esta como todo o direito a uma prestação provindo de um direito quer absoluto quer relativo) são para Chiovenda[15] "dois direitos subjectivos distintos, que somente *unidos* cobrem plenamente a vontade concreta da lei". E acrescenta que "a acção não é a mesma coisa que a obrigação, não é o meio para actuar a obrigação, não é a obrigação na sua tendência para a actuação nem um efeito da obrigação, nem é *um elemento*, nem *uma função* do direito de obrigação, senão um direito distinto e autónomo, que nasce e pode extinguir-se independentemente da obrigação (a acção de condenação extingue-se com a pronúncia da sentença definitiva, se bem que a obrigação continue vivendo), que tende a um efeito jurídico e não à prestação".

Basta ao credor estar munido do título executivo para poder exercitar a acção executiva. E pode acontecer que exista o título executivo e não exista o direito material, hipótese mais susceptível de ocorrer quando o título respeita a um acto negocial ou extrajudicial (o título pode ser falso, o acto jurídico que dele consta pode estar viciado por incapacidade, erro, dolo ou coacção).

Mesmo que se trate de título executivo judicial pode o certificado neste não coincidir com a existência do direito de crédito. Pense-se na sentença condenatória não transitada em julgado de que se interpôs recurso com efeito meramente devolutivo (art. 47.º, n.º 1) e que mais tarde é modificada ou revogada pelo tribunal superior.

Atente-se ainda que posteriormente à formação do título executivo (judicial ou extrajudicial) a realidade jurídica pode alterar-se por virtude duma circunstância superveniente, como o cumprimento da prestação[16].

---

[14] Cf. Andrés de la Oliva Santos e outros, ob. cit., pp. 19 e seg.

[15] Giuseppe Chiovenda, "Instituciones de Derecho Procesal Civil (Istituzioni de Diritto Processuale Civile)", 2.ª edição, 1948, Tomo I, p. 25.

[16] Cf. Mandrioli, ob. cit., vol. I, p. 75.

Pondere-se nos casos extremos das sentenças transitadas em julgado que venham a ser revogadas em consequência da interposição dos recursos extraordinários para uniformização de jurisprudência (arts. 763.º a 770.º) e de revisão (arts. 771.º a 777.º).

Do exposto se pode concluir que o título executivo não garante em absoluto a existência do crédito. Mas como a posse do título é requisito suficiente ao exercício da acção executiva conclui-se que o direito de acção executiva é autónomo e independente do direito substancial.

TÍTULO II

O TÍTULO EXECUTIVO

3. NOÇÃO E ESPÉCIES DE TÍTULOS EXECUTIVOS

Toda a execução tem por base um título, pelo qual se determinam o fim e os limites da acção executiva, diz-nos o n.º 1 do art. 45.º.

É o denominado *título executivo*, peça necessária e suficiente à instauração da acção executiva ou, dito de outra forma, pressuposto ou condição geral de qualquer execução: *Nulla exsecutio sine titulo*[17].

Podemos defini-lo, na esteira de Manuel de Andrade[18], como o documento de acto constitutivo ou certificativo de obrigações, a que a lei reconhece a eficácia de servir de base ao processo executivo ou, então, como Mandrioli[19], como um acto de verificação *(accertamento)* contido num documento que, no seu complexo, constitui a condição necessária e suficiente para proceder à execução forçada.

"À execução, determina o art. 46.º, n.º 1, *apenas* podem servir de base:

a) As sentenças condenatórias;
b) Os documentos exarados ou autenticados por notário ou serviço com competência para a prática de actos de registo que importem constituição ou reconhecimento de qualquer obrigação;
c) Os documentos particulares, assinados pelo devedor, que importem constituição ou reconhecimento de obrigações pecuniárias, cujo montante seja determinado ou determinável por simples cálculo aritmético de acordo com as cláusulas dele constantes, ou de obrigação de entrega de coisa ou de prestação de facto;
d) Os documentos a que, por disposição especial, seja atribuída força executiva".

---

[17] Cf. Chiovenda, ob. cit., p. 317.

[18] Ob. cit., p. 58.

[19] Ob. cit., vol. III, p. 23.

A enumeração dos títulos executivos é taxativa, como resulta da introdução do advérbio *apenas* no proémio do preceito citado, que não constava do texto do CPC39.

Daí não serem válidas as convenções negociais pelas quais as partes conferem força executiva a outros documentos. Mas não se considera como excluída a validade das cláusulas pelas quais os particulares privam de força executiva os títulos negociais constantes da enumeração legal[20].

Qualquer outro título que não venha incluído na referida prescrição poderá ser utilizado como documento num processo de declaração, mas não terá a virtualidade de ser gerador de uma acção executiva.

Da análise do art. 46.º, n.º 1, verifica-se que ao lado das sentenças condenatórias, que constituem os *títulos judiciais*, perfila-se uma lista de outros documentos, os denominados *títulos extrajudiciais*, susceptíveis de servirem de base à execução.

Isto, por a declaração que serve de pressuposto ao processo de execução, ser não só uma declaração jurisdicional contida numa sentença, mas também uma declaração proveniente do devedor, quando ela reveste determinada forma. Em certos casos, a lei atribui um particular valor ao documento, permitindo ao credor solicitar ao juiz a tutela executiva, sem necessidade de uma declaração judicial prévia, tornada inútil por tal documento[21].

A RPC95-96, vasada nos DLs n.ºs 329-A/95, de 12 de Dezembro, e 180/96, de 25 de Setembro, à semelhança do que ocorrera em França com a reforma do direito das vias de execução em 1991 e 1992, através da Lei n.º 91-650, de 9 de Julho de 1991, e do Decreto n.º 92-755, de 31 de Julho de 1992, revalorizou o título executivo, aumentando os casos em que os credores se vêem dispensados de recorrer ao processo de declaração a fim de obterem a reparação efectiva dos seus direitos[22].

Os títulos enunciados, face ao disposto no art. 88.º do CPT, servem igualmente de base à execução no foro laboral. Dentre as decisões

---

[20] Pronunciam-se contra a possibilidade de os particulares retirarem força a um documento que a lei qualifica como título executivo, Teixeira de Sousa, "Acção Executiva Singular", 1998, pp. 67 e seg. e Lebre de Freitas, João Redinha e Rui Pinto, "Código de Processo Civil Anotado" , vol 1.º, 1999, p. 90.

[21] Cf. Bautista, ob. cit., p. 309.

[22] Cf.: Marc Donnier, "Voies d'Exécution et Procédures de Distribution", 4.ª edição, 1996, p. 12; e Roger Perrot e Philippe Théry, "Procédures Civiles d' Exécution", 2000, pp. 164 e seg.

são de destacar as proferidas nos processos de suspensão de despedimento (art. 39.º, n.º 2, do CPT). Constituem, todavia, títulos executivos específicos do foro laboral os autos de conciliação quando obtidos em audiência, por não carecerem neste caso de homologação judicial para produzirem efeitos de caso julgado [arts. 51.º, 52.º, 53.º e 88.º, b), do CPT].

Vejamos, de seguida, como os diversos títulos executivos (judiciais e extrajudiciais) suportam a execução, no foro cível.

A) *Títulos executivos judiciais*

Nos títulos executivos judiciais incluem-se as sentenças condenatórias (proferidas pelos tribunais estaduais), os despachos condenatórios, as decisões arbitrais e as sentenças proferidas por tribunais estrangeiros.

1) *Sentenças condenatórias*

Apenas as sentenças *condenatórias,* nos termos da alínea a) do n.º 1 do art. 46.º, são exequíveis.

No preceito correspondente do CPC39 aludia-se a "sentenças de condenação".

Pretendeu-se com a alteração esclarecer que a exequibilidade não se reporta somente às sentenças proferidas nas acções de condenação a que se refere a alínea b) do n.º 2 do art. 4.º, mas igualmente às sentenças exaradas nas acções de simples apreciação ou nas acções constitutivas da previsão das alíneas a) e c) dos mesmos número e artigo, na parte em que contenham um segmento condenatório, como ocorre no que concerne a custas e a multa ou indemnização por litigância de má fé[23] [24].

E o mesmo ocorre com as custas de parte, independentemente do tipo de acção em que se constate a falta de pagamento da nota discrimi-

---

[23] Cf. Acórdão do STJ de 27.05.99, BMJ, 487, p 263.

[24] Assim, como refere Girolamo Monteleone, ("Compendio di Diritto Processuale Civile", 2001, p. 391), "qualquer sentença contendo estatuições, implícitas oi explícitas, susceptíveis de serem actuadas mediante qualquer dos procedimentos executivos previstos na lei tem a qualidade de título executivo".

nativa e justificativa remetida à parte responsável pela parte que tenha direito a ser compensada dessas custas (arts. 447.º-D, n.os 1 e 3, do CPC e 25.º, n.º 1, e 26.º, n.os 1 e 2, do RCP)[25].

Aqui se incluem igualmente as sentenças homologatórias, quer as de transacção ou confissão do pedido (art. 300.º, n.º 3), quer as de partilha (art. 60.º, n.º 1, do RJPI), por serem, entre nós, também sentenças condenatórias, sem prejuízo dos actos das partes que lhes subjazem estarem sujeitos a um regime específico de impugnação, como negócios jurídicos que são[26].

Também suportam a execução, desde que condenatórias, as decisões dos juízes de paz, quer as proferidas na sequência de julgamento,

---

[25] Também as sentenças penais na parte em que condenam no pagamento de indemnização civil se configuram como títulos executivos.

Segundo o art. 84.º do CPP, a decisão penal que conheça do pedido civil "constitui caso julgado nos termos em que a lei atribui eficácia de caso julgado às sentenças civis".

Não obstante a responsabilidade civil e a responsabilidade criminal serem autónomas, a necessidade de evitar julgados contraditórios e razões de economia processual determinam que, no nosso ordenamento jurídico, sejam apreciadas no mesmo processo, em conformidade com o sistema de *adesão obrigatória da acção civil à acção penal*. É o que se encontra consagrado no art. 71.º do citado Código, onde se estabelece que "o pedido de indemnização civil fundado na prática de um crime é deduzido no processo penal respectivo, só o podendo ser em separado, perante o tribunal civil, nos casos previstos na lei". E estes constam do art. 72.º do mesmo diploma.

Refira-se ainda que no art. 377.º, n.º 1, também do CPP, se prevê a condenação em indemnização civil sempre que o pedido respectivo se venha a revelar fundado, mesmo que a sentença quanto à responsabilidade criminal seja absolutória.

No que concerne ao exercício da acção cível em matéria penal laboral, vigora o sistema *independente* ou *alternativo*, porquanto, como resulta do n.º 1 do art. 192.º do CPT, tanto o procedimento penal como o civil são adequados ao conhecimento da indemnização civil decorrente da infracção. Segundo o n.º 2 do mesmo preceito, o pedido só pode ser formulado em acção cível quando esta emerge de acidente de trabalho e de doença profissional, bem como de impugnação de despedimento colectivo.

Aquando da notificação do despacho que designa dia para julgamento, deve o ofendido, que não tenha proposto acção cível, ser também notificado para, querendo, deduzir no prazo de 10 dias, por simples requerimento e sem necessidade de patrocínio judiciário, pedido cível respeitante à obrigação cujo incumprimento constitui a infracção (n.os 3 e 4 ainda do art. 192.º).

[26] Cf., neste sentido: Lopes Cardoso, ob. cit., pp. 38 e seg.; Lebre de Freitas, "A Acção Executiva", 5.ª edição, pp. 49 e segs; e Teixeira de Sousa, ob. cit., pp. 74 e seg. Diversamente, Anselmo de Castro, "A Acção Executiva Singular, Comum e Especial", 3.ª edição, pp. 30 e seg., opina no sentido de considerar as sentenças homologatórias como títulos executivos parajudiciais, destacando os actos convencionais das partes que as determinam.

quer as que homologuem os acordos a que as partes tenham chegado (arts. 56.º, n.º 1, e 61.º da Lei n.º 78/2001, de 13 de Julho).

São ainda de considerar como decisões judiciais os autos de conciliação do foro laboral quando obtidos em audiência, visto neste caso não carecerem de homologação judicial (art. 52.º do CPT). Estes autos de conciliação constituem títulos executivos específicos do foro laboral [art. 88.º, alínea b), do CPT].

Vem-se pacificamente entendendo que a fórmula condenatória não precisa de ser explícita, bem podendo a necessidade de execução resultar do contexto da sentença[27].

Os requisitos de exequibilidade das sentenças constam do art. 47.º.

Da sua análise verifica-se que as sentenças só se configuram como título executivo após o trânsito em julgado, ou seja, desde que insusceptíveis de recurso ordinário ou de reclamação (cf. art. 677.º).

Só não será assim, se o recurso interposto contra a sentença tiver efeito meramente devolutivo, como hoje é a regra[28]. Neste caso, é possível executar provisoriamente a decisão recorrida na pendência do recurso[29]. Se tal ocorrer, a execução extinguir-se-á ou modificar-se-á em conformidade com a decisão definitiva. As decisões intermédias proferidas pela instância de recurso suspenderão ou modificarão a execução se a elas for também atribuído o efeito meramente devolutivo; caso lhes seja atribuído o efeito suspensivo, a execução prosseguirá tal como foi instaurada e só poderá ser extinta ou modificada com a decisão definitiva.

Não é exequível, portanto, a sentença sujeita a recurso ordinário recebido no efeito suspensivo, uma vez que a atribuição deste efeito obsta a que a sentença se execute enquanto o recurso não for julgado.

A execução de sentença contra a qual haja sido interposto recurso com efeito meramente devolutivo pode ser suspensa a pedido do exe-

---

[27] Cf. Satta e outro, ob. cit., p. 694.

[28] As decisões que decretem providências cautelares, por recebidas no efeito meramente devolutivo [arts. 692.º, n.ºs 1 e 3, alínea d), *a contrario*], são imediatamente exequíveis.

[29] Desde que passível de execução provisória, pode ser imediatamente executada a sentença pendente de reclamação, quer na sequência da arguição de alguma nulidade, quer do pedido de aclaração ou reforma (art. 670.º). Isto tendo em conta ser hoje princípio geral de direito processual civil, subjacente ao disposto nos arts. 692.º, n.ºs 1 a 3 e 723.º, n.º 1, que os meios de impugnação de decisões judiciais não têm, em regra, efeito suspensivo, sem prejuízo da anulação dos actos processuais respectivos se a decisão questionada for alterada.

cutado desde que preste caução, com o incidente, que a possibilita, a revestir o carácter de urgência (art. 990.º, n.º 2). Todavia, a execução suspensa prosseguirá, se estiver parada por mais de 30 dias, por negligência do executado.

Continuando a execução, não pode o exequente ou qualquer credor ser pago sem prestar caução, enquanto a sentença estiver pendente de recurso[30]. Esta caução, que pode ser requerida antecipadamente, deve ser prestada, por autorizada por lei, por meio de depósito de dinheiro, títulos de crédito, pedras ou metais preciosos, ou por penhor, hipoteca ou fiança bancária, nos termos do n.º 1 do art. 623.º do CC. É assim inidónea, para este efeito, a caução por meio de consignação de rendimentos [31] [32].

A venda efectuada no decurso do processo ficará sem efeito se for anulada ou revogada a sentença que se executou, como determina a alínea a) do n.º 1 do art. 909.º.

Destina-se aquela caução a garantir o preço da venda executiva, quer ao comprador quer ao executado, consoante este peça ou não a restituição do bem vendido no prazo de 30 dias a contar da decisão que revogue definitivamente a sentença exequenda (art. 909.º, n.º 3).

O recebimento do recurso extraordinário de revisão não suspende a execução da decisão recorrida (art. 774.º, n.º 3).

À semelhança do regime que vale para as execuções fundadas em sentenças não transitadas sujeitas a recurso no efeito meramente devolutivo (art. 47.º, n.os 1 e 3), interposto recurso para uniformização de jurisprudência ou de revisão, na execução que se encontre pendente ou que posteriormente se promova, com base na sentença revidenda, não

---

[30] Sendo arguida, na acção executiva, a falsidade de documento, também o exequente e demais credores não podem ser pagos, na pendência do incidente, sem prestar caução (art. 550.º, n.º 2).

[31] Cf. Acórdão do STJ de 28.09.2000 (CJ — Acórdãos do STJ, ano VIII, tomo III, p. 47).

[32] Em França, quando a execução se baseia em título provisório estabelece-se uma distinção entre a execução onde se penhoram imóveis e as demais. No que concerne às primeiras, por força do art. 2215.º do CC, a adjudicação ou a venda não podem ocorrer senão depois de um julgamento definitivo ou após o trânsito em julgado da decisão exequenda; no que concerne às demais execuções, atento o disposto no art. 31. da Lei n.º 91-650, de 9 de Julho de 1991, a execução prossegue até ao seu termo, sob a responsabilidade do credor, que, sendo o título ulteriormente modificado, deve restituir o devedor aos seus direitos, em natureza ou por equivalente.

pode o exequente ou qualquer credor ser pago em dinheiro ou em quaisquer bens sem prestar caução (arts. 769.º e 777.º).

Verdadeiramente inovador, neste domínio, é o regime que a LEC de 2000, através do seu art. 526., veio introduzir em Espanha, favorecendo a execução provisória, que deixou de depender da prestação de caução suficiente, destinada a garantir o recebido pelo exequente, como anteriormente. Assim, a justiça de primeira instância adquire efectividade, uma vez que não continua a ser um mero passo no decurso de um processo que só alcançaria efeitos práticos após o julgamento definitivo pelo tribunal de recurso[33].

Entre nós, face à nova redacção conferida aos n.os 1 e 2 do art. 692.º pelo DL n.º 38/2003, de 8 de Março, também a apelação em processo ordinário de declaração, à semelhança do que já acontecia com a apelação em processos sumário e sumaríssimo, tem, em regra, efeito meramente devolutivo. Contudo, a parte vencida pode requerer, ao interpor o recurso, que a apelação tenha efeito suspensivo quando a execução lhe cause prejuízo considerável, dependendo sempre a atribuição deste efeito da efectiva prestação de caução (n.º 4 do citado art. 692.º).

Tenha-se todavia em conta que, enquanto a exequibilidade das sentenças transitadas deriva do direito fundamental à tutela jurisdicional efectiva, garantido no art. 20.º, n.º 1, da CRP, já a execução provisória das sentenças não transitadas é uma questão de política legislativa, podendo o legislador não permitir a execução provisória como permiti-la com maior ou menor amplitude, sem isso envolver ofensa à lei fundamental[34].

Face ao disposto no n.º 5 do art. 47.º, aditado pelo DL n.º 38/ /2003, caso tenha havido condenação genérica, nos termos do n.º 2 do art. 661.º, e não dependendo a liquidação da obrigação de simples cálculo aritmético, a sentença só constitui título executivo após a liquidação no processo declarativo.

---

[33] Cf.: Juan Montero Aroca, Juan Luis Gómez Colomer, Alberto Montón Redondo e Silvia Barona Vilar, "El Nuevo Proceso Civil (Ley 1/2000)", 2000, pp. 55 e 619; Faustino Córdon Moreno, ob. cit., pp. 66 e segs.; e Andrés de la Oliva Santos e outros, ob. cit., pp. 363 e seg.

[34] Cf. Andrés da la Oliva Santos, ob. cit., p. 362.

2) *Despachos condenatórios*

"São equiparados às sentenças, sob o ponto de vista da força executiva, prescreve o n.º 1 do art. 48.º, os despachos e quaisquer outras decisões ou actos da autoridade judicial que condenem no cumprimento duma obrigação".

Podemos exemplificar com os despachos que arbitrem indemnizações a testemunhas (art. 644.º)[35], os que imponham multas às partes e às testemunhas (art. 519.º, n.º 2), ou a terceiros que não apresentem documentos (art. 532.º)[36] e os que fixem remuneração a peritos, tradutores e intérpretes (art. 17.º, n.º 2, do RCP).

Também nesta categoria se devem incluir os despachos que conferem força executiva à petição não contestada nos procedimentos para cumprimento de obrigações pecuniárias emergentes de contratos de valor não superior a € 15 000 (art. 2.º do RPCOP, aprovado pelo DL n.º 269/98, de 1 de Setembro).

Igualmente aqui se incluem, sem margem para dúvidas, as decisões que decretem providências cautelares (art. 387.º, n.º 1).

3) *Decisões arbitrais*

Segundo o n.º 2 do art. 48.º, as decisões dos tribunais arbitrais que funcionem em território nacional são exequíveis nos mesmos termos em que o são as decisões dos tribunais comuns, logo, sem necessidade de prévia homologação por parte destes, como acontece noutras legislações[37].

Resulta dos arts. 24.º e 26.º da Lei n.º 31/86, de 29 de Agosto (LAV) que a decisão arbitral será notificada às partes e depositada na secretaria do tribunal judicial do lugar da arbitragem e que se considera transitada em julgado desde que não seja susceptível de recurso ordinário. Também aí consta que a decisão arbitral tem a mesma força executiva que a sentença do tribunal judicial de 1ª instância.

---

[35] Cf. arts. 447.º-C, n.ºs 1 e 2, do CPC e 16.º, n,º 1, alínea e), do RCP.

[36] Sobre o montante destas multas, art. 27.º, n.ºs 1 e 2, do RCP.

[37] Assim, a título de exemplo, na Alemanha, onde a decisão arbitral não é exequível por si mesma, necessitando da *declaração de exequibilidade* pelo tribunal (§§ 1060 I e 1062 I, n.º 4, da ZPO). O título executivo é aqui a decisão do tribunal que declara a sentença exequível, não a própria decisão arbitral [§ 794 I, n.º 4, alínea a), da ZPO].

Por o tribunal arbitral ser apenas detentor da *iurisdictio* e não também do *ius imperii*, a execução das suas decisões corre nos tribunais judiciais, como expressamente refere o art. 30.º da mesma Lei.

4) *Sentenças proferidas por tribunais estrangeiros*

As sentenças proferidas por tribunais ou por árbitros em país estrangeiro só se tornam exequíveis, como estabelece o n.º 1 do art. 49.º, depois de revistas e confirmadas pelo tribunal português competente, isto sem prejuízo do que se ache estabelecido em tratados, convenções, regulamentos comunitários e leis especiais.

Na mesma linha, igualmente com a mesma ressalva, diz-se, no n.º 1 do 1094.º, que as referidas decisões não têm eficácia em Portugal, seja qual for a nacionalidade das partes, sem estarem revistas e confirmadas. Compreende-se que assim seja, por as decisões emanadas de um determinado Estado limitarem, em princípio, a sua eficácia ao seu território, uma vez que, integrando o poder jurisdicional a soberania do Estado, esse poder só pode ser exercido pelos órgãos que cada Estado soberano estabelecer; daí apenas estes órgãos poderem proferir decisões susceptíveis de terem eficácia directa no seu território[38].

Os requisitos exigidos para a confirmação das sentenças estrangeiras sobre direitos privados constam do art. 1096.º, onde se acolhe uma revisão puramente formal (ou de *delibação*).

Mas, pela via da impugnação do pedido de reconhecimento, o nosso sistema legal contempla dois casos de revisão de mérito: quando a sentença tiver sido proferida contra português com o resultado da acção a ser-lhe mais favorável se o tribunal estrangeiro tivesse aplicado o direito material português, desde que por este devesse ser resolvida a questão segundo as normas de conflitos da lei portuguesa (art. 1100.º, n.º 2); e quando surja um documento novo que, por si só, seja suficiente para modificar a decisão em sentido mais favorável à parte vencida [art. 1100.º, n.º 1, na parte em que remete para a alínea c) do art. 771.º)][39].

Competentes para julgar os processos de revisão e confirmação de sentença judicial estrangeira são os tribunais da Relação, nos termos do art. 66.º, alínea e), da Lei n.º 52/2008, de 28 de Agosto (LOFTJ).

---

[38] Cf. Andrés de la Oliva Santos e outros, ob. cit., pp. 335 e seg.

[39] Cf. A. Ferrer Correia, "Lições de Direito Internacional Privado", I, 2000, p. 467.

Há que fazer referência no que concerne às decisões proferidas por tribunais estaduais estrangeiros às Convenções Relativas à Competência Judiciária e à Execução de Decisões em Matéria Civil e Comercial, celebradas em Bruxelas, em 27.09.68, entre os Estados da União Europeia, e em Lugano, em 16.09.88, entre os Estados da União Europeia e da Associação Europeia de Comércio Livre, e ratificadas pelos Decretos n.os 52/91 e 51/91, de 30 de Outubro, publicados no DR, I Série, de 10.07.92.

Releva, igualmente, no respeitante às decisões proferidas por tribunais estaduais estrangeiros, o Regulamento (CE) n.º 44/2001, do Conselho, de 22 de Dezembro de 2000, que substitui, entre os Estados da União, a Convenção de Bruxelas, que se manterá contudo em vigor nas relações entre a Dinamarca e os Estados membros e se deverá também continuar a aplicar aos territórios dos Estados membros que são abrangidos pela aplicação territorial da convenção e que ficam excluídos do Regulamento por força do art. 349.º do TFUE, ante o estatuído no n.º 1 do art. 68.º daquele.

Na medida em que o Regulamento substitui entre os Estados membros as disposições da Convenção de Bruxelas, as referências feitas a esta entendem-se como feitas ao Regulamento (art.º 68.º, n.º 2, deste).

As Convenções e o Regulamento aplicam-se em matéria cível e comercial, mas deles estão excluídos o estado e a capacidade das pessoas singulares, os regimes matrimoniais, os testamentos, as sucessões, as falências, as concordatas e outros processos análogos, a segurança social e a arbitragem (art. 1.º).

No que concerne à execução de decisões proferidas por tribunal dum Estado contratante ou dum Estado membro e que nele tenham força executiva, diz-nos o art. 31.º de ambas as Convenções e o art. 38.º, n.º 1, do Regulamento que "podem ser executadas noutro Estado contratante ou noutro Estado membro depois de nele terem sido declaradas executórias, a requerimento de qualquer parte interessada".

Para efeitos das Convenções, segundo o seu art. 25.º, e do Regulamento, nos termos do seu art. 32.º, considera-se *decisão* qualquer decisão proferida por um tribunal dum Estado contratante ou dum Estado membro independentemente da designação que lhe for dada, tal como acórdão, sentença, despacho judicial ou mandado de execução, bem como a fixação pelo secretário do tribunal do montante das custas do processo.

A decisão estrangeira não pode em caso algum ser objecto de revisão de mérito (arts. 29.º e 34.º, parte final, das Convenções, e 36.º do Regulamento)[40]. A forma de apresentação do requerimento regula-se pela lei do Estado requerido (arts. 33.º, I, das Convenções, e 40.º, n.º 1, do Regulamento).

Face ao disposto nos arts. 27.º das Convenções e 34.º do Regulamento, as decisões não serão reconhecidas, entre outros motivos: se o reconhecimento for contrário à ordem pública do Estado requerido; se o acto que iniciou a instância, ou acto equivalente, não tiver sido comunicado ou notificado ao requerido revel, em tempo útil, por forma a permitir-lhe a defesa; e se a decisão for inconciliável com outra decisão proferida entre as mesmas partes. Os motivos que inviabilizam o *reconhecimento* das decisões obstam igualmente à *declaração da sua executoriedade* (arts. 34.º, § 2.º, das Convenções, e 41.º do Regulamento).

Enquanto o reconhecimento das decisões proferidas num Estado contratante ou num Estado membro é automático, operando *ipso iure*, só havendo necessidade de obter um reconhecimento formal quando uma das partes questiona a eficácia da decisão (arts. 26.º das Convenções, e 33.º do Regulamento)[41], a exequibilidade da decisão nunca é automática, havendo sempre necessidade de solicitar o *exequatur*[42]. Sem a aposição da *formule exécutoire* a decisão não terá força executiva; daí, se for dada à execução sem ser declarada judicialmente exequível, dever o requerimento executivo ser indeferido liminarmente[43].

A parte que requerer a declaração de executoriedadade deve apresentar uma certidão da decisão que satisfaça os necessários requisitos de autenticidade (arts. 46.º das Convenções, e 53.º do Regulamento). Isto por a concessão do *exequatur* a uma decisão estrangeira pressupor que esta tem força executiva no Estado de origem[44].

---

[40] Disse-se no Acórdão do STJ de 18.10.2007 (CJ — Acórdãos do STJ, ano XV, tomo III, p. 95) que o STJ apenas pode recusar a declaração de executoriedade por um dos motivos especificados nos arts. 34.º e 35.º do Regulamento, não lhe cabendo em qualquer caso proceder à revisão de mérito de sentença proferida noutro Estado membro.

[41] Consagram assim ambas as Convenções o *reconhecimento de pleno direito*, presumindo-se que as decisões obedecem às condições estipuladas na lei do país requerido. Cf. Ferrer Correia, ob. cit., p. 495.

Igualmente o Regulamento assenta no princípio da confiança mútua entre as jurisdições dos Estados membros, a justificar a livre circulação das decisões judiciais. Cf. Neves Ribeiro, "Processo Civil da União Europeia", 2002, p. 104.

[42] Cf.: Miguel Teixeira de Sousa e Dário Moura Vicente, "Comentário à Convenção de Bruxelas", 1994, p. 46; e Neves Ribeiro, "Processo Civil...", 2002, cit., p. 113.

[43] Cf. Acórdão da RC de 11.01.2005, CJ, ano XXX, tomo I, p. 7.

[44] Cf. Acórdão do STJ de 22.03.2007, CJ — Acórdãos do STJ, ano XV, tomo I, p. 139.

Mas já não tem a parte de apresentar uma tradução em língua portuguesa dos documentos que instruem o seu requerimento[45], sem prejuízo de o tribunal a poder exigir (arts. 48.º das Convenções, e 55.º, n.º 2, do Regulamento).

No art. 32.º das Convenções, elegeu-se para Portugal o tribunal de círculo como o competente para decidir do *exequatur* (e também do reconhecimento, quando invocado a título principal[46]), cabendo do que ele resolver recurso para o tribunal de Relação e do acórdão desta para o STJ, restrito à matéria de direito (art. 37.º).

Tendo o art. 60.º, n.º 1, alínea a), do RLOFTJ (aprovado pelo DL n.º 186-A/99, de 31 de Maio) extinguido os tribunais de círculo, Portugal comunicou às entidades competentes, nos termos do artigo VI dos primeiros Procolos a ambas as Convenções, que eles ficavam substituídos, para efeitos do art. 32.º citado, pelos tribunais de comarca[47].

Segundo os Anexos II, III e IV do Regulamento (CE) n.º 44/2001, é também o tribunal de comarca o competente para receber o requerimento em que se solicite o *exequatur* da decisão proferida num Estado membro, cabendo recurso da decisão a proferir pelo tribunal para o Tribunal da Relação, por meio de requerimento àquele dirigido, para da decisão a proferir pela Relação competir recurso restrito a matéria de direito.

Note-se que as Convenções e o Regulamento apenas regulam a concessão do *exequatur* de decisões judiciais e doutros títulos executivos estrangeiros, encontrando-se o processo executivo propriamente dito sujeito ao direito interno do Estado do foro[48].

---

[45] Cf. Acórdão do STJ de 24.02.99, BMJ, 484, p. 330.

[46] Sendo o reconhecimento invocado a título incidental, o juiz do processo será competente para apreciar o pedido (art. 26.º, parte final).

[47] Cf. Avisos n.os 93/2000 e 116/2000, publicados no DR, I Série, de 29.03.2000 e de 7.06.2000, respectivamente.

[48] No que concerne à competência, ao reconhecimento e à execução de decisões em matéria matrimonial e de regulação do poder paternal em relação aos filhos comuns do casal, vigora a partir de 1.03.2001, entre os Estados membros da União Europeia, à excepção da Dinamarca, o Regulamento (CE) n.º 1347/2000, do Conselho, de 29 de Maio de 2000. Segundo este, as decisões proferidas num Estado membro são reconhecidas nos outros Estados sem necessidade de recurso a qualquer procedimento, sem prejuízo de qualquer parte interessada poder pedir o reconhecimento ou o não reconhecimento da decisão (art. 14.º, n.os 1 e 3); ainda, as decisões proferidas num Estado membro sobre o exercício do poder paternal relativamente a um filho comum e que nesse Estado tenham força executiva e tenham sido notificadas são executadas noutro Estado membro depois

Tenha-se também em conta que, com a entrada em vigor, em 21.01.2005, do Regulamento (CE) n.º 805/2004, do Parlamento Europeu e do Conselho, uma decisão judicial sobre um crédito pecuniário não contestado e uma transacção judicial relativa a crédito pecuniário com a dívida expressamente admitida pelo devedor, depois de certificadas como títulos executivos europeus no Estado membro de origem, serão reconhecidas e executadas nos outros Estados membros, sem necessidade de declaração de executoriedade e sem possibilidade de contestação da sua força executiva, não obstante ser possível requerer tanto o *exequatur* como o reconhecimento da decisão e da transacção judicial, nos termos do Regulamento (CE) n.º 44/2001 [arts. 5.º, 24.º, n.º 2, e 27.º do Regulamento (CE) n.º 805/2004][49].

Referentemente às decisões proferidas por árbitros em país estrangeiro, importa sublinhar que Portugal é parte da Convenção sobre o Reconhecimento e Execução de Sentenças Arbitrais Estrangeiras, celebrada em Nova Iorque em 10.06.58[50].

Por força desta Convenção, cada um dos Estados Contratantes reconhecerá a autoridade de uma sentença arbitral e concederá execução à mesma, segundo as regras de processo adoptadas no território em que a sentença for invocada; ainda não serão aplicadas quaisquer condições sensivelmente mais rigorosas, nem custas sensivelmente mais elevadas do que aquelas que são aplicadas para o reconhecimento ou execução das sentenças arbitrais nacionais (art. III). Sendo assim, face ao disposto nos arts. 24.º, n.º 2, e 30.º da LAV, é o tribunal de 1.ª instância o competente para rever e confirmar as sentenças arbitrais estrangeiras[51].

Independentemente da recusa do reconhecimento e da execução da sentença arbitral em face da impugnação da parte requerida baseada nos fundamentos contidos no art. V, I, deve a autoridade competente

---

de nele terem sido declaradas executórias a pedido de qualquer parte interessada, com regime diverso para o Reino Unido, onde as decisões são executadas depois de registadas para execução, a pedido de qualquer parte interessada (art. 21.º).

[49] Cf. ponto n.º 4.

[50] Foi aprovada, por Portugal, para ratificação, pela Resolução da Assembleia da República n.º 37/94, de 8 de Julho, e ratificada pelo Decreto n.º 52/94, de 8 de Julho, tendo o instrumento de adesão sido depositado em 18.10.94, conforme Aviso n.º 142/95, de 21 de Junho, e a Convenção entrado em vigor, em Portugal, em 16.01.95.

[51] Cf. Acórdãos da RP de 5.05.2005 (CJ, ano XXX, tomo III, p. 159) e do STJ de 20.06.2006 (CJ — Acórdãos do STJ, ano XIV, tomo II, p. 117).

do país em que o reconhecimento e a execução forem pedidos recusá-los, quando estes sejam contrários à ordem pública do país ou quando o objecto do litígio, de acordo com a lei do país, não possa ser resolvido por via arbitral (art. V, II).

5) *Decisões proferidas em processo europeu para acções de pequeno montante*

O Regulamento (CE) n.º 861/2007, do Parlamento Europeu e do Conselho, de 11 de Julho (nesta alínea apenas designado por Regulamento), directamente aplicável em todos os Estados membros (com excepção da Dinamarca), em conformidade com o TFUE, criou o processo europeu para acções de pequeno montante, em que o valor do pedido não exceda € 2000 no momento em que o formulário do requerimento é recebido no órgão jurisdicional competente. Visa este processo a simplificação e a aceleração da tramitação processual em casos transfronteiriços de natureza civil ou comercial de reduzido valor (arts. 1.º e 2.º do Regulamento).

São *casos transfronteiriços*, segundo o art. 3.º, n.º 1, do Regulamento, "aqueles em que pelo menos uma das partes tenha domicílio ou residência habitual num Estado membro que não seja o Estado membro do órgão jurisdicional a que o caso é submetido".

As decisões proferidas num Estado membro em processo europeu para acções de pequeno montante são reconhecidas e executadas nos outros Estados da União Europeia sem necessidade de declaração de executoriedade e sem possibilidade de contestação do seu reconhecimento (art. 20.º, n.º 1, do Regulamento). Em caso algum, essas decisões podem ser reapreciadas quanto ao mérito no Estado membro da execução (art. 22.º, n.º 2, do Regulamento).

Não obstante a existência de eventuais recursos, a decisão é exequível, sem necessidade da prestação de caução (art. 15.º, n.º 1, do Regulamento). Mas, enquanto a decisão não transitar em julgado ou estiver sujeita a um pedido de revisão, o órgão jurisdicional ou a autoridade competente do Estado membro da execução podem, a pedido do executado, tomar uma das três seguintes atitudes: limitar o processo de execução a providências cautelares; subordinar a execução à constituição de uma garantia; ou suspender o processo de execução, em situações excepcionais (art. 23.º do Regulamento).

Quanto aos termos da execução, são regulados pela lei do Estado membro da execução, sendo as decisões executadas nas mesmas condições que as decisões proferidas naquele Estado (art. 21.º, n.º 1, do Regulamento).

A parte que requer a execução deve apresentar uma cópia da decisão que reúna as condições necessárias para comprovar a sua autenticidade e uma cópia da certidão emitida, a seu pedido, pelo órgão jurisdicional relativa à decisão proferida no processo (art. 21.º, n.º 2, do Regulamento).

A execução será recusada, a pedido do executado, se a decisão exequenda for incompatível com uma decisão anteriormente proferida num Estado membro ou num país terceiro (art. 22.º, n.º 1, do Regulamento).

B) *Títulos executivos extrajudiciais*

Nos títulos executivos extrajudiciais incluem-se os documentos elaborados ou autenticados por notário ou por outras entidades ou profissionais com competência para tal, os documentos particulares, os documentos a que seja atribuída força executiva e os títulos exarados em país estrangeiro.

Os actos das duas primeiras categorias referidas certificam documentalmente pela via negocial a existência de um direito com requisitos de certeza e de especificação idóneos e suficientes para justificarem de imediato uma execução[52].

1) *Documentos elaborados ou autenticados por notário ou por outras entidades ou profissionais com competência para tal*

Segundo o n.º 2 do art. 363.º do CC são de considerar autênticos, além doutros, os documentos exarados, com as formalidades legais, pelo notário ou outro oficial público provido de fé pública, dentro do círculo de actividades que lhe é atribuído Em confirmação da mesma disciplina, diz-se no n.º 2 do art. 35.º do CN, que são autênticos os documentos

[52] Cf. Luigi Paolo Comoglio, Corrado Ferri e Michele Taruffo, "Lezioni sul Processo Civile", 1995, p. 756 (em comentário às alíneas 2 e 3 do art. 474.º do CPC italiano).

exarados pelo notário nos respectivos livros ou em instrumentos avulsos (v.g., escrituras públicas e testamentos públicos). E aos documentos referidos do notário são de equiparar os exarados por oficial público com competência para a prática de actos de registo (predial, comercial, de automóveis, de navios, de aeronaves).

Acrescentam ainda o CC e o CN, no n.º 3 dos arts. 363.º e 35.º, respectivamente, serem havidos como autenticados os documentos particulares confirmados pelas partes perante notário (v.g., os testamentos cerrados).

Tanto os documentos autênticos como os autenticados para serem títulos executivos, face ao disposto na alínea b) do n.º 1 do art. 46.º, devem formalizar o acto de constituição duma obrigação ou o reconhecimento da sua existência (documento recognitivo).

O testamento, quer o público quer o cerrado, será título executivo, não na parte referente à transmissão de bens, mas naquela em que o testador confessa uma dívida própria ou impõe uma dívida ao herdeiro ou legatário.

O art. 50.º, no âmbito da exequibilidade dos documentos de que cuidamos, contempla dois tipos de casos: a *convenção de prestações futuras* e a *constituição de obrigações futuras.* Na primeira hipótese, como a de abertura de crédito e a de contrato de fornecimento, para que o documento sirva de base à execução torna-se necessário provar que alguma prestação foi realizada para conclusão do negócio. Na segunda hipótese, como a da vinculação futura à satisfação de certa importância ou à entrega de uma coisa determinada, torna-se necessário provar que a obrigação foi constituída na sequência da previsão das partes. Atente-se na hipoteca constituída para garantir obrigação futura, nos termos do n.º 2 do art. 686.º do CC, cujo cumprimento não pode ser exigido sem se comprovar que o proprietário do bem hipotecado ou terceiro contraíram a obrigação[53].

Essa prova, em ambos os casos, faz-se ou pelo documento previsto para esse efeito no documento autentico ou autenticado ou, em

---

[53] Nesta conformidade, refere-se no Acórdão da RE de 3.11.2005 (CJ, ano XXX, tomo V, p. 253) que a escritura pública de constituição de hipoteca apenas é susceptível de constituir título executivo nos termos do art. 50.º, 2.ª parte; daí a carta-contrato ou a sua certidão não poder ser título executivo sem ser acompanhada dos documentos comprovativos das prestações que, em cumprimento do contrato, o mutuante entregou ao mutuário.

caso de omissão, por documento revestido de força executiva bastante, de harmonia com o preceituado nos arts. 46.º e segs.

Nos casos analisados, segundo os ensinamentos de certa doutrina, encontramo-nos perante títulos executivos complexos, por integrados por vários documentos[54] [55].

2) *Documentos particulares*

Os documentos particulares para se configurarem como títulos executivos devem obedecer aos requisitos mencionados na alínea c) do n.º 1 do art. 46.º, a saber:

a) Conterem a assinatura do devedor;
b) Importarem a constituição ou reconhecimento de obrigações[56];
c) As obrigações reportarem-se ao pagamento de quantia determinada ou determinável por simples cálculo aritmético de acordo com as cláusulas constantes do documento[57], à entrega de coisa[58] ou à prestação de facto.

---

[54] Cf. Andrés de la Oliva Santos e outros, ob. cit., pp. 36 e seg.

[55] A título de exemplo, veja-se o Acórdão da RP de 2.06.2009 (CJ, ano XXXIV, tomo III, p. 198), onde se doutrinou no sentido de o contrato de financiamento para aquisição de bens a crédito constituir título executivo das prestações em dívida, em execução movida pela entidade financiadora contra o adquirente dos bens financiados quando preencha os seguintes requisitos: 1) esteja formalizado por escrito e contenha a assinatura do beneficiário do crédito (o consumidor); 2) seja demonstrada por documento a entrega ao executado dos bens adquiridos através desse crédito; 3) seja comprovada por documento a entrega pelo financiador do montante do crédito concedido ao consumidor/comprador.

[56] Não se torna necessário indicar a causa da obrigação, por se presumir a existência da relação fundamental, face ao disposto no n.º 1 do art. 458.º do CC, que contudo não consagra o princípio do *negócio abstracto*, mas apenas uma regra de inversão do ónus da prova.

[57] Caso a obrigação seja ilíquida e a liquidação não dependa de simples cálculo aritmético, a acção executiva não pode fundar-se em título particular.

[58] Desde a redacção conferida à alínea c) do n.º 1 do art. 46.º pelo DL n.º 38/2003, de 8 de Março, também os documentos particulares que incorporem obrigações respeitantes a entrega de coisa imóvel assumem a natureza de títulos executivos. A título de exemplo, as obrigações de restituição de imóvel nos contratos de comodato e depósito, por parte do comodatário e do depositário, quando não voluntariamente cumpridas [arts. 1135.º, alínea h), e 1187.º, alínea c), respectivamente, do CC]. Refira-se, contudo, que a ampliação a que aludimos, como salienta Lopes do Rego ("Comentários ao Código de Processo Civil", I, 2.ª edição, p. 83) circunscreve-se somente aos casos em que as obrigações podem ser validamente constituídas por mero documento particular.

Nos escritos particulares, com *assinatura a rogo*, que é a assinatura feita por alguém (*rogado*), a pedido do autor das declarações documentadas (*rogante*), diz-nos o art. 51.º que o documento só goza de força executiva se a assinatura estiver reconhecida por notário ou por outras entidades ou profissionais com competência para tal.

Segundo o art. 154.º do CN, a assinatura a rogo, a efectivar pela via do reconhecimento presencial, só pode ocorrer quando o rogante não saiba ou não possa assinar, devendo o rogo ser dado ou confirmado perante o notário, no próprio acto do reconhecimento da assinatura e depois de lido o documento ao rogante.

O mesmo regime se encontra previsto no art. 373.º, n.ºs 1 e 4, do CC.

Depois da RPC95-96, a lei deixou de exigir o reconhecimento notarial em todos os escritos particulares como requisito de exequibilidade, e não apenas, como até então, nos títulos de crédito (extractos de factura[59], letras, livranças e cheques).

A fotocópia autenticada de um título de crédito não pode servir de base à execução, por só o próprio original implicar o reconhecimento da obrigação incorporada[60]. "A cópia, elucida-nos Ferrer Correia, como a própria expressão diz, não é um exemplar da letra, mas uma reprodução dela (reprodução manual, mecânica, fotográfica)". E ainda o mesmo Mestre: "Contrariamente ao que sucede na pluralidade de vias, o portador de uma cópia não pode reclamar o pagamento do aceitante exibindo simplesmente a cópia; a não ser assim, poderia o aceitante ter que pagar segunda vez a quem lhe apresentasse o original"[61]. Só assim não será, se a junção da fotocópia se mostrar justificada, designada-

---

[59] Os extractos de factura, criados pelo Decreto n.º 19490, de 21 de Março de 1931, mantêm-se como títulos executivos, nos termos da alínea c) do n.º1 do art. 46.º do CPC. Documentam contratos de compra e venda mercantil a prazo celebrados entre comerciantes, sempre que o preço não seja representado por letras. Efectuada a venda, o comprador fica com a factura e o vendedor com o extracto, depois de conferido e aceite por aquele (art. 1.º e § 1.º do Decreto n.º 19490).

O extracto de factura transmite-se mediante simples endosso, devendo o seu legítimo possuidor apresentá-lo a pagamento no dia do seu vencimento ou no seguinte primeiro dia útil, se aquele for feriado (art. 7.º, *ibidem*). O extracto é passível de protesto (por falta de aceite, de devolução ou de pagamento), ainda que não dependa dele a responsabilidade dos aceitantes, nem a dos respectivos dadores de aval (art. 10.º, *ibidem*).

[60] Cf. Acórdão do STJ de 9.07.98, BMJ, 479, p. 494.

[61] "Lições de Direito Comercial", vol. III (Letra de Câmbio), 1975, pp. 150 e 152.

mente por o original se encontrar incorporado noutra execução pendente contra diverso obrigado cambiário[62] [63].

Mesmo que se encontre prescrito o direito de acção da letra ou da livrança, nos termos dos arts. 70.º e 77.º da LULL, mantêm estes escritos a sua natureza de títulos executivos, desde que o negócio subjacente não tenha natureza formal, por satisfazerem os requisitos de exequibilidade constantes da alínea c) do n.º 1 do art. 46.º[64]. Questão diversa é a de saber se a extinção da obrigação cambiária por prescrição afecta a obrigação causal ou fundamental, seguramente a discutir na oposição à execução. Mas desde já se podendo adiantar que tal não ocorrerá, em princípio, porquanto a assunção da obrigação cambiária não produz a novação da relação jurídica fundamental, persistindo tanto aquela como esta, lado a lado, embora independentes. Só assim não será, como resulta do art. 859.º do CC, se houver uma manifestação expressa de vontade no sentido de a contracção da nova obrigação implicar a substituição da anterior, manifestação essa que deve constar da convenção executiva.

Também o cheque não apresentado a pagamento no prazo de oito dias, nos termos do primeiro parágrafo do art. 29.º da LUC, ou não accionado dentro do prazo de seis meses previsto no art. 52.º da mesma Lei Uniforme, pode fundamentar uma execução, não como título cambiário, mas como documento particular respeitante à constituição ou reconhecimento do crédito que incorpora e causal da sua emissão, a menos que provenha de um negócio formal[65].

No que concerne ao cheque, face a algumas decisões jurisprudenciais que lhe retiram a força executiva, quando não vale como título de

[62] Cf.: Acórdãos do STJ de 15.12.98, BMJ, 482, p. 181, e da RL de 27.06.2000, CJ, ano XXV, tomo III, p. 130.

[63] No Acórdão do STJ de 30.09.99 (BMJ, 489, p. 288), apenas se perrnite que a fotocópia autenticada de uma letra ou livrança sirva de base à execução, por o original se encontrar junto a outro processo judicial, desde que se assegure, através de menção no próprio título, que o original não será desentranhado daquele processo a não ser para substituir a referida fotocópia, isto para evitar o perigo da sua entrada em circulação. E no Acórdão da RL de 29.10.2002 (CJ, ano XXVII, tomo IV, p. 104) diz-se que, no caso de desaparecer o original da livrança, apresentada como título executivo, não pode essa falta ser suprida pela junção aos autos da respectiva fotocópia, sendo necessário o recurso ao processo de reforma de títulos, previsto nos arts. 1069.º e segs. do CPC.

[64] Cf. Acórdão da RC de 3.12.98, CJ, ano XXIII, tomo V, p. 33.

[65] Como na situação analisada no Acórdão do STJ de 4.04.2006 (CJ — Acórdãos do STJ, ano XIV, tomo II, p. 27).

crédito, impõe-se avançar com algumas notas destinadas a comprovar o desacerto dessas decisões.

Destaca-se, em primeiro lugar, a circunstância de um cheque (como qualquer outro título de crédito) acumular, como há anos nos ensinou Mário de Figueiredo[66], com as funções que lhe são peculiares, as de quirógrafo de um crédito, conservando estas mesmo depois de extintas aquelas. Daí, como se decidiu no Assento do STJ de 8 de Maio de 1936[67], sobreviver a obrigação *causal* depois de extinta, por prescrição, a obrigação *cartular*, pelo que o título de crédito, nessa emergência, continuará a servir de base à execução.

Depois, nas palavras de Gabriel Pinto Coelho[68], "o cheque é um (...) meio especialmente adequado a liquidar dívidas de dinheiro para com terceiras pessoas, falando-se com frequência de *pagamento* com um cheque". E a dívida a liquidar tanto pode ser a respeitante à relação cartular como à relação subjacente. Ao ordenar ao seu banqueiro, através de um cheque por si assinado, que pague determinada importância a um terceiro a quem entrega o cheque, o sacador reconhece dever a este uma determinada importância (obrigação pecuniária), pelo que o cheque em causa preenche todos os requistos previstos na alínea c) do n.º 1 do art. 46.º, valendo assim como título executivo.

Por fim, e contra o que erradamente por vezes se afirma[69], do cheque, como dos outros títulos executivos referidos na alínea c) do n.º 1 do art. 46.º, não tem de constar a *razão de ordem do pagamento*, não só por essa exigência não figurar no preceito citado, como por ser inconciliável com o regime contido no art. 458.º, n.º 1 do CC, onde expressamente se prevê o reconhecimento de dívida, por simples declaração unilateral, sem indicação da respectiva causa. Isto sem prejuízo de o credor, no requerimento com que dá à execução o cheque, sob pena de indeferimento liminar, por ineptidão (e não por inexequibilidade do título), dever alegar a pertinente causa de pedir, quando basear a sua pretensão na relação jurídica subjacente ou fundamental (mas já não

---

[66] "Caracteres Gerais dos Títulos de Crédito e seu Fundamento Jurídico", 1919, pp. 34 e segs.

[67] Publicado no Diário do Governo, I Série, de 22.05.36.

[68] "Lições de Direito Comercial", 2.º vol. ("As Letras"), 1.ª parte, fascículo I, 1955, p. 31.

[69] Assim, nos Acórdãos do STJ de 16.11.2001 (CJ — Acórdãos do STJ, ano IX, tomo III, p. 89), da RC de 27.06.2000 (CJ, ano XXV, tomo III, p. 37) e de 6.02.2001 (CJ, ano XXVI, tomo I, p. 28) e da RP de 25.01.2001 (CJ, ano XXVI, tomo I, p. 192).

quando invocar o direito cartular, por aqui bastar a subscrição do título pelo executado)[70].

Na linha do exposto, e como esmeradamente vem sendo decidido[71], constitui título executivo o documento particular que titula determinado contrato em conjunto com a ordem de débito em conta dirigida a um Banco, pela qual se ordena que este proceda ao pagamento dos recibos apresentados pelo credor relativos a esse contrato, por aquela ordem envolver o reconhecimento de uma dívida preexistente para com o credor.

3) *Documentos a que seja atribuída força executiva*

Nos termos da alínea d) do n.º 1 do art. 46.º, também podem servir de base à execução os documentos a que, por disposição especial, seja atribuída força executiva.

A título de exemplo podem apontar-se os seguintes.

— As certidões extraídas dos títulos de cobrança relativas a tributos e outras receitas do Estado [arts. 88.º, n.º 4, e 162.º, alínea a), do CPPT];

— As decisões definitivas das autoridades administrativas que apliquem coimas (arts. 88.º, n.º 1, e 89.º, n.º 1, do DL n.º 433/82, de 27 de Outubro);

— As decisões condenatórias de aplicação de coimas relativas a contra-ordenações laborais e de segurança social que não se mostrem liquidadas no prazo legal (art. 26.º da Lei n.º 107/2009, de 14 de Setembro);

— As certidões extraídas dos processos de inventário desde que contenham a identificação do inventário pela designação do inventariado e do inventariante, a indicação de que o respectivo interessado tem no processo a posição de herdeiro ou de legatário, o teor da decisão da

---

[70] Cf. ponto n.º 26.

No sentido do texto, doutrinou-se no Acórdão do STJ de 29.01.2002 (CJ — Acórdãos do STJ, ano X, tomo I, p. 64) que a autonomia do título executivo em face da obrigação exequenda e a consideração do regime do reconhecimento unilateral da dívida previsto no art. 458.º, n.º 1, do CC, leva a admitir o cheque prescrito, enquanto documento particular, como título executivo, ao abrigo do art. 46.º, alínea c), do CPC, desde que a causa de pedir tenha sido invocada no requerimento inicial da execução.

Também no sentido do texto: Lebre de Freitas, "A Acção Executiva", cit., p. 59; e Acórdão do STJ de 16.12.2004, CJ — Acórdãos do STJ, ano XII, tomo III, p. 153.

[71] Cf. Acórdãos da RP de 7.05.98 (CJ, ano XXII, tomo II, p. 182) e da RL de 25.01.01 (CJ, ano XXVI, tomo I, p. 99).

partilha na parte em que se refira ao mesmo interessado, com a menção de que a partilha foi declarada por decisão do conservador ou notário, homologada judicialmente, ou por sentença transitada em julgado, e a relacionação dos bens que forem apontados, de entre os que tiverem cabido ao requerente (art. 52.º, n.º 1, do CPC, na redacção da Lei n.º 29//2009, de 29 de Junho);

— As certidões de dívidas emitidas, nos termos legais, pelas instituições de solidariedade e de segurança social (arts. 7.º, n.º 1, do DL n.º 42/2001, de 9 de Fevereiro, e 22.º, n.ºs 1 e 2, do DL n.º 215/2007, de 29 de Maio[72]);

— Os certificados das contas de emolumentos e demais encargos devidos por actos de registo ou de notariado, uma vez confirmados pelo presidente do Instituto dos Registos e do Notariado, I.P. (art. 133.º do Regulamento dos Serviços dos Registos e do Notariado, aprovado pelo Dec. Regulamentar n.º 55/80, de 8 de Outubro)[73];

— A certidão da liquidação da conta de custas (arts. 92.º do CPC e 35.º do RCP);

— Os saldos a favor do autor no processo de apresentação de contas pelo réu (art. 1016.º, n.º 4);

— O requerimento em processo de injunção em que, na falta de oposição ao pedido, tenha sido aposta a fórmula "este documento tem força executiva", por parte do secretário de justiça (art. 14.º, n.º 1, do RPCOP);

No âmbito da União Europeia, os actos do Conselho, da Comissão ou do Banco Central Europeu que imponham uma obrigação pecuniária a pessoas que não sejam Estados, depois de aposta fórmula executória, sem outro controlo além da verificação da autenticidade do título, pela autoridade nacional que o governo português designar para o efeito (art. 299.º do TFUE)[74];

---

[72] No concernente à Madeira, cf. o art. 15.º do Decreto Legislativo Regional n.º 26//2004/M, de 20 de Agosto.

[73] Não será, todavia, instaurada nem prosseguirá qualquer execução por dívidas de emolumentos e outros encargos que sejam devidos pelos actos e processos registrais, se a dívida for de montante tão reduzido que não justifique a actividade ou as despesas a que o processo daria lugar, podendo ser determinado, por despacho do presidente do Instituto dos Registos e Notariado, I.P., o montante abaixo do qual não são promovidas acções executivas para cobrança das dívidas referidas (art. 42.º, n.ºs 1 e 2, do DL n.º 76-A//2006, de 29 de Março).

[74] Esta autoridade nacional é o presidente da Relação do distrito judicial do domicílio ou sede do requerido (art. 2.º da Lei n.º 104/88, de 31 de Agosto).

— O exemplar do contrato de arrendamento em conjunto com o comprovativo de comunicação ao arrendatário do montante em dívida, para a acção de pagamento de renda (art. 15.º, n.º 2, do NRAU);

— A acta de reunião da assembleia de condóminos que tiver deliberado o montante das contribuições devidas ao condomínio ou quaisquer despesas necessárias à conservação e fruição das partes comuns e ao pagamento de serviços de interesse comum, contra o proprietário que deixou de pagar, no prazo estabelecido, a sua quota-parte (art. 6.º, n.º 1, do DL n.º 268/94, de 25 de Outubro);

— O contrato de aquisição do direito real de habitação periódica ou a certidão do registo predial que o comprove em conjunto com a acta da assembleia convocada para alteração da prestação periódica, no que se refere às prestações ou indemnizações devidas pelo titular daquele direito e respectivos juros moratórios (art. 23.º, n.º 2, do DL n.º 275/93, de 5 de Agosto, na redacção do art. 1.º do DL n.º 180/99, de 22 de Maio)[75].

4) *Títulos exarados em país estrangeiro*

Diversamente do que ocorre com as sentenças estrangeiras que necessitam de ser revistas e confirmadas por um tribunal português para que possam ser executadas em Portugal, os títulos exarados em país estrangeiro não carecem de revisão para serem exequíveis, como se refere no n.º 2 do art. 49.º.

---

[75] As certidões de dívidas às instituições e serviços públicos integrados no Serviço Nacional de Saúde, por serviços ou tratamentos prestados, preenchidos que se encontrassem determinados requisitos, deixaram de constituir títulos executivos, por ter sido revogado o DL n.º 194/92, de 8 de Setembro. Agora o regime de cobrança dessas dívidas consta do DL n.º 218/99, de 15 de Junho, onde, para além de se institucionalizar o recurso à arbitragem para resolução dos conflitos com entidades seguradoras, se consagra, e como regra geral, a acção declarativa, com algumas especialidades. Isto por se ter reconhecido que a existência de título executivo não viera conferir maior celeridade aos procedimentos judiciais de execução das dívidas hospitalares, por, na generalidade dos casos, a existência do crédito reclamado judicialmente e a verdadeira identidade do devedor serem discutidos em sede de embargos de executado, em conformidade com a tramitação de uma acção declarativa.

Pelo seu Acórdão n.º 123/2004, de 2 de Março (DR, I Série, de 30.03.2004), o TC declarou a inconstitucionalidade, com força obrigatória geral, da norma constante do art. 7.º do DL n.º 218/99, onde se estabelece que devem ser propostas no tribunal da sede da entidade credora as acções previstas no diploma, por infracção ao disposto no art. 165.º, n.º 1, alínea p), da CRP, mas com a inconstitucionalidade só a produzir efeitos após a publicação no DR do acórdão que a declarou.

Compreende-se a diferença de regime, porquanto ao executado no caso de execução baseada em título extrajudicial são dadas maiores garantias para se defender (todas as garantias de um processo declaratório) do que no caso de a execução se basear em sentença, como se infere do confronto dos arts. 816.º e 814.º, n.º 1.

A exequibilidade dos documentos estrangeiros afere-se pela *lex fori*, ou seja, em conformidade com o que consta dos arts. 46.º e segs.

Devem os tribunais atribuir a esses documentos, desde que passados em conformidade com a lei do país onde foram exarados, todo o seu valor probatório, independentemente de legalização. Esta, porém, poderá ser exigida, se vierem a suscitar-se dúvidas sobre a autenticidade do documento ou sobre a autenticidade do reconhecimento, nos termos do n.º 2 do art. 365.º do CC.

A legalização, se necessária, far-se-á de harmonia com o disposto no art. 540.º, ou seja, pelo reconhecimento feito pelo agente diplomático ou consular português da assinatura do funcionário público estrangeiro que assinou o documento autêntico ou reconheceu a assinatura do devedor no documento particular. A assinatura do agente diplomático ou consular português deve, por sua vez, ser autenticada com o selo branco consular respectivo.

Para os países subscritores da Convenção de Haia de 5.10.61, relativa à supressão da exigência da legalização dos actos públicos estrangeiros[76], basta uma simples apostilha, a emitir pela autoridade competente do Estado donde o documento é originário, para o reconhecimento de documentos lavrados num dos Estados outorgantes e que devam ser apreciados em outro Estado outorgante.

Competentes em Portugal para emitir a apostilha são a Procuradoria-Geral da República e as procuradorias-gerais distritais, que funcionam na sede de cada distrito judicial[77].

Ante o estatuído nos arts. 50.º das Convenções de Bruxelas e de Lugano e 57.º, n.º 1, do Regulamento (CE) n.º 44/2001, do Conselho, de 22 de Dezembro de 2000, os actos autênticos exarados num Estado contratante ou num Estado membro (não os documentos particulares) e que aí tenham força executiva são declarados executórios noutro Estado contratante ou Estado membro, mesmo que aqui não fossem exequíveis,

---

[76] Portugal é parte nesta Convenção, que foi aprovada, para ratificação, pelo DL n.º 48 450, de 24.06.68, começando aqui a vigorar em 4.02.69.

[77] Cf. Aviso publicado no Diário do Governo, I Série, de 2.04.69.

mediante requerimento do interessado, em situação paralela à que ocorre com a declaração de executoriedade das sentenças. A declaração de executoriedade só poderá ser recusada se a execução do acto autêntico documentado for contrária à ordem pública do Estado requerido. Vale o mesmo regime, de harmonia com o disposto no art. 51.º das referidas Convenções, para as transacções celebradas perante o juiz, que tenham força executiva no Estado de origem, independentemente de qualquer sentença homologatória[78]. E, segundo o n.º 2 do citado art. 57.º do Regulamento, são igualmente de considerar actos autênticos os acordos em matéria de obrigações alimentares, celebrados perante autoridades administrativas ou por elas autenticados.

Presentemente, com a entrada em vigor do Regulamento (CE) n.º 805/2004, um instrumento autêntico relativo a um crédito pecuniário expressamente reconhecido pelo devedor, depois de certificado como título executivo europeu no Estado membro de origem, será executado nos outros Estados membros sem necessidade de *exequatur* e sem possibilidade de ser contestada a sua força executiva, apesar de ser possível requerer o reconhecimento e a declaração de executoriedade de um instrumento autêntico, nos termos do Regulamento (CE) n.º 44/2001 [arts. 25.º, n.º 2, e 27.º do Regulamento (CE) n.º 805/2004][79].

4. **O TÍTULO EXECUTIVO EUROPEU**

O Regulamento (CE) n.º 805/2004, do Parlamento Europeu e do Conselho, de 21 de Abril (adiante apenas designado por Regulamento), que entrou em vigor em 21 de Janeiro de 2005, directamente aplicável em todos os Estados membros (com excepção da Dinamarca), em conformidade com o TJUE, criou o título executivo europeu para créditos não contestados.

Coincide, quase totalmente, o âmbito de aplicação do Regulamento com o do Regulamento (CE) n.º 44/2001, do Conselho, de 22 de Dezembro de 2000.

Nos termos do art. 2.º, o Regulamento aplica-se em matéria civil e comercial, independentemente da natureza da jurisdição; daí poderem ser certificados, como títulos executivos europeus, os títulos que reconheçam créditos de carácter civil ou comercial.

---

[78] Cf. Miguel Teixeira de Sousa e outro, ob. cit., pp. 53 e 175.

[79] Cf. ponto n.º 4.

Não abrange o Regulamento as matérias fiscais, aduaneiras e administrativas nem a responsabilidade do Estado por actos e omissões no exercício do poder público; daí não poderem ser certificados como títulos executivos europeus os títulos que reconheçam a existência de créditos nesses domínios.

Ainda da aplicação do Regulamento estão excluídos: o estado, a capacidade das pessoas singulares e os direitos decorrentes de regimes matrimoniais, de testamentos e de sucessões; as falências e as concordatas em matéria de falência de sociedades ou outras pessoas colectivas, os acordos judiciais, os acordos de credores ou outros procedimentos análogos; a segurança social; e a arbitragem[80].

Refira-se também que resulta dos arts. 3.º, n.º 1, 4.º, n.º 2, e 16.º, alínea c), do Regulamento não incluir este no seu âmbito todos os títulos que incorporem créditos, mas apenas os respeitantes a prestações pecuniárias. E o montante destas tem de ser exigível, ou por já o ser ou por no título se indicar a data em que o será; também esse montante tem de ser líquido ou liquidável por simples cálculo aritmético, na sequência da contagem de juros de mora.

1) *Títulos Executivos Europeus*

Nos termos do art. 3.º, n.º 1, do Regulamento, poderão ser certificados como títulos executivos europeus, no concernente a créditos não contestados, as decisões, as transacções judiciais e os instrumentos autênticos.

Por créditos não contestados, segundo o mesmo preceito, devem ser considerados todos aqueles em que o devedor: tenha admitido expressamente a dívida, por meio de confissão ou de transacção homologada; nunca tenha deduzido oposição, de acordo com os requisitos processuais relevantes; não tenha comparecido nem se tenha feito representar na audiência relativa a esse crédito, depois de, no decurso da acção judicial, ter deduzido oposição, caso esse comportamento implique uma admissão tácita do crédito ou dos factos alegados pelo credor; ou tenha expressamente reconhecido a dívida por meio de instrumento autêntico.

---

80 Da exclusão da arbitragem resulta, como salienta Paula Costa e Silva ("O Título Executivo Europeu", 2005, p. 11), "que não possam ser certificadas como títulos executivos europeus decisões proferidas sobre créditos não contestados por tribunais arbitrais".

Serão tidas como decisões as que forem proferidas por um órgão jurisdicional de um Estado membro, independentemente da sua designação (acórdão, sentença, despacho judicial ou mandado de execução) e ainda os actos de fixação do montante das custas ou despesas do processo pelo secretário do tribunal (art. 4.º, n.º 1, do Regulamento)[81].

No respeitante às transacções, são susceptíveis de ser certificadas como títulos executivos europeus aquelas que tiverem sido homologadas ou celebradas perante um tribunal no decurso de um processo e sejam exequíveis no Estado membro onde essa homologação ou celebração ocorreram (art. 24.º, n.º 1, do Regulamento).

Relativamente aos instrumentos autênticos, podem ser certificados como títulos executivos europeus: os documentos que tenham sido formalmente redigidos ou registados como autênticos e cuja autenticidade esteja associada à assinatura e ao conteúdo dos instrumentos e tenham sido estabelecidos por uma autoridade pública ou outra autoridade competente para o efeito no Estado membro de origem; e ainda as convenções em matéria de obrigações alimentares celebradas perante autoridades administrativas ou por elas autenticadas (art. 4.º, n.º 3, do Regulamento).

Também poderão ser consideradas como títulos executivos europeus, através da emissão de certidões de substituição, mediante pedido apresentado a qualquer momento, as decisões proferidas na sequência de impugnação de decisões, transacções judiciais ou instrumentos autênticos certificados como título executivo europeu (arts. 3.º, n.º 2, 6.º, n.º 3, e 12.º, n.º 2, do Regulamento). Tendo em conta que o Regulamento é apenas aplicável aos créditos não contestados, a impugnação do devedor não pode consistir em oposição ao próprio crédito. "Isto porque, se ele deduzir este tipo de oposição, o crédito foi contestado na instância de recurso e, sendo o crédito contestado, não foi a decisão de substituição proferida sobre um crédito não contestado"[82].

---

[81] Mas aqui não se incluem as obrigações de pagamento originadas nos nossos procedimentos injuntivos, por não provindas de ordens judiciais, uma vez que a aposição da fórmula executória é da responsabilidade do secretário de justiça. Diversamente, por reconduzir a aposição desta fórmula a um mandado de execução, Paula Costa e Silva, "Processo de Execução", volume I (Títulos Executivos Europeus), 2006, pp. 154 e seg.

[82] Paula Costa e Silva, "O Título...", cit., p. 19.

Mas as coisas já não serão assim "se a oposição não se dirigir ao crédito, mas a qualquer excepção dilatória que afecte apenas a instância (nosso artigo 494.º do Código de Processo Civil), e não ao fundo da causa respeitante à existência do crédito, que se contesta"[83].

Não poderão assim, por exclusão de partes, serem certificados como títulos executivos europeus os documentos particulares assinados pelo devedor, os documentos a que, por disposição especial interna, seja atribuída força executiva e as decisões dos tribunais dos Estados membros proferidas em acções de dívida contestadas[84].

2) *A certificação dos títulos executivos europeus*

Das condições de certificação das decisões cuida o art. 6.º do Regulamento. Nele se diz que o tribunal de origem, mediante pedido apresentado a qualquer momento pelo credor, certificará uma decisão sobre um crédito não contestado, como título executivo europeu, uma vez preenchidos os seguintes requisitos:

a) Ser a decisão exequível no Estado membro de origem[85];
b) Não terem sido violadas, no processo donde emerge a decisão, as regras de competência enunciadas nas Secções 3 (competência em matéria de seguros) e 6 (competências exclusivas) do Capítulo II do Regulamento (CE) n.º 44/2001;
c) Terem sido observadas no processo, onde foi proferida a decisão sobre um crédito não contestado, as normas mínimas contidas nos arts. 12.º e segs. do Regulamento[86].

---

[83] Neves Ribeiro, "Processo Civil da União Europeia — II", 2006, p. 43.

Também, no sentido de a dedução de uma excepção dilatória não interferir com a qualificação do crédito contemplado no art. 3.º, n.º 1, do Regulamento, se pronuncia Paula Costa e Silva, "Processo de Execução", volume I, cit., pág. 35.

[84] Estas últimas decisões, como lembra Neves Ribeiro ("Processo Civil..., II", cit., p. 37) "poderão ser reconhecidas e executadas, no espaço da União Europeia, sendo caso, pelo recurso ao mecanismo do Regulamento n.º 44/2001, ou à Convenção de Bruxelas, conforme o instrumento que vigore entre as jurisdições envolvidas — regra geral o Regulamento indicado, só excepcionado pela Dinamarca (...). Ou então, a Convenção de Lugano, para o espaço judicial correspondente — o E.E.E. (Espaço Económico Europeu)".

[85] Assim, sendo este o Estado Português, pode ser certificada uma decisão não transitada em julgado, atento o disposto no art. 47.º, n.º 1, 2.ª parte, do CPC. Se tal ocorrer, a pendência da impugnação pode implicar, caso o devedor o solicite, a subordinação da execução à constituição de uma garantia ou mesmo à suspensão do processo de execução, nos termos do art. 23.º do Regulamento.

[86] Nestas incluem-se regras respeitantes à citação ou notificação com ou sem prova de recepção pelo devedor, à citação ou notificação dos representantes do devedor e à

Tendo em conta que o consumidor só pode ser demandado, face ao disposto no art. 16.º, n.º 2, do Regulamento (CE) n.º 44/2001, no Estado membro do seu domicílio, não pode ser certificada, como título executivo europeu, a decisão emanada de outro Estado membro que porventura o venha a condenar, mesmo tratando-se de crédito não contestado.

E a decisão proferida no Estado membro do domicílio do devedor, só será certificada, como título executivo europeu, quando:

a) O crédito não tenha sido contestado;
b) Disser respeito a um contrato celebrado pelo consumidor, com um fim estranho à sua actividade comercial ou profissional;
c) Coincidir o devedor com a pessoa do consumidor.

Dos pressupostos de certificação das transacções judiciais e dos instrumentos autênticos tratam, respectivamente, os arts. 24.º, n.º 1, e 25.º, n.º 1, do Regulamento.

No que concerne às transacções, refere-se que elas devem respeitar a créditos pecuniários, líquidos e exigíveis, que devem ter sido homologadas pelo tribunal ou celebradas perante um tribunal no decurso de um processo e que devem ser exequíveis no Estado membro onde tiverem sido homologadas ou celebradas. Diz-se ainda que serão certificadas como título executivo europeu mediante pedido apresentado ao tribunal que as homologou ou perante o qual foram celebradas.

No respeitante aos instrumentos autênticos, mediante pedido apresentado à autoridade designada pelo Estado membro de origem, serão certificados como título executivo europeu os instrumentos autênticos relativos a pagamento de um montante específico de dinheiro que se tenha tornado exigível ou para o qual se indique a data em que será exigível, desde que exequíveis num Estado membro.

A certificação acarreta necessariamente o reconhecimento do título, bem como a sua exequibilidade, nos demais Estados membros.

Refira-se ainda que, segundo o Regulamento, o acto de certificação não é recorrível, não obstante tal regime envolver a violação do princípio do contraditório, um dos componentes do processo equitativo[87].

---

informação adequada do devedor sobre o crédito e as diligências processuais necessárias para contestar o crédito.

[87] Cf. Paula Costa e Silva, "Processo de Execução", volume I, cit., pp. 50 e segs.

3) *A execução dos títulos executivos europeus*

Nos termos do art. 20.º, n.º 1, 1.ª parte, do Regulamento, com excepção do que ele disponha em contrário, os trâmites da execução são regulados pelo direito do Estado membro de execução, entendendo-se este como aquele em que é requerida a execução da decisão, transacção judicial ou instrumento autêntico de certificação como título executivo europeu.

E, segundo o art. 27.º, apesar do regime contido no Regulamento, nada obsta a que o interessado requeira o reconhecimento e a execução de uma decisão relativa a um crédito não contestado, de uma transacção homologada por um tribunal ou de um instrumento autêntico, nos termos do Regulamento (CE) n.º 44/2001.

Fica assim ao critério do credor optar ou pela certificação do título representativo do crédito não contestado junto do Estado membro de origem, a fim de proceder à sua execução em Estado diverso, ou pelo pedido de concessão de *exequatur* no Estado membro de destino[88].

Comecemos por atentar na execução das decisões.

Ora estas, bem como a sua certificação como título executivo europeu, não podem, em nenhuma circunstância, ser revistas quanto ao mérito no Estado membro de execução (art. 21.º, n.º 2, do Regulamento).

Depois, uma vez certificadas como título executivo europeu no Estado membro de origem, serão reconhecidas e executadas nos outros Estados membros, sem necessidade de declaração da executoriedade e sem possibilidade de ser contestado o seu reconhecimento (art. 5.º do Regulamento).

E serão executadas nas mesmas condições que uma decisão proferida no Estado membro de execução (art. 20.º, n.º 1, 2.ª parte, do Regulamento).

O requerimento executivo do credor deverá ser instruído, de harmonia com o disposto no art. 20.º, n.º 2, do Regulamento, com os seguintes documentos: uma certidão autêntica da decisão; uma certidão autêntica do título executivo europeu; e, se necessário, uma transcrição da certidão do título executivo europeu ou uma tradução desta na língua oficial do Estado membro de execução.

Baseado no facto de ser nacional de um país terceiro, ou de não estar domiciliado ou não ser residente no Estado membro de execução,

---

[88] Cf. Paula Costa e Silva, "Processo de Execução", volume I, cit., pp. 17 e seg.

não poderá ser exigida caução, garantia ou depósito a quem requeira num Estado membro a execução de uma decisão certificada como título executivo europeu noutro Estado membro (art. 20.º, n.º 4, do Regulamento).

Trata-se de uma regra de não discriminação em razão da nacionalidade europeia, em relação a nacionais de terceiros Estados, inspirada nos art. 45.º das Convenções de Bruxelas e de Lugano e no art. 51.º do Regulamento n.º 44/2001.

A pedido do devedor, diz-nos o art. 21.º, n.º 1, do Regulamento, será pelo tribunal competente recusada a execução, caso a decisão certificada como título executivo europeu seja inconciliável com outra decisão anteriormente proferida num Estado membro ou num país terceiro, sempre que: respeite às mesmas partes e à mesma causa de pedir; tenha sido proferida no Estado membro de execução ou aí possa ser reconhecida; não tenha sido alegada durante a acção judicial, no Estado membro de origem, a incompatibilidade para impugnar o crédito[89].

Para além destes fundamentos de oposição à execução emanados do direito comunitário, só excepcionalmente se poderão admitir outros, como o baseado na alínea g) do n.º 1 do art. 814.º, sempre que o executado demonstre que pagou a dívida em momento posterior à certificação do título[90].

Analisemos de seguida a execução das transacções judiciais e dos instrumentos autênticos.

Quanto a estes, dizem-nos os arts. 24.º, n.º 2, e 25.º, n.º 2, do Regulamento, que, depois de certificados como títulos executivos europeus nos Estados membros de origem, serão executados nos outros Estados membros sem necessidade de declaração de executoriedade e sem possibilidade de ser contestada a sua força executiva.

Também estes títulos executivos europeus serão executados nas mesmas condições que os idênticos títulos do Estado membro de execução (art. 20.º, n.º 1, 2.ª parte, por remissão dos arts. 24.º, n.º 3, e 25.º, n.º 3, todos do Regulamento).

---

[89] Mas, como salienta Paula Costa e Silva ("Processo de Execução", volume I, cit., p. 21), o tribunal de execução não pode recusar, oficiosamente, a execução de um título certificado como título executivo europeu, "mesmo que esteja na posse de elementos que lhe permitam conhecer a situação de incompatibilidade entre a decisão, cuja execução lhe é pedida, e a por si proferida.

[90] Cf. Neves Ribeiro, "Processo Civil..., II", cit., p. 87.

5. PROCESSO DE INJUNÇÃO

O processo de injunção ou processo monitório é uma criação do "génio italiano", na Alta Idade Média (*praeceptum o mandatum de solvendo cum clausula iustificativa*).

Tendo em conta que à execução só se pode aceder por meio de título executivo, adoptou-se em certos países um procedimento especial conducente a uma ordem ou mandado judicial de cumprimento de determinada prestação por parte do devedor, no seguimento da apreciação sumária de uma pretensão do credor, com total ausência de contraditório. Se a imposição não é satisfeita no prazo fixado, ou no seu decurso não é deduzida qualquer oposição por parte do intimado, a ordem judical é declarada executiva, podendo, consequentemente, servir de suporte ao processo executivo.

O procedimento de injunção é um tipo particular de processo de condenação, pertencendo à categoria dos que, na terminologia de Chiovenda, são de considerar como "averiguações com prevalente função executiva" (*accertamenti con prevalente funzione esecutiva*).

Dentre outros sistemas jurídicos, o processo de injunção é adoptado na Itália (arts. 633-656 do CPC), Alemanha (ξξ 688-703 da ZPO), França (arts. 1405-1425 do NCPC)[91] e Espanha (arts. 812 a 818 da LEC de 2000)[92]. Mas, enquanto na Itália, na França e na Espanha se optou pelo *processo monitório documental*, na Alemanha seguiu-se o *processo monitório puro*: caracteriza-se o primeiro por a ordem de pagamento assentar em documentos comprovativos da existência do crédito; no segundo, a ordem de pagamento baseia-se na simples afirmação, unilateral e não provada, do credor. Também deste último tipo é o procedimento europeu de injunção de pagamento constante do Regulamento (CE) n.º 1896/2006, do Parlamento Europeu e do Conselho, de 12 de Dezembro, por nele, face ao disposto no seu art. 12.º, n.º 4, alínea a), a injunção ser emitida exclusivamente com base nas informações prestadas pelo requerente e não verificadas pelo tribunal.

O diferente suporte da injunção determina que a apresentação da *oposição* por parte do devedor conduza a realidades processuais dis-

---

[91] Para o estudo comparado destes três sistemas, Luis Herrero Rubinat, "El Juicio Ejecutivo Cambiario", 1999, pp. 33 e segs.

[92] Para uma análise do processo de injunção em Espanha, onde surgiu pela primeira vez com a LEC de 2000, Juan Montero Aroca e outros, ob. cit., pp. 837 e segs.

tintas nos dois tipos de processo monitório. Assim, no *monitório puro*, a *oposição* faz cair a ordem de pagamento, iniciando-se um procedimento novo destinado a provar o crédito do requerente da injunção, como se a ordem de pagamento não tivesse sido emitida; no *monitório documental*, a *oposição* não provoca a queda da ordem de pagamento, mas a abertura dum processo declarativo em contraditório que terminará ou por manter aquela ordem ou por a declarar sem efeito, em conformidade com as provas produzidas e os debates havidos.

A ordem de pagamento para se tornar executiva necessita, uma vez decorrido o prazo de oposição sem ela ter sido oferecida, de um acto processual que lhe atribua essa eficácia: na Alemanha, o mandado de execução (ξ 699 I da ZPO), em Itália, a declaração de executoriedade do decreto injuntivo (art. 647 do CPC), em França, a aposição da fórmula executória sobre a ordenança por parte do escrivão do processo (art. 1422 do NCPC), em Espanha, um auto "despachando execução" (art. 816 da LEC) e, na injunção de pagamento europeia, a declaração da sua executoriedade por parte do tribunal (art. 18.º, n.º 1, do respectivo Regulamento).

Vejamos em que casos pode o credor, nos quatro países referidos e no quadro do procedimento europeu de injunção, requerer a *injunção*.

Na Alemanha, o pedido deve respeitar a uma quantia certa em dinheiro (ξ 688 da ZPO); em Itália, o direito que se faz valer deve ter por objecto uma soma líquida em dinheiro, uma quantidade determinada de coisas fungíveis ou a entrega de uma coisa móvel determinada (art. 633 do CPC); em França, a injunção de pagar reporta-se a créditos em dinheiro de montante determinado, tendo uma fonte contratual ou resultando de uma obrigação de carácter estatutário (art. 1405 do NCPC)[93]; em Espanha, a injunção suporta o pagamento de uma dívida em dinheiro, vencida e exigível, de quantidade determinada, não excedente a € 30 000 (art. 812.1 da LEC); no procedimento europeu, a injunção de pagamento visa a cobrança de créditos pecuniários líquidos e exigíveis na data em que é apresentado o requerimento de injunção (art. 4.º do respectivo Regulamento).

---

[93] Ao lado da *injunção de pagar*, surgiu em França com o decreto n.º 88-209, de 4 de Março de 1988, a *injunção de fazer* (arts. 1425-1 a 1425-9 do NCPC), com a diferença em relação àquela de, na falta de cumprimento por parte do devedor, no prazo fixado, não se seguir a emissão de um título executório, mas antes a abertura de um audiência normal com debate contraditório (art. 1425-8 do NCPC).

Atentemos na forma como o fenómeno injuntivo foi acolhido no nosso país.

E impõe-se desde logo referir que sob o nome de *injunção* se criou entre nós uma figura jurídica que nada tem a ver com a que, sob a mesma designação, vigora nos direitos italiano, francês e espanhol.

Com efeito, é da essência da *injunção* nestes direitos a emanação por parte do juiz, a solicitação do credor, e com base em apreciação sumária da pretensão por ele apresentada, *inaudita altera parte*, de uma ordem de pagamento de determinada quantia ou de satisfação de outra prestação em certo prazo[94].

Todavia, no nosso processo de injunção, não surge qualquer *ordem de pagamento*, nem sequer uma *intervenção do juiz*, caso a oposição não ocorra. À semelhança do que acontece em França, e na ausência de oposição (art. 1422 do NCPC), a imprescindível fórmula executória é também aposta, entre nós, por um oficial de justiça (na circunstância o secretário de justiça). Contudo, em França, antes da oposição da fórmula executória, na sequência da apresentação do requerimento de injunção para pagar por parte do credor, o juiz, à vista dos documentos apresentados e se a pretensão lhe parecer fundada, emite uma ordenança para pagamento da quantia solicitada (art. 1409 do NCPC). Ora, é este julgamento sumário por parte de um juiz que falta ao nosso processo, aliás todo ele sob o comando do secretário de justiça. E, se a este não deve ser negada a possibilidade de apor a fórmula executória sobre o documento, resultante da constatação de não ter sido apresentada a oposição, no prazo estipulado, já é inadmissível que ele, sem uma *injunção* (que os lexicólogos definem como *ordem formal, imposição*) emanada do juiz, depois de uma apreciação sumária da pretensão, proceda à notificação do requerido para pagar ao requerente aquilo que ele pede.

Temos assim como adquirido que no nosso sistema jurídico não se encontra consagrado um procedimento de injunção tal como se encontra consagrado nos direitos italiano, francês e espanhol, mas antes um *procedimento para aposição de fórmula executória*, que hoje reveste uma dupla modalidade, como veremos.

---

[94] Cf.: Satta e outro, ob. cit., pp. 893 e seg.; Andrea Lugo, ob. cit., p. 395; Comoglio e outros, ob. cit., p. 231; Girolamo Monteleone, ob. cit., pp. 469 e segs.; Gérard Cornu e Jean Foyer, "Procédure Civile", 3.ª edição, p. 737; Jean Vincent e Serge Guinchard, "Procédure Civile", 24.ª edição, p. 606; Juan Montero Aroca e outros, ob. cit., pp. 842 e seg.; e Andrés de la Oliva Santos e outros, ob. cit., pp. 489 e segs.

Aproxima-se o nosso direito, neste âmbito, do sistema alemão, onde a ordem de pagamento emana, não do juiz, mas do administrador do tribunal (*Rechtspfleger*), que a emite sem exame da pretensão formulada (§ 692 I, n.º 2, da ZPO). Contudo, deve ele apurar se se verificam os pressupostos processuais, se se preenchem os requisitos do processo monitório, se o pedido tem o conteúdo necessário e, quando prescrito, se o impresso foi utilizado (§§ 688, 690 e 703 c II da ZPO). Sendo o exame negativo, o pedido é rejeitado por despacho (§ 691 I da ZPO)[95]. De forma semelhante se passam as coisas no procedimento europeu de injunção de pagamento, levando em conta que nele o tribunal não se identifica necessariamente com o juiz (arts. 5.º, n.º 3, 11.º, n.º 1, e 12.º, n.º 1, do respectivo Regulamento).

Vejamos como o procedimento de injunção se encontra regulado entre nós.

A *injunção* surgiu com o DL n.º 404/93, de 10 de Dezembro, definida como a providência que visava conferir força executiva ao requerimento destinado a obter o cumprimento efectivo de obrigações pecuniárias decorrentes de contrato cujo valor não excedesse metade do valor da alçada do tribunal de 1ª instância (art. 1.º), logo, 250 000$00, por o valor desta alçada se encontrar na altura fixado em 500 000$00 (art. 20.º da Lei n.º 38/87, de 23 de Dezembro). Na falta de oposição por parte do requerido, o secretário judicial do tribunal apunha no requerimento de injunção a seguinte fórmula executória: "Execute-se" (art. 5.º).

O DL n.º 404/93 foi revogado pelo DL n.º 269/98, de 1 de Setembro (art. 7.º), que aprovou o RPCOP.

No RPCOP, considera-se *injunção* a providência que tem por fim conferir força executiva a requerimento destinado a exigir o cumprimento de obrigações pecuniárias emergentes de contratos de valor não superior a € 15 000 (art. 7.º)[96]. Ainda, e independentemente do valor da dívida, também se considera *injunção* a providência visando conferir

---

[95] Cf. Othmar Jauernig, "Direito Processual Civil" (tradução portuguesa da 25.ª edição alemã), 2002, p. 441.

[96] A cobrança de portagens não pagas através da utilização do sistema de Via Verde, por parte de quem aderiu ao sistema, pode ser efectuada através de um processo de injunção, dado a obrigação se fundar em incumprimento de contrato. Cf. Acórdãos da RL de 28.10.2004 (CJ, ano XXIX, tomo IV, p. 118) e de 20.01.2005 (CJ, ano XXX, tomo I, p. 89).

força executiva a requerimento destinado a exigir o cumprimento de obrigações pecuniárias emergentes de transacções comerciais abrangidas pelo DL n.º 32/2003, de 17 de Fevereiro (arts. 7.º, n.º 1, do DL n.º 32//2003 e 7.º do RPCOP, este na redacção do mesmo diploma legal).

O BNI, criado pela Portaria n.º 220-A/2008, de 4 de Março, como uma secretaria-geral, tem competência exclusiva em todo o território nacional para a tramitação dos procedimentos de injunção (art. 3.º da citada Portaria).

Resulta do art. 5.º da referida Portaria que o requerimento de injunção pode ser apresentado *em formato electrónico*, através do preenchimento e envio de formulário electrónico disponível no sistema informático CITIUS e do envio do ficheiro informático através do mesmo sistema informático, e *em formato de papel*, devendo neste caso ser entregue nas secretarias judiciais competentes, de acordo com o disposto no art. 8.º do RPCOP. No primeiro caso, vale como data da prática do acto processual a da confirmação da data do pagamento da taxa de justiça devida e, no segundo, a da respectiva entrega ou a da confirmação do pagamento da taxa de justiça se este não estiver efectuado no momento da entrega. Se o requerimento for entregue em formato de papel, compete à respectiva secretaria introduzir no sistema informático das injunções os dados dele constantes.

Só poderá ser efectuada por via electrónica a entrega do requerimento de injunção por advogado ou solicitador, sob pena de sujeição ao pagamento imediato de uma multa no valor de metade de uma unidade de conta, salvo alegação e prova de justo impedimento (art. 19.º do RPCOP).

Se as pessoas e entidades não tiverem possibilidade de aceder ao sistema CITIUS, podem entregar o ficheiro informático na secretaria judicial competente, valendo como data da prática do acto processual a da respectiva entrega, com obrigação para a secretaria em causa de introduzir no sistema informático das injunções os dados constantes do requerimento (art. 16.º, n.ºs 3 e 7, da Portaria n.º 220.º-A/2008).

O requerimento de injunção em formato de papel deve ser apresentado, à escolha do credor, na secretaria do tribunal do lugar do cumprimento da obrigação ou na secretaria do tribunal do domicílio do devedor (art. 8.º, n.º 1, do RPCOP). Do requerimento de injunção deve constar, quer seja apresentado em formato de papel quer por meios electrónicos, *inter alia*, uma exposição sucinta dos factos que fundamentam a pretensão[97] e a formulação do pedido, com discriminação do valor do capital, juros vencidos e outras quantias devidas; ainda deve nele o requerente indicar se pretende que o processo seja apresentado à distribuição, no caso de se frustrar a notificação, e, em caso afirmativo, indicar o tribunal competente para apreciação dos autos (art. 10.º, n.º 2, do RPCOP). Sempre que seja o caso, deve-se no requerimento indicar que se trata de transacção comercial abrangida pelo DL n.º 32/2003, de 17 de Fevereiro [art. 10.º, n.º 2, alínea g), do RPCOP, na redacção do citado decreto-lei][98].

As notificações a realizar pelo BNI são elaboradas por meio do sistema informático, com aposição de assinatura electrónica (art. 11.º, n.º 1, da Portaria n.º 220-A/2008).

No que concerne aos actos processuais das partes (v.g., oposição, reclamação do acto de recusa do requerimento de injunção, reclamação do acto de recusa da aposição da fórmula executória, desistência do pedido), devem ser apresentados no BNI, segundo os arts. 7.º e 8.º da Portaria n.º 220-A/2008, por uma das seguintes formas: envio através do sistema informático CITIUS, valendo como data da prática do acto processual a da respectiva expedição; entrega, em suporte de papel, valendo como data da prática do acto processual a data da respectiva entrega; remessa pelo correio, sob registo, valendo como data da prática do acto processual a da efectivação do respectivo registo postal; e envio através de telecópia, valendo como data da prática do acto processual a da expedição.

A apresentação do requerimento de injunção pressupõe o pagamento prévio da taxa de justiça, que pode ser efectuado através de sistema electrónico (obrigatório sempre que o requerimento seja apresentado em formato electrónico), numerário ou cheque visado e ainda por depósito em conta quando o requerimento de injunção seja apresen-

---

[97] Com fundamento nesta exigência, refere-se no Acórdão da RC de 23.10.2007 (CJ, ano XXXII, tomo IV, p. 38) que o requerente da injunção não está dispensado de indicar a causa de pedir. O requerimento de injunção de pagamento europeu deve mencionar, segundo a alínea d) do n.º 2 do art. 7.º do Regulamento (CE) n.º 1896/2006, já citado no texto, a *causa de pedir*, "incluindo uma descrição das circunstâncias invocadas como fundamento do crédito e, se necessário, dos juros reclamados".

[98] Se for apresentado por meios electrónicos, o requerimento de injunção não tem de ser assinado, assegurando o sistema informático a identificação do requerente ou mandatário que procede à apresentação do requerimento (n.º 7 do art. 10.º do RPCOP, aditado pelo DL n.º 226/2008, de 20 de Novembro).

tado por entrega na secretaria judicial (art. 9.º, n.os 1, 2 e 3, da Portaria n.º 20-A/2008).

Nos termos do n.º 3 do art. 7.º do RCP, a taxa de justiça devida pela apresentação de requerimento de injunção e de oposição à injunção determina-se de acordo com a tabela II a ele anexa. E, segundo esta, é dos seguintes montantes: 0,5 UC, quando o procedimento tenha valor até € 5000; 1 UC, quando o procedimento tenha valor entre € 5000,01 e € 15 000; e 1,5 UC, quando o procedimento tenha valor a partir de € 15 000,01[99].

Os valores das taxas referidos são reduzidos a metade se o requerimento de injunção for apresentado por via electrónica (art. 6.º, n.º 4, do RCP).

Na falta de junção do documento comprovativo do pagamento da taxa de justiça, é desentranhada a respectiva peça processual (art. 20.º do RPCOP).

Tendo em conta que o procedimento de injunção decorre perante um secretário de justiça, não se lhe aplica o disposto no art. 17.º, n.º 1, da Lei n.º 34/2004, de 29 de Julho, na redacção da Lei n.º 47/2007, de 28 de Agosto, onde se prescreve que o regime de apoio judiciário se aplica em todos os tribunais, nos julgados de paz e noutras estruturas de resolução alternativa de litígios a definir por portaria. Daí não beneficiar o requerente da injunção do benefício do apoio judiciário na modalidade de dispensa de pagamento de taxa de justiça[100].

Não sendo o requerimento recusado pelo BNI, o que só pode ocorrer nas situações de natureza formal taxativamente previstas no n.º 1 do art. 11.º do RPCOP, o secretário de justiça notifica o requerido, através de sistema informático, com aposição de assinatura electrónica,

---

[99] A unidade de conta processual (UC) foi criada pelo art. 5.º do DL n.º 212/89, de 30 de Junho, em substituição da unidade de conta processual penal (UC) e da unidade de conta de custas (UCC).

Segundo o n.º 2 do art. 5.º do RCP, a UC é actualizada anual e automaticamente de acordo com o indexante dos apoios sociais (IAS), atendendo-se, para o efeito, ao valor da UC respeitante ao ano anterior. Em 20 de Abril de 2009, data do início do novo sistema de cálculo da UC, nos termos do art. 22.º do DL n.º 34/2008, de 26 de Fevereiro, a UC foi fixada em um quarto do valor do IAS vigente em Dezembro do ano anterior, com a primeira actualização a ocorrer em Janeiro de 2010.

A UC em que se exprime a taxa de justiça vale para os processos que correm termos nos tribunais judiciais e nos tribunais administrativos e fiscais (art. 2.º do RCP).

[100] Cf. Salvador da Costa, "A Injunção e as Conexas Acção e Execução", 6.ª edição, pp. 292 e segs.

para, em 15 dias, pagar ao requerente a quantia pedida, acrescida da taxa de justiça por ele paga, ou para deduzir oposição à pretensão (art. 12.º, n.º 1, do RPCOP). Em caso da falta de pagamento destas quantias, são ainda devidos juros de mora desde a data da apresentação do requerimento e juros à taxa de 5% ao ano a contar da data da aposição da fórmula executória [art. 13.º, alínea d), do RPCOP][101].

Se, depois de notificado, o requerido não deduzir oposição, o secretário de justiça aporá no requerimento a seguinte fórmula: "Este documento tem força executiva" (art. 14.º, n.º 1, do RPCOP).

A aposição da fórmula executória é efectuada por meios electrónicos, através da assinatura electrónica do secretário de justiça, que utilizará um dos seguintes meios de assinatura: certificados de assinatura electrónica qualificada emitidos no âmbito do Sistema de Certificação Electrónica do Estado; ou certificados de assinatura electrónica avançada especialmente emitidos para o efeito pelo Instituto das Tecnologias de Informação na Justiça, I.P (art. 12.º da Portaria n.º 220-A/2008).

Uma vez aposta a fórmula executória, o BNI disponibiliza ao requerente os dados do requerimento de injunção em que tenha sido aposta a fórmula executória, através do endereço electrónico http://www.tribunaisnet.mj.pt., sem prejuízo de o requerente, que tenha indicado o seu endereço de correio electrónico, receber por este meio o título executivo em formato electrónico (arts. 14.º, n.º 5, do RPCOP e 13.º, n.os 1 e 3, da Portaria n.º 220-A/2008)[102].

O secretário de justiça só pode recusar a aposição da fórmula executória se o pedido for superior ao valor de € 15 000, a menos que se trate de transacção comercial abrangida pelo DL n.º 32/2003, do que se

[101] Os últimos juros são de qualificar como *compulsórios* e encontram-se igualmente previstos no n.º 4 do art. 829.º-A do CC. O montante destes juros, em processo de injunção, reverte, em partes iguais, para o exequente e para o IGFIJ (art. 21.º, n.º 3, do RPCOP).

[102] Diversamente do que consta no n.º 5 do art. 14.º do RPCOP, na redacção do DL n.º 226/2008, de 20 de Novembro, onde se refere que a secretaria disponibilizará ao requerente o requerimento de injunção depois de aposta a fórmula executória, diz-se no novo n.º 3 do art. 814.º do CPC, também na redacção do mesmo DL n.º 226/2008, que, nas execuções baseadas em requerimento de injunção ao qual tenha sido aposta fórmula executória, o expediente respeitante à injunção é enviado oficiosamente ao tribunal competente para a execução. Tendo em conta que no processo executivo comum, como resulta dos arts. 657.º-A e 810.º do CPC, a iniciativa da execução depende da vontade do credor, perante a contradição insanável entre aquelas duas normas, deve dar-se prevalência à primeira, sujeitando a segunda a uma interpretação revogatória.

fará expressa menção no requerimento, ou se não estiver em causa o cumprimento de obrigação pecuniária emergente de contrato ou de transação comercial (art. 14.º, n.º 3, do RPCOP). Do acto de recusa da aposição da fórmula executória cabe reclamação para o juiz ou, no caso de tribunais com mais de um juiz, para o que estiver de turno à distribuição (art. 14.º, n.º 4, do RPCOP).

Se o requerido deduzir oposição ou a sua notificação se frustrar, no caso em que o requerente tenha indicado no requerimento de injunção que pretende que o processo, verificada uma dessas ocorrências, seja apresentado à distribuição, ou sempre que se suscite questão sujeita a decisão judicial, o secretário apresentará os autos à distribuição que imediatamente se seguir (art. 16.º do RPCOP). Feita esta, seguem-se os termos da acção declarativa especial para cumprimento de obrigações pecuniárias emergentes de contratos, com as necessárias adaptações, podendo o juiz, uma vez recebidos os autos, convidar as partes a aperfeiçoar as peças processuais (art. 17.º, n.ºs 1 e 3, do RPCOP). Se o réu deduzir oposição cuja falta de fundamento não devesse ignorar, será condenado, na sentença final, em multa de montante igual a duas vezes o valor da taxa de justiça devida na acção declarativa (art. 17.º, n.º 4, do RPCOP).

Tratando-se de injunção originada no incumprimento de obrigação emergente de transacção comercial abrangida pelo DL n.º 32/2003, de valor superior a € 15 000, a dedução de oposição e a frustração da notificação determinam a remessa dos autos para o tribunal competente, aplicando-se a forma de processo comum (art. 7.º, n.º 2, do citado DL n.º 32/2003, na redacção do DL n.º 107/2005, de 1 de Julho).

No que concerne às acções destinadas a exigir o cumprimento de obrigações pecuniárias resultantes de transacções comerciais de valor não superior € 15 000, seguem os termos da acção declarativa especial para cumprimento de obrigações pecuniárias emergentes de contratos (art. 7.º, n.º 4, do referido DL n.º 32/2003, também na redacção do DL n.º 107/2005).

Seguindo o procedimento de injunção como acção, tanto o autor como o réu devem pagar a taxa de justiça regularmente prevista, no prazo de 10 dias a contar da data da distribuição, descontando-se ao autor o valor pago pela apresentação do requerimento de injunção (art. 7.º, n.º 4, do RCP).

Na Alemanha, onde o nosso processo de injunção se inspirou, como atrás vimos, se for formulada oposição pelo devedor, é o processo remetido oficiosamente pelo administrador do tribunal ao tribunal designado no requerimento do procedimento monitório ou ao acordado pelas partes (§ 700 III da ZPO). A remessa é inimpugnável, iniciando-se com ela o processo litigioso perante o juiz, no tribunal de destino[103].

Sendo deduzida oposição à injunção de pagamento europeu, a acção prossegue nos tribunais competentes do Estado membro de origem, de acordo com as normas de processo civil comum, salvo se o requerente tiver expressamente solicitado que, nesse caso, se ponha termo ao processo (art. 17.º, n.º 1, do Regulamento respectivo).

Ao lado da *injunção*, existe na nossa realidade jurídico-processual um outro *procedimento para aposição de fórmula executória*, sob a forma de uma acção declarativa especial, para exigir o cumprimento de obrigações pecuniárias emergentes de contratos de valor não superior a € 15 000.

Na petição inicial, o autor exporá sucintamente a sua pretensão e os respectivos fundamentos, devendo o réu ser citado para contestar, no prazo de 15 dias, se o valor da acção não exceder a alçada do tribunal de 1.ª instância, ou no prazo de 20 dias, nos restantes casos (art. 1.º, n.ºs 1 e 2, do RPCOP, na redacção do DL n.º 107/2005).

Se o réu, tendo sido citado pessoalmente, não contestar, o juiz limita-se a conferir força executiva à petição, salvo se ocorrerem, de forma evidente, excepções dilatórias ou o pedido for manifestamente improcedente (art. 2.º do RPCOP).

Havendo contestação, o duplicado desta só é remetido ao autor com a notificação do despacho que designa a data da audiência de julgamento (art. 1.º, n.º 4, do RPCOP). Daí ser de concluir não ser admissível *resposta* a qualquer excepção deduzida e muito menos a pedido reconvencional que, consequentemente, não pode ser deduzido pelo réu[104].

Prosseguindo a acção, pode o juiz julgar de imediato procedente alguma excepção dilatória ou nulidade de conhecimento oficioso ou decidir do mérito da causa (art. 3.º, n.º 1, do RPCOP). Não se verificando esta situação, ocorrerá uma audiência de julgamento que, na hipótese de se frustrar a conciliação que o juiz deve tentar, terminará, após a produção da prova e as alegações orais dos mandatários, com a sentença, sucintamente fundamentada, ditada para a acta (arts. 3.º, n.ºs 2 a 5, e 4.º do RPCOP, na redacção do DL n.º 107/2005, de 1 de Julho).

---

[103] Cf. Jauernig, ob. cit., p. 444.

[104] Cf. Lebre de Freitas, "A Acção Declarativa Comum", 2000, p. 323.

Somos de opinião não se justificar a existência desta acção declarativa especial quando o valor da acção não excede a alçada do tribunal de 1.ª instância, uma vez que o seu formalismo coincide no essencial, e hoje ainda mais após a nova redacção dada aos arts. 795.º e 796.º do CPC pelo DL n.º 375-A/99, de 20 de Setembro[105], e aos arts. 1.º, 3.º e 4.º do RPCOP pelo DL n.º 107/2005, de 1 de Julho, com o da acção de processo sumaríssimo. Tendo em conta que a razão de ser da autonomização dessa acção especial se baseia na circunstância de o juiz dever conferir força executiva à petição, em caso de falta de contestação, então a situação resolvia-se com a introdução de um novo número no art. 794.º, donde constasse ser esse o regime a seguir sempre que a demanda respeitasse ao cumprimento de obrigações pecuniárias emergentes de contratos de valor não superior à alçada do tribunal de 1.º instância.

Refiramo-nos agora expressamente ao Regulamento (CE) n.º 1896/ /2006 do Parlamento Europeu e do Conselho, de 12 de Dezembro, que cria um procedimento europeu de injunção de pagamento, aplicável a partir de 12 de Dezembro de 2008, a que temos aludido no decurso deste ponto.

O Regulamento é aplicável a matéria cível e comercial, em casos transfronteiriços, independentemente da natureza do tribunal (art. 2.º, n.º 1), sendo considerado como caso transfronteiriço aquele em que pelo menos uma das partes tem domicílio ou residência habitual num Estado membro distinto do Estado membro do tribunal demandado (art. 3.º, n.º 1) e como tribunal qualquer autoridade de um Estado membro competente em matéria de injunções de pagamento europeias ou em quaisquer outras matérias conexas (art. 5.º, n.º 3).

Destina-se o procedimento europeu de injunção de pagamento à cobrança de créditos pecuniários líquidos e exigíveis na data em que é apresentado o requerimento de injunção (art. 4.º).

Não sendo o requerimento de injunção recusado, o tribunal emite uma injunção de pagamento europeia que adquirirá força executiva, a menos que seja apresentada uma declaração de oposição no prazo de 30 dias a contar da notificação do requerido (arts. 12.º e 16.º).

Adquirida força executiva no Estado membro de origem, a injunção de pagamento europeia é reconhecida e executada nos outros Estados

---

[105] O art. 796.º foi posteriormente modificado pelo pelo DL n.º 183/2000, de 10 de Agosto.

membros sem necessidade de uma declaração de executoriedade e sem possibilidade de contestação do seu reconhecimento (art. 19.º).

A injunção de pagamento europeia não pode ser reapreciada quanto ao mérito no Estado membro de execução (art. 22.º, n.º 3), sendo executada nas mesmas condições que uma decisão executória proferida no Estado membro de execução (art. 21.º, n.º 1).

6. NATUREZA JURÍDICA DO TÍTULO EXECUTIVO

Discute-se na doutrina a verdadeira essência do título executivo em vista à fixação de um conceito unitário que compreenda tanto os títulos judiciais como os extrajudiciais[106].

Duas teses fundamentais se confrontam neste domínio: a de Carnelutti e a de Liebman. Para o primeiro, que tomou como ponto de partida o título extrajudicial, o título executivo é o próprio documento; para o segundo, que tomou como ponto de partida o título judicial, o título executivo é o acto documentado, enquanto tal.

Segundo Carnelutti, o título executivo é um *documento* a que a lei atribui o efeito de prova legal do crédito que se pretende executar.

Ao órgão executivo apenas compete apreciar se o título exibido reune os requisitos legais necessários para ter força executiva, não lhe sendo lícito recusá-lo, como fundamento da execução, com base em dúvidas sobre a existência do direito do exequente.

Segundo Liebman, o título executivo é um *acto jurídico* com eficácia constitutiva, por exprimir a vontade concreta do Estado de que se proceda a uma determinada execução.

Para ele, a acção executiva é autónoma e independente do direito substancial do exequente. O título é fonte autónoma da acção no sentido de que a liberta do direito substancial do exequente, fazendo-a viver uma existência própria e separada.

Assim, o exequente munido de título não tem de provar a existência do seu crédito; por seu turno, o devedor não pode invocar directamente, para impedir a execução, qualquer facto extintivo do crédito, devendo socorrer-se, para esse efeito, de uma acção destinada a anular o título.

---

[106] Cf.: Alberto dos Reis, ob. cit., pp. 98 e segs. (o mais seguido na exposição do texto); Lebre de Freitas, "A Acção Executiva", cit., pp. 66 e segs.; Anselmo de Castro, ob. cit., pp. 49 e segs.; José João Baptista, "Acção Executiva", 9.ª edição, pp. 70 e segs.; e Andrés de la Oliva Santos e outros, ob. cit., pp. 34 e segs.

Ocorreria aqui uma situação semelhante à dos negócios jurídicos abstractos (v.g., negócios cambiários), uma vez que se abstrai da causa de formação do título para dar valor somente à sanção que ele integra.

As duas teses resumidamente delineadas não satisfazem plenamente.

No que concerne à de Carnelutti, por não explicar a razão por que a sentença de mera apreciação não constitui título executivo, apesar de assegurar um grau de certeza do direito que não detêm nem os títulos extrajudicias nem a sentença de condenação pendente de recurso.

No que tange à de Liebman, por não explicar a força executiva dos títulos extrajudiciais, dado estes não exprimirem nenhuma vontade sancionadora do Estado de que se proceda a determinada execução, mas antes a declaração de vontade pela qual o devedor se obriga.

À luz da nossa lei processual o título é o próprio *documento*. Com efeito, o título executivo não surge enquanto o *documento* se não forma, quer este certifique o acto do juiz quer certifique o negócio jurídico celebrado entre as partes. E a prová-lo está ainda a circunstância de o mesmo *negócio jurídico* ser ou não ser fonte da acção executiva, conforme preencha ou não a *forma* de uma das figuras previstas na lei como título executivo.

Depois, como certeiramente salienta Manuel de Andrade[107], "pode o acto documentado ser ineficaz ou terem cessado os seus efeitos e a execução todavia ser instaurada e prosseguir, em termos de alguns dos seus efeitos perdurarem mesmo depois de declarada aquela ineficácia ou extinção".

Contudo, o normal, como refere Couture[108], é que tanto o conceito de direito material como o conceito de direito instrumental coincidam e que o titular de um direito tenha em seu poder o documento que o justifica; daí a execução promover-se em virtude do direito e do documento, se bem que não seja forçoso que assim aconteça.

Deve, assim, o título reunir a dupla exigência de conter uma obrigação que se pretende executar e cumprir as condições formais que o apresentem apto para a execução[109].

---

[107] Ob. cit., p. 59.

[108] Eduardo J. Couture, "Fundamentos del Derecho Procesal Civil", 3.ª edição, 1962, p. 451.

[109] Cf. Rubinat, ob. cit., p. 60, citando Prieto Castro.

7. USO DESNECESSÁRIO DO PROCESSO DE DECLARAÇÃO

Tendo o credor a seu favor uma sentença condenatória, não poderá intentar contra o devedor uma nova acção de condenação com o mesmo pedido e a mesma causa de pedir, sob pena de a ver naufragar por verificação da excepção dilatória, de conhecimento oficioso, do caso julgado, face ao disposto nos arts. 494.º e 495.º.

Mas se, em vez de uma sentença condenatória, o credor tiver a seu favor um título executivo extrajudicial, poderá valer-se do processo de declaração, a fim de obter um título mais completo e seguro, qual seja aquela sentença ou um acto de valor equivalente?

O nosso ordenamento jurídico permite-lhe que o faça, sem correr o risco de ver a sua pretensão indeferida ou votada ao insucesso.

Mas, por uma razão de economia processual, a lei desaconselha o credor a seguir esse caminho, impondo-lhe, desde que disponha de um título com *incontroversa* força executiva, o *ónus jurídico* de se socorrer, logo e em primeira linha, do processo de execução[110].

Se o não fizer, e embora *vencedor*, deve arcar com as custas do processo. É o que resulta do art. 449.º, n.os 1 e 2, alínea c).

Mas, para que essa condenação em custas ocorra, segundo o normativo citado, impõe-se a verificação dos seguintes requisitos:

a) que o réu não conteste a acção declaratória;
b) que o autor se encontre munido de um título com manifesta força executiva.

Vale o mesmo regime, nos termos da alínea d) do n.º 2 citado art. 449.º, sempre que o autor opte pelo recurso ao processo de declaração quando podia propor acção declarativa especial para cumprimento de obrigações pecuniárias ou recorrer a processo de injunção ou a outros análogos previstos por lei.

---

[110] Cf. Antunes Varela e outros, ob. cit., p. 96.

TÍTULO III

AS PARTES

8. PARTES PRINCIPAIS E PARTES ACESSÓRIAS

Os conceitos de *partes principais* e *partes acessórias* coincidem, em geral, na acção declarativa e na acção executiva.

Partes principais são as pessoas que pedem a composição de um litígio e aquelas em relação às quais tal composição é pedida, as que requerem uma determinada providência e aquelas contra quem a providência é solicitada, as que propõem a demanda e aquelas relativamente às quais a demanda é proposta[111], ou, ainda, as que procuram para si próprio protecção jurídica perante o tribunal e aquelas contra quem a protecção jurídica é pedida[112].

O conceito de parte deriva do conceito de relação processual, origina-se na *demanda* e não na relação material que é objecto do litígio[113].

É assim uma noção puramente formal completamente desligada do direito substantivo; donde não se poder afirmar que o autor seja o sujeito da relação jurídica litigiosa[114].

Todo o processo é baseado no sistema de duas partes principais a quem competem os mesmos direitos e deveres; daí se aludir ao princípio de *igualdade de armas* ou de *igualdade perante o juiz*[115].

Partes acessórias são as pessoas portadoras de certos interesses conexos com os interesses em causa num processo, admitidas a nele intervir numa posição subordinada à de uma das partes principais e

---

[111] Cf. Mandrioli, ob. cit., vol. I, p. 278.

[112] Cf. Jauernig, ob. cit., p. 98.

[113] Cf. Chiovenda, ob. cit., tomo II, 1.ª edição, 1940, p. 264.

[114] Cf. Jauernig, ob. cit., pp. 98 e seg.

[115] Ibidem, pp. 102 e seg.

apenas para a coadjuvar, mantendo-se, consequentemente em relação a ela numa posição subalterna. A sua actuação faz-se por um direito alheio.

No processo de execução, são necessariamente partes principais as pessoas que promovem e contra quem é promovida a execução. Aquelas denominam-se *exequentes* e estas *executados* e correspondem, respectivamente, aos *autores* e *réus*, no processo de declaração.

Como partes acessórias, à semelhança do que ocorre no processo de declaração, figuram, no processo de execução, se bem que aqui sem grande projecção, os *assistentes* (art. 335.º). Podem, sobretudo, surgir, com interesse relevante, nos processos declarativos enxertados, como o de oposição à execução, o de embargos de terceiro ou o da reclamação e verificação dos direitos reais caducáveis, desde que titulares de relações jurídicas susceptíveis de serem afectadas na sua consistência prática ou económica por decisão desfavorável ao assistido[116].

Há quem sustente que os adquirentes de bens na execução (compradores, remidores e preferentes) são igualmente de considerar partes acessórias.

Não se perfilha tal entendimento, uma vez que aquelas entidades não se apresentam como portadores de interesses subordinados aos das partes principais nem ficam em relação a elas numa posição subalterna. São antes de considerar como *terceiros*[117]. Não têm outro interesse senão o de adquirir os bens penhorados[118].

9. AS POSIÇÕES DO CÔNJUGE E DOS CREDORES DO EXECUTADO

Feita a penhora, são citados para a execução, nos termos do art. 864.º, n.º 3, o cônjuge do executado e os credores que sejam titulares de direito real de garantia, registado ou conhecido.

Uma vez no processo, tanto aquele como estes adquirem alguns dos poderes processuais que competem, respectivamente, ao executado e ao exequente.

---

[116] Cf. Acórdão do STJ de 30.06.98, BMJ, 478, p. 303.

[117] Cf., neste sentido: Anselmo de Castro, ob. cit., pp. 82 e seg.; e José João Baptista, ob, cit., p. 41.

[118] Cf. Valentín Cortés Domínguez e outros, ob. cit, p. 422.

Como a falta da sua citação tem o mesmo efeito que a falta de citação do réu, nos termos do n.º 11 da disposição legal citada, devem ser considerados como *partes* no processo. Mas *partes principais* ou *acessórias*?

Analisemos separadamente a situação de cada um deles.

1) *Cônjuge do executado*

A intervenção do cônjuge do executado ocorre em três tipos de situações:

a) Quando sejam penhorados bens comuns do casal, por não se conhecerem bens suficientes próprios do executado, nos termos do n.º 1 do art. 825.º;
b) Quando a penhora tenha recaído sobre bens imóveis ou estabelecimento comercial que o executado não possa alienar livremente;
c) Quando o cônjuge do executado aceita a comunicabilidade da dívida, depois de citado ou notificado para o efeito, nos termos dos n.os 2 e 6 do art. 825.º.

No primeiro caso, ao cônjuge é permitido requerer, por apenso ao processo de execução, a separação de bens, que se organizará em processo de inventário, como determina o art. 1406.º. Neste processo de inventário, o cônjuge, que tem o direito de escolher os bens que integrarão a sua meação, será parte principal. Mas nenhuma intervenção terá no processo de execução, pelo que neste não poderá ser considerado como parte.

Diversamente, se o cônjuge do executado, na sequência da sua citação, não requerer a separação de bens nem juntar certidão comprovativa da pendência de acção em que a separação já tenha sido requerida, intervirá na execução ao lado do executado como parte principal, onde, além do mais, poderá deduzir oposição à execução e à penhora (art. 864.º-A, n.º 1).

No segundo caso, a situação do cônjuge é algo diversa.

"Feita a penhora em bens imobiliários, dizia-se no art. 833.º do Cód. de Processo Civil de 1876, será a mulher do executado citada para *assistir* aos termos ulteriores da execução".

Os poderes processuais do cônjuge confinavam-se assim aos de mero *assistente*.

A partir do Código de 1939, a expressão "para assistir aos termos da execução" foi suprimida, apesar de ter chegado a constar do art. 1225.º do projecto deste Código[119].

Hoje, o chamamento do cônjuge visa alcançar no processo executivo a mesma finalidade que é prosseguida pela imposição da propositura contra ambos os cônjuges de acções de que possa resultar a perda ou oneração de bens que só por ambos possam ser alienados (art. 28.º-A).

Daí o estabelecido no art. 864.º-A, n.º 1, onde se consagra, para a situação que analisamos, que o cônjuge do executado "é admitido a deduzir no prazo de 10 dias, ou até ao termo do prazo concedido ao executado, se terminar depois daquele, oposição à execução ou à penhora e a exercer, no apenso de verificação e graduação de créditos e na fase do pagamento, todos os direitos que a lei processual confere ao executado".

A partir da sua citação, o cônjuge fica ao lado do executado numa situação de litisconsórcio passivo, com os poderes de ambos totalmente equiparados.

Donde ser de concluir que o cônjuge do executado, quando convocado na sequência da penhora de bens imóveis, adquire, na acção executiva, o estatuto de *parte principal.*

O mesmo estatuto é por ele assumido no terceiro caso atrás referido, ou seja, quando aceita que a dívida deva ser considerada comum, para os efeitos da execução. E isto por, nos termos do n.º 3 do art. 825.º, numa situação destas, a execução prossegue também contra ele, podendo nela serem subsidiariamente penhorados os seus bens próprios.

2) *Credores do executado*

Como adiante melhor veremos, a acção executiva, que pelo Código de 1939 era praticamente universal, passou a ser pelo actual, em princípio, singular, correndo quase exclusivamente entre o exequente e o executado.

A intervenção de outros credores ficou limitada ao indispensável para a expurgação de encargos sobre os bens que hão-de ser vendidos

[119] Deve-se a Barbosa de Magalhães a sua supressão, ao defender que a situação jurídica do cônjuge na execução não era a de mero assistente, como resultava da leitura dos artigos do projecto relativos à assistência. Cf. "Estudos sobre o novo Código de Processo Civil", 1.º vol., 1940, pp. 136-138.

ou adjudicados. Daí só serem citados para a execução os credores a favor de quem tais encargos se encontrem estabelecidos.

Alguns poderes processuais são contudo atribuídos a estes credores, uma vez admitidos no processo.

Assim: podem requerer, em pagamento do seu crédito, a adjudicação de bens sobre os quais hajam invocado garantia (art. 875.º, n.º 2); são ouvidos sobre a modalidade da venda e o valor base dos bens sobre que tenham garantia (art. 886.º-A, n.ºs 1 e 2); são dispensados do depósito (ou de parte dele) do preço dos bens que adquiram desde que tenham garantia sobre eles (art. 887.º, n.º 1); intervêm na venda das propostas em carta fechada dos bens sobre que tenham garantia (art. 894.º); e possibilitam a venda por negociação particular, quando o exequente ou o executado propõe um comprador ou um preço [art. 904.º, alíneas a) e b)], a venda em estabelecimento de leilão [art. 906.º, n.º 1, alínea a)], ou a venda em leilão electrónico [art. 907.º-B, n.º 1, alínea a)], nestas últimas vendas no que concerne aos bens sobre que tenham garantia.

Contudo, estes poderes são insuficientes para os credores poderem ser considerados como partes principais[120].

E isto por a relação processual se encontrar na disponibilidade exclusiva do exequente e do executado que a podem fazer extinguir em qualquer estado do processo, a menos que haja créditos já vencidos e reclamados, caso em que os respectivos credores podem requerer, no prazo de dez dias, contados da notificação da extinção da execução, o seu prosseguimento, mas somente quanto aos bens sobre que incide a garantia real invocada pelos requerentes (art. 920.º, n.º 2).

Também o impulso processual está negado aos credores que nada podem fazer quando a execução se encontre parada por culpa do exequente. Mas presentemente qualquer credor, cujo crédito esteja vencido e tenha sido reclamado para ser pago pelo produto da venda dos bens penhorados, pode substituir-se ao exequente na prática de acto que ele tenha negligenciado desde que tenham passado três meses sobre o início da actuação negligente e enquanto não for requerido o levantamento

[120] Serão contudo havidos como tal no apenso de verificação e graduação de créditos, uma vez que autor, neste processo, é cada credor que vem reclamar o seu crédito, enquanto réus serão o exequente, o executado e os credores concorrentes quanto aos créditos garantidos por bens sobre os quais tenham invocado também qualquer direito real de garantia (art. 866.º, n.ºs 1 a 3).

da penhora. Fazendo-o, e até que o exequente retome a prática normal dos actos executivos subsequentes, o credor em causa assume a posição de exequente, prosseguindo a execução, mas somente quanto aos bens sobre que incida a sua garantia real, (art. 847.º, n.ºs 5 e 6, na redacção do DL n.º 226/2008, de 20 de Novembro).

Ainda os credores não podem penhorar outros bens na insuficiência do valor daqueles sobre que incide a sua garantia nem pagar-se pelo remanescente dos restantes que tenham sido vendidos, que reverterá para o executado.

Surgem, assim, no processo de execução, os credores do executado como *partes acessórias*[121].

10. LEGITIMIDADE DO EXEQUENTE E DO EXECUTADO

Diz-se no n.º 1 do art. 55.º que a execução deve ser promovida pela pessoa que no título executivo *figure* como credor e deve ser instaurada contra a pessoa que no título tenha a posição de devedor.

Não se diz no preceito em causa que são partes legítimas, como exequente e executado, o credor e o devedor, respectivamente, mas aqueles que no título *figurem* nessas qualidades. O que vale por dizer que uma pessoa pode aparecer no título na posição de credor ou de devedor sem que seja realmente titular de um direito de crédito ou sujeito de uma obrigação. Apenas o título executivo faz *presumir* a existência de um crédito e de uma dívida.

Como nos diz Alberto dos Reis[122], "*figurar* no título *como* credor não é o mesmo que ser credor; ter no título a *posição* de devedor é coisa diversa de ser realmente devedor".

Também, segundo os ensinamentos do mesmo Mestre[123], os vocábulos "credor" e "devedor" estão empregados em sentido amplo abrangendo, pelo lado activo, não somente o titular de um direito de crédito propriamente dito, mas também o titular de um direito real, e, pelo lado

---

[121] Cf., no mesmo sentido: Anselmo de Castro, ob. cit., pp. 170-173; e Lebre de Freitas, "A Acção Executiva", cit., pp. 141 e seg. Contra, defendendo que os credores assumem no processo a posição de *partes principais*: Teixeira de Sousa, ob. cit., p. 154; Jacinto Bastos, "Notas ao Código de Processo Civil", vol. I, 3.ª edição, p. 111; e Salvador da Costa, "O Concurso de Credores", 4.ª edição, p. 228.

[122] Ob. cit., p. 219.

[123] Ob. cit., p. 220.

passivo, tanto o sujeito passivo de um vínculo obrigacional como aquele que praticou um acto ofensivo de um direito real[124].

Nos títulos ao portador, de que o cheque é um exemplo, terá legitimidade como exequente o portador do título, apesar de neles, por natureza, não *figurar* o nome do credor (art. 55.º, n.º 2).

Afere-se assim a legitimidade, na acção executiva, através de um critério formal, diversamente no que ocorre na acção declarativa, onde se faz apelo a um critério substancial, identificando-se aqui a legimidade com o interesse que o autor e o réu têm, respectivamente, em demandar e contradizer (art. 26.º, n.º 1).

11. DESVIOS À REGRA GERAL DA DETERMINAÇÃO DA LEGITIMIDADE

Há contudo alguns desvios à regra geral enunciada no art. 55.º. Constam eles dos arts. 56.º e 57.º, que passamos a analisar de seguida.

1) *Sucessão no direito ou na obrigação*

A execução deve correr entre os sucessores das pessoas que no título figurem como credor ou devedor da obrigação exequenda, desde que entre o momento da formação do título e o da instauração da execução ocorra, ou do lado activo ou do lado passivo da obrigação, um fenómeno sucessório, quer *mortis causa* quer entre vivos.

É isto o que nos diz o n.º 1 do art. 56.º.

Trata-se da *habilitação-legitimidade.* Havendo sucessão no direito, a habilitação visa legitimar o exequente; havendo sucessão na obrigação, a habilitação tem por fim legitimar o executado.

Caso o executado discorde da habilitação deduzida, deve opor-se-lhe, nos termos do art. 814.º, n.º 1, alínea c).

Mas, se a transmissão do crédito ou da dívida acontecer na pendência da acção executiva, é através do incidente da habilitação que se farão intervir na execução os sucessores das pessoas que no título executivo figuram como credor e devedor. A este incidente se referem os

---

[124] Podemos dizer com Andrea Lugo (ob. cit., p. 377) que sujeito passivo da execução, *devedor*, é todo aquele contra quem é dirigido o processo executivo nas suas variadas formas.

arts. 371.º a 375.º, no que respeita à sucessão universal, e o art. 376.º, no que concerne à sucessão singular. A mesma via se seguirá, ante o estatuído no n.º 2 do art. 371.º, quando o funcionário incumbido da citação do executado certificar o óbito deste, mesmo que ocorrido antes da proposição da execução.

No âmbito da sucessão prevista no n.º 1 do art. 56.º, e como dele expressamente consta, deve o exequente, no requerimento executivo, deduzir os factos constitutivos da sucessão[125].

Mas não tem que oferecer a prova desses factos, sem prejuízo de poder logo apresentar a meramente documental. A prova dos fundamentos da sucessão só se imporá no caso de o executado se opor à execução com fundamento na ilegitimidade [art. 814.º, n.º 1, alínea c)][126].

---

[125] Da *habilitação-legitimidade* igualmente se deve servir o credor, caso o devedor seja demandado na situação de proprietário e o prédio se encontre inscrito em nome de outrem por o devedor, que sucedeu no direito daquele, não ter procedido à inscrição respectiva no registo predial ou por não terem ainda ocorrido as partilhas subsequentes à morte daquele (típica obrigação *propter rem*, por decorrente do estatuto do direito de propriedade). Assim, da *habilitação-legitimidade* deve lançar mão o administrador de um condomínio aquando da instauração da execução prevista no art. 6.º do DL n.º 268/94, de 25 de Outubro, se a fracção autónoma ocupada pelo condómino relapso se encontrar em nome de seus falecidos pais e ainda não tiver ocorrido a partilha entre ele e seus irmãos. A tal não obsta a circunstância de o condómino ser já o proprietário da fracção no momento do vencimento da dívida exequenda, dado tornar-se necessário alegar e provar que para ele se transmitiu a propriedade do prédio, a partir do titular inscrito, por ser a favor deste que se presume a propriedade, nos termos do art. 7.º do CRPredial. Refira-se que, em situação paralela, a circunstância de uma letra se vencer após a morte do aceitante (ou doutro subscritor) não dispensa a habilitação-legitimidade do sucessor na obrigação, apesar deste ser já o devedor da letra no momento do seu vencimento.

Face às enormes dificuldades que se deparam ao administrador do condomínio em apurar quem é o verdadeiro proprietário de determinada fracção autónoma, sobretudo em prédios com elevado número de condóminos, o bom senso aconselha que o juiz lhe não imponha a prova da propriedade, deixando para o condómino demandado a possibilidade de se opor à execução, por ilegitimidade, de harmonia com o disposto na alínea c) do n.º 1 do art. 814.º, ou de lançar mão do incidente de intervenção provocada, nos termos do n.º 1 do art. 325.º, na hipótese de não ser ele o proprietário exclusivo da fracção. Reforçando este entendimento, em situação similar, o CIMI, depois de referir, no n.º 1 do seu art. 8.º, ser o imposto devido pelo proprietário do prédio em 31 de Dezembro do ano a que o mesmo respeita, acrescenta, no n.º 4 do mesmo artigo, que se presume proprietário quem como tal figura ou deva figurar na matriz naquela data, ou, na falta de inscrição, quem em tal data tenha a posse do prédio.

[126] Cf., neste sentido, Lopes Cardoso, ob. cit., pp. 116 e seg. Diversamente, Lebre de Freitas, "A Acção Executiva", cit., p. 123.

2) *Dívida provida de garantia real sobre bens de terceiro*

Tratam os n.os 2 e 3 do art. 56.º da legitimidade passiva na acção executiva quando o objecto desta é uma dívida provida de garantia real sobre bens de terceiro.

Três faculdades são aqui concedidas ao exequente:

a) Demandar apenas o devedor, prescindindo da garantia;

b) Intentar a acção executiva unicamente contra o terceiro, a fim de fazer valer a garantia;

c) Instaurar a acção directamente contra o terceiro, para também fazer valer a garantia, e demandar o devedor, de início ou depois de reconhecida a insuficiência dos bens onerados, entretanto penhorados.

Se os bens onerados pertencem ao devedor, mas estão na posse de terceiro, duas alternativas são conferidas ao exequente pelo n.º 4 do art. 56.º:

a) Demandar conjuntamente o devedor e o possuidor dos bens;

b) Demandar apenas o devedor.

Não se admite, assim, que a execução possa apenas ser instaurada contra o possuidor dos bens onerados com a garantia real, desacompanhado do devedor seu titular[127]. A lei tem em vista somente o possuidor *em nome próprio*, e não o simples detentor[128].

Nas palavras do preâmbulo do DL n.º 329-A/95, de 12 de Dezembro, "cumpre ao exequente avaliar, em termos concretos e pragmáticos, quais as vantagens e inconvenientes que emergem de efectivar o seu direito no confronto de todos aqueles interessados passivos, ou de apenas de algum ou alguns deles, bem sabendo que se poderá confrontar com a possível dedução de embargos de terceiro por parte do possuidor que não haja curado de demandar".

Sabendo-se que o caso julgado entre credor e devedor não pode ser oposto ao terceiro que deu a garantia real, apesar deste poder invocá-lo em seu benefício, como resulta do disposto nos arts. 635.º, n.º 1, 667.º, n.º 2, e 717.º, n.º 2, todos do CC, para que a sentença condenatória sirva de suporte à execução contra aquele terceiro, haverá necessidade de demandá-lo na respectiva acção de condenação.

---

[127] Cf. Lopes do Rego, "Comentários ...", I, cit., p. 93.

[128] Cf. Jacinto Bastos, "Notas ...", vol. I, cit., p. 114. Diversamente, sustentando que a lei visa igualmente o *detentor*, J. P. Remédio Marques, "A Penhora e a Reforma do Processo Civil", 2000, p. 36.

Tratando-se de título executivo extrajudicial, o terceiro que onerou os seus bens para garantir o cumprimento de obrigação alheia pode ser demandado, apesar de não figurar no título. Se tal ocorrer, tem o terceiro legitimidade para se opor à execução, à semelhança do devedor, por não ter tido também a oportunidade de se defender em acção declarativa[129 130].

A disciplina contida no n.º 2 do art. 56.º, que analisamos, representa a adjectivação, em parte, do regime constante do segmento inicial do art. 818.º do CC, que diz:

"O direito de execução pode incidir sobre bens de terceiros, quando estejam vinculados à garantia do crédito, ou quando sejam objecto de acto praticado em prejuízo do credor, que este haja procedentemente impugnado".

A parte final desta disposição é confirmada pelo art. 616.º, n.º 1, do CC, onde se estatui que, julgada procedente a impugnação pauliana, o credor tem não só o direito à restituição dos bens, na medida do seu interesse, como à execução deles no património do terceiro adquirente. Donde poder o credor mover logo a execução contra o adquirente dos bens, sem necessidade de fazê-los reverter ao património do alienante para aí os executar.

O instituto da impugnação pauliana reveste um carácter de natureza pessoal, face ao disposto nos n.os 1 e 4 do citado art. 616.º, por ao credor ser apenas reconhecido o direito à restituição dos bens na medida do seu interesse[131] e por não ser reconhecido aos demais credores quaisquer direitos sobre esses bens[132]. Não existe assim possibilidade de concor-

---

[129] Cf. Maria José Capelo, "Breves considerações sobre a legitimidade do terceiro garante e do possuidor de bens onerados pertencentes ao devedor", *in* Revista Jurídica da Universidade Moderna, ano I, n.º 1, p. 292.

[130] Por aplicação analógica do art. 371.º, n.º 2, se do acto da sucessão entre vivos só se vier a ter conhecimento após a propositura da acção executiva, poder-se-á requerer a habilitação do adquirente do bem onerado com garantia real. Cf.: Lebre de Freitas, "A Acção Executiva", cit., p. 123, nota 5; e Acórdão da RP de 21.03.2002 (CJ, ano XXVII, tomo II, p. 203).

[131] Cf., o Acórdão do STJ de 15.02.2000 (CJ — Acórdão do STJ, ano VIII, tomo I, p. 91).

[132] A natureza pessoal da impugnação pauliana conduziu a que no Acórdão de fixação de jurisprudência do STJ de 27.05.2003 (DR, I Série, de 14.07.2004) se decidisse no sentido de que "a acção pauliana individual não está sujeita a registo predial". Em consonância com a generalidade dos votos de vencido apostos àquele aresto, também entendemos que a natureza pessoal/obrigacional da acção pauliana é conciliável com a sua registabilidade, caso tenha por objecto actos sujeitos a registo sobre bens imóveis, tendo em conta que "a inscrição do registo não imprime natureza real a um direito que

rência dos credores comuns do adquirente com o credor do devedor alienante, em caso de procedência da impugnação pauliana, por tudo se passar como se o adquirente tivesse de devolver, embora idealmente, os bens ao património do alienante[133].

Diversamente do que ocorria perante o art. 1044.º do CC de 1867, os actos susceptíveis de impugnação pauliana não se encontram submetidos ao regime de nulidade, com reversão dos valores alienados ao cúmulo dos bens do devedor, em benefício dos seus credores; implicam antes uma ineficácia parcial em relação ao credor impugnante.

Deverá aplicar-se à impugnação, por analogia, o comando do citado n.º 2 do art. 56.º, integrando o título executivo, conjuntamente com o que implica a exequibilidade contra o devedor, a sentença obtida na acção pauliana[134]. E isto por esta situação se encontrar equiparada à prevista naquele preceito legal no art. 818.º do CC, sob a epígrafe *execução de bens de terceiro*, onde se possibilita uma execução sobre estes bens por eles se encontrarem ou vinculados à garantia do crédito ou onerados com a obrigação de restituição, e não, em nenhum dos casos, por os terceiros figurarem no título executivo como devedores. Daí não se fundar a legitimidade passiva do adquirente, em caso de impugnação pauliana procedente, no art. 55.º[135].

---

intrinsicamente o não tenha". No recurso interposto do acórdão em causa para o TC, decidiu este, através do seu Acórdão n.º 273/2004, de 20 de Abril (DR, II Série, de 8.06.2004), não julgar inconstitucional a norma que se extrai dos arts. 2.º, n.º 1, alínea u), e 3.º, n.º 1, alínea a), do CRPredial, quando interpretada em termos de não admitir o registo da acção de impugnação pauliana. Presentemente, face à nova redacção conferida à alínea a) do n.º 1 do art. 3.º do CRPredial pelo DL n.º 116/2008, de 4 de Julho, as acções de impregnação pauliana estão sujeitas a registo.

[133] Cf. Armindo Ribeiro Mendes, "Exercício da Impugnação Pauliana e a Concorrência entre Credores", *in* "Estudos em Homenagem da Professora Doutora Isabel de Magalhães Collaço", vol. II, pp. 454 e seg.

[134] De nenhuma forma está excluído, nos ensinamentos de Ribeiro Mendes, (ob. cit., p. 443) "que o título executivo contra o devedor seja constituído pela sentença, onde se cumule o pedido de condenação do devedor e o pedido de impugnação pauliana contra este e o terceiro adquirente".

[135] Como defende Lebre de Freitas ("A Acção Executiva", cit., p. 125, nota 8-A), que consequentemente é levado a afirmar, mas sem razão, haver um equívoco na nossa posição.

No seguimento do sustentado no texto, defendemos que o exequente, depois de demandar o devedor, pode, na sequência da procedência da acção pauliana ocorrida na pendência da execução, dirigir a execução cumulativamente contra o titular do imóvel penhorado objecto de acto de transmissão, impugnado naquela acção. Em sentido contrário, pronunciou-se o Acórdão da RC de 2.11.2004, CJ, ano XXIX, tomo V, p. 5.

Nesta situação, para prevenir o justo receio da perda da garantia patrimonial, pode o credor requerer arresto contra o adquirente dos bens do devedor, quer na pendência da acção pauliana quer anteriormente à sua propositura, devendo, neste caso, deduzir os factos que tornem provável a procedência da impugnação, de harmonia com o disposto no art. 407.º, n.º 2. Anteriormente à RPC95-96, o correspondente art. 403.º, n.º 2, em completa sintonia com o preceito da lei substantiva que adjectivava, qual seja o do n.º 2 do art. 619.º do CC, apenas admitia arresto contra o adquirente dos bens do devedor depois de ter sido instaurada contra ele a impugnação pauliana.

3) *Terceiros abrangidos pelo caso julgado*

Diz-se no art. 57.º que a execução fundada em sentença condenatória pode ser promovida não só contra o devedor, mas também contra as pessoas em relação às quais a sentença tenha força de caso julgado.

Sabe-se que os limites do caso julgado material, face ao disposto no n.º 1 do art. 671.º, operam através das partes, do pedido e da causa de pedir. Daqui resulta, *inter alia*, o princípio da *eficácia relativa* do caso julgado, pelo qual a sentença só tem força de caso julgado entre as partes (*inter partes*).

Contudo, há excepções a este princípio e é para elas que o art. 57.º nos chama a atenção, proclamando que a execução pode correr não só contra o condenado (*devedor*) pela sentença, mas também contra terceiros que não suportaram qualquer condenação, desde que disposição especial lhes estenda a força do caso julgado.

A título de exemplo desses terceiros podemos indicar:

a) O adquirente de direito ou coisa litigiosa quando não intervenha no processo, a menos que a acção esteja sujeita a registo e ele registe a transmissão antes de feito o registo da acção (art. 271.º, n.º 3);
b) O chamado no incidente de intervenção provocada que não intervenha no processo, nos casos legalmente previstos (art. 328.º, n.º 2)[136].

[136] Já não é, porém, a sentença exequível contra o assistente, por o art. 341.º atribuir força de caso julgado à sentença em relação ao assistente em qualquer causa posterior, mas apenas quanto aos factos e ao direito por ela estabelecidos.

No caso da alínea a), na pendência da acção, transmite-se a coisa ou o direito litigioso, conferindo-se legitimidade ao transmitente para permanecer na acção, apesar de ter perdido a sua legitimidade material sobre aquela coisa ou direito, a fim de ser tutelada a situação da parte estranha à transmissão.

O transmitente litigará por uma posição substantiva que passou para o adquirente, ora titular da relação material controvertida.

A actuação processual do substituto (transmitente) repercutirá os seus efeitos materiais sobre a esfera jurídica do substituído (adquirente), ficando este vinculado ao caso julgado proferido na acção, apesar de nela não ter intervindo, devido à legitimidade extraordinária atribuída ao transmitente para litigar pelo seu direito[137].

No caso da alínea b), a sentença só constiturá caso julgado contra o chamado que não interveio no processo quando ele tiver em relação ao objecto da causa um interesse igual ao do autor ou do réu, por reconduzível a uma situação de litisconsórcio, exceptuada a que se configure como de litisconsórcio voluntário activo, ou quando o chamamento pelo autor tiver a justificá-lo dúvida fundamentada sobre o sujeito da relação controvertida, susceptível de conduzir à dedução subsidiária do mesmo pedido ou à dedução de pedido subsidário contra terceiro, possível devedor "alternativo".

No requerimento executivo, deve o exequente alegar que a sentença exequenda tem força de caso julgado contra o terceiro demandado (ora executado), podendo este opôr-se à execução, invocando a sua ilegitimidade.

12. LEGITIMIDADE DO MINISTÉRIO PÚBLICO COMO EXEQUENTE

Ao Ministério Público compete promover a execução por custas e multas judiciais impostas em qualquer processo, de harmonia com o disposto no art. 59.º[138].

Esta acção executiva encontra-se regulada nos arts. 35.º e 36.º do RCP.

---

[137] Cf. Paula Costa e Silva, "A Transmissão da Coisa ou Direito em Litígio", 1992, pp. 301 e seg. e *passim*.

[138] E o mesmo ocorre em processo penal, ante o estatuído no art. 469.º do CPP.

É também ao Ministério Público, nos termos do citado art. 59.º, que cabe a legitimidade para promover o prosseguimento da execução para pagamento das custas apuradas na liquidação efectuada após a junção de documento comprovativo de quitação, perdão ou renúncia por parte do exequente ou qualquer outro título extintivo (art. 916.º, n.º 5). Igualmente, quando a liquidação acontece na sequência do requerimento do exequente pedindo a suspensão da execução, por ter recebido extrajudicialmente a quantia exequenda. Isto, por faltar ao exequente, uma vez satisfeito o seu crédito, legitimidade para prosseguir na execução que passa a ser do Ministério Público, o qual assumirá a posição de exequente[139].

13. PATROCÍNIO JUDICIÁRIO

O patrocínio judiciário, no processo executivo, tem a regulá-lo o preceito especial do art. 60.º, donde flui o regime que a seguir se descreve.

No que tange às execuções propriamente ditas, só nas de valor superior à alçada da Relação (€ 30 000) é obrigatória a constituição de advogado, não obstante nas execuções de valor superior à alçada do tribunal de primeira instância (€ 5000) as partes se deverem fazer representar por advogado, advogado estagiário ou solicitador.

Nos procedimentos que sigam os termos do processo declarativo (v.g., processo preliminar de liquidação, oposição à execução e embargos de terceiro), a constituição de advogado só é obrigatória quando o valor exceda a alçada do tribunal de primeira instância.

No apenso de verificação de créditos, o patrocínio de advogado só é necessário quando seja reclamado algum crédito de valor superior à alçada do tribunal de primeira instância e apenas para *apreciação* dele.

Neste último caso, o patrocínio não é obrigatório para a *reclamação*, mas apenas para a impugnação, para a resposta à impugnação e para os termos ulteriores.

Por último, deve ainda entender-se ser obrigatória a constituição de advogado nos recursos, nos termos da norma comum do art. 32.º, n.º 1, alínea c), que não contraria as regras especiais constantes do art. 60.º.

[139] Cf. Acórdãos do STJ de 6.02.79 e 16.10.84, BMJ, n.º 284, p. 129, e n.º 340, p. 329, respectivamente.

Sendo obrigatória a constituição de advogado e a parte o não constituir, o tribunal, oficiosamente ou a requerimento da parte contrária, notifica-a para o constituir dentro de prazo a fixar, de harmonia e sob a cominação da disposição geral do art. 33.º Uma vez detectada a falta, deve a secção de processos fazer o processo concluso ao juiz.

Nos termos do n.º 2 do art. 40.º, se não for junta aos autos a procuração forense, o juiz fixa o prazo dentro do qual deve ser suprida a falta e ratificado o processado. Findando este prazo sem se encontrar regularizada a situação, fica sem efeito tudo o que tiver sido praticado pelo mandatário, devendo este ser condenado nas respectivas custas e ainda na indemnização dos prejuízos a que tiver dado causa, se tiver agido culposamente.

14. CUMULAÇÃO DE EXECUÇÕES E COLIGAÇÃO

A cumulação de execuções é versada nos arts. 53.º e 54.º, enquanto a coligação é matéria do art. 58.º.

Destas duas figuras convém aproximar a do litisconsórcio, face ao seu reconhecimento no processo executivo pela RPC95-96.

Em processo civil, cada uma das partes pode ser plural, isto é, pode haver vários autores ou exequentes e vários réus ou executados. Se existe um único pedido, há litisconsórcio; se forem vários os pedidos, há coligação[140].

No processo executivo, haverá litisconsórcio quando a prestação exigida por vários exequentes, ou a vários executados, é a mesma; haverá coligação, quando vários exequentes reclamarem ao mesmo executado, cada um a sua prestação, ou quando forem pedidas prestações diferentes, a vários executados, por um ou vários exequentes.

Diversamente da coligação, o litisconsórcio executivo implica sempre *unidade de obrigação*, a que corresponde *unidade ideal* de credor ou devedor. "Processualmente é como se houvesse, não vários exequentes ou executados, mas um só *grupo credor* ou um só *grupo devedor*".

Há *litisconsórcio necessário*, quando a lei ou o negócio exigem a intervenção de todos os credores ou de todos os devedores (art. 28.º);

---

[140] Cf. Lopes Cardoso, ob. cit., pp. 126-128, sobre a distinção entre litisconsórcio e coligação no processo executivo, que iremos seguir no texto.

há *litisconsórcio voluntário*, quando a lei permite, mas não obriga, que se peça a mesma prestação a várias pessoas conjuntamente, ou que ela seja pedida por mais que uma.

Vejamos, agora, o que distingue a *cumulação de execuções* da *coligação*[141].

Há cumulação de execuções, quando o mesmo credor promove contra o mesmo devedor mais do que uma execução no mesmo processo. Há coligação, quando um credor ou uma pluralidade de credores promovem contra um devedor ou uma pluralidade de devedores, no mesmo processo, uma pluralidade de execuções.

Têm assim as duas figuras como traços comuns, a unidade de processo e a pluralidade de execuções. A distingui-las, a unidade de exequente e de executado, na cumulação, e a pluralidade de exequentes ou de executados ou a pluralidade de exequentes e de executados, na coligação.

Mas tanto a cumulação de execuções como a coligação comportam a figura do litisconsórcio sempre que sejam os mesmos o grupo credor ou o grupo devedor (unidade ideal de credor ou de devedor). É o que ocorre quando são executados os vários herdeiros do devedor originário, marido e mulher, ou quaisquer devedores solidários. Daí ser possível vários exequentes cumularem execuções contra o mesmo executado, um só exequente cumular execuções contra vários executados ou, ainda, vários exequentes cumularem execuções contra vários executados, desde que as partes plurais se encontrem em litisconsórcio.

Quer a cumulação de execuções quer a coligação assentam no princípio da economia processual, de harmonia com o qual se deve alcançar em juízo o máximo resultado com o mínimo esforço.

a) *Requisitos legais da cumulação*

A cumulação, segundo os arts. 53.º e 54.º, pode ser *inicial* e *sucessiva*[142], consoante ocorre no acto da instauração da execução ou na sua pendência.

Tanto uma como outra, de harmonia com os mencionados preceitos, obedecem a determinados requisitos, a saber:

1) Competência absoluta, mas não relativa, do tribunal para todos os pedidos, o que vale por dizer que o tribunal, em relação a todos eles,

---

[141] Cf. Alberto dos Reis, ob. cit., pp. 258 e seg. sobre esta distinção.

[142] Também, no art. 36.º, n.º 1, do RCP, se prevê a cumulação de execuções contra o mesmo responsável, em caso de custas em dívida em vários processos ou apensos.

deve ser competente internacionalmente e em razão da matéria e da hierarquia, nanja em razão do valor e do território;

2) Unidade de fim de todas as execuções, isto é, que sejam todas para pagamento de quantia certa, entrega de coisa certa ou prestação de facto;

3) Unidade de forma de processo, ou seja, que a todas as pretensões corresponda o processo executivo comum ou o mesmo processo executivo especial, sem prejuízo de o juiz poder autorizar a cumulação, desde que a tramitação das formas processuais em confronto não seja manifestamente incompatível, adaptando o processado às necessidades do caso.

Ainda convém destacar as seguintes regras:

— Se todas as execuções se fundam em decisões judiciais, ou em outros títulos de formação judicial[143], a acção executiva corre no tribunal do lugar onde correu a acção ou o processo de valor mais elevado;

— Se se cumular execução de decisão judicial com execução fundada em título diverso, ou execução baseada em título de formação judicial com outra alicerçada em título extrajudicial, a execução corre no tribunal do lugar onde correu, respectivamente, a acção ou o processo em que o título se formou;

— Se as execuções se basearem todas em títulos extrajudiciais, a competência determina-se segundo o disposto nos n.ºs 2 e 3 do art. 87.º, cumprindo ao credor escolher o tribunal competente para todas as execuções, dentre os que o sejam apenas parcialmente, salvo se a competência para apreciar algumas delas depender de algum dos elementos de conexão que, de harmonia com o disposto no n.º 1 do art. 110.º, permitem o conhecimento oficioso da incompetência relativa, caso em que a acção será proposta nesse tribunal. Assim, dando-se à execução vários títulos extrajudiciais, se um deles se reportar a dívida com garantia real, a execução cumulada será obrigatoriamente instaurada no tribunal do lugar da situação dos bens onerados [arts. 94.º, n.º 2, e 110.º, n.º 1, alínea a)].

Havendo uma relação de dependência ou subsidiariedade entre as execuções baseadas em títulos extrajudiciais, a execução será instaurada no tribunal competente para conhecimento do pedido principal (art. 87.º, n.º 3). Se as dívidas de capital e de juros, originadas na mesma

---

[143] Títulos de formação judicial são os obtidos em processo de injunção, na sequência da aposição da fórmula executória pelo secretário de justiça, no respectivo requerimento, na falta de oposição do requerido. Cf. Teixeira de Sousa, "A Reforma da Acção Executiva", 2004, p. 69.

obrigação, estiverem consubstanciadas em títulos extrajudiciais diferentes, para a execução cumulada será competente o tribunal que o for para a satisfação coactiva da dívida de capital.

Apenas quanto à cumulação sucessiva, cessa o obstáculo da unidade de fim de todas as execuções quando a execução iniciada para entrega de coisa certa ou para prestação de facto haja sido convertida em execução para pagamento de quantia certa (art. 54.º, n.º 2).

b) *Requisitos legais da coligação*

Os requisitos legais da coligação são os mesmos da cumulação, face à remissão feita pelo n.º 1 do art. 58.º para o n.º 1 do art. 53.º, com um duplo acrescento, atento o que se dispõe nas três alíneas daquele n.º 1:

— Em caso de coligação passiva, é necessário que a execução tenha por base, quanto a todos os pedidos, o mesmo título, ou então que os devedores coligados sejam titulares de quinhões no mesmo património autónomo ou de direitos relativos ao mesmo bem indiviso, sobre os quais se faça incidir a penhora;

— Tratando-se de execução para pagamento de quantia certa, as várias obrigações devem ser líquidas ou liquidáveis por simples cálculo aritmético[144].

Também valem para a coligação as regras atrás destacadas para a cumulação de execuções, ante o estatuído no n.º 3 do art. 58.º.

A coligação sucessiva é apenas admissível, face ao disposto no n.º 4 do art. 58.º, no caso previsto no n.º 5 do art. 832.º[145], ou seja, sempre que surja um novo requerimento executivo por o exequente ser titular de um direito real de garantia sobre bem penhorado noutra execução para pagamento de quantia certa, mas onde ainda se não abriu a fase do concurso de credores.

[144] No que concerne à cumulação, não se exige que as obrigações sejam líquidas ou liquidáveis por simples cálculo aritmético.

[145] E não no n.º 4 do art. 832.º, que constava, e então bem, do texto do anteprojecto da RPC-2003; mas o regime que então se incluía nesse número transitou para o n.º 5 do mesmo artigo, sem que, seguramente por lapso, se tivesse feito a necessária rectificação na versão final do n.º 4 do art. 58.º.

c) *Consequências da cumulação indevida e da coligação ilegal*[146]

Nos casos de cumulação indevida e de coligação ilegal por não se verificar a unidade de fim de todas as execuções e ainda, quanto à coligação ilegal, por algumas das obrigações ser ilíquida ou por todos os pedidos não constarem do mesmo título (tratando-se de coligação passiva), o juiz convidará o exequente, nos termos do art. 812.º-E, n.º 3, a escolher qual o pedido em relação ao qual pretende que a acção prossiga e, se ele o não fizer, indeferirá o requerimento executivo, de harmonia com o que se dispõe no art. 812.º-E, n.º 4.

Nos casos de incompetência absoluta do tribunal ou de inadequação da forma de processo quanto a algum dos pedidos, deve o juiz, com recurso ao regime do art. 812.º-E, n.º 2, indeferir parcialmente o requerimento executivo, a fim de o processo prosseguir relativamente aos outros pedidos[147].

Tenha-se todavia presente que em ambos os grupos de casos referidos, a intervenção do juiz só ocorrerá se houver lugar a despacho liminar ou se lhe for remetido o processo nos termos do art. 812.º-D.

Se o processo prosseguir, apesar da cumulação indevida ou da coligação ilegal, o executado poderá opor-se à execução [art. 814.º, n.º 1, alínea c)].

No caso da cumulação sucessiva, exigindo o novo título despacho liminar ou o solicitar o agente de execução, o juiz deverá averiguar a sua legalidade aquando da apreciação do requerimento do exequente que a impetra, indeferindo este, caso se não preencham os requisitos que autorizam a cumulação. O executado, notificado (e não citado) da admissão da cumulação, poderá opor-se-lhe, em conformidade com o atrás exposto, correndo o prazo para este efeito a partir da notificação (art. 813.º, n.º 3).

---

[146] Em caso de litisconsórcio necessário, se não estiverem em juízo todos os compartes, verifica-se a ilegitimidade dos que estiverem no processo, nos termos do n.º 1 do art. 28.º. Mas o juiz deve convidar o exequente a requerer a intervenção principal das pessoas em falta, nos termos dos arts. 265.º, n.º 2, e 812.º-E, n.º 3. Se o exequente não corresponder ao convite, deve o juiz, face ao disposto no art. 812.º-E, n.º 4, indeferir o requerimento executivo. Prosseguindo o processo sem o vício sanado, poderá o executado opor-se à execução [art. 814.º, n.º 1, alínea c)].

[147] Para Jacinto Bastos, em caso de cumulação ilegal, o juiz deve indeferir liminarmente o requerimento executivo ("Notas ...", vol I, cit., p. 109).

TÍTULO IV

A COMPETÊNCIA NA ACÇÃO EXECUTIVA

15. GENERALIDADES

Normas de competência são as que regulam a repartição do poder jurisdicional entre os diversos tribunais, ou, dito de outra forma, as que estabelecem a medida de jurisdição de cada um[148].

A competência do tribunal, relativamente à situação de facto, fixa-se no momento em que a acção é proposta, de harmonia com o disposto no n.º 1 do art. 24.º da LOFTJ.

Quando ocorrer alteração da lei reguladora da competência considerada relevante quanto aos processos pendentes, diz-nos o art. 64.º que o juiz deve ordenar oficiosamente a sua remessa para o tribunal que a nova lei considere competente.

A nossa lei processual civil divide a competência em duas espécies: *competência internacional* e *competência interna.*

A competência internacional é a fracção do poder jurisdicional atribuída aos tribunais portugueses no seu conjunto, em face dos tribunais estrangeiros (art. 61.º).

A competência interna, assente na repartição do poder de julgar entre os tribunais portugueses, divide-se nas seguintes categorias: a) competência em razão da matéria; b) competência em razão do valor; c) competência em razão da hierarquia; e d) competência em razão do território (art. 23.º, n.º 1, da LOFTJ).

---

[148] Sobre a *competência* como pressuposto processual, cf., entre outros: Manuel de Andrade, ob. cit., pp. 88 e segs.; Antunes Varela e outros, ob. cit., pp. 194 e segs.; Alberto dos Reis, "Comentário ao Código de Processo Civil", vol. I, pp. 103 e segs.; e Miguel Teixeira de Sousa, "A Competência e a Incompetência nos Tribunais Comuns", Lisboa, 1989.

A infracção às normas da competência, consoante estas sejam de interesse e ordem pública ou de interesse e ordem particular, reveste uma dupla modalidade: *incompetência absoluta* e *incompetência relativa.*

"A infracção das regras da competência em razão da matéria e da hierarquia e das regras da competência internacional, salvo quando haja mera violação dum pacto privativo de jurisdição, determina, segundo o art. 101.º, a incompetência absoluta do tribunal".

No que concerne à incompetência relativa, diz-nos o art. 108.º que ela ocorre quando se verifica "infracção das regras da competência fundadas no valor da causa, na forma do processo aplicável, na divisão judicial do teritório ou decorrentes do estipulado nas convenções previstas nos arts. 99.º e 100.º".

O tribunal conhece oficiosamente da excepção dilatória da incompetência, quer esta seja absoluta quer relativa, excepto tratando-se de incompetência territorial nos casos não abrangidos pelo disposto no art. 110.º, n.º 1 (arts. 102.º, n.º 1, 110.º, n.ºs 1 e 2, e 495.º).

A verificação duma situação de incompetência absoluta determina a absolvição do demandado da instância ou o indeferimento em despacho liminar, quando o processo o comportar (art. 105.º, n.º 1); tratando-se dum caso de incompetência relativa implica a remessa do processo para o tribunal competente (arts. 111.º, n.º 3, e 493.º, n.º 2)[149].

Vejamos, de seguida, como se reflectem e se ajustam ao processo executivo as regras gerais referidas, delineadas, em princípio, para o processo declarativo.

Atentemos, igualmente, nas disposições especiais referentes ao foro executivo (*forum executionis*) dos arts. 90.º a 95.º.

16. COMPETÊNCIA INTERNACIONAL

A única norma que, no CPC, expressamente atribui competência internacional aos tribunais portugueses, no que concerne à acção executiva, é a constante da alínea b) do art. 65.º-A, na redacção da Lei n.º 52/2008, de 28 de Agosto.

Diz-se nela serem da competência exclusiva dos tribunais portugueses as execuções sobre bens imóveis situados em território português.

---

[149] Só assim não será se a incompetência radicar na violação de pacto privativo de jurisdição, que determina a absolvição da instância do demandado (art. 111.º, n.º 3, 2.ª parte).

Mas devemos igualmente fazer apelo ao art. 65.º que, apesar de arquitectado para a acção declarativa, reclama aplicação directa ou por analogia à acção executiva, pelo que, por força dele, os tribunais portugueses são competentes quando a execução tiver algum elemento de conexão (objectiva ou subjectiva) com as jurisdições doutros Estados.

Vejamos como.

São dois os princípios, funcionando em completa independência, que justificam a atribuição da competência internacional aos tribunais portugueses sem prejuízo do que se ache estabelecido em regulamentos comunitários e em outros instrumentos internacionais[150].

I) *Princípio da coincidência.*

Segundo o critério da alínea b), a jurisdição portuguesa será competente para a execução, quando esta possa ser instaurada num tribunal português, nos termos das regras de competência territorial estabelecidas na lei portuguesa, constantes dos arts. 73.º e segs.: o foro da situação dos bens, o foro do contrato, o foro do delito, o foro do domicílio do autor ou do réu, o foro convencional, etc.

Este critério é denominado, na doutrina, por *princípio da coincidência*, face à coincidência entre a competência interna (em razão do território) e a competência internacional.

O princípio em causa remete-nos assim relevantemente para os arts. 90.º e 94.º

Donde, se a execução tiver por base uma sentença proferida por tribunal português, são os tribunais portugueses os competentes para o seu conhecimento, mesmo que o exequente e o executado sejam estrangeiros ou estejam localizados no estrangeiro os bens sobre que recaia a execução[151].

Há quem sustente não ser suficiente provir a sentença de um tribunal português para justificar a competência internacional dos tribunais portugueses, impondo-se ainda a existência de uma conexão relevante com a ordem jurídica portuguesa para a alicerçar[152]. Mas sem razão, por

---

[150] Anteriormente à Lei n.º 52/2008, de 28 de Agosto, estes princípios eram quatro, tendo pela revogação das alíneas a) e c) do n.º 1 do art. 65.º desaparecido os princípios do domicílio do executado ou de algum dos executados e o da causalidade.

[151] Nesta linha, decidiu-se no Acórdão da RL de 18.02.2003 (CJ, ano XXVIII, tomo I, p. 104) serem os tribunais portugueses competentes para a execução em que se pede a entrega de numerário em moeda estrangeira depositado em contas abertas em bancos sitos no estrangeiro, com base em decisão judicial proferida por tribunal português.

[152] Assim, Teixeira de Sousa, "Acção Executiva ...", cit., p. 126.

o elemento ponderoso de conexão, pessoal ou real, com a ordem jurídica portuguesa ser apenas legalmente exigido quando se torna necessário recorrer ao princípio da necessidade ou da não exigibilidade, nos termos a seguir analisados. E sempre se pode acrescentar que a circunstância de a sentença provir de um tribunal português pressupõe que a demanda que ela resolveu se encontrava conexionada com um elemento jurídico português.

Se a execução se fundar em outro título executivo (sentença proferida por tribunal estrangeiro ou título diverso de sentença), os tribunais portugueses são competentes no caso de a obrigação dever ser cumprida em Portugal ou, se a execução for para entrega de coisa certa ou por dívida com garantia real, no caso de a coisa se encontrar ou os bens onerados se situarem em Portugal.

II) *Princípio da necessidade ou da não exigibilidade.*

Segundo o critério da alínea d), são competentes os tribunais portugueses para o conhecimento das execuções para as quais nenhumas outras ordens judiciárias com as quais o caso apresente conexão se considere competente, ou para as quais fosse excessivamente oneroso, pelas dificuldades práticas que envolveria, impor ao exequente que as propusesse no estrangeiro. Mas, a implementação deste princípio fica dependente de a execução ter algum elemento *ponderoso* de conexão pessoal (v.g., a nacionalidade de um dos exequentes ou de ambos eles) ou real (v.g., a situação dos bens a que a execução se refere) com a ordem jurídica nacional.

Sem esse elemento de conexão a denegação de justiça é insusceptível de causar qualquer perturbação social relevante; por outro lado, os tribunais portugueses não podem converter-se num *forum shopping* internacional[153].

Na alínea d) do art. 65.º do CPC39 não se fazia expressa referência a este elemento de conexão.

Mas a generalidade da doutrina entendia que os tribunais portugueses só tinham a competência que lhes era atribuída pela citada alínea d) se existisse um laço de conexão entre o direito do autor e a ordem jurídica nacional.

Referia Barbosa de Magalhães[154]:

"Não o exige expressamente a própria norma, mas é princípio de direito internacional que a jurisdição de um Estado não pode intervir na

---

[153] Cf. Ferrer Correia, "Lições de Direito Internacional Privado", p. 448.

[154] "Estudos sobre o novo Código de Processo Civil", 2.º vol., 1947, p. 395.

declaração, conservação ou efectivação de um direito quando este não se encontre, por algum elemento pessoal ou real, em conexão com ela; e este princípio deve ser respeitado na interpretação e aplicação da norma da alínea d) do art. 65.º".

Face à aplicação generalizada do art. 65.º à acção executiva, independentemente da sua maior ou menor possibilidade de actuação prática, designadamente no que concerne ao princípio da necessidade ou da não exigibilidade, rejeitamos as teses reducionistas de Anselmo de Castro e de Miguel Teixeira de Sousa.

Para o primeiro, sem qualquer suporte legal, a competência internacional dos tribunais portugueses para as execuções baseadas em sentença restringir-se-ia aos casos em que os bens a executar se encontrassem em Portugal; e quanto às execuções baseadas noutro título seria de aplicar, como princípio geral, a norma do n.º 3 do art. 94.º: em resumo, os tribunais portugueses só seriam internacionalmente competentes quando a execução devesse correr sobre bens sitos em Portugal[155] [156].

Para o segundo, que negaria à jurisdição portuguesa o conhecimento de muitas execuções pela recusa injustificada da implementação da totalidade dos critérios definidos no n.º 1 do art. 65.º, os tribunais portugueses só seriam internacionalmente competentes para conhecerem daquelas execuções para as quais já o fossem por aplicação das normas de competência territorial. Assim, dentre os dois princípios atrás referidos, só o da *coincidência* lograraria aplicação à acção executiva[157]. Ulteriormente este autor admitiu igualmente a competência internacional dos tribunais portugueses sempre que se verifique o condicionalismo do art. 94.º, n.º 3[158].

Além dos dois princípios atrás enunciados, impõe-se ainda fazer referência ao *princípio da autonomia da vontade* que fundamenta a admissibilidade dos pactos atributivos de competência internacional aos tribunais portugueses, desde que a relação controvertida tenha conexão

[155] Ob. cit., pp. 66-68.

[156] Presentemente, face à alínea b) do art. 65.º-A, e como se disse no texto, os tribunais portugueses têm competência exclusiva para as execuções sobre bens imóveis situados em território português, o que não invalida que também a tenham, sem ser exclusiva, noutros casos.

[157] "A Competência...". cit. pp. 67 e seg.

[158] "Acção Executiva ...", cit., pp. 126 e segs. Manteve a mesma posição em "A Reforma...", cit.. pp. 81-83, mas agora também alicerçado na (nova) alínea e) do art. 65.º-A [hoje, alínea b)].

com mais de uma ordem jurídica (art. 99.º, n.º 1) e se verifiquem determinados requisitos (art. 99.º, n.º 3).

No âmbito das Convenções de Bruxelas e de Lugano e do Regulamento (CE) n.º 44/2001, do Conselho, de 22 de Dezembro de 2000, os tribunais portugueses só têm competência internacional em matéria de execução de decisões, ante o estatuído no art. 16.º, n.º 5, daquelas e 22.º, n.º 5, deste, se forem os do lugar da execução, ou seja, se em território português se situarem os bens a apreender, por só aqui ser possível "o recurso à força, à coacção ou ao desapossamento de bens móveis ou imóveis em vista da execução material das decisões dos actos"[159] [160]. Se se tratar de execução fundada em título extrajudicial, os tribunais portugueses só serão competentes se, de acordo com as regras *especiais* das duas Convenções e do Regulamento (arts. 5.º e segs.), em Portugal se "localizar" a realidade fáctica que suporta o critério aferidor da competência no caso ajuizado. Assim, a título de exemplo, os tribunais portugueses, em matéria contratual, serão competentes se a obrigação

---

[159] Cf.: Eduardo dos Santos, "Convenção de Bruxelas de 1968", 1992, p. 40; Lebre de Freitas, João Redinha e Rui Pinto, ob. cit. p. 162; Teixeira de Sousa e outro, ob. cit., pp. 117 e seg.; e Acórdão do TJCE de 26.03.92, Mário Reichert, Hanz — Heinz Reichert e Ingeborg Kockler contra Dresdner Bank AG (C-261/90).

[160] Sustenta Teixeira de Sousa ("A Reforma...", cit., p. 81) que o Regulamento (CE) n.º 44/2001 não estabelece qualquer competência internacional exclusiva para as execuções sobre bens existentes em território nacional, mas antes "a competência exclusiva do tribunal da execução para os actos de execução e para os processos que possuem uma ligação directa com a execução...". Não se entende bem, a ser exacta esta interpretação, por que motivo um regulamento comunitário editaria uma norma para afirmar tautologicamente que para os actos de execução e para os processos que com ele tenham ligação é competente o tribunal de execução, demitindo-se de dizer qual é este tribunal; depois, no art. 22.º, n.º 5, do Regulamento, aliás em conformidade com o disposto no art. 16.º, n.º 5, das Convenções de Bruxelas e de Lugano, se dizer expressamente que, em matéria de execução de decisões, têm *competência exclusiva*, qualquer que seja o domicílio, "os tribunais do Estado-Membro do lugar da execução".

Comentando esta disposição comunitária, refere Neves Ribeiro ("Processo Civil...", 2002, cit., p. 89): "Trata-se de uma competência judiciária imperativa e exclusiva. Qualquer outra jurisdição que seja demandada deve declarar-se oficiosamente incompetente para conhecer do objecto da acção, segundo dispõe o artigo 25.º. É uma jurisdição de localização, ou seja, confiada às regras do foro da situação dos bens, de inscrição de registos públicos, ou prática de certos actos sociais. É uma solução geralmente partilhada pelos sistemas processuais dos Estados-Membros".

Sendo as coisas assim, não somos nós que nos encontramos equivocados, mas quem segue opinião diversa.

documentada no título executivo tiver que ser cumprida em Portugal e, em matéria de obrigação alimentar, se aqui tiver o seu domicílio ou a sua residência habitual o credor de alimentos [art. 5.º, 1) e 2) das citadas Convenções e referido Regulamento][161].

Refira-se ainda que, segundo o art. 3.º do Protocolo de 3 de Junho de 1971, o TJUE pronuncia-se, a título prejudicial, quando solicitado pelos tribunais dos Estados contratantes sobre a interpretação da Convenção de Bruxelas, mas não sobre a interpretação da Convenção de Lugano.

Também o TJUE se pronuncia, a título prejudicial, sobre a validade ou interpretação das normas constantes do Regulamento (CE) n.º 44/2001, do Conselho, de 22 de Dezembro de 2000, face ao disposto no art. 267.º, I, alínea b), do TFUE.

Fixada a competência internacional dos tribunais portugueses, estes terão de aplicar o direito processual português (*lex fori*), mesmo que as partes sejam estrangeiras ou, de harmonia com o direito privado internacional, o mérito da questão tenha de ser decidido pelo direito substantivo estrangeiro.

17. COMPETÊNCIA INTERNA

a) *Em razão da matéria*

Na competência em razão da matéria a lei atende ao objecto da causa sob um ponto de vista qualitativo, isto é, à natureza da relação substancial submetida a juízo.

A competência *ratione materiae* é a das diferentes *espécies* ou *categorias* de tribunais que se situam no mesmo plano horizontal, sem nenhuma relação de hierarquia entre elas.

As jurisdições especiais organizam-se em atenção à natureza particular de determinadas causas, face à vantagem de reservar para órgãos judiciários específicos o conhecimento de certas questões jurídicas, dada a sua configuração peculiar e a especificidade das normas que as regulam.

---

[161] O lugar onde a obrigação deve ser cumprida, no sentido do n.º 1 do art. 5.º da Convenção de Bruxelas, é determinado em conformidade com a lei que rege a obrigação litigiosa, segundo as regras de conflito do tribunal requerido — Acórdão do TJCE de 6.10.76, Industric Tessili Italiana contra Dunlop AG, (12/76).

As duas regras fundamentais da competência em razão da matéria, que valem tanto para a acção declarativa como para a acção executiva, constam dos arts. 66.º e 67.º.

Primeira regra: são da competência dos tribunais judiciais as causas que não sejam atribuídas a outra ordem jurisdicional.

Diz-se no art. 209.º da CRP que, além do Tribunal Constitucional, existem as seguintes categorias de tribunais: a) o Supremo Tribunal de Justiça e os tribunais judiciais de primeira e de segunda instância; b) o Supremo Tribunal Administrativo e os demais tribunais administrativos e fiscais; c) o Tribunal de Contas. E acrescenta o preceito constitucional que podem existir tribunais marítimos, tribunais arbitrais e julgados de paz.

"Os tribunais judiciais, prescreve o n.º 1 do art. 211.º da lei fundamental, são os tribunais comuns em matéria cível e criminal e exercem jurisdição em todas as áreas não atribuídas a outras ordens judiciais".

Consagra-se assim constitucionalmente (e o art. 66.º limita-se a reafirmá-lo a nível da legislação ordinária) o princípio da *competência jurisdicional residual* dos tribunais judiciais, pelo que a sua competência se estende a todas as áreas que não sejam atribuídas a outras ordens jurisdicionais[162].

"A competência objectiva do tribunal comum, ensina-nos Alberto dos Reis[163], só por via *indirecta*, por *exclusão de partes* pode apurar-se. Depois de nos certificarmos de que nenhum texto legal sujeita a causa à jurisdição de qualquer tribunal especial é que podemos tranquilamente concluir que deve ser intentada perante o tribunal comum"[164].

Os tribunais judiciais são assim também competentes para executar as decisões proferidas por outros órgãos jurisdicionais carecidos de competência executiva, salvo se esta competência for atribuída a outros.

É o que se passa com a execução das decisões dos julgados de paz, por a sua competência ser restrita ao conhecimento de acções declarativas, na circunstância desde que o seu valor não exceda a alçada do tribunal de 1.ª instância (arts. 6.º e 8.º da Lei n.º 78/2001, de 13 de Julho).

O mesmo ocorre com a execução das decisões dos tribunais arbitrais, nos termos do art. 30.º da LAV.

---

162 Cf. Gomes Canotilho e Vital Moreira, "Constituição da República Portuguesa Anotada", 3.ª edição, p. 812.

163 "Processo de Execução", cit., p. 413.

164 Actualize-se contudo o texto transcrito substituindo a expressão "tribunal comum" por "tribunal judicial".

Ainda é o que se verifica no que concerne às custas e multas em dívida no TC, desde que o processo onde elas foram, respectivamente, contadas e liquidadas proceda de tribunal judicial (art. 12.º, n.ºs 1 e 2, do DL n.º 303/98, de 7 de Outubro).

Como exemplos de casos de atribuição de competência executiva a jurisdições diversas da dos tribunais judicias temos a jurisdição fiscal, com divisão de funções entre o serviço periférico local da administração tributária e o tribunal tributário, nos termos dos arts. 149.º a 151.º do CPPT[165], e a jurisdição da segurança social, com distribuição de actividades entre as secções de processo executivo das delegações do IGFSS e o tribunal tributário, de harmonia com o disposto nos arts. 7.º, n.ºs 1 e 2, do DL n.º 112/2004, de 13 de Maio, e 5.º do DL n.º 42/2001, de 9 de Fevereiro[166].

Também no ETAF, aprovado pela Lei n.º 13/2002, de 19 de Fevereiro, se atribui expressamente, na alínea n) do n.º 1 do art. 4.º, aos tribunais da jurisdição administrativa e fiscal a competência para executar as suas sentenças, onde se incluem, face ao disposto nas alíneas g) e h) do mesmo número, as proferidas em acções visando o apuramento da responsabilidade civil extracontratual das pessoas colectivas de direito público e dos titulares de órgãos, funcionários, agentes e demais servidores públicos.

Segundo o art. 157.º, n.ºs 1 e 2, do CPTA, aprovado pela Lei n.º 15/ /2002, de 22 de Fevereiro, a execução das sentenças proferidas pelos tribunais administrativos, quer contra entidades públicas quer contra particulares, corre nos tribunais administrativos, regendo-se as primeiras pelas normas contidas no título VIII do referido Código e as segundas pelo disposto na lei processual civil.

---

[165] Nos termos do art. 6.º, n.º 2, do DL n.º 433/99, de 26 de Outubro (que aprovou o CPPT), e arts. 11.º, n.º 2, alínea b), e 16.º, n.º 1, do DL n.º 366/99, de 18 de Setembro, na execução fiscal são considerados órgãos periféricos locais as *repartições de finanças* ou *serviços de finanças.*

O tribunal tributário somente decide as questões de natureza jurisdicional suscitadas no processo de execução fiscal, elencadas no n.º 1 do art. 151.º do CPPT; se nenhuma delas for levantada, toda a tramitação processual decorrerá perante o órgão da execução fiscal a quem competirá declarar extinta a execução (arts. 261.º, 269.º e 270.º do CPPT). Cf. Alfredo José de Sousa e José da Silva Paixão, "Código de Procedimento e de Processo Tributário Comentado e Anotado", 2000, p. 372.

[166] Também aqui o tribunal tributário somente decide as questões de natureza jurisdicional surgidas no processo, que constam do n.º 1 do art. 5.º do DL n.º 42/2001, a saber: incidentes, embargos, oposição, graduação e verificação de créditos e reclamações dos actos materialmente administrativos.

É assim o tribunal administrativo de círculo que proferiu a decisão condenatória o competente para a respectiva execução, que corre por apenso ao processo onde ela foi proferida, nos termos do art. 90.º, n.ºs 1 e 3, do CPC, *ex vi* do art. 1.º da CPTA.

E também são competentes para executarem os pedidos das suas decisões os juízos de grande instância tributária, de média instância tributária e de pequena instância tributária, atento o disposto, respectivamente, no art. 49.º-A, n.ºs 1, alínea d), iii), 2, alínea f), iii), e 3, alínea e), iii), do ETAF.

Segunda regra: são da competência dos tribunais judiciais de competência genérica as causas que não sejam atribuídas aos tribunais judiciais de competência especializada.

Também aqui, em similutude com a regra anterior, os tribunais judiciais de competência genérica têm uma competência residual, por só lhes competir conhecer as acções declarativas ou executivas excluídas da competência dos tribunais judiciais de competência especializada[167].

Como juízos de competência especializada que conhecem de matéria cível e que podem ser criados, segundo o n.º 2 do art. 74.º da LOFTJ, temos os juízos de família e menores, os juízos do trabalho, os juízos de comércio, os juízos de propriedade intelectual e os juízes marítimos.

Todos eles, mesmo nas circunscrições abrangidas pela competência dos juízes de execução, são competentes para executar as respectivas decisões (arts 126.º, n.ºs 1 e 2, e 134.º da LOFTJ) e também outros títulos executivos, desde que essa competência lhes seja atribuída, como

[167] Corre perante o tribunal criminal, mesmo que situado em circunscrição abrangida pela competência de um juízo de execução, a execução de sentença por ele proferida na parte em que fixa a indemnização, quer esta provenha de pedido cível, quer seja oficiosamente arbitrada quando particulares exigências de protecção da vítima o imponham (art. 82.º-A, n.º 1, do CPP e art. 126.º, da LOFTJ). Decorrerá, contudo, perante o tribunal civil, de harmonia com o disposto nos arts. 378.º, n.º 2, e 380.º, n.º 3, do CPC, a liquidação de sentença de condenação que tal estabeleça (art. 82.º, n.º 1, do CPP). Feita a liquidação, a execução correrá no tribunal do lugar em que aquela tenha ocorrido (art. 90.º, n.º 1), que tanto pode ser o juízo de competência genérica, como um juízo de competência especializada ou um juízo de execução, o primeiro, se na circunscrição não houver nenhum dos outros, e o segundo, se na circunscrição não existir o terceiro [arts. 110.º, n.º 2, alínea b), 126.º e 134.º da LOFTJ].

Também é afecta ao tribunal criminal, sob a tramitação da execução por custas, a execução patrimonial para pagamento de multas penais (arts. 491.º, n.ºs 1 e 2, e 510.º do CPP).

acontece designadamente com os juízos do trabalho [art. 118.º, alínea n), da LOFTJ][168].

Ainda os juízos de competência especializada são competentes para as execuções por dívidas de custas e multas aplicadas nos processos que corram perante eles (art. 126.º, n.os 2 e 3 da LOFTJ).

b) *Em razão da hierarquia*

A competência em razão da hierarquia reporta-se à disposição vertical, dentro de cada espécie de tribunais, de diferentes patamares de tribunais, como numa pirâmide judiciária, sendo os magistrados recrutados para os diversos níveis em condições progressivamente mais exigentes.

Como função primordial dos tribunais colocados nos níveis intermédio e superior da pirâmide destaca-se a de revogar e de reformar as decisões proferidas pelos tribunais de grau inferior.

Resulta dos arts. 210.º da CRP, 70.º a 72.º do CPC e 32.º a 109.º da LOFTJ, que, dentro da hierarquia dos tribunais judiciais, a base da pirâmide é integrada pelos tribunais de 1.ª instância, a parte intermédia ocupada pelos tribunais da Relação, que funcionam como tribunais de 2ª instância, situando-se na parte superior o Supremo Tribunal de Justiça, ao qual cabe fundamentalmente a função de tribunal de revista.

Em matéria de execuções, não se levantam dúvidas, em sede de hierarquia, por apenas os tribunais de 1.ª instância terem competência executiva (arts. 90.º a 95.º).

Mesmo no que concerne às decisões condenatórias proferidas pelas Relações ou pelo Supremo em acções declarativas perante eles propostas (v.g., acções de indemnização contra magistrados), as execuções correm nos tribunais de 1.ª instância (arts. 91.º e 1091.º). Ao mesmo regime estão sujeitas as execuções provenientes de condenações em custas, multas e indemnizações em tribunais superiores (art. 93.º).

---

[168] Os juízos do trabalho, mesmo nas circunscrições abrangidas pela competência dos juízos de execução (arts. 126.º, n.º 2, e 134.º da LOFTJ), são igualmente competentes para as execuções referentes a coimas aplicadas em processo de contra-ordenação nos domínios laboral e da segurança social, em conformidade com o disposto no art. 119.º da LOFTJ, quer essas coimas tenham sido aplicadas pela autoridade administrativa, quer pelo próprio juízo do trabalho, por via da impugnação judicial (art. 89.º, n.º 1, do DL n.º 433/82, de 27 de Outubro).

Em processo de execução, o Supremo e as Relações são apenas chamados a decidir os recursos para eles interpostos, em situação paralela à que ocorre em processo de declaração.

c) *Em razão do valor e da forma do processo aplicável*

Segundo o art. 67.º, compete às leis de organização judiciária determinar quais as causas que, em razão da matéria ou forma do processo, são da competência dos juízos dos tribunais judiciais dotados de competência especializada.

Por sua vez, refere o art. 68.º que igualmente compete às leis da organização judiciária determinar quais as causas que, pelo valor ou pela forma de processo aplicável, se inserem na competência dos tribunais singulares e dos tribunais colectivos.

Neste âmbito podem ser criados como juízos de competência especializada, na área cível, nos termos do art. 74.º, n.º 2, alíneas h) e i), da LOFTJ, os juízos de execução e os juízos de instância cível. Estes podem ainda desdobrar-se, quando o volume ou a complexidade do serviço o justifiquem, de harmonia com o disposto no n.º 2 do art. 127.º da mesma Lei, em juízos de grande instância cível, em juízos de média instância cível e em juízos de pequena instância cível.

Compete aos juízos de pequena instância cível preparar e julgar as causas cíveis a que corresponda a forma de processo sumaríssimo e as causas cíveis não previstas no CPC a que corresponda processo especial e cuja decisão final não seja susceptível de recurso ordinário (art. 130.º da LOFTJ). Como exemplo destas últimas, podemos referir as previstas no capítulo I do RPCOP, que se destinam a exigir o cumprimento de obrigações pecuniárias emergentes de contratos de valor não superior a € 15 000.

Tanto os juízos de grande instância cível, como os juízos de média instância cível e os juízos de pequena instância cível são competentes para executar as respectivas decisões, nas circunscrições não abrangidas pela competência dos juízes de execução (art. 134.º da LOFTJ)[169] [170].

---

[169] Não obstante a competência limitada dos juízos de pequena instância cível, como se refere no texto, são eles competentes para conhecer da oposição à execução e dos embargos de terceiro nas execuções que perante eles corram, apesar de, no seu desenvolvimento, se seguirem, na oposição, os termos do processo sumário de declaração (art. 817.º, n.º 2) e, nos embargos, os termos do processo ordinário ou sumário de declaração, conforme o valor (art. 357.º, n.º 1). Isto devido à íntima conexão entre a

No que concerne às execuções fundadas em títulos extrajudiciais, nas comarcas onde houver juízos de grande instância cível e juízos de média instância cível, compete aos primeiros o conhecimento das baseadas em títulos de valor superior à alçada dos tribunais da Relação e aos segundos o conhecimento das demais, em circunscrições não abrangidas pela competência de outro juízo [arts. 128.º, n.º 1, alínea b), e 129.º, n.º 2, da LOFTJ][171].

Os juízos de pequena instância cível são incompetentes para o conhecimento de execuções fundadas em títulos executivos extrajudiciais, inclusive os originados em procedimento de injunção que por eles tenha corrido, uma vez que a sua competência executiva apenas abarca as sentenças e despachos condenatórios neles proferidos, e estes provêm sempre de um juiz. A fórmula executória aposta pelo secretário de justiça no requerimento de injunção não é de qualificar como acto materialmente jurisdicional[172].

Aos juízos de execução compete exercer, no âmbito dos processos de execução de natureza cível e de execução por dívidas de custas cíveis e multas aplicadas em processo cível, as competências previstas no CPC (art. 126.º, n.os 1 e 3, da LOFTJ). Da sua competência estão todavia excluídos os processos atribuídos aos juízos de família e menores, aos juízos do trabalho, aos juízos de comércio, aos juízos de propriedade intelectual e aos juízos marítimos e as execuções de sentenças proferidas por tribunal criminal que, nos termos da lei processual penal, não devam correr perante um juízo cível; igualmente, por serem da competência dos tribunais de competência especializada ora referidos, escapam à jurisdição dos juízos de execução as execuções por dívidas de custas cíveis e multas aplicadas em processos cíveis afectos àqueles (art. 126.º, n.os 2 e 3, da LOFTJ).

Em circunscrições não abrangidas pela competência de outro tribunal, compete aos tribunais de competência genérica exercer, no âmbito

---

acção executiva e aqueles enxertos declarativos, a ela processados por apenso (arts. 817.º, n.º 1, e 353.º, n.º 1).

[170] Os tribunais colectivos, por intervirem apenas no julgamento da matéria de facto, são destituídos de competência executiva (arts. 134.º e 137.º da LOFTJ).

[171] Em matéria cível, a alçada dos tribunais de relação é de € 30 000 e a dos tribunais de 1ª instância de € 5000 (art. 31.º, n.º 1, da LOFTJ).

[172] Cf.: Acórdãos do STJ de 13.07.2000 (CJ — Acórdãos do STJ, ano VIII, tomo II, p. 166, e BMJ, 499, p. 253) e da RL de 24.02.2000 e de 9.03.2000 (CJ, ano XXV, tomo I, p. 129, e tomo II, p. 84, respectivamente).

do processo de execução, as competências previstas no CPC [art. 110.º, n.º 2, alínea b), da LOFTJ].

Podem também ser criadas secretarias de execução com competência para, através de oficiais de justiça, efectuar as diligências necessárias à tramitação do processo comum de execução [art. 151.º da LOFTJ].

Nas circunscrições onde existam secretarias de execução, compete-lhes efectuar todas as diligências necessárias à tramitação do processo comum de execução, ficando a competência das secções de processo afectas aos juízos de execução limitada à prática dos actos que a estes estão atribuídos (art. 16.º-A do RLOFTJ).

No âmbito da matéria de que nos ocupamos, impõe-se fazer uma referência ao tribunal colectivo (art. 137.º da LOFTJ), com competência para o julgamento das questões de facto nas acções de valor superior à alçada dos tribunais da Relação e nos incidentes e execuções que sigam os termos do processo de declaração e excedam a referida alçada, sem prejuízo dos casos em que a lei de processo exclua a sua intervenção.

d) *Em razão do território*

A competência territorial é a que resulta da atribuição de uma certa circunscrição territorial, para conhecimento de pleitos judiciais, aos vários tribunais da mesma espécie e do mesmo grau de jurisdição.

É uma competência *subjectiva*, porque fixa o poder de julgar de cada tribunal em concreto, entre os vários que constituem as diversas ordens de tribunais.

A competência para a acção executiva em razão do território é regulada nos arts. 90.º a 95.º.

Para a *execução fundada em sentença ou despacho condenatório proferido por tribunais portugueses,* é competente o tribunal do lugar em que a causa tenha sido julgada (art. 90.º, n.º 1).

Para a *execução por custas, multas ou pelas indemnizações referidas no art. 456.º*, é competente o tribunal do lugar em que haja corrido o processo em que tenha tido lugar a notificação da respectiva conta ou liquidação (art. 92.º, n.º 1).

Nestas duas situações, a execução corre por apenso, mas com duas excepções em que corre no traslado, sem prejuízo de o juiz da execução, se o entender conveniente, poder também nestes casos apensar à execução o processo já findo: quando, em comarca com competência executiva específica, a sentença haja sido proferida por juízo de competência especializada cível ou de competência genérica; e quando o processo tenha entretanto subido em recurso (arts. 90.º, n.º 3, e 92.º, n.º 1 *in fine*).

Mas, se houver execução originada no processo declarativo, deve a execução por custas, multas e indemnizações ser instaurada por apenso à execução principal e, caso tenha sido instaurada em primeiro lugar, deve ser apensada à execução principal desde que ainda não tenham sido liquidados bens no valor suficiente para a satisfação da pretensão em causa (art. 92.º, n.º 2).

A execução instaurada com base em auto de conciliação lavrado de acordo com o disposto nos arts. 52.º e 53.º do CPT corre por apenso à respectiva acção declarativa, sendo o juízo do trabalho onde esta correu termos o competente para o seu conhecimento, mesmo que na circunscrição exista um juízo de execução (art. 126.º, n.º 2, da LOFTJ).

Para a *execução fundada em decisão de tribunais superiores respeitante a acção perante eles proposta ou por custas, multas e indemnizações derivadas de condenação nos mesmos tribunais,* são igualmente competentes os tribunais de 1.ª instância: no primeiro caso, o tribunal da comarca do domicílio do executado ou o da comarca mais próxima, quando ele exerça funções de juiz naquela comarca, baixando o traslado ou o processo declarativo ao tribunal competente para a execução (arts. 91.º e 1091.º); no segundo caso, o tribunal da área em que o processo tenha corrido, desde que não deva ser apensado à execução principal, caso esta tenha sido instaurada, a menos que o executado seja funcionário da Relação ou do Supremo e nesta qualidade haja sido condenado, hipótese em que a execução corre na comarca da sede do tribunal superior onde presta serviço (art. 93.º). "Se, por exemplo, tendo subido um recurso de uma acção julgada em juízo de Castelo Branco ao tribunal da Relação do respectivo distrito judicial, que é o de Coimbra, e tendo sido, na Relação, condenado em custas o autor e um escrivão da Relação, aquele por ter ficado vencido, este por ter dado causa, culposamente, à repetição de qualquer acto do processo (art. 448.º), no caso de não pagamento voluntário, a execução contra o primeiro tem de ser instaurada em Castelo Branco, e a execução contra o segundo em Coimbra"[173].

[173] Jacinto Bastos, "Notas...", vol. I, cit., p. 161.

Para a *execução da decisão condenatória proferida por árbitros (em arbitragem que tenha tido lugar em Portugal)* é competente o tribunal da comarca onde funcionou a arbitragem, correndo a execução, em princípio, no traslado (art. 90.º, n.º 2 e 3). Recorde-se que, nos termos do art. 24.º, n.º 2, da LAV, o original da decisão arbitral[174], é depositado na secretaria do tribunal judicial do lugar da arbitragem.

Para a *execução fundada noutro título (sentença de tribunal especial sem competência executiva e títulos extrajudiciais)* valem as regras dos n.ºs 1 e 2 do art. 94.º: é competente o tribunal do domicílio do executado, podendo o exequente optar pelo tribunal do lugar em que a obrigação deva ser cumprida se o executado for pessoa colectiva ou quando, situando-se o domicílio do exequente na área metropolitana de Lisboa ou do Porto, o executado tenha domicílio na mesma área metropolitana; porém, é competente o tribunal do lugar onde a coisa se encontre ou situe, se se tratar, respectivamente, de execução para entrega de coisa certa ou por dívida com garantia real[175].

Para a *execução fundada em sentença estrangeira* veio o art. 95.º, na redacção do DL n.º 38/2003, de 8 de Março, declarar que a competência se determina nos termos do art. 91.º. Mas mal, por este artigo se referir a *acções propostas* contra magistrados judiciais e do Ministério Público [arts. 44.º, alínea c), e 66.º, n.º 1, alínea b), da LOFTJ], e não a revisões e confirmações de sentenças. Querendo preencher a lacuna

---

[174] A lei fala em depósito da "decisão", mas, na prática, deposita-se o processo, sob pena de não se saber qual o destino a dar-lhe.

Mas o depósito com a LAV, diversamente do que ocorria anteriormente, deixou de ser imperativo, pemitindo a lei às partes dispensá-lo. E isto por a força executiva da decisão arbitral resultar expressamente desse reconhecimento por parte da lei (art. 26.º, n.º 2, da LAV), irrelevando para o efeito que a decisão tenha ou não sido depositada na secretaria do tribunal judicial.

A dispensa do depósito baseia-se no reconhecimento da autonomia privada como fundamento da arbitragem voluntária. Cf. Francisco Cortez, "A Arbitragem Voluntária em Portugal", *in* O Direito, ano 124.º, 1992, IV, pp. 551 e segs.

[175] Para a execução fundada em decisão definitiva da autoridade administrativa que aplique uma coima, a promover pelo Ministério Público, segundo a tramitação processual penal (art. 89.º, n.ºs 2 e 3, do DL n.º 433/82, de 27 de Outubro), é competente o tribunal em cuja área territorial se tiver consumado a infracção (art. 61.º, n.º 1, e 89.º, n.º 1, do mesmo diploma). Tratando-se de coimas aplicadas em processo de contra-ordenação nos domínios laboral e da segurança social, a competência pertence aos juízos do trabalho, como juízos de competência especializada, face ao disposto no art. 119.º da LOFTJ, mesmo que as respectivas circunscrições se encontrem abrangidas pela competência dos juízos de execução (art. 126.º, n.ºs 1 e 2 do mesmo diploma).

existente, deveria o legislador ter dito que a competência se determinava segundo as regras do art. 94.º, como era o entendimento dominante na doutrina[176].

Ao *foro domiciliário* do executado está directamente sujeita, como vimos, a acção executiva referida no art. 91.º. Mas também esse foro determina a regra geral da competência em matéria de execuções, atento o disposto no art. 94.º, n.º 1, na redacção da Lei n.º 14/2006, de 26 de Abril.

Se o executado não tiver domicílio em Portugal, quando a execução devesse ser instaurada no tribunal do seu domicílio, mas ele aqui tiver bens, imóveis ou móveis, será competente para a execução o tribunal da situação desses bens (art. 94.º, n.º 3). E igualmente será competente o tribunal da situação dos bens imóveis a executar sempre que o execução haja de ser instaurada em tribunal português, por via da alínea b) do art. 65.º-A (competência internacional) e não ocorra nenhuma das situações previstas nos preceitos legais que fixam a competência para a acção executiva em razão do território (art. 94.º, n.º 4).

Tendo em conta o que se dispõe no art. 110.º, n.º 1, alínea a), o tribunal conhece oficiosamente da infracção das regras de competência previstas no n.º 1 do art. 90.º, na primeira parte do n.º 1 e no n.º 2 do art. 94.º[177]; e ainda, ante o estatuído no art. 110.º, n.º 1, alíneas b) e c), sempre que se dispense a citação prévia do executado e nas causas que, por lei, devam correr na dependência de outro processo. Mas já só pode conhecer da violação das regras dos arts. 90.º, n.º 2, 91.º, 93.º e 94.º, n.º 1, segunda parte, se a incompetência for arguida pelo executado.

Sendo a excepção dilatória da incompetência de conhecimento oficioso, como é a regra, com as únicas excepções para os casos de

---

[176] Cf., em defesa da solução ora legalmente consagrada: Lebre de Freitas, "A Acção Executiva", cit., pp. 111 e seg.; e Teixeira de Sousa ("A Reforma...", cit., pp. 81 e 85), dizendo-nos este que nos esquecemos "que a aplicação do art. 91.º não afasta a do art. 94.º, n.º 3", como se este último preceito não se limitasse a estabelecer uma regra subsidiária de competência territorial válida para todos os casos, e não apenas para os previstos no art. 95.º, em que a execução haja de ser instaurada no tribunal do domicílio do executado e este não tenha domicílio em Portugal.

[177] Só por esquecimento o DL n.º 38/2003 (e também posteriormente a Lei n.º 14/ /2006, de 26 de Abril) não alterou a redacção do art. 110.º, n.º 1, alínea a), a fim de nele incluir o novo n.º 4 do art. 94.º, tendo em conta que a violação da disciplina do *forum rei sitae* é sempre matéria de conhecimento oficioso.

incompetência territorial fora dos casos contemplados no n.º 1 do art. 110.º ou de preterição do tribunal arbitral voluntário (art. 495.º), deve o juiz da execução, sempre que haja lugar a despacho liminar, conhecer dela aquando da apreciação do requerimento executivo, nos termos da alínea b) do n.º 1 do art. 812.º-E, indeferindo liminarmente aquele, se a incompetência constatada for absoluta (art. 105.º, n.º 1, 2.ª parte), ou ordenando a remessa do processo para o tribunal competente, se a incompetência verificada for relativa (art. 111.º, n.º 3).

Se o tribunal não conhecer oficiosamente da incompetência, ela pode servir de suporte a oposição à execução [art. 814.º, n.º 1, alínea c)].

Não sendo a incompetência relativa de conhecimento oficioso, o juiz da execução só pode dela tomar conhecimento se invocada em oposição à execução [art. 814.º, n.º 1, alínea c)]. Caso seja julgada procedente a excepção de incompetência relativa, a decisão que julgue a oposição ordenará a remessa do processo para o tribunal competente ou julgará extinta a instância executiva, na hipótese de violação de um pacto privativo de jurisdição (art. 111.º, n.º 3).

TÍTULO V

AS FORMAS DO PROCESSO DE EXECUÇÃO

18. PROCESSO COMUM E PROCESSOS ESPECIAIS

Segundo o art. 460.º, o processo pode ser comum ou especial.

"O processo especial aplica-se aos casos expressamente designados na lei; o processo comum é aplicável a todos os casos a que não corresponda processo especial"[178].

Quer se trate de acção declarativa, quer de acção executiva, haverá sempre que escolher o *processo* (comum ou especial) correspondente ao pedido a apresentar.

Face à definição legal, o âmbito de aplicação do processo comum determina-se, não directamente, mas por exclusão de partes. Averiguado que para um determinado caso concreto não há na lei processo especial, podemos concluir que ele entra na órbita do processo comum.

Quando o art. 460.º alude ao *processo especial*, há que entender convenientemente esta expressão, porque não há um só processo especial. Diferentemente, há vários processos especiais, que divergem sensivelmente uns dos outros, e cada um dos quais é aplicável ao reconhecimento e efectivação de certo e determinado direito.

Foi em atenção à natureza e estrutura particular de certos direitos, que se pretendem declarar e executar, que o legislador traçou alguns modelos de procedimento, algumas formas de processo, em vista a fazê-los reconhecer judicialmente e a torná-los efectivos. São estes os *processos especiais*; para todos os outros casos existe um processo regra, o *processo comum*.

Como processo executivo especial regulado no CPC, deve referir-se a execução por alimentos. Fora deste, devem mencionar-se a execução

[178] Cf. Alberto dos Reis, "Código de Processo Civil Anotado", vol. II, pp. 284 e segs.

por custas, no RCP, e a execução para venda de navio abandonado, no DL n.º 202/98, de 10 de Julho[179] [180].

O processo comum de execução, diversamente do que ocorre com o processo comum de declaração, segue forma única (art. 465.º, na redacção do DL n.º 38 /2003, em confronto com o art.º 462.º)[181].

19. EXECUÇÃO PARA PAGAMENTO DE QUANTIA CERTA, PARA ENTREGA DE COISA CERTA E PARA PRESTAÇÃO DE FACTO

Segundo a natureza da prestação devida ou o fim da execução, importa distinguir entre a execução para pagamento de quantia certa, a execução para entrega de coisa certa e a execução para prestação de facto (art. 45.º, n.º 2)[182].

---

[179] A execução de despejo não constitui hoje, no âmbito do NRAU, aprovado pela Lei n.º 6/2006, de 27 de Fevereiro, um processo executivo especial, diferentemente do que ocorria na vigência do RAU, aprovado pelo DL n.º 321-B/90, de 15 de Outubro, face ao que então se dispunha nos seus arts. 59.º a 61.º

Resulta, entre outros, dos arts. 14.º, n.º 5, e 15.º, n.º 1, do RNAU que o despejo do local arrendado se efectiva através do processo executivo comum para entrega de coisa certa. Por sua vez, o pagamento das rendas em dívida concretiza-se por meio do processo executivo comum para pagamento de quantia certa, servindo de título executivo o contrato de arrendamento, acompanhado do comprovativo de comunicação ao arrendatário do montante em dívida, como consta do art. 15.º, n.º 2, do citado diploma.

Para Lebre de Freitas ("A Acção Executiva", cit. pp. 399 e seg.), a execução de despejo continua a ser um processo executivo especial, por estar sujeito às regras *específicas* dos arts. 930.º-B a 930.º-E.

[180] Diversamente de Lebre de Freitas ("A Acção Executiva", cit., pp. 148 e 400) e de J.M. Gonçalves Sampaio ("A Acção Executiva e a Problemática das Execuções Injustas", 2.ª edição, pp. 149 e 443 e seg.) não consideramos a *investidura em cargos sociais* (arts. 1500.º e 1501.º) como um processo executivo especial, por a investidura, à semelhança das providências cautelares perfeitas, de que são exemplo a restituição provisória de posse, o arresto e o arrolamento (cf. ponto n.º 92), integrar o próprio procedimento, com obrigação para o funcionário judicial de lhe dar realização, não restando assim lugar para medidas de execução coerciva a implementar pelo requerente da investidura.

[181] No processo penal, a execução de bens para pagamento de multas e custas, segue a tramitação da execução por custas (arts. 491.º, n.os 1 e 2, e 510.º do CPP). E a mesma tramitação segue a execução de bens para pagamento de coimas, quer a execução tenha por base uma decisão da autoridade administrativa, quer tenha por base uma decisão judicial (art. 89.º, n.os 1 e 2, do DL n.º 433/82, de 27 de Outubro).

[182] Cf. Lebre de Freitas, "A Acção Executiva", cit., pp. 10 e seg., que seguiremos no texto.

Na *execução para pagamento de quantia certa*, o exequente (credor) visa obter o cumprimento duma obrigação pecuniária através do património do executado (devedor). Apreendidos e vendidos bens deste património, procede-se, com o dinheiro realizado, ao pagamento do exequente, que obterá assim, por esta via, idêntico resultado ao da realização da prestação que lhe é devida, segundo o título executivo[183].

Na *execução para entrega de coisa certa*, o exequente, titular do direito à prestação duma coisa determinada, pede ao tribunal que apreenda essa coisa e lha entregue. Se a coisa não for encontrada, o exequente procederá à liquidação do seu valor e do prejuízo resultante da falta de entrega, penhorando-se e vendendo-se, seguidamente, bens do executado para pagamento da quantia apurada.

Na *execução para prestação de facto*, se este for *fungível*, o exequente pode requerer a prestação do facto por outrem bem como a indemnização moratória a que tenha direito, apreendendo-se e vendendo-se os bens do executado necessários ao pagamento daqueles custos. Se o facto for *infungível,* o exequente apenas pode pedir a indemnização do dano sofrido com a não realização da prestação, indemnização essa a satisfazer, igualmente, através do património do executado. Na *execução para prestação de facto negativo*, o exequente, conforme os casos, pedirá a demolição da obra que porventura tenha sido feita, à custa do executado, e indemnização pelo prejuízo sofrido.

20. DISPOSIÇÕES REGULADORAS

O processo executivo comum está sujeito ao regime dos arts. 801.º e segs.

Quanto aos processos executivos especiais, a execução por alimentos regula-se pelos arts. 1118.º a 1121-A, a execução por custas pelos

---

[183] "A satisfação coactiva do direito de crédito, lê-se em Girolamo Monteleone (ob. cit., p. 402), consiste sempre e constantemente em atribuir ao credor a soma de dinheiro correspondente ao seu valor económico, uma vez que esse direito, independentemente do objecto que tenha na origem, tem sempre carácter patrimonial e na sequência do inadimplemento adquire automaticamente conteúdo ressarcitório. A soma de dinheiro em questão, uma vez encontrada no património do devedor, garante o cumprimento da obrigação ao credor. Ora, se no dito património se encontrar dinheiro, é ele *expropriado*, isto é tirado ao devedor e atribuído ao credor. Mas tal eventualidade, teoricamente possível, é de facto muito rara. Acontece geralmente, pelo contrário, que se encontram outros bens que devem também ser expropriados e convertidos em dinheiro".

arts. 35.º e 36.º do RCP e a execução para venda de navio abandonado pelo art. 18.º do DL n.º 202/98, de 10 de Julho.

Subsidiariamente, aplicam-se às execuções especiais as disposições do processo comum (art. 466.º, n.º 3).

Ao processo comum de execução são aplicáveis subsidiariamente, com as necessárias adaptações, as disposições reguladoras do processo de declaração que se mostrem compatíveis com a natureza da acção executiva (art. 466.º, n.º 1).

A execução para entrega de coisa certa está contida nos arts. 928.º a 931.º e a execução para prestação de facto nos arts. 933.º a 942.º. Por a regulação duma e doutra não serem completas, aplicam-se-lhes, na parte em que o puderem ser, as disposições relativas à execução para pagamento de quantia certa (art. 466.º, n.º 2).

PARTE II

PROCESSO COMUM DE EXECUÇÃO

TÍTULO I

DISCIPLINA GERAL DO PROCESSO COMUM DE EXECUÇÃO

21. REGIME COMUM

Passemos, de seguida, ao estudo do processo de execução *stricto sensu*, ou seja, à apreciação do seu *formalismo*.

E começamos naturalmente pelo estudo daqueles temas que respeitam, em princípio, a todos os tipos de processo executivo.

Encontram-se regulados nos arts. 801.º a 809.º, sob a epígrafe "Das Disposições Gerais".

Aqui se incluem preceitos respeitantes às seguintes matérias: certeza, exigibilidade e liquidez da obrigação; registo informático de execuções; agente de execução; e juiz de execução.

22. A CERTEZA, A EXIGIBILIDADE E A LIQUIDEZ DA OBRIGAÇÃO.

As primeiras disposições gerais do processo de execução incidem sobre a forma de tornar *certa*, *exigível* e *líquida* a obrigação que não apresente estes caracteres em face do título executivo (art. 802.º).

a) A certeza da obrigação

A *certeza* da obrigação, no contexto da nossa lei processual, relaciona-se somente com a própria prestação ou com o seu objecto (e não também com o quantitativo da prestação, por este se reportar à obrigação *líquida*).

Resulta do n.º 1 do art. 280.º do CC que apenas se consideram nulos os negócios jurídicos de objecto *indeterminável*, mas não os de objecto *indeterminado*. E o art. 400.º do mesmo Código regula a forma da sua determinação, no domínio das obrigações, dizendo-nos que a determinação pode ser confiada, pelos próprios interessados, a uma ou outra das partes ou a terceiro.

Dentre as possíveis classificações das obrigações quanto ao objecto, interessam-nos, neste momento, as que distinguem entre *obrigações específicas* e *obrigações genéricas* (classificação circunscrita às obrigações de *prestações de coisas*) e entre *obrigações cumulativas* e *obrigações alternativas* (classificação respeitante às obrigações de *prestações de coisas* ou de *factos*)[184].

Diz-se *específica* a obrigação cujo objecto da prestação é descrito individualizada ou concretamente (ex: entrega de determinado automóvel, a restituição do livro emprestado).

Diz-se *genérica* a obrigação cujo objecto da prestação se encontra apenas determinado pelo seu *género* (através das notas essenciais, em maior ou menor número, que o distinguem) e pela sua *quantidade* (ex: a compra de cem garrafas de vinho, dum quadro inespecificado de Goya, de seis toiros duma ganadaria ribatejana).

A individualização ou determinação do objecto da prestação (*concentração*), necessária à passagem da obrigação genérica a específica, realiza-se mediante uma operação de *escolha*. E esta será uma autêntica escolha sempre que as coisas compreendidas no género não tenham a mesma qualidade (coisas infungíveis). Se os objectos compreendidos no género tiverem rigorosamente a mesma qualidade (coisas fungíveis), a *determinação* faz-se por meio de *especificação*, que se pode reconduzir a uma simples operação de contagem, pesagem ou medição (ex: a venda de cem quilos de pera rocha ou de maçã reineta ou de uns tantos metros de seda tailandesa). A este tipo de obrigações genéricas chamam alguns autores *obrigações de quantidade*, que não se confundem com as obrigações específicas em que as operações de contagem, pesagem ou medição servem somente para a sua descrição ou para o cálculo

---

[184] Cf. sobre estas modalidades de obrigações, entre outros: Manuel de Andrade, "Teoria Geral das Obrigações", I, 1958, pp. 186 e segs.; Antunes Varela, "Das Obrigações em geral", vol. I, 10.ª edição, pp. 819 e segs.; M. J. Almeida Costa, "Direito das Obrigações", 9.ª edição, pp. 666 e segs.; e Luis Manuel Telles de Menezes Leitão, "Direito das Obrigações", vol. I, 2000, pp. 127 e segs.

exacto da contraprestação e não para a individualização do seu objecto (ex: a venda de *toda* a pera rocha ou da maçã reineta dum pomar identificado, à razão de tanto por quilograma)[185]. Isto por nestas *obrigações específicas* o objecto da prestação se encontrar geneticamente determinado, o que vale por dizer, a partir do momento da constituição do dever jurídico.

Nas obrigações específicas, ao lado das *obrigações simples* (o objecto da prestação é um só), surgem as *obrigações complexas* ou *múltiplas* (o objecto da prestação é plural, abrangendo vários factos, várias coisas ou, ao mesmo tempo, um ou mais factos e uma ou várias coisas). As últimas subdividem-se em *obrigações cumulativas* e *obrigações alternativas*.

É *cumulativa* a obrigação quando os vários objectos sobre que incide devem ser efectivamente prestados (ex: entrega de um automóvel *e* construção de um muro).

Nos termos do n.º 1 do art. 543.º do CC, "é *alternativa* a obrigação que compreende duas ou mais prestações, mas em que o devedor se exonera efectuando aquela que, por escolha, vier a ser designada" (ex: entrega de um imóvel em Lisboa, na Av. Marechal Gomes da Costa, *ou* de um auto-retrato de Rembrandt).

Na obrigação alternativa, encontram-se vários objectos na obrigação (*in obligatione*), mas uma só prestação deve ser executada (*in solutione*).

Como ocorre com as obrigações genéricas, também nas alternativas a determinação da prestação (*concentração*) faz-se mediante *escolha*.

Do exposto, pode definir-se como *certa* a obrigação cujo objecto se encontra determinado; por vezes, na sequência de uma operação de *escolha*.

Diversamente do que ocorre com o processo executivo, a incerteza da obrigação não é obstáculo à propositura e prosseguimento da acção declarativa, como se verifica do art. 468.º, onde expressamente se admite a formulação de pedidos alternativos, a arrastar a uma condenação em alternativa. É o que necessariamente acontece quando a escolha compete ao devedor, porquanto até ela ocorrer o credor tem direito a receber em alternativa uma ou outra das prestações, não incidindo o seu direito sobre ambas isoladamente consideradas[186].

---

[185] Por não haver neste caso uma *escolha* ou *especificação,* permite-se no processo executivo que o agente de execução mande fazer, na sua presença, as operações indispensáveis para entregar ao exequente a quantidade devida (art. 930.º, n.º 2).

[186] Cf. Menezes Leitão, ob. cit., p. 134.

b) *A exigibilidade da obrigação*

A obrigação é *exigível* desde que se encontre vencida.

Sempre que a obrigação preencha este requisito, o credor pode promover a execução, a fim de lograr a satisfação coactiva do seu direito.

Mas a inexigibilidade da prestação não surge como obstáculo à acção declarativa, porquanto, como se verifica do art. 662.º, é admissível a condenação do réu na satisfação da prestação na altura própria, se a obrigação não for exigível no momento em que a acção é proposta.

A exigibilidade tem antes de tudo a ver com o tempo do vencimento das obrigações. E aqui surgem, segundo o art. 777.º do CC, dois tipos de obrigações: *obrigações puras* e *obrigações a prazo* ou *a termo*.

Nas *obrigações puras*, o credor tem o direito de exigir a todo o tempo o cumprimento da obrigação, assim como o devedor pode a todo o tempo exonerar-se dela.

Dá-se o nome técnico-jurídico de *interpelação* ao acto pelo qual o credor exige ou reclama do devedor o cumprimento da obrigação. E a inexigibilidade da obrigação pode resultar precisamente desta falta de interpelação, uma vez que a obrigação pura só se considera vencida a partir dela.

Nas *obrigações a prazo*, há um termo de vencimento, estabelecido pelas partes ou pela lei ou fixado pelo tribunal. Vencem-se, portanto, automaticamente, sem necessidade de interpelação do credor [art. 805.º, n.º 2, alínea a), do CC].

Até ao dia do vencimento, nas obrigações a prazo, a prestação é inexigível. Mas, mesmo alcançado o termo, pode pôr-se um problema de inexigibilidade, se o credor não pedir o pagamento no domicílio do devedor, quando neste, segundo o estipulado pelas partes ou o fixado pela lei, deva ser efectuada a prestação. O domicílio do devedor é mesmo o supletivamente escolhido pela lei para o cumprimento da obrigação (art. 772.º, n.º 1, do CC).

A fixação do prazo pelo tribunal, no caso de falta de estipulação, verifica-se quando as partes não cheguem a acordo e o estabelecimento de um prazo se imponha, dada a natureza da prestação, as circunstâncias que a determinaram e a força dos usos (prazo *natural, circunstancial* ou *usual*), de harmonia com o disposto no n.º 2 do art. 777.º do CC.

Será o que se verifica quando um indivíduo se compromete a entregar uma coisa que possui em local remoto, um pedreiro se obriga a fazer um muro, alguém se obriga a uma prestação que tem, segundo os usos, um momento espaçado para se cumprir, como os fornecimentos de gás, água e de luz e as comunicações por telefone da rede fixa, que se pagam *usualmente* no termo de cada mês ou de 2 em 2 meses.

No n.º 3 do art. 777.º do CC, prevê-se um outro caso de fixação do prazo pelo tribunal. É o de se ter deixado a sua determinação ao critério do credor e este não usar da faculdade que lhe foi concedida.

A exigibilidade tem de seguida a ver com as *obrigações sujeitas a condição suspensiva* (art. 804.º, n.º 1).

A *condição* é uma cláusula acessória, susceptível de ser inserida na generalidade dos negócios jurídicos, face ao princípio da liberdade negocial (consagrado, quanto aos contratos, no art. 405.º do CC).

Diz-se que a *condição* é *suspensiva* quando as partes subordinam a um acontecimento futuro e incerto a produção dos efeitos do negócio jurídico (art. 270.º do CC).

Daí o objecto do negócio ser desde logo *certo*; a sua *eficácia* é que fica dependente da verificação da condição.

A condição suspensiva projecta-se apenas sobre a eficácia do negócio, por dela depender o início da produção dos seus efeitos.

"O negócio sujeito a condição suspensiva, como nos diz Carvalho Fernandes[187], é válido, mas ineficaz, pois os seus efeitos não se produzem até a condição se verificar".

Sendo as coisas assim, discordamos de Alberto dos Reis[188] e Pereira Coelho[189] quando consideram como obrigações incertas, e não como obrigações inexigíveis, as obrigações sob condição suspensiva, por estas, diversamente do que aqueles Mestres sustentam, existirem antes da verificação da condição. Com efeito, as obrigações existem, o seu objecto é certo, apenas a produção dos efeitos do negócio jurídico ainda se não iniciou.

Do exposto resulta que a obrigação sob condição suspensiva só é exigível depois de a condição se verificar.

Finalmente é factor da exigibilidade da obrigação a satisfação duma prestação por parte do credor ou de terceiro.

A primeira situação ocorre no âmbito dos *contratos bilaterais ou sinalagmáticos*, caracterizados não só pela existência de obrigações para ambas as partes, mas também pela correspectividade e interdependência entre elas (v.g., contratos de locação, empreitada, compra e

---

[187] "Teoria Geral do Direito Civil", vol. II, 2ª edição, p. 324.

[188] "Processo de Execução", vol. I. p. 447.

[189] Ob. cit., pp. 111-113.

venda). E fala-se em *sinalagma funcional* (por contraposição ao *sinalagma genético*, que se refere ao momento da celebração do contrato) sempre que a reciprocidade ou interdependência das prestações se manifesta durante todo o período de execução do negócio, designadamente quanto à simultaneidade do cumprimento das obrigações[190]. Consequência do *sinalagma funcional* é a *excepção de não cumprimento do contrato* (*exceptio non adimpleti contractus*), regulada nos arts. 428.º a 431.º do CC.

Caracteriza-se a *excepção* pela faculdade atribuída a qualquer das partes de um contrato bilateral, em que não haja prazos diferentes para o cumprimento das prestações, de recusar a prestação a que se acha vinculada, enquanto a contraparte não efectuar a que lhe cabe ou não oferecer o seu cumprimento simultâneo.

Destarte, as obrigações compreendidas no *sinalagma* devem, em princípio, ser cumpridas simultaneamente.

Uma revelação prática da *excepção* encontra-se no art. 804.º, n.os 1 e 2, onde se pressupõe que a obrigação só pode ser exigida ao devedor depois do credor provar que já satisfez a sua ou, pelo menos, a ofereceu. Pense-se num contrato de compra e venda em que o credor para exigir o pagamento do preço tem de provar que já entregou a coisa ao devedor (a menos que os contraentes tenham estabelecido prazos diferentes para a realização das prestações)[191].

A esta situação vem equiparada a de a obrigação se encontrar dependente da satisfação duma prestação por parte de terceiro. Imagine-se que *A* se vinculou para com *B* a construir um muro no seu quintal, com pedra a fornecer por *C*. Para *B* executar *A* pela prestação do facto a que ele se obrigou, terá de provar que *C* lhe forneceu a pedra necessária.

c) *A liquidez da obrigação*

É *ilíquida,* para efeitos de execução, a obrigação cujo quantitativo não se encontra ainda determinado ou o seu objecto é uma universalidade, face ao disposto nos arts. 471.º e 805.º.

---

[190] Cf.: Antunes Varela, ob. cit., pp. 395 e segs.; e M. J. Almeida Costa, ob. cit., pp. 325 e segs.

[191] A desocupação e restituição do imóvel, na sequência da cessação do arrendamento, só é *exigível* depois de decorridos seis meses sobre a verificação do facto que determinou a caducidade do contrato (art. 1053.º do CC) ou três meses sobre a sua resolução, a menos que, nesta última situação, outro prazo tenha sido acordado pelas partes ou fixado judicialmente (art. 1087.º do CC).

Como exemplos da primeira modalidade, podemos apontar os seguintes: a obrigação de custear as despesas judiciais e os honorários de advogado, estipulada em contrato de mútuo, constante de escritura pública, para o caso de incumprimento, quando o seu montante não se encontra fixado; a obrigação de indemnizar o lesado pela prática de facto ilícito, quando não seja possível determinar as suas consequências, ou o lesado, no uso da faculdade conferida pelo art. 569.º do CC, deixa de pedir na acção declarativa a quantia exacta em que avalia os danos.

Como exemplo da segunda modalidade, podemos referir os casos em que alguém reclama um rebanho ou uma biblioteca, ou pede a entrega da sua parte numa herança indivisa, mas desconhece os animais e os livros que compõem aquelas universalidades de facto e os bens e direitos que virão integrar a sua quota hereditária[192].

Os exemplos apontados, exceptuado o primeiro, suportam, em acção declarativa um *pedido genérico* [art. 471.º, n.º 1, alíneas a) e b)], que deve concretizar-se em prestação determinada por meio do incidente de liquidação dos arts. 378.º a 380.º, a menos que, tratando-se de universalidade, ao caso caiba o processo de inventário (v.g., a partilha de herança indivisa), ou o autor não tenha elementos que permitam a concretização dos elementos que a compõem, observando-se então o disposto no n.º 7 do art. 805.º (art. 471.º, n.º 2).

Se o incidente for deduzido antes de começar a discussão da causa, a matéria da liquidação é dada como assente ou inserida na base instrutória da causa, devendo as provas ser oferecidas e produzidas, sendo possível, com as demais da matéria da acção e da defesa, a fim de a liquidação ser discutida e julgada com a causa principal (art. 380.º, n.º 2).

Não havendo elementos para fixar o objecto ou a quantidade, o tribunal condenará, no que vier a ser liquidado, sem prejuízo da condenação imediata no que considere já provado (arts. 565.º do CC e 661.º, n.º 2, do CPC)[193].

---

[192] A iliquidez, se bem que se verifique normalmente nas obrigações pecuniárias, pode, pois, ocorrer nas prestações de *dare*. Cf.: Lopes Cardoso, ob. cit., p. 200; e Teixeira de Sousa, "Acção Executiva...", cit., p. 107.

[193] Também em processo penal, caso não disponha de elementos suficientes para fixar a indemnização, o tribunal condena no que vier a ser liquidado. Verificada esta situação, a liquidação corre perante o tribunal civil (art. 82.º, n.º 1, do CPP).

Condenando no que vier a ser liquidado, o tribunal pode, oficiosamente ou a requerimento, estabelecer uma indemnização provisória por conta da indemnização a fixar posteriormente, se dispuser de elementos bastantes (n.º 2 do mesmo artigo).

23. MODO DE PROCEDER PARA TORNAR CERTA A OBRIGAÇÃO

Nas obrigações genéricas e alternativas, a *escolha, determinação* ou *concentração* da prestação compete ao devedor, ao credor ou a terceiro, como resulta dos arts. 539.º e 542.º, n.º 1, quanto às primeiras, e dos arts. 543.º, n.º 2, e 549.º, todos do CC, quanto às segundas.

A execução iniciar-se-á, como hoje não restam dúvidas, face à nova redacção dada ao art. 802.º pela RPC95-96 ("A execução principia pelas diligências, a requerer pelo exequente, destinadas a tornar a obrigação certa, exigível e líquida, se o não for em face do título executivo)[194], pela operação de escolha.

Como deve o exequente proceder para efectivar essa escolha?

Consideremos as diversas hipóteses.

a) *Escolha do devedor*

Diz o n.º 1 do art. 803.º, em adjectivação do art. 548.º do CC, que pertencendo a escolha ao devedor (como acontece em regra, nos termos dos arts. 539.º e 543.º, n.º 2, do CC) será este citado pelo agente de execução para se opor à execução e notificado para, no mesmo prazo da oposição, se outro não tiver sido fixado pelas partes, declarar por qual das prestações opta. Feita a notificação, uma de duas: ou o devedor exerce o direito de escolha, ou não faz declaração alguma. Verificado o primeiro caso, a execução segue quanto à prestação que o devedor escolher. No segundo caso, e por o direito de escolha se devolver ao credor (art. 803.º, n.º 3), a execução segue quanto à prestação que ele indicar.

b) *Escolha do credor*

Nesta hipótese, o credor exerce o direito de escolha no requerimento executivo, solicitando que o devedor seja citado para prestar a coisa ou o facto que lhe aprouver pedir, nos termos previstos na segunda parte da alínea h) do n.º 1 do art. 810.º.

---

[194] Na redacção anterior, a permitir outro procedimento, dizia-se: "Não pode promover-se a execução enquanto a obrigação se não torne certa e exigível, caso o não seja em face do título".

c) *Escolha de terceiro*

Cabendo a escolha a terceiro, diz o n.º 2 do art 803.º, é este notificado para a efectuar; na falta de escolha pelo terceiro, refere o n.º 3 do mesmo artigo, é ela efectuada pelo credor, que a concretizará através da apresentação de requerimento autónomo[195].

Este mesmo regime é aplicável ao caso de haver vários devedores e não ser possível formar maioria quanto à escolha (art. 803.º, n.º 3).

Se a escolha tiver sido feita antes do início do processo de execução, cabe ao exequente provar documentalmente perante o agente de execução, ou, se tal não for possível, através doutros meios perante o juiz que a concentração da prestação ocorreu, por analogia com o disposto no art. 804.º, n.os 1, 2 e 3.

24. MODO DE PROCEDER PARA TORNAR EXIGÍVEL A OBRIGAÇÃO

Excluídas das diligências da fase preliminar da execução encontram-se as *obrigações a prazo*, a menos que se trate das contempladas no n.º 2 do art. 777.º do CC. A acção executiva, no que a elas respeita, não pode ser promovida enquanto a obrigação se não vencer[196]. Se o for, deve o juiz, desde que haja lugar a despacho liminar, indeferir *in limine* o requerimento executivo. Caso seja ordenada a citação do executado, pode ele opor-se à execução, com fundamento na inexigibilidade da obrigação exequenda [art. 814.º, n.º 1, alínea e)].

No que concerne ao procedimento a seguir para a conversão das obrigações inexigíveis em obrigações exigíveis, na fase preliminar da execução, o art. 804.º destaca a situação da obrigação dependente de condição suspensiva ou de uma prestação por parte do credor ou de terceiro.

---

[195] Para Lebre de Freitas ("A Acção Executiva", cit., p. 90) é grave "a reversão para o exequente da faculdade de escolher. Com ela pode perigar o equilíbrio negocial das prestações, tal como as partes o estabeleceram. O desfasamento com o regime de direito substantivo não tem explicação aceitável".

[196] Também não pode ser promovida a execução de uma condenação *in futurum*, proferida nos termos do art. 662.º, n.º 1, enquanto não se alcançar o momento fixado na sentença como o do vencimento da obrigação.

Ocorrendo esta situação, incumbe ao credor provar documentalmente, perante o agente de execução, que se verificou a condição ou que se efectuou ou ofereceu a prestação (art. 804.º, n.º 1).

Caso não seja possível o recurso à prova documental, deve o credor, ao requerer a execução, oferecer de imediato as respectivas provas, (art. 804.º, n.º 2); neste caso, o agente de execução promove a intervenção do tribunal, que procederá à apreciação sumária da prova produzida, salvo se o juiz entender ser necessário ouvir o devedor (art. 804.º, n.º 3), que deverá então ser citado com a advertência de que, na falta de contestação, se considerará verificada a condição ou efectuada ou oferecida a prestação, de harmonia com o requerimento executivo, a menos que se verifique o condicionalismo do art. 485.º (art. 804.º, n.º 4)[197].

Tendo lugar a produção de prova não documental ou a audição do devedor, há sempre despacho liminar [art. 812.º-D, alínea b)]. Na primeira situação, e não se verificando causa de indeferimento ou aperfeiçoamento (art. 812.º-E, n.os 1 e 3), o juiz designa dia para a produção sumária de prova, para depois decidir no sentido da verificação ou inverificação da condição suspensiva ou da efectivação ou oferecimento da prestação.

O executado só pode contestar em oposição à execução, devendo disso ser advertido [arts. 804.º, n.º 5, e 814.º, n.º 1, alínea e)].

Quando se execute obrigação que só parcialmente seja exigível, aplicam-se, com as necessárias adaptações, as disposições reguladoras da obrigação em parte ilíquida e em parte líquida (art. 804.º, n.º 6). Daí poder desde logo requerer-se a execução da parte exigível, para, na sua pendência, se proceder à execução da parte restante, uma vez tornada também exigível.

Apesar de não mencionadas no art. 804.º, também as obrigações dependentes de prazo a fixar pelo tribunal, nos termos do n.º 2 do art. 777.º do CC, devem converter-se em obrigações exigíveis na fase liminar da acção executiva, a requerimento do credor, à semelhança do que ocorre com a fixação de prazo em execução para prestação de facto (art. 939.º, n.º 1), adoptando-se o processo judicial dos arts. 1456.º e 1457.º. Deste mesmo processo se deve servir o devedor, mas naturalmente fora

---

[197] Neste caso, o executado é simultaneamente citado para pagar, face ao disposto no n.º 5 do art. 812.º-E. Cf. Lebre de Freitas e Ribeiro Mendes, "Código de Processo Civil Anotado", vol. 3.º, 2003, p. 252.

do processo executivo, quando o credor não use da faculdade de proceder à determinação do prazo, desde que ela tenha sido deixada ao seu critério, ante o estatuído no n.º 3 do art. 777.º do CC.

Quando a inexigibilidade deriva apenas da falta de interpelação ou do facto de não ter sido pedido o pagamento no domicílio do devedor, a obrigação considera-se vencida com a citação do executado[198].

25. MODO DE PROCEDER PARA TORNAR LÍQUIDA A OBRIGAÇÃO

Da análise dos arts. 378.º, n.º 2, 380.º, n.os 3 e 4, e 805.º, constata-se que a liquidação da obrigação constante de título executivo umas vezes incumbe ao exequente, outras vezes ao tribunal, outras vezes a árbitros[199].

A *liquidação feita pelo exequente* tem lugar quando ela dependa de simples cálculo aritmético. Atente-se, por exemplo, na obrigação do pagamento de juros, quer convencionais quer moratórios[200] (arts. 559.º do CC e 102.º do CCom), na obrigação do pagamento de rendas ou alugueres convencionados a título de indemnização depois de findo o contrato, se a coisa locada não for restituída (art. 1045.º, n.º 1, do CC), na obrigação do pagamento de determinado valor em referência à cotação de certa moeda, acção ou mercadoria.

No que respeita aos juros legais e aos estipulados sem estabelecimento de taxa ou quantitativo, são calculados à taxa de 4%, nos termos da Portaria n.º 291/2003, de 8 de Abril, *ex vi* do n.º 1 do art. 559.º do CC; a taxa supletiva de juros moratórios relativamente a créditos de que sejam titulares empresas comerciais, singulares ou colectivas, de harmonia com o disposto no § 3.º do art. 102.º do CCom, é a taxa de juro aplicada pelo Banco Central Europeu à sua mais recente operação

[198] Assim se dizia no n.º 3 do art. 804.º, na redacção anterior ao DL n.º 38/2003, preceito cujo desaparecimento se deve ter ficado a dever à sua desnecessidade, porquanto, nos termos do n.º 1 do art. 805.º do CC, o devedor só fica constituído em mora depois de ter sido judicial ou extrajudicialmente interpelado para cumprir.

[199] O que a seguir se diz no texto vale outrossim, com as devidas adaptações, para a liquidação de sentença penal, que corre igualmente perante o tribunal civil (art. 82.º, n.º 1, 2.ª parte, do CPP).

[200] Tenha-se presente que, ante o estatuído no art. 46.º, n.º 2, se consideram abrangidos pelo título executivo os juros de mora, à taxa legal, da obrigação dele constante.

principal de refinanciamento efectuada antes do 1.º dia de Janeiro ou de Julho, consoante se esteja, respectivamente, no 1.º ou no 2.º semestre do ano civil, acrescida de 7%, face ao que se dispõe na Portaria n.º 597/ /2005, de 19 de Julho[201].

A liquidação tem lugar no próprio requerimento executivo, onde o exequente, depois de proceder a contas e operações, conclui com um pedido líquido (art. 805.º, n.º 1).

A partir da citação, pode o executado opor-se por meio de requerimento, e não através da oposição propriamente dita, fundado no art. 814.º, n.º 1, alínea e), por a contestação de um cálculo aritmético ser de fácil realização, dispensando a implementação de outras formalidades[202].

Compreendendo a execução juros que se continuem a vencer, a liquidação deles é feita, a final, pelo agente de execução, de acordo com o título executivo e os documentos que o exequente ofereça em conformidade com ele ou, se for caso disso, em função das taxas de juro de mora aplicáveis (art. 805.º, n.º 2); sendo devida sanção pecuniária compulsória, quer aplicada ou não na própria acção executiva, compete também ao agente de execução a sua liquidação, mensalmente e no momento da cessação da sua aplicação (art. 805.º, n.º 3). Do acto de liquidação do agente de execução, seja respeitante aos juros que se vencerem na pendência da acção executiva seja da sanção pecuniária compulsória, é admissível reclamação para o juiz [art. 809.º, n.º 1, alínea c)].

A *liquidação feita pelo tribunal* configura-se como um verdadeiro processo declarativo destinado a determinar o montante da prestação ou a especificar os elementos da universalidade. Como se infere do n.º 1 do art. 805.º, no requerimento executivo, o credor indicará os valores que considere compreendidos na prestação devida, concluindo por um pedido líquido.

Sendo o título executivo uma sentença de condenação no que vier a ser liquidado, o requerimento, oferecido em duplicado pelo autor, baseará um incidente de liquidação, a deduzir no próprio processo onde a sentença foi proferida, determinando a sua admissão a renovação da

---

[201] Segundo o Assento do STJ n.º 4/92, de 13.07.92 (BMJ, 419, p. 75), nas letras e livranças emitidas e pagáveis em Portugal, é aplicável, em cada momento, aos juros moratórios, a taxa que decorre do disposto no art. 4.º do DL n.º 262/83, de 16 de Junho, e não a prevista nos arts. 48.º e 49.º da LULL.

[202] Cf. Teixeira de Sousa, "A Reforma...", cit., pp. 78 e seg.

instância extinta (arts. 378.º, n.º 2, e 379.º), com a competência para conhecer do incidente a pertencer ao tribunal que proferiu a condenação e não ao juízo de execução[203].

A oposição à liquidação, a formular em duplicado (art. 380.º, n.º 1), será deduzida no prazo de 10 dias (art. 303.º, n.º 2).

Tanto o requerimento como a oposição à liquidação dispensam a entrega de duplicados quando apresentados por transmissão electrónica de dados (arts. 379, n.º 2, e 380.º, n.º 1, 2.ª parte).

Não contestando o réu e a revelia for de considerar operante, produzir-se-á o efeito cominatório próprio do processo declaratório (art. 303.º, n.º 3, com remissão para os arts. 484.º e 485.º); contestando o réu, ou não contestando, a revelia deva considerar-se inoperante, seguem-se os termos subsequentes do processo sumário de declaração (art. 380.º, n.º 3)[204].

Neste incidente, o autor e o réu devem pagar a taxa de justiça, juntando documento comprovativo do seu prévio pagamento ou da concessão do benefício de apoio judiciário, a menos que, neste último caso,

---

[203] Sendo a sentença condenatória no que se liquidar em execução de sentença proferida antes da entrada em vigor do DL n.º 38/2003, mas executada na vigência deste diploma, aplica-se imediatamente, segundo o Acórdão da RC de 7.12.2004 (CJ, ano XXIX, tomo V, p. 31) o processo de liquidação previsto nos arts. 378.º e 380.º.

[204] Se a sentença de condenação no que vier a ser liquidado for penal, a liquidação ocorrerá no tribunal civil com base em traslado que abrangerá, além da sentença, as peças consideradas necessárias, com o requerimento do credor a servir de petição inicial a um processo sumário de declaração (art. 380.º, n.º 3, devidamente adaptado, aplicável por analogia). A sentença, a proferir neste processo, servirá de base à execução no tribunal do lugar em que teve lugar a liquidação (art. 90.º, n.º 1), que tanto pode ser o juízo de competência genérica, como um juízo de competência especializada ou um juízo de execução, o primeiro, se na circunscrição não houver nenhum dos outros, e o segundo, se na circunscrição não existir o terceiro [arts. 110.º, n.º 2, alínea b), 126.º, n.º 1, e 134.º da LOFTJ].

Diversamente, Lopes do Rego ("Comentários...", I, cit., p. 339) defende que o processamento da liquidação de sentença criminal "terá de ser feita na fase preliminar da própria acção executiva, através da aplicação analógica do regime previsto no art. 805.º, n.º 4, para os títulos extra-judiciais".

Tendo em conta que o poder jurisdicional dos tribunais arbitrais finda com a notificação do depósito da decisão que põe termo ao litígio ou, quando tal depósito for dispensado, com a notificação da decisão, nos termos do art. 25.º da LAV (cf. Acórdão do STJ de 5.12.2002, *in* CJ — Acórdãos do STJ, ano X, tomo III, p. 152), a liquidação das suas decisões de condenação no que vier a ser liquidado compete igualmente ao tribunal civil. Havendo um juízo de execução em funcionamento na comarca do lugar da arbitragem, nele correrá a execução, depois de ultimada a liquidação no tribunal civil.

aquele documento já se encontre junto ao processo; a taxa de justiça deve ser paga previamente, com o documento comprovativo do pagamento a ser entregue ou remetido a tribunal aquando da apresentação do requerimento inicial por parte do autor e da apresentação da oposição por parte do réu (arts. 150.º-A, n.º 1, 447.º, n.º 2, e 447.º-A, n.º 1, do CPC e 6.º, n.º 1, do RCP)[205].

Sendo o título executivo extrajudicial, o requerimento do credor iniciará a execução, procedendo de imediato o agente de execução à citação do executado para contestar a liquidação, em oposição à execução, com a advertência de que, na falta de contestação, a obrigação se considera fixada nos termos daquele requerimento, a menos que a revelia se deva considerar inoperante (art. 805.º, n.º 4). A citação é efectuada sem necessidade de despacho liminar [art. 812.º-F, n.º 2, alínea b)].

Tanto no caso de a oposição à liquidação se cumular com a oposição à execução, como no caso de apenas ocorrer a oposição à liquidação, havendo contestação ou sendo a revelia inoperante, seguir-se-á a tramitação própria do processo sumário de declaração (arts. 380.º, n.º 3, 805.º, n.º 5, e 817.º, n.º 2).

Nas duas modalidades de liquidação judicial referidas, sendo a prova produzida pelas partes insuficiente, incumbe ao juiz completá-la mediante indagação oficiosa, ordenando, designadamente, a produção de prova pericial (arts. 380.º, n.º 4, e 805.º, n.º 5, *in fine*). Não funcionam consequentemente, aqui, as regras do ónus da prova e também não pode o incidente de liquidação ser julgado improcedente por falta de prova[206].

A *liquidação feita pelos árbitros*, quer se destine a executar sentença de condenação no que vier a ser liquidado quer qualquer outro título executivo, ocorre, segundo os arts. 380.º-A, n.º 1, e 805.º, n.º 6, nos casos em que a lei especialmente o determine (arbitragem necessária) ou as partes o convencionem (arbitragem voluntária). A liquidação fundada em título diverso de sentença ocorrerá sempre antes de apresentado o requerimento executivo (art. 805.º, n.º 6).

Este tipo de liquidação tem lugar quando as circunstâncias desaconselhem a observância do direito constituído e de normas processuais

---

[205] E isto por esta liquidação representar a continuação da acção declarativa anterior, visando como esta a apreciação do fundo da causa; daí, se encontrar necessariamente sujeita, como ela, ao regime geral da tributação da acção declarativa. Refira-se ainda que também a liquidação judicial de título executivo extrajudicial, com tramitação semelhante à da liquidação de título judicial, se encontra sujeita à tributação das acções.

[206] Cf. Acórdão da RC de 4.12.2007, CJ, ano XXXII, tomo V, p. 32.

rígidas. Os árbitros, sem o espartilho das regras que presidem à liquidação judicial, e desde que as partes os autorizem, procederão a um julgamento *ex aequo et bono*, em vista à obtenção de uma liquidação *equitativa*[207].

A intervenção dos árbitros na liquidação é semelhante à do tribunal arbitral de que trata a LAV.

São os *árbitros* que julgam e decidem; são eles que convertem a obrigação ilíquida em líquida, fixando a quantidade da prestação devida ou especificando os elementos da universalidade, objecto da obrigação[208].

À nomeação de árbitros aplica-se, em caso de liquidação de sentença de condenação, o regime de nomeação de peritos (art. 380.º-A, n.º 2), designadamente o contido nas normas dos arts. 568.º e 569.º, com as devidas adaptações; em caso de liquidação para execução fundada em título diverso de sentença, o regime da arbitragem voluntária (art. 805.º, n.º 6), ou seja, o previsto nos arts. 6.º e segs. da LAV.

Estando as partes de acordo, intervirá na liquidação apenas um árbitro[209]; não estando de acordo, cada parte escolherá um dos dois árbitros que intervirão. Logo que habilitados, aquele árbitro ou estes dois, em conferência, apresentarão o seu laudo por escrito. Se, no caso em que intervêm dois árbitros, estes não estiverem de acordo, o juiz presidente do tribunal da execução nomeará o terceiro árbitro (art. 805.º, n.º 6, *in fine*), que não se encontra obrigado a conformar-se com o voto de qualquer um dos outros dois. Se não se formar maioria, prevalece o laudo do terceiro (art. 380.º-A, n.ºs 3 e 4). Não se exige hoje a homologação judicial do laudo dos árbitros ou do laudo do terceiro, em caso de divergência (como se impunha em redacção anterior do n.º 3 do art. 809.º)[210].

Qual o processo a seguir para a liquidação arbitral?

Para nós, as regras de processo a observar na liquidação arbitral serão as escolhidas pelos árbitros depois de nomeados, a menos que outras

---

[207] Cf.: Alberto dos Reis, ob. cit., pp. 510 e seg.; e Acórdão do STJ de 17.11.72, BMJ, 221, p. 164.

[208] Cf.: Alberto dos Reis, ob. cit., pp. 512 e seg.; e Acórdão do STJ de 19.12.75, BMJ, p. 109.

[209] A possibilidade de a liquidação ser feita por apenas um árbitro é expressamente admitida pelo n.º 1 do art. 380.º-A.

[210] Lavra, assim, em equívoco o Gabinete de Auditoria e Modernização ("Perguntas Frequentes sobre a Reforma da Acção Executiva", p. 13) quando sustenta que, no presente, a decisão dos árbitros é homologada pelo juiz.

tenham sido estabelecidas na lei especial que prevê a arbitragem necessária (art. 1525.º) ou na convenção das partes (art. 15.º, n.º 3, da LAV e 1528.º).

Em qualquer caso, como estabelece o art. 16.º da LAV, deverão ser respeitados os seguintes princípios fundamentais: a) as partes serão tratadas com absoluta igualdade; b) o demandado será citado para se defender; c) em todas as fases do processo será garantida a estreita observância do princípio do contraditório; d) ambas as partes devem ser ouvidas, oralmente ou por escrito, antes de ser proferida a decisão final.

Do exposto extrai-se a seguinte regulamentação mínima para o funcionamento da liquidação arbitral:

— o processo iniciar-se-á com o requerimento do credor a indicar o objecto da liquidação e as questões que pretende ver esclarecidas (arts. 380.º-A, n.º 2, e 577.º, n.º 1), bem como a solicitar a citação do executado para a nomeação dos árbitros[211];

— investidos nas suas funções, o árbitro ou os árbitros notificarão o devedor para se pronunciar sobre o objecto e as questões emergentes da liquidação;

— delimitadas as questões a dilucidar, o árbitro ou os árbitros ordenarão as diligências que considerarem indispensáveis, colhendo os elementos necessários,

— seguidamente, o árbitro ou os árbitros ouvirão as partes, oralmente ou por escrito, para só então lavrarem o seu ou os seus laudos.

No caso de *obrigação só parcialmente líquida*, pode esta executar-se imediatamente. No que concerne à parte ilíquida, pode o exequente requerer a sua liquidação, na pendência da execução da parte líquida, nos mesmos termos em que é possível a liquidação inicial (art. 805.º, n.ºs 8 e 9).

Quando a iliquidez da obrigação resulte de esta ter por objecto mediato uma universalidade de facto, deve o credor, através do incidente de liquidação, proceder à fixação do seu objecto, no decurso da acção declarativa (arts. 378.º, n.º 1, e 471.º, n.º 2).

---

[211] O requerimento deve ser apresentado no tribunal que proferiu a sentença de condenação genérica (art. 378.º, n.º 2) ou, tratando-se de título diverso de sentença, no tribunal competente para a execução, mas antes de apresentado o requerimento executivo (art. 805.º, n.º 6).

"Suponhamos, como nos diz Alberto dos Reis[212], que se propõe acção de reivindicação dos quadros duma galeria ou dos animais dum rebanho. A liquidação consistirá em se determinarem e identificarem posteriormente as unidades compreendidas na universalidade; o autor indicará *quantos* quadros abrange a galeria, de *quantas* cabeças se compõe o rebanho, com a descrição, tão completa quanto possível, de cada uma das espécies, de modo que elas se possam individualizar".

E da mesma forma procederá o credor se deduzir o incidente de liquidação depois de proferida sentença de condenação genérica, nos termos do n.º 2 do art. 661.º (art. 378.º, n.º 2), ou se a ela proceder no requerimento executivo, quando se trate de título extrajudicial (art. 805.º, n.º 4).

A decisão que conhece da liquidação, independentemente do processo em que ocorrer, terá necessariamente de fixar o conteúdo da obrigação, através da referência ao número de unidades que integram a universalidade e da descrição pormenorizada de cada uma das espécies[213].

É assim inadmissível que no n.º 7 do art. 805.º, de harmonia com o previsto na parte final do n.º 2 do art. 471.º, se estabeleça poder a liquidação ter lugar "em momento imediatamente posterior à apreensão, precedendo a entrega ao exequente". A realidade que aqui se contempla identifica-se com a prevista no n.º 2 do art. 930.º, centrada em plena execução para entrega de coisa certa, visando apenas a efectivação da prestação do devedor, e não a fixação do conteúdo da sua obrigação[214] [215] [216].

---

[212] "Código de Processo Civil Anotado", vol. I, p. 610.

[213] Cf.: Lopes Cardoso, ob. cit., pp. 200 e seg.; e Anselmo de Castro, ob. cit., pp. 61 e seg.

[214] Por admitir, apoiada na letra da lei, a possibilidade de a liquidação ocorrer, quando a obrigação recai sobre uma universalidade de facto, após a apreensão, vê-se Paula Costa e Silva na necessidade de defender que, em certas circunstâncias, à liquidação de sentença, naquela situação, se pode aplicar o meio previsto no art. 805.º, n.º 7 ("A Reforma da Acção Executiva", 2.ª edição, pp. 25 e 31).

[215] Lebre de Freitas e Ribeiro Mendes (ob. cit., p. 257) surgem contudo a defender a posição legalmente consagrada no n.º 7 do art. 805.º com o argumento de o exequente não poder, por vezes, fazer a discriminação, por a universalidade se achar na posse do executado, sem que ele tenha meios para a ela aceder. E assim deslocam o distorcido incidente da liquidação, precedido de uma apreensão, para uma fase adiantada do processo executivo, a benefício de facilidades para o exequente, esquecendo as possibilidades que a tramitação prevista nos arts. 379.º e 380.º permite em vista à determinação e identificação das unidades integradoras da universalidade.

[216] Segundo o n.º 3 do art. 21.º do DL n.º 38/2003, de 8 de Março, na redacção do DL n.º 199/2003, de 10 de Setembro, as normas dos arts. 47.º, n.º 5, 378.º, n.º 2,

26. REGISTO INFORMÁTICO DE EXECUÇÕES

O registo informático de execuções é uma inovação no nosso ordenamento jurídico-processual, introduzido pelo DL n.º 38/2003, de 8 de Março, através da nova redacção conferida aos arts. 806.º e 807.º.

De harmonia com o disposto no n.º 5 do art. 807.º, o registo informático de execuções foi regulado pelo DL n.º 201/2003, de 10 de Setembro.

Visa a lista pública das execuções os seguintes fins: conferir eficácia à penhora e liquidação de bens; prevenir eventuais conflitos jurisdicionais resultantes do incumprimento contratual; e promover o cumprimento pontual das obrigações (art. 16.º-A, n.º 3, do DL n.º 201/2003).

O agente de execução inscreve a execução no registo informático de execuções após a consulta prévia efectuada nos termos do art. 832.º (art. 3.º do DL n.º 201/2003).

A partir dos elementos de que disponha, o agente de execução inscreve e actualiza os dados do registo informático de execuções (art. 4.º, n.º 1, do DL n.º 201/2003).

Em relação a cada um dos processos de execução pendentes, o registo contém a seguinte informação, nos termos do n.º 1 do art. 806.º:

a) Identificação do processo de execução;
b) Identificação do agente de execução;
c) Identificação das partes, nos termos da alínea a) do n.º 1 do art. 467.º e incluindo ainda, sempre que possível, o número de identificação de pessoa colectiva, a filiação e os números de identificação civil e de identificação fiscal;
d) Pedido;
e) Bens indicados para penhora;
f) Bens penhorados;
g) Identificação dos créditos reclamados.

Do mesmo registo, segundo o n.º 2 do art. 806.º, constará ainda a lista das execuções findas ou suspensas, com expressa menção, para além dos elementos pertinentes a todo o processo de execução pendente inscrito, de mais os seguintes:

a) A extinção com pagamento parcial;

380.º, n.ºs 2, 3 e 4, 380.º-A e 661.º, n.º 2, aplicam-se nos ou relativamente aos processos declarativos pendentes em 15.09.2003 em que até essa data não tenha sido proferida sentença em 1.ª instância.

b) A extinção da execução por não se terem encontrado bens penhoráveis, nos termos do disposto no n.º 3 do art.º 832.º e no n.º 6 do art. 833.º-B.

Todos os dados enunciados devem ser diariamente introduzidos no registo informático pelo agente de execução (art. 806.º, n.º 3).

Igualmente, mas na sequência de despacho judicial, proceder-se-á, face ao disposto no n.º 4 do art. 806.º, ainda à introdução dos seguintes dados:

a) A declaração de insolvência e a nomeação de um administrador da insolvência, bem como o encerramento do processo especial de insolvência;
b) O arquivamento do processo executivo de trabalho, por não se terem encontrado bens para penhora.

Têm acesso ao registo informático de execuções as seguintes entidades: magistrado judicial ou do Ministério Público; pessoa capaz de exercer o mandato judicial ou agente de execução; titular dos dados; quem tenha relação contratual ou pré-contratual com o titular dos dados ou revele outro interesse atendível na consulta, mediante consentimento do titular ou autorização dada pela entidade indicada no diploma regulador do registo informático (art. 807.º, n.º 4). Este acesso efectua-se em conformidade com o disposto nos arts. 45.º e 46.º da Portaria n.º 331-B/ /2009, de 30 de Março.

A todo o tempo, pode ser requerida pelo respectivo titular a rectificação ou actualização dos dados inscritos no registo informático, junto da secretaria do tribunal materialmente competente (arts. 807.º, n.º 1, do CPC e 5.º, n.º 1, do DL n.º 201/2003).

Determinam a eliminação oficiosa do registo da execução as seguintes causas: a extinção da execução por procedência da oposição à execução ou por qualquer outro facto, com excepção da extinção da execução por pagamento parcial ou por não terem sido encontrado bens penhoráveis; e o fim da execução por pagamento integral, uma vez determinada ou verificada a extinção da execução (art. 5.º, n.ºs 2 e 3, do DL n.º 201/2003).

O devedor pode solicitar, desde que prove o cumprimento da obrigação, que seja eliminada a menção donde conste ter a execução findado com pagamento parcial ou ter sido extinta por não terem sido encontrados bens penhoráveis (art. 807.º, n.º 2, do CPC e 5.º, n.º 4, do DL n.º 201/2003).

Podem ser suspensos da lista pública de execuções os registos referentes a execuções contra executados sobreendividados que adiram e cumpram um plano de pagamento de dívidas elaborado por entidades reconhecidas pelo Ministério da Justiça, durante o cumprimento do referido plano (art. 16.º-C, n.º 2, do DL n.º 201/2003).

São oficiosamente retirados da lista pública de execuções todos os registos dela constantes referentes a processos executivos findos há mais de cinco anos (art. 16.º-C, n.º 1, do DL n.º 201/2003).

A consulta do registo informático pode ser feita ou por certificado passado pela secretaria do tribunal ou por acesso directo: o primeiro, inserindo todos os dados que o registo de execuções contenha relativamente ao titular de dados, é emitido na sequência de requerimento dirigido à secretaria do tribunal competente ou ao juiz do tribunal competente, em modelo aprovado por portaria do Ministro da Justiça[217]; o acesso directo é reservado aos magistrados judiciais e do Ministério Público, às pessoas capazes de exercer o mandato judicial e aos agentes de execução (arts. 8.º a 12.º do DL n.º 201/2003).

27. AGENTE DE EXECUÇÃO

A reforma da acção executiva levada a efeito pelo DL n.º 38/2003, de 8 de Março, visou fundamentalmente a desjudicialização do processo executivo, com a sua consequente simplificação e agilização, à semelhança de outros países da União Europeia.

Como uma das duas figuras centrais da nova execução administrativizada, surge o *agente de execução*, chamado, em princípio, à condução de qualquer execução[218].

---

[217] O modelo de requerimento de acesso ao registo informático de execuções foi aprovado pela Portaria n.º 985-B/2003, de 15 de Setembro.

[218] Paralelamente, encontramos na Alemanha, segundo o § 753 da ZPO, os *executores judiciais*, a quem compete, por ordem do credor, levar a cabo a execução forçada, quando não atribuída aos tribunais; em França, de harmonia com o disposto nos arts. 18.º e 19.º da Lei n.º 91-650, de 9 de Julho de 1991, os *oficias de justiça encarregados da execução*, a quem exclusivamente cabe proceder à execução forçada, com a responsabilidade pela condução das operações respectivas: e, em Espanha, os *secretários judiciais*, com uma intervenção mínima no decurso do processo de execução, praticamente limitada a formar lotes para a venda — art. 643, como todos os a seguir indicados nesta nota, da LEC —, a presidir e a actuar no prosseguimento desta — arts.

Se a desjudicialização do processo de execução é de aplaudir, já muitas reservas nos merece o apelo a uma entidade parajudicial para a prática dos diversos actos materialmente administrativos que ocorrem no processo de execução.

Temos para nós que, no contexto da realidade portuguesa, bem diversa da doutros países europeus donde *importamos* a figura do agente de execução, a competência para a tramitação do processo de execução devia ser atribuída, em regra, às *secções de processo da secretaria do tribunal competente para a execução*, com o escrivão de direito que exercesse a chefia a proferir os despachos necessários à marcha do processo, sempre susceptíveis de reclamação para o respectivo juiz. Quando o movimento processual o justificasse, deveriam ser criadas, nas respectivas secretarias, *secções de execução*. Ainda, nas comarcas de maior movimento, justificar-se-ia seguramente a criação de *juízos de execução*, como juízos de competência especializada, somente integrados por secções de execução e com os respectivos juízes a praticarem apenas os actos de natureza jurisdicional respeitantes às execuções.

Tudo isto em paralelismo com o que ocorre tanto no processo de execução fiscal como no processo de execução de dívidas à segurança social, onde a execução é confiada a órgãos das respectivas administrações: no primeiro, aos serviços periféricos locais da administração tributária, na circunstância os serviços de finanças chefiados por chefes de finanças (art. 19.º do DL n.º 366/99, de 18 de Setembro, na redacção do DL n.º 237/2004, de 18 de Dezembro), nos termos do art. 149.º do CPPT; no segundo, às secções de processo executivo do IGFSS, de harmonia com o disposto no art. 7.º, n.º 1, do DL n.º 112/2004, de 13 de Maio[219].

648., 649., 650. e 666. — e a expedir ao Registo da Propriedade certidão do auto de aprovação da licitação de imóveis ou da adjudicação ao credor — art. 674.; contudo, esta aprovação já compete ao tribunal e não ao secretário, quer respeite o auto a bens móveis quer a bens imóveis — arts. 650. e 670.

[219] Para Jacinto Bastos ("Notas ao Código de Processo Civil", vol. IV, 2.ª edição, p. 18), "as dificuldades que os serviços dos tribunais apresentam devem ser combatidas por medidas legislativas que adaptem a orgânica judiciária às necessidades da conjuntura, e nunca pela sua descaracterização ou 'privatização', que entregue a liderança da actividade judicial em certo domínio ao mandatário de uma das partes, com ofensa daquele estatuto de 'igualdade substancial das partes' que este mesmo Código tão enfaticamente proclama no seu artigo 3.º-A".

Caminhou-se todavia em sentido inverso com o DL n.º 226/2008, de 20 de Novembro, na parte em que deu nova redacção e aditou vários artigos ao ECS, na medida em que as funções de agente de execução deixam de ser somente exercidas por solicitadores para passarem também a sê-lo por advogados, seguramente em início de carreira e sem preparação profissional nem vocação para o desempenho do cargo.

No que concerne aos oficiais de justiça, aptos para as referidas funções, são aceites como *tolerados*, em princípio por apenas dois anos, quando escolhidos por pessoas singulares que intentem acções executivas para cobrança de créditos não resultantes da sua actividade profissional (art. 19.º do DL n.º 226/2008). Mas nesses dois anos, e mesmo com a limitação imposta, vão, mais uma vez, comprovar que são eles os mais habilitados para o desempenho das funções de agente de execução.

Compete ao agente de execução, a menos que a lei disponha em contrário, realizar todas as diligências no processo de execução, incluindo citações, notificações e publicações[220], e ainda liquidar os créditos dos credores e efectuar todos os pagamentos, nos termos do RCP (art. 808.º, n.ºs 1 e 2).

Deve também o agente de execução proceder ao registo da prática de todos os actos no processo no sistema informático de suporte à actividade dos agentes de execução[221], dispensando esse registo a junção aos autos dos documentos comprovativos da efectivação dos mesmos, sem prejuízo do dever de exibição dos originais dos documentos comprovativos de qualquer acto sempre que o juiz o determine (arts. 33.º, n.º 1, e 34.º da Portaria n.º 331-B/2009, de 30 de Março).

O agente de execução é designado pelo exequente, de entre os agentes de execução inscritos ou registados em qualquer comarca constantes de uma lista fornecida para o efeito pela Câmara dos Solicitadores (art. 808.º, n.º 3); na falta de designação pelo exequente ou ficando a designa-

---

[220] O agente de execução procede às publicações previstas na lei mediante anúncio em página informática de acesso público, no endereço electrónico http://www..tribunaisnet.mj.pt, através do sistema informático de suporte à actividade dos agentes de execução e do sistema informático CITIUS (art. 32.º da Portaria n.º 331-B//2009).

[221] Este sistema e o sistema informático CITIUS asseguram que qualquer acto registado pode ser consultado no histórico electrónico do processo judicial através do sistema informático CITIUS (art. 33.º, n.º 3, da Portaria n.º 331-B/2009).

ção sem efeito, é esta feita pela secretaria, nos termos do art. 811.º-A, de entre os agentes de execução inscritos ou registados na comarca ou, na sua falta, entre os inscritos ou registados nas comarcas limítrofes[222].

Se não houver agente de execução inscrito ou registado na comarca ou ocorrer outra causa de impossibilidade, o exequente pode requerer que as diligências de execução sejam realizadas por oficial de justiça, determinado segundo as regras da distribuição (art. 808.º, n.º 4)[223].

Nas execuções em que o Estado seja exequente, o agente de execução é sempre um oficial de justiça (art. 808.º, n.º 5)[224], sem que, todavia, se lhe aplique o estatuto de agente de execução (art. 808.º, n.º 13).

Quando o agente de execução for um oficial de justiça, este é o escrivão de direito, titular da secção onde corre termos o processo de execução (art. 1.º da Portaria n.º 946/2003, de 6 de Setembro). Num caso destes, é às secções de serviço externo que compete assegurar a prática dos actos de serviço externo atribuídos ao agente de execução [art. 18.º, alínea d), do RLOFTJ, na redacção do DL n.º 148/2004, de 21 de Junho].

Carecendo de meios económicos, pode o exequente solicitar apoio judiciário, em vista à nomeação e pagamento da compensação de patrono, ao pagamento faseado desta e à atribuição de agente de execução [art. 16.º, n.º 1, alíneas b), e) e g), da LADT].

Refira-se, contudo, que a tramitação dos apensos e dos procedimentos incidentais de natureza declarativa (v.g., pedido de dispensa de citação prévia, habilitação de sucessores, oposição à execução e à penhora, embargos de terceiro, concurso de credores), por não respeitarem a actos processuais de natureza executiva, são estranhos à competência do agente de execução; essa tramitação, incluindo as notificações, é da responsabilidade da secretaria, a quem igualmente compete efectuar as

---

222 Nos termos do n.º 2 do art. 119.º do ECS, a lista dos agentes de execução deve estar permanentemente disponível em suporte informático público.

223 Quando as diligências de execução são realizadas por oficial de justiça, as referências feitas ao sistema informático de suporte à actividade dos agentes de execução e, ou, ao sistema informático CITIUS consideram-se feitas apenas ao sistema informático CITIUS (art. 47.º, n.º 2, da Portaria n.º 331-B/2009).

224 Assim, nas execuções que sejam da competência dos tribunais administrativos e dos tribunais tributários, aqui sem prejuízo da competência própria dos órgãos da administração tributária, as funções de agente de execução são desempenhadas por oficial de justiça (arts. 44.º, n.º 3, e 49.º, n.º 3, do ETAF, na redacção da Lei n.º 107-D/ /2003, de 31 de Dezembro). E o mesmo ocorre com as execuções por custas.

notificações no âmbito dos recursos[225]. Também cabe à secretaria relacionar a actividade do tribunal com a do agente de execução, levando ao conhecimento deste toda e qualquer ocorrência processual susceptível de se reflectir sobre o exercício da sua actividade[226].

Para além de poder ser livremente substituído pelo exequente, de harmonia com o disposto no art. 7.º da Portaria n.º 331-B/2009, de 30 de Março, o agente de execução pode ser destituído pelo Grupo de Gestão da Comissão para a Eficácia das Execuções[227], com fundamento em actuação processual dolosa ou negligente ou em violação grave do dever que lhe seja imposto pelo respectivo estatuto [art. 808.º, n.º 6, do CPC, arts. 69.º-C, alínea f), e 69.º-F, n.º 2, alínea a), do ECS e art. 9.º da Portaria n.º 331-B/2009].

As diligências a efectuar fora da área da comarca da execução e suas limítrofes, ou da área metropolitana de Lisboa ou Porto no caso de comarca nela integrada, podem ser realizadas, a solicitação do agente de execução designado e sob sua responsabilidade, por agente de execução dessa área ou, na sua falta, por oficial de justiça (art. 808., n.º 8); caso a solicitação seja do oficial de justiça, é a mesma dirigida, por meios electrónicos, à secretaria do tribunal da comarca da área da diligência (art. 808.º, n.º 9).

A realização de diligências que não constituam acto de penhora, venda, pagamento ou outro de natureza executiva pode ser promovida, sob responsabilidade do agente de execução, por empregado ao seu serviço, credenciado pela Câmara dos Solicitadores nos termos do n.º 4 do art. 161.º (art. 808.º, n.º 10)[228].

---

[225] Cf.: Centro de Formação de Oficiais de Justiça, "A Nova Acção Executiva", Agosto/2003, pp.16 e seg.; Teixeira de Sousa, "A Reforma...", cit., p. 49; e Gabinete de Auditoria e Modernização, ob. cit., p. 27.

[226] Cf. Lopes do Rego, "Comentários ao Código de Processo Civil", II, 2.ª edição, p. 17.

[227] "A Comissão para a Eficácia das Execuções, segundo o art. 69.º-B do ECS, é o órgão independente da Câmara dos Solicitadores responsável em matéria de acesso e admissão a estágio, de avaliação dos agentes de execução estagiários e de disciplina dos agentes de execução".

[228] Nos ensinamentos de Lebre de Freitas e Ribeiro Mendes (ob. cit., p. 272), "a responsabilidade do solicitador de execução (leia-se hoje, como no decurso da presente nota aquando da alusão a *solicitador*, agente de execução) pelos actos do agente de execução solicitado e do seu empregado é objectiva: trata-se da figura da responsabilidade do comitente pelo acto ilícito e culposo do comitido (art. 500.º do CC)".

Discorrendo sobre este tipo de responsabilidade, diz-nos Maria Olinda Garcia ("A Responsabilidade do Exequente e de Outros Intervenientes Processuais — Breves

O agente de execução pode delegar noutro agente de execução a competência para a prática de todos ou de determinados actos numa execução, com comunicação imediata de tal facto à parte que o designou, mas, se a delegação de competência for para a prática de todos os actos numa execução, carece de consentimento do exequente, que tem a faculdade de indicar o agente de execução a quem deve ser delegada a competência. O agente de execução que aceite a delegação de competência para a prática de todos os actos de um processo, fica titular do mesmo, com cessação da responsabilidade do delegante; diversamente, se a delegação for apenas para a prática de determinados actos numa execução, o agente de execução delegante mantém-se responsável a título solidário (art. 128.º do ECS).

Também o escrivão de direito, actuando como agente de execução, pode delegar a execução dos actos noutro oficial de justiça da mesma secção (art. 4.º da Portaria n.º 946/2003, de 6 de Setembro).

No desempenho das suas funções, o agente de execução designado no processo identifica-se com o cartão de agente de execução e um comprovativo impresso, emitido pelo sistema informático de suporte à actividade dos agentes de execução, contendo os seguintes elementos: o número do processo; o tribunal competente; o valor do processo; o nome e a morada dos exequente e executado; a data da impressão; e o nome e número da cédula do agente de execução (art. 6.º da Portaria n.º 331-B/2009, de 30 de Março).

Face aos arts. 11.º e 15.º da Portaria n.º 331-B/2009, o agente de execução tem direito a receber honorários pelos serviços prestados[229],

---

Considerações", 2004, p. 39): "Na medida em que o empregado realiza tarefas que legalmente cabem na esfera de actuação do solicitador, proporcionando a este sujeito vantagens (directas ou indirectas) de diversa ordem, quer ao nível da organização funcional dos seus serviços quer ao nível de ganhos económicos, estabelece-se entre estes sujeitos a denominada *relação de comissão*, relevante para os efeitos normativos do artigo 500.º do CC.

O solicitador (comitente) assume, assim, no plano das relações externas, a responsabilidade pelo ressarcimento dos danos causados pelo seu empregado (comissário), desde que *sobre este também recaia a obrigação de indemnizar*, ou seja, desde que em relação a ele se verifiquem as características da responsabilidade extracontratual por culpa relativamente a factos praticados no âmbito das *funções que lhe são confiadas* pelo solicitador".

[229] O agente de execução deve proceder com moderação na fixação de honorários, atendendo ao tempo gasto, à dificuldade do assunto, à importância do serviço prestado, às posses dos interessados, aos resultados obtidos, ao esforço, à urgência do serviço, aos valores em causa, à praxe do foro e ao estilo da comarca (art. 111.º, n.º 1, do ECS).

bem como a ser reembolsado das despesas realizadas que devidamente comprove, podendo exigir, a título de provisão, e faseadamente, quantias por conta daqueles e destas, que deverá depositar na conta-clientes[230] [231].

Nos termos do n.º 2 do citado art. 11.º da referida Portaria, o agente de execução fixa livremente as tarifas e as percentagens que praticar ou aplicar pelos actos e procedimentos que efectue, até aos valores ou percentagens máximos estabelecidos nos anexos I e II da portaria em causa e que dela fazem parte integrante[232].

No concernente a honorários, é de referir que no termo do processo é devida ao agente de execução uma remuneração adicional que varia em função do valor recuperado ou garantido e da fase processual em que o montante foi recuperado ou garantido (art. 20.º da Portaria n.º 331-B/ /2009).

A remuneração devida ao agente de execução e o reembolso das despesas por ele efectuadas, bem como os débitos a terceiros a que a venda executiva dê origem, são suportadas pelo exequente, mas integram as custas que ele tem direito a receber do executado [arts. 447.º-D, n.os 1, 2, alínea c), e 3, do CPC, 25.º, n.os 1 e 2, alíneas c) e d), do RCP e 13.º, n.º 2, da Portaria n.º 331-B/2009]. Atenta aquela retribuição e este reembolso, justifica-se uma redução significativa da taxa de justiça

---

[230] Se a exigência de provisão não for satisfeita, pode o agente de execução renunciar ao mandato (art. 111.º, n.º 2, do ECS).

[231] Inclui o art.º 124.º do ECS algumas especificidades sobre as contas-clientes do solicitador de execução. Assim: o agente deve ter em instituição de crédito duas contas-clientes à sua ordem, uma com a menção de se tratar de uma conta-cliente dos exequentes e a outra com a menção de se tratar de uma conta-cliente dos executados, devendo ser depositada obrigatoriamente, na primeira, todas as quantias recebidas destinadas a preparos, despesas e honorários e, na segunda, todas as quantias recebidas e destinadas ao pagamento da quantia exequenda e demais encargos com o processo; é obrigatório o registo informático de todos os movimentos das contas-clientes do agente de execução efectuados no âmbito de cada processo, registo esse que deve ser disponibilizado ao exequente ou ao executado, preferencialmente por via electrónica, sempre que solicitado; os juros creditados pelas instituições de crédito resultantes das quantias depositadas nas contas-clientes do agente de execução são entregues proporcionalmente aos terceiros que a elas tenham direito; os suportes documentais e informáticos das contas-clientes são obrigatoriamente disponibilizados, pela instituição de crédito e pelos agentes de execução, à comissão de fiscalização do agente de execução e ao instrutor do processo disciplinar.

[232] Face ao pagamento destas despesas, deixam de ser devidas as taxas previstas no n.º 1 do art. 9.º do RCP para actos avulsos, quando estes sejam praticados por agente de execução.

devida nas execuções em que seja designado agente de execução. E, com efeito, nestas, a taxa de justiça é apenas de 0,25 UC, nas execuções até ao valor de € 30 000, e de 0,5 UC, nas execuções de valor igual ou superior a € 30 000, enquanto nas execuções em que as diligências são efectuadas por um oficial de justiça a taxa de justiça é do montante de 2 UC, nas execuções até ao valor de € 300 000, e de 4 UC, nas execuções de valor igual ou superior a € 300 000 (art. 7.º, n.º 2, e tabela II anexa do RCP).

Refira-se ainda que o exequente deve provisionar o agente de execução ou o tribunal, caso não intervenha agente de execução, com um valor equivalente ao preço de três meses pela utilização do depósito público ou equiparado, sem prejuízo do reforço sempre que esse prazo venha a ser ultrapassado (art. 39.º, n.º 5, da Portaria n.º 331-B/2009).

Integram as custas de parte as remunerações pagas ao agente de execução, as despesas por ele efectuadas e os demais encargos da execução; daí deverem estes elementos constar da respectiva nota justificativa a enviar pelo exequente ao tribunal e ao executado [art. 25.º, n.os 1 e 2, alíneas c) e d), do RCP].

Actuando em parte o disposto no n.º 5 do art. 176.º, o DL n.º 202/ /2003, de 10 de Setembro, veio regular o regime das comunicações por meios telemáticos entre as secretarias judiciais e os agentes de execução.

Assim, as secretarias judiciais, na transmissão de quaisquer documentos, informações, notificações ou outras mensagens dirigidas aos agentes de execução, podem utilizar meios telemáticos que garantam a segurança das comunicações, designadamente as respectivas confidencialidade e fiabilidade, bem como a identificação inequívoca do transmissor e do destinatário; por sua vez, os agentes de execução podem utilizar os mesmos meios telemáticos na transmissão de quaisquer documentos, informações ou outras mensagens dirigidas às secretarias judiciais (art. 2.º, n.os 1 e 2, do DL n.º 202/2003).

Podem ser transmitidas ou reproduções dos originais dos documentos ou meras reproduções narrativas do teor dos documentos que se pretende dar a conhecer, com a obrigação para a secretaria judicial de juntar aos autos uma reprodução em papel do conteúdo da comunicação efectuada por meios telemáticos (art. 3.º n.os 2 e 3, do DL n.º 202/2003).

No que respeita aos documentos relativos ao acto de citação, a comunicação por meios telemáticos dispensa o agente de execução de juntar aos autos os respectivos originais, nos termos a definir por portaria do membro do Governo responsável pela área da justiça (art. 3.º, n.º 5, do DL n.º 202/2003).

A reprodução em papel da comunicação efectuada por meios telemáticos tem o valor de certidão do documento reproduzido, sem prejuízo de tal força probatória ser invalidada ou modificada nos termos do art. 385.º do CC (art. 4.º do DL n.º 202/2003).

Como forma de assegurar a genuidade da documentação transmitida, atribui-se ao juiz a faculdade, oficiosamente ou a requerimento de qualquer das partes, de determinar a apresentação, pelo agente de execução, do original do documento transmitido pelos meios telemáticos (art. 5.º do DL n.º 202/2003).

No concernente às notificações e às informações previstas na lei, deve o agente de execução efectuá-las ou prestá-las preferencialmente por transmissão electrónica de dados, através do sistema informático de suporte à actividade dos agentes de execução (arts. 30.º, n.º 1, e 31.º, n.º 1, da Portaria n.º 331-B/2009, de 30 de Março).

À semelhança do *huissier de justice*, em França, a missão do agente de execução apresenta-se com uma natureza híbrida, por reunir em si as características próprias de um *mandatário do credor* e de um *oficial público*[233].

A qualidade de *mandatário do credor* revela-se através das seguintes regras: sua designação, em regra, pelo credor, no requerimento executivo, sem a qual não pode exercer o seu cargo [arts. 808.º, n.º 3, e 810.º, n.º 1), alínea c)]; prática diligente, designadamente no interesse do credor, dos actos processuais de que for incumbido, com observância escrupulosa dos prazos legais ou judicialmente fixados e dos deveres deontológicos que sobre si impendem [art.º 123.º, n.º 1, alínea a), do ECS]; responsabilidade civil perante o credor (e também perante o devedor ou terceiros) pelos danos culposamente causados, como consequência da prática de actos que excedam o âmbito da sua competência ou traduzam utilização de meios ou expedientes ilegais ou desproporcionados no exercício das suas funções[234].

---

[233] Cf. Roger Perrot e outro, ob. cit., pp. 182 e segs.

[234] Assim se dizia expressamente no art. 103.º, n.º 5, do anteprojecto do novo ECS, seguramente eliminado por desnecessário, por tal regime se conter no âmbito da responsabilidade civil.

A qualidade de *oficial público* do agente de execução tem, entre outras, as seguintes manifestações: o início das suas funções depende da prestação de juramento solene em que, perante o presidente regional da Câmara dos Solicitadores e o presidente do Conselho Distrital da Ordem dos Advogados, assume o compromisso de cumprir as respectivas funções, nos termos da lei e do ECS (art. 119.º, n.º 2, do ECS); a fim de não faltar ao seu dever de objectividade, é-lhe interdito o exercício do mandato em qualquer execução, bem como o exercício das funções próprias de agente de execução por conta da entidade empregadora, no âmbito do contrato de trabalho e, ainda, o desenvolvimento, no seu escritório, de qualquer outra actividade, para além das de solicitadoria e de advocacia (art. 120.º, n.º 1, do ECS); também, em vista a assegurar a sua independência e imparcialidade, é-lhe aplicável, com as necessárias adaptações, o regime estabelecido no CPC acerca dos impedimentos e suspeições dos funcionários da secretaria (art. 121.º, n.º 1, do ECS)[235]; dado ser detentor de uma parcela de poder público, tem a prerrogativa de submeter a decisão do juiz os actos que dependam de despacho ou autorização jurisdicional e acatá-la, nos seus precisos termos, para além da obrigação de prestar ao tribunal os esclarecimentos que lhe forem pedidos sobre o andamento das diligências de que for encarregado [art. 123.º, n.º 1, alíneas b) e d), do ECS]; finalmente, a sua destituição compete exclusivamente ao Grupo de Gestão da Comissão para a Eficácia das Execuções, com base em actuação processual dolosa ou negligente ou em violação grave de deveres estatutários, nomeadamente os constantes do art. 123.º do ECS [arts. 808.º, n.º 6, do CPC, 69.º-C, alínea f), e 69.º-F, n.º 2, alínea a), do ECS e 9.º, n.º 1, da Portaria n.º 331-B/2009][236].

---

[235] Outrossim ao oficial de justiça, agente de execução, no que concerne a impedimentos e suspeições, aplica-se o disposto nos arts. 125.º, n.º 2, e 134.º a 136.º (art. 2.º da Portaria n.º 946/2003, de 6 de Setembro).

[236] A condição de *oficial público* do agente de execução desvaneceu-se, em benefício da de *oficial corporativo*, com a entrada em vigor do DL n.º 226/2008, de 20 de Novembro, por se ter retirado ao presidente do Tribunal da Relação a qualidade de entidade empossante do agente de execução no início das suas funções (anterior redacção do n.º 2 do art. 119.º do ECS) e ao juiz da execução a de única individualidade competente para destituir o agente de execução (anterior redacção do n.º 4 do art. 808.º do CPC). Mais uma manifestação inconcebível da fobia do poder governamental para com os tribunais, sem que daí resulte, antes pelo contrário, maior independência, imparcialidade e isenção por parte dos agentes de execução.

28. JUIZ DE EXECUÇÃO

A outra figura central da nova execução desjudicializada é o *juiz de execução.*

Compete-lhe, sem prejuízo de outras intervenções especificamente estabelecidas, nos termos do n.º 1 do art. 809.º:

a) Proferir despacho liminar, quando deva ter lugar;
b) Julgar a oposição à execução e à penhora, bem como verificar e graduar os créditos, no prazo máximo de 3 meses contados da oposição ou reclamação;
c) Julgar, sem possibilidade de recurso, as reclamações de actos e impugnações de decisões do agente de execução, no prazo de 10 dias;
d) Decidir outras questões suscitadas pelo agente de execução, pelas partes ou por terceiros intervenientes, no prazo de 5 dias.

Sendo manifestamente injustificados os pedidos de intervenção do juiz, ao abrigo das alíneas c) e d) atrás referidas, o juiz pode aplicar multas aos requerentes que não sejam agentes de execução (art. 809.º, n.º 2), dentro dos limites previstos no n.º 1 do art. 27.º do RCP; se os pedidos manifestamente infundados forem efectuados por agente de execução, ao abrigo das alíneas a) e d), o juiz aplica multa entre os montantes de 0,5 e 5 UC e dá conta do facto, por meios electrónicos, ao órgão com competência disciplinar sobre os agentes de execução, ou seja, ao Grupo de Gestão da Comissão para a Eficácia das Execuções da Câmara dos Solicitadores [arts. 809.º, n.º 3, do CPC e 69.º-F, n.º 2, alínea a), do ECS].

Onde não houver juízos de execução, cumpre aos juízos de competência genérica exercer, no âmbito do processo de execução, as competências previstas no CPC [arts. 110.º, n.º 2, alínea b), e 126.º, n.º 1, da LOFTJ]. Nas circunscrições não abrangidas pela competência de outro juízo, compete aos juízos de grande instância cível, onde existam, exercer, nas acções executivas fundadas em título que não seja decisão judicial, de valor superior à alçada dos tribunais da Relação, as competências previstas no CPC; e aos juízos de média instância cível essa mesma competência, nas acções executivas fundadas em decisão judicial ou em título diverso de valor igual ou inferior à alçada dos tribunais da Relação [arts. 128.º, n.º 1, alínea b), e 129.º da LOFTJ]. Mesmo nas circunscrições abrangidas pela competência dos juízos de execução, os juízos de competência especializada a seguir indicados são competentes para exercer, no âmbito do processo de execução, as competências previstas no CPC, quanto às decisões que hajam proferido (art. 134.º da LOFTJ). São eles, nos termos do n.º 2 do art. 126.º da LOFTJ, os juízos de família e menores, os juízos do trabalho, os juízos de comércio, os juízos de propriedade intelectual e os juízos marítimos.

A figura do juiz de execução, introduzida no nosso ordenamento jurídico-processual pelo DL n.º 38/2003, de 8 de Março, é manifestamente inspirada em figura idêntica do direito francês. O novo juiz de execução francês foi instituído pela Lei n.º 91-650, de 9 de Julho de 1991, através da nova redacção, conferida pelo seu art. 7.º, ao art. L.311-12 do Código da organização judiciária[237]. Quatro grandes domínios de competência são atribuídos ao juiz de execução francês pelo art. L.311-12-1 do citado Código, na redacção do art. 8.º da Lei de 1991, atrás referida, a saber: dificuldades relativas aos títulos executivos; contestações suscitadas na sequência da execução forçada, mesmo que respeitem ao fundo do direito; autorizações de medidas conservatórias e contestações relativas a essas medidas; pedidos de indemnização fundados na execução ou na inexecução prejudiciais de medidas de execução forçada ou das medidas conservatórias[238].

Apesar da figura do juiz de execução ser uma peça fundamental do novo processo executivo, nenhum juízo de execução se encontrava criado em 15.09.2003, data da entrada em vigor da RPC2003, o que revelava insensatez e fobia à componente pública da reforma por parte do Ministério da Justiça, ao olvidar que os juízes de competência genérica, designadamente os das comarcas de maior movimento, não tinham possibilidades de responder à dinâmica que as execuções iriam ter, devido à acção dos agentes de execução.

---

[237] Passou então a dizer-se neste artigo: "É instituído um juiz de execução cujas funções são exercidas pelo presidente do tribunal de grande instância. Este pode delegar as suas funções num ou em vários juízes deste tribunal. Ele fixa a duração e a extensão territorial desta delegação".

[238] Sobre a competência do juiz de execução, ver na doutrina francesa: Marc Donnier, ob. cit., pp. 28 e segs.; Roger Perrot e outro, ob. cit., pp. 244 e segs.; Gérard Couchez, "Voies d' exécution", 4.ª edição, pp. 55 e segs.; Jean Vincent e Jacques Prévault, "Voies d' exécution et procédures de distribution", 18.ª edição, pp. 35 e seg.; e Pierre Julien e Gilles Taormina, "Voies d' exécution et procédures de distribution", 2000, pp. 44 e segs.

Em justificação da desnecessidade da criação do juízo de execução defendia-se que muitos dos processos de execução terminariam sem intervenção jurisdicional, quer por não haver lugar a despacho liminar quer por não ser deduzida oposição à execução ou à penhora ou não surgirem embargos de terceiro nem reclamação de créditos. Mesmo que todas essas coincidências se verificassem num só processo, a extrema conflituosidade que caracteriza a vida judiciária portuguesa e as dificuldades de interpretação das disposições legais respeitantes à RPC2003 conduziriam a intervenções frequentes do juiz de execução, aliás previstas nas alíneas c) e d) do n.º 1 do art. 809.º, acrescidas doutras especificamente estabelecidas[239].

A conta-gotas foram-se instalando, ao longo dos cinco primeiros anos de vigência da reforma da acção executiva de 2003, alguns juízos de execução, que contudo não alcançaram a dezena.

Com o DL n.º 25/2009, de 26 de Janeiro, que procedeu à organização das comarcas piloto do Alentejo Litoral, Baixo Vouga e Grande Lisboa-Noroeste, com instalação prevista até 20 de Abril de 2009, criaram-se nas duas últimas, mas não na primeira, juízos de execução, como juízos de competência especializada. Assim, na comarca do Baixo Vouga, criaram-se dois juízos de execução, que cobrem toda a sua área, um com sede em Águeda e outro com sede em Ovar, e, na comarca da Grande Lisboa-Noroeste, um juízo de execução com sede em Sintra, cobrindo toda a área da comarca (arts. 4.º, 15.º, e 27.º do citado decreto-lei e mapa I a ele anexo)[240].

"Enquanto o país não estiver coberto por tribunais de execução, refere Lebre de Freitas[241], continuará a faltar uma condição essencial para que se possa falar da experiência da nova acção executiva".

---

[239] No sentido de que muitos processos de execução terminarão sem intervenção jurisdicional, pronunciam-se Lebre de Freitas e Ribeiro Mendes, ob. cit., p. 277. Contudo, a realidade veio de imediato mostrar a falibilidade das suas previsões, porquanto, de acordo com dados fidedignos que chegaram ao nosso conhecimento, poucos meses após a entrada em vigor da reforma da acção executiva, apesar de cerca de 84% das execuções, a nível nacional, terem sido dispensadas de despacho liminar, na comarca de Lisboa, 78,4% das execuções foram presentes ao juiz para outros efeitos, designadamente para autorização de penhora de saldos bancários e requisição de força policial para efectivação de penhoras.

[240] As secretarias dos juízos dos tribunais das comarcas piloto podem compreender, além do mais, secções destinadas a assegurar a tramitação do processo comum de execução [art. 23.º, n.º 1, alínea c), do DL n.º 28/2009, de 28 de Janeiro].

[241] "O Primeiro Ano de uma Reforma Executiva Adiada", *in* Conselho Superior da Magistratura (Encontro Anual de 2004), 2005, p. 24.

29. ARBITRAGEM INSTITUCIONALIZADA NO ÂMBITO DA ACÇÃO EXECUTIVA

Culminando o desígnio da asfixia dos juízos de execução, apesar da sua estrita necessidade no quadro da acção executiva emanada do DL n.º 38/2003, de 8 de Março, o DL n.º 226/2008, de 20 de Novembro, no seu capítulo VII (arts. 11.º a 18.º) prevê a criação de centros de arbitragem voluntária "com competência para a resolução de litígios resultantes do processo de execução e para a realização das diligências de execução previstas na lei".

Mas desde já se adianta que o passo ora dado, em vista à privatização da acção executiva, é utópico e vai conduzir à paralisação das execuções.

Em primeiro lugar, por vários dos actos praticados ao longo da execução representarem uma manifestação do princípio da *reserva de juiz estadual*, por pressuporem o *ius imperii*, ou seja, o poder de coagir, de que carecem os tribunais arbitrais, apenas detentores da *iurisdictio*; daí o Estado, no decurso da acção executiva, só confiar aos seus próprios tribunais, porque investidos de autoridade pública, o exercício de poderes sobre bens e pessoas[242] ou o poder de impor condutas.

Depois, por a execução, no nosso quadro legal, não se apresentar como *singular*, por não realizada em benefício de um único credor, mas como *colectiva especial*, por aproveitar também aos credores que sejam titulares de direitos reais de garantia sobre os bens penhorados; ora os credores chamados à acção executiva aparecem nela como *partes*, mas por não terem intervindo na convenção de arbitragem, apenas firmada, em regra, entre exequente e executado, não se encontram a ela vinculados. E o que se diz para os credores vale igualmente para o cônjuge do executado, a menos que este também tenha subscrito a convenção de arbitragem. A este respeito, tenha-se em conta que a convenção de arbitragem, como verdadeiro negócio jurídico que é, deve ser reduzida a escrito (cf. art. 2.º da Lei n.º 31/86, de 29 de Agosto), o que se justifica por a vontade de submeter a resolução de determinado litígio ao tribunal arbitral dever ser inequívoca, dado implicar a renúncia à tutela dos tribunais públicos.

---

[242] Cf. Raul Ventura, "Convenção de Arbitragem", *in* Revista da Ordem dos Advogados, ano 46, p. 329.

Atento o exposto, é notoriamente inconstitucional, por exclusão do acesso à jurisdição estatual, sem manifestação expressa de vontade através de texto escrito nesse sentido, em desrespeito do n.º 1 do art. 20.º da CRP, o preceito do n.º 4 do art. 13.º do DL n.º 226/2008, onde se refere que se presume que o cônjuge ou os credores reclamantes que pratiquem actos perante o centro de arbitragem no âmbito de um processo aceitam a sua competência.

Não intervindo os credores na execução, não podem os bens nela vendidos ser transmitidos livres dos direitos de garantia que os onerem, em flagrante violação do n.º 2 do art. 824.º do CC, o que implicará a ausência de compradores para a sua aquisição.

Por fim, embora não por último, segundo a jurisprudência do TC[243], quando a efectivação da garantia de acesso à justiça requer a prestação de apoio judiciário, não prevista no âmbito dos tribunais arbitrais, é de considerar reassumida a competência do tribunal judicial, com afastamento da excepção da convenção de arbitragem, prevista na alínea j) do art. 494.º, pela parte em situação superveniente de insuficiência económica. E esta superveniência de insuficiência económica não deixará, por regra, de ser invocada por quem não paga a sua dívida, quer tenha quer não meios para a liquidar. E depois do dispêndio de energia, tempo e dinheiro, não terá o exequente outra alternativa senão lançar mão da justiça estadual.

Analisemos de seguida as normas que presidem ao funcionamento dos centros de arbitragem voluntária criados para a resolução dos litígios resultantes do processo de execução, contidas nos arts. 12.º e segs. do DL n.º 226/2008.

A sujeição dos processos de execução a estes centros de arbitragem depende da celebração de convenção de arbitragem à semelhança do que ocorre na arbitragem voluntária (art. 12.º, n.º 1). Qualquer das partes, ou seja, o credor e o devedor, pode revogar a referida convenção no prazo de 10 dias após a formação do título executivo (art. 12.º, n. 2).

No respeitante à citação do executado, do cônjuge e dos credores, é aplicável o disposto no art. 864.º do CPC (art. 13.º, n.º 1), devendo indicar-se ao cônjuge e aos credores, no acto da citação, que a prática de actos perante o centro de arbitragem leva a presumir que aceita a competência dele (art. 13.º, n.º 2).

---

243 Cf., por todos, o Acórdão n.º 311/2008, de 30 de Maio, *in* DR, II Série, de 1.08.2008.

Tendo em conta, como atrás vimos, ser inconstitucional a presunção contida no n.º 4 do art. 13.º, não deve proceder-se nem à citação do cônjuge do executado nem à dos credores, a menos que o primeiro tenha intervindo na convenção de arbitragem, o que é inverosímil que aconteça com os segundos.

Se o cônjuge tiver subscrito a convenção de arbitragem, aplica-se-lhe o disposto no art. 864.º-A do CPC e, caso intente acção de separação dos bens do casal no tribunal competente, deve juntar ao processo certidão de acção pendente, que poderá ser disponibilizada por meios electrónicos (art. 13.º, n.º 3).

Nos processos de execução submetidos ao centro de arbitragem, são da competência dos juízes árbitros os actos do processo de execução da competência do juiz, nomeadamente o julgamento da oposição à execução e da oposição à penhora, a verificação e a graduação de créditos e a decisão das reclamações dos actos da competência dos agentes de execução (art. 14.º, n.º 1).

Os recursos e acções de anulação de decisões arbitrais intentadas em relação a decisões de juízes árbitros não têm efeito suspensivo da execução, excepto quando haja prestação de caução, de valor igual ao crédito executado e às custas e encargos previsíveis, por parte do recorrente ou do requerente da anulação (art. 15.º).

Por os tribunais arbitrais serem destituídos de *ius imperii* e por a entrada no domicílio dos cidadãos contra a sua vontade só poder ser ordenada pela autoridade judicial competente, nos termos do n.º 2 do art. 34.º da CRP, determina-se no n.º 1 do art. 16.º do DL n.º 226/2008 que a autorização para entrada forçada no domicílio de pessoas singulares e na sede das pessoas colectivas tem de ser requerida ao juiz de turno de um dos tribunais de comarca da circunscrição judicial do domicílio do executado. No n.º 2 do mesmo preceito, diz-se que a decisão deve ser proferida no prazo máximo de um dia útil, como se os tribunais estaduais nada mais tivessem de fazer nesse dia do que analisar o pedido de autorização recebido do centro de arbitragem, em vista à penhora de bens para satisfação urgente do exequente, que seguramente será uma empresa de amplos recursos económicos. A decisão do juiz de turno será proferida no prazo que se revelar necessário ao estudo da pretensão que lhe é apresentada pelo centro de arbitragem e em conformidade com a agenda do magistrado, e não no alucinante prazo máximo de um dia.

Também é insólita a disposição do art. 17.º do DL n.º 226/2008, onde se submete a actividade dos centros de arbitragem à fiscalização de uma comissão criada para o efeito, presidida por um juiz conselheiro, não só por não se descortinar o que é susceptível de ser fiscalizado na actividade dos centros de arbitragem, para além dos recursos e das acções de anulação de decisões dos juízes árbitros perante os tribunais estaduais (e não perante qualquer comissão), como por ser desproporcionada e inadequada a designação de um juiz conselheiro para presidir a tal comissão, quando esse lugar devia ser atribuído a um funcionário do Ministério da Justiça, por melhor situado para se esclarecer sobre a razão de ser do preceito em causa e proceder em conformidade com a vontade do legislador.

TÍTULO II

EXECUÇÃO PARA PAGAMENTO DE QUANTIA CERTA

1.ª SECÇÃO

FASE INTRODUTÓRIA

30. EXECUÇÃO IMEDIATA DA SENTENÇA

No art. 675.º-A, aditado pelo DL n.º 226/2008, de 20 de Novembro, em contraposição à execução que se inicia com o requerimento executivo, criou-se no processo executivo comum a figura da *execução imediata da sentença*, reportada a sentença que venha a condenar o réu ao pagamento de uma quantia certa.

A implementação da execução imediata fica na dependência exclusiva do autor da acção declarativa que deve manifestar a sua vontade por meios electrónicos, através do sistema informático CITIUS[244], na petição inicial ou em qualquer momento do processo, designando o agente de execução e indicando bens à penhora.

A execução corre, de forma electrónica e automática, por apenso ao processo onde foi proferida a sentença, logo após o trânsito em julgado desta ou, nos casos em que o autor o declare, 20 dias após esse trânsito[245].

Quando a sentença haja sido proferida por juízo de competência especializada cível ou de competência genérica, em comarca com com-

---

[244] Cf. art. 48.º, n.º 1, da Portaria n.º 331-B/2009, de 30 de Março.

[245] Mas a execução só se iniciará se a sentença tiver condenado o réu no pagamento de uma quantia certa e a taxa de justiça correspondente ao valor da quantia pecuniária líquida a que respeitar a condenação se encontrar paga, com possibilidade para o autor de enviar o respectivo comprovativo através do sistema informático CITIUS (art. 48.º, n.º 3, da Portaria n.º 331-B/2009).

petência executiva específica, será o traslado enviado ao juízo de execução para naquele correr a execução.

Cumprindo o réu a sentença antes de decorridos os prazos que conduzem à execução automática, deve o autor comunicar esse facto ao tribunal no prazo de cinco dias, exclusivamente por meios electrónicos; esta comunicação impede o início da acção executiva ou extingue-a imediatamente, caso já se tenha iniciado, sem necessidade de qualquer acto da secretaria ou do juiz.

Iniciada a execução, é disponibilizada por meios electrónicos ao agente de execução designado a cópia da sentença e a informação e documentação enviada pelo autor aquando da apresentação da petição inicial ou no decurso do processo[246].

31. REQUERIMENTO EXECUTIVO

A instância executiva inicia-se, em regra, com a apresentação dum primeiro articulado (art. 267.º, n.º 1). Este, dirigido ao tribunal de execução, é assinado pelo mandatário constituído ou, não sendo o patrocínio obrigatório e não tendo o exequente constituído mandatário, pelo próprio exequente. É o exercício do *princípio da demanda.*

Tendo em conta que a execução civil é um processo ao serviço da tutela jurisdicional de direitos e interesses privados, deve deixar-se ao critério dos titulares destes direitos e interesses decidir livremente sobre a instauração ou não do processo[247]; fazendo-o, deve ficar também ao seu critério determinar o alcance da tulela jurisdicional pretendida, que pode abarcar ou não a completa satisfação do direito ou interesse lesado[248].

O primeiro articulado, apelidado tradicionalmente de *requerimento inicial*, passou a denominar-se, após a RPC95-96, *requerimento executivo* (arts. 805.º, n.º 1, 810.º, n.os 1, 6, 7, 9 a 11, e 812.º-E, n.os 1, 3 e 4), e deve ser redigido em língua portuguesa (art. 139.º, n.º 1).

---

[246] Em situação paralela, determina-se no n.º 3 do art. 814.º que o expediente respeitante à injunção seja enviado oficiosamente, através da via electrónica, ao tribunal competente para a execução, depois de no pertinente requerimento ter sido aposta a fórmula executória.

[247] Hoje, como vimos no ponto anterior, nos termos do n.º 1 do art. 675.º-A, aditado pelo DL n.º 226/2008, o interessado pode manifestar a sua vontade de executar logo na própria petição inicial ou em qualquer momento do processo de declaração.

[248] Cf. Andrés da la Oliva Santos e outros, ob. cit., p. 69.

De harmonia com o disposto no n.º 1 do art. 810.º, o requerimento executivo deve conter os seguintes elementos:

a) Identificação das partes, indicando os seus nomes, domicílios ou sedes e, sempre que possível, profissões, locais de trabalho, filiação e números de identificação civil e de identificação fiscal;
b) Indicação do domicílio profissional do mandatário judicial;
c) Designação do agente de execução, nos termos dos n.os 3 e 4 art. 808.º;
d) Indicação do fim da execução;
e) Exposição sucinta dos factos que fundamentam o pedido, quando não constem do título executivo;
f) Liquidação da obrigação e escolha da prestação, quando ela caiba ao credor;
g) Indicação, sempre que possível, do empregador do executado, das contas de que o executado seja titular e dos seus bens, bem como dos ónus e encargos que sobre estes incidam;
h) Formulação do pedido;
i) Declaração do valor da execução;
j) Pedido de citação prévia ou da sua dispensa, nos casos em que é admissível.

Segundo o art. 2.º da Portaria n.º 331-B/2009, de 30 de Março, o requerimento executivo pode ser apresentado por duas formas:

a) Por transmissão electrónica de dados, valendo como data da prática do acto processual a da respectiva expedição[249];
b) Em suporte de papel, no tribunal competente, aplicando-se o disposto no n.º 2 do art. 150.º do CPC relativamente às formas possíveis de apresentação em juízo e à data da prática do acto processual[250].

O requerimento executivo e os documentos que o devam acompanhar são apresentados pelas partes que constituam mandatário, face ao

---

[249] Esta apresentação é efectuada através do preenchimento de formulário disponibilizado no sistema informático CITIUS, no endereço electrónico http://citius.tribunaisnet.mj.pt, de acordo com os procedimentos e instruções daí constantes (art. 4.º, n.º 1, da Portaria n.º 114/2008, de 6 de Fevereiro). Tanto o requerimento executivo como os documentos que o acompanham, entregues por esta forma, devem ser assinados digitalmente através de certificado de assinatura electrónica (n.º 3 do art. 5.º da citada Portaria).

[250] Esta apresentação realiza-se através do preenchimento e envio do modelo de requerimento executivo que consta do anexo IV da Portaria referida no texto, que é dela parte integrante.

disposto no n.º 10 do art. 810.º, em formato digital, através de transmissão electrónica de dados, o que dispensa a remessa dos respectivos originais, duplicados e cópias, sem prejuízo da exibição das peças processuais em suporte de papel e dos originais dos documentos juntos pelas partes por transmissão electrónica de dados, sempre que o juiz o determine, designadamente quando duvidar da autenticidade ou genuidade das peças ou dos documentos ou for necessário realizar exame pericial à letra ou assinatura do documento (arts. 3.º, n.os 1 e 3, do DL n.º 200/2003, de 10 de Setembro, na redacção do DL n.º 116/2008, de 4 de Julho, e 3.º, n.os 1 e 2, da Portaria n.º 114/2008, de 6 de Fevereiro).

Quando o requerimento executivo e os documentos que o acompanham são apresentados ao tribunal por via electrónica, devem ser enviados pelo mesmo meio ao agente de execução designado, sem que haja lugar à autuação da execução (art. 810.º, n.º 7)[251].

Se a parte proceder à entrega do requerimento executivo em suporte de papel, quando estava vinculada a entregá-lo por transmissão electrónica de dados, será obrigada ao pagamento imediato de uma multa, no valor de metade de uma unidade de conta, a menos que alegue e prove justo impedimento (art. 810.º, n.º 11). A falta de pagamento da multa por não entrega do requerimento executivo em suporte digital não é fundamento de recusa do requerimento, devendo antes a respectiva quantia transitar, com um acréscimo de 50%, para a conta de custas, a fim de ser paga a final (art. 28.º, n.º 3, do RCP).

Todavia, não será vinculativa a apresentação do requerimento executivo em formato digital quando o exequente não tenha constituído mandatário, por o patrocínio judiciário não ser obrigatório (n.º 1 do art. 3.º do DL n.º 200/2003, *a contrario*, e art. 3.º da Portaria n.º 331-B//2009, também *a contrario*), como ocorre quando a execução não é de valor superior à alçada do tribunal de primeira instância (art. 60.º, n.º 3). Neste caso, a entrega pode ser efectuada em suporte de papel, nos termos atrás expostos.

Quando o requerimento executivo for apresentado por outro meio que não a transmissão electrónica de dados, deve ser acompanhado do

[251] Para este efeito, o sistema automático assegura de forma automática e oficiosa, segundo o n.º 8 do art. 810.º: a criação de um número único do processo de execução e a sua distribuição, com a apresentação do requerimento executivo, e o envio electrónico imediato do requerimento executivo e demais documentos que o acompanhem ao agente de execução designado, com indicação do número único do processo.

original do título executivo e da cópia ou dos originais doutros documentos que se considerem necessários, do referido no n.º 3 do art. 467.º e dos documentos ou títulos que tenha sido possível obter relativamente aos bens penhoráveis indicados (art. 810.º, n.º 6, e 14.º-A, n.ºs 1 e 2, da Portaria n.º 114/2008, de 6 de Fevereiro, aditado pela Portaria n.º 457/2008, de 20 de Junho). Ainda, quando a execução se funde em sentença e não corra por apenso ao processo em que tenha sido proferida nem este lhe seja apensado (art. 90.º, n.º 3), deve ser junto traslado, que conterá obrigatoriamente a decisão exequenda e ainda, se necessária à sua compreensão, uma ou outra peça do processo. Se a execução correr por apenso ao processo em que foi proferida a sentença exequenda ou este lhe for apensado, é dispensada a apresentação do título executivo.

Sendo o requerimento executivo entregue em formato digital através de transmissão electrónica de dados, deve o exequente apresentar por transmissão electrónica de dados os documentos que o devam acompanhar, a menos que o formato destes ou a sua dimensão o não permita, caso em que podem ser entregues em suporte físico (arts. 150.º, n.ºs 3 e 4, do CPC e 5.º, n.º 5, da Portaria n.º 114/2008, de 6 de Fevereiro).

Quando o requerimento executivo seja apresentado por transmissão electrónica de dados, o prévio pagamento da taxa de justiça ou a concessão do benefício do apoio judiciário são comprovados, de acordo com o n.º 4 do art. 150.º-A e no n.º 4 do art. 467.º, através da apresentação, por transmissão electrónica de dados, do documento comprovativo do prévio pagamento ou dos correspondentes documentos comprovativos, respectivamente (art. 8.º, n.ºs 1 e 2, da Portaria n.º 114/2008).

Só deve haver lugar à autuação do processo executivo, com a impressão dos documentos considerados essenciais para a decisão material da causa, após a recepção, pelo tribunal, de um requerimento ou informação que suscite a intervenção do juiz [art. 2.º, alínea b), da Portaria n.º 114/2008, de 6 de Fevereiro, na redacção da Portaria n.º 471/2010, de 8 de Julho].

Alude o n.º 5 do art. 810.º à forma por que o exequente deve proceder, no requerimento executivo, na medida do possível, à identificação dos bens a penhorar. Assim:

a) Quando aos *prédios*: indicação da sua denominação ou números de polícia, se os tiverem, caso não tenham, a sua situação e confrontações; o artigo matricial; e o número da descrição, freguesia e concelho, se estiverem descritos no registo predial ou, caso não estejam, a sua natureza, freguesia e concelho;

b) Quanto aos *móveis*: designação do lugar em que se encontrem e sua especificação, com indicação, no caso dos bens móveis sujeitos a registo, da respectiva matrícula;

c) Quanto aos *créditos*: declaração da identidade do devedor, montante, natureza e origem da dívida, título de que constam, garantias existentes e data do vencimento;

d) Quanto ao *direito a bens indivisos*: indicação do administrador e dos comproprietários, bem como a quota-parte que neles pertence ao executado.

Quando, no requerimento executivo, o exequente designa o agente de execução, este é notificado, por via exclusivamente electrónica, através do sistema informático de suporte à actividade dos agentes de execução, para, no prazo de cinco dias, declarar que não aceita a designação, através também daquele sistema (arts. 810.º, n.º 12, do CPC e 4.º e 5.º, n.ºs 1 e 2, da Portaria n.º 331-B/2009, de 30 de Março). Se o requerimento executivo for apresentado por transmissão electrónica de dados, a não aceitação da designação é notificada ao mandatário judicial da parte, mediante aviso gerado pelo sistema informático CITIUS; se esse requerimento for apresentado em suporte de papel, a não aceitação da designação é notificada pela secretaria à parte ou ao mandatário (art. 5.º, n.ºs 3 e 4, da Portaria n.º 331-B/2009.

Se o exequente não designar o agente de execução ou ficando a designação sem efeito, é esta feita pela secretaria, nos termos da escala fornecida pela Câmara dos Solicitadores (arts. 811.º-A, n.º 1, do CPC e 5.º, n.º 5, da Portaria n.º 331-B/2009)[252].

O agente de execução que haja aceite a designação pela parte só pode pedir escusa do exercício das suas funções, perante a Comissão para a Eficácia das Execuções, no caso de ser membro de determinados órgãos da Ordem dos Advogados ou da Câmara dos Solicitadores ou se ocorrer motivo de impedimento ou suspeição (art. 122.º, n.ºs 3 e 4, do ECS).

[252] Esta escala consta de lista informática, disponibilizada em página de acesso público, no sítio oficial da Câmara dos Solicitadores e no endereço electrónico http://www.tribunaisnet.mj.pt (art. 26.º da Portaria n.º 331-B/2009).

Sempre que o requerimento executivo respeite a actos susceptíveis de produzirem rendimentos tributáveis, tem o exequente o ónus de comprovar o cumprimento do dever fiscal respectivo[253].

Caso o exequente não cumpra este ónus, deve a secretaria ou o agente de execução comunicar a pendência da causa e o seu objecto à administração fiscal, preferencialmente por via electrónica. Contudo, essa falta não obsta, hoje, ao recebimento do requerimento executivo e ao prosseguimento da execução (art. 280.º, na redacção surgida com a RPC95-96).

Conciliaram-se-se, assim, ao não suspender o processo para garantir a observância de preceitos fiscais, o direito de acesso aos tribunais, amplamente recebido no art. 20.º, n.º 1 da CRP, com o princípio da unidade do Estado, reflectido nos laços de solidariedade que devem unir os órgãos de soberania, a impor o dever de comunicação das infracções constatadas pelo tribunal à entidade competente[254].

A fundamentação fáctica e jurídica da demanda executiva é, em geral, mais simples que a do processo de declaração, bastando, por vezes, a referência ao título executivo, quando dele conste a narração dos factos que integram a causa de pedir, e a indicação dos preceitos processuais em que se apoia a competência do tribunal, a força executiva do título e a legitimidade das partes; se esta não resultar directamente do título executivo, torna-se necessário invocar os factos e os fundamentos jurídicos em que se apoia (v.g., caso de sucessão, demanda deduzida contra terceiro abrangido pelo caso julgado).

Na fundamentação deve-se fazer-se referência tanto à causa de pedir como ao título executivo, em frontal oposição às dominantes correntes doutrinal[255] e jurisprudencial[256], que identificam, na acção executiva, a causa de pedir com o próprio título executivo.

---

[253] Cf., quanto ao IRS, IRC, IMI, IMT e imposto do selo, respectivamente, os arts. 137.º do CIRS, 122.º do CIRC, 124.º do CIMI, 52.º do CIMT e 57.º do CIS.

No seu Acórdão n.º 198/2003, de 10 de Abril (DR, II Série, de 28 de Maio), o TC não declarou a inconstitucionalidade das normas constantes dos arts. 137.º, n.º 1, do CIRS e 122.º, n.º 1, do CIRC, tendo em conta que elas visam assegurar o cumprimento de um dever que tem a sua sede imediata no art. 103.º da CRP, a justificar a eventual restrição do direito à decisão, que nem sequer se perspectiva, por falta de violação do princípio da proporcionalidade.

[254] Cf. Antunes Varela, RLJ, ano 130.º, p. 135, nota.

[255] Cf. como seus defensores: Lopes Cardoso, ob. cit., pp. 23 e 29; Alberto dos Reis, "Processo de Execução", vol. II, p. 5; Pereira Coelho, ob. cit., p. 131; e Anselmo de Castro, ob. cit., p. 90.

Ora, sendo o título executivo um *documento*, não pode ele equivaler à causa de pedir, como superiormente demonstrou Castro Mendes[257], por esta ser um *facto* — o facto jurídico de que procede a pretensão deduzida na acção, segundo a definição do n.º 4 do art. 498.º.

Se a causa de pedir fosse o título executivo, não seria admissível a excepção de litispendência, pois, sendo executados títulos diferentes, haveria causas de pedir diversas[258].

"Daqui resultaria que se uma pessoa tivesse dois títulos executivos do mesmo crédito (escritura e sentença, por exemplo) poderia executar os dois, uma vez que à excepção de litispendência se oporia a diversidade de causas de pedir, arts. 497.º e 498.º, n.º 4".

E acrescentava Castro Mendes:

"Claro que isso não conduziria a uma correspondente multiplicação de pagamentos coercivos, porque a primeira execução a extinguir-se permitiria ao executado extinguir todas as outras, através do art. 916.º, n.º 3. Mas até aí, que dispêndio inútil de actividade processual, que dispêndio inútil de custas, e quantos inconvenientes para o executado".

Também na doutrina estrangeira há quem navegue nas mesmas águas. Assim, a título de exemplo, em Espanha, Juan Montero Aroca, Manuel Ortells Ramos, Juan-Luis Gomez Colomer e Alberto Monton Romano sustentam que o fundamento da petição é sempre o título executivo e que "este por si só estabelece o facto relevante para fundar a petição, individualizando-a das demais, não sendo necessário alegar nada distinto" ("Derecho Jurisdiccional, II, Proceso Civil", 8.ª edição, p. 465).

[256] Cf., por todos, os Acórdãos do STJ de 29.01.60 e 8.05.97, BMJ, 93, p. 300, e 467, p. 478, respectivamente.

Com mais rigor, o STJ, através do seu Acórdão de 27.09.94 (CJ — Acórdãos do STJ, ano II, tomo III, p. 69), sustentou, em arrepio da sua jurisprudência dominante, que, nas acções executivas, a causa de pedir é constituida pela factualidade obrigacional e não pelo título executivo. E, no mesmo sentido, se exprimiu o mesmo Tribunal, no seu Acórdão de 4.04.2000 (BMJ, 496, p. 193).

[257] Cf. "A Causa de Pedir na Acção Executiva", 1965, onde nos inspiraremos no arrazoado do texto. Na linha de Castro Mendes, também se pronunciaram Antunes Varela, *in* RLJ, ano 121.º, pp. 147 e segs., e Remédio Marques, "Curso de Processo Executivo Comum à Face do Código Revisto", 2000, cit., pp. 52 e segs.

[258] Daí, se ter correctamente decidido no Acórdão da RP de 29.11.2004 (CJ, ano XXIX, tomo V, p. 181), ao considerar-se verificada a excepção dilatória da litispendência sempre que se encontram pendentes duas execuções — uma com base numa livrança e outra com base num contrato de abertura de crédito, que sustenta aquela livrança —, quando as partes são as mesmas, o pedido é o mesmo e a dívida é a mesma, ainda que não haja bens penhorados.

Diz ainda o mesmo Mestre que o requerimento inicial, sob pena de ineptidão [art. 193.º, n.º 2, alínea a)], deve indicar o facto gerador da obrigação, conste ele ou não do título executivo.

E esse facto não tem necessariamente de constar do escrito assinado pelo devedor, quando este serve de título executivo, como se depreende da leitura das alíneas b) e c) do n.º 1 do art. 46.º. Aliás, em consonância com o n.º 1 do art. 458.º do CC, onde se determina: "Se alguém, por simples declaração unilateral, prometer uma prestação ou reconhecer uma dívida, sem indicação da respectiva causa, fica o credor dispensado de provar a relação fundamental, cuja existência se presume até prova em contrário"[259].

Por não se consagrar aqui o princípio do *negócio abstracto*, mas apenas a *inversão do ónus da prova* da existência da relação fundamental, não fica o credor desonerado do *ónus da alegação* da relação fundamental, a servir de causa de pedir, aquando da apresentação do requerimento executivo, sob pena de recusa do recebimento deste [art. 811.º, n.º 1, alínea a), com referência ao art. 810.º, n.º 1, alínea e)]. Mas não lhe incumbe provar o facto constitutivo da obrigação. É ao devedor que compete provar, em oposição à execução, que a relação fundamental não existe ou é nula[260].

No que concerne às execuções suportadas por títulos de crédito que incorporam o direito a uma prestação em dinheiro (letra, livrança, cheque), há que distinguir: se o exequente basear a sua pretensão na relação jurídica subjacente ou fundamental, deverá invocá-la expressamente (v.g., contrato de compra e venda, que origina o pedido de pagamento do preço); se, diversamente, fundar a sua exigência no direito cartular, bastar-lhe-á socorrer-se da subscrição do título pelo executado, que pressupõe sempre uma convenção executiva como causa próxima do negócio cambiário (v.g., acordo entre sacador e sacado para emissão duma letra de câmbio, justificativo do saque do primeiro e do aceite do segundo, como forma deste satisfazer àquele o pagamento do preço de determinada mercadoria).

O credor só não terá necessidade de indicar a causa de pedir no requerimento executivo, e aqui divergimos de Castro Mendes, quando

[259] Cf.: Lebre de Freitas, "A Confissão no Direito Probatório", 1991, pp. 397 e seg., e Acórdão do STJ de 18.01.2000 (CJ — Acórdão do STJ, ano VIII, tomo I, p. 41).

[260] Cf. Acórdão da RL de 17.12.2009, CJ, ano XXXIV, tomo V, pág. 115.

ela constar do título executivo, como é a regra nas sentenças condenatórias e nos documentos notariais[261].

Com efeito, o título executivo junto com o requerimento executivo deve considerar-se parte integrante deste e suprir, por isso, as lacunas de que o requerimento enferme[262]. Refira-se ainda que hoje, perante o disposto na alínea e) do n.º 1 do art. 810.º, é dispensável, no requerimento executivo, a exposição dos factos que fundamentem o pedido (nos quais se integram os que delineiem a causa de pedir) desde que constem do título executivo.

Sem o conhecimento da causa de pedir não pode o juiz pronunciar-se oficiosamente sobre a validade das declarações negociais que dependam da observância de forma especial, em conformidade com o regime que fui dos arts. 220.º, 285.º e 286.º do CC.

Pense-se num mútuo de valor superior a € 25 000, só válido se for celebrado por escritura pública ou por documento particular autenticado (art. 1143.º do CC), dado à execução com base num escrito particular, onde o mutuário confesse apenas a dívida sem indicar o facto jurídico que a originou. Só a indicação da causa de pedir, no requerimento executivo, permitirá ao juiz indeferi-lo liminarmente, face à nulidade da obrigação titulada.

Refira-se, a este propósito, que a nulidade do mútuo subjacente não acarreta a nulidade da declaração cambiária contida numa letra ou livrança destinada a garantir a sua restituição, por a responsabilidade do obrigado cambiário resultar da simples aposição da sua assinatura num daqueles títulos. A obrigação em causa é independente de qualquer *causa debendi*, apresentando natureza formal e abstracta. Mas, se o título de crédito suportar a obrigação *causal*, ou seja, o crédito de mútuo, como seu quirógrafo, por se ter extinguido a obrigação cartular, designadamente por prescrição, então será de julgar nula a declaração negocial por inobservância da forma legal[263].

Também só a referência, no requerimento executivo, ao negócio jurídico que suporta a dívida do executado e a que não aluda o título

---

[261] Também a causa de pedir consta das sentenças penais que conheçam do pedido de indemnização civil, identificando-se com os factos que são também pressuposto da responsabilidade criminal e que baseiam a acusação contra o arguido.

[262] Cf., para casos paralelos: Acórdãos do STJ de 28.05.81, 13.01.83 e 13.05.97, BMJ, 307, p. 269, 323, p. 321, e 467, p. 507, respectivamente; e Alberto dos Reis, "Comentário ao Código de Processo Civil", II, p. 364, nota.

[263] Cf. Lebre de Freitas, "A Acção Executiva", cit., pp. 62 e seg.

executivo, permitirá ao juiz fazer funcionar, sempre que haja lugar a despacho liminar, o motivo de indeferimento liminar constante da alínea c) do n.º 1 do art. 812.º-E, fundado na inexistência de factos constitutivos ou na existência de factos impeditivos ou extintivos da obrigação exequenda de que lhe seja lícito conhecer.

Apresentado o requerimento executivo na secretaria, se a execução se basear em decisão proferida em comarca em que não exista tribunal com competência executiva específica, será ele apensado ao processo onde aquela foi proferida [art.º 90.º, n.º 3, alínea b)].

Havendo na comarca juízo de execução, será o requerimento executivo, como papel, submetido à distribuição na espécie 6.ª (art. 222.º)[264].

A distribuição é feita diariamente e de forma automática através do sistema informático, sem prejuízo de se proceder a uma classificação manual prévia dos processos quando tal classificação não seja efectuada de forma automática (art. 15.º, n.os 1 e 3 da Portaria n.º 114/2008, de 6 de Fevereiro, na redacção da Portaria n.º 195-A/2010, de 8 de Abril).

A taxa de justiça devida pelas execuções em que intervenha o agente de execução corresponde a 0,25 UC, nas execuções até ao valor de € 30 000, e de 0,5 UC, nas execuções de valor igual ou superior a € 30 000, enquanto nas execuções em que as diligências são efectuadas por um oficial de justiça a taxa de justiça é do montante de 2 UC, nas execuções até ao valor de € 300 000, e de 4 UC, nas execuções de valor igual ou superior a € 300 000 (art. 7.º, n.º 2, e tabela II anexa do RCP).

A taxa de justiça é fixada de acordo com a tabela I-C anexa ao RCP para as sociedades comerciais que, no ano anterior, tiveram, nos tribunais, uma entrada superior a 200 acções, procedimentos ou execuções (art. 13.º, n.º 3, do RCP).

32. RECUSA DO REQUERIMENTO EXECUTIVO

O agente de execução, de harmonia com o disposto no n.º 1 do art. 811.º, em situação paralela à prevista no art. 474.º no concernente à

---

[264] "É pela distribuição, diz-nos o art. 209.º, que, a fim de repartir com igualdade o serviço do tribunal, se designa a secção e o juízo em que o processo há-de correr ou o juiz que há-de exercer a função de relator".

petição inicial, mas aqui com a competência a pertencer à secretaria, pode recusar o recebimento do requerimento executivo, quando:

a) Não obedeça ao modelo aprovado ou omita algum dos requisitos impostos pelo n.º 1 do art. 810.º;
b) Não seja apresentada a cópia ou o título executivo ou seja manifesta a insuficiência da cópia ou do título apresentado;
c) Se verifique uma das seguintes omissões: não junção de documento comprovativo do prévio pagamento da taxa de justiça devida ou da concessão de apoio judiciário, excepto no caso previsto no n.º 5 do art. 467.º; falta de assinatura; e não formulação em língua portuguesa[265].

O agente de execução deve fundamentar por escrito o motivo da recusa (proémio do art. 474.º, subsidiariamente aplicável); do acto de rejeição cabe reclamação para o juiz de execução, cuja decisão é

[265] Diversamente do sustentado por Paula Costa e Silva ("A Reforma...", cit., pp. 43 e seg.), entendemos que a faculdade conferida à secretaria de execução (leia-se agora, como em todas as referências a *secretaria*, no decurso da presente nota, *agente de execução*) de recusar o requerimento executivo, por falta de exposição dos factos que fundamentam o pedido ou por manifesta insuficiência do título executivo apresentado, não envolve o exercício de competências jurisdicionais, em violação do art. 202.º da CRP. E isto por a decisão da secretaria, além de revestir natureza *interina*, por sujeita, desde que reclamada, a revogação imediata por parte do juiz, ter a baseá-la meras constatações materiais, como sejam a falta absoluta de indicação de factos, quando não constem do título executivo, ou a não apresentação de título executivo suficiente, dado, por exemplo, não se juntar, para assegurar a exequibilidade de documentos exarados ou autenticados, por notário ou por outras entidades ou profissionais com competência para tal, nos termos do art. 50.º, documento comprovativo de que alguma prestação foi realizada para conclusão do negócio, ou ainda, baseando-se a execução em documento particular, este não se mostrar assinado pelo devedor. Também no sentido de o controlo da secretaria se identificar com o exercício da função jurisdicional, na situação prevista na segunda parte da alínea b) do n.º 1 do art. 811.º, se pronuncia Jacinto Bastos ("Notas...", vol. IV, cit., p. 24); contudo, o seu raciocínio assenta num equívoco, por partir do pressuposto que a lei encarrega o funcionário de verificar "a *suficiência* do título, isto é, se de acordo com a lei, ele preenche os requisitos formais e materiais que o constituem base *daquela execução*", quando a lei apenas lhe permite recusar o requerimento executivo se for *manifesta* a insuficiência do título apresentado, ou seja, somente nos casos em que não tenha, por observância pouco aprofundada, a mínima aparência de um título executivo.

Para Lebre de Freitas ("A Acção Executiva", cit., p. 158, nota 4-B), não se afigura de constitucionalidade duvidosa o controlo da secretaria sobre a alegação da causa de pedir e a insuficiência de título executivo.

irrecorrível, salvo quando se funde na insuficiência do título ou na falta de exposição dos factos (art. 811.º, n.º 2).

Nos 10 dias subsequentes à recusa de recebimento ou à notificação da decisão judicial que a haja confirmado, pode o exequente apresentar outro requerimento executivo ou o documento em falta, considerando-se o novo requerimento apresentado na data da primeira apresentação (art. 811.º, n.º 3).

Se no decurso daquele prazo não for apresentado outro requerimento ou o documento em falta, extingue-se a execução, sendo dessa extinção notificado apenas o exequente (art. 811.º, n.º 4).

O exequente deve pagar previamente a taxa de justiça devida.

O prévio pagamento da taxa de justiça devida ou a concessão do benefício de apoio judiciário deve ser comprovado através de documento a juntar com o requerimento executivo (arts. 467.º, n.º 3, do CPC e 29.º, n.º 2, da LADT).

A falta de junção ao requerimento executivo do documento comprovativo do pagamento da taxa de justiça ou da sua isenção implica a recusa do seu recebimento pelo agente de execução, sem prejuízo da sua entrega no prazo de 10 dias, considerando-se, neste caso, a execução proposta na data em que o requerimento executivo foi apresentado em juízo (arts. 150.º-A, n.º 1, e 811.º, n.º 3, do CPC).

Sendo o requerimento executivo entregue em formato digital, através de transmissão electrónica de dados, o pagamento da taxa de justiça ou a concessão do benefício do apoio judiciário são comprovados através da apresentação, por transmissão electrónica de dados, dos correspondentes documentos, juntamente com as peças processuais que baseiam a execução (arts. 150.º-A, n.º 4, do CPC e 8.º, n.ºs 1 e 2, da Portaria n.º 114/2008. de 6 de Fevereiro).

Quando a dimensão total dos documentos exceder os 3 Mb, o comprovativo do pagamento da taxa de justiça ou da concessão do benefício do apoio judiciário pode ser entregue por meio do sistema informático CITIUS, devendo os documentos ser apresentados, através dos restantes meios previstos no CPC, no prazo de cinco dias após essa entrega, juntamente com o respectivo comprovante disponibilizado pelo CITIUS, sob pena de desentranhamento do requerimento executivo ou da aplicação das cominações previstas no CPC (arts. 8.º, n.º 3, e 10.º, n.ºs 3 e 4, da Portaria n.º 114/2008, de 6 de Fevereiro).

Instaurada a execução, tem o exequente, à semelhança do que ocorre com o autor no processo de declaração, o ónus do *impulso processual subsequente*, como manifestação do princípio dispositivo, apesar dos amplos poderes de direcção do processo por parte do juiz (art. 265.º).

Destarte, se o processo estiver parado por mais de três meses por facto imputável ao exequente, a secção efectua um balanço provisório da conta de custas, onde não se incluem as custas de parte [art. 29.º, n.os 3, alínea a), e 4, do RCP].

Também a falta de impulso processual determina a *interrupção da instância,* se o processo estiver parado por mais de um ano por negligência do exequente (art. 285.º)[266].

Por sua vez, a interrupção da instância durante dois anos determina a sua *deserção* (art. 291.º, n.º 1). E a deserção é uma causa de *extinção da instância* [art. 287.º, alínea c)].

33. DESPACHO LIMINAR E CITAÇÃO PRÉVIA

O despacho liminar foi suprimido na generalidade dos procedimentos declarativos, mas manteve-se no processo executivo, para os casos previsto no art. 812.º-D [art. 234.º, n.º 4, alínea e)].

Face ao disposto no art. 812.º-C, não há lugar a despacho liminar nas execuções baseadas em:

a) Decisão judicial ou arbitral;
b) Requerimento de injunção no qual tenha sido aposta a fórmula executória;
c) Documento exarado ou autenticado, por notário ou por outras entidades ou profissionais com competência para tal, ou documento particular com reconhecimento presencial da assinatura do devedor, desde que:
   — o montante da dívida não exceda a alçada do tribunal da relação (€ 30 000) e seja apresentado documento compro-

[266] Em matéria de prescrição, o novo prazo prescricional começa a correr logo após o acto interrruptivo, mas para que tal aconteça é necessário que se verifique a deserção, nos termos do n.º 2 do art. 327.º do CC. No respeitante à caducidade, o regime é diferente. Nesta não se conta o prazo decorrido entre a proposição da acção e a interrupção da instância, ante o estatuído no n.º 2 do art. 332.º do CC (cf. Pires de Lima e Antunes Varela, "Código Civil Anotado", vol. I, 4ª edição, pp. 293 e 297). Mesmo que finde a interrupção da instância, esse facto irreleva quanto à caducidade dos direitos (art. 286.º), que entretanto podem ter cessado pelo decurso do prazo.

vativo da interpelação do devedor, quando tal fosse necessário ao vencimento da obrigação;
— excedendo o montante da dívida a alçada do tribunal da relação, o exequente mostre ter exigido o cumprimento por notificação judicial avulsa ou equiparada;

d) Qualquer outro título de obrigação pecuniária vencida de montante não superior à alçada do tribunal da relação, desde que não tenham sido indicados à penhora, pelo exequente, estabelecimento comercial, direito real menor que sobre eles incida ou quinhão em património que os inclua.

"Trata-se de situações nas quais, em princípio, como refere Maria Olinda Garcia[267], a propositura da acção executiva e a consequente penhora *não constituem uma surpresa* para o executado, dada a comprovada existência de informação prévia nesse sentido (por exemplo, existiu previamente notificação judicial avulsa). Por outro lado, trata-se também de situações nas quais a probabilidade da existência do débito é significativamente segura (por exemplo, execução baseada em sentença)...".

Nas execuções baseadas nos títulos executivos referidos, o agente de execução que recebe o processo analisa-o e inicia imediatamente as consultas e as diligências prévias à penhora, para de seguida proceder a esta, face ao disposto no proémio do art. 812.º-C.

Diversamente, o agente de execução, na sequência do recebimento do processo e da sua análise, deve remetê-lo electronicamente ao juiz para despacho liminar nos seguinte casos, previstos no art. 812.º-D:

a) Nas execuções movidas apenas contra o devedor subsidiário;
b) No caso dos n.os 2 e 3 do art. 804.º;
c) Nas execuções fundadas em acta da reunião da assembleia de condóminos, nos termos do DL n.º 268/94, de 25 de Outubro;
d) Nas execuções fundadas em título executivo, nos termos da Lei n.º 6/2006, de 27 de Fevereiro;
e) Se o agente de execução duvidar da suficiência do título ou da interpelação ou notificação do devedor;
f) Se o agente de execução suspeitar da ocorrência de excepções dilatórias, não supríveis, de conhecimento oficioso, bem como, fundando-se a execução em título negocial, seja manifesta, face aos elementos constantes dos autos, a inexistência de factos

[267] "A Responsabilidade do Exequente...", cit., pp. 22 e seg.

constitutivos ou a existência de factos impeditivos ou extintivos da obrigação exequenda que ao juiz seja lícito conhecer;

g) Se pedida a execução de sentença arbitral, o agente de execução duvide de que o litígio pudesse ser cometido à decisão por árbitros, quer por estar submetido, por lei especial, exclusivamente a tribunal judicial ou a arbitragem necessária, quer por o direito litigioso não ser disponível pelo seu titular.

Recebido o requerimento executivo, o magistrado exerce sobre ele e sobre o título executivo uma sumária *cognitio*, a fim de apurar se a obrigação neste contida é válida, se se encontra vencida e se é exigível e líquida, se o título é dotado de força executiva e não carece de requisitos externos e se não faltam pressupostos processuais imprescindíveis à regularidade da instância executiva[268] [269].

Realizado o seu exame, pode o magistrado tomar uma das seguintes três atitudes em relação ao requerimento executivo:

a) Indeferi-lo liminarmente;
b) Convidar o exequente a suprir as irregularidades que ele apresente;
c) Ordenar a citação do executado[270].

Analisemos cada uma delas.

a) Despacho de indeferimento liminar

Diz-nos o n.º 1 do art. 812.º-E que o juiz deve indeferir liminarmente o requerimento executivo quando seja manifesta a falta ou insuficiência do título, ocorram excepções dilatórias insupríveis que ao juiz cumpra oficiosamente conhecer, fundando-se a execução em título negocial, seja manifesta, face aos elementos constantes dos autos, a inexistência de factos constitutivos ou a existência de factos impeditivos ou extintivos da obrigação exequenda que ao juiz seja lícito conhecer.

---

[268] Cf. Rubinat, ob. cit., p. 274.

[269] Caso o processo seja tramitado electronicamente, o despacho do juiz é praticado em suporte informático através do sistema informático CITIUS — Magistrados Judiciais, com aposição de assinatura electrónica qualificada ou avançada, que substitui e dispensa para todos os efeitos a assinatura autógrafa em suporte de papel (art. 17.º, n.os 1 e 3, da Portaria n.º 114/2008, de 6 de Fevereiro, na redacção da Portaria n.º 457/2008, de 20 de Junho).

[270] Ainda pode tomar uma quarta atitude, qual seja a de remeter o processo para o tribunal competente, uma vez verificada a incompetência relativa do tribunal, caso seja de conhecimento oficioso [art. 110.º, n.os 1, alínea a), e 2, e 111.º, n.º 3].

Refere-se no relatório do DL 329-A/95, de 12 de Dezembro, que a solução do indeferimento liminar no processo executivo, não autorizada no processo declaratório, como regra "radica nas especificidades próprias do fim do processo executivo: envolvendo a normal e típica tramitação do processo executivo, não propriamente a declaração ou reconhecimento dos direitos, mas a consumação de uma subsequente agressão patrimonial aos bens do executado, parece justificado que o juiz seja chamado, logo liminarmente, a controlar a regularidade da instância executiva".

O indeferimento previsto na alínea a) do n.º 1 do citado art. 812.º-E pode ocorrer nas seguintes hipóteses: não existência de título executivo, por o exequente o não exibir nem a ele aludir no requerimento executivo; apresentação, como executivo, de título diverso dos elencados no n.º 1 do art. 46.º, ou sem os requisitos de exequibilidade referidos no mesmo artigo e seguintes; no caso regulado no art. 50.º, inexistência de documento que comprove que alguma prestação foi realizada para conclusão do negócio ou que alguma obrigação foi constituída na sequência da previsão das partes; e quando o agente de execução não recusar o requerimento executivo, não obstante ser manifesta a falta ou insuficiência do título executivo.

No que concerne ao motivo de indeferimento da alínea b) do n.º 1 do mesmo art. 812.º-E, podemos apontar como excepções dilatórias não supríveis, de conhecimento oficioso, entre outras, as seguintes: falsidade evidente do processo declarativo; falta de citação do réu para a anterior acção declarativa; ineptidão do requerimento executivo (art. 193.º), designadamente quando falte a indicação do pedido e da causa de pedir (a menos, quanto a esta, e como atrás vimos, que ela conste do título executivo); incompetência absoluta (art. 102.º, n.º 1); incompetência em razão do território para as causas a que se referem os arts. 90.º, n.º 1, 92.º e 94.º, n.ºs 2 e 4 [art. 110.º, n.º 1, alíneas a) e c)]; incompetência em razão do valor da causa ou da forma de processo aplicável (art. 110.º, n.º 2)[271]; falta de personalidade judiciária, a não ser que seja sanável, nos termos do art. 8.º; ilegitimidade das partes, por não serem as que figuram no título executivo como credor e devedor, ou os sucessores dessas pessoas ou, ainda, tratando-se de execução requerida contra terceiro por dívida com garantia real, por não ser o demandado o pres-

[271] A verificação da incompetência relativa por parte do juiz, quando dela lhe compita conhecer oficiosamente, não leva rigorosamente ao indeferimento do requerimento executivo, mas antes à remessa do processo para o tribunal competente (art. 111.º, n.º 3).

tador da garantia[272]; falta das condições necessárias para que a obrigação seja certa, líquida e exigível, sempre que na fase preliminar da execução não se preencham tais condições, fora dos casos em que tal dependa da mera vontade do exequente; caso julgado e litispendência[273].

Também a nulidade resultante de erro na forma de processo é de conhecimento oficioso (art. 202.º). Há erro na forma de processo, quando, perante o pedido deduzido, se emprega: o processo comum em vez de um processo especial ou vice-versa; um processo especial inapropriado; o processo para pagamento de quantia certa em vez do de entrega de coisa certa ou de prestação de facto, ou um dos últimos em vez do primeiro, ou o segundo em vez do terceiro, ou vice-versa. Mas a execução só deve ser rejeitada, por anulação de todo o processado [art. 288.º, n.º 1, alínea b) do CPC], se os actos praticados não puderem ser aproveitados para a forma adequada, devendo o juiz ordenar a prática dos que forem estritamente necessários para que o processo se aproxime, quanto possível, da forma estabelecida pela lei (art. 199.º, n.º 1).

O indeferimento previsto na alínea c) do n.º 1 também do art. 812.º-E prende-se com um julgamento antecipado do mérito da causa, em referência à oposição ampla que o executado pode suscitar, quando a execução se funde em título negocial. E desde que seja *manifesta* a inexistência de factos constitutivos ou a existência de factos impeditivos ou extintivos da obrigação que ao juiz seja lícito conhecer, deve este indeferir liminarmente o requerimento executivo. Pense-se nos negócios jurídicos nulos por o seu objecto ser física ou legalmente impossível ou indeterminável ou por não se revestir da forma legalmente prescrita (arts. 280.º, 220.º e 286.º do CC), atente-se nas causas extintivas do direito (pagamento, caducidade, dação em pagamento, novação, etc.).

Do exposto verifica-se que a inviabilidade da acção executiva, que determina o indeferimento do requerimento executivo, tem lugar nos casos que servem de fundamento à oposição à execução. Contudo, essa

---

272 Se a ilegitimidade resultar, em caso de litisconsórcio necessário, de não estarem em juízo todos os compartes, poderá o juiz providenciar pelo suprimento da ilegitimidade, nos termos do n.º 2 do art. 265.º.

273 Haverá litispendência sempre que o exequente, baseado em títulos executivos diferentes, pretenda obter do executado o pagamento do mesmo crédito (cf. ponto n.º 31).

Diferentemente, sustentando ser inadmissível o indeferimento liminar com fundamento em litispendência, o Acórdão do STJ de 10.12.96 (CJ — Acórdãos do STJ, ano IV, tomo III, p. 127).

inviabilidade deve resultar do próprio requerimento executivo, comparado com o título executivo e demais documentos oferecidos pelo exequente, tornando-se ainda necessário que o juiz possa conhecer oficiosamente do vício.

Nos termos do n.º 2 do art. 812.º-E, o indeferimento pode ser *parcial*. Tal acontecerá, em primeira linha, quando houver *excesso de execução*, por se pedir mais do que o permitido pelo título executivo[274]. Mas também pode ocorrer quando se verifique ilegitimidade de algum dos exequentes ou executados, por se encontrarem a mais na execução, ou, como atrás vimos, nos casos de incompetência absoluta do tribunal ou de inadequação da forma do processo quanto a algum dos pedidos, em hipóteses de cumulação indevida e coligação ilegal[275].

Em caso de rejeição liminar da acção executiva, pode sempre o exequente recorrer para a Relação, ainda que o valor da execução se contenha na alçada dos tribunais de 1.ª instância (art. 234.º-A, n.º 2).

---

[274] Face ao disposto no n.º 2 do art. 46.º, aditado pelo DL n.º 38/2003, de 8 de Março, encontram-se hoje abrangidos por todo e qualquer título executivo os *juros de mora*, à taxa legal, da obrigação dele constante, e não apenas os juros de mora da obrigação constante de título executivo extrajudicial, como anteriormente.

Não abrange, contudo, o título executivo os *juros convencionais*, caso dele não constem, como, por exemplo, nas letras e livranças à vista ou a certo termo de vista, nos termos dos arts. 5.º e 77.º da LULL (cf.: Acórdãos da RE de 27.06.96 e da RC de 18.03.07, BMJ, 458, p. 418, e 465, p. 654, respectivamente).

Mas já as execuções baseadas nestes títulos de crédito podem abranger as *despesas de protesto* (cf. Acórdão da RL de 4.11.93, BMJ, 383, p. 457) e o *imposto do selo* (cf. Acórdão do STJ de 30.04.96, BMJ, 456, p. 376, e decisão sumária da RC de 26.06. 2002, CJ, ano XXVII, tomo I, p. 39), por essas importâncias acrescerem, *ex vi legis*, ao crédito do capital em dívida, no caso da primeira, ante o estatuído nos arts. 48.º, n.º 3, e 77.º da LULL, e ao crédito de juros, no caso da última, face ao estabelecido em 17.2.2 da Tabela Geral do Imposto do Selo. Segundo o Acórdão da RL de 18.01.2007 (CJ, ano XXXII, tomo I, p. 85) não devem considerar-se abrangidas pelo art. 48.º, n.º 3 da LULL as despesas com o desconto ou reforma de letras, por não serem consideradas como estritamente necessárias para o portador da letra fazer valer o seu direito.

Diversamente do sustentado por Lebre de Freitas ("A Acção Executiva", cit., p. 98, nota 26-A), a execução baseada em cheque sem cobertura não vê acrescido 10 pontos percentuais ao valor do cheque e dos juros moratórios, por este acréscimo, contemplado no art. 1.º-A, n.º 3, do DL n.º 454/91, de 28 de Dezembro, apenas ser exigido para efeitos de regularização da falta de pagamento do cheque perante a instituição de crédito sacada.

No que concerne aos *juros compulsórios*, referidos no n.º 4 do art. 829.º-A do CC, que não carecem de ser pedidos na acção declarativa, podem ser exigidos no requerimento executivo e aí liquidados, nos termos do art. 805.º, n.º 1 (cf. Acórdãos do STJ de 5.06.97, BMJ, 468, p. 315, e de 12.09.2006, CJ — Acórdãos do STJ, ano XIV, tomo III, p. 53).

[275] Cf. ponto n.º 14.

E, nas mesmas circunstâncias, pode recorrer do despacho que confirme o não recebimento do requerimento executivo pelo agente de execução, quando a recusa de recebimento se funde na insuficiência do título ou na falta de exposição dos factos (arts. 475.º, n.º 2, 466.º, n.º 1, e 811.º, n.º 2).

Quer num caso quer noutro, o despacho que admita o recurso ordenará a citação do executado, tanto para os termos do recurso como para os da execução (art. 234.º-A, n.º 3).

b) Despacho de aperfeiçoamento

Não se verificando nenhuma situação justificativa de indeferimento liminar, o juiz, segundo o n.º 4 do art. 812.º-E, "convida o exequente a suprir as irregularidades do requerimento executivo, bem como a sanar a falta de pressupostos, aplicando-se, com as necessárias adaptações, o disposto no n.º 2 do artigo 265.º".

Trata-se dum *convite* feito ao exequente, em situação paralela à que ocorre no processo de declaração, aquando da prolação do despacho pré-saneador, ao abrigo do n.º 2 (nanja do n.º 3) do art. 508.º

O despacho de aperfeiçoamento é proferido no caso de *requerimento executivo irregular*[276], caracterizado pela falta de pressupostos processuais ou de pressupostos substantivos equivalentes, desde que *sanáveis*, ou por ele não vir acompanhado de determinados documentos.

Inter alia, podemos apresentar as seguintes hipóteses em que o *requerimento executivo* se pode apresentar como *irregular*:

1) Incapacidade judiciária e irregularidade de representação (art. 23.º);

2) Falta de autorização, deliberação ou consentimento exigido por lei (art. 25.º);

3) Falta de constituição de advogado, ou de advogado estagiário ou solicitador se suficiente, quando obrigatórias (arts. 33.º e 60.º);

4) Falta, insuficiência e irregularidade do mandato judicial, no concernente a advogado, advogado estagiário ou solicitador que tiver proposto a execução (art. 40.º);

[276] Não haverá lugar, no processo de execução, a despacho de aperfeiçoamento, diversamente do que ocorre em processo declaratório, face ao disposto no n.º 3 do art. 508.º, no caso de *petição deficiente*, que é a que apresenta irregularidades ou deficiências susceptíveis de comprometerem o êxito da acção. Tanto o art. 482.º do CPC39 como o art. 477.º do CPC61, este na redacção anterior à RPC95-96, aplicáveis ao processo de execução, *ex vi* do então art. 801.º, fundavam o despacho de aperfeiçoamento tanto no *requerimento inicial irregular* como no *requerimento inicial deficiente*.

5) Falta de escolha da prestação, nas obrigações genéricas e alternativas, por parte do credor (exequente), quando essa escolha lhe compete;

6) Na liquidação dependente de simples cálculo aritmético, a não fixação do quantitativo devido por parte do exequente;

7) Havendo cumulação indevida e coligação ilegal originadas na diversidade de fins das execuções e, ainda, quanto à coligação ilegal, na circunstância de alguma das obrigações ser ilíquida (não determinável nos termos do art. 805.º, n.º 1) ou no facto de os pedidos não constarem do mesmo título (tratando-se de coligação passiva)[277];

8) Não junção do título executivo, apesar da sua existência resultar da narração constante do requerimento executivo;

9) No condicionalismo do art. 50.º, a não apresentação do documento que comprove que alguma prestação foi realizada para conclusão do negócio ou que alguma obrigação foi constituída na sequência da previsão das partes, desde que individualizadas no requerimento executivo;

10) Falta de alegação dos factos pertinentes, ocorrendo a sucessão no direito ou na obrigação antes da propositura da acção executiva (art. 56.º, n.º 1).

Se o exequente não suprir o vício ou corrigir a falta dentro do prazo marcado pelo juiz, este, em novo despacho, indeferirá o requerimento executivo (art. 812.º-E, n.º 4).

Pondo termo a uma divergência antiga tanto na doutrina como na jurisprudência[278], o n.º 6 do art. 508.º (aplicável ao processo de execução, ante o estatuído no n.º 1 do art. 466.º) veio determinar que não cabe recurso do despacho que convide a suprir irregularidades dos articulados. Fica reservado ao exequente a possibilidade de recorrer do despacho de indeferimento subsequente ao não-acatamento do primeiro despacho.

c) Citação prévia

Se o juiz não tiver motivos para indeferir nem para provocar a correcção de irregularidades do requerimento executivo, lavra despacho, mandando citar o executado, como se acha previsto nos arts. 234.º, n.º 4, alínea e), e 812.º-E, n.º 5.

---

[277] Nesta situação, o exequente ou exequentes serão *convidados* a indicar o pedido em relação ao qual desejam que a execução prossiga (cf. ponto n.º 14).

[278] Para uma análise dessa divergência, pode ver-se Antunes Varela, RLJ, ano 130.º, p. 131, nota 67.

Face ao actual arrazoado deste último preceito, deve o despacho do juiz ser do seguinte teor: "Cite-se o executado para, no prazo de 20 dias, pagar ou opor-se à execução".

Mas também poderá ser simplesmente: "Cite-se o executado". Isto por, no acto da citação, o executado, para além de receber o duplicado do requerimento executivo e cópia dos documentos que o acompanhem, dever sempre ser informado do prazo dentro do qual se pode defender e das cominações em que incorre em caso de revelia (art. 235.º), sem necessidade de qualquer referência expressa a estes elementos por parte do juiz[279].

Não cabe recurso do despacho que manda citar o executado. Donde não se considerarem precludidas as questões que podiam ter sido motivo de indeferimento liminar (art. 234.º, n.º 5).

Há sempre citação prévia, sem necessidade de despacho do juiz, nos processos que a este sejam remetidos, pelo agente de execução, para despacho liminar quando, em execução movida apenas contra o devedor subsidiário, o exequente não tenha pedido a dispensa de citação prévia, na liquidação de título executivo extrajudicial não dependente de simples cálculo aritmético, levada a efeito pelo tribunal, nas execuções fundadas em título extrajudicial de empréstimo contraído para aquisição de habitação própria hipotecada em garantia, e ainda quando, no registo informático de execuções, conste a menção da frustração, total ou parcial, de anterior acção executiva movida contra o executado (art. 812.º-F, n.º 2).

Tendo em conta que os bens do devedor subsidiário não devem ser penhorados enquanto não lhe for dada a possibilidade de se opor à execução ou de invocar o benefício da excussão, deve ele ser sempre previamente citado para a execução, quer se trate de execução sujeita a despacho liminar quer não [arts. 812.º-D, alínea a), e 812.º-F, n.º 2, alínea a)]. A citação prévia só não ocorrerá se o juiz, em despacho liminar, deferir o pedido do exequente nesse sentido, com fundamento no receio da perda da garantia patrimonial [art. 812.º-F, n.º 2, alínea a)]. Deferindo o juiz o pedido, a citação do devedor subsidiário só terá lugar depois da penhora dos seus bens. Em execução apenas movida contra o devedor subsidiário, o juiz não deve deferir o pedido de dispensa da citação prévia sem que o exequente prove a falta de bens do

---

279 Cf., neste sentido, na vigência do CPC39, Alberto dos Reis, "Processo de Execução", vol. II, p. 10.

devedor principal ou que o devedor subsidiário renunciou ao benefício da excussão prévia [art. 828.º, n.º 3, alínea b)]; em execução simultaneamente movida contra o devedor principal e o devedor subsidiário, o pedido de dispensa da citação prévia do devedor subsidiário só deve ser formulado depois da excussão dos bens do devedor principal ou da prova da renúncia ao benefício da excussão por parte do devedor subsidiário [art. 828.º, n.º 3, alínea a)].

Baseando-se a execução em título extrajudicial de empréstimo contraído para aquisição de habitação própria hipotecada em garantia e por o crédito se encontrar garantido por hipoteca, não se impõe a antecipação da penhora, dado não existir risco de perda da garantia. Depois, por o imóvel a penhorar se identificar com o local de habitação própria do executado, justifica-se que a este "seja dada uma última oportunidade de pagar a dívida exequenda ou, eventualmente, deduzir oposição à execução"[280].

d) Dispensa da citação prévia

Quando não haja lugar a despacho liminar, a penhora é efectuada sem citação prévia do executado, a menos que se verifique uma das situações contempladas no n.º 2 do art. 812.º-F (art. 812.º-C).

Nos processos remetidos ao juiz, pelo agente de execução, para despacho liminar, o exequente pode requerer que a penhora seja efectuada sem a citação prévia do executado, devendo para o efeito alegar factos que justifiquem o receio de perda da garantia patrimonial do seu crédito e oferecer de imediato os meios de prova (art. 812.º-F, n.º 3).

Produzidas as provas, pode o juiz dispensar a citação prévia do executado quando se mostre justificado o receio de perda da garantia patrimonial do crédito exequendo (art. 812.º-F, n.º 4).

Se ocorrer especial dificuldade em efectuar a citação prévia, o juiz pode dispensar a sua realização, a requerimento do exequente, quando a demora justifique o justo receio de perda da garantia patrimonial do crédito (art.º 812-º-F, n.º 5).

A penhora anterior à citação, a requerimento do exequente, assemelha-se a um arresto inserido, como enxerto declarativo, na tramitação da acção executiva[281].

---

[280] Cf. Maria Olinda Garcia, "A Responsabilidade do Exequente...", cit., p. 25.

[281] Cf. Lebre de Freitas, "Agente de Execução e Poder Jurisdicional", *in* Themis, ano IV, n.º 7, pp. 27 e seg.

Da mesma forma se passam as coisas no processo executivo laboral, a menos que se trate de *direitos irrenunciáveis*. Neste caso, o autor tem o prazo de 30 dias após o trânsito em julgado da sentença de condenação em quantia certa, prorrogável pelo juiz, para iniciar a execução do título executivo (art. 90.°, n.° 1. do CPT).

Caso o autor não inicie a execução no prazo fixado e não junte ao processo documento comprovativo da extinção da dívida no referido prazo de 30 dias, o tribunal, oficiosamente, ordena o início do processo executivo, sendo as diligências de execução realizadas por oficial de justiça (art. 90.°, n.° 2, do CPT)[282].

[282] No que concerne ao foro administrativo, sempre que a Administração não cumpra a sentença que a condene no pagamento de quantia certa, pode o tribunal administrativo, a solicitação do interessado, determinar a compensação do seu crédito com eventuais dívidas que o onerem com a pessoa colectiva ou o ministério inadimplentes, ou o pagamento por conta da dotação orçamental inscrita à ordem do Conselho Superior dos Tribunais Administrativos e Fiscais, no Orçamento do Estado, para este efeito (art. 170.° do CPTA). Sendo esta dotação insuficiente, tem o exequente o direito de requerer o prosseguimento da execução, aplicando-se então o regime da execução para pagamento de quantia certa, regulado na lei processual civil (art. 172.°, n.° 8, do CPTA).

2.ª SECÇÃO

OPOSIÇÃO À EXECUÇÃO

34. FUNDAMENTOS E TRAMITAÇÃO DA OPOSIÇÃO

Citado para a execução, o executado, além de poder pagar, tem a faculdade de se opor à execução.

E pode fazê-lo através da *oposição propriamente dita*, que deixou de designar-se com o DL n.º 38/2003 oposição mediante embargos, para passar a denominar-se, como no foro fiscal (art. 203.º, n.º 1, do CPPT), oposição à execução, e através da oposição mediante *requerimento*.

"O título executório inclina para o lado do credor a balança da justiça e a oposição restaura em prol do devedor o equilíbrio quando se mostre injustamente turbado"[283].

Devendo a execução actuar com referência ao direito representado no título, podem sobrevir factos que lhe retirem legitimidade ou correspondência com a realidade substancial, para além de poderem subsistir vícios processuais ou substantivos procedentes da formação do título. Daí permitir-se ao executado fazer valer as eventuais discordâncias com a realidade ou as eventuais ilegitimidades numa sede autónoma de cognição, fora do procedimento executivo propriamente dito, através exactamente da oposição à acção executiva[284]. Nesta ocorre um normal juízo contencioso com contraditório pleno, diversamente do que se passa naquele procedimento, onde o contraditório se vê reduzido ao mínimo, por nos encontrarmos, não em sede cognitiva, mas executiva[285].

---

[283] Enrico Tullio Liebman, "Embargos do Executado", 2.ª edição, 1968, p. 159.

[284] Cf.: Luigi Paolo Comoglio e outros, ob. cit., p. 760; Mandrioli, ob. cit., vol. III, p. 138; e Satta e outro, ob cit, p. 861.

[285] Cf. Girolamo Monteleone, ob. cit., p. 446.

Também o assistente do executado e dentro do prazo conferido a este para o efeito, pode deduzir oposição à execução (art. 337.º, n.º 2).

Verificando-se a situação de revelia relativa do executado, por falta de oposição à execução, apesar da sua citação regular para a causa ou da junção de procuração a mandatário judicial (art. 484.º, n.º 1), assumirá o assistente a posição de parte principal como substituto processual do assistido (art. 338.º)[286].

Vejamos de seguida os fundamentos e os meios postos à disposição do executado ou do seu assistente para obstar à execução.

a) A oposição propriamente dita

I) Fundamentos

Os fundamentos da oposição vêm enunciados em referência às execuções baseadas em sentença (com especialidades no que toca à sentença homologatória de confissão ou transacção), em decisão arbitral e em título extrajudicial.

Por os fundamentos que suportam a oposição se apresentarem como factos constitutivos da mesma, cabe ao opoente a sua prova, de harmonia com a regra geral contida no n.º 1 do art. 342.º do CC[287].

1) Fundamentos de oposição à execução baseada em sentença ou injunção

O n.º 1 do art. 814.º enumera os fundamentos de oposição à execução baseada em sentença; e esta enumeração é taxativa, conforme resulta do advérbio *só* empregado no preceito.

À sentença é de equiparar, para este efeito, a decisão da autoridade administrativa que aplica uma coima, caso se torne definitiva por falta de impugnação judicial (art. 79.º, n.º 1, do DL n.º 433/82, de 27 de Outubro)[288].

---

[286] Cf. Acórdão do STJ de 30.06.98, BMJ, 478, p. 303.

[287] Cf.: Miguel Teixeira de Sousa, "Acção Executiva...", cit., p. 177; e Acórdão da RP de 13.03.2003, CJ, ano XXVIII, tomo II, p. 179.

[288] Com base neste entendimento, decidiu-se no Acórdão da RP de 8.03.2005 (CJ, ano XXX, tomo II, p. 165) que, por não ter a executada impugnado atempadamente a decisão da entidade administrativa, só poderia usar, como meio de oposição à execução, algum dos fundamentos taxativamente indicados no art. 813.º, a que hoje corresponde o n.º 1 do art. 814.º.

Podemos agrupar esses fundamentos, na esteira de Anselmo de Castro[289], em três categorias: *oposição por falta de pressupostos processuais gerais da acção*; *oposição por falta de pressupostos específicos da acção executiva*; e *oposição por motivos substanciais*.

No que concerne à *oposição por falta de pressupostos gerais da acção*, encontram-se referidos nas alíneas c) e f) do n.º 1 do art. 814.º.

As alíneas citadas referem-se à ocorrência de excepções dilatórias tal como se encontram enunciadas, a título meramente exemplificativo, no art. 494.º, sendo hoje uma redundância a referência expressa, na alínea f) do n.º 1 do art. 814.º, ao caso julgado, por ele, após a RPC95-96, ter transitado da classe das excepções peremptórias para a das excepções dilatórias [art. 494.º, alínea i)].

Diversamente do que acontecia antes da RPC95-96, quando o então art. 813.º apenas aludia à ilegitimidade do exequente ou do executado ou da sua representação, na alínea c), e à cumulação indevida de execuções ou coligação ilegal de exequentes, na alínea d), hoje, a nova alínea c) do n.º 1 do art. 814.º abrange não só essas excepções dilatórias como a falta de todos os outros pressupostos processuais susceptíveis de provocarem a irregularidade da instância executiva. A título de exemplo, atente-se na incompetência, quer absoluta quer relativa, do tribunal, na nulidade do processo (v.g., por ineptidão do requerimento executivo ou por erro na forma de processo), na falta de personalidade ou de capacidade judiciária de alguma das partes, na falta de constituição de advogado por parte do exequente, quando obrigatória, e na litispendência.

Mas, se houver possibilidade de suprir a falta de algum dos pressupostos processuais, que fundamentam a oposição, deve o juiz, de harmonia com o que se dispõe no n.º 2 do art. 265.º, determinar a realização dos actos necessários à regularização da instância ou, quando estiver em causa alguma modificação subjectiva da instância, convidar as partes a praticá-los.

O fundamento da alínea f) do n.º 1 do art. 814.º está em conexão com o n.º 1 do art. 675.º, onde se estabelece que, havendo duas decisões contraditórias sobre a mesma pretensão, se cumprirá a que passou em julgado em primeiro lugar. Assim, pedida a execução da decisão transitada em julgado em segundo lugar, o executado pode opor-se com fundamento no caso julgado formado anteriormente.

---

289 Ob. cit., pp. 278 e segs.

No que toca à *oposição por falta de pressupostos específicos da acção executiva*, encontram-se incluídos nas alíneas a), b), d) e e) do n.º 1 do art. 814.º.

A alínea a) contempla não só a hipótese de não haver título para servir de base à execução, como também a de, havendo-o, ele não preencher os requistos de exequibilidade em conformidade com as exigências dos arts. 46.º e segs., consoante a análise que atrás fizemos. Abrange ainda esta alínea o *excesso de execução*, que ocorre, designadamente, quando se executa sentença por quantia superior à da condenação.

A alínea b) refere-se à falsidade total do processo de declaração ou, pelo menos, à falsidade da sentença. Mas não contempla a falsidade de qualquer acto isolado do processo de declaração ou de qualquer documento nele produzido, porquanto para estas falsidades tem o prejudicado à sua disposição o recurso de revisão [art. 771.º, alínea b)].

Se ocorrer a falsidade de qualquer acto judicial do processo de execução ou de qualquer documento deste, que não seja o título executivo, deverá ela ser arguida e apreciada em harmonia com os arts. 546.º e segs., e não invocada como fundamento de oposição à execução.

Ainda segundo a alínea b) que apreciamos, também podem servir de base à oposição a falsidade do traslado e a infidelidade deste.

Contudo, tanto a falsidade do processo ou do traslado como a infidelidade deste só podem basear a oposição à execução "quando uma ou outra influa nos termos da execução". Assim, se ocorrer uma falsidade ou infidelidade parcial e a parte falsificada ou infiel nenhuma influência tiver na acção executiva, não há fundamento para oposição.

A alínea d) do n.º 1 do art. 814.º alude à falta ou à nulidade da citação para a acção declarativa.

Há *falta* de citação nos casos indicados no art. 195.º, n.º 1, e *nulidade* de citação quando não hajam sido, na sua realização, observadas as formalidades prescritas na lei, como diz o n.º 1 do art. 198.º. A primeira é de conhecimento oficioso (art. 202.º), enquanto a segunda só pode ser invocada pelo demandado (art. 203.º, n.º 1). Daí aquela poder fundar uma rejeição oficiosa da execução, enquanto esta só pode ser invocada em oposição à execução.

Tanto a falta como a nulidade da citação só fundamentam uma oposição à execução se a acção condenatória tiver corrido à revelia do réu. Se assim não acontecer, tanto a primeira (art. 196.º) como a segunda (art. 198.º, n.º 2) devem considerar-se sanadas.

Também ambas podem basear um recurso de revisão [art. 771.º, alínea e)].

No que concerne à falta ou nulidade de citação para a acção executiva, suporta uma anulação da execução (art. 921.º, n.º 1), nanja uma oposição à execução[290].

A alínea e) do n.º 1 do art. 814.º refere, como fundamento da oposição à execução, a incerteza, a inexigibilidade ou a iliquidez da obrigação exequenda, não supridas na fase introdutória da execução. É matéria relacionada com o art. 802.º e com os conceitos de certeza, exigibilidade e liquidez da obrigação, que atrás apreciámos. A alínea e) a que estamos aludindo cobre igualmente a contestação do executado à pretensão do exequente referente à exigibilidade ou à certeza da obrigação (art. 804.º, n.º 5) ou à liquidação por ele formulada (art. 805.º, n.º 4), a menos que esta tenha sido realizada com base num cálculo aritmético.

Finalmente, no respeitante à *oposição por motivo substancial*, consta a sua regulação da alínea g) do n.º 1 do art. 814.º.

Admite-se aqui como motivo de oposição qualquer facto extintivo ou modificativo da obrigação. Compreendem as causas extintivas da obrigação, para além do cumprimento, a dação em cumprimento, a consignação em depósito, a compensação[291], a novação, a remissão e a confusão (arts. 837.º e segs. do CC)[292]. E ao lado destas, não obstante não constituir uma verdadeira causa extintiva, mas antes uma excepção, alude também a alínea g) do n.º 1 do art. 814.º à prescrição. Compreendem

---

[290] Disse-se expressamente no Acórdão do STJ de 14.05.96 (BMJ, 457, p. 284) que "o meio processual próprio para o executado reclamar da falta da sua citação para os termos da execução é a arguição da nulidade com pedido de anulação do processo executivo, com excepção da petição inicial, conforme o disposto no art. 921.º do Código de Processo Civil, e não o recurso aos embargos de executado".

[291] No que concerne a algumas especialidades que pode revestir a *compensação*, cf. Anselmo de Castro, ob. cit., pp. 281 e segs. e Lebre de Freitas, "A Acção Executiva", cit., pp. 178 e seg. Mas o crédito a compensar tem que se encontrar já judicialmente reconhecido. De outra forma, como se diz no Acórdão do STJ de 27.11.2003 (CJ — Acórdãos do STJ, ano XI, tomo III, p. 168) seria permitir ao executado que se servisse da oposição à execução "para entorpecer, ou até inviabilizar, a actividade de cobrança rápida e eficaz de créditos, como é a específica finalidade da execução para pagamento de quantia certa".

[292] Em execução, na sequência da resolução do contrato de locação por falta de pagamento de renda ou aluguer, o direito à resolução caduca desde que o locatário, até ao termo da oposição à execução, pague, deposite ou consigne em depósito as somas devidas e a indemnização referida no n.º 1 do art. 1041.º do CC (art. 1048.º, n.º 1, do mesmo diploma, na redacção da Lei n.º 6/2006, de 27 de Fevereiro).

as causas modificativas da obrigação as que substituem o seu objecto, as que a extinguem parcialmente e as que alteram as sua garantias.

No fundamento da alínea g) do n.º 1 do art. 814.º é também de incluir, de harmonia com o disposto no n.º 2 do art. 638.º do CC, a recusa de cumprimento por parte do fiador, não obstante a excussão de todos os bens do devedor, desde que prove que o crédito não foi satisfeito por culpa do credor. É o que ocorre quando o devedor, tendo bens suficientes para cumprir à data do vencimento, não satisfez o devido, porquanto o credor, por inércia, não lho exigiu[293]. O *benefício da liberação*, só invocável se o fiador não houver renunciado ao benefício da excussão ou se não tiver assumido a obrigação de principal pagador [art. 640.º, alínea a), com referência ao art. 638.º, n.º 2, ambos do CC], permite ao fiador libertar-se da vinculação fidejussória, desde que prove que o crédito não foi satisfeito por culpa do credor[294].

De dois requisitos cumulativos faz a lei depender esta forma de oposição:

a) Que o facto seja posterior ao encerramento da discussão no processo de declaração;
b) Que se prove por documento[295], a menos que se trate de prescrição que se pode provar por qualquer meio.

O encerramento da discussão no processo de declaração marca os limites temporais do caso julgado da decisão executada. Com efeito, é até esse encerramento que as partes podem invocar os factos supervenientes [art. 506.º, n.os 1 e 3, alínea c)] e o tribunal pode considerar os factos constitutivos, modificativos ou extintivos do direito invocado (art. 663.º, n.º 1)[296].

Haverá, assim, que respeitar o caso julgado. Mas, no momento em que se instaura a acção executiva, pode já não corresponder à realidade a situação jurídica que a sentença definiu. Atente-se na hipótese de o

---

[293] Cf. Pires de Lima e Antunes Varela, ob. cit., vol. I, pp. 655 e seg.

[294] Cf. Manuel Januário da Costa Gomes, "Assunção Fidejussória de Dívida", 2000, pp. 1112 e segs. e 1263 e seg.

[295] Face ao disposto no n.º 2 do art. 364.º do CC, poderá o documento ser substituído por confissão, por nos encontrarmos, em princípio, perante uma formalidade *ad probationem*. Donde, e mesmo sem possuir o necessário documento, poder a oposição ser deduzida, contando o opoente, no seu decurso, obter a confissão do exequente.

[296] Cf. Miguel Teixeira de Sousa, "Estudos sobre o Novo Processo Civil", 2.ª edição, p. 625, e "Acção Executiva Singular", cit., p. 164.

réu, após ter sido condenado no pagamento de determinada importância, efectuar voluntariamente o pagamento e, apesar disso, o credor requerer a acção executiva com base na sentença. Deve, nesta circunstância, o executado ser admitido a opor-se à execução, com o fundamento de já ter pago a importância solicitada[297].

Se o facto extintivo ou modificativo da obrigação ocorrer antes do encerramento da discussão no processo de declaração, já não poderá suportar a oposição à execução, mas antes servir de fundamento a recurso de revisão. Também aqui só com base em documento; contudo, este devia ser ou desconhecido ou encontrar-se na indisponibilidade da parte [art. 771, alínea c)].

Se o facto extintivo tiver lugar depois de instaurada a execução, não constituirá igualmente fundamento de oposição, mas de causa de extinção de execução. Na verdade, em qualquer estado do processo pode o executado ou terceiro pagar a dívida e o exequente perdoá-la ou renunciar a ela, o que determinará o fim da execução (art. 916.º).

A *prescrição* relevante para fundamentar a oposição à execução é somente a que decorre após o trânsito em julgado da sentença, por a anterior à citação ser de considerar inutilizada com a prática deste acto judicial (art. 323.º, n.º 1, do CC) e o novo prazo de prescrição não correr na pendência do processo (art. 327.º, n.º 1, do CC).

Nos termos do n.º 1 do art. 311.º do CC, a sentença, ou outro título executivo, transforma a prescrição de curto prazo, mesmo que presuntiva, numa prescrição normal, sujeita ao prazo de 20 anos (art. 309.º do CC). Mas, se a sentença ou o outro título se referir a prestações ainda não devidas, diz-nos o n.º 2 do citado art. 311.º, que "a prescrição continua a ser, em relação a elas, a de curto prazo".

No caso de execução de *sentença homologatória de confissão ou transacção*, deve o executado basear a sua oposição em qualquer das causas que, nos termos da lei substantiva, determinam a nulidade ou a anulabilidade desses actos [(art. 814.º, n.º 1, alínea h)]. E essas causas reportam-se à *falta de vontade* ou aos *vícios de consentimento* dos outorgantes (arts. 240.º e segs. do CC)[298], como para a confissão diz expressamente o art. 359.º do CC e para a transacção se infere da sua classificação como contrato pelo n.º 1 do art. 1248.º do mesmo Código.

---

[297] Cf. Alberto dos Reis, ob. cit., pp. 28 e seg.

[298] Cf. Antunes Varela, RLJ, ano 116.º, p. 79.

"A excepção feita pela lei quanto às sentenças desta natureza explica-se, como refere Jacinto Bastos[299], por o trânsito em julgado delas apenas assegurar a validade formal da declaração feita, ou do acordo estabelecido, como resulta directamente do disposto no n.º 2 do art. 301.º".

O disposto no n.º 1 do art. 814.º acerca dos fundamentos que legitimam a oposição à execução baseada em sentença, aplica-se, com as necessárias adaptações, nos termos do n.º 2 do mesmo artigo, à oposição à execução fundada em requerimento de injunção no qual tenha sido aposta a fórmula executória, desde que o procedimento de formação desse título admita oposição pelo requerido[300].

O expediente respeitante à injunção é enviado oficiosamente, apenas por via electrónica, ao tribunal competente para a execução, depois de no requerimento de injunção ter sido aposta a fórmula executória (art. 814.º, n.º 3).

Também no foro laboral pode ocorrer a oposição à execução com os mesmos fundamentos do CPC, face ao disposto no art. 98.º-A do CPT[301].

2) Fundamentos de oposição à execução baseada em decisão arbitral

Segundo o art. 815.º, são fundamentos de oposição à execução apoiada em decisão arbitral não só os previstos para as execuções baseadas em sentença, mas também aqueles em que se pode fundar a anulação judicial da mesma decisão.

De harmonia com o art. 27.º, n.º 1, da LAV, podem apoiar a anulação da sentença arbitral os seguintes fundamentos:

a) Não ser o litígio susceptível de resolução por via arbitral;
b) Ter sido proferida por tribunal incompetente ou irregularmente constituído;

---

[299] "Notas..." vol. IV, cit., p. 35.

[300] Segundo Lebre de Freitas ("A Acção Executiva", cit., pp. 182 e seg.) esta equiparação, ao impedir a oposição à execução fundada na inexistência da dívida à data da injunção, é inconstitucional, por violar o direito de defesa, "dada a natureza não jurisdicional do processo de injunção, a menor garantia que o devedor encontra na notificação que nele é efectuada (...) e o facto de a formação do título prescindir de qualquer juízo de adequação do montante da dívida aos factos em que ela se fundaria".

[301] Igualmente a execução fiscal comporta a *oposição* com base nos fundamentos constantes do n.º 1 do art. 204.º do CPPT.

c) Ter havido violação dos princípios referidos no art. 16.º (direitos de defesa e de audiência e princípios da igualdade e do contraditório), com influência decisiva na resolução do litígio;
d) Haver falta de assinatura dos árbitros e falta de fundamentação;
e) Ter o tribunal conhecido de questões de que não podia tomar conhecimento, ou ter deixado de pronunciar-se sobre questões que devia apreciar.

Face ao n.º 2 do mesmo preceito, o fundamento da alínea b) não pode ser invocado como fundamento da oposição quando a parte, tendo conhecimento dele no decurso da arbitragem, e podendo fazê-lo, não o alegou oportunamente, e isto por também não poder invocá-lo como causa de anulação da decisão arbitral.

Interposto recurso da decisão arbitral, são de considerar sanados os fundamentos justificativos da sua anulabilidade [todos os mencionados no art. 27.º, n.º 1, da LAV, excepto o primeiro, face ao disposto na alínea g) do n.º 3 do art. 812.º-D], ante o estatuído no art. 27.º, n.º 3, da LAV.

Tendo em conta que a acção autónoma de anulação da decisão arbitral, a propor, perante o tribunal judicial, no prazo de um mês a contar da sua notificação (art. 28.º, n.º 2, da LAV), não suspende a exequibilidade da decisão, deve o executado opor-se à execução, baseado nos mesmos fundamentos em que baseou aquela acção. Caso a sentença proferida nesta já tenha transitado em julgado, a anulação nela decretada, se for o caso, suportará a oposição à execução.

3) Fundamentos de oposição à execução baseada noutro título

Para o caso de a execução não se basear em sentença ou em requerimento de injunção ao qual tenha sido aposta fórmula executória, diz-se no art. 816.º, que, além dos fundamentos de oposição especificados no n.º 1 do art. 814.º, na parte em que sejam aplicáveis [e não o são os fundamentos das alíneas b), d), f), g) e h)], se poderão alegar quaisquer outros que possam ser invocados no processo de declaração.

Poderão, assim, e sem a barreira de qualquer limite temporal, por não haver que respeitar a autoridade de caso julgado, invocar-se todas as causas impeditivas ou extintivas do direito do exequente e até, por vezes, negarem-se os factos constitutivos do mesmo direito. Também, e diversamente do que ocorre quando se dá à execução uma sentença ou um requerimento de injunção ao qual tenha sido aposta fórmula executória, a exigência de prova documental para os factos extintivos ou modificativos da obrigação não é de observar quando a acção executiva se baseia noutro título, a não ser nos casos em que a lei geral exija esse meio de prova[302].

Não sendo o título executivo uma sentença, o executado está perante o requerimento executivo do exequente na mesma posição em que estaria perante a petição inicial da correspondente acção declarativa. Consequentemente, pode alegar em oposição à execução tudo o que poderia alegar na contestação àquela acção[303]. Donde poder a oposição conter não só matéria de *impugnação* como de *excepção* (art. 487.º), mas já não de *reconvenção*, por esta não ser um meio de defesa mas de contra-ataque[304].

II) Tramitação

No que concerne à tramitação, o processo de oposição à execução configura-se como uma verdadeira acção declarativa enxertada na executiva.

O julgamento desta acção declarativa, na qual o autor (executado) se denomina *opoente* (art. 818.º, n.º 1), compete ao juiz de execução [art. 809.º, n.º 1, alínea b)].

A propositura da demanda de oposição implica a constituição de uma nova relação processual autónoma, não reconduzível a uma fase da relação processual executiva, por poder apresentar pressupostos próprios e se delinear como uma relação processual de cognição, com a estrutura do processo normal de declaração, enquanto a relação executória jamais conduz a um provimento decisório. Os actos das duas relações processuais são distintos, com trajectórias independentes, não se configurando, portanto, os actos processuais respeitantes à oposição como actos de execução[305]. Todavia, o processo de oposição à execução encontra-se ligado funcionalmente ao processo executivo e a extinção da instância num deles pode determinar a do outro. Assim, a procedência da oposição à execução que compreenda toda a execução ou a tran-

---

[302] Cf., em sentido diverso, Anselmo de Castro, ob. cit. pp. 292-295.

[303] Assim, pode opor-se à execução com o fundamento de o título executivo, por não ser uma escritura pública, não garantir a validade formal do mútuo de valor superior a € 25 000 que lhe subjaz, atento o disposto no art. 1143.º do CC. Cf. Acórdão do STJ de 10.07.2008, CJ — Acórdãos do STJ, ano XVI, tomo II, p. 176.

[304] Cf.: Alberto dos Reis, ob. cit. p. 38; e Lebre de Freitas, "A Acção Executiva", cit., pp. 183 e seg.

[305] Cf. Liebman, ob. cit., pp. 213 e seg.

sacção nela ocorrida conduz por arrastamento à extinção da instância no processo executivo [arts. 287.º, als. a) e d)]; por sua vez, a cessação da execução pelo fim da obrigação exequenda fora do processo (art. 916.º, n.º 5), para além de determinar a extinção da execução (art. 919.º, n.º 1), provoca igualmente a extinção da instância no processo de oposição, por inutilidade superveniente da lide [art. 287.º, alínea e)][306].

No processo de oposição à execução, onde é obrigatória a constituição de advogado[307] sempre que a execução seja de valor superior à alçada do tribunal de 1.ª instância (art. 60.º, n.º 1, 2.ª parte), há que distinguir:

a) A petição de oposição;
b) O despacho liminar;
c) A contestação;
d) Os termos posteriores.

A *petição de oposição*, que terá de ser articulada (art. 151.º, n.º 2), deve ser apresentada no prazo de 20 dias a contar da citação, seja esta efectuada antes ou depois da penhora (art. 813,º, n.º 1)[308 309].

A transmissão electrónica de dados implica a apresentação por esta via da petição de oposição e dos documentos que devem acompanhar esta, com dispensa da remessa dos respectivos originais (art. 150.º, n.º 3)[310].

---

[306] Nesta última situação, se a execução cessar pelo pagamento voluntário da quantia exequenda feito por um co-executado, torna-se este responsável exclusivo pelo pagamento das custas quer da execução quer da oposição à mesma deduzida, atento o disposto no art. 447.º. Cf. Acórdão do STJ de 7.10.99, BMJ, 490, p. 215.

[307] Os mandatários judiciais que apresentem as peças processuais na oposição à execução por transmissão electrónica de dados devem assiná-las digitalmente através de certificado de assinatura electrónica, no momento da sua apresentação, no sistema electrónico CITIUS (art. 5.º, n.ºs 3 e 4, da Portaria n.º 114/2008, de 6 de Fevereiro).

[308] Nada obsta, no quadro dos arts. 199.º e 265.º, como se defendeu no Acórdão da RL de 29.06.2004 (CJ, ano XXIX, tomo IV, p. 63), a que se convole para petição de oposição à execução o requerimento em que o executado nega ser sua a assinatura que lhe é atribuída, como avalista, na letra de câmbio dada à execução e pede, por isso, que se declare não ser ele obrigado na execução.

[309] Segundo o Acórdão do STJ de 7.05.2009 (CJ – Acórdãos do STJ, ano XVII, tomo II, p. 53), o prazo para o executado apresentar a oposição é apenas o que decorre do n.º 1 do art. 813.º e não sofre alongamento em virtude do disposto no n.º 2 do art. 289.º que se aplica apenas a efeitos civis e não abrange efeitos meramente processuais, como seja o alongamento do prazo processual.

[310] A apresentação desta peça processual e os documentos que a acompanham é efectuada através do sistema electrónico CITIUS, no endereço electrónico http://citius.tribunaisnet.mj.pt, com os procedimentos e instruções daí constantes (art. 4.º, n.º 1, da Portaria n.º 114/2008, de 6 de Fevereiro).

Sempre que o executado não tenha sido citado antes da penhora, deve cumular a oposição à execução com a oposição à penhora, se houver fundamento para esta e quiser fazê-lo (art. 813.º, n.º 2).

Se a oposição à execução tiver por base facto "superveniente", o prazo para a a sua apresentação conta-se a partir da data em que aquele ocorrer ou o executado dele tiver conhecimento (art. 813.º, n.º 3). É o que acontece quando se verifica a cumulação sucessiva (superveniência respeitante ao próprio facto), ou quando o facto extintivo da obrigação, ocorrido entre as datas do encerramento da discussão no processo de declaração e a da instauração da execução, só chegue ao conhecimento do executado em momento ulterior à sua citação (superveniência respeitante ao conhecimento do facto).

Diversamente do sustentado por alguns autores[311], a extinção da obrigação exequenda após a citação do executado, designadamente pelo pagamento, quer efectuado no processo executivo quer fora dele, é insusceptível de fundamentar uma *oposição superveniente*, uma vez que essa extinção determina a cessação da execução, nos termos do art. 916.º[312].

No caso de pluralidade de executados, se os respectivos prazos para a dedução da oposição terminarem em dias diferentes, e por a petição de oposição não constituir uma contestação, não se lhes aplica a norma excepcional do n.º 2 do art. 486.º, mas antes a norma geral do n.º 3 do art. 145.º, segundo a qual o decurso do prazo peremptório faz extinguir o direito de praticar o acto (art. 813.º, n.º 4).

Presente na secretaria, é a petição de oposição autuada por apenso (art. 817.º, n.º 1), e uma vez comprovado o pagamento da taxa de justiça (arts. 7.º, n.º 3, e tabela II do RCP e 150.º-A, n.º 1, do CPC[313]), é o processo presente ao juiz, a fim de ser proferido o *despacho liminar*, que pode revestir uma dupla modalidade: *despacho de rejeição* e *despacho de recebimento*[314 315 316].

---

[311] Assim, Remédio Marques, ob. cit., p. 168, mas já não presentemente Lebre de Freitas, "A Acção Executiva", cit., p. 198.

[312] Cf. ponto n.º 77.

[313] Nos termos da da tabela II anexa ao RCP, a taxa de justiça na oposição é de 3 UC, nas execuções até € 300 000, e de 6 UC, nas execuções de valor igual ou superior a este.

[314] Para Castro Mendes, mas sem qualquer apoio na lei nem na estrutura do processo em causa, o despacho liminar podia ainda apresentar-se como *despacho de aperfeiçoamento* ou *anómalo* ("Direito Processual Civil", vol. III, — "Recursos e Acção Executiva", 1989, p. 337).

Será proferido *despacho de rejeição*, de harmonia com o que se dispõe no n.º 1 do art. 817.º, se a oposição tiver sido deduzida fora de prazo, se o seu fundamento não se ajustar ao disposto nos arts. 814.º a 816.º e se for manifesta a sua improcedência[317].

Tendo em conta que a oposição à execução se configura como uma acção autónoma, o despacho de rejeição, mesmo que o valor da oposição se encontre contido na alçada do tribunal de primeira instância (€ 5000), é passível de recurso até à Relação [arts. 234.º-A, n.º 2, e 922.º-B, n.º 1, alínea c)].

Se não for caso de indeferimento liminar, deverá o juiz lavrar *despacho de recebimento* da oposição, na sequência do qual é o exequente notificado para a contestar (art. 817.º, n.º 2)[318].

No prazo de 20 dias, será apresentada a *contestação* pelo exequente. Com ela deve o exequente juntar documento comprovativo do prévio pagamento da taxa de justiça (arts. 6.º, n.º 1, 7.º, n.º 3, e tabela II do RCP e 150.º-A, n.º 1, do CPC).

A falta de contestação pode ter ou não ter efeito cominatório semi-pleno, de harmonia com o disposto no n.º 1 do art. 484.º e no art. 485.º. Contudo, não se consideram confessados os factos que estejam em oposição com os expressamente alegados pelo exequente no requerimento executivo (art. 817.º, n.º 3).

O exequente não pode reconvir, por a lei apenas lhe permitir sustentar a legalidade e a autenticidade do título que suporta a execução, ou o incumprimento da obrigação dele constante, rebatendo a argumentação aduzida pelo executado, e não formular contra este qualquer pretensão autónoma. O que é implicitamente confirmado por o opoente-executado não ter possibilidade de responder à dedução de reconvenção por parte do exequente.

---

[315] Tendo sido concedido o apoio judiciário, na modalidade de dispensa de taxa de justiça, ou do seu pagamento faseado, deve o opoente juntar à petição de oposição documento comprovativo da sua concessão (art. 29.º, n.º 2, da LADT).

[316] Caso o processo seja tramitado electronicamente, o despacho do juiz é praticado em suporte informático através do sistema informático CITIUS — Magistrados Judiciais, com aposição de assinatura electrónica qualificada ou avançada, que substitui e dispensa para todos os efeitos a assinatura autógrafa em suporte de papel (art. 17.º, n.ºs 1 e 3, da Portaria n.º 114/2008, de 6 de Fevereiro, na redacção da Portaria n.º 457/2008, de 20 de Junho).

[317] Como exemplo de improcedência manifesta, refere-nos Jacinto Bastos ("Notas...", vol. IV, cit., p. 37) o de a oposição se fundar na extinção da obrigação exequenda por virtude de perdão concedido por pessoa diferente do credor.

[318] O *despacho de recebimento* será do seguinte teor: "Recebo a presente oposição. Notifique o exequente para a contestar, querendo, no prazo de 20 dias".

À contestação seguem-se, sem mais articulados, os termos do processo sumário de declaração (art. 817.º, n.º 2)[319], com a obrigação para o juiz de julgar a oposição à execução no prazo máximo de três meses a contar da oposição [art. 809.º, n.º 1, alínea b)].

Face ao disposto no n.º 1 do art. 791.º, mesmo que a causa seja de valor superior à alçada da Relação, é ao juiz singular que compete o julgamento e a prolação da sentença na oposição à execução[320].

Atento o disposto no n.º 4 do art. 817.º, aditado pelo DL n.º 38/ /2003, se a oposição à execução for julgada procedente, extingue-se a execução no todo ou em parte, com o sequente levantamento das penhoras e o cancelamento dos respectivos registos, ficando também sem efeito as vendas e adjudicações efectuadas[321]; se a oposição for julgada improcedente, o juiz ordenará o prosseguimento da execução, caso ela se encontre suspensa.

A decisão que julga procedente a oposição à execução tem eficácia meramente processual, por conduzir apenas à extinção da execução no todo ou em parte, como hoje expressamente se encontra afirmado no n.º 4 do art. 817.º, e não também a uma pronúncia sobre a relação material controvertida, diversamente do que ocorre com a sentença de mérito proferida nos embargos de terceiro, atento o disposto no art. 358.º. A oposição à execução não conduz assim à formação de caso julgado[322] [323].

Se a oposição se fundar em *excesso de execução*, a sua procedência levará o juiz a determinar a *redução da execução*, a fim desta se conter nos limites do título executivo.

---

[319] Se, na contestação, for deduzida alguma excepção, pode o opoente responder-lhe na audiência preliminar ou, não havendo lugar a ela, no início da audiência final (art. 3.º, n.º 4).

[320] Cf. Acórdão da RP de 1.10.2007, CJ, ano XXXII, tomo IV, p. 185.

[321] Não sairá molestado desta situação o comprador, por os bens terem sido postos à venda com a informação de se encontrar pendente oposição à execução (arts. 890.º, n.º 5, e 905.º, n.º 5).

[322] Cf., neste sentido, já no quadro legal anterior, Anselmo de Castro, ob. cit., pp. 304 e seg. Para uma análise desta problemática, Carlos Oliveira Soares, "O Caso Julgado na Acção Executiva", *in* Themis, ano IV, n.º 7, pp. 241 e segs. Para uma crítica à solução ora vazada no texto legal, Lopes do Rego, "Comentários...", II, cit., p. 41.

[323] A sentença será apresentada em suporte informático, através do sistema informático CITIUS — Magistrados Judiciais, caso as peças processuais e documentos tenham sido oferecidos por transmissão electrónica de dados (art. 17.º, n.º 1, da Portaria n.º 114/2008, de 6 de Fevereiro).

Por a oposição à execução ser no nosso sistema processual um meio de impugnação, deve aplicar-se-lhe, com as necessárias adaptações, o disposto nos n.os 1 e 2 do art. 683.º, no que concerne aos recursos (outro meio de impugnação).

Assim, a oposição deduzida por um dos executados aproveita aos demais: em caso de litisconsórcio necessário, desde que os fundamentos da oposição pudessem ter sido invocados pelos não opoentes; quando o fundamento for comum a todos; quando o executado não opoente for portador de um interesse que dependa essencialmente do interesse do opoente; e ainda quando o executado não opoente for um devedor solidário, a menos que o fundamento invocado pelo opoente só a ele respeite[324].

Caso a procedência da oposição se baseie na incompetência relativa, o juiz, em vez de declarar extinta a instância, determinará a remessa da execução para o tribunal competente, para aí prosseguir os seus termos (art. 111.º, n.º 3).

Antes de se pronunciar sobre a incompetência relativa, deverá o juiz previamente conhecer dos demais fundamentos da oposição quiçá deduzidos, não só por estes provocarem a extinção da instância, logo implicando uma tutela mais eficaz dos interesses do opoente-executado, mas igualmente por o juiz para onde o processo for remetido não poder apreciá-los, por haver *uma só sentença* sobre oposição à execução (a menos que surja oposição superveniente), a emitir pelo tribunal onde for deduzida.

Tenha-se ainda em conta que, por implementação do critério constante da 2.ª parte do n.º 3 do art. 288.º, o juiz deve declarar a execução extinta por motivo substantivo, desde que procedente, sempre que o pressuposto processual que não se encontra preenchido e que também suporta a oposição se destina a tutelar os interesses do executado[325].

A oposição à execução também pode terminar por confissão, desistência ou transacção, devendo, neste caso, o juiz sentenciar em conformidade, nos termos dos n.os 3 ou 4 do art. 300.º.

No foro laboral, tanto nas execuções baseadas em título extrajudicial como nas baseadas em título judicial, a oposição à execução segue os trâmites da execução comum, atento o disposto no art. 98.º-A do CPT.

---

[324] Cf.: Teixeira de Sousa, "Acção Executiva Singular", cit., p. 191; e Acórdão da RP de 2.12.2002, CJ, ano XXVII, tomo V, p. 185. Contra, Lebre de Freitas, "A Acção Executiva", cit., pp. 196 e seg.

[325] Cf. Teixeira de Sousa, ob. cit., p. 116.

b) A oposição por requerimento

Admitia o CPC39, no seu art. 812.º, três meios de oposição à execução: por embargos; por simples requerimento; e por agravo interposto do despacho que tivesse ordenado a citação.

O CPC61, na redacção originária do artigo com o mesmo número, apenas previa dois meios de oposição: por embargos; e por agravo interposto do despacho que tivesse ordenado a citação. O texto do mesmo artigo, na sequência da RPC95-96, somente referia, como meio de oposição à execução, os embargos de executado. E o mesmo ocorre presentemente, face ao que se dispõe no art. 813.º, se bem que sob a denominação de oposição à execução. Outrossim, já tivemos ocasião de ver que não há presentemente recurso do despacho de citação (art. 234.º, n.º 5).

E também terá desaparecido do nosso ordenamento jurídico a oposição à execução por meio de simples requerimento?

Para a sua não inclusão no anterior art. 812.º referiu-se, nos trabalhos preparatórios do actual CPC, ser este tipo de oposição não só *inútil*, por os seus fundamentos coincidirem com os dos embargos, como *perigoso*, por haver casos em que o opoente não carece de oferecer provas e o exequente tem de a fazer para destruir a alegação daquele[326].

Não obstante não haver razão, hoje, face à redacção da alínea c) do art. 813.º, resultante da RPC95-96, e mantida na actual alínea c) do n.º 1 do art. 814.º, para os reparos anteriormente feitos na doutrina[327], justificativos do apelo à oposição por meio de requerimento, originados na não-inclusão de alguns pressupostos processuais naquela disposição legal (v.g., a incompetência, quer absoluta quer relativa, do tribunal, a falta de autorização do representante do incapaz e a litispendência), defendemos ser ainda legítima a utilização do *requerimento*, como meio de oposição à execução, com os fundamentos e de acordo com os trâmites que a seguir se indicam[328].

---

[326] Cf. Lopes Cardoso, "Projectos de Revisão do Código de Processo Civil", I, 1958, p. 29.

[327] Cf.: Castro Mendes, ob. cit., pp. 331 e segs.; e Anselmo de Castro, ob. cit., pp. 312 e segs.

[328] Cf., no mesmo sentido: Lebre de Freitas, "A Acção Executiva", cit., pp. 185-188 e "Enxertos Declarativos no Processo Executivo", *in* "Aspectos do Novo Processo Civil", 1997, p. 317; Teixeira de Sousa, "Acção Executiva..."; cit., p. 183; e J.M. Gonçalves Sampaio, ob. cit., p. 194.

I) Fundamentos

Em primeiro lugar, a oposição do executado só pode fundar-se em matéria de direito ou em matéria de facto susceptível de provar-se por documento.

Em segundo lugar, não deve basear-se nos fundamentos da oposição à execução propriamente dita, a menos que estes sejam de conhecimento oficioso.

Em terceiro lugar, deve apoiar-se preferentemente em irregularidades formais do requerimento executivo, designadamente nas que, em conformidade com o disposto no art. 811.º, legitimam a sua recusa pelo agente de execução. Veja-se que no art. 314.º, n.º 3, para a hipótese de o requerimento executivo ser recebido sem indicação do valor, se prevê convite ao exequente para declarar o valor, sob a cominação de a instância se extinguir. Ora, este convite tanto pode ser iniciativa do juiz como do executado, a deste através de *requerimento*.

Em quarto lugar, deve servir de apoio a todas as situações em que se justifique uma oposição à execução e que não preencham nenhum dos fundamentos da oposição à execução propriamente dita. Cogite-se na hipótese de erro de identidade do executado aquando da citação, sem possibilidade do indevidamente citado invocar, pela via da oposição, a sua ilegitimidade, por o exequente ter instaurado a execução contra a pessoa que no título tem a posição de devedor [art. 814.º, n.º 1, alínea c)], nem tão-pouco reclamar contra a falta de citação, por não ser ele o executado demandado (art. 921.º, n.º 1); imagine-se ainda a situação de erro nas contas por parte do exequente, quando lhe compete proceder à liquidação no requerimento executivo (art. 805.º, n.º 1)[329].

Em quinto lugar, e por inadequação da oposição à execução propriamente dita, o *requerimento* suportará a oposição do dono da coisa ou do titular do direito hipotecado quando, por ser pessoa diferente do devedor e por isso demandado nos termos dos n.ºs 2 e 3 do art. 56.º, se basear numa das possibilidades previstas no n.º 2 do art. 698.º do CC, a saber: impugnação, por parte do devedor, do negócio donde provém a sua obrigação; satisfação do credor por compensação com um crédito do devedor; e invocação por parte do devedor da compensação com uma

[329] Consegue-se por esta via o mesmo efeito prático que se lograva através do mecanismo previsto nos arts. 611.º do CPC39 e do art. 607.º do actual, este até à sua revogação pelo art. 3.º do DL n.º 329-A/95, de 12 de Dezembro.

dívida do credor. Numa situação destas, deverá o terceiro alegar os factos que suportem os fundamentos aduzidos, oferecendo prova perfunctória[330].

Também o fiador, ainda que seja obrigado solidário e principal pagador, terá de se socorrer do *requerimento* para implementar as *excepções de impugnabilidade e de compensabilidade*, que o art. 642.º do CC põe à sua disposição. Fazendo-o, não é obrigado a cumprir enquanto o devedor tiver fundamento para impugnar o negócio donde provém a sua obrigação ou enquanto o credor e o devedor, podendo fazê-lo, não invocarem a compensação, que determinará a extinção do débito afiançado.

II) Tramitação

A oposição inicia-se por um simples requerimento, que não tem de ser articulado, a apresentar no prazo legalmente previsto para a oposição à execução propriamente dita, a não ser que se funde em matéria de conhecimento oficioso que poderá ser apresentado até ao primeiro acto de transmissão de bens penhorados (art. 820.º, n.º 1).

Com o requerimento deve ser junto documento comprovativo do prévio pagamento da taxa de justiça (arts. 150.º-A, n.º 1, do CPC e 6.º, n.º 1, 7.º, n.º 3, e tabela II do RCP). Incorporado o requerimento no processo, segue-se a conclusão ao juiz para despacho [art. 809.º, n.º 1, alínea d)].

Por analogia com o que se estabelece no art. 207.º, pode o juiz tomar uma de três atitudes: a) indeferir o requerimento; b) deferi-lo, sem audiência do exequente, por manifesta desnecessidade; c) ordenar a notificação do exequente para responder.

Uma vez que a oposição por requerimento não se configura, diversamente da oposição à execução propriamente dita, como uma acção declarativa enxertada no processo de execução, nem o *requerimento* com uma *petição*, a falta de resposta ao *requerimento*, na parte em que ele contenha matéria de facto (hipótese pouco frequente), não importa a confissão dos factos alegados pelo executado.

Com ou sem resposta, a apresentar no prazo de 10 dias (art. 153.º, n.º 1), deve o juiz decidir, por meio de despacho, colhendo prova sumária, se necessário.

---

330 Cf. Maria José Capelo, ob. cit., pp. 293 e seg., da qual, contudo, dissentimos quando baseia a oposição em causa no art. 863.º-A, por este preceito se reportar à oposição à penhora e não à oposição à execução.

Se o juiz indeferir o requerimento, ordenará o prosseguimento da execução. Se o deferir, deverá julgar extinta ou modificada a acção executiva, ou então, se for o caso, ordenar o suprimento da falta de pressupostos processuais susceptíveis de sanação (art. 265.º, n.º 2). Ainda, no âmbito dos arts. 642.º e 698.º, n.º 2, do CC, o juiz julgará lícita a recusa de cumprimento, enquanto o devedor tiver o direito de impugnar o negócio ou a compensação poder ser relevantemente invocada pelo credor ou pelo devedor.

35. EFEITOS DA OPOSIÇÃO SOBRE O ANDAMENTO DO PROCESSO EXECUTIVO

Vejamos, de seguida, que efeitos produz cada um dos tipos de oposição analisados sobre o andamento do processo executivo.

a) Efeitos da oposição propriamente dita

Diz-se na 1.ª parte do n.º 1 do art. 818.º que, havendo lugar a citação prévia do executado, o recebimento da oposição só suspende o processo de execução quando o opoente preste caução.

Se a oposição for rejeitada, não pode autorizar-se a suspensão, mesmo que do despacho de rejeição seja interposto recurso.

O recebimento da oposição não implica, em princípio, a suspensão da execução, por o exequente ter a seu favor um título executivo que incorpora o direito de crédito; e, enquanto o título não for destruído, subsiste a presunção de que o exequente é portador do direito que se atribui. Só a procedência da oposição, e não apenas o seu recebimento, faz cessar essa presunção[331].

Mas se o executado, por meio de caução, puser à disposição do exequente bens que lhe assegurem a realização efectiva do seu crédito, o seguimento da execução deixa de justificar-se. Até porque o credor deverá pagar-se por força da caução, se a oposição improceder[332].

Sendo função estrita da caução a mera garantia da dívida exequenda, e não também a de cobrir os prejuízos resultantes da demora

[331] Cf. Alberto dos Reis, ob. cit., p. 66.

[332] Cf. Acórdãos do STJ de 16.12.87 (BMJ, 372, p. 408) e 9.05.95 (CJ — Acórdãos do STJ, ano III, tomo II, p. 73).

no seguimento da acção executiva[333], não se torna necessária a prestação de caução se o crédito tiver garantia real (v.g., hipoteca) constituída anteriormente à instauração da acção executiva[334], ou se ulteriormente se efectuar penhora, desde que uma e outra garantam o crédito exequendo e acessórios, incluindo os juros que se vençam em consequência da paragem do processo[335].

A suspensão da execução, na sequência da prestação de caução, ou pela demonstração da existência de garantia real suficiente, pode ocorrer em qualquer altura[336]. O seu decretamento é que só poderá verificar-se após o recebimento da oposição.

O processo para a prestação de caução a que alude o n.º 1 do art. 818.º (e também o n.º 4 do mesmo artigo, como a seguir veremos), uma vez que se configura como incidente, é regulado pelo art. 990.º, n.º 1, com remissão para o art. 988.º, sendo o incidente de considerar urgente (art. 990.º, n.º 2).

Por se tratar de caução autorizada por lei, exigem os n.os 1 e 2 do art. 623.º do CC que ela seja prestada por depósito de dinheiro, títulos de crédito, pedras ou metais preciosos, ou por penhor, hipoteca ou fiança bancária, e só na impossibilidade de ela ser prestada por qualquer

---

[333] Em sentido diferente é a jurisprudência do STJ, como se infere dos seus Acórdãos de 12.10.62 (BMJ, 120, p. 333), 18.01.66 (BMJ, 153, p. 198), 8.06.78 (BMJ, 278, p. 135) e 17.05.94 (CJ — Acórdãos do STJ, ano II, tomo II, p. 102).

Também, no sentido desta jurisprudência, se pronuncia Jacinto Bastos ("Notas..., vol. IV, cit., p. 39, nota 12) que a considera reforçada com o emprego do advérbio *só* no n.º 1 do art. 818.º, na redacção do DL n.º 38/2003, de 8 de Março, como se anteriormente não se expressasse a mesma ideia, mas então pela via negativa, através da locução conjuncional *salvo se*, que significa, como é sabido, *a não ser que*. Referia-se, com efeito, no n.º 1 do art. 818.º, na redacção anterior àquele diploma legal que "o recebimento dos embargos não suspende a execução, salvo se o embargante requerer a suspensão e prestar caução"; tivesse optado o legislador pela via positiva e teria dito, precisamente com o mesmo sentido, que "o recebimento dos embargos só suspende a execução se o embargante requerer a suspensão e prestar caução".

[334] Como sustenta Vaz Serra, em anotação ao Acórdão do STJ de 18.01.66 referido na nota anterior, na RLJ, ano 99.º, pp. 221 e segs.

[335] Cf., neste sentido: Anselmo de Castro, ob. cit., pp. 322 e segs.; e Lebre de Freitas, "A Acção Executiva", cit., p. 199, nota 76. Em sentido algo divergente, Teixeira de Sousa, "Acção Executiva...", cit., pp. 187 e seg.

[336] No Acórdão do STJ de 16.12.87 (BMJ, 372, p. 408), admitiu-se a prestação de caução quando já se encontrava designado dia para a venda, por arrematação em hasta pública, do imóvel penhorado nos autos.

destes meios se admite outra espécie de fiança. Mas, neste caso, deve o fiador renunciar ao benefício da excussão.

O depósito de dinheiro, títulos de crédito, pedras ou metais preciosos é considerado como penhor pelo n.º 2 do art. 666.º, tendo, consequentemente, os efeitos desta garantia.

A prestação de caução corre por apenso ao processo de execução, devendo o exequente ser notificado para impugnar o seu valor e a sua idoneidade. Se nada disser, e a revelia for de considerar operante, é logo julgada idónea a caução oferecida e o opoente notificado para a prestar, no prazo que lhe for assinado. Se o exequente impugnar ou a revelia não for de considerar operante, o juiz decidirá após a realização das diligências que se mostrem necessárias (art. 988.º, n.ºs 2 e 3).

Também a execução pode ser suspensa pelo juiz, no caso de execução fundada em escrito particular, depois da audição do exequente, se o opoente impugnar a assinatura do escrito e juntar documento que constitua princípio de prova[337] (art. 818.º, n.º 1, 2.ª parte); nesta situação, o juiz só deve suspender a execução se houver séria probabilidade de a assinatura não provir do devedor.

Quando não ocorra a citação prévia, ou por a execução não estar sujeita a despacho liminar ou por a lei a não impor directamente, e tendo em conta os riscos advenientes dessa situação, o recebimento da oposição implica a suspensão do processo de execução, sem prejuízo do reforço ou da substituição da penhora (art. 818.º, n.º 2), realizada, na circunstância, antes da citação do executado. Neste caso, por expressa determinação da lei, a penhora, uma vez efectuada, implica a suspensão automática do processo de execução, na sequência do recebimento da oposição à execução[338]. Assim, a penhora já efectuada, aquando da dedução da oposição à execução, equipara-se à caução, permitindo a lei o seu reforço, caso se revele insuficiente[339].

A execução suspensa prosseguirá, se a oposição estiver parada durante mais de 30 dias, por negligência do opoente em promover os seus termos (art.º 818.º, n.º 3).

---

[337] "Documento que constitua princípio de prova" é o cartão de cidadão, o bilhete de identidade, o passaporte, a carta de condução ou qualquer outro documento autêntico subscrito pelo executado.

[338] Cf. Lebre de Freitas e Ribeiro Mendes, ob. cit., p. 327.

[339] Cf. Paulo Pimenta, "Acções e Incidentes Declarativos na Dependência da Execução", *in* Themis, ano V, n.º 9, pp. 80 e seg.

Se a execução não se suspender, nem o exequente nem qualquer credor pode obter pagamento, na pendência da oposição, sem prestar caução (art. 818.º, n.º 4)[340].

Sempre que proceda a oposição à execução quando não tenha tido lugar a citação prévia do executado, o exequente, quando não tenha agido com a prudência normal, responde pelos danos culposamente causados àquele, para além de incorrer em multa correspondente a 10% do valor da execução, ou da parte dela que tenha sido objecto de oposição, mas não inferior a 10 UC nem superior ao dobro do máximo da taxa de justiça, sem prejuízo da responsabilidade criminal em que possa também incorrer (art. 819.º)[341].

Trata-se de uma forma de sancionar o exequente pelo recurso indevido à acção executiva, face à desprotecção do executado sem possibilidade de se defender antes da efectiva apreensão de bens, por apenas ser citado depois da penhora. Através da norma do art. 819.º pretendem-se corrigir, pela via do ressarcimento dos danos causados ao executado, os resultados negativos da celeridade processual[342].

Tendo em conta que a ausência de citação prévia impede a venda dos bens antes do julgamento da oposição à execução, o acto susceptível de causar danos ao executado é a penhora, na medida em que da indisponibilidade dos bens que dela deriva podem resultar prejuízos para o executado[343]. E isto, sobretudo, por o recebimento da oposição à execução, apesar de suspender neste caso o processo, nos termos do n.º 2 do art. 818.º, não implicar o levantamento da penhora, que só ocorrerá, atento o disposto no n.º 4 do art. 817.º com a extinção da execução, por procedência daquela oposição.

Havendo citação prévia do executado, também o exequente pode incorrer em responsabilidade civil, se causar danos àquele, por ter liti-

---

[340] Trata-se de uma medida cautelar paralela à consagrada no n.º 3 do art. 47.º, para o caso de execução de sentença pendente de recurso.

[341] O regime ora contido no art. 819.º deve-se à RPC2003 e é paralelo, no que concerne ao dever de indemnizar, ao do art. 390.º, n.º 1, emanado da RPC95-96, onde se estabelece a responsabilidade do requerente de providência cautelar, que não tenha agido com a prudência normal, pelos danos culposamente causados ao requerido, caso a providência venha a ser considerada injustificada ou venha a caducar por facto imputável ao requerente.

[342] Cf. Maria Olinda Garcia, "A Responsabilidade do Exequente...", cit., pp. 15, 19 e 61 e segs.

[343] Cf. Paula Costa e Silva, "A Reforma...", cit., p. 69.

gado de má fé, nos termos do art. 456.º, sem contudo poder ser responsabilizado no quadro do art. 819.º

b) Efeitos da oposição por requerimento

No silêncio da lei, divide-se a doutrina acerca da influência que a oposição por simples requerimento exerce sobre o andamento do processo executivo.

Assim, enquanto para Manuel de Andrade[344] e Anselmo de Castro[345] o *requerimento* susta a execução até ser decidido, já para Alberto dos Reis[346] e Pereira Coelho[347] essa sustação não ocorre, sendo de aplicar por analogia o que se acha estabelecido para a oposição à execução propriamente dita.

Vamos com os primeiros, por o *regime do requerimento* determinar que se suspenda o andamento de qualquer processo, onde é apresentado, até ser apreciado. O *requerimento* introduz um processo incidental de tramitação breve a reclamar imediata resolução, logo sem acarretar prejuízo relevante para a parte adversa pelo ligeiro atraso na marcha do processo.

Depois, em processo de execução, face ao atrás exposto, a apresentação do *requerimento* ocorre quando está em causa a legalidade da acção executiva, ou a prematuridade da sua instauração, a tornar injusta e gravosa, se fosse o caso, a prestação de caução por parte do executado, para evitar o prosseguimento da execução.

36. **REJEIÇÃO E APERFEIÇOAMENTO DA EXECUÇÃO**

Prevê o n.º 1 do art. 820.º que o juiz não ordene o prosseguimento da execução, determinando a sua extinção, mesmo que não tenha sido deduzida oposição, baseado nas questões que não haja apreciado liminarmente. E, em vez de ordenar a extinção da execução, poderá o juiz, se for caso disso, convidar o exequente a sanar a falta dum pressuposto processual ou outra irregularidade, no âmbito do conhecimento oficioso, para só depois, se o seu convite não for correspondido, rejeitar a execução.

---

344 "Noções Elementares de Processo Civil" (lições de 1948-1949), p. 160.

345 Ob. cit., pp. 311 e segs.

346 Ob. cit., pp. 68 e seg.

347 Ob. cit., pp. 161 e seg.

Estabelece, no entanto, o preceito referido um limite temporal a esta actividade do juiz: o do primeiro acto de transmissão de bens penhorados.

Justifica-se esta solução por não haver uma fase de saneamento no processo executivo e ser necessário limitar o efeito preclusivo emergente não só do não conhecimento pelo juiz de certa questão, em sede liminar, mas também da não dedução de oposição pelo executado, quando a instância executiva é fatalmente irregular ou a obrigação exequenda é manifestamente inexistente[348].

Se a execução for rejeitada, se o vício não for suprido ou se a falta não for corrigida, a execução extingue-se, ordenando-se o levantamento da penhora; contudo, se a rejeição for parcial, a execução prossegue com objecto restrito (art. 820.º, n.º 2). Tanto a extinção da execução e o sequente levantamento da penhora, como a redução do seu objecto, são determinadas pelo juiz.

[348] Cf. Preâmbulo do DL n.º 329-A/95, de 12 de Dezembro.

3.ª SECÇÃO

PENHORA

37. CONCEITO E FUNÇÃO DA PENHORA

Sabendo-se que o fim da acção executiva é o de conseguir para o credor a mesma prestação, o mesmo benefício que lhe traria o cumprimento voluntário da obrigação por parte do devedor, e como este não pode ser compelido por aquele a realizar os actos necessários à satisfação do vínculo obrigacional, torna-se necessário, quando o devedor não cumpre, que a obrigação se torne efectiva, pelo valor que representa no seu património.

Para concretizar este objectivo, procede-se à penhora dos bens que se tornem necessários, para que o credor veja realizado o seu direito, ou pela adjudicação dos referidos bens ou pelo preço resultante da venda a que ficam sujeitos.

A penhora, como peça fundamental do processo executivo, apresenta-se, assim, como uma *apreensão de bens*, um desapossamento de bens do devedor, um acto que retira da disponibilidade material do devedor e subtrai relativamente à sua disponibilidade jurídica bens do seu património.

Os diversos autores assinalam à penhora uma função dupla[349].

Diz-nos, nesta linha, Liebman[350] que a penhora visa: 1) individualizar e apreender efectivamente os bens que se destinam aos fins da execução, preparando o acto futuro de desapropriação; 2) conservar os bens assim individualizados na situação em que se encontram, evitando que sejam escondidos, deteriorados ou alienados em prejuízo da execução.

---

[349] Cf. Alberto dos Reis, ob. cit., pp. 90 e segs.

[350] "Processo de Execução", 2.ª edição, S, Paulo, 1963, p. 88.

"A penhora, continua o mesmo autor, escolhe, pois, e destina definitivamente, no património do responsável, os bens que deverão servir à satisfação do exequente"[351].

Do exposto resulta que a penhora, ao lado da *função de especificação*, a caracterizar como uma separação de certos e determinados bens do resto do património do devedor, tem igualmente uma *função de afectação*, a definir como uma adstrição ou sujeição dos bens isolados à realização do fim da execução[352].

Na sua função conservatória, assemelha-se a penhora ao arresto, mas dele se diferencia por, enquanto ela é um acto do próprio processo de execução, fazendo parte da sua própria essência e estrutura, aquele apresenta-se como um acto autónomo, com função puramente cautelar, não se fundindo com a acção de que é garantia[353].

38. **OBJECTO DA PENHORA**

Nos termos do art. 821.º, n.º 1, estão sujeitos à execução todos os bens do devedor susceptíveis de penhora que, de harmonia com a lei substantiva, respondem pela dívida exequenda[354]. Acrescenta o art. 831.º, n.º 1, que os bens do executado são apreendidos mesmo que se encontrem em poder de terceiro, sem prejuízo, porém, dos direitos que a este seja lícito opor ao exequente[355]. Por sua vez, no art. 821.º, n.º 2, alude-se à possibilidade de serem penhorados bens de terceiro, nos casos especialmente previstos na lei, desde que a execução tenha sido movida contra ele. Não se identificam, contudo, os conceitos de terceiro

---

[351] Cf., no mesmo sentido: Luigi Paolo Comoglio e outros, ob. cit., pp. 774 e seg.; Satta e outro, ob. cit., pp. 723 e seg.; e Girolamo Monteleone, ob. cit., pp. 412 e seg.

[352] Cf. Alberto dos Reis, ob. cit., p. 92.

[353] Cf. Anselmo de Castro, ob. cit., pp. 124 e seg.

[354] A fórmula legal da submissão de todos os bens do devedor à execução é uma reminiscência dos tempos antigos, não aceite pelo progresso jurídico, que veio a impor que se excluam da penhora os bens que, em cada momento histórico, sejam considerados indispensáveis à satisfação das necessidades mais prementes do devedor. Cf. Prieto Castro, ob. cit., p. 485.

[355] Ante o estatuído nos n.os 2 e 3 do mesmo artigo, deve verificar-se, no acto da apreensão, se o terceiro tem os bens em seu poder por via de penhor ou direito de retenção para, em caso afirmativo, se proceder imediatamente à sua citação; se esta não puder ser feita regular e imediatamente, é anotado o respectivo domicílio para efeito de posterior citação.

dos arts. 821.º, n.º 2, e 831.º, n.º 1, porquanto o daquele preceito legal reporta-se a um estranho relativamente à obrigação, enquanto o deste contempla um estranho à execução[356].

Sancionando uma regra de *adequação* ou de *proporcionalidade*, refere-se no n.º 3 do art. 821.º que a penhora se deve limitar aos bens necessários ao pagamento da dívida exequenda e das despesas previsíveis da execução, as quais se presumem, para o efeito de realização da penhora e sem prejuízo de ulterior liquidação, no valor de 20%, 10% e 5% do valor da execução, consoante, respectivamente, este caiba na alçada do tribunal de 1.ª instância (€ 5000), a exceda, sem exceder o valor do quatro vezes a alçada do tribunal da relação (€ 120 000), ou seja superior a este último valor[357].

Face a este regime, deve o agente de execução, caso sejam indicados para penhora bens *em excesso*, efectuar a penhora apenas sobre os necessários a garantir o pagamento daquelas quantias, a menos que se verifique a situação prevista no n.º 2 do art. 834.º. Se o agente de execução penhorar bens em demasia, pode o executado opor-se à penhora excedentária, fundado no art. 863.º-A, n.º 1, alínea a), 2.ª parte[358]. Isto sem prejuízo de o agente de execução, por sua iniciativa, ordenar o levantamento da penhora sobre determinados bens, se ela se mostrar excessiva[359].

Caso o agente de execução tenha elementos que lhe permitam concluir que as despesas previsíveis ultrapassam as percentagens do valor da execução presumidas pelo n.º 3 do art. 821.º, deve penhorar os bens necessários ao pagamento dessas despesas[360].

---

356 Cf. Lebre de Freitas e Ribeiro Mendes, ob. cit., p. 385.

357 Por não ser bem do executado, quer este seja o devedor quer um terceiro, não pode penhorar-se um bem com reserva de propriedade a favor do exequente, a menos que este previamente obtenha o cancelamento do registo dessa propriedade. Cf. Acórdãos do STJ de 13.01.2005 (CJ — Acórdãos do STJ, ano XIII, tomo I, p. 27) e de 12.05.2005 (CJ — Acórdãos do STJ, ano XIII, tomo II, p. 87) e da RL de 30.04.2002 (CJ, ano XXVII, tomo II, p. 124) e de 23.09.2004 (CJ, ano XXIX, tomo IV, p. 98). Na mesma linha, o Acórdão do STJ n.º 10/2008, de 9 de Outubro (DR, I Série, de 14.11.2008), uniformizou jurisprudência nos seguintes termos: "A acção executiva na qual se penhorou um veículo automóvel, sobre o qual incide registo de reserva de propriedade a favor do exequente, não pode prosseguir para as fases de concurso de credores e da venda, sem que este promova e comprove a inscrição, no registo automóvel, da extinção da referida reserva".

358 Cf. Rui Pinto, ob. cit., pp. 80-82.

359 Paralelamente, no art. 496 do CPC italiano, prevê-se a redução da penhora "quando o valor dos bens penhorados é superior à importância das depesas e dos créditos".

360 Cf. Gabinete de Auditoria e Modernização, ob. cit., p. 36.

Em nenhuma circunstância se permite no nosso ordenamento jurídico que a execução atinja a pessoa do executado, por dele ter desaparecido, como dos demais ordenamentos próximos, a antiga prisão por dívidas, sem prejuízo do constrangimento que para aquele possa advir quando sujeito a uma sanção pecuniária compulsória, face ao disposto nos arts. 829.º-A do CC, 933.º, n.º 1, e 941.º, n.º 1, alínea c), do CPC.

Atento o atrás dito, a lei processual devolve à lei substantiva a definição do âmbito dos bens sobre que pode recair a execução, tanto no respeitante ao devedor (regra), como no que toca a terceiro (excepção).

Quanto à primeira situação convém destacar os arts. 601.º a 603.º e 833.º do CC, e quanto à segunda o art. 818.º do mesmo Código.

Como princípio geral, diz-nos o art. 601.º do CC que respondem pelo cumprimento da obrigação todos os bens do devedor, mesmo os que passarem a integrar o seu património após a constituição da dívida. Todavia, com duas limitações: a de os bens serem insusceptíveis de penhora e a da autonomia patrimonial resultante da separação de patrimónios[361].

No que toca à primeira limitação, reenvia-nos a lei substantiva para a lei processual, onde se configura a *impenhorabilidade* sob uma tripla modalidade: bens absoluta ou totalmente impenhoráveis (art. 822.º); bens relativamente impenhoráveis (art. 823.º); e bens parcialmente impenhoráveis (art. 824.º).

No que respeita à segunda limitação, exclui a lei do objecto da garantia geral certas massas patrimoniais, que afecta à satisfação de determinadas dívidas. Essa massa de bens, desintegrada do património geral do seu titular, denomina-se *património autónomo* ou *património separado*. É o que ocorre com a *herança* e com os *bens comuns* do casal nos regimes matrimoniais de bens em que haja comunhão, como resulta dos arts. 2070.º e 2071.º do CC, quanto à primeira, e do art. 1695.º do mesmo Código, quanto aos segundos; e o mesmo se verifica com o *estabelecimento individual de responsabilidade limitada*, face ao disposto nos arts. 10.º e 11.º do DL n.º 248/86, de 25 de Agosto.

Por não ser de considerar de ordem pública o princípio da exequibilidade de *todo* o património do devedor, permite o art. 602.º que, por convenção entre o credor e o devedor, se limite a responsabilidade deste a alguns dos seus bens, no caso de a obrigação não ser cumprida volun-

---

[361] Cf., para maiores desenvolvimentos da matéria que ora se explana, Antunes Varela; "Das Obrigações em geral", vol. II, 6.ª edição, pp. 417 e segs.

tariamente. Todavia, estes bens não devem ser de valor inferior ao necessário para garantia do crédito e nunca a vontade das partes pode ir ao ponto de, pela subtracção da dívida à execução patrimonial, transformar uma obrigação civil numa obrigação natural.

Alude-se, no art. 603.º do CC, a uma cláusula de irresponsabilização de bens deixados ou doados pelas dívidas do beneficiário existentes ao tempo da liberalidade, mas não em relação às posteriores. Contudo, para que não respondam também pelas dívidas anteriores, torna-se necessário, tratando-se de bens imóveis ou de móveis sujeitos a registo, que o registo daquela cláusula seja anterior ao registo da penhora que venha a recair sobre esses bens.

Justifica-se facilmente o poder concedido ao autor de uma liberalidade de declarar impenhoráveis os bens que a integram pelas dívidas já existentes no património do beneficiário. Com efeito, o doador ou o testador podiam nada doar ou legar; por sua vez, os credores do donatário ou do legatário não podiam contar com os bens que só entraram posteriormente no património do seu devedor em consequência da liberalidade; daí não poderem eles queixar-se por verem escapar da sua garantia tais bens[362].

Depois de nos arts. 831.º e 832.º do CC se regular a cessão de bens aos credores para satisfação dos seus créditos, através de liquidação, refere-se no art. 833.º do mesmo diploma que os bens cedidos não podem ser executados nem pelos cessionários[363], nem pelos credores posteriores. No respeitante aos credores anteriores à cessão que não tenham participado no negócio, podem agir executivamente sobre os bens cedidos, com necessidade ou não de recurso à impugnação pauliana, consoante a alienação já tenha ou ainda não tenha ocorrido.

No que concerne à execução sobre bens de terceiro, diz-nos o art. 818.º do CC que tal ocorrerá quando os bens se encontrem vinculados à garantia do crédito ou quando sejam objecto de acto praticado em prejuízo do credor, que este haja procedentemente impugnado.

---

[362] Cf. Gérard Couchez, ob. cit., p. 37, em comentário ao paralelo art. 14.º-3.º da Lei (francesa) de 9 de Julho de 1991.

[363] Os cessionários ficam vinculados ao regime da cessão como forma de substituição da execução, não obstante poderem executar os bens não cedidos, independentemente da liquidação dos bens cedidos, numa situação diversa da consagrada no art. 1980.º do CC italiano, onde se estipula que os credores cessionários não podem agir executivamente sobre outros bens antes de liquidados os cedidos.

Os bens de terceiro podem estar vinculados à garantia do crédito nos casos de ter sido prestada uma fiança ou de ter sido constituída uma garantia real[364]. Mas a execução imediata dos bens do fiador depende da não invocação, por parte dele, do benefício da excussão (arts. 638.º e 639.º do CC, em consonância com o art. 828.º do CPC).

Havendo garantia real sobre bens de terceiro, o credor, se pretender fazer valer a garantia, instaurará execução contra esse terceiro, podendo demandar simultaneamente o devedor (art. 56.º, n.º 2), como atrás vimos[365].

A segunda parte do art. 818.º do CC, que ora analisamos, é confirmada pelo art. 616.º, n.º 1 do mesmo Código, como tivemos ocasião de afirmar anteriormente[366]. Julgada procedente a impugnação pauliana, refere este preceito, o credor tem direito à restituição dos bens, na medida do seu interesse, para além de poder executá-los no património do obrigado à restituição. Daí poder mover logo a execução contra o adquirente dos bens, com base na sentença obtida nessa impugnação.

Nos termos do n.º 1 do art. 227.º-A do CP, incorre na prática do crime de frustração de créditos, a que corresponde pena de prisão até 3 anos ou pena de multa, o devedor que, depois da emissão de sentença condenatória exequível, destruir, danificar, fizer desaparecer, ocultar ou sonegar parte do seu património, a fim de intencionalmente frustrar, total ou parcialmente, a satisfação de um crédito de outrem, se, instaurada a acção executiva, nela não se conseguir satisfazer plenamente os direitos do credor.

A responsabilidade criminal só se verificará, como resulta do preceito penal em causa, quando a execução se basear numa sentença condenatória. Justifica-se que assim seja por ao executado, diversamente do que ocorre em execução baseada em outro título executivo diferente, ter sido dada, na pertinente acção declarativa, a possibilidade de contestar os factos que suportam a obrigação exequenda, para além de poder prever, com um expressivo grau de verosimilhança, a altura em que lhe será instaurada a execução se não satisfizer o direito do credor[367].

---

[364] Cf. Pires de Lima e Antunes Varela, "Código Civil Anotado", vol. II, 4.ª edição.

[365] Cf. ponto n.º 11.

[366] Ibidem.

[367] Cf. Maria Olinda Garcia, "A Responsabilidade do Exequente...", cit., pp. 32 e seg.

39. BENS ABSOLUTA OU TOTALMENTE IMPENHORÁVEIS

Refere-se o art. 822.º aos bens absoluta ou totalmente impenhoráveis, ou seja, àqueles que em nenhuma circunstância podem ser penhorados. Inclui o preceito não só casos de *impenhorabilidade substancial* como de *impenhorabilidade processual*: aos primeiros aludem o proémio e as alíneas a) e b); aos segundos as restantes alíneas.

Pela *impenhorabilidade substancial* são abrangidos não só os *bens inalienáveis* [alíneas a) e b)] como os *bens impenhoráveis* (proémio). E os primeiros são impenhoráveis por, sendo a penhora uma providência de afectação, ser inútil apreender bens que não possam ser transmitidos na execução; quanto aos segundos, trata-se de bens de conteúdo patrimonial e transmissíveis que, a não existir a declaração de impenhorabilidade, podiam ser objecto de penhora.

A título de exemplo, podem apresentar-se como *inalienáveis* os seguintes bens:

a) o direito de uso e habitação (art. 1488.º do CC);
b) o direito a alimentos (art. 2008.º, n.º 1, do CC);
c) o direito à sucessão de pessoa vida (art. 2028.º);
d) o direito ao arrendamento habitacional (art. 1106.º do CC);
e) a raiz dos bens sujeitos a fideicomisso, mas já não os seus frutos (art. 2292.º do CC);
f) o logótipo do estabelecimento separadamente deste (art. 304.º-P, n.ºs 2 e 3 do CPI).

Como *impenhoráveis*, por disposição especial da lei, podem referir-se, entre outros, os seguintes bens:

a) os bens adquiridos pelo mandatário em execução de mandato, sem poderes de representação, e que, consequentemente, devam ser transferidos para o mandante, desde que o mandato conste de documento anterior à data da penhora desses bens e não tenha sido feito o registo da aquisição, quando esta esteja sujeita a registo (art. 1184.º do CC);
b) o crédito de alimentos (art. 2008.º, n.º 2, do CC);
c) as partes do sócio na sociedade em nome colectivo (art. 183.º do CSC);
d) os géneros e mercadorias depositados nos armazéns gerais (art. 414.º do CCom);
e) os manuscritos inéditos, esboços, telas ou esculturas, quando incompletos, salvo oferecimento ou consentimento do autor (art. 50.º do CDADC);

f) os subsídios de férias e de Natal dos funcionários públicos (art. 17.º do DL n.º 496/80, de 20 de Outubro);
g) o direito de subsídio de morte de funcionário público (art. 8.º do DL n.º 223/95, de 8 de Setembro);
h) a prestação inerente ao direito do rendimento social de inserção (art. 23.º da Lei n.º 13/2003, de 21 de Maio)[368].

Tenha-se todavia em conta que as disposições referidas, que estabelecem a impenhorabilidade absoluta de quaisquer rendimentos, independentemente do seu montante, em colisão com o disposto no art. 824.º, não são invocáveis em processo civil, nos termos do art. 12.º do DL 329-A/95, que mais não é do que uma emanação da jurisprudência do TC.

Por razões substantivas, são também impenhoráveis, porque inalienáveis, os bens que integram o domínio público do Estado e das restantes pessoas colectivas públicas [art. 822.º, alínea b)]. O *domínio público* abrange as coisas que, pertencendo a uma pessoa colectiva de direito público de população e de território, são submetidas por lei, dado o fim de utilidade pública a que se encontram afectadas, a um regime jurídico especial[369], onde se destacam as seguintes características: inalienabilidade, imprescritibilidade, insusceptibilidade de servidões reais e impossibilidade de sujeição a execução forçada ou a expropriação por utilidade pública[370].

---

[368] Na Lei da Segurança Social de 1984 — Lei n.º 28/84, de 14 de Agosto —, no seu art. 45.º, n.º 1, declaravam-se impenhoráveis as prestações devidas pelas instituições de segurança social. Esta norma foi julgada inconstitucional pelo Acórdão do TC n.º 411/93, de 29.06.93 (DR, II Série, de 19.01.94 e BMJ, 428, p. 250), por violação das disposições conjugadas dos arts. 13.º, n.º 1, e 62.º, n.º 1, da Constituição, apenas na medida em que isentava de penhora a parte das prestações devidas pelas instituições de segurança social que excedessem o mínimo adequado e necessário a uma sobrevivência condigna.

No art. 72.º, n.º 2, da actual Lei da Segurança Social — Lei n.º 4/2007, de 16 de Janeiro, tal como já ocorria com o art. 68.º, n.º 2, da Lei n.º 17/2000, de 8 de Agosto, e 73.º, n.º 2, da Lei n.º 32/2002, de 29 de Dezembro (anteriores Leis da Segurança Social) — estabelece-se diversamente que "as prestações dos regimes de segurança social são parcialmente penhoráveis nos termos da lei geral". Remete-se assim, além do mais, para o art. 824.º do CPC.

[369] Cf. José Pedro Fernandes, "Domínio Público", *in* "Dicionário Jurídico da Administração Pública", vol. IV, 1991, pp. 166 e segs.

[370] Cf. Gomes Canotilho e Vital Moreira, "Constituição da República Portuguesa Anotada", 4.ª edição, volume I, p. 1005.

No art. 84.º da CRP, classificam-se certos bens como pertencentes ao domínio público[371], sem prejuízo de se deixar ao legislador ordinário a faculdade de aí incluir outros, a integrar quer no domínio público do Estado, quer no domínio público das regiões autónomas, quer no domínio público das autarquias locais. Mas o legislador, face ao afrontamento ao princípio da autonomia privada e ao regime da propriedade privada, que representa a sua intervenção, só deve atribuir essa classificação a "bens especialmente relevantes para o desempenho da função administrativa", tendo como parâmetro, apesar da sua heterogeneidade, a relação de bens constante das alíneas a) a e) do n.º 1 do citado art. 84.º[372].

O fundamento da submissão dos bens ao regime do domínio público é a *utilidade pública*: "umas vezes *natural*, como no caso dos espaços, outras *inerente*, como sucede com as coisas cuja razão de ser é a utilização pela colectividade, através do uso individual ou pela Administração Pública; outras *funcional*, quando essa submissão é conveniente para que as coisas, acidentalmente destinadas por decisão de órgão competente à utilidade pública, cumpram a sua função"[373].

No que concerne à *impenhorabilidade processual*, também prevista no art. 822.º, baseia-se em razões de ordem moral, de ordem religiosa ou de humanidade.

Por motivos de *ordem moral* são absolutamente impenhoráveis:

a) Os objectos cuja apreensão seja ofensiva dos bons costumes [alínea c), 1.ª parte];
b) Os objectos cuja apreensão não tenha justificação económica, pelo seu diminuto valor venal, não visando a apreensão outra coisa senão vexar ou prejudicar o lesado [alínea c), 2.ª parte];
c) Os túmulos, abrangendo toda a espécie de sepulturas, quer ocupados quer desocupados, talqualmente os objectos ornamentais neles colocados, como crucifixos, jarras, estatuetas,

---

[371] Assim, as águas territoriais com os seus leitos e fundos marinhos contíguos, os lagos, as lagoas e cursos de água navegáveis ou flutuáveis, com os respectivos leitos, as camadas aéreas superiores ao território acima do limite reconhecido ao proprietário ou superficiário, os jazigos minerais, as nascentes de águas mineromedicinais, as estradas e as linhas férreas nacionais.

[372] Cf. Jorge Miranda e Rui Medeiros, "Constituição Portuguesa Anotada", tomo II, 2006, p. 82.

[373] Marcello Caetano, "Princípios Fundamentais do Direito Administrativo", 1977, pp. 413 e seg.

cortinados[374] [alínea e)]. Mas a impenhorabilidade dos jazigos apenas ocorre depois da sua colocação no cemitério (só então se podem considerar "túmulos") e não enquanto estiverem em poder do industrial que os fabrica[375];

d) Os objectos destinados ao tratamento de doentes [alínea g), 2.ª parte].

Por motivos de *ordem religiosa* são absolutamente impenhoráveis:

e) Os objectos especialmente destinados ao exercício de culto público e enquanto se mantiverem afectados a esse fim [alínea d)]. As imagens em poder do santeiro ou em qualquer casa particular, como as alfaias religiosas à venda num antiquário podem ser apreendidas[376].

Por motivos de *humanidade* são absolutamente impenhoráveis:

f) Os bens imprescindíveis a qualquer economia doméstica que se encontrem na residência permanente do executado, salvo se se tratar de execução destinada ao pagamento do preço da respectiva aquisição ou do custo da sua reparação [alínea f)][377];

g) Os instrumentos indispensáveis aos deficientes [alínea g)][378].

---

374 A apreensibilidade dos objectos ornamentais foi sustentada por Cunha Gonçalves, por não ofensiva do *jus sepulcri* ("Tratado de Direito Civil", vol. III, 1930, p. 55).

375 Cf. Lopes Cardoso, "Manual...", cit., p. 322.

376 Ibidem, p. 323.

377 Tendo em conta o interesse do credor exequente, que pretende alargar o conjunto dos bens penhoráveis, pode ser razoável diminuir o núcleo dos bens considerados "imprescindíveis a qualquer economia doméstica". Mas, no âmbito das ilegitimidades conjugais, não há motivo para seguir um critério tão apertado para caracterizar os "móveis utilizados conjuntamente na vida do lar" a que alude a alínea a) do n.º 3 do art. 1682.º do CC. "Assim, pode dizer-se que o conjunto dos bens protegidos por esta norma estará mais próximo daquele que se teve em vista para efeitos da atribuição preferencial prevista no art. 2103.º-C do que do núcleo dos chamados bens imprescindíveis a qualquer economia doméstica". — Francisco Pereira Coelho e Guilherme de Oliveira, "Curso de Direito da Família", volume I, 4.ª edição, p. 394.

378 A impenhorabilidade dos instrumentos indispensáveis aos deficientes provém de França, mais concretamente dos arts. 14.º, n.º 5, da Lei n.º 91-650, de 9 de Julho de 1991, e do art. 42.º do Decreto n.º 92-755, de 31 de Julho de 1992, não incluída na reforma realizada pelo Decreto de 24 de Março de 1977. Antes desta alteração legislativa, a jurisprudência francesa admitia a penhora dos instrumentos necessários aos deficientes para pagamento das quantias devidas ao seu fabricante ou vendedor. Agora a impenhorabilidade é absoluta e os instrumentos não poderão ser penhorados mesmo

40. BENS RELATIVAMENTE IMPENHORÁVEIS

Refere-se o art. 823.º aos bens relativamente impenhoráveis, ou seja, àqueles que só podem ser penhorados em determinadas circunstâncias ou para pagamento de certas dívidas.

No n.º 1 do art. 823.º, contempla-se um caso de *impenhorabilidade substancial*, enquanto no n.º 2 do mesmo preceito se prevê uma hipótese de *impenhorabilidade processual.*

Diz-nos o n.º 1 do art. 823.º que estão isentos de penhora, a menos que se trate de execução para pagamento de dívida com garantia real, os bens do Estado e das restantes pessoas colectivas públicas, de entidades concessionárias de obras ou serviços públicos ou de pessoas colectivas de utilidade pública, que se encontrem especialmente afectados à realização de fins de utilidade pública.

A primeira parte do preceito, que se refere a bens do Estado e demais pessoas colectivas públicas que se encontrem especialmente afectados à realização de fins de utilidade pública (a única que já constava da redacção anterior à RPC95-96), contempla o *domínio privado indisponível* do Estado e demais pessoas colectivas públicas, por contraposição ao *domínio privado disponível*, que abrange os bens que se encontram aplicados a fins meramente financeiros. A indisponibilidade dos bens, que caracteriza aquele domínio, não altera a sua natureza de bens do domínio privado[379]. Com a indisponibilidade pretende-se apenas evitar que os bens sejam desviados da afectação ao fim de utilidade pública a que se encontram destinados, sem necessidade de lhes conferir a condição jurídica da inalienabilidade[380] [381].

---

para pagamento do seu preço. Cf.: Emmanuel Blanc, "Les nouvellles procédures d' exécution", 2.ª edição, 1994, pp. 37 e seg.; Marc Donnier, ob. cit., p. 68; e Roger Perrot e outro, ob. cit., p. 223.

[379] Face ao disposto no art. 1304.º do CC, aplica-se supletivamente o regime do Código Civil quer à propriedade pública quer à propriedade privada do Estado e demais pessoas colectiva públicas (cf. Pires de Lima e Antunes Varela, "Código Civil Anotado", vol. III, 2.ª edição, pp. 89 e segs.).

[380] Cf. Marcello Caetano, "Manual de Direito Administrativo", vol. II, 9.ª edição, pp. 969 e seg.

[381] A título de exemplo desta impenhorabilidade relativa, refiram-se as receitas do Estado provenientes de reprivatizações, como o produto da alienação de lotes de acções de empresa pública reprivatizada, por só poderem ser utilizadas para os fins de utilidade pública consignados no art. 16.º da Lei n.º 11/90, de 5 de Abril. Cf. Acórdão do STJ de 9.12.99, BMJ, 492, p. 388.

Tudo sem prejuízo duma forma alternativa de ressarcimento do credor, através da dotação a inscrever no Orçamento do Estado à ordem do Conselho Superior dos Tribunais Administrativos e Fiscais, em vista a garantir o pagamento de quantias devidas a título de cumprimento de decisões jurisdicionais, por condenação de entidades responsáveis das Administrações central e indirecta do Estado e Administração Autónoma, de harmonia com o disposto no art. 172.º, n.os 3 a 7, do CPTA.

A *impenhorabilidade processual relativa* filia-se em motivos de *interesse económico,* matizados com considerações de *humanidade.*

Abrange os instrumentos de trabalho e os objectos indispensáveis ao exercício da actividade ou formação profissional do executado (art. 823.º, n.º 2). Pense-se num barco que o executado utilize no exercício da pesca, num tractor que o executado empregue na sua profissão de tractorista ou na biblioteca jurídica dum advogado[382]. A lei evita, assim, que se retirem ao executado os meios necessários para ganhar a vida e sustentar-se, bem como à sua família[383]. Mas a penhora dos bens é possível se o executado os indicar à penhora aquando da sua efectivação[384] ou se a execução se destinar ao pagamento do preço da sua aquisição ou do custo da sua reparação, bem como quando os bens forem penhorados como elementos corpóreos de um estabelecimento comercial[385].

41. BENS PARCIALMENTE PENHORÁVEIS

Os bens parcialmente penhoráveis, ou sejam, aqueles que só podem ser penhorados em parte, encontram-se mencionados no art. 824.º. A razão desta impenhorabilidade parcial baseia-se em razões que se prendem com a *dignidade da pessoa humana*, um dos fundamentos de Portugal como República soberana, nos termos do art. 1.º da CRP.

---

[382] Cf. Lebre de Freitas, "A Acção Executiva", cit., p. 220, nota 24.

[383] Cf. Rezende Filho, ob. cit., p. 223.

[384] O executado não pode desistir da protecção específica que lhe é conferida pelo n.º 2 do art. 823.º antes da efectivação da penhora, como nos adverte Miguel Teixeira de Sousa, «Estudos... cit., p. 645.

[385] Merecem a nossa concordância os Acórdãos da RC de 6.02.2007 (CJ, ano XXXII, tomo I, p. 15) e da RP de 13.10.2009 (CJ, ano XXXIV, tomo IV, p. 188), ao sustentarem que o disposto no n.º 2 do art. 823.º — relativo à isenção de certos bens — é exclusivamente aplicável a pessoas singulares, e não também às sociedades comerciais.

Assim, não podem ser penhorados dois terços dos vencimentos, salários ou prestações de natureza semelhante, auferidos pelo executado, como igualmente dois terços das prestações periódicas pagas a título de aposentação ou de outra qualquer regalia social, seguro, indemnização por acidente ou renda vitalícia, ou de quaisquer outras pensões de natureza semelhante.

Vale também este regime para as prestações dos regimes de segurança social, em conformidade com o estabelecido no art. 72.º, n.º 2, da Lei n.º 4/2007, de 16 de Janeiro (Lei da Segurança Social).

Em caso de colisão ou conflito entre o direito do credor a ver realizado o seu direito, apoiado no n.º 1 do art. 62.º da CRP, como direito de acesso à propriedade, e o direito fundamental dos trabalhadores, pensionistas e outros beneficiários de regalias sociais e por causa de acidentes em perceberem um rendimento que lhes garanta uma sobrevivência condigna, optou o legislador, e justamente, pelo sacrifício do direito do credor, na medida do necessário e, se tanto for indispensável, mesmo totalmente, como adiante veremos, neste caso para evitar que o devedor se transforme num indigente a cargo da colectividade[386].

Na linha do exposto, integra-se o Acórdão do TC n.º 318/99, de 26 de Maio[387], ao julgar inconstitucional a norma do art. 824.º, n.os 1 e 2, na medida em que permite a penhora até um terço das prestações periódicas pagas a título de aposentação ou de outra qualquer regalia social, seguro, indemnização por acidente ou renda vitalícia, ou de quaisquer outras prestações de natureza semelhante, cujo valor não seja superior ao do salário mínimo nacional então em vigor, por violação do princípio da dignidade humana contido no princípio do Estado de direito que resulta das disposições conjugadas dos arts. 1.º, 59.º, n.º 2, alínea a), e 63.º, n.os 1 e 3, da CRP[388].

---

386 Cf. Jean Vincent e Jacques Prévault, ob. cit., 73.

387 Publicado no DR, II Série, de 22.10.99.

388 Na mesma linha, se pronunciou o Acórdão do TC n.º 96/2004, de 11 de Fevereiro (DR, II Série, de 1.04.2004). Também o mesmo Tribunal, no seu Acórdão n.º 306/2005, de 8 de Junho (DR, II Série, de 5.08.2005), julgou inconstitucional, por violação do princípio da dignidade humana, contido no princípio do Estado de direito, com referência aos n.os 1 e 3 do art. 63.º da CRP, a norma da alínea c) do n,.º 1 do art. 189.º da OTM, interpretada no sentido de permitir a dedução, para satisfação de prestação alimentar a filho menor, de uma parcela da pensão social de invalidez do progenitor, que prive este do rendimento necessário para satisfazer as sua necessidades essenciais. Diversamente, o TC, através do seu Acórdão n.º 657/2006, de 28.11.2006 (DR, II Série, de 16.02.2007), não julgou inconstitucional a norma que resulta da conjugação do disposto

Seguramente inspirado nesta jurisprudência no que concerne ao limite mínimo de impenhorabilidade, diz-se agora no n.º 2 do art. 824.º, na redacção recebida do DL n.º 38/2003, de 8 de Março, que a impenhorabilidade a que alude o número anterior tem como limite mínimo o montante equivalente a um salário mínimo nacional, desde que o executado não tenha outro rendimento e o crédito exequendo não seja de alimentos. Diz-se ainda no mesmo número que a impenhorabilidade tem como limite máximo o equivalente a três salários mínimos nacionais à data de cada apreensão[389]. Sendo a obrigação exequenda de alimentos, como resulta expressamente do número citado, pode penhorar-se um terço do rendimento, irrelevando o montante sobrante, mesmo que seja inferior ao salário mínimo nacional, desde que assegure a satisfação das necessidades essenciais do executado, que impõem, como mínimo dos mínimos compatível com a dignidade humana, a impenhorabilidade de um valor coincidente com o rendimento social de inserção[390].

Em sintonia com este regime, refere-se no n.º 3 do citado art. 824.º que, na penhora de dinheiro ou de saldo bancário de conta à ordem, é impenhorável o valor global correspondente a um salário mínimo nacional.

Segundo os n.os 4 e 5 do art. 824.º, na redacção anterior ao DL n.º 226/2008, de 20 de Novembro, podia o juiz, ponderados o montante

---

na alínea a) do n.º 1 e do n.º 2 do art. 824.º do CPC (na redacção dada pelo DL n.º 180/96, de 25 de Setembro), na interpretação de que permite a penhora de qualquer percentagem no salário de executados quando tal salário é inferior ao salário mínimo nacional ou quando, sendo superior, o remanescente disponível para os mesmos, após a penhora, fique aquém do salário mínimo nacional.

[389] "O que significa, como refere Paula Costa e Silva (ob. cit., p. 72), que poderão ser penhorados mais de dois terços do vencimento do executado caso a parte restante e não penhorada seja pelo menos igual a três salários mínimos nacionais à data de cada apreensão". Em explicitação do n.º 2 do art. 824.º dizem-nos também Lebre de Freitas e Ribeiro Mendes (ob. cit., p. 358): "Quando os 2/3 excedam o valor de três salários mínimos nacionais, a impenhorabilidade limita-se a este valor, sendo penhorável, juntamente com o terço restante, a parte dos 2/3 que o exceda. Em compensação, quando os 2/3 sejam inferiores ao valor de um salário mínimo nacional, a parte impenhorável do rendimento eleva-se, coincidindo com o valor deste, desde que se verifiquem dois requisitos: o executado não ter outro rendimento; o crédito exequendo não ser de alimentos".

Ainda para compreensão do regime contido no n.º 2 do art. 824.º, podem ver-se os exemplos apresentados pelo Centro de Formação de Oficiais de Justiça, ob. cit., pp. 43 e seg.

[390] Cf. Acórdão da RE de 18.09.2008, CJ, ano XXXIII, tomo IV, p. 247.

e a natureza do crédito exequendo e as necessidades do executado e do seu agregado familiar:

a) Reduzir, excepcionalmente, por período que considerasse razoável, a parte penhorável dos rendimentos e mesmo, por período não superior a uma ano, isentá-los de penhora;
b) A requerimento do exequente, considerando o estilo de vida do executado e do seu agregado familiar, afastar o disposto no n.º 3 e reduzir o limite imposto no n.º 2, salvo no caso de pensão ou regalia social.

Estas possibilidades conferidas ao juiz transitaram agora, na redacção conferida pelo DL n. 226/2008, para os n.os 6 e 7 do art. 824.º, com a diferença de que aquelas possibilidades passam agora a estar na dependência de propostas do agente de execução, como se o juiz precisasse desta *muleta* para exercer o seu múnus e se o agente de execução tivesse a sensibilidade e a formação necessária para tomar essas iniciativas.

Só se justifica este novo regime por se pretender alargar, custe o que custar, a panóplia dos poderes do agente de execução, mesmo ao arrepio da Constituição. E esta desrespeita-se frontalmente nos novos n.os 4 e 5 do art. 824.º, ao atribuir-se ao agente de execução a prática de actos jurisdicionais, como sejam os que se reportam à possibilidade de isenção de penhora dos rendimentos do executado ou à redução para metade da parte penhorável destes rendimentos, pelo prazo de seis meses, em conformidade com o rendimento relevante para efeitos de protecção jurídica do agregado familiar do executado, a solicitação deste e depois de ouvido o exequente. Ora, face ao disposto no art. 202.º, n.os 1 e 2, da CRP, apenas os tribunais exercem a função jurisdicional, na circunstância reportada à resolução de um conflito de pretensões entre o exequente, que pretende a satisfação integral do seu crédito, e o executado, que deseja perceber um rendimento que lhe assegure, bem como ao seu agregado familiar, uma existência decorosa.

A quantia em dinheiro ou o depósito bancário resultantes da satisfação de crédito impenhorável são igualmente impenhoráveis, nos mesmos termos em que o era o crédito originário (art. 824.º-A). Mas isto enquanto se puder presumir que se destinam ao sustento do executado e de sua família. Daí as economias vertidas em depósitos bancários, designadamente se o forem a prazo de duração superior a seis meses, ou em contas-poupança, apesar de originadas nos rendimentos a que alude o n.º 1 do art. 824.º, serem penhoráveis[391].

---

[391] Cf. Castro Mendes, ob. cit., p. 355.

Face aos valores morais, sociais e humanitários que lhe estão subjacentes, as impenhorabilidades analisadas não podem ser alteradas por convenção das partes nem o devedor pode renunciar à protecção que a lei por esse meio lhe concede, devendo ser considerados nulos os negócios jurídicos em contrário (art. 294.º do CC)[392].

42. PENHORA DE BENS COMUNS DO CASAL

Enquanto nos regimes de separação os *bens comuns* são objecto duma relação de *compropriedade*, nos regimes de comunhão constituem um *património colectivo de afectação especial*, por deles serem simultaneamente titulares ambos os cônjuges e se encontrarem vinculados à satisfação das necessidades da sociedade conjugal[393].

Respondem, por isso, pelas dívidas de ambos os cônjuges, nos termos do art. 1695.º do CC. Por estas dívidas respondem, também, na falta ou insuficiência daqueles bens, solidariamente (ou conjuntamente, se o regime for o da separação de bens) os *bens próprios* de qualquer dos cônjuges.

No que respeita às dívidas da exclusiva responsabilidade de um dos cônjuges respondem, em primeiro lugar, os bens *próprios* do cônjuge devedor e, subsidiariamente, a sua meação nos bens comuns, de harmonia com o disposto no n.º 1 do art. 1696.º do CC.

Na execução movida somente contra o cônjuge obrigado no título, apenas se podem penhorar, em princípio, os bens próprios do executado e a sua meação nos bens comuns[394].

Se a dívida for da responsabilidade de ambos os cônjuges e o credor quiser executar os bens comuns do casal, terá de se munir de um título executivo onde ambos figurem como devedores; se somente tiver título contra um deles, terá de obter também título contra o outro (v.g., sentença condenatória ou requerimento de injunção onde tenha sido aposta a fórmula executória).

Há todavia quem sustente que a falta de título executivo contra o cônjuge do executado, em caso de dívida comunicável, deve ser suprida,

---

[392] Cf. Miguel Teixeira de Sousa, "Estudos...". cit., p. 645, e "Acção Executiva...", cit., pp 209 e seg.

[393] Cf. Antunes Varela, "Direito da Família", I.º vol., 5.ª edição, p. 408.

[394] Cf. Remédio Marques, ob. cit., pp. 189 e segs.

no decurso do processo de execução, através do incidente da intervenção principal provocada (art. 325.º, n.º 1)[395]. Nada de menos exacto: à uma, por a estrutura própria do processo (principal) de execução, estranha à cognição e reconhecimento de direitos, não comportar a implementação daquele incidente[396]; à outra, por, mesmo no apenso da reclamação de créditos, configurado como um enxerto declarativo, se remeter para fora dele a obtenção de título executivo por parte do credor com garantia real sobre os bens penhorados, quando o executado negue a existência do crédito (art. 869.º, n.º 4).

Como se lê em Sotto e Punzi[397], "não se pode falar no processo de execução de instrução (prova), que é típica e exclusiva da formaçao do normativo, mas (...) de modificações no patrimonio do devedor, isto é, da efectivação de actos que têm valor substancial, de preparação e disposição do acto final que é o cumprimento (satisfação executiva)"; ou como nos lembra Girolamo Monteleone[398],"o processo executivo não é intrinsicamente contraditório, uma vez que não serve para verificar jurisdicionalmente a existência de direitos incertos e/ou contestados, mas antes para lhes dar satisfação".

Demandando o credor, numa acção de condenação, apenas um dos cônjuges, sendo a dívida da responsabilidade de ambos, tem o réu a possibilidade de provocar a intervenção principal do outro cônjuge (art. 325.º), a fim de a condenação ser extensiva aos dois, de harmonia com o regime substancial da lei civil[399].

Se pelas dívidas da responsabilidade de ambos os cônjuges tiverem respondido bens de um só deles, designadamente por só contra ele ter sido instaurada a execução, torna-se este credor do outro pelo que haja satisfeito a mais. Contudo, a não ser que vigore o regime da separação, a compensação devida não pode ser exigida de imediato, mas apenas no momento da partilha dos bens do casal (art. 1697.º, n.º 1, do CC), que

---

[395] Assim, Teixeira de Sousa, "Acção Executiva...", cit., pp. 217-220, e "A Reforma...", cit., pp. 89 e seg.

[396] Por este motivo, divergimos de Maria José Capelo ("Pressupostos Processuais Gerais na Acção Executiva", *in* Themis, ano IV, n.º 7, pp. 84 e segs.), quando defende de *iure condendo*, após a publicação do DL n.º 38/2003, que a matéria da comunicabilidade da dívida, seja invocada pelo exequente, seja invocada pelo executado, devia consubstanciar um incidente declarativo na fase liminar da execução.

[397] Ob. cit., p. 689.

[398] Ob. cit., p. 407.

[399] Cf. Pereira Coelho e Guilherme de Oliveira, ob. cit., p. 419.

pode ocorrer com a simples separação judicial de bens (art. 1770.º do CC), e que não coincide com a dissolução ou anulação da sociedade conjugal.

Se, inversamente, responderem bens comuns pelas dívidas da exclusiva responsabilidade de um dos cônjuges, surge um crédito de compensação do património comum sobre o património do cônjuge devedor, a levar em consideração também no momento da partilha (art. 1697.º, n.º 2, do CC).

Mesmo em execução movida apenas contra um dos cônjuges podem ser penhorados, a título provisório, a fim de ficarem indisponíveis, os bens comuns do casal, por não se conhecerem bens suficientes próprios do executado. Se tal acontecer, e segundo a RPC2003 sem necessidade de pedido do exequente, cita-se o cônjuge do executado para, no prazo de que dispõe para a oposição, requerer a separação de bens ou juntar certidão comprovativa da pendência de acção em que a separação já tenha sido requerida (art. 825.º, n.º 1)[400]. Se o não fizer, a execução prossegue nos bens penhorados (art. 825.º, n.º 4). Fazendo-o, a execução fica suspensa no respeitante aos bens comuns, nada obstando a que prossiga nos bens próprios do executado (art. 825.º, n.º 7, 1.ª parte).

O processo de separação segue os termos do art. 1406.º, onde se destacam as seguintes especialidades em relação ao inventário para partilha de bens: o exequente pode promover o andamento do processo; não podem ser aprovadas dívidas que não estejam devidamente documentadas; e o cônjuge do executado tem o direito de escolher os bens com que há-de ser formada a sua meação, sem prejuízo de reclamação fundamentada dos credores contra ela[401].

Também o exequente, como interessado directo na partilha dos bens, deve ser citado para os termos do processo (art. 25.º do RJPI). Intervindo nele, pode reclamar contra a relação de bens apresentada, caso ela não

---

[400] Este regime não vale para o arresto, por não previsto na lei. Daí não poderem ser arrestados bens comuns do casal para garantia do pagamento da dívida da responsabilidade de apenas um dos cônjuges. Consequentemente, não cabe no procedimento de arresto a citação do cônjuge do devedor nem tão-pouco este pode requerer nele a separação de bens. Cf. Acórdão do STJ de 6.07.2000 (CJ — Acórdãos do STJ, ano VIII, tomo II, p. 141). Em sentido oposto, o Acórdão do STJ de 29.11.2005 (CJ — Acórdãos do STJ, ano XIII, tomo III, p. 144).

[401] "O direito de escolha conferido ao cônjuge do executado pelo art. 1406.º, n.º 1, c) [hoje, alínea d)] do C.P.Civil, não pode, na sua concretização, segundo o Acórdao da RC de 16.11.93 (CJ, ano XVIII, tomo V, p. 32), conduzir a que àquele fiquem a pertencer todos os bens relacionados, ficando o executado inteirado apenas com tornas, uma vez que tal solução poria em causa o direito do exequente".

inclua todo o acervo do património comum do casal, situação sempre possível por conluio entre os cônjuges em vista a defraudar o exequente e demais credores[402]. Igualmente ao exequente deve ser dado conhecimento de todos os factos relevantes ocorridos no processo, através de notificação[403].

No que concerne aos demais credores, nada mais podem fazer senão reclamar, após notificação, da escolha dos bens com que há-de ser formada a meação do cônjuge do executado, caso ele exercite este direito; se o juiz julgar atendível a reclamação apresentada pelos credores, determinará que se proceda à avaliação dos bens que lhe pareçam mal avaliados [art. 1406.º, n.ºs 1, alínea d), e 2][404].

Realizada a partilha, de duas uma: ou os bens penhorados ficam a pertencer ao executado, ou são adjudicados ao seu cônjuge.

No primeiro caso, a execução prossegue sobre os ditos bens; no segundo, podem ser penhorados outros bens que tenham cabido em partilha ao executado, permanecendo a anterior penhora até à nova apreensão (art. 825.º, n.º 7, 2.ª parte)[405].

A separaração de bens a que alude o n.º 5 do art. 825.º, em homenagem ao interesse do credor, é uma das situações previstas pela alínea d) do n.º 1 do art. 1715.º do CC[406], susceptível de alterar a convenção antenupcial ou o regime de bens do casamento.

Requerida esta separação (*não autónoma*, por a separação não constituir objecto duma acção especialmente destinada a consegui-la, com base na *má administração* do outro cônjuge, nos termos do art. 1767.º do CC[407]), o regime matrimonial, sem prejuízo do disposto em matéria

---

[402] Cf. Acórdão da RP de 8.05.2000, CJ, ano XXV, tomo III, p. 177.

[403] Cf. Acórdão da RC de 3.07.2001 (CJ, ano XXVI, tomo V, p. 7).

[404] Discorda-se, consequentemente, do Acórdão da RC de 6.10.2001 (CJ, ano XXVI, tomo V, p. 8), onde se sustenta que os credores devem também ser notificados do despacho que ordena o exame do mapa de partilha, nomeadamente para efeitos de eventual reclamação.

[405] Não se encontra fundamento para manter a penhora sobre bens que não respondem pela dívida, por esta ser da exclusiva responsabilidade do cônjuge executado; daí dever, antes, ser de imediato levantada a penhora dos bens adjudicados ao cônjuge não executado, anteriormente penhorados. Cf. Rui Pinto, "A Acção Executiva depois da Reforma", 2004, p. 93.

[406] Outra é a contemplada no art. 141.º, n.º 1, alínea b), do CIRE, para o caso de insolvência.

[407] Cf. Pires de Lima e Antunes Varela, "Código Civil Anotado", vol. IV, 2.ª edição, pp. 512 e seg.

de registo[408], passa a ser o da separação (arts. 1770.º, n.º 1, e 1772.º do CC), deixando de haver bens comuns e ficando cada um dos cônjuges a reger livremente o seu património. Dissolve-se a comunidade de bens do casal, com a sequente liquidação, passando os cônjuges, sob o ponto de vista patrimonial, a comportarem-se como indivíduos não casados, mantendo cada um deles o domínio e fruição de todos os seus bens[409].

O DL n.º 38/2003, de 8 de Março, através da nova redacção dada aos n.os 2 a 6 do art.º 825.º, em vista a harmonizar o regime executivo das dívidas dos cônjuges com as normas de direito substantivo, veio possibilitar que, no próprio processo executivo, através de um meio expedito, a dívida, desde que constante de título executivo diverso de sentença, seja considerada comum para os efeitos da execução, não obstante no título inicial que suporta a execução apenas figurar como devedor o cônjuge demandado[410].

A iniciativa susceptível de conduzir a tal mudança compete tanto ao exequente como ao executado, com o ónus de fundamentadamente alegarem que a dívida é comum. Sendo a iniciativa do exequente, é o cônjuge do executado citado para, no prazo de que dispõe para a oposição e em alternativa ao pedido de separação de bens, declarar se aceita a comunicabilidade da dívida, baseada no fundamento alegado, com a cominação de, se nada disser, a dívida ser considerada comum, para os efeitos da execução e sem prejuízo da oposição que contra ela seja movida. Sendo a iniciativa do executado, o seu cônjuge, desde que não tenha requerido a separação de bens e não haja oposição do exequente, é notificado para também declarar se aceita a comunicabilidade da dívida, com a cominação de, se nada disser, a dívida ser considerada comum.

A aceitação, expressa ou tácita, da comunicabilidade da dívida, por parte do cônjuge do executado, a verificar pelo agente de execução, determina a formação, no próprio processo de execução, de título executivo parajudicial a favor do exequente, através do alargamento do

---

408 As alterações à convenção antenupcial ou ao regime de bens fixado, a que alude o n.º 1 do art. 1715.º do CC, para produzirem efeitos em relação a terceiros, precisam de ser registadas (art. 1715.º, n.º 2, do CC). O registo faz-se por averbamento ao assento de casamento [art. 70.º, n.º 1, alínea h), do CRC].

409 Cf. Jacinto Rodrigues Bastos, "Notas ao Código Civil", vol. VI, 1998, p. 201.

410 Sendo o título executivo uma sentença, não é admitida a alegação de comunicabilidade, por qualquer das partes o poder ter feito na acção declarativa; se o não fez, precludiu-se o seu exercício.

âmbito subjectivo do título inicial, que passa também a abranger o cônjuge do executado; daí a execução prosseguir também contra este, podendo nela os seus bens próprios serem subsidiariamente penhorados. Se antes dos bens comuns forem penhorados os bens próprios do cônjuge do executado e houver bens comuns suficientes, pode o executado inicial requerer a substituição dos bens penhorados.

Na hipótese de o cônjuge recusar a comunicabilidade, sem requerer a separação de bens nem apresentar certidão de acção pendente, a execução prossegue nos bens comuns.

Quando o exequente não invoque a comunicabilidade da dívida, pode qualquer dos cônjuges, no prazo da oposição, requerer a separação de bens ou juntar certidão, sob pena de a execução prosseguir nos bens penhorados.

O título executivo parajudicial, fundado na comunicabilidade da dívida, é todavia insusceptível de formar-se se apenas os bens próprios do subscritor do título forem penhorados na execução e bastarem para garantir o pagamento[411].

Se na sequência da penhora dos bens comuns do casal, por não se conhecerem bens suficientes próprios do executado, não se proceder à citação do cônjuge do executado para requerer a separação de bens ou para declarar se aceita a comunicabilidade da dívida constante de título diverso de sentença, poderá ele defender, por meio de embargos de terceiro, os direitos relativamente aos bens comuns indevidamente penhorados (art. 352.º).

Por sua vez, o executado poderá opor-se à penhora, alegando que os bens comuns não respondem pelas dívidas da sua exclusiva responsabilidade e, mesmo a sua meação neles, só subsidiariamente, depois dos bens próprios [arts. 1696.º, n.º 1, do CC e 863.º-A, n.º 1, alíneas a) e b), do CPC].

43. PENHORA EM CASO DE COMUNHÃO OU COMPROPRIEDADE

Como atrás vimos, apoiados no art. 818.º do CC, os bens de terceiro só respondem na execução quando estejam vinculados à garantia

---

[411] Cf. Pereira Coelho e Guilherme de Oliveira, ob. cit., p. 420. Em sentido diferente, Teixeira de Sousa, "A Reforma...", cit., pp. 90 e segs., procurando uma solução coerente com o regime substantivo das dívidas dos cônjuges. Também de sentido diverso é a opinião de Lopes do Rego, "Comentários...", II, cit., p. 55.

do crédito ou no seguimento da procedência da impugnação pauliana. E também notámos, estribados no art. 601.º do mesmo Código, que a autonomia patrimonial resultante da separação de patrimónios se perfila como uma limitação ao princípio geral da responsabilidade de todos os bens do devedor pelo cumprimento da obrigação[412].

Perante estas regras substantivas, e coerentemente com elas, estabelece o n.º 1 do art. 826.º que não podem ser penhorados, a menos que a execução seja movida contra todos os contitulares:

a) No caso de compropriedade em bem indiviso, uma parte especificada dele;
b) No caso de comunhão num património autónomo, os bens nele compreendido ou uma fracção de qualquer deles.

Face à ressalva contida na parte inicial do preceito a que vimos aludindo, se, aquando da efectivação da penhora de que ora cuidamos, todos os contitulares declararem, nos termos da segunda parte do n.º 2 do art. 862.º, que pretendem que a venda tenha por objecto todo o património ou a totalidade do bem, a essa venda se procederá em conformidade com o peticionado, de acordo com o estatuído no n.º 4 do mesmo artigo.

No que concerne à *compropriedade*, convém chamar à colação e para compreender o que se refere no n.º 1 do art. 826.º, o regime dos arts. 1405.º e 1408.º, n.ºs 1 e 2, do CC, que aquele adjectiva, onde se consagra: os comproprietários exercem em conjunto todos os direitos que pertencem ao proprietário singular; o comproprietário não pode, sem consentimento dos restantes consortes, alienar nem onerar parte especificada da coisa comum; a disposição ou oneração de parte especificada sem consentimento dos consortes é havida como disposição ou oneração de coisa alheia.

Se, em execução movida contra um comproprietário de bens indivisos, fossem penhorados os próprios bens ou uma parte determinada deles, a penhora incidiria sobre bens de terceiro (os outros comproprietários). O que pode é penhorar-se o direito *ideal* do executado aos bens indivisos, nunca uma parte *materialmente fixada*.

Sendo três pessoas comproprietárias de determinado prédio, com quotas quantitativamente iguais[413], na execução movida contra uma delas,

---

[412] Cf. ponto n.º 38.

[413] Nos termos do n.º 2 do art. 1403.º do CC, presumem-se quantitativamente iguais as quotas dos comproprietários sobre a coisa comum.

pode penhorar-se o seu *direito à terça parte do prédio*, mas não o próprio prédio nem uma fracção especificada do mesmo.

No que concerne à comunhão num *património autónomo*, atentemos, e como sua exemplificação, no que se passa com a *herança* e com os *bens comuns do casal*, em sede de direito substantivo.

Quanto à primeira, diz-nos o n.º 1 do art. 2091.º do CC que, em regra, os direitos relativos à herança só podem ser exercidos conjuntamente por todos os herdeiros ou contra todos os herdeiros.

No que tange aos segundos, referem-nos os arts. 1695.º, n.º 1, e 1696.º, n.º 1, também do CC, que os *bens comuns do casal* respondem pelas dívidas da responsabilidade de ambos os cônjuges e que a *meação nos bens comuns* (não bens comuns certos e determinados nem uma fracção de qualquer deles) responde subsidiariamente pelas dívidas da exclusiva responsabilidade de um dos cônjuges. Hoje, face à redacção que ao n.º 1 do art. 1696.º do CC deu o art. 4.º, n.º 1, do DL 329-A/95, de 12 de Dezembro, é possível a execução imediata da meação do cônjuge devedor nos bens comuns, diversamente do que ocorria anteriormente, onde, como regra, em vista a assegurar a estabilidade económica da família[414], se estabelecia uma moratória quanto à execução dessa meação[415]. Esta, então, só podia efectivar-se depois de dissolvido, declarado nulo ou anulado o casamento, ou depois de decretada a separação judicial de pessoas e bens ou a simples separação judicial de bens.

Em alternativa à execução imediata da meação, *podem* hoje, e sempre[416], na execução movida contra o cônjuge devedor, ser penhorados bens comuns do casal, desde que se cite o cônjuge do executado, para requerer a separação de bens (art. 825.º, n.º 1)[417].

Precisemos, de seguida, em que condições se podem penhorar o acervo hereditário e a meação nos bens comuns do casal, em execução instaurada contra um co-herdeiro ou o cônjuge devedor.

---

[414] Cf. Jacinto Bastos, "Notas ao Código Civil", cit., p. 143.

[415] Não havia lugar à moratória quando se tratasse de dívidas provenientes de responsabilidade criminal ou de responsabilidade civil extracontratual a que estivesse sujeito apenas um dos cônjuges (art. 1696.º, n.º 3, do CC, antes de eliminado pelo art. 4.º, n.º 1, do DL 329.º-A/95) ou de dívida comercial de qualquer dos cônjuges (art. 10.º do C. Com.).

[416] Anteriormente à RPC95-96, somente nos casos em que não houvesse lugar à moratória, ou seja, nos referidos na nota anterior, face ao que então se dispunha no n.º 2 do art. 825.º.

[417] Cf. ponto n.º 42.

Pode penhorar-se em ambos os casos o *direito ideal* do executado à herança e à meação nos bens comuns; no primeiro caso, o seu direito a *um terço, um quarto, um quinto* da própria herança; no segundo caso, o seu direito à *meação nos bens comuns do casal*. Mas não podem penhorar-se, nas duas hipóteses, quaisquer bens determinados, compreendidos na massa hereditária[418] ou na comunhão; tão-pouco se pode penhorar uma fracção dalgum ou dalguns desses bens, e isto por o herdeiro ter direito a um terço, a um quarto ou a um quinto da herança e o cônjuge executado direito a metade dos bens comuns, nanja o direito a um terço, a um quarto ou a um quinto de cada um dos bens que integram a massa hereditária ou o direito a metade de cada um dos bens que constituem a comunhão.

Se a penhora incidisse sobre uma parte determinada dos bens incluídos na herança ou na comunhão, poderia acontecer que essa parte, feita a partilha da herança ou dos bens do casal, não viesse a caber ao executado. Daí a penhora, efectuada nessas condições, se tornar completamente inútil.

Até à partilha, o herdeiro e o cônjuge são apenas titulares do direito a uma fracção ideal do conjunto, ignorando sobre qual ou quais bens se concretizará esse direito, bem podendo os bens que integram o conjunto ficar a pertencer só a um ou alguns dos co-herdeiros ou a um dos cônjuges, sendo os demais co-herdeiros e o outro cônjuge compensados com tornas.

Se, em contravenção ao disposto no n.º 1 do art. 826.º, se penhorar uma parte especificada de bens indivisos ou de bens compreendidos no património comum ou uma fracção de qualquer deles, em execução movida apenas contra algum ou alguns dos contitulares, os restantes contitulares e o cônjuge não executado poderão embargar de terceiro, em consonância com o que se dispõe nos arts. 351.º e 352.º, respectivamente. E o executado pode opor-se à penhora, fundado na alínea a) do n.º 1 do art. 863.º-A.

Caso tenham sido penhorados, em execuções distintas, quinhões no mesmo património autónomo ou direitos relativos ao mesmo bem

---

[418] Também por o herdeiro não ter direito a uma quota-parte de determinado bem da herança, não tem, igualmente, direito aos frutos produzidos por esse bem, donde a penhora do direito à herança não poder abranger tais frutos. Cf. Acórdão da RP de17.09.2009, CJ, ano XXXIV, tomo IV, p. 175.

indiviso, o juiz, oficiosamente ou a requerimento da parte, pode ordenar que todas se apensem à execução em que tenha sido feita a primeira penhora, desde que não ocorra nenhuma das circunstâncias que obste à cumulação de execuções (n.º 5 do art.º 275.º, aditado pelo DL n.º 38/2003, de 8 de Março).

Sempre que em execuções diversas sejam penhorados todos os quinhões no património autónomo ou todos os direitos sobre o bem indiviso, efectua-se uma única venda, no processo em que se tenha efectuado a primeira penhora, com posterior divisão do produto obtido (art. 826.º, n.º 2).

44. **PENHORA EM EXECUÇÃO CONTRA HERDEIRO**

Segundo o n.º 1 do art. 827.º, na execução movida contra o herdeiro, apenas se podem penhorar os bens que ele tenha recebido do autor da herança.

É a aplicação da limitação constante da segunda parte do art. 601.º do CC ao princípio da responsabilidade de todo o património do devedor pelo cumprimento da obrigação[419].

E isto por a *herança*, que responde pelo pagamento das dívidas do falecido, nos termos do art. 2068.º do CC, constituir um património autónomo, no duplo sentido que essa autonomia pode revestir, ante o estatuído nos arts. 2070.º e 2071.º do mesmo Código: os bens da herança respondem prioritariamente pelas dívidas hereditárias; e por estas dívidas só respondem os bens da herança (e não o património próprio do herdeiro)[420].

Enquanto nos *patrimónios colectivos* (v.g., comunhão conjugal) o mesmo conjunto patrimonial pertence a um conjunto de pessoas, nos *patrimónios autónomos* a mesma pessoa é titular de vários conjuntos patrimoniais (património geral e património autónomo, como a herança)[421].

Isto sem prejuízo de o património colectivo, na perspectiva da massa patrimonial de cada um dos seus titulares, se poder igualmente configurar como um património autónomo, por destacado do património geral em vista à satisfação de determinadas dívidas.

---

[419] Cf. ponto n.º 38.

[420] Cf. Pires de Lima e Antunes Varela, ob. cit., vol. VI, 1.ª edição, pp. 122-124.

[421] Cf. Inocêncio Galvão Telles, "Introdução ao Estudo do Direito", vol. II, 10.ª edição, pp. 196-198.

"A herança pode ser aceita — diz-nos o n.º 1 do art. 2052.º do CC — pura e simplesmente ou a benefício de inventário".

E, em seguida, determina o mesmo diploma (art. 2053.º) que a aceitação a benefício de inventário se faz requerendo inventário, nos termos previstos em lei especial, ou intervindo em inventário pendente.

Quer no caso de aceitação pura e simples quer no de aceitação a benefício de inventário, o herdeiro não responde *ultra vires hereditatis*. Todavia, atento o disposto no art. 2071.º do CC, há interesse naquela distinção. Com efeito, sendo a herança aceita a benefício de inventário, é aos credores que compete provar que na herança existem outros bens além dos inventariados; diversamente, sendo a aceitação pura e simples, é ao herdeiro que compete provar a insuficiência dos bens recebidos do *de cujus* para fazer face aos encargos hereditários.

O regime analisado, constante do art. 2071.º do CC, encontra-se adjectivado nos n.os 2 e 3 do art. 827.º.

Se, em acção executiva por dívida da herança, forem penhorados bens não herdados, pode o executado requerer ao agente de execução o seu levantamento, indicando ao mesmo tempo os bens da herança que tenha em seu poder (art. 827.º, n.º 2).

Com o requerimento de levantamento da penhora deve o executado, em caso de aceitação a benefício de inventário, juntar certidão do respectivo processo de inventário comprovativa de que os bens penhorados não foram aí relacionados; em caso de aceitação pura e simples, deve o executado alegar e provar que os bens penhorados não provieram da herança e que não recebeu da herança mais bens do que aqueles que indicou ou que, tendo recebido mais, os outros foram todos aplicados em solver encargos dela; ainda, neste caso, deve o executado oferecer o rol de testemunhas (não superior a oito) e apresentar os outros meios de prova (arts. 303.º, n.º 1, 304.º, n.º 1, e 827.º, n.º 3).

Ouvido o exequente, pode este tomar uma de duas atitudes: não se opor, ou deduzir oposição. No primeiro caso, o pedido do executado é atendido, ordenando o agente de execução o levantamento da penhora (art. 827.º, n.º 2, *in fine*). No segundo caso, há que distinguir, consoante a herança tenha sido aceite a benefício de inventário ou pura e simplesmente: verificando-se a primeira hipótese, deve o exequente impugnar o valor probatório da certidão extraída do processo de inventário junta pelo executado, arguindo inclusivamente a sua falsidade; verificando-se a segunda hipótese, deve o juiz, a quem o processo será presente, ordenar as diligências instrutórias necessárias, inquirindo designadamente as testemunhas oferecidas (art. 304.º), em vista a apurar se os bens penhorados não provieram da herança e se nesta não existem valores suficientes para pagamento da dívida exequenda.

O incidente terminará com uma decisão do juiz, mantendo a penhora ou ordenando o seu levantamento (art. 863.º-B, n.º 4, por analogia).

Tenha-se presente que, no caso analisado, a oposição à penhora se realiza através de *simples requerimento*, e não do incidente previsto nos arts. 863.º-A e 863.º-B[422].

45. PENHORABILIDADE SUBSIDIÁRIA

Da penhorabilidade subsidiária cuida o art. 828.º: nos seus números 1 a 6, regula-se a *subsidiariedade pessoal*; no seu n.º 7, regula-se a *subsidiariedade real*.

Quanto à primeira, resulta daqueles preceitos que em execução movida simultaneamente contra o devedor principal e o devedor subsidiário ou só contra este, face à *libera electio* do credor, não podem penhorar-se, em princípio, bens do devedor subsidiário, enquanto não estiverem excutidos todos os bens do devedor principal. E uma situação destas só pode ocorrer se o devedor principal e o devedor subsidiário forem ambos condenados ou figurarem pessoalmente no título executivo.

O devedor subsidiário, uma vez intimado pelo credor para satisfazer o seu crédito, sem prévia excussão do património do devedor principal, pode optar pela sua imediata satisfação, a fim de evitar o agravamento da

---

[422] Este caso justificava anteriormente, quando a herança tivesse sido aceite pura e simplesmente, a dedução de embargos de terceiro por parte do executado, de harmonia com o disposto no n.º 2 do art. 1037.º, por o título de aquisição do património próprio do herdeiro ser distinto, face ao princípio da *separação de patrimónios*, do título de aquisição do património do autor da herança e só este património respondia pelas dívidas contraídas pelo *de cujus* (art. 827.º, n.º 3, na redacção anterior à RPC95-96). Em aplicação deste regime, *vide* Acórdão do STJ de 12.12.95, BMJ, 452, p. 448.

Por não ter atentado na revogação do n.º 2 do art. 1037.º pelo art. 3.º do DL n.º 329-A/95, de 12 de Dezembro, e na nova redacção que, na sua sequência, foi conferida ao n.º 3 do art. 827.º, donde foi irradiada a anterior expressão *por meio de embargos de terceiro*, é que Jacinto Bastos continua incorrectamente a defender ("Notas ao Código de Processo Civil", vol. IV, cit., p. 52) ser através dos embargos de terceiro que o executado logrará o levantamento da penhora incidente sobre bens próprios, em caso de herança aceite pura e simplesmente.

sua situação debitória, caso se convença que o devedor principal não tem possibilidades económicas de cumprir a obrigação[423].

Como exemplo paradigmático de devedor subsidiário temos o *fiador*, que garante com o seu património a satisfação do direito de crédito, obrigando-se pessoalmente perante o credor, se bem que a sua obrigação seja acessória da que recai sobre o principal devedor (art. 627.º do CC).

Goza, todavia, o fiador do *benefício da excussão*, que lhe permite evitar a agressão judicial do seu património, a pedido do credor, enquanto se não tiverem executado todos os bens do devedor.

"Ao fiador é lícito recusar o cumprimento — diz-nos o n.º 1 do art. 638.º do CC — enquanto o credor não tiver excutido todos os bens do devedor sem obter a satisfação do seu crédito".

"A invocação do benefício da excussão, nos ensinamento de Manuel Januário da Costa Gomes[424], tem um efeito de *subsidiarização* da responsabilidade do fiador, provocando o protelamento do momento da exigibilidade da prestação fidejussória conformada pela prestação principal; ou seja, o fiador passa a garantir a satisfação da parte do crédito (primário ou secundário) — o *saldo* — que não resultar satisfeito através das diligências do credor junto de devedor, *maxime* através da excussão de todos os seus bens".

Ainda, segundo o mesmo autor[425], "a prévia excussão do património do devedor primário funciona como um autêntico pressuposto da efectiva responsabilização do devedor subsidiário, o qual se encontra na posição de opor ao credor, quando accionado intempestivamente, a excepção da inexigibilidade do crédito".

Mas, ao lado do *benefício da excussão pessoal*, vertido no n.º 1 do art. 638.º do CC, goza o fiador do *benefício da excussão real*, que lhe permite, em consonância com o disposto no n.º 1 do art. 639.º do mesmo Código, solicitar a execução prévia das coisas sobre que recaia a garantia real prestada por terceiro, desde que esta seja contemporânea ou anterior à fiança.

Também o *subfiador*, que afiança o fiador perante o credor (art. 630.º do CC), goza do benefício da excussão, tanto em relação ao fiador como em relação ao devedor, de harmonia com o que se dispõe no art. 643.º do CC.

---

[423] Cf. Manuel Januário da Costa Gomes, "Assunção Fidejussória...", cit., pp. 987 e 1133.

[424] Ob. cit., p. 1174.

[425] Ob. cit., p. 965.

Casos há, contudo, em que o fiador não goza do benefício da excussão, como se refere no art. 640.º do mesmo Código. É o que se verifica quando ele haja renunciado ao benefício da excussão, especialmente se tiver assumido a obrigação de principal pagador[426], ou quando o devedor ou o dono dos bens onerado com a garantia não puder, em virtude de facto posterior à constituição da fiança, ser demandado ou executado no território continental ou das ilhas adjacentes. Daí o benefício da excussão se apresentar como uma característica natural da fiança, por não ser necessário um acordo das partes nesse sentido, mas não como uma característica essencial da mesma, dado, por vezes, o fiador assumir a vinculação fidejussória sem esse benefício.

A lei presume a renúncia ao benefício da excussão sempre que o fiador demandado isoladamente não tenha provocado a intervenção do devedor principal, como o permite o art. 329.º, a menos que faça declaração expressa em contrário no processo (art. 641.º, n.º 2, do CC).

Para além do fiador, no quadro do nosso sistema legal, apresentam-se igualmente como *devedores subsidiários* os sócios da sociedade comercial em nome colectivo, os sócios comanditados da sociedade comercial em comandita e os sócios da sociedade civil (arts. 175.º, n.º 1, e 465.º, n.º 1, do CSC e 997.º, n.º 2, do CC).

Três situações se podem configurar, em sede executiva, quando um devedor subsidiário responde, a par do devedor principal, por determinada obrigação:

1) *Execução instaurada contra o devedor principal e o devedor subsidiário.*

A penhora começa pelos bens do devedor principal e só poderá incidir sobre os bens do devedor subsidiário se, após a venda dos primeiros, o produto dela for insuficiente para o pagamento do liquidado na execução (art. 828.º, n.ºs 1, 1.ª parte, e 3, alínea a)). Quando o devedor subsidiário deva ser previamente citado, a sua citação só precede a excussão dos bens do devedor principal quando o exequente o requeira[427]; se isto ocorrer, tem o devedor subsidiário o ónus de invocar o benefício da excussão, no prazo da oposição à execução (art. 828.º, n.º 1, 2.ª parte).

---

[426] Nas letras e livranças, o avalista é responsável como principal pagador (arts. 32.º e 77.º da LULL); na fiança comercial, o fiador é solidário com o respectivo afiançado (art. 101.º do CCom).

[427] Para Maria José Capelo ("Pressupostos Gerais...", cit., p. 97), esta faculdade ficará limitada aos casos em que o exequente não disponha de elementos de prova da renúncia ao benefício da excussão.

Se o devedor subsidiário não tiver sido previamente citado, só é admissível a penhora sobre os seus bens depois de excutidos todos os bens do devedor principal, a menos que se prove que o devedor subsidiário renunciou ao benefício da excussão [art. 828.º, n.º 3, alínea a)].

Mesmo se houver necessidade de penhorar bens do devedor subsidiário, pode este, em qualquer altura, fazer sustar a execução sobre os seus bens, indicando à penhora outros bens que o devedor principal haja posteriormente adquirido ou de cuja existência só depois teve conhecimento (art. 828.º, n.º 6). Esta invocação superveniente do benefício da excussão não se encontra sujeita a qualquer prazo, enquanto não ocorrer a venda ou adjudicação dos bens penhorados[428].

2) *Execução instaurada apenas contra o devedor subsidiário.*

Perante a invocação relevante do benefício da excussão prévia, não se procederá à penhora dos bens do devedor subsidiário, previamente citado, devendo o exequente fazer prosseguir a execução contra o devedor principal, promovendo a penhora dos bens deste, junto do agente de execução (art. 828.º, n.º 2). Se o exequente não tiver título executivo contra o devedor principal, a execução será suspensa até que ele o obtenha. Só se procederá à penhora dos bens do devedor subsidiário se o produto da venda dos bens penhorados ao devedor principal for insuficiente para pagamento do devido na execução, tal qual como na hipótese anterior.

Se o devedor subsidiário não tiver sido previamente citado, em execução apenas contra ele movida, por se mostrar que não tem bens o devedor principal ou se provar que o devedor subsidiário renunciou ao benefício da excussão prévia [art. 828.º, n.º 3, alínea b)], pode este invocar o benefício da excussão prévia em oposição à penhora, requerendo o respectivo levantamento, desde que se verifique uma das seguintes situações: quando, havendo bens do devedor principal, o exequente não tenha feito prosseguir contra ele a execução, no prazo de 10 dias a contar da notificação de que foi deduzida a referida oposição; ou quando seja manifesto que a penhora efectuada sobre bens do devedor principal é suficiente para a realização dos fins da execução (art. 828.º, n.º 4).

3) *Execução instaurada apenas contra o devedor principal.*

Sendo a execução apenas instaurada contra o devedor principal, não se perspectiva a hipótese de excussão prévia nem de invocação do respectivo benefício, uma vez que nela não podem penhorar-se bens do devedor subsidiário, por ser estranho à execução. Todavia, desde que o

[428] Cf. Teixeira de Sousa, "Acção Executiva...", cit., p. 228.

exequente tenha título executivo contra o devedor subsidiário, pode fazer prosseguir a execução contra ele, depois de se revelarem insuficientes os bens penhorados ao devedor principal (art. 828.º, n.º 5).

O devedor subsidiário deve invocar o benefício da excussão prévia no prazo de 20 dias: por meio de um simples *requerimento*, a contar da citação, se esta tiver previamente ocorrido; na oposição à penhora, se a citação prévia não tiver lugar (arts. 813.º, n.os 1 e 2, e 828.º, n.os 1, parte final, e 4, parte inicial).

Se bem que o benefício da excussão seja normalmente invocado na fase executiva, nada obsta a que o seja igualmente no processo declaratório (art. 641.º do CC, quanto à fiança). Optando o fiador (ou outro devedor subsidiário) por invocar neste processo o *benefitium*, a condenação deve revelar a subsidiarização da sua responsabilidade. Consequentemente, em sede executiva, a não excussão do património do devedor implica a inexigibilidade da obrigação fidejussória (ou outra subsidiária), podendo o fiador (ou outro devedor subsidiário) opor-se à execução apoiado na alínea e) do n.º 1 do art. 814.º, ou então, opor-se à penhora estribado na alínea b) do n.º 1 do art. 863.º-A, neste caso em situação paralela à do fiador (ou outro devedor subsidiário) que apenas invoque o *benefitium* na fase executiva[429].

No que concerne à *subsidiariedade real*, resulta do n.º 7 do art. 828.º que serão penhorados, em primeiro lugar, os bens que, nos termos da lei, respondem prioritariamente pelo cumprimento da obrigação, e, só se eles forem insuficientes, se procederá à penhora dos que respondem subsidiariamente.

Assim, respondem em primeira linha:

a) Os bens do devedor onerados com garantia real, e só depois os seus restantes bens (art. 835.º, n.º 1)[430];
b) Os bens comuns do casal pelas dívidas da responsabilidade de ambos os cônjuges, e só depois os bens próprios de qualquer dos cônjuges (art. 1695.º do CC);

---

[429] Cf. Manuel Januário da Costa Gomes, "Assunção Fidejussória...", cit., pp. 1136 e segs.

[430] Face ao disposto no art. 697.º do CC, a regra da *subsidiariedade real* só vale se o bem hipotecado for propriedade do devedor; se o bem hipotecado for propriedade de terceiro, não pode o devedor, em acção contra ele proposta, invocar qualquer subsidiariedade. Sendo a acção proposta contra ambos, podem ser penhorados, em primeiro lugar, os bens do devedor, ante o estatuído no n.º 2 do art. 56.º do CPC.

c) Os bens próprios do cônjuge devedor pelas dívidas da sua exclusiva responsabilidade, e só depois a sua meação nos bens comuns (art. 1696.°, n.° 1, do CC);
d) A generalidade dos bens do sócio da sociedade civil e da sociedade comercial em nome colectivo e do sócio comanditado da sociedade comercial em comandita simples por dívidas pessoais, e só depois o direito ao produto da liquidação da quota ou da parte social (arts. 999.°, n.° 2, do CC e 183.°, n.° 3, e 474.° do CSC);
e) A generalidade dos bens do titular do estabelecimento individual de responsabilidade limitada por dívidas alheias à respectiva exploração, e só depois o estabelecimento (art. 22.° do DL n.° 248/86, de 25 de Agosto).

Diversamente do que ocorre na *subsidiariedade pessoal*, na *subsidiariedade real* não se exige a prévia excussão dos bens que respondem prioritariamente, mediante a realização das vendas ou adjudicações, para se poderem penhorar os que respondem em último lugar. Como se verifica do n.° 7 do art. 828.°, confirmado pelo n.° 1 do art. 835.°, basta que o exequente demonstre a *insuficiência manifesta* dos bens que devem responder em primeiro lugar, para poder promover a penhora dos que respondem subsidiariamente. Isto, aliás, em consonância com os preceitos substantivos dos arts. 697.°, 999.°, n.° 2, e 1695.°, n.° 1, do CC e 183.°, n.° 3, do CSC.

Há quem sustente[431] que a disciplina contida no n.° 7 do art. 828.° se aplica igualmente à *subsidiariedade pessoal*, apesar de tal conduzir, na prática, à inutilização da vantagem do benefício da excussão e a uma interpretação desrazoável e inconciliável entre os n.os 1 e 3, alínea b), por um lado, e 7, por outro, do citado art. 828.°.

Discordamos de tal entendimento, por os mencionados números do aludido artigo visarem realidades diversas, referindo-se o n.° 7 somente aos "casos em que, *de entre os bens ou direitos do devedor*, alguns respondem em *último lugar*"[432].

Se, em infracção ao que se dispõe no art. 828.°, se penhorarem bens do devedor subsidiário, sem previamente se excutirem os bens do devedor principal, ou se se penhorarem, em primeiro lugar, bens que

---

[431] Assim, Manuel Januário da Costa Gomes, ob. cit., pp. 1147 e seg., 1163 e 1165 e segs.

[432] Cf. Remédio Marques, ob. cit., p. 212.

apenas respondem a título subsidiário, podem o devedor subsidiário ou o titular dos bens, tanto aquele como este nas posições de executado, opor-se à penhora, com o fundamento da alínea b) do n.º 1 do art. 863.º-A[433].

46. CONSULTAS E DILIGÊNCIAS PRÉVIAS À PENHORA

As consultas e diligências prévias à penhora iniciam-se, nos termos do n.º 1 do art. 832.º, no prazo máximo de cinco dias contados:

a) Da apresentação de requerimento executivo que dispense o despacho liminar e a citação prévia do executado;
b) Do termo do prazo para a oposição do executado previamente citado sem que esta tenha sido deduzida;
c) Da notificação da secretaria ao agente de execução, depois de proferido despacho que dispense a citação prévia ou não suspenda a execução nos termos do art. 818.º; ou
d) Da notificação da secretaria ao agente de execução, depois de ter sido julgada improcedente a oposição deduzida, que suspendera a execução.

Antes de proceder às diligências prévias à penhora, o agente de execução consulta sempre o registo informático de execuções (art.º 832.º, n.º 2). Para o efeito, acede directamente a este registo ou solicita à secretaria do tribunal competente o certificado de todos os dados que o registo contenha relativamente ao executado, certificado esse que deve ser passado no prazo máximo de três dias úteis [arts. 807.º, n.º 4, alínea b), do CPC e 8.º, n.ºs 1, 2 e 3, 9.º, n.º 1, e 10.º, n.ºs 1 e 2, do DL n.º 201/ /2003, de 10 de Setembro).

A consulta do registo informático de execuções permitirá esclarecer o agente de execução sobre a verificação das duas seguintes realidades: anterior execução instaurada contra o executado que tenha findado sem integral pagamento; e pendência de processo de execução para pagamento de quantia certa contra o executado.

Quando verifique que contra o executado foi movida execução que tenha findado sem integral pagamento, o agente de execução realiza as diligências prévias à penhora, com comunicação do seu resultado ao

---

433 Cf. ponto n.º 54.

exequente; caso não sejam encontrados ou não sejam indicados bens à penhora pelo exequente, extingue-se de imediato a execução, por inutilidade superveniente da lide [arts. 832.º, n.º 3, e 919.º, n.º 1, alínea c)].

Quando verifique que contra o executado se encontra pendente um processo de execução para pagamento de quantia certa, para ele é remetido o requerimento executivo, desde que o exequente seja titular de um direito real de garantia sobre bem penhorado nesse processo, que não seja um privilégio creditório geral, e que no mesmo processo ainda não tenha sido proferida a sentença de graduação (art. 832.º, n.º 4). Se, no momento da remessa, o processo pendente já estiver na fase do concurso de credores, o requerimento executivo vale como reclamação, assumindo o exequente a posição de reclamante; se o processo pendente ainda não tiver alcançado a fase do concurso de credores, constitui-se coligação de exequentes, assumindo o exequente a posição de coligado activo (art. 832.º, n.º 5).

Se não houver lugar nem à extinção nem à remessa da execução, o agente de execução inscreve no registo informático de execuções os dados referidos no n.º 1 do art. 806.º e prossegue com as diligências prévias à penhora (art. 832.º, n.º 6).

47. DILIGÊNCIAS PRÉVIAS À PENHORA E RESULTADO DELAS

As diligências prévias à penhora para identificação ou localização de bens penhoráveis não ocorrerão se no requerimento executivo forem indicados alguns dos bens referidos nas alíneas a) a d) do n.º 1 do art. 834.º, de valor previsivelmente igual ao crédito exequendo acrescido das custas prováveis da execução (art. 833.º-A, n.º 1).

Não se verificando esta situação, o agente de execução deve proceder à realização das diligências que lhe permitam identificar ou localizar bens penhoráveis, designadamente através da consulta, nas bases de dados da administração tributária, da segurança social, das conservatórias do registo predial, comercial e automóvel e de outros registos ou arquivos semelhantes, de todas as informações sobre a identificação do executado e sobre a identificação e a localização dos seus bens (art. 833.º-A, n.º 2)[434] [435].

---

[434] As informações sobre a identificação do executado apena incluem: a) O nome, o número de identificação fiscal e o domicílio fiscal relativamente às bases de dados da

A consulta directa pelo agente de execução às bases de dados deve ser definida por portaria do membro do Governo responsável pela área da justiça e aprovada igualmente pelos membros do Governo responsáveis pelas áreas das finanças ou da segurança social, quando esteja em causa matéria relativa a bases de dados da administração tributária ou da segurança social, respectivamente, de acordo com os requisitos exigíveis pelo Sistema de Certificação Electrónica do Estado — Infra-Estrutura de Chaves Públicas (art. 833.º-A, n.º 4).

Não sendo possível o acesso electrónico aos elementos sobre a identificação e a localização dos bens do executado, os serviços devem fornecê-los ao agente de execução pelo meio mais célere e no prazo de 10 dias (art. 833.º-A, n.º 6). Fica, todavia, dependente de despacho judicial de autorização a consulta de declarações ou de elementos protegidos pelo sigilo fiscal, bem como de outros dados sujeitos a regime de confidencialidade. As informações obtidas por esta via serão estritamente utilizadas na medida indispensável à realização da penhora, não podendo ser injustificadamente divulgadas (art. 833.º-A, n.º 7). Se o agente de execução aceder a informações confidenciais sem prévia autorização judicial ou injustificadamente as divulgar, incorrerá em responsabilidade civil, quando não em responsabilidade criminal.

Efectuadas as consultas atrás referidas, o agente de execução notifica o exequente dos resultados obtidos ou informa-o da não identificação de quaisquer bens penhoráveis (art. 833.º-B, n.º 1)[436]. Sendo identificados bens penhoráveis, a execução prossegue com a penhora desses bens, a não ser que o exequente, no prazo de 5 dias a contar da sua notificação, declare que não pretende a penhora de determinados bens

---

administração tributária; b) O nome e os números de identificação civil ou de beneficiário da segurança social, relativamente às bases de dados das conservatórias do registo predial, comercial e automóvel e de outros registos ou arquivos semelhantes ou da segurança social, respectivamente (art. 833.º-A, n.º 3).

[435] É gratuito o acesso às bases de dados registais por parte dos agentes de execução efectuado nos termos do disposto nos n.ºs 2 e 4 do art. 833.º-A do CPC (art. 8.º, n.º 3, do DL n.º 322-A/2001, de 14 de Dezembro, na redacção do DL n.º 122/2009, de 21 de Maio).

[436] Trata-se duma manifestação do princípio geral contido no art. 837.º, onde se impõe ao agente de execução o dever de informar o exequente de todas as diligências efectuadas, bem como do motivo da frustração da penhora, com a obrigação de as comunicações serem disponibilizadas exclusivamente por meios electrónicos após a realização de cada diligência ou do conhecimento do motivo da frustração da penhora.

imóveis e móveis identificados não sujeitos a registo, ou desista da execução (art. 833.º-B, n.º 2).

Não sendo encontrados bens penhoráveis, é notificado o exequente para se pronunciar no prazo de 10 dias e, caso indique alguns bens, procede-se à respectiva penhora (art. 833.º-B, n.º 3).

Não indicando o exequente outros bens penhoráveis, será o executado citado (a menos que já o tenha sido previamente, em que será notificado) para, no prazo de 10 dias, mesmo que se oponha à execução, pagar ou indicar bens para penhora, com a advertência das consequências de uma declaração falsa ou da falta de declaração, abaixo referidas, e ainda opor-se à execução, querendo (art. 833.º-B, n.ºs 4 e 5).

Caso o executado não pague nem indique bens para penhora, extingue-se a execução, por inutilidade superveniente da lide [art. 833.º-B, n.º 6, e 919.º, n.º 1, alínea c)]. Renovando-se a execução extinta a requerimento de exequente, por indicação de bens penhoráveis, e se verifique que o executado, apesar de não ter feito declaração alguma ou de ter feito declaração falsa de que tenha resultado o não apuramento de bens suficientes para satisfação da obrigação, tinha bens penhoráveis, fica ele sujeito a sanção pecuniária compulsória, no montante de 5% da dívida ao mês, com o limite mínimo global de mil euros, desde a data da omissão até à descoberta dos bens (art. 833.º-B, n.º 7).

Isto sem prejuízo de nos demais casos de omissão grave do dever de cooperação, como, por exemplo, manobras dilatórias de ocultação de bens anteriormente indicados à penhora, poder o executado ser condenado como litigante de má fé [arts. 456.º, n.ºs 1 e 2, alínea c) e 850.º, n.º 2].

Do exposto resulta que o executado só é chamado a colaborar na localização de bens penhoráveis, depois de o agente de execução não os ter encontrado e de o exequente também não ter sido capaz de os descobrir[437].

48. ORDEM E MODO DE REALIZAÇÃO DA PENHORA

Na redacção outorgada ao n.º 1 do art. 834.º pelo DL n.º 38/2003, de 8 de Março, dizia-se que a penhora começava pelos bens cujo valor pecuniário fosse de mais fácil realização e se mostrasse adequado ao montante do crédito do exequente.

---

[437] Cf. Teixeira de Sousa, "A Reforma...", cit. p. 150.

Não se estabelecia assim nenhuma ordem no respeitante aos bens a penhorar para os fins da execução.

Na redacção anterior do n.º 1 do art. 834.º, provindo do art. 811.º do CPC de 1876 e mantido no art. 834.º do CPC de 1939, o *gradus executionis* nele fixado só permitia ao executado a nomeação à penhora de direitos, na falta de móveis e imóveis.

Tratava-se de um regime desactualizado perante a nova realidade económica, que mereceu, na altura, de Teixeira de Sousa o seguinte juízo crítico[438]:

"Enquanto, em tempos passados, os bens fundiários eram, quase exclusivamente, os principais factores de riqueza, hoje o património de um devedor é frequentemente constituído por créditos (laborais e outros), por participações sociais em empresas e por outros valores mobiliários. A tendência para a 'desmaterialização' do património do devedor é, aliás, tão mais acentuada quanto menores forem os seus recursos: um trabalhador de fracos rendimentos possui pouco mais do que o produto do seu trabalho. Dificilmente se compreende, por isso, uma hierarquização dos valores penhorávcis, que só aceita a penhora de direitos do devedor de uma forma residual".

Actualmente, com a nova redacção conferida ao n.º 1 do art. 834.º pelo DL n.º 226/2008, de 20 de Novembro, voltou a restabelecer-se o sistema do *gradus executionis.*

Com efeito, segundo aquele preceito, e independentemente da ordem pela qual o exequente indicou bens à penhora, do resultado das diligências prévias à penhora e dos bens nomeados à penhora pelo executado, o agente de execução deve efectuar a penhora preferencialmente pela ordem seguinte:

a) Penhora de depósitos bancários;
b) Penhora de rendas, abonos, vencimentos, salários ou outros créditos se for de presumir que permitam a satisfação integral do credor no prazo de seis meses;
c) Penhora de títulos e valores mobiliários;
d) Penhora de bens móveis sujeitos a registo se for de presumir que o seu valor seja uma vez e meia superior ao custo da sua venda judicial;
e) Penhora de quaisquer bens cujo valor pecuniário seja de fácil realização ou se mostre adequado ao montante do crédito do exequente.

---

438 "Estudos...", cit., p. 632, e "Acção Executiva...", cit., p. 232.

Também é admissível a penhora de bens imóveis ou de estabelecimento comercial, mesmo que não se adeqúe, por excesso, ao montante do crédito exequendo, quando a penhora de outros bens presumivelmente não permita a satisfação integral do credor no prazo de seis meses (art. 834.º, n.º 2)[439].

De forma um tanto diversa do que ora se dispõe nos n.os 1 e 2 do art. 834.º, estipula-se no art. 592.º da LEC de 2000 que, na falta de acordo entre credor e devedor, a ordem dos bens a penhorar dependerá da maior facilidade da sua alienação e da menor onerosidade desta para o executado e, não sendo possível implementar estas regras, seguir-se-á então uma ordem, no topo da qual se encontram o dinheiro e contas correntes de qualquer classe e os créditos e direitos realizáveis no acto ou a curto prazo, figurando os bens móveis e os bens imóveis em sexto e sétimo lugares, respectivamente.

A escolha dos bens a penhorar, dentre os indicados para a execução, compete ao agente de execução[440], não havendo lugar, em regra, diversamente do que ocorria antes da RPC2003, a despacho judicial ordenatório da penhora. Só assim não será, pelo menos, em caso de penhora de depósitos bancários, porquanto, nos termos do n.º 1 do art. 861.º-A, esta efectua-se mediante despacho judicial, sem prejuízo da sua realização competir ao agente de execução.

A penhora lavra-se por meio de auto (art. 836.º). O modelo deste consta do anexo I da Portaria n.º 700/2003, de 31 de Julho, com destaque para o preenchimento dos seguintes campos: o tribunal, juízo ou secretaria onde pende a acção executiva; o tribunal ao qual é solicitada

---

[439] No n.º 2 do art. 834.º do projecto de reforma da acção executiva de Dezembro de 2001, indicava-se a seguinte ordem para proceder à penhora: penhora de depósitos bancários; penhora de títulos e valores mobiliários; penhora de rendas, abonos, vencimentos, salários ou outros créditos que, pelo seu montante e datas de vencimento, permitam o rápido pagamento do exequente; penhora de bens móveis sujeitos a registo; penhora de bens móveis não sujeitos a registo; penhora de bens imóveis; penhora de direitos de aquisição com eficácia real; e penhora de outros direitos ou expectativas de aquisição.

[440] Com a RPC2003, deixou de existir a nomeação de bens à penhora, passando a haver uma simples indicação dos bens a penhorar pelo exequente, no requerimento executivo [art. 810.º, n.os 1, alínea i), e 5] ou em requerimento ulterior, se não forem encontrados bens penhoráveis (art. 833.º-B, n.º 3), indicação essa que não vincula o agente de execução. Cf.: Teixeira de Sousa, "A Reforma...", cit., pp. 34-36 e 152-154; e Rui Pinto, ob. cit., pp. 115 e seg.

apenas a realização da penhora; os nomes dos exequente(s) e executado(s); o local de realização da penhora; a identificação do agente de execução, quer o designado na acção executiva quer o que efectua a penhora, a solicitação daquele; o montante da dívida exequenda, as despesas prováveis da execução, nos termos previstos no n.º 3 do art. 821.º (20%, 10% e 5% do valor da execução), e a soma dos dois valores referidos; o nome do depositário e a sua identificação, caso ela ainda não conste do processo; o local em que ficam depositados os bens; a menção dos bens penhorados por meio de verbas numeradas sequencialmente a partir da unidade; a espécie de bens penhorados (v.g., bem imóvel, bem móvel, sujeito ou não a registo, etc.); a descrição dos bens penhorados, de acordo com o n.º 5 do art. 810.º, com referência aos elementos pertinentes, na hipótese de bens sujeitos a registo; o valor atribuído ao bem penhorado; sendo penhorados bens comuns do casal, a indicação dos bens comuns (por referência às verbas em que foram descritos) e a identificação do cônjuge do executado (nome, domicílio, local de trabalho, regime de casamento e NIF).

A penhora, de harmonia com o disposto no n.º 3 do art. 834.º, pode ser reforçada ou substituída nos seguintes casos:

a) Quando o executado requeira ao agente de execução, no prazo da oposição à penhora, a substituição dos bens penhorados por outros que igualmente assegurem os fins da execução, desde que a isso não se oponha o exequente[441];
b) Quando seja ou se torne manifesta a insuficiência dos bens penhorados;
c) Quando os bens penhorados não sejam livres e desembaraçados e o executado tenha outros que o sejam;
d) Quando sejam recebidos embargos de terceiro contra a penhora, ou seja a execução sobre os bens suspensa por oposição a esta deduzida pelo executado;
e) Quando o exequente desista da penhora, por sobre os bens penhorados incidir penhora anterior;
f) Quando o devedor subsidiário, não previamente citado, invoque o benefício da excussão prévia.

[441] Verificando-se oposição à penhora, o agente de execução remete o requerimento e a oposição ao juiz, para decidir (art. 834.º, n.º 4).

Em caso de substituição, exceptuada a ocorrida a pedido do devedor subsidiário, não previamente citado, que invoque o benefício da excussão prévia, só depois da nova penhora é levantada a que incide sobre os bens substituídos (art. 834.º, n.º 5).

Sempre que o executado se oponha à execução pode, no acto da oposição, requerer a substituição da penhora por caução idónea desde que garanta os fins da execução (art. 834.º, n.º 6)[442]. Mas a lei não lhe permite a prestação espontânea de caução, a fim de obstar à realização da penhora, antes de deduzida a oposição à execução[443].

49. BENS ONERADOS COM GARANTIA REAL E BENS INDIVISOS

Nos termos do art. 697.º do CC, o devedor que for dono dos bens hipotecados pode opor-se a que outros bens sejam penhorados na execução enquanto se não reconhecer a insuficiência da garantia. E o mesmo acontece, por força da remissão feita pelos arts. 678.º e 753.º do mesmo Código, se a garantia real for o penhor ou o privilégio creditório.

Este mesmo regime é confirmado pelo art. 835.º, n.º 1, em aplicação da doutrina da *subsidiariedade real* recebida no n.º 7 do art. 828.º.

Situação idêntica ocorre em relação aos bens arrestados, que passam a penhorados, por conversão, fazendo-se no registo predial o respectivo averbamento, nos termos do art. 846.º, no que concerne aos imóveis, mas extensível, com as devidas adaptações, aos móveis e direitos, em conformidade com o que se dispõe nos arts. 855.º e 863.º.

No caso de a garantia real ter sido prestada por terceiro, na execução movida contra o devedor, já este não pode invocar a regra da penhorabilidade subsidiária, como resulta *a contrario* dos arts. 697.º do CC e 835.º. E também não a pode invocar o devedor solidário quando apenas sobre os bens de outro devedor, igualmente demandado, incidir uma garantia real[444]. Se a execução for instaurada contra terceiro, em conformidade com o que se dispõe no art. 56.º, n.os 2 e 3, não se perfila uma situação de *subsidiariedade real*, porquanto àquele só podem ser penhorados os bens onerados com a garantia.

---

[442] Para este efeito, deve ser comunicado ao executado que, no prazo da oposição, pode requerer a substituição dos bens penhorados, ou a substituição da penhora por caução (art. 864.º, n.º 7).

[443] Cf. Acórdão da RL de 28.06.2007, CJ, ano XXXII, tomo III, p. 107.

[444] Cf. Acórdão da RP de 8.09.2008, CJ, ano XXXIII, tomo IV, p. 170.

No caso de dívida com garantia real que onere bens pertencentes quer ao devedor quer a terceiro, em execução instaurada ora contra um ora contra outro, inicia-se a penhora pelos bens sobre que incide a garantia (art. 835.º, n.º 1).

O exequente pode indicar à penhora, e logo no requerimento executivo, outros bens do devedor-executado, se demonstrar a insuficiência manifesta dos bens onerados para satisfação do devido, sem necessidade de excutir previamente estes, face ao que hoje se dispõe no n.º 7 do art. 828.º[445].

Mas o que o exequente não pode é requerer que a penhora incida prioritariamente sobre os bens do devedor não onerados com a garantia real, mesmo que essa penhora lhe possibilite a realização mais rápida e segura do seu direito[446].

No respeitante ao penhor, em concretização desta regra, diz-se no art. 675.º do CC que, uma vez vencida a obrigação, adquire o credor o direito de ser pago pelo produto da venda da coisa empenhada, sendo lícito aos interessados convencionar que a referida coisa seja adjudicada ao credor pelo valor que o tribunal fixar.

Sendo conveniente para a execução, a penhora inicia-se igualmente sobre um quinhão em determinado património autónomo ou sobre o direito a um certo bem indiviso, desde que todos os quinhões daquele património e todos os direitos sobre este bem venham a ser penhorados em execuções diversas, o que determinará a realização de uma única venda (art. 835.º, n.º 2).

50. **PENHORA DE BENS IMÓVEIS**

No CPC, na secção da *penhora*, as subsecções III, IV e V tratam das formalidades da penhora consoante o seu objecto: a primeira, sob a denominação de *penhora de bens imóveis*, cuida da penhora do direito de propriedade ou de fracções parcelares desse direito sobre as coisas imóveis; a segunda, sob a denominação de *penhora de bens móveis,*

---

[445] Cf. ponto n.º 45.

[446] Outrossim na execução fiscal, caso a dívida tenha garantia real onerando bens pertencentes ao devedor por estes se iniciará a penhora que só prosseguirá noutros bens quando se reconheça a insuficiência dos primeiros para conseguir os fins da execução (art. 219.º, n.º 4, do CPPT).

abrange a penhora do direito de propriedade ou de fracções parcelares desse direito sobre as coisas móveis; e a terceira, sob a denominação de *penhora de direitos*, refere-se à penhora de todos os direitos (penhoráveis) que não se identifiquem com o direito de propriedade ou fracções parcelares desse direito sobre as coisas corpóreas (imóveis ou móveis)[447].

O regime-regra, no que concerne ao modo de realização da penhora, é o contido na subsecção da penhora de imóveis, que se aplica subsidiariamente tanto à penhora de móveis (art. 855.º), como à penhora de direitos (art. 863.º); ainda a esta última penhora se aplica também subsidiariamente o regime da penhora de móveis (art. 863.º).

Comecemos então a nossa análise pela *penhora de bens imóveis.*

O modo da realização da penhora de coisas imóveis consta do art. 838.º.

Diz-se aqui que a penhora de coisas imóveis se realiza por comunicação electrónica do agente de execução ao serviço de registo competente, a qual vale como pedido de registo, ou com a apresentação naquele serviço de declaração por ele subscrita[448].

O registo da penhora tem natureza urgente e implica a imediata feitura dos registos anteriormente requeridos sobre o bem penhorado[449].

Inscrita a penhora e feitos os registos anteriormente requeridos, se for o caso, é enviada ou disponibilizada por via electrónica, ao agente de execução, certidão dos registos em vigor sobre os prédios penhorados.

Seguidamente, o agente de execução lavra o auto de penhora e procede à afixação, na porta ou noutro local visível do imóvel penhorado, de um edital, constante de modelo aprovado por portaria do Ministro da Justiça[450] [451].

---

[447] Cf. Antunes Varela, RLJ, ano 115.º, pp. 254 e seg.

[448] Cf., no mesmo sentido, o art. 48.º, n.º 1, do CRPredial.

[449] À semelhança do registo da hipoteca (art. 687.º do CC), promessa real (art. 413.º, n.º 1, do CC) e pacto de preferência real (art. 421.º, n.º 1, do CC), o registo da penhora tem efeito constitutivo.

[450] O modelo do edital de penhora de imóveis foi aprovado pela Portaria n.º 700/ /2003, de 31 de Julho, integrando o seu anexo II; o edital é constituído por duas partes, sendo a primeira destinada ao preenchimento dos elementos do processo onde foi efectuada a penhora (onde, além do mais, se devem identificar detalhadamente os agentes de execução, quer o designado quer o executor da diligência) e a segunda reservada à identificação do imóvel penhorado.

[451] O auto é lavrado pelo agente de execução designado na execução, a menos que o bem se encontre fora da área da comarca de execução e suas limítrofes, ou da

Atenta a actual redacção do n.º 1 do art. 840.º, a penhora de imóveis, diversamente do que vinha ocorrendo desde a entrada em vigor do CPC39 (art. 838.º) e prosseguido com o actual (anterior redacção do n.º 3 do art. 838.º), implica agora, em regra, tal como já acontecera na vigência do CPC de 1876 (art. 819.º) uma efectiva apreensão do bem, que se tira da posse do executado para a do agente de execução, quando é ele constituído depositário. Em vez da *tradição formal*, representada por termo no processo, há agora sempre lugar à *tradição efectiva*, e não apenas, como anteriormente, quando o depositário encontre dificuldade em tomar conta dos bens ou tenha dúvidas sobre o objecto de depósito.

Não haverá lugar às diligências necessárias à realização da penhora de coisas imóveis, se os bens se encontrarem arrestados. Nesta situação, o arresto é convertido em penhora, não já por despacho, como anteriormente à RPC2003, mas mediante comunicação electrónica do agente de execução ao serviço de registo competente ao qual compete proceder ao registo por averbamento à respectiva inscrição [arts. 846.º e 101.º, n.º 2, alínea b), este do CRPredial][452].

O arresto pode ser requerido tanto para garantia da acção declarativa como da acção executiva, quando esta não dependa de sentença condenatória (art. 383.º, n.º 1); neste caso, visando prevenir o justo receio de perda da garantia patrimonial entre os momentos da instauração da execução e o da realização da penhora. Se o arresto for requerido como acto preparatório da acção executiva, caducará caso a execução não seja promovida dentro do prazo de 10 dias a que alude o art. 389.º, n.º 2; se o for como acto preparatório da acção declarativa, caducará sempre que a execução não seja instaurada dentro dos dois meses subsequentes ao trânsito em julgado da sentença proferida naquela acção (art. 410.º, 1.ª parte). Ainda o arresto caducará se, promovida a execução dentro do prazo devido, o processo estiver parado durante mais de 30 dias, por negligência do exequente (art. 410.º, 2.ª parte), isto obviamente em referência ao período anterior à conversão do arresto em penhora.

área metropolitana de Lisboa ou Porto no caso de comarca nela integrada; neste caso, o auto poderá ser lavrado, a solicitação do agente de execução designado e sob sua responsabilidade, por agente de execução dessa área ou, na sua falta, por oficial de justiça (art. 808.º, n.º 8).

[452] Diversamente do sustentado por Ramos Pereira ("Prontuário de Formulários e Trâmites", vol. IV, "Processo Executivo", 2.ª edição, p. 770), não há aqui lugar à elaboração de auto de penhora, sem prejuízo de o agente de execução ou a pessoa por ele designada assumir as funções de depositário, face ao disposto no n.º 1 do art. 839.º (com as excepções previstas nas suas três alíneas), após o registo de conversão.

Diz-se no n.º 4 do art. 838.º que o registo provisório da penhora não impede o prosseguimento da execução, mas aquele deve ser convertido em definitivo antes de se proceder à adjudicação dos bens penhorados, à consignação judicial dos seus rendimentos ou à respectiva venda. Uma vez solicitado, o juiz da execução, ponderados os motivos da provisoriedade, pode decidir que a execução não prossiga enquanto o registo da penhora não se converter em definitivo.

A *provisoriedade* do registo da penhora, como de qualquer outra inscrição predial, pode proceder de *dúvidas* ou da *natureza* do registo, como se verifica dos arts. 70.º e 92.º, respectivamente, do CRPredial.

A conversão do registo provisório em definitivo faz-se por averbamento [art. 101.º, n.º 2, alínea d), do CRPredial], conservando o registo convertido em definitivo a prioridade que tinha como provisório (art. 6.º, n.º 3, do CRPredial).

Destacamos, no âmbito do registo da penhora efectuada *provisoriamente por natureza,* a seguinte situação incluída no art. 92.º, n.º 2, alínea a), do CRPredial:

A inscrição da penhora sobre bens com registo de aquisição ou reconhecimento do direito de propriedade a favor de pessoa diversa do executado e que se manterá em vigor pelo prazo de 1 ano, a menos que se proceda, na vigência do registo provisório, ao registo da acção declarativa, caso em que aquele prazo se prorroga até ser cancelado o registo da acção (arts. 92.º, n.º 5, 1.ª parte, e 119.º, n.º 5, do CRPredial). Se a acção for julgada procedente, pode o interessado pedir a conversão do registo, no prazo de dez dias a contar do trânsito em julgado (art. 119.º, n.º 6, do CRPredial).

Verificando-se dos registos em vigor sobre o imóvel que o da penhora se efectuou provisoriamente por aquele se encontrar inscrito a favor de pessoa diversa do executado, deve efectuar-se no respectivo processo, em obediência ao disposto no n.º 1 do art. 119.º do CRPredial, e a fim de assegurar o trato sucessivo, regulamentado nos arts. 34.º e 35.º do mesmo Código[453], a citação do titular inscrito para declarar, no prazo de 10 dias, se o bem lhe pertence. Esta citação deve ser efectuada pelo agente de execução.

---

[453] Disse-se, em conformidade, no Acórdão do STJ de 15.04.2004 (CJ — Acórdãos do STJ, ano XII, tomo II, p. 28) que penhorado um prédio hipotecado, adquirido por terceiro por sentença que lhe deferiu a execução específica e notificado este terceiro para efeitos do art. 119.º do CRPredial, o seu silêncio assegura o trato sucessivo, não podendo, posteriormente, invocar a presunção de propriedade derivada do registo.

Na sequência desta citação, duas vicissitudes podem acontecer (n.ºs 3 e 4 do art. citado):

a) Declarar o citado que os bens lhe não pertencem ou não fazer declaração alguma;
b) Declarar o citado que os bens lhe pertencem.

Na primeira situação, o tribunal ou o agente de execução comunica o facto ao serviço de registo para conversão oficiosa do registo e, uma vez feita esta, prosseguirá a execução[454][455].

Na segunda situação, o juiz da execução remeterá os interessados para os meios processuais comuns, sendo o facto igualmente comunicado, bem como a data da notificação da declaração, para ser anotada no registo. O registo da acção declarativa na vigência do registo provisório é anotado neste e prorroga o respectivo prazo até que seja cancelado o registo da acção (art. 119.º, n.º 5, do CRPredial).

Instaurada a competente acção declarativa, deve o juiz da execução ordenar a suspensão dos termos da execução quanto ao bem em causa[456], por analogia com o que se dispõe no art. 356.º.

A penhora de um prédio, segundo o n.º 1 do art. 842.º, abrange as suas partes integrantes e os seus frutos.

Nos termos do n.º 3 do art. 204.º do CC, considera-se *parte integrante* "toda a coisa móvel ligada materialmente ao prédio com carácter de permanência" e que dele pode ser destacado sem atingir a sua subsistência (v.g., um pára-raios, uma antena parabólica, o aquecimento

---

[454] Se ulteriormente o titular inscrito vender o prédio a terceira pessoa, e esta registar tal aquisição, segundo o Acórdão do STJ de 12.02.2004 (CJ — Acórdãos do STJ, ano XII, tomo I, p. 63) verifica-se um conflito entre dois registos: o registo da penhora a favor do exequente e o registo da aquisição em favor do comprador; e acrescenta o mesmo aresto que tal conflito deve ser resolvido tendo em conta a prioridade do registo e o trato sucessivo, e não a oponibilidade do registo a terceiros, dado o exequente e o terceiro adquirente não serem terceiros entre si.

[455] Face à consequência grave resultante da situação de revelia do titular inscrito, susceptível de levar, normalmente, à perda do bem penhorado, através da sua alienação na execução, a citação daquele deve ser efectuada com indicação da cominação em que incorre, ou seja, a contida no n.º 3 do art. 119.º do CRPredial (comunicação do facto ao serviço de registo para conversão oficiosa do registo), sob pena de nulidade. Tal resulta das disposições conjugadas dos arts. 198.º, n.º 1, e 235.º, n.º 2, do CPC, aplicáveis à citação prevista no n.º 1 do art. 119.º do CRPredial, por ausência de regulamentação própria. Cf., neste sentido, o Acórdão do STJ de 17.07.99, BMJ, 489, p. 267.

[456] Cf. Remédio Marques, ob. cit., p. 233.

central, as instalações de água, de luz e de telefone). Quanto à noção de *fruto* de uma coisa, diz-nos o n.º 1 do art. 212.º do mesmo Código que é "tudo o que ela produz periodicamente sem prejuízo da sua substância". E, de acordo com o n.º 2 do mesmo artigo, os frutos subdividem-se em naturais e civis, sendo os primeiros os que provêm directamente da coisa e os segundos as rendas ou interesses que a coisa produz em consequência de uma relação jurídica[457].

Justifica-se a extensão da penhora às partes integrantes e aos frutos por serem naturalmente vistos como formando um todo com o prédio, tanto pelos credores como pelo adquirente na execução.

A parte final do n.º 1 do art. 842.º introduz duas excepções à regra contida na sua primeira parte, a saber:

a) Exclusão expressa da penhora de quaisquer partes integrantes ou frutos e;
b) Existência de privilégio sobre as partes integrantes ou sobre os frutos[458].

No que tange ao primeiro caso, ocorre frequentemente que os frutos são excluídos da penhora, não só para o executado usufruir os rendimentos do prédio, porventura necessários à sua subsistência, como também para tornar menos onerosa a administração do prédio[459].

No que concerne ao segundo caso, diz-nos a alínea a) do art. 739.º do CC que gozam de privilégio mobiliário especial sobre os frutos dos prédios rústicos respectivos os créditos por fornecimentos de sementes, plantas e adubos, e de água ou energia para irrigação ou outros fins agrícolas. Por sua vez, no n.º 1 do art. 747.º do mesmo Código, refere-se que os créditos por fornecimentos à produção agrícola se graduam a seguir aos créditos por impostos[460].

---

[457] Abrangendo a penhora as rendas, deve o arrendatário ser notificado nos termos do art. 861.º para proceder ao seu depósito em instituição de crédito à ordem do agente de execução; daí, a penhora de um imóvel arrendado envolver, do mesmo modo, a penhora de direitos de crédito, ou seja, a penhora de rendas (arts. 856.º e 861.º). Cf. Maria Olinda Garcia, "Arrendamento Urbano e Outros Temas de Direito e Processo Civil", 2004, pp. 29 e seg.

[458] Diversamente, as partes componentes (tijolos, cimento, vigas, madeiras) não podem ser separadas do prédio, sendo consequentemente sempre abrangidas pela penhora. Cf. Lebre de Freitas e Ribeiro Mendes, ob. cit., pp. 415 e seg.

[459] Cf. Anselmo de Castro, ob. cit., p. 136.

[460] Parece não ser justificável a exclusão da penhora sobre os frutos por existência de privilégio, uma vez que se encontra assegurado o pagamento preferencial do

No n.º 2 do art. 842.º, autonomizam-se os frutos pendentes do prédio desde que não falte mais de um mês para a época normal da colheita. Estes frutos são tratados como coisas móveis, em desrespeito da qualificação feita pela alínea c) do n.º 1 do art. 204.º do CC, a fim de poderem ser penhorados. A penhora destes frutos fica assim sujeita ao regime dos arts. 848.º e segs.[461].

Penhorados os frutos pendentes, a penhora posterior do prédio não os pode abranger, por estes já se considerarem separados ou destacados do prédio respectivo[462] ou, noutra visão, por ser inconveniente a coexistência de duas administrações para os mesmos bens[463]. Todavia, e por os frutos penhorados passarem a constituir uma realidade independente, podem sobre eles incidir várias penhoras sucessivas, sem prejuízo da preferência resultante para os diferentes credores da anterioridade da penhora (art. 842.º, n.º 2). Nada obsta, igualmente, a que o credor que viu penhorado o prédio para satisfação do seu crédito, obtenha também uma penhora *separada* sobre os frutos do mesmo, com sujeição ao regime do art. 871.º, se a sua penhora não for a primeira[464].

Se a coisa penhorada se perder, for expropriada ou sofrer diminuição de valor, verifica-se um fenómeno de *sub-rogação real*, ante o estatuído no art. 823.º do CC[465]: o direito do exequente derivado da penhora, incluindo a preferência a ela inerente, passa a incidir sobre o crédito da indemnização ou sobre a indemnização já satisfeita, quer se trate de indemnização por expropriação por utilidade pública ou particular quer se trate de indemnização de seguro.

---

credor privilegiado pelo produto da venda dos frutos. Cf.: Vaz Serra, "Realização Coactiva da Prestação", *in* BMJ, 73, p. 270, e Jacinto Bastos, "Notas...", vol. IV, cit., p. 66. Por se tratar de um regime excepcional, injustificável no quadro do direito civil, é o mesmo insusceptível de aplicação analógica à consignação de rendimentos, sem que daí resulte qualquer prejuízo para o credor, atento o que se dispõe nos arts. 604.º, n.º 2, e 656.º, n.º 1, do CC.

[461] Refira-se que no § 810 I da ZPO também se permite que os frutos que não tenham sido extraídos do solo possam ser penhorados, a menos que o seu empossamento tenha tido lugar por via de execução sobre o património imobiliário, desde que a penhora não tenha lugar com mais de um mês de antecedência em relação à época habitual da madureza.

[462] Cf. Alberto dos Reis, ob. cit. II, p. 124.

[463] Cf. Anselmo de Castro, ob. cit., p. 137, nota 1.

[464] Ibidem, nota 2.

[465] Esta norma constava anteriormente do 2.º parágrafo do art. 842.º do CPC39 e é paralela à contida no n.º 1 do art. 692.º do CC, em referência à hipoteca.

Penhorado um imóvel divisível cujo valor exceda manifestamente o da dívida exequenda e dos créditos reclamados, pode o executado requerer ao agente de execução autorização para proceder ao seu fraccionamento (art. 842.º-A, n.º 1), desde que nenhum obstáculo legal o impeça[466], como no caso de terrenos aptos para cultura que não podem fraccionar-se em parcelas de áreas inferiores a determinada superfície mínima, correspondente à unidade de cultura fixada para cada zona do País (art. 1376.º, n.º 1, do CC)[467]. Contudo, a divisão em substância de prédio rústico ou conjunto de prédios rústicos que formem uma exploração agrícola economicamente viável só pode realizar-se, nos termos do n.º 1 do art. 20.º do DL n.º 384/88, de 25 de Outubro: para efeitos de redimensionamento de outras explorações; para reconversão da própria exploração ou se a sua viabilidade técnico-económica não for gravemente afectada; se da divisão resultarem explorações com viabilidade técnico-económica; e se do fraccionamento não resultar grave prejuízo para a estabilidade ecológica[468].

No que respeita a prédios sitos em perímetro urbano, com descrição predial, estão isentos de licença os actos que tenham por efeito o *destaque* de uma única parcela, desde que as duas parcelas resultantes dessa operação confrontem com arruamentos públicos; nas áreas situadas fora dos perímetros urbanos, os fraccionamentos estão isentos de licença desde que na parcela destacada só seja construído edifício que se destine exclusivamente a fins habitacionais e que não tenha mais de dois fogos e na parcela restante se respeite a área mínima fixada no projecto de intervenção em espaço rural em vigor ou, quando aquele não exista, a área de unidade de cultura fixada nos termos da lei geral para a região

---

[466] Levando em conta que o fraccionamento pressupõe a divisibilidade do prédio, sustenta Lebre de Freitas ("A Acção Executiva", cit., p. 240) que a verificação desta devia caber a quem detém o poder jurisdicional, como acontecia antes da RPC2007, e não ao agente de execução a quem presentemente se encontra atribuído o poder de autorizar o fraccionamento.

[467] O regulamento que fixa a unidade de cultura para Portugal continental foi aprovado pela Portaria n.º 202/70, de 21 de Abril, mantido em vigor pelo art. 53.º do DL n.º 103/90, de 23 de Março.

[468] Segundo os n.os 2 e 3 do art. 44.º do DL n.º 103/90, de 23 de Março, a exploração agrícola é considerada economicamente viável quando assegure um rendimento de trabalho por unidade homem de trabalho (UHT) superior ao salário mínimo nacional para os sectores não agrícolas, entendendo-se por UHT a quantidade de trabalho que um trabalhador activo agrícola está apto a prestar, durante um ano e em condições normais, num período correspondente a 2400 horas.

respectiva (art. 6.º, n.os 4 e 5, do DL n.º 555/99, de 16 de Dezembro, na redacção da Lei n.º 60/2007, de 4 de Setembro). Nas situações analisadas, não é permitido efectuar, na área correspondente ao prédio originário, novo destaque por um prazo de 10 anos contados da data do destaque anterior (n.º 6 do mesmo artigo).

Efectuado o fraccionamento, uma de duas situações pode ocorrer: ou a penhora continua a incidir sobre todo o prédio, apesar de dividido; ou a penhora fica limitada, a requerimento do executado e depois de ouvidos os demais interessados, a alguns dos imóveis resultantes da divisão, considerados suficientes para satisfação do crédito do exequente e dos credores reclamantes (art. 842.º-A, n.º 2).

No âmbito da primeira situação, a divisão efectuada, apesar de não se projectar sobre a extensão da penhora, revela em sede de venda executiva. Com efeito, o executado pode requerer que a venda se inicie por algum dos prédios resultantes da divisão, cujo valor seja suficiente para o pagamento, só prosseguindo sobre os demais se o produto alcançado na venda daquele for insuficiente para satisfação do devido na execução (art. 886.º-B, n.º 3).

Se a execução estiver parada por mais de seis meses, pode o executado requerer ao agente de execução o levantamento da penhora se, por acto ou omissão que não seja da sua responsabilidade, não forem efectuadas quaisquer diligências para a realização do pagamento efectivo do crédito (art. 847.º, n.º 1). E isto por a penhora ser um elemento da dinâmica processual, sendo contraditório que permaneça quando a acção executiva se não desenvolve[469].

Por desfavorável ao exequente, o levantamento da penhora não pode ser ordenado sem a sua prévia audiência (art. 3.º, n.º 2)[470]. Ao ser ouvido, pode ele demonstrar que a inactividade judiciária se ficou a dever ao juiz ou a culpa do agente de execução ou funcionário ou então ao prolongamento da suspensão da instância quc a ele não compete fazer cessar.

Tenha-se em conta que a penhora só pode ser levantada depois de findo o prazo de reclamação da decisão do agente de execução ou depois

[469] Cf. Satta e outro, ob. cit., p. 739.

[470] Em contrário, Lopes Cardoso, ob. cit., p. 446. Provavelmente, hoje, defenderia posição diversa, por o então n.º 1 do art. 383.º, de que se socorrera por analogia, ter sido substituído pelo n.º 4 do actual 389.º, que faz depender o levantamento da providência cautelar da prévia audiência do requerente.

de transitada em julgado a decisão judicial que a tiver determinado (art. 847.º, n.º 3). Uma vez levantada a penhora, são imputadas ao exequente as custas a que tiver dado causa (art. 847.º, n.º 4).

A caducidade da penhora de que ora cuidamos é uma realidade diversa da interrupção e da deserção da instância (arts. 285.º e 291.º, n.º 1), também susceptíveis de ocorrerem no processo executivo e de verificação oficiosa.

Por a lei o não proibir, no prosseguimento da execução, podem vir a penhorar-se os mesmos bens que antes, por caducidade da penhora, tinham dela sido libertos[471].

Decorridos três meses sobre o início da actuação negligente do exequente e enquanto não for requerido o levantamento da penhora, pode qualquer credor, cujo crédito esteja vencido e tenha sido reclamado para ser pago pelo produto da venda dos bens penhorados, substituir-se ao exequente na prática do acto que ele tenha negligenciado (art. 847.º, n.º 5). Se o fizer, a execução prossegue, mas somente quanto aos bens sobre que incida a garantia real do requerente, que quanto a eles assumirá a posição de exequente, até que o exequente retome a prática normal dos actos executivos subsequentes (art. 847.º, n.º 6)[472].

51. **PENHORA DE BENS MÓVEIS**

a) Penhora de coisas móveis não sujeitas a registo

Tendo em conta, como atrás vimos[473], que o regime da penhora de imóveis se aplica subsidiariamente ao regime da penhora de móveis (art. 855.º), vejamos o que de *específico* apresenta este tipo de penhora.

Tal como na penhora de coisas imóveis, também na penhora de coisas móveis não sujeitas a registo, a apreensão é *real* e *efectiva*, com imediata remoção das coisas para depósitos (art. 848.º, n.º 1). E estes tanto podem ser depósitos públicos como depósitos equiparados a depósitos públicos desde que, quanto a estes, as coisas tenham sido penhoradas no âmbito de uma execução em que o agente de execução titular do

[471] Cf. Lopes Cardoso, ob. cit., p. 447.

[472] Para Rui Pinto (ob. cit., p. 146), o credor reclamante não assume a posição processual de exequente, ficando apenas legitimado para praticar um acto processual em representação dele.

[473] Cf. ponto n.º 50.

depósito seja o agente de execução designado [arts. 37.º, n.º 1, alínea a), e 38.º, n.º 1, da Portaria n.º 331-B/2009, de 30 de Março]. Em nenhuma circunstância, diversamente do que ocorria antes da RPC2003, os bens depois de penhorados poderão ficar à disposição do executado ou de pessoa da sua confiança[474].

A definição de *depósito público* consta do n.º 1 do art. 36.º da Portaria n.º 331-B/2009, de 30 de Março, sendo considerado como tal "qualquer local de armazenagem de bens que tenha sido afecto, por despacho do director-geral da Administração da Justiça, à remoção e depósito de bens penhorados no âmbito de um processo executivo"[475]; por sua vez, a definição de *depósito equiparado a depósito público* inclui-se no n.º 2 do mesmo preceito, entendendo-se como tal "qualquer local de armazenagem de bens que tenha sido afecto por um agente de execução à remoção e depósito de bens penhorados no âmbito de um processo executivo e cuja propriedade, arrendamento ou outro título que lhe confira a utilização do local ou dos serviços de armazenamento seja registado por via electrónica junto da Câmara dos Solicitadores"[476].

Face à presunção legal da titularidade do direito por parte do possuidor, consagrada no n.º 1 do art. 1268.º do CC, entende-se que todos os bens encontrados em poder do executado são, em princípio, sua pertença. Daí poderem ser penhorados. Realizada a penhora, pode a presunção ser ilidida perante o juiz, mediante prova documental inequívoca do direito de terceiro, sem prejuízo dos embargos de terceiro (art. 848.º, n.º 2)[477].

---

[474] Diferentemente, sustenta Rui Pinto (ob. cit., p. 150) que, no caso de o bem não poder ser removido da casa, sede social, estabelecimento ou instalações do executado, seja pela falta de depósitos, seja pela natureza dos bens, o executado será constituído como depositário.

[475] O Ministério da Justiça disponibiliza, em página informática de acesso público, no endereço electrónico http://www.tribunaisnet.mj.pt, e faculta à Câmara dos Solicitadores para publicitação em página informática de acesso público, no sítio oficial da Câmara dos Solicitadores, uma lista dos depósitos públicos completamente identificados (art. 36.º, n.º 4, da Portaria n.º 331-B/2009).

[476] A Câmara dos Solicitadores disponibiliza, em página informática de acesso público, no sítio oficial da Câmara dos Solicitadores, e faculta ao Ministério da Justiça para publicitação em página informática de acesso público, no endereço electrónico http://www.tribunaisnet.mj.pt, uma lista dos depósitos equiparados a depósito público que se encontrem devidamente registados com os elementos de identificação pertinentes (art. 36.º, n.º 5, da Portaria n.º 331-B/2009).

[477] Sobre o âmbito, objecto, regime de prova, legitimidade e tramitação do procedimento previsto no n.º 2 do art. 848.º, ver Rui Pinto, ob. cit., pp. 138 e segs.

A regra de que o agente de execução, que efectua a penhora de coisas móveis não sujeitas a registo, assume a qualidade de fiel depositário dessas coisas, tem uma excepção: o dinheiro, papéis de crédito, pedras e metais preciosos são depositados em instituição de crédito, à ordem do agente de execução ou, nos casos em que as diligências de execução são realizadas pelo oficial de justiça, da secretaria (art. 848.º, n.º 4).

Atento o que se estabelece no art. 848.º-A, o exequente pode cooperar na realização da penhora, pondo à disposição do agente de execução os meios necessários à apreensão de bens móveis.

As despesas suportadas neste âmbito pelo exequente, desde que comprovadas, saem precípuas do produto dos bens assim penhorados, em regime idêntico ao fixado para as custas da execução no art. 455.º.

A penhora de móveis não sujeitos a registo é formalizada por um auto que deve conter: a hora da diligência; a relacionação dos bens por verbas numeradas; e o valor aproximado de cada verba, sempre que possível (art. 849.º, n.º 1). O auto, por remissão do art. 836.º, consta do impresso de modelo que integra o anexo I da Portaria n.º 700/2003, de 31 de Julho, e será lavrado pelo agente de execução designado na execução (art. 838.º, n.º 3), a não ser que se verifique o condicionalismo do n.º 8 do art. 808.º, em que o auto poderá ser lavrado pelo agente de execução ou oficial de justiça da área da comarca da situação dos bens.

O valor de cada verba é fixado pelo agente de execução a quem incumbe a realização da penhora, a menos que a avaliação dependa de conhecimentos especializados, caso em que ele pode recorrer à ajuda de um perito (art. 849.º, n.º 2).

Se não for possível completar a penhora em um só dia, prosseguirá ela no primeiro dia útil, selando-se as portas das casas em que se encontrem os bens não relacionados e tomando-se as providências necessárias à sua guarda (art. 849.º, n.º 3). Situação paralela à que ocorre com a imposição de selos, no procedimento cautelar de arrolamento, quando haja urgência na sua realização e não seja possível efectuá-lo imediatamente ou quando se não possa concluí-lo no dia em que foi iniciado (art. 425.º, n.º 1).

Aquando da realização da penhora podem ocorrer factos anormais: resistência por parte do executado ou por parte da pessoa que o representa; casa deserta ou portas e móveis fechados. Perante uma destas situações, o agente de execução, que não deve renunciar à efectivação da diligência, pode solicitar directamente o auxílio da força pública, arrombando-se as portas, se necessário, e lavrando-se auto da ocorrrência (art. 850.º, n.º 1). Se o agente de execução recorrer directamente ao uso da força, para além da responsabilidade civil, poderá ainda incorrer em responsabilidade criminal pelos actos que praticar.

Medidas justificadas por não só a força se encontrar ínsita no exercício da jurisdição como por a colaboração de outras organizações do Estado ser uma verdadeira obrigação da parte deste, sempre que algum dos seus agentes exercite uma das funções que dele emanam[478].

O executado ou ou a pessoa que ocultar alguma coisa com o fim de a subtrair à penhora fica sujeito às sanções correspondentes à litigância de má fé, por omissão grave do dever de cooperação, em conformidade com o que se dispõe no art. 456.º, n.º 2, alínea c), para além de poder incorrer em responsabilidade criminal, designadamente pela prática de crimes contra a autoridade pública, da previsão dos arts. 347.º, n.º 1, e 348.º do CP (art. 850.º, n.º 2).

Se, no acto da penhora, o agente de execução suspeitar da sonegação dos bens que pretenda apreender, deve instar pela sua apresentação, advertindo o presumível sonegador da responsabilidade em que incorre pelo facto da ocultação (art. 850.º, n.º 3).

A conversão em penhora do arresto sobre coisas móveis não sujeitas a registo efectua-se, não já por despacho, como se previa no art. 846.º, na redacção anterior à RPC2003, mas mediante simples notificação do agente de execução ao executado. Na sequência deste notificação, procede-se à imediata remoção das coisas para depósitos públicos, caso ainda aí se não encontrem (art. 406.º, n.º 2), passando as funções de depositário a serem desempenhadas pelo agente de execução que procedeu à notificação (art. 848.º, n.º 1, devidamente adaptado)[479].

b) Penhora de coisas móveis sujeitas a registo

Há coisas móveis sujeitas a registo público, face ao que se dispõe no n.º 2 do art. 205.º do CC.

Assim acontece com os automóveis e os navios submetidos, respectivamente, ao registo automóvel e ao registo comercial[480], atento o

[478] Cf. Satta e outro, ob. cit., pp. 768 e seg.

[479] Não há assim lugar à elaboração de auto de penhora, contrariamente ao defendido por Ramos Pereira (ob. cit., p. 770).

[480] Através do art. 2.º do DL n.º 201/98, de 10 de Julho, consagrou-se, no âmbito do direito substantivo, a sujeição a registo dos navios e dos factos jurídicos a eles respeitantes.

que se dispõe no art. 5.º, n.º 1, alíneas a) e h), do DL n.º 54/75, de 12 de Fevereiro, na redacção do DL n.º 178-A/2005, de 28 de Outubro, e 4.º, alíneas a) e f), do Registo Comercial aprovado pelo DL n.º 42 644, de 14 de Novembro de 1959, mantido em vigor quanto aos navios pelo n.º 2 do art. 5.º do DL n.º 403/86, de 3 de Dezembro, que aprovou o CRCom[481]. E o mesmo se verifica quanto às aeronaves que se encontram sujeitas ao registo aeronáutico nacional, gerido pelo Instituto Nacional de Aviação Civil, nos termos do art. 6.º, alínea i), dos seus estatutos, publicados em anexo ao DL n.º 133/98, de 15 de Maio, alterado pelo DL n.º 145/2002, de 21 de Maio.

Anote-se que os automóveis, os navios e as aeronaves, por equiparados a coisas imóveis, conforme a previsão do n.º 1 do art. 686.º do CC, podem ser objecto de hipoteca.

A penhora de coisas móveis sujeitas a registo, sem prejuízo de também poder ser feita nos termos gerais do registo, ou seja, através de pedido escrito, em modelo oficialmente aprovado, realiza-se mediante comunicação electrónica ao serviço de registo competente ou ao Instituto Nacional de Aviação Civil; não sendo possível o acesso à respectiva base de dados, uma vez inscrita a penhora e feitos os registos anteriormente requeridos sobre o bem penhorado, o serviço de registo ou o Instituto enviam ao agente de execução certidão dos registos em vigor sobre os bens penhorados (art. 838.º, n.ºs 1 e 2, por remissão do art. 851.º, n.º 1).

Seguidamente, o agente de execução lavra o auto de penhora (art. 838.º, n.º 3, por remissão do art. 851.º, n.º 1).

À semelhança do que ocorre com as coisas imóveis, a conversão em penhora do arresto sobre coisas móveis sujeitas a registo realiza-se, não já por despacho, como anteriormente à RPC2003, mas mediante comunicação electrónica do agente de execução à entidade registadora competente (arts. 846.º e 851.º, n.º 1).

A penhora de veículo automóvel é seguida de imobilização, designadamente através da imposição de selos, de modelo aprovado por portaria do Ministro da Justiça[482], ou de imobilizadores e da apreensão

---

[481] Isto por não ter entrado em vigor o Código do Registo de Bens Móveis, aprovado pelo DL n.º 277/95, de 25 de Outubro, por falta de publicação do Regulamento do Registo de Bens Móveis, ante o estatuído no n.º 1 do art. 7.º do citado decreto-lei.

[482] O modelo de selos de penhora de veículos automóveis foi aprovado pela Portaria n.º 700/2003, de 31 de Julho, constando do seu anexo III. Segundo este modelo, o selo de penhora deve conter os seguintes elementos: tribunal da execução; número do processo; nomes dos exequente e executado; marca, modelo e matrícula do veículo;

do respectivo certificado de matrícula (arts. 851.º, n.º 2, do CPC e 19.º, n.º 2, do DL n.º 178-A/2005, de 28 de Outubro). É ao agente de execução que compete apor os selos no veículo penhorado e proceder à apreensão do documento (arts. 808.º, n.º 1, e 851.º, n.º 2)[483].

O veículo só será removido, após a penhora e a imobilização, quando o agente de execução o entenda necessário para a salvaguarda do bem (art. 851.º, n.º 3). E a remoção deve ser feita para um depósito público desde que compatível com a estrutura do armazém [art. 37.º, n.º 1, alínea b), da Portaria n.º 331-B/2009, de 30 de Março]. Também a remoção se poderá efectuar para depósito equiparado a depósito público sempre que o veículo tenha sido penhorado no âmbito de uma execução em que o agente de execução titular do depósito seja o agente de execução designado (art. 38.º, n.º 1, da citada portaria).

Se a penhora a que aludimos tiver a precedê-la o processo cautelar de apreensão de veículo automóvel, determinado pelo não pagamento de crédito hipotecário vencido (arts. 15.º e 16.º do DL n.º 54/75), não se lavrará qualquer auto de penhora, sendo a medida cautelar de apreensão convertida em penhora.

Sempre que a penhora incida sobre veículo automóvel, não é admitida a reclamação do credor com privilégio creditório geral [art. 865.º, n.º 4, alínea a)].

A penhora de navio despachado para viagem é seguida de notificação à capitania, a fim desta apreender os respectivos documentos e impedir a saída (art. 851.º, n.º 4).

A penhora de aeronave é seguida de notificação à autoridade de controlo de operações do local onde ela se encontra estacionada, para que apreenda os respectivos documentos (art. 851.º, n.º 5).

52. **PENHORA DE DIREITOS**

Na subsecção residual da *penhora de direitos* (arts. 856.º e segs.), contemplam-se as seguintes realidades:

I) Penhora de créditos;

---

identificação completa do agente de execução, incluindo o seu telefone, fax e correio electrónico; e a data da aposição do selo.

[483] Refere-se no Acórdão do STJ de 14.02.2006 (CJ — Acórdãos do STJ, ano XIV, tomo I, p. 67) que, na hipótese de constar do registo a reserva de propriedade de um veículo automóvel penhorado a favor do exequente, não pode a execução prosseguir sem que previamente se mostre registada a renúncia (ou desistência) do exequente à mesma reserva.

II) Penhora de títulos de crédito e de valores mobiliários;
III) Penhora de direitos ou expectativas de aquisição;
IV) Penhora de rendas, abonos, vencimentos ou salários;
V) Penhora de depósitos bancários;
VI) Penhora de direito a bens indivisos;
VII) Penhora de quotas em sociedades;
VIII) Penhora de estabelecimento comercial.

Analisemos cada uma de per si.

I) Penhora de créditos

A penhora de créditos consiste na notificação do devedor do executado (*debitor debitoris*), feita com as formalidades da citação pessoal e sujeita ao regime desta, de que o crédito fica à ordem do agente de execução (art. 856.º, n.º 1)[484].

Ao terceiro-devedor compete declarar se o crédito existe e, em caso afirmativo, quais as garantias que o acompanham, em que data se vence e todas as circunstâncias que possam interessar à execução (art. 856.º, n.º 2). Tais declarações devem ser recebidas pelo agente da execução que procede à notificação e por ele incluídas na certidão desta.

Caso o devedor não se encontre habilitado a prestar as declarações no momento da notificação, pode fazê-lo por escrito ao agente de execução, no prazo de 10 dias (art. 856.º, n.º 3).

Se o devedor prestar declarações inexactas, faltando conscientemente à verdade, incorre na responsabilidade de litigante de má fé (art. 856.º, n.º 5), em conformidade com o que se estabelece no art. 456.º, sujeito a multa e a indemnização ao exequente, se este a solicitar.

Na falta de declaração por parte do terceiro-devedor, ou no acto da notificação ou nos 10 dias subsequentes, entende-se que ele reconhece a existência da obrigação, nos termos da indicação do crédito à penhora (art. 856.º, n.º 4)[485] [486]. Daí, e na previsão desta emergência, dever o

[484] Ao dizer-se, na redacção conferida pelo DL n.º 38/2003 ao art. 856.º, n.º 1, que a notificação ao devedor é feita *com as formalidades da citação pessoal e sujeita ao regime desta* apela-se ao art. 235.º. Daí dever indicar-se ao devedor, sob pena de nulidade da notificação (art. 198.º, n.º 1), o prazo para declarar se o crédito existe ou não, e a cominação em que incorre de, nada dizendo, se entender que reconhece a existência da obrigação, nos termos da indicação do crédito à penhora.

[485] Tendo em conta que a cominação em causa só é accionada depois de ser dada ao devedor a possibilidade de a questionar, não se configura a mesma, nos ensina-

exequente cumprir escrupulosamente o disposto na alínea c) do n.º 5 do art. 810.º, aquando da indicação do crédito à penhora.

Tendo o exequente dúvidas acerca da existência e do montante do crédito pode, antes de proceder à sua indicação, solicitar a colaboração do terceiro-devedor (art. 519.º, n.º 1). E este é obrigado a prestar as necessárias informações por se encontrar em condições de fazê-lo (art. 573.º do CC)[487].

Penhorado o direito de crédito, o exequente, o executado e os credores reclamantes podem requerer ao agente de execução a prática, ou a autorização para a prática, dos actos que se afigurem indispensáveis à sua conservação (art. 856.º, n.º 6). Assim, podem eles invocar a nulidade dos actos praticados pelo terceiro-devedor (art. 605.º do CC), sub-rogar-se nos seus direitos de conteúdo patrimonial contra terceiro (art. 606.º do CC), impugnar os seus actos que envolvam diminuição da garantia patrimonial (art. 610.º do CC) e requerer arresto dos seus bens (art. 619.º, n.º 1, do CC).

Disciplina o n.º 7 do art. 856.º a penhora de crédito garantido por penhor ou por hipoteca.

No concernente ao garantido por penhor, distingue a lei entre o penhor de coisas (arts. 669.º e segs. do CC) e o penhor de direitos (arts. 679.º e segs. do CC): no que respeita ao primeiro, procede-se à apreensão material da coisa empenhada, com entrega efectiva a um depositário, quer ela se encontre em poder do credor quer em poder de terceiro, uma vez que o credor pignoratício (executado) não pode invocar qualquer prejuízo, por o seu património, no qual se inclui o crédito penhorado, responder pela dívida exequenda, e o devedor não vê alterada a sua situação jurídica em consequência da apreensão, por já se encontrar privado da detenção material da coisa empenhada[488]; no que respeita ao

mentos do TC (Acórdão n.º 6/2001, de 16 de Janeiro, *in* DR, II Série, de 22.02.2001) como um meio legal restritivo, despropositado, desrazoável ou excessivo em relação aos fins obtidos, nem tão-pouco se apresenta como desrespeitadora do direito de acesso aos tribunais, por previamente ter sido dada ao devedor a oportunidade processual de defender o seu direito.

[486] Sobre as naturezas da declaração pela qual o terceiro-devedor reconhece a existência do crédito e do seu silêncio, ver Lebre de Freitas, "O Silêncio do Terceiro Devedor", *in* ROA, 2002, II, pp. 402 e segs.

[487] Cf. Teixeira de Sousa, "Acção Executiva...", cit., p. 269.

[488] Cf. Alberto dos Reis, ob. cit., vol. II, pp. 211 e seg.; diferentemente, quando a coisa empenhada se encontra em poder de terceiro, por virtude de convenção entre o credor e o devedor, Lopes Cardoso, ob. cit., pp. 475 e seg.

penhor de direitos, como o de participações sociais (art. 23.º, n.º 3, do CSC) e o conteúdo patrimonial do direito de autor (art. 46.º, n.º 1, do CDADC), atenta a sua inapreensibilidade material, procede-se à transferência da garantia para a execução, através das notificações que se impuserem[489].

Referentemente a créditos garantidos por hipoteca ou consignação de rendimentos, faz-se, a solicitação do exequente ou do agente de execução, com base em certidão da notificação ao terceiro-devedor, nas respectivas inscrições, por averbamento, o registo da penhora, como expressamente se prevê na alínea a) do n.º 1 do art. 101.º do CRPredial[490].

Realizado o averbamento da penhora do crédito hipotecário, ou do crédito garantido por consignação de rendimentos, juntar-se-ão ao processo certidões dos registos que incidem sobre o bem dado em garantia.

Reconhecida, expressa ou tacitamente, pelo terceiro-devedor a existência do crédito penhorado, seja um crédito pecuniário, seja um crédito de prestação de coisa, deve ele pagar o primeiro ou entregar a segunda na data do vencimento. Acontecendo esta depois de findar o processo executivo, será o crédito adjudicado ou vendido na pendência daquele, mais precisamente no decurso da fase do pagamento (arts. 872.º e segs.). Caso o crédito se encontre garantido por penhor, a coisa, anteriormente apreendida à ordem da execução, é entregue ao adquirente do crédito, a fim de o penhor produzir os seus efeitos (art. 669.º, n.º 1, do CC).

Mas, se a adjudicação do crédito pecuniário for feita a título de dação *pro solvendo*, extingue-se a execução, por inutilidade superveniente da lide, quando não deva prosseguir sobre outros bens [arts. 875.º, n.º 6, e 919.º, n.º 1, alínea c)]. Também os credores podem acordar ou o agente de execução determinar a suspensão da execução sobre o crédito penhorado até ao vencimento, caso este seja próximo (art. 875.º, n.º 7).

Se a dívida se vencer antes de ultimada a fase de pagamento, é o terceiro-devedor obrigado a depositar a respectiva importância em instituição de crédito, à ordem do agente de execução ou, nos casos em que as diligências de execução sejam realizadas por oficial de justiça, da

---

[489] Diz-se no n.º 3 do art. 46.º do CDADC que o credor pignoratício não adquire quaisquer direitos sobre o suporte material das obras.

[490] Tendo em conta que o penhor de quotas está sujeito ao registo comercial, nos termos da alínea f) do art. 3.º do CRCom, também a penhora de crédito garantido por esse penhor deve ser averbada ao registo do penhor, como se prevê na alínea a) do n.º 1 do art. 69.º do citado Código.

secretaria, e a apresentar o documento do depósito[491], ou a entregar a coisa devida ao agente de execução ou à secretaria, que funcionarão como seu depositário (art. 860.º, n.º 1).

Mas, se tal ocorrer depois do crédito já ter sido vendido ou adjudicado e a aquisição tiver sido notificada ao devedor, será a prestação, quer consista em dinheiro quer em coisa, entregue ao respectivo adquirente (art. 860.º, n.º 2).

Não satisfazendo o terceiro-devedor a prestação na data do vencimento, poderá ser compelido a fazê-lo, por iniciativa do exequente ou do adquirente; se o crédito não tiver sido vendido ou adjudicado, com a declaração de reconhecimento do devedor, a notificação efectuada e a falta de declaração a servir de título executivo; se o crédito já tiver sido vendido ou adjudicado, com o título de aquisição do crédito a servir de título executivo (art. 860.º, n.º 3)[492].

Se, na execução contra ele instaurada, na respectiva oposição, o terceiro-devedor lograr provar que o crédito tacitamente reconhecido não existia[493], com a sequente procedência daquela, fica obrigado a indemnizar, se o seu comportamento omissivo tiver sido ilícito e culposo, os danos causados ao exequente, nos termos do art. 483.º do CC, caso o exequente faça valer na contestação àquela oposição o direito à indemnização, através da dedução excepcional de pedido reconvencional (art. 860.º, n.º 4)[494].

A extinção do crédito penhorado por causa dependente da vontade do executado ou do seu devedor, verificada depois da penhora, é inoponível à execução (art. 820.º do CC).

Caso o terceiro-devedor conteste a existência do crédito, são notificados o exequente e o executado para se pronunciarem, por escrito, no

---

[491] Caso não tenha sido deduzida oposição ou esta tenha sido julgada improcedente, o agente de execução entrega ao exequente a importância depositada, que não garanta crédito reclamado até ao valor da dívida exequenda, depois de descontado o montante relativo a despesas de execução (n.º 3 do art. 861.º, *ex vi* do n.º 5 do art. 860.º).

[492] Como se disse no Acórdão da RC de 20.11.2007 (CJ, ano XXXII, tomo V, p. 23), esta execução é acessória relativamente à execução principal, configura-se como um processo executivo incidental e encontra-se funcional e estritamente conexa com a execução principal.

[493] Dado a execução se basear em título judicial impróprio, por não documentar uma decisão judicial que determine o cumprimento duma obrigação, estão à disposição do executado (terceiro-devedor), como fundamentos da sua oposição, os previstos no art. 816.º. Cf. Lebre de Fritas, "O Silêncio do Terceiro Devedor", cit., pp. 396 e segs.

[494] Cf. Maria Olinda Garcia, "A Responsabilidade do Exequente...", cit., pp. 50-53.

prazo de 10 dias, devendo o exequente declarar se mantém a penhora ou desiste dela (art. 858.º, n.º 1).

Em vista a dar utilidade a estas notificações não devem as mesmas ser simultâneas, mas antes sucessivas, começando-se pela do executado. E isto por o exequente não se encontrar em condições de emitir uma pronúncia sobre a manutenção da penhora enquanto não conhecer a posição do executado[495].

Se o exequente declarar que desiste da penhora, fica esta sem efeito; se declarar que a mantém, o crédito passa a considerar-se litigioso e como tal será adjudicado ou transmitido (art. 858.º, n.º 2).

"Claro que o carácter litigioso, como nos diz Alberto dos Reis[496], faz diminuir o valor do crédito, visto que a pessoa que porventura o receber, por adjudicação ou por venda, já sabe que terá de suportar as despesas e correr os riscos de acção contra o devedor para o convencer judicialmente da existência da dívida e obter que ele seja condenado a pagar".

Em vez de negar a dívida pela totalidade, o terceiro-devedor pode fazê-lo apenas parcialmente.

Caso tal se verifique e o exequente insistir na penhora do crédito pela totalidade, o crédito penhorado será considerado litigioso mas apenas na parte em que for contestado.

Pode ainda acontecer que o terceiro-devedor, ao reconhecer a obrigação, declare que a sua exigibilidade se encontra dependente de prestação a efectuar pelo executado[497]. Neste contexto, será o executado notificado para declarar se confirma ou impugna o afirmado pelo terceiro-devedor. Se confirmar a declaração (ou nada disser) e a sua prestação já se encontrar vencida, será notificado para a satisfazer no prazo de 15 dias (art. 859.º, n.º 1). Se, diversamente, contestar a declaração do devedor, são notificados o exequente e o executado para se pronunciarem, no prazo de 10 dias, devendo o exequente declarar se mantém a penhora ou desiste dela.

---

[495] Cf., neste sentido, Manuel Januário da Costa Gomes, "Penhora de Direitos de Crédito — Breves Notas", *in* Themis, ano VI, n.º 7, pp. 112 e seg. Também Lebre de Freitas e Ribeiro Mendes (ob. cit., pp. 454 e seg.) e Teixeira de Sousa ("A Reforma..., cit., p. 155) sustentam a necessidade de o exequente conhecer a posição do executado para se poder pronunciar sobre a manutenção da penhora.

[496] Ob. cit., vol. II, p. 197.

[497] Trata-se de situações em que não se pode obrigar o terceiro-devedor a cumprir sem lhe ser satisfeita ou oferecida uma determinada prestação, como acontece quando lhe é permitido invocar a *exceptio non adimpleti contractus*, nos termos do art. 428.º do CC. Cf. Manuel Januário da Costa Gomes, "Penhora de Direitos de Crédito...", cit., p. 114.

Mantendo-a, o crédito será considerado como litigioso "no sentido de que, embora seja certa a obrigação do devedor, não se sabe se o cumprimento dela depende de determinada prestação do executado"[498] (art. 859.º, n.º 3).

Se o executado não satisfizer a prestação que reconheceu dever, na sequência da notificação que lhe foi feita para o efeito, pode o exequente substituir-se-lhe na prestação, com sub-rogação nos direitos do devedor. Mas o exequente, em vez de tomar esta atitude, pode exigir a prestação na mesma execução e sem necessidade de citação do executado, servindo de título executivo a sua declaração de reconhecimento da dívida (art. 859.º, n.º 4); e o mesmo pode fazer o terceiro-devedor, na qualidade de credor da prestação (art. 859.º, n.º 2).

II) Penhora de títulos de crédito e de valores mobiliários

Título de crédito, na definição de Vivante, seguida quase unanimemente pela doutrina, é "o documento necessário para exercer o direito literal e autónomo nele mencionado".

Sempre que seja necessário realizar a penhora de direitos incorporados em títulos de crédito, bem como de valores mobiliários titulados não abrangidos pelo n.º 14 do art. 861.º-A, diz-nos o n.º 1 do art. 857.º que se deve proceder à apreensão do título, por esta ser indispensável ao exercício do direito que ele incorpora. E ainda, desde que possível, que se deve ordenar o averbamento do ónus resultante da penhora.

Os direitos incorporados nos títulos de crédito podem ter natureza *obrigacional*, como ocorre com as letras, livranças[499], cheques[500] e extractos de factura[501], que se reportam a direitos de crédito, e *real*, como se verifica com os conhecimentos de carga[502], com as guias de transporte[503], conhecimentos de depósito e cautelas de penhor (ou warrants)[504], que incluem direitos reais de disposição de mercadorias ou de penhor sobre elas.

---

[498] Cf. Alberto dos Reis, ob. cit., vol. II, p. 205.

[499] Cf. arts. 11.º a 20.º e 77.º da LULU.

[500] Cf. arts. 14.º a 24.º da LUC.

[501] Cf. art. 3.º do Decreto n.º 19 490, de 21 de Março de 1931.

[502] Cf. art. 11.º do DL n.º 352/86, de 21 de Outubro.

[503] Cf. arts. 369.º e 374.º do CCom.

[504] Cf. arts. 408.º e 411.º do CCom e 23.º e 24.º do Decreto n.º 206, de 7 de Novembro de 1913.

Tendo o direito incorporado no título natureza obrigacional, deve dar-se ainda cumprimento ao disposto sobre a penhora de direitos de crédito (art. 857.º, n.º 2). Daí, e com referência aos exemplos dados acerca dos títulos de crédito desta natureza, deverem ser notificados o aceitante da letra, o subscritor da livrança, o banco sacado e o aceitante (comprador) do extracto de factura de que o crédito fica à ordem do agente de execução. Todos os devedores, à excepção do banco sacado que o deve fazer de imediato, devem depositar as respectivas quantias em instituição de crédito, à ordem do agente de execução ou, nos casos em que as diligências de execução sejam realizadas por oficial de justiça, da secretaria, aquando do vencimento dos títulos, e apresentar o documento do depósito (art. 860.º, n.º 1), salvo se contestarem a existência do crédito (art. 858.º, n.º 1)[505].

Os títulos de crédito e os valores mobiliários titulados apreendidos são depositados em instituição de crédito, à ordem do agente de execução ou, nos casos em que as diligências de execução sejam realizadas por oficial de justiça, da secretaria (art. 857.º, n.º 3).

Os *valores mobiliários* não se identificam, contudo, somente por meio de documentos em papel (*valores mobiliários titulados*), mas igualmente por registos em conta (*valores mobiliários escriturais*), de harmonia com o que se estabelece no art. 46.º do CVM, aprovado pelo DL n.º 486/99, de 13 de Novembro. E podem converter-se uns nos outros, nos termos dos arts. 48.º a 50.º do mesmo Código.

São *valores mobiliários*, além de outros que a lei como tal qualifique, segundo o art. 1.º do citado Código:

a) As acções;
b) As obrigações;
c) Os títulos de participação;
d) As unidades de participação em instituições de investimento colectivo;
e) Os *warrants* autónomos;
f) Os direitos destacados dos valores mobiliários referidos nas alíneas a) a d), desde que o destaque abranja toda a emissão ou série ou esteja previsto no acto de emissão.

[505] Na sequência da penhora de um Plano Poupança — Reforma (PPR), regulado pelo DL n.º 158/2002, de 2 de Julho, deve também a respectiva sociedade gestora proceder à sua imediata liquidação e depósito da pertinente importância. Cf. Acórdãos da RP de 23.10.2006 (CJ, ano XXXI, tomo IV, p. 183) e da RL de 8.11.2007 (CJ, ano XXXII, tomo V, p. 82).

g) Outros documentos representativos de situações jurídicas homogéneas, desde que sejam susceptíveis de transmissão em mercado.

A título de exemplo, a lei qualifica os bilhetes do tesouro como valores mobiliários escriturais representativos de empréstimos de curto prazo da República Portuguesa (art. 2.º do DL n.º 279/98, de 17 de Setembro, na redacção do DL n.º 91/2003, de 30 de Abril)[506].

Ainda, como valores mobiliários escriturais nominativos, são de referir os certificados de aforro (art. 2.º do DL n.º 122/2002, de 4 de Maio)[507].

Tendo já sido analisada a forma da realização da penhora dos valores mobiliários titulados não depositados em instituição financeira, vejamos como se efectiva a penhora dos demais. E aqui incluem-se os valores mobiliários escriturais ou titulados, integrados em sistema centralizado, registados ou depositados em intermediário financeiro ou registados junto do respectivo emitente.

Nos termos do n.º 14 do art. 861.º-A, a penhora destes valores mobiliários realiza-se como a dos depósitos bancários, logo, preferentemente, por comunicação electrónica e mediante despacho judicial, que poderá integrar-se no despacho liminar, quando o houver; essa comunicação é feita pelo agente de execução, à ordem de quem os valores mobiliários ficarão. No mesmo sentido, se pronuncia o art. 82.º do CVM, visando apenas a penhora de valores mobiliários escriturais.

III) Penhora de direitos ou expectativas de aquisição

A RPC95-96 veio consagrar a possibilidade de penhora de direitos ou expectativas de aquisição de bens determinados (art. 860.º-A)[508].

---

[506] Nos termos do art. 7.º, n.º 1, do DL n.º 279/98, de 17 de Setembro, na redacção do DL n.º 91/2003, de 30 de Abril, os bilhetes do Tesouro poderão ser objecto de registo e liquidação em sistema centralizado de valores mobiliários gerido pelo Banco de Portugal.

[507] Segundo o art. 3.º, n.º 1, do DL n.º 122/2002, os certificados de aforro são inscritos em contas abertas junto do IGCP ou junto de instituições financeiras devidamente autorizadas pelo IGCP, em nome dos respectivos titulares.

[508] Como se diz na doutrina, os *direitos reais de aquisição*, de que é exemplo paradigmático o direito de preferência, são direitos não duradouros, que se esgotam logo que postos em prática, traduzindo-se o seu exercício num só acto. Cf., por todos: Carlos Alberto Mota Pinto, "Direitos Reais", 1970-71, p. 196; e Manuel Henrique Mesquita, "Direitos Reais", 1966-1967, p. 77.

Ao aludir à distinção entre *direitos reais de gozo*, *direitos reais de garantia* e *direitos reais de aquisição*, diz-nos Rui Pinto Duarte ("Curso de Direitos Reais", 2002,

É, assim, penhorável, a título de exemplo: a posição do promitente-comprador em contrato de transmissão ou constituição de direitos reais sobre imóveis ou móveis sujeitos a registo, com eficácia real, (arts. 413.º, n.º 1, e 830.º, n.º 1, do CC); a posição do titular do direito de preferência, legal ou convencional com eficácia real (arts. 421.º e 422.º do CC), a quem não foi dado conhecimento da venda e enquanto não decorrer o prazo de caducidade para a acção de preferência (arts. 416.º e 1410.º, n.º 1, do CC); a posição do locatário, no contrato de locação financeira [arts. 9.º, n.º 1, alínea c), e 10.º, n.º 2, alínea f), do DL n.º 149/95, de 24 de Junho]; a expectativa do fideicomissário (arts. 2293.º e 2294.º do CC); a expectativa de aquisição de bem vendido com reserva de propriedade (art. 409.º, n.º 1, do CC)[509]; e o direito de cedência ou de transferência dos praticantes profissionais de futebol (art 19.º da Lei n.º 28/98, de 26 de Junho)[510].

Tendo em conta que o n.º 1 do art. 860.º-A manda aplicar a este tipo de penhora, com as necessárias adaptações, o prescrito para a penhora de créditos, consistirá a penhora sobre que nos debruçamos na notificação ao outro sujeito da relação jurídica (promitente-vendedor, obrigado à preferência, locador financeiro, fiduciário, vendedor reservatário e entidade empregadora desportiva[511]) de que o direito ou a expectativa de aquisição ficam à ordem do agente de execução, devendo ele declarar se um ou outra existem, em caso afirmativo o circunstancialismo que os envolvem, ou ainda que já se mostra incumprida a obrigação de que dependia a satisfação da sua prestação.

---

pp. 18 e seg.) que os primeiros destinam-se a propiciar aos seus titulares a retirada de utilidades das coisas, seja pelo seu uso seja pela apropriação dos frutos por elas produzidos, os segundos visam garantir que as coisas deles objecto sejam afectadas ao cumprimento preferencial de uma obrigação, pelo valor dessas coisas ou pelos seus rendimentos, sobre os demais credores, e os últimos a possibilitarem aos seus titulares, em certas circunstâncias, a aquisição de uma coisa determinada com preferência sobre terceiros.

509 Cf.: Lebre de Freitas, "A Acção Executiva...", cit., pp. 252 e seg.; Teixeira de Sousa, "Acção Executiva...", cit., p. 284; e Acórdão da RL de 23.09.2004, CJ, ano XXIX, tomo IV, p. 98.

510 Cf. Acórdão do STJ de 21.11.2000 (CJ — Acórdãos do STJ, ano VIII, tomo III, p. 130).

511 Por valer também na penhora de direitos o regime constante do n.º 6 do art. 856.º, deve ser autorizado o exequente, em caso de penhora do direito de cedência ou de transferência dos praticantes profissionais de futebol, a realizar os actos tidos por indispensáveis à conservação do direito do executado, designadamente proceder ao pagamento das retribuições daqueles praticantes, a fim de ser mantido o vínculo laboral e salvaguardado aquele direito. Cf., neste sentido, o Acórdão da RC de 22.03.2000, CJ, ano XXV, tomo II, p. 16.

Caso o objecto a adquirir seja uma coisa que se encontre na posse ou detenção do executado, como acontece no contrato-promessa de compra e venda com tradição da coisa para o promitente-comprador, no contrato de alienação com reserva de propriedade com entrega imediata da coisa ao adquirente e no contrato de locação financeira, proceder-se-á à apreensão da coisa, que será entregue ao agente de execução como depositário, se se tratar de imóvel, e removida para depósitos, se se tratar de móvel (art. 860.º-A, n.º 2). Contudo, esta apreensão, que se destina a evitar o eventual desaparecimento ou aniquilação da coisa, não pode qualificar-se como penhora, por a coisa pertencer a um terceiro[512], sem prejuízo de ser registada provisoriamente, como acto prenunciador de futura penhora, no caso de imóveis e de móveis sujeitos a registo público, a fim de produzir efeitos em relação a terceiros [art. 2.º, n.º 1, alínea n), *in fine*, do CRPredial].

A apreensão só se transformará em penhora sobre o bem transmitido, com conversão do registo provisório em definitivo, se a aquisição pelo executado se consumar (art. 860.º-A, n.º 3).

IV) Penhora de rendas, abonos, vencimentos ou salários

Da penhora de rendas, abonos, vencimentos, salários ou outros rendimentos periódicos cuida o n.º 1 do art. 861.º, que nos diz que ela se efectua por meio de notificação ao locatário, empregador ou entidade que os deva pagar para que faça, nas quantias devidas, o desconto correspondente ao crédito penhorado e proceda ao seu depósito em instituição de crédito[513].

---

[512] Cf.: Lebre de Freitas, "A Acção Executiva", cit., p. 254; Remédio Marques, ob. cit., p. 262; e Lebre de Freitas e Ribeiro Mendes, ob. cit., pp. 462 e seg. Diversamente, Rui Pinto (ob. cit., pp. 168 e seg.) defende que ocorre a penhora da situação jurídica do executado, que não se identifica com a propriedade do terceiro, numa solução em tudo idêntica à da penhora de direitos reais não susceptíveis de apreensão (art. 862.º, n.º 5). Segundo o Acórdão da RP de 15.01.2009 (CJ, ano XXXIV, tomo I, p. 208) são ineficazes em relação à penhora de expectativa de aquisição de uma viatura pelo executado, quando registada, os actos de alienação posteriores a esse registo.

[513] A norma do n.º 1 do art. 861.º deixou de abranger apenas, como anteriormente à RPC2003, os funcionários públicos (incluindo então tanto os trabalhadores da administração central como os da administração regional e local, bem como os pensionistas do Estado e da segurança social e os beneficiários de pensões de sobrevivência), para passar a compreender todos os executados que sejam credores de quaisquer rendimentos

As quantias depositadas ficam à ordem do agente de execução ou, nos casos em que as diligências de execução sejam realizadas por oficial de justiça, da secretaria, permanecendo indisponíveis até ao termo do prazo para a oposição do executado, se este se não opuser, ou, caso contrário, até ao trânsito em julgado da decisão que sobre ela recaia (art. 861.º, n.º 2).

Não sendo deduzida oposição ou sendo esta julgada improcedente, o agente de execução entrega ao exequente as quantias depositadas, que não garantam crédito reclamado, até ao valor da dívida exequenda, depois de descontado o montante previsível relativo às despesas da execução referido no n.º 3 do art. 821.º (art. 861.º, n.º 3). Vale o mesmo regime se o depósito provier da penhora de crédito vencido na pendência da execução (art. 860.º, n.º 5).

Tornando-se desnecessário o prosseguimento da penhora de rendas, abonos, vencimentos ou salários, deve o agente de execução ordenar o seu levantamento, com notificação à entidade encarregada dos descontos para os terminar.

Sempre que a penhora incida sobre renda ou outro rendimento periódico, não é admitida a reclamação do credor com privilégio creditório geral [art. 865.º, n.º 4, alínea a)].

V) Penhora de depósitos bancários

Tendo em conta que o titular de depósito bancário que transferiu o seu dinheiro para uma instituição de crédito, quer o contrato seja de qualificar como de depósito irregular[514], quer como de empréstimo de fundos ou ainda como contrato atípico[515], fica a deter sobre aquela um mero direito de crédito[516], qual seja o direito à restituição ou reembolso, a penhora desse depósito terá de obedecer à disciplina da penhora de créditos, como hoje se diz expressamente no art. 861.º-A, introduzido pela RPC95-96, e modificado pelos DLs n.ºs 375-A/99, de

---

periódicos. Assim, também ela visa os trabalhadores de empresas privadas, cujos salários eram anteriormente penhorados em conformidade com o que se dispunha no art. 856.º para a penhora de créditos.

[514] Cf. Menezes Cordeiro, "Manual de Direito Bancário, 1998, pp. 478-480.

[515] Cf. Saraiva Matias, "Direito Bancário", 1998, pp. 97 e seg.

[516] Cf. Antero Luís, "Direito Bancário", 1985, p. 165.

20 de Setembro, 38/2003, de 8 de Março e 226/2008, de 20 de Novembro, com as especialidades que deste artigo constam[517].

Assim, a penhora consistirá na notificação ao banco depositário de que o saldo da conta ou contas fica à ordem do agente de execução. Esta notificação é feita, preferentemente, por comunicação electrónica, salvaguardada a necessidade de prévio despacho judicial. O despacho judicial justifica-se por materializar uma dispensa de confidencialidade do sigilo bancário, em conformidade com o disposto no n.º 1 do art. 519.º-A.

A prévia autorização judicial integrará quer o despacho liminar, havendo-o, quando, no requerimento executivo, se indiquem à penhora saldos de contas bancárias do executado [art. 810.º, n.ºs 1, alínea i), e 5, alínea c)], quer um despacho judicial posterior, na sequência da iniciativa do agente de execução ou da indicação à penhora de tais saldos por parte do exequente ou do executado[518].

Se forem vários os titulares da conta, quer esta seja conjunta ou solidária ou mista, a penhora incide sobre a quota-parte do executado na conta comum, presumindo-se que as quotas são iguais, em regime paralelo ao previsto no n.º 2 do art. 1403.º do CC, por força do art. 1404.º do mesmo diploma (art. 861.º-A, n.º 2). Em tal situação, sendo dois os titulares, deve o banco cativar apenas metade do saldo da conta, sem prejuízo do outro contitular, mediante embargos de terceiro, reclamar uma quota-parte superior a metade do saldo existente, caso a ela tenha direito[519].

Daí dever o outro contitular ser notificado da penhora efectuada no saldo da conta comum e da proporção em que o foi[520].

Como particularidades da penhora de depósitos bancários em relação à penhora de créditos, consagra o art. 861.º-A as seguintes:

a) não sendo possível identificar adequadamente a conta bancária, penhora-se a parte do executado nos saldos de todos os depó-

---

[517] Sobre as diversas modalidades de depósitos bancários, ver Remédio Marques, "A Penhora e a Reforma do Processo Civil" cit. pp. 57 e segs. e "A Penhora de Créditos na Reforma Processual de 2003", *in* Themis, ano V, n.º 9, pp. 167 e segs.

[518] Cf. Gabinete de Auditoria e Modernização, ob. cit., p. 47.

[519] Cf. Acórdão da RP de 13.11.2000, CJ, ano XXV, tomo V, p. 188.

[520] Como expressamente se prevê, para situação idêntica, em França, no art. 77.º do Decreto n.º 92-755, de 31 de Julho de 1992. No sentido de a falta de notificação dos demais contitulares não constituir irregularidade ou nulidade processual susceptível de gerar uma situação de inoponibilidade da penhora da quota-parte do saldo do executado na conta colectiva relativamente aos outros contitulares, pronuncia-se Remédio Marques, "A Penhora de Créditos..., cit., pp. 146 e seg.

sitos existentes na instituição ou instituições notificadas, até ao limite estabelecido no n.º 3 do art. 821.º, com redução para este, por iniciativa do agente de execução, caso se mostre excedido (n.os 3 e 4)[521] [522];

b) na escolha da conta ou contas cujos saldos são penhorados, a entidade notificada e o agente de execução devem observar sucessivamente os seguintes critérios: preferem as contas de que o executado seja único titular àquelas de que seja contitular e, entre estas, as que tenham menor número de titulares e, depois, aquelas de que o executado seja primeiro titular; as contas de depósito a prazo[523] preferem às contas de depósito à ordem (n.º 5);

c) a notificação é feita directamente às instituições de crédito, com a menção expressa de que o saldo existente, ou a quota-parte do executado nesse saldo, fica cativo desde a data da notificação e só pode ser movimentado pelo agente de execução, até ao limite estabelecido no n.º 3 do art. 821.º (n.º 6);

d) a notificação, sob pena de nulidade, além de conter a indicação do agente de execução em conformidade com o disposto no n.º 11 do art. 808.º, identifica o executado, indicando o seu nome, domicílio ou sede e, em alternativa, o número de identificação civil ou de documento equivalente, ou o número de identificação fiscal, e determina o limite da penhora, expresso

---

[521] Com a RPC2003 foi eliminada a entidade interbancária na penhora de depósitos bancários, introduzida pelo DL n.º 375-A/99, de 20 de Setembro, através do aditamento do n.º 6 do art. 861.º-A, onde se previa que, em caso de dificuldade na identificação adequada de contas bancárias penhoráveis, o tribunal devia solicitar previamente ao Banco de Portugal informação sobre quais as instituições em que o executado tinha contas. Hoje, sempre que o exequente desconheça o número da conta bancária que intenta penhorar, deve indicar à penhora, no requerimento executivo, os estabelecimentos bancários cujas contas, a existirem, pretende que sejam penhoradas, através da comunicação electrónica a realizar pelo agente de execução.

[522] Actualmente, como se encontra pressuposto, ao menos, nos n.os 3 e 12 do art. 861.º-A, a indicação à penhora de depósito bancário não envolve a identificação da respectiva conta, pelo que é ilegítima a atitude que alguns juízes continuam adoptando ao convidarem o exequente ou o agente de execução a procederem a essa identificação.

[523] Os depósitos a prazo podem ser mobilizados antecipadamente pelo agente de execução, em substituição do executado, se tal possibilidade se encontrar prevista no contrato de abertura de conta, embora tal procedimento envolva a perda de juros ou de outras contrapartidas. Cf., neste sentido, Remédio Marques, "A Penhora de Créditos...", cit., pp. 168 e seg.

em euros, calculado pelo agente de execução, de acordo com o n.º 3 do art. 821.º (n.º 7);

e) a entidade notificada deve, no prazo de 10 dias, comunicar ao agente de execução o montante dos saldos existentes ou a inexistência de conta ou saldo, para de seguida comunicar ao executado a penhora efectuada (n.º 8)[524];

f) a cativação da totalidade do saldo existente em cada instituição de crédito, no caso previsto no n.º 3 do art. 824.º, apenas se efectua por comunicação expressa do agente de execução a confirmar a realização da penhora (n.º 9);

g) a instituição é responsável pelos saldos bancários nela existentes à data da notificação e deve fornecer ao agente de execução extracto donde constem todas as operações que afectem os depósitos penhorados após a realização da penhora (n.º 11);

h) o saldo penhorado pode ser afectado, para mais ou menos, em consequência de operações de crédito ou de débito em curso à data da penhora, desde que, quanto às primeiras, já tenha ocorrido o lançamento dos valores anteriormente entregues e, quanto às segundas, as importâncias tenham já sido efectivamente creditadas aos respectivos beneficiários (n.º 10)[525].

As instituições que prestem colaboração à execução na averiguação da existência das contas bancárias e na efectivação da penhora dos saldos existentes têm direito a uma remuneração pelos serviços prestados, a qual constitui encargo nos termos e para os efeitos do RCP (art. 861.º-A, n.º 12)[526].

---

[524] Dispensa, assim, a lei qualquer notificação da penhora ao executado por parte do agente de execução. Todavia, se a citação ainda não tiver ocorrido, deve o agente de execução efectuá-la, na sequência da realização da penhora, face ao disposto no n.º 2 do art. 864.º.

[525] A nossa lei não estabelece nenhum prazo para a liquidação das operações em curso, contrariamente ao que se verifica no art. 47.º da Lei (francesa) n.º 91-650, de 9 de Julho de 1991, que, para situação semelhante, fixa um prazo de 15 dias úteis a contar da realização da penhora.

[526] Nos termos do n.º 7 do art. 17.º do RCP, essa remuneração é fixada, para cada instituição notificada em: a) um quinto de 1 UC, quando sejam apreendidos saldos de conta bancária ou valores mobiliários existentes em nome do executado; e b) um décimo de 1 UC, quando não haja saldo ou valores em nome do executado. Segundo o n.º 8 do mesmo artigo, a remuneração em causa será reduzida a metade quando não sejam utilizados meios electrónicos de comunicação entre o agente de execução e a instituição.

Desde que não tenha sido deduzida oposição ou esta tenha sido julgada improcedente, o agente de execução entrega ao exequente as quantias penhoradas, que não garantam crédito reclamado, até ao valor da dívida exequenda, depois de descontado o montante relativo a despesas da execução, referido no n.º 3 do art. 821.º (art. 861.º-A, n.º 13). A entrega das quantias penhoradas será feita pelo agente de execução, por meio de cheque ou transferência bancária (art. 874.º, n.º 2).

VI) Penhora de direito a bens indivisos

Refere-se o art. 862.º, nos seus n.os 1 a 4, ao modo como se efectua a penhora de quinhão em património autónomo e de direito a bem indiviso não sujeito a registo, prevista no art. 826.º.

Daí, e como atrás vimos[527], contemplar aquele preceito, essencialmente, a penhora das três seguintes situações:

a) Direito a uma quota em coisa comum;
b) Direito à herança por partilhar; e
c) Direito à meação nos bens comuns do casal.

Esta penhora consiste unicamente na notificação do facto ao administrador dos bens, se o houver, e aos contitulares, com a advertência expressa de que o direito do executado fica à ordem do agente de execução, desde a data da primeira notificação efectuada (art. 862.º, n.º 1).

O administrador e os contitulares, ou aquando da notificação, ou nos dez dias seguintes (art. 153.º), devem fazer as declarações que entenderem quanto ao direito do executado e ao modo de o tornar efectivo (art. 862.º, n.º 2): no primeiro caso, as declarações são recebidas pelo agente de execução que procede à notificação e por ele consignadas na certidão desta; no segundo caso, as declarações são prestadas por escrito também ao agente de execução (por analogia com o que se dispõe nos n.os 2 e 3 do art. 856.º).

Sendo o direito do executado impugnado, face ao disposto no art. 858.º, para onde remete o n.º 3 do art. 862.º, são notificados o exequente e o executado para se pronunciarem, no prazo de 10 dias, devendo o exequente declarar se mantém a penhora ou desiste dela. Se a mantiver, o direito passará a considerar-se litigioso e como tal será adjudicado ou vendido.

---

527 Cf. ponto n.º 43.

Também deve observar-se o disposto no art. 858.º, como salientava Alberto dos Reis[528], sempre que os notificados reconheçam o direito do executado, mas em proporção diferente da constante do acto de nomeação à penhora. "Nomeou-se à penhora o direito a um terço de determinados bens; os notificados dizem: o executado tem direito não a um *terço*, mas a um *quarto*". Num caso destes, mantendo o exequente a penhora do direito tal como foi indicado, o direito do executado passa a considerar-se litigioso, mas unicamente quanto à parte que foi contestada.

Refira-se ainda que os contitulares, na sequência da notificação que concretiza a penhora, podem também dizer que pretendem que a venda tenha por objecto todo o património ou a totalidade do bem. Fazendo todos esta declaração, procede-se à venda do património ou do bem na sua totalidade (art. 862.º, n.os 2, segunda parte, e 4).

Realiza-se, todavia, de forma diversa, como resulta *a contrario* do n.º 1 do art. 862.º, a penhora incidente sobre bem (imóvel ou móvel) indiviso sujeito a registo. Aqui, face ao disposto nos arts. 838.º, n.º 1, e 851.º, n.º 1, aplicáveis *ex vi* do art. 863.º, a penhora realiza-se mediante comunicação electrónica à conservatória ou entidade competente para o registo, sem prejuízo de ulteriormente se proceder às notificações previstas naquele preceito legal.

Encontram-se igualmente sujeitos ao modo da realização da penhora de quinhão em património autónomo ou direito a bem indiviso, com as necessárias adaptações, tanto a penhora do direito real de habitação periódica como a dos outros direitos reais cujo objecto não deva ser apreendido (art. 862.º, n.º 5).

No caso da penhora do direito real de habitação periódica, a notificação a que alude o n.º 1 do art. 862.º far-se-á apenas ao proprietário do empreendimento ou ao cessionário da exploração a quem incumbe a administração das unidades de alojamento, nos termos do art. 25.º do DL n.º 275/93, de 5 de Agosto, e não também aos titulares dos direitos de habitação periódica do empreendimento, não só por não se encontrarem habilitados a pronunciarem-se sobre o direito do executado, como também por ser inviável a notificação, face ao seu elevado número. Ainda esta penhora é integrada pela comunicação à conservatória do registo predial competente (arts. 838.º. n.º 1, 862.º, n.º 1, *a contrario*, e 863.º do CPC e 12.º, n.º 1, *in fine*, do DL n.º 275/93, de 5 de Agosto, na redacção do DL n.º 180/99, de 22 de Maio). Também no certificado

---

[528] Ob. cit., vol. II, p. 222.

predial, que documenta a titularidade do direito, deve o agente de execução averbar o ónus resultante da penhora.

No que concerne à penhora de direitos reais com objecto insusceptível de apropriação, podem apontar-se o direito do *nu proprietário* ou *proprietário de raiz* (arts. 1439.º e segs. do CC) e o direito do *proprietário do solo* no âmbito do direito de superfície (arts. 1524.º e segs. do CC); a penhora realiza-se mediante a notificação do usufrutuário, no primeiro exemplo, e do superficiário, no segundo, de que o direito do executado fica à ordem do agente de execução[529].

VII) Penhora de quotas em sociedade

O actual CPC sujeitou a penhora de quotas em sociedades ao regime da penhora de direito a bens indivisos, como se a *participação social* nas sociedades por quotas se identificasse com um direito de compropriedade ou de comunhão sobre os bens que integram o património social. Sabendo-se que a sociedade comercial é detentora de personalidade jurídica e dona do seu próprio património sobre o qual os sócios não exercem qualquer poder directo, é de rejeitar tal doutrina[530].

Anote-se que a *quota* pode pertencer em compropriedade a vários contitulares e será então *indivisa*, como se prevê no art. 222.º do CSC. Numa situação destas é que a penhora do direito do executado à quota indivisa se identifica com a penhora do direito a bens indivisos e deve ficar submetida ao seu regime.

São assim de aplaudir as alterações introduzidas pela RPC95-96 no âmbito do art. 862.º: a epígrafe deste deixou de bastar-se com a menção de "penhora de direito a bens indivisos", para se completar com "e de quotas em sociedades"; e esta penhora deixou de ficar incluída no n.º 1 do preceito para se autonomizar sob o n.º 5 (agora n.º 6).

A penhora de quotas de sociedade, segundo o n.º 6 do citado art. 862.º, faz-se mediante notificação à sociedade de que a quota penhorada fica à ordem do agente de execução.

---

[529] Diversamente, as penhoras dos direitos do superficiário e do usufrutuário são feitas, nos termos da penhora de imóveis, a primeira, e de harmonia com a penhora de imóveis, de móveis ou de direitos, consoante a natureza dos bens sobre que incide, a segunda.

[530] Cf.: Luis Brito Correia, "Direito Comercial", 2.º vol., 1989, pp. 289 e seg.; e Miguel J. A. Pupo Correia, "Direito Comercial", 6.ª edição, pp. 473-475.

Por a penhora de quotas se encontrar sujeita a registo, face ao que se dispõe no art. 3.º, alínea f) do CRCom, realiza-se também por comunicação electrónica do agente de execução ao serviço de registo competente, a qual vale como pedido de registo, ou com a apresentação naquele serviço de declaração por ele subscrita (art. 838.º, n.º 1).

À penhora que analisamos aplica-se o disposto no CSC acerca da execução da quota (art. 862.º, n.º 6, parte final), logo o que neste Código se refere no n.º 1 do art. 239.º, onde se diz que a penhora abrange os direitos patrimoniais a ela inerentes; o direito de voto, por ser um direito de carácter pessoal, continuará a ser exercido pelo titular da quota penhorada. No que concerne ao direito aos lucros, a penhora da quota não inclui os já atribuídos por deliberação dos sócios, sem prejuízo de poderem ser penhorados como crédito.

"O credor que pretenda executar todos os direitos do sócio na sociedade deverá nomear à penhora separadamente a quota e cada um dos direitos concretos do sócio quanto à sociedade"[531].

E nestes direitos concretos inclui-se, mas não só, o direito a lucros já atribuídos por deliberação dos sócios à data da penhora.

Realidade diversa é a penhora da *quota de liquidação* dos sócios da sociedade civil e da sociedade comercial em nome colectivo, que, como atrás vimos[532], só ocorre a título subsidiário, ou seja, quando os demais bens do devedor se revelem manifestamente insuficientes para garantir o pagamento da dívida.

No caso da sociedades civil, a liquidação da quota, para efeitos de execução, é feita, segundo o n.º 2 do art. 999.º do CC, nos termos do art. 1021.º do mesmo diploma, como se o sócio morresse, se exonerasse ou fosse excluído, logo em conformidade com o que dispõe no art. 1498.º.

No caso da sociedade comercial em nome colectivo, uma vez feita a penhora, deve o credor, ante o estatuído no n.º 2 do art. 183.º do CSC, nos 15 dias seguintes à notificação desse facto, requerer que a sociedade seja notificada para, em prazo razoável, não excedente a 180 dias, proceder à liquidação da parte social. Se a sociedade provar que a parte do sócio não pode ser liquidada, "prosseguirá a execução sobre o direito aos lucros e à quota de liquidação, mas o credor pode requerer que a sociedade seja dissolvida" (n.º 4 do citado art. 183.º).

---

[531] Raúl Ventura, "Sociedades por quotas", vol. I, 1987, p. 756.

[532] Cf. ponto n.º 45.

VIII) Penhora de estabelecimento comercial

Até à RPC95-96 não se encontrava expressamente regulada na lei a penhora de estabelecimento comercial, que assim se devia considerar compreendida na remissão do art. 863.º. Era então prática geralmente seguida a penhora do "direito ao arrendamento e trespasse"[533], a pedido do exequente, que via no trespasse, a efectivar na execução, a melhor forma de obter a satisfação do seu crédito. Então a penhora realizava-se pela notificação ao senhorio de que o direito ficava à ordem da execução, em conformidade com o disposto no art. 856.º.

Hoje, o art. 862.º-A diz-nos que o estabelecimento comercial deve ser penhorado como uma universalidade, por meio de auto, com a sua entrega a um depositário, à semelhança do que ocorre com as penhoras de imóveis e de móveis. Devem, todavia, no auto, ser relacionados os bens que essencialmente integram o estabelecimento, como as instalações, utensílios, mercadorias e quaisquer outros elementos indispensáveis ao normal funcionamento do estabelecimento [art. 1112.º, n.º 2, alínea a), do CC][534].

Com a descrição no auto de penhora de alguns dos valores patrimoniais que integram o estabelecimento pretende-se, como nos diz Antunes Varela[535], "facilitar desde logo a prova da ligação de certos bens ao estabelecimento, dificultar a subtracção, alienação ou oneração fraudulenta desses bens".

Aplica-se também o disposto para a penhora de créditos, se do estabelecimento fizerem ainda parte bens dessa natureza (art. 862.º-A, n.º 1, *in* fine). E nestes, face ao acrescento proveniente do DL n.º 38/2003, inclui-se o direito ao arrendamento. Donde, pertencendo o local onde se encontra o estabelecimento a terceiro, deve notificar-se este de que o direito de arrendamento fica à ordem do agente de execução.

Só uma condenável insensatez explica o surgimento abrupto, na parte final do n.º 1 art. 862.º-A, da expressão *incluindo o direito ao arrendamento*. À uma, por não competir ao legislador, mas antes à doutrina e à jurisprudência, apurar, face ao direito substantivo, em caso de penhora de créditos, quais os que reclamam a aplicação do regime previsto nos n.os 1 a 3 do art. 856.º. À outra, por o estabelecimento

---

[533] Cf., por todos, o Acórdão do STJ de 24.11.87, BMJ, 371, p. 427.

[534] Cf. Remédio Marques, "Curso de Processo Executivo Comum...", cit., pp. 264 e seg.

[535] RLJ, ano 115.º, p. 267.

comercial ser hoje penhorado como uma universalidade, por meio de auto, sem necessidade, na falta de alternativa, de se recorrer, como anteriormente, à penhora do "direito ao arrendamento e trespasse"[536]. Por fim, por o trespasse, a ocorrer na execução, não se encontrar dependente, no que toca à transmissão da posição do arrendatário, da autorização do senhorio (art. 1112.º, n.º 1, alínea a), do CC)[537]; este somente deve ser notificado como preferente, no contexto da venda executiva, face ao disposto nos arts. 892.º, n.º 1, e 905.º, n.os 1 e 2, com referência ao art. 1112.º, n.º 4, do CC[538].

Há quem sustente[539] que implica a insubsistência da penhora e a invalidade da venda subsequente do estabelecimento comercial a falta de indicação da renda, ou no acto da indicação dos bens à penhora ou na declaração posterior do senhorio, nos termos do art. 856.º, n.os 2 e 3. Discordamos de tal entendimento no âmbito da venda executiva, por tal sanção não ocorrer no trespasse particular do estabelecimento, como resulta do art. 1112.º do CC.

Se o estabelecimento comercial se integrar num centro comercial, logo num conjunto organizado de actividades comerciais, deve ser notificada a penhora do estabelecimento à entidade titular do centro, face às atribuições patrimoniais que é obrigada a proporcionar aos lojistas, inexistentes no simples arrendamento para comércio[540].

Mais uma situação a aditar às previstas no n.º 5 do art. 862.º, a justificar a aplicação dos seus três primeiros números.

---

536 Em defesa da notificação do senhorio, enquanto devedor da prestação que permite a sua utilização pelo arrendatário, nos termos do art. 856.º, n.º 1, Lebre de Freitas, "A Penhora do Direito ao Arrendamento e Trespasse", *in* "Estudos em Homenagem ao Prof. Doutor Inocêncio Galvão Telles, III vol., pp. 477 e segs. Ver, em aplicação desta doutrina, Acórdão da RC de 14.10.2008 (CJ, ano XXXIII, tomo IV, p. 18).

537 Sem prejuízo, sob pena de resolução do contrato de arrendamento pelo senhorio, nos termos do art. 1083.º, n.º 2, alínea e), do CC, da obrigação por parte do trespassante ou do trespassário de comunicarem ao senhorio, dentro de 15 dias, a realização do trespasse, de harmonia com o disposto nos arts. 1038.º, alínea g), 1049.º e 1112.º, n.º 3, parte final, do mesmo diploma.

538 Sobre as *infelicidades* da inovação, quer no concernente à utilização das palavras "direito ao arrendamento", quer no tocante à ideia de que as regras sobre a penhora de créditos são aplicáveis sem adaptações à penhora da posição de arrendatário, ver Rui Pinto Duarte, "A Penhora e a Venda Executiva do Estabelecimento Comercial", *in* Themis, ano V, n.º 9, pp. 128 e seg.

539 Assim, Lebre de Freitas, ob. cit., pp. 488-490.

540 Cf., no mesmo sentido, Antunes Varela, RLJ, ano 131.º, pp. 146 e seg.

Constando do contrato de instalação do lojista que este não pode ceder, no todo ou em parte, o *local* que ocupa no centro comercial, sem a prévia autorização da entidade gestora do centro, por considerada necessária à preservação da integridade do conjunto, da penhora do estabelecimento comercial fica excluído o direito à ocupação da área a ele destinada no centro. A penhora abrangerá, assim, os restantes elementos a que alude o n.º 1 do art. 862.º-A, bem como a própria firma ou o nome e a insígnia do estabelecimento, que o adquirente poderá utilizar no lugar onde *montar* o estabelecimento adquirido[541]. Mas da penhora ficará excluído, em princípio, o valor acrescentado pelo lojista através de *obras de acabamento* e de *instalação de equipamentos* que, em regra, segundo o contrato celebrado entre a entidade gestora do centro e o lojista, integram a loja e pertencem ao proprietário do centro.

O direito do lojista à ocupação de determinada área no centro é impenhorável por o referido direito ser inalienável [art. 822.º, alínea a)]. O regime especial contido no art. 1112.º, n.º 1, alínea a), do CC, que permite ao arrendatário do estabelecimento comercial ou industrial, em caso de trespasse, a transmissão por acto entre vivos da sua posição para terceiro, independentemente da autorização do senhorio, não vale para o estabelecimento comercial instaurado em centro comercial. Com efeito, aqui, o contrato celebrado entre o gestor do centro e o lojista não se configura como um contrato de arrendamento, mas antes como um contrato inominado ou atípico[542], com prevalência da *tutela da empresa comercial global* e onde, por isso, o direito de admissão ao centro fica reservado aos comerciantes que se identifiquem com "os padrões gerais pré-definidos em nome do comércio integrado nele praticado". Daí o trespasse do estabelecimento do lojista não poder englobar o direito de utilização à loja, a menos que o gestor do centro preste o seu consentimento, nos termos gerais do art. 424.º do CC. Ora, não sendo esse direito alienável, também não pode ser penhorável[543].

---

[541] Cf. Antunes Varela, RLJ, ano 131.º, p. 377.

[542] No seu livro "Os Contratos de Instalação de Lojistas em Centros Comerciais", 2003, Ana Isabel da Costa Afonso, depois de analisar as possíveis qualificações jurídicas do contrato de instalação de lojista em centro comercial (pp. 29 e segs.), termina por o classificar como *inominado impróprio* ou *atípico misto* (pág. 233), destacando que os contraentes partem da celebração de um contrato de cedência do gozo de um espaço para o exercício de uma actividade comercial, todavia adaptado aos interesses e características específicas do centro comercial.

[543] Cf.: Lebre de Freitas, "Da Impenhorabilidade do Direito do Lojista de Centro Comercial" (separata da ROA, ano 59, I, Janeiro de 1999), pp. 60 e segs.; Ana Isabel da Costa Afonso, ob. cit., pp. 298 e seg.; e Calvão da Silva, RLJ, ano 136.º, pp. 369 e segs.

O estabelecimento, enquanto *universalidade de direito*, não está sujeito a registo. Mas, se abranger bens ou direitos cuja oneração a lei sujeita a registo (v.g., um prédio ou uma viatura ao serviço do estabelecimento), deve o exequente promovê-lo, quando pretenda impedir que sobre eles possa recair penhora ulterior (art. 862.º-A, n.º 6)[544]. Daí deverem os elementos necessários à sua efectivação constarem do auto de penhora. Esta regra impeditiva de penhora ulterior sobre os mesmos bens, em desvio ao regime consagrado no art. 871.º, aplicável igualmente aos bens não sujeitos a registo (art. 862.º-A, n.º 5, *in fine*), justifica-se pela tutela da *unidade jurídica* que caracteriza o estabelecimento comercial[545].

Não obstante a RPC 2003 deixar de aludir à possibilidade de avaliação do estabelecimento por perito, a fim de ser apurado o seu valor para efeitos de trespasse (anterior n.º 2 do art. 862.º-A), entendemos que essa possibilidade de avaliação se mantém, agora por iniciativa do agente de execução, no uso dos poderes que lhe são atribuídos pelo n.º 3 do art. 886.º-A[546].

Diz-se no n.º 2 do art. 206.º do CC, embora limitado às coisas móveis, mas sem razão para exclusão, na questão a seguir analisada, do estabelecimento comercial, apesar deste poder abranger imóveis[547], que "as coisas singulares que constituem a universalidade podem ser objecto de relações jurídicas próprias", por terem, nos ensinamentos de Pires de Lima[548], individualidade jurídica própria, independentemente do conjunto a que pertençam.

"O todo e os elementos singulares, como refere Inocêncio Galvão Telles[549], podem ser sujeitos a *tratamentos diferenciados*. Pode o *todo* constituir objecto de actos e direitos diversos dos que recaem sobre os *vários elementos de per si*; por ex., o proprietário de certa universalidade vende a *x* uma coisa singular e a *y* a universalidade desfalcada dessa coisa".

Assim, em vez de se penhorar o estabelecimento comercial como *universalidade*, podem-se somente penhorar os bens que o integram,

---

[544] Dizendo-se no n.º 6 do art. 862.º-A que este registo deve ser promovido, *nos termos gerais*, não tem aplicação o disposto nos arts. 838.º, n.º 1, e 851.º, n.º 1, ou seja, o registo através de comunicação electrónica à conservatória ou entidade registadora competente.

[545] Cf. Remédio Marques, ob. cit., p. 268.

[546] Cf., neste sentido, Rui Pinto, ob. cit., pp. 176.

[547] Cf. Oliveira Ascensão, "Direito Civil — Teoria Geral", vol. I, 1997, p. 346.

[548] "Das Coisas..." *in* BMJ, 91, p. 215.

[549] Ob. cit., p. 201.

nos termos expressamente admitidos pela 1.ª parte do n.º 5 do art. 862.º-A. Se tal ocorrer, a ulterior penhora do estabelecimento não inclui essas coisas simples, por desafectadas da *unidade jurídica* em que aquele se analisa, quando se perspectiva a sua transferência global em processo de execução.

Mas, se o bem que integra o estabelecimento for dele inseparável, não pode ser objecto de uma penhora autónoma. É o que ocorre, a título de exemplo, com o "direito de alvará do estabelecimento", que só releva em conexão com a exploração daquele[550].

Tenha-se todavia presente que nada impede a pluralidade de execuções sobre o mesmo estabelecimento (art. 871.º), "mesmo que na execução em que a penhora seja *mais antiga* não tenha sido efectuada qualquer relação de bens que integram o estabelecimento" e da segunda penhora conste "uma *relação exaustiva* de todos os elementos que, nessa data, integram o acervo dos bens do estabelecimento"[551].

53. ADMINISTRAÇÃO DOS BENS PENHORADOS

a) Nomeação de depositário

Para a administração dos bens penhorados surge, em certo tipo de penhoras, a figura do *depositário*, um particular que colabora temporariamente com o tribunal, mas que não se identifica com o funcionário judicial, assumindo o papel de *auxiliar da Justiça*[552]. Apresenta-se, todavia, como uma entidade parajudicial, compartilhando características próprias de oficial público, quando seja o agente de execução, como é de regra, a desempenhar essas funções.

O depositário aparece na penhora de imóveis (art. 839.º, n.º 1) e na penhora de móveis (art. 848.º, n.º 1, 2.ª parte).

Mas, por desnecessidade e por inadequação à forma da sua materialização, não tem cabimento o depositário na penhora de direitos[553], a

---

550 Cf. Acórdão do STJ de 8.04.97, BMJ, 466, p. 427.

551 Cf. Remédio Marques, "A Penhora e a Reforma do Processo Civil" cit., pp. 103 e seg.

552 Cf. Alberto dos Reis. ob. cit., pp. 136 e seg.

553 Cf., neste sentido, Alberto dos Reis, ob. cit., vol. II, pp. 222 e seg.; em sentido contrário, Lopes Cardoso, ob. cit., pp. 485 e seg. e Anselmo de Castro, ob. cit., pp. 151 e seg.

menos que a lei o preveja, face às especificidades apresentadas por certos casos, como ocorre na penhora de títulos de crédito (art. 857.º, n.º 3), na penhora do direito à prestação duma coisa [art. 860.º, n.º 1, alínea b)]), na penhora de direitos ou expectativas quando o objecto a adquirir seja uma coisa que se encontre na posse ou detenção do executado (art. 860.º-A, n.º 2) e na penhora de estabelecimento comercial (art. 862.º-A, n.os 2, 3 e 4).

O depósito, em direito processual, não é um contrato, tal como se encontra previsto na lei civil, mas um *acto processual*, em virtude do qual o Estado, por meio de um seu representante, guarda e administra os bens do executado, enquanto não se procede à sua venda[554] [555].

b) A quem compete exercer as funções de depositário

Na penhora de imóveis, é constituído depositário dos bens o agente de execução, ou, nos casos em que as diligências de execução são realizadas por oficial de justiça, pessoa por este designada. O executado, ou outra pessoa designada pelo agente de execução, pode ser constituído depositário, caso o exequente dê o seu consentimento (proémio do n.º 1 do art. 839.º).

Há uma regra especial para a hipótese de os bens se encontrarem arrendados: o depositário será, nesta situação, o arrendatário [art. 839.º, n.º 1, alínea b)]. E isto por se encontrar na posição privilegiada de fruir efectiva e realmente o prédio[556].

Se forem vários os arrendatários, de entre eles se escolherá o depositário que cobrará a renda dos demais, para de seguida depositar, as que forem em dinheiro, em instituições de crédito, à ordem do agente de execução ou, nos casos em que as diligências de execução são

---

[554] Cf. Rezende Filho, ob. cit., p. 231.

[555] Disse-se no Acórdão da RC de 21.09.2004 (CJ, ano XXIX, tomo IV, p. 5) que o depositário judicial, a quem foram entregues bens móveis no âmbito de uma acção executiva, não pode reclamar dos executados uma indemnização pelos prejuízos causados pela ocupação dos mesmos, designadamente pela privação do espaço, por não lhe ser aplicável a norma do art. 1199.º, alínea c), do CC, dado a sua actividade não emergir de uma relação contratual, não sendo, por isso, equiparado a um depositário convencional.

[556] A mesma solução deve valer para a hipótese de o imóvel penhorado se encontrar *comodatado*, por o art. 1133.º, n.º 2, do CC conferir ao comodatário (como o art. 1037.º, n.º 2, do CC confere ao arrendatário), os meios de defesa facultados ao possuidor nos arts. 1276.º e segs. do CC. Cf. Maria Olinda Garcia, "A Responsabilidade do Exequente...", cit., pp. 42 e seg.

realizadas por oficial de justiça, da secretaria, à medida que se vençam ou se cobrem (art. 839.º, n.os 2 e 3)[557].

Também há regras especiais no que concerne à atribuição das funções de depositário sempre que o bem penhorado seja a casa de habitação efectiva do executado ou objecto de direito de retenção, em consequência de incumprimento contratual judicialmente verificado: no primeiro caso, o depositário será o executado, enquanto no segundo será o retentor [art. 839.º, n.º 1, alíneas a) e c)][558].

Na penhora de móveis, assume o agente de execução que efectue a diligência a qualidade de depositário (art. 848.º, n.º 1, segunda parte), mesmo que seja oficial de justiça[559], a menos que se trate de dinheiro, papéis de crédito, pedras e metais preciosos, em que as funções de depositário são da responsabilidade da instituição de crédito (art. 848.º, n.º 4).

Na penhora de navio, quando posto a navegar a pedido do exequente ou de qualquer credor com garantia real sobre ele, é o requerente que fica na posição de depositário (art. 853.º, n.º 4).

Na penhora de títulos de créditos, a função de depositário compete à instituição bancária onde forem depositados, se bem que fiquem à ordem do agente de execução ou, nos casos em que as diligências de execução são realizadas por oficial de justiça, da secretaria (art. 857.º, n.º 3).

---

[557] "Perante a falta de pagamento ou a mora dos demais arrendatários, diz-nos Maria Olinda Garcia ("A Responsabilidade do Exequente...", cit., pp. 45 e seg.), que não tem o arrendatário depositário nem o dever nem o direito de demandar judicialmente os faltosos a fim de cobrar as rendas em dívida. A legitimidade processual para este efeito pertencerá, em regra, ao solicitador (leia-se, agora agente) de execução (supondo que o executado senhorio não pretenda, ele próprio, demandar o arrendatário faltoso)".

[558] Na linha do defendido por Maria Olinda Garcia ("A Responsabilidade do Exequente...", cit., p. 42) com que concordamos, "numa hipótese de ausência ou de impossibilidade do executado (por exemplo, por doença), a qualidade de depositário deveria ser confiada ao seu cônjuge ou outro membro do seu agregado familiar com residência habitual no local penhorado. Efectivamente, se a razão de ser desta norma, ao atribuir a qualidade de depositário ao executado, é conferir-lhe alguma tutela ao interesse de não ver o domicílio imprevisivelmente 'invadido' por estranhos que pretendam adquirir o imóvel na venda executiva, o que reflexamente também aproveita ao seu agregado familiar, então, na ausência do executado, outros membros desse agregado familiar deverão assumir aquela qualidade".

[559] Face à clareza do n.º 1 do art. 848.º, cuja redacção procede do DL n.º 38/2003, de 8 de Março, não se aceita o entendimento de Lebre de Freitas ("A Acção Executiva", cit., p. 256, nota 27-C) ao sustentar que, após a RPC2007, não compete ao oficial de justiça, quando a diligência é por ele efectuada, desempenhar as funções de depositário, devendo antes designar o depositário, por aplicação analógica do art. 839.º, n.º 1.

Na penhora do direito à prestação duma coisa, funcionará como depositário o agente de execução ou a secretaria, após a entrega que lhe seja feita pelo devedor [art. 860.º, n.º 1, alínea b)].

Na penhora de direito ou expectativa, quando o objecto a adquirir for uma coisa que se encontre na posse ou detenção do executado, o depositário será designado em consonância com o regime exposto para as penhoras de imóveis ou de móveis (art. 860.º-A, n.º 2).

Na penhora de estabelecimento comercial, há que distinguir[560]: se o estabelecimento comercial prosseguir o seu normal funcionamento, sob a gestão do executado, o depositário nomeado será um *fiscal* ou *vigilante* da actividade do executado, não exercendo as funções próprias de um depositário judicial, uma vez que nenhuma coisa, móvel ou imóvel, é confiada à sua guarda para restituição ulterior (art. 862.º-A, n.º 2)[561]; se o exequente fundadamente se opuser a que o executado prossiga na gestão do estabelecimento, designar-se-á um depositário com poderes de *gestão* da empresa, e não com poderes de simples administração dos bens que a compõem (art. 862.º-A, n.º 3); por fim, se estiver paralisada ou dever ser suspensa a actividade do estabelecimento penhorado, então sim será nomeado um verdadeiro depositário judicial para a mera administração dos bens que integrem o estabelecimento (art. 862.º-A, n.º 4)[562].

c) Entrega dos bens ao depositário

Pela própria natureza das coisas, não há entrega dos bens penhorados ao depositário sempre que este seja o executado e, no caso de penhora de estabelecimento comercial, quando ele prossiga o seu normal funcionamento sob a gestão do executado.

---

[560] Cf. Antunes Varela, RLJ, ano 115.º, p. 266, onde se inspirou o legislador para a redacção do art. 862.º-A.

[561] Discorda-se de Rui Pinto Duarte "A Penhora...", cit., pp. 130 e seg.), por o teor literal do preceito o não permitir, quando defende que, nesta situação, as funções de depositário são desempenhadas pelo executado e não, como se sustenta no texto, pelo *fiscal* ou *vigilante*. No sentido do nosso entendimento, pronuncia-se expressamente Antunes Varela, no comentário referido na nota anterior.

[562] Exemplo de depositário nesta última situação é aquele a quem compete a administração de um estabelecimento integrado num centro comercial, desde que o lojista não possa transmitir a posição de utente do *local* que ocupa no centro sem a aquiescência da entidade gestora deste, enquanto os bens que compõem o estabelecimento não são removidos para outro espaço. Cf. Antunes Varela, RLJ, ano 131.º, pp. 377 e seg.

Também não há entrega quando o bem penhorado esteja arrendado ou seja objecto de direito de retenção, em consequência de incumprimento contratual judicialmente verificado, por o depositário ser, no primeiro caso, o arrendatário e, no segundo, o retentor, que continuam em poder do bem [art. 839.º, n.º 1, alíneas b) e c)].

Tanto no caso da penhora de bens imóveis como na de bens móveis há uma entrega efectiva dos bens penhorados ao depositário (arts. 840.º, n.º 1, e 848.º, n.º 1).

No caso da penhora de imóveis, quando seja oposta alguma resistência, o agente de execução pode solicitar directamente o auxílio das autoridades policiais (art. 840.º, n.º 2). Estando as portas fechadas ou havendo receio justificado de oposição de resistência, o agente de execução pode requerer ao juiz que determine o auxílio das autoridades policiais, arrombando-se as portas, se necessário, levando sempre em atenção que a diligência a efectuar em casa habitada ou numa sua dependência fechada só pode realizar-se entre as 7 e as 21 horas, com a entrega de cópia do auto da penhora a quem tiver a disponibilidade do lugar onde a diligência se realiza (art. 840.º, n.os 3 e 4). Este condicionalismo resulta do art. 34.º, n.º 3, da CRP, onde se proíbe, como regra, a entrada durante a noite no domicílio de qualquer pessoa sem o seu consentimento.

É devida às autoridades policiais, pelos serviços prestados, uma remuneração, que constitui encargo para efeitos do RCP (art. 840.º, n.os 5 e 6).

No caso da penhora de móveis, havendo necessidade de forçar a entrada no domicílio do executado ou de terceiro, bem como quando haja receio justificado de que tal ocorra, aplica-se o disposto nos n.os 2 a 6 do art. 840.º (art. 848.º, n.º 3)[563].

d) Poderes, deveres e direitos do depositário

Diz o n.º 1 do art. 843.º que incumbe ao depositário, para além dos deveres gerais do depositário[564], o dever de administrar os bens com

[563] Nas situações previstas nos arts. 840.º, n.º 3, 848.º, n.º 3, e 850.º, n.º 1, o juiz limita-se a determinar o auxílio das autoridades policiais, e não a ordenar a penhora que não depende do seu despacho. Há portanto um equívoco na posição de Lebre de Freitas ("A Acção Executiva", cit., p. 245) ao equiparar aquelas situações à da penhora de depósito bancário, esta sim dependente de despacho judicial, como expressamente consta do art. 861.º-A, n.º 1.

[564] Segundo o art. 1187.º do CC, o depositário é obrigado: a) a guardar a coisa depositada; b) a avisar imediatamente o depositante, quando saiba que algum perigo

a diligência e zelo de um bom pai de família e com a obrigação de prestar contas. Se, por desrespeitar este dever, o depositário causar danos patrimoniais ao exequente, torna-se civilmente responsável pelo ressarcimento dos danos causados, de harmonia com o que se dispõe no art. 483.º do CC.

Não define a lei o conteúdo daqueles poderes, mas não poderão deixar de ser limitados, como *actos de mera administração* que são.

Refere-se na doutrina que aí se incluem os actos de *conservação* (v.g., os destinados a fazer reparações necessárias) e *frutificação normal* (v.g., os destinados a prover ao arrendamento ou ao cultivo de uma terra nos termos usuais) dos bens penhorados, mas não os que alterem a própria substância do património administrado ou que importem a substituição duns bens por outros. Nem tão-pouco aí se deverão integrar os *actos de frutificação anormal* (v.g., conversão dum pinhal em vinha ou em terra de semeadura) e os *actos de melhoramento* (v.g., edificação duma casa num terreno destinado a construção)[565].

Quanto à forma de exploração dos bens penhorados, há que distinguir: ou o exequente e o executado chegam a acordo sobre o modo de os explorar ou não chegam.

No primeiro caso, a exploração far-se-á segundo o acordado; no segundo caso, o juiz (e não o agente de execução) decidirá, ouvido o depositário e feitas as diligências necessárias (art. 843.º, n.º 2).

Seguramente o juiz, e agora sem o carácter da obrigatoriedade anterior[566], determinará que os prédios urbanos sejam arrendados e os prédios rústicos arrendados ou cultivados directamente[567].

Tanto o contrato de locação como o de parceria pecuária, outorgados pelo depositário, caducam com o fim dos seus poderes de administração, nos termos, respectivamente, da alínea c) do art. 1051.º e do art.

---

ameaça a coisa ou que terceiro se arroga direitos em relação a ela, desde que o facto seja desconhecido do depositante; c) a restituir a coisa com os seu frutos.

[565] Cf.: Manuel de Andrade, "Teoria Geral da Relação Jurídica", vol. II, 1960, pp. 61 e segs.; Pereira Coelho, ob. cit., pp. 219 e seg.; Valentín Cortés Dominguez e outros, ob. cit., p. 486; e Rezende Filho, ob. cit., p. 232.

[566] Dizia-se no n.º 2 do art. 843.º, na redacção anterior à RPC95-96, em preceito inspirado em artigo com o mesmo número do CPC39, que, na falta de acordo, "os prédios urbanos são arrendados, e os prédios rústicos arrendados ou cultivados directamente, conforme o depositário julgue mais útil".

[567] Tenha-se presente que, segundo o n.º 1 do art. 1024.º do CC, "a locação constitui, para o locador, um acto de administração ordinária, excepto quando for celebrado por prazo superior a seis anos".

1123.º do CC, sem prejuízo de a restituição do prédio, tratando-se de arrendamento, só poder ser exigida passados seis meses sobre a verificação do facto que determina a caducidade, de harmonia com o que se estabelece no art. 1053.º do CC[568].

Na administração dos bens, o agente de execução pode socorrer-se de colaboradores, que actuam sob sua responsabilidade (art. 843.º, n.º 3)[569]. Outra entidade que desempenhe as funções de administrador pode igualmente valer-se de auxiliares no cumprimento das suas obrigações, caso o contrário não resulte do conteúdo ou finalidade do depósito (art. 1198.º do CC)[570].

Dentre os deveres do depositário dos bens móveis figura o de apresentar os bens, quando solicitado pelo agente de execução (art. 854.º, n.º 1), designadamente para serem mostrados aos potenciais compradores e serem vendidos.

Caso o não faça, no prazo de 5 dias a contar da notificação para esse efeito e não justifique a falta, é logo ordenado pelo juiz arresto nos seus bens que garantam o valor do depósito e das custas e despesas acrescidas. Ao mesmo tempo é movida, no próprio processo, execução contra o depositário em vista ao pagamento daquele valor e acréscimo (art. 854.º, n.os 2 e 3), no decurso da qual o arresto é convertido em penhora[571] [572]. Ainda, pode o depositário ser demandado criminalmente,

---

[568] Daí os arrendamentos celebrados pelo depositário, por caducarem normalmente no momento da venda ou adjudicação do imóvel penhorado, serem tendencialmente de curta duração, seguramente do tipo dos previstos no n.º 3 do art. 1095.º do CC.

[569] É de considerar como uma relação de comissão a estabelecida entre o solicitador (leia-se, agora agente) de execução e o seu colaborador, "respondendo o solicitador objectivamente, nos termos do artigo 500.º do CC, pelos danos que o seu colaborador culposamente causar". Cf. Maria Olinda Garcia, "A Responsabilidade do Exequente...", cit., p. 49.

[570] "Há casos, esclarecem-nos Pires de Lima e Antunes Varela (ob. cit. vol. II, p. 852), como, por exemplo, o da guarda de animais, em que o recurso a auxiliares é, pode dizer-se, da natureza própria do contrato. Só excepcionalmente se admitirá que toda a actividade relacionada com a sua guarda pertença obrigatoriamente ao depositário. A este caberá pouco mais do que a direcção ou, somente mesmo, a direcção".

[571] Nesta nova execução, a posição de exequente será assumida pelo exequente da execução principal e pelos credores com créditos reconhecidos e graduados relativamente aos bens depositados, uma vez que o produto da alienação destes visava a satisfação dos seus direitos. Cf. Maria Olinda Garcia, "A Responsabilidade do Exequente...", cit., p. 48.

[572] Na redacção originária do n.º 2 do art. 854.º, equivalente à do mesmo preceito do CPC39, determinava-se a prisão do depositário que não apresentasse os bens, no

pela prática do crime de abuso de confiança, na circunstância agravado, nos termos do art. 205.º, n.ºs 1 e 5, do Cód. Penal, se não for dono dos bens, ou pela prática do crime de descaminho ou destruição de objectos colocados sob o poder público, nos termos do art. 355.º do mesmo diploma legal, se for dono dos bens.

A circulação do veículo automóvel penhorado sujeita o depositário às sanções aplicáveis ao crime de desobediência qualificada (art. 22.º, n.º 2, do DL n.º 54/75, de 12 de Fevereiro), da previsão do art. 348.º, n.ºs 1 e 2, do Cód. Penal.

Também a penhora de navio implica a sua imobilização, a menos que o depositário, com o assentimento do executado e do exequente, obtenha autorização judicial para o fazer navegar (art. 852.º, n.º 1). Igualmente a autorização para navegar pode ser concedida a requerimento do exequente ou de qualquer credor com garantia real sobre o navio penhorado, contanto que preste caução e faça o seguro usual contra riscos (art. 853.º, n.º 1). A autorização judicial para navegar, em qualquer dos casos, deve ser comunicada, por ofício, à capitania do porto (arts. 852.º, n.º 2, 2.º §, e 853.º, n.º 4, *in fine*).

Uma das obrigações do depositário, mesmo que seja o executado, é a de prestar contas da sua administração, de harmonia com o disposto no art. 1023.º, n.º 1, com remissão para os arts. 1020.º e 1021.º. As contas podem também ser exigidas pelo exequente, pelo executado e pelos credores com garantia real sobre os bens administrados (art. 1023.º, n.º 1, 2.ª parte). E devem ser prestadas anualmente, se antes não terminar a administração, sem prejuízo de o juiz consentir, em atenção ao estado do processo, que as contas sejam prestadas somente no fim da administração (art. 1023.º, n.º 2).

A remuneração do depositário entra em regra de custas da execução, de harmonia com o disposto nos arts. 3.º, n.º 1, e 16.º, n.º 1, alínea h), do RCP, e será fixada pelo tribunal em função do valor por aquele indicado, desde que se contenha dentro dos limites impostos pela tabela IV, nos termos do n.º 4 do art. 17.º do mesmo Regulamento de que a referida tabela é parte integrante.

---

prazo de 5 dias, a contar da notificação para o efeito, além de ser simultaneamente executado, no próprio processo, para pagamento do valor do depósito. A prisão compulsiva foi eliminada pelo DL n.º 368/77, de 3 de Setembro, por incompatível com o art. 27.º, n.ºs 2 e 3 da CRP, entrada em vigor no ano anterior.

No art. 5.º, LXVII da Constituição brasileira, refere-se que "não haverá prisão civil por dívidas, salvo a do responsável pelo inadimplemento voluntário e inescusável de obrigação alimentícia e a do depositário infiel".

O depósito de qualquer bem implica o pagamento do preço ao depositário, sendo o devido pela utilização do depósito público ou equiparado fixado em 0,0075 UC por metro quadrado ou metro público, consoante os casos, por cada dia de utilização, acrescido das despesas extraordinárias de manutenção ou seguros especiais, quando existam e sejam justificadas em face da especial natureza dos bens penhorados, sendo todos estes custos imediatamente suportados pelo exequente, a título de encargos, para posterior imputação na conta de custas, nos temos gerais (art. 39.º, n.os 1 a 4, da Portaria n.º 331-B/2009, de 30 de Março).

O depositário que, não não sendo o agente de execução, deixe de cumprir os deveres do seu cargo pode ser removido, a requerimento de qualquer interessado, ou por iniciativa do agente de execução (art. 845.º, n.º 1). A expressão "qualquer interessado" abrange o exequente, o executado (quando não seja o depositário), o credor que haja reclamado para ser pago pelos bens que ao depositário tenham sido entregues e ainda quem tenha deduzido embargos de terceiro contra a penhora dos bens confiados ao depositário[573].

Apresentado o requerimento de remoção, é o depositário notificado para responder no prazo de 10 dias. Com o requerimento e a resposta devem as partes oferecer o rol de testemunhas e requerer os outros meios de prova.

Finda a produção da prova, o juiz decidirá quais os factos que julgue provados e não provados e, em conformidade com a realidade fáctica apurada, deferirá ou não o pedido de remoção (art. 845.º, n.º 2)[574].

Sendo o depositário o agente de execução, a sua remoção está submetida ao trato do n.º 6 do art. 808.º, envolvendo essa remoção a sua destituição de funções como agente de execução.

A RPC95-96, ao aditar o n.º 3 ao art. 845.º, admitiu expressamente a possibilidade de o depositário se escusar do cargo, quando ocorra motivo ponderoso, o que se compreende por aquele cargo ser obrigatório. A apreciação do pedido de escusa, tal como o de remoção, é da competência do juiz, a menos que o pedido respeite a um agente de execução, em que é do órgão com competência disciplinar sobre os agentes de execução.

---

573 Cf.: Alberto dos Reis, ob. cit., pp. 156 e seg.; e Lopes Cardoso, ob. cit., p. 434.

574 Decidiu-se no Acórdão do STJ de 24.11.87 (BMJ, 371, p. 427) que a circunstância de o depositário não pagar a renda do imóvel onde se encontrava instalado um estabelecimento comercial, que lhe fora entregue, na sequência da penhora (o que determinou a resolução do contrato de arrendamento), é fundamento de remoção do depositário, a requerimento do executado.

54. OPOSIÇÃO À PENHORA

Pela RPC95-96, através da inclusão dos arts. 863.º-A e 863.º-B, mantidos pela RPC2003, passou o executado a dispor dum meio incidental específico de oposição à penhora.

Anteriormente, para obstar à execução de bens inapreensíveis, o executado apenas podia recorrer do despacho determinativo da penhora ou então deduzir embargos de terceiro verificada que fosse a hipótese prevista na segunda parte do n.º 2 do então art. 1037.º ("quanto aos bens que, pelo título da sua aquisição ou pela pela qualidade em que os possuir, não devam ser atingidos pela diligência ordenada"). Ainda podia, em simples requerimento, acusar a ilegalidade da nomeação, antes do juiz proferir o despacho que ordenasse a penhora.

Tendo em conta que desapareceu o despacho judicial ordenatório da penhora, não se põe presentemente o problema da sua impugnação, como ocorreu no passado (redacção anterior do proémio do art. 863.º-A). Só assim não será na penhora de depósito bancário ou de valores mobiliários, por dependente de despacho judicial, que poderá assim ser objecto de recurso[575].

Isto sem prejuízo de a *oposição por requerimento* ser facultada ao executado, previamente citado, para questionar a penhorabilidade de bens indicados pelo exequente, no requerimento executivo. Ouvida a contraparte e produzidas as provas oferecidas, quando necessário, o juiz decide[576].

Passemos, de seguida, a analisar os fundamentos e a tramitação do incidente da *oposição à penhora.*

a) Fundamentos

Três são as hipóteses previstas no n.º 1 do art. 863.º-A como fundamento da *oposição à penhora*:

a) Inadmissibilidade da penhora dos bens concretamente apreendidos ou da extensão com que ela foi realizada;
b) Imediata penhora de bens que só subsidiariamente respondam pela dívida exequenda;
c) Incidência da penhora sobre bens que não respondam, nos termos do direito substantivo, pela dívida exequenda.

---

[575] Cf. Rui Pinto, ob. cit., pp. 133 e 145.

[576] Cf. Lebre de Freitas, "A Acção Executiva", cit., pp. 276 e seg.

A alínea a) refere-se, primordialmente, na sua primeira parte, aos casos de impenhorabilidade processual, quer absoluta (art. 822.º) quer relativa, esta apenas fora das hipóteses autorizadas (art. 823.º)[577] e, na sua segunda parte, aos casos de impenhorabilidade parcial (art. 824.º)[578]. Ainda esta alínea contempla a penhora de uma parte especificada de bens indivisos ou de bens compreendidos num património comum ou duma fracção de qualquer deles, em execução apenas movida contra algum ou alguns dos contitulares (art. 826.º)[579], bem como, em caso de penhora de imóveis, a sua extensão a frutos expressamente excluídos ou sobre os quais exista algum privilégio (art. 842.º, n.º 1)[580].

A alínea b) contempla as situações de *penhorabilidade subsidiária*, tanto na vertente *pessoal* como na vertente *real*, tal como se encontram caracterizadas no art. 828.º[581]. No que concerne à primeira vertente, atente-se na oposição que pode ser suscitada pelo fiador e pelos sócios da sociedade comercial em nome colectivo e da sociedade civil, por ainda se não encontrarem penhorados e alienados os bens do devedor principal, desde que invoquem o benefício da excussão, quer na acção executiva (art. 828.º, n.os 1, 2 e 4), quer na acção declarativa, com a condenação nesta acção a revelar a subsidiarização das suas responsabilidades (art. 641.º do CC, quanto à fiança). No que respeita à segunda vertente, pense-se na oposição do devedor por, em caso de dívida com garantia real sobre bem próprio, a penhora ter incidido sobre outros bens, sem previamente se ter verificado a insuficiência daquele (art. 835.º, n.º 1), ou, então, em execução

---

[577] Seria assim fundamento de oposição, ao abrigo da alínea a) do n.º 1 do art. 863.º-A, a penhora dos instrumentos de trabalho, salvo se o executado os indicasse à penhora ou a execução se destinasse ao pagamento do preço da sua aquisição ou do custo da sua reparação.

[578] Poderia assim fundamentar a oposição à execução a penhora de metade do vencimento do executado, em infracção ao diposto na alínea a) do n.º 1 do art. 824.º, que só permite a penhora de um terço do vencimento, sem prejuízo de poder ser penhorada a parte do vencimento que ultrapasse o montante equivalente a três salários mínimos nacionais, nos termos do n.º 2 do mesmo artigo.

[579] Cf. ponto n.º 43. Assim, ao abrigo desta alínea, pode o executado opor-se à penhora de bens comuns do casal, sempre que não se cite o seu cônjuge. Cf. Acórdão da RP de 23.02.99, BMJ, 484, p. 441.

[580] Segundo o Acórdão da RE de 28.05.2009 (CJ, ano XXXIV, tomo III, p. 255), também a 2.ª parte da alínea a) do n.º 1 do art. 863.º-A pode fundamentar o pedido de oposição à penhora em caso de violação do princípio da proporcionalidade a que alude o art. 821.º, n.º 3, como na hipótese de se penhorar um imóvel com um valor de várias dezenas de milhar de euros numa execução por custas no montante de € 1364,10.

[581] Cf. ponto n.º 45.

movida contra marido e mulher por dívidas por que são responsáveis ambos os cônjuges, se terem penhorado bens *próprios* de um deles, quando os *comuns* garantem o pagamento da dívida (art. 1695.º, n.º 1, do CC)[582].

A alínea c) alude a casos de impenhorabilidade, nos termos do direito substantivo, de determinados bens, por não responderem pela dívida exequenda.

Assim, a título de exemplo, os bens que o mandatário haja adquirido em execução do mandato, sem poderes de representação, e que devam ser transferidos para o mandante (art. 1184.º do CC) e os bens sujeitos a fideicomisso, sendo o fiduciário o executado (art. 2292.º do CC)[583].

Se a oposição se basear na existência de patrimónios separados, deve o executado indicar logo os bens, integrados no património autónomo que responde pela dívida exequenda, que tenha em seu poder e estejam sujeitos à penhora (art. 863.º-A, n.º 2).

Não indicando o executado essoutros bens, mesmo após convite endereçado ao suprimento da omissão, o incidente da oposição não deve ser admitido.

Sendo inadequada a oposição à penhora para o executado questionar os termos em que ela ocorreu, pode ele reclamar para o juiz de execução do acto do agente de execução[584]. E do mesmo meio se deve servir o exequente, por à sua disposição não se encontrar o incidente de oposição à execução [art. 809.º, n.º 1, alínea c)].

b) Tramitação

Da tramitação da *oposição à penhora* cuida o art. 863.º-B, que nos diz tratar-se de um incidente, sujeito ao regime dos arts. 303.º e 304.º, quando não se cumule com a oposição à execução, nos termos do n.º 2 do art. 813.º.

---

[582] Este último caso, na vigência do art. 1037.º, n.º 2, justificava o uso dos embargos de terceiro, por parte do cônjuge cujos bens tivessem sido penhorados, por estes bens, dada a qualidade em que o seu titular os possuia, não se encontrarem sujeitos à execução enquanto existissem bens comuns.

[583] Tendo em conta que ao fiduciário pertencem os frutos dos bens sujeitos ao fideicomisso, estes podem ser penhorados na execução contra ele movida (art. 2292.º, *in fine*, do CC).

[584] Cf. Rui Pinto, ob. cit., p. 135, que nos refere, a título de exemplo, que o executado se deve servir da *reclamação* para questionar o acto de recusa do agente de execução de substituição dos bens penhorados, requerida ao abrigo do art. 834.º, n.º 3, alínea a).

Tendo em conta a regra geral de que os incidentes são processados nos próprios autos da causa principal, a menos que alguma regra processual disponha diferentemente, o incidente de oposição à penhora, mesmo quando não cumulado com a oposição à execução, passou a correr por apenso, com a entrada em vigor do DL n.º 38/2003 (art. 817.º n.º 1, proémio, por remissão do art. 863.º-B, n.º 2, *in fine*).

A oposição é apresentada num dos seguintes prazos: no de 20 dias a contar da citação, quando esta é efectuada após a penhora; e no 10 dias a contar da notificação do acto da penhora, quando a citação o anteceda.

O incidente da oposição à penhora suscita-se através de um requerimento, onde o executado, para além de fundamentar a sua pretensão, em conformidade com o disposto no n.º 1 do art. 863.º-A, deve oferecer o rol de testemunhas e requerer os outros meios de prova.

Paga previamente a taxa de justiça (arts. 150.º-A, n.º 1, do CPC e 6.º, n.º 1, e 13.º, n.º 1, do RCP), tendo em conta que a *base tributária* corresponde ao valor dos bens objectos da oposição (arts. 305.º, n.º 3, e 311.º, 1, do CPC e 11.º do RCP)[585], será o requerimento do incidente presente ao juiz que o indeferirá liminarmente se for apresentado fora de prazo, se o fundamento não se ajustar aos legalmente previstos ou se for manifestamente improcedente. Sendo recebida a oposição, será notificado o exequente para responder no prazo de 10 dias. Com a resposta deve o exequente oferecer igualmente as suas provas, para além de juntar documento comprovativo do prévio pagamento da taxa de justiça ou da concessão do benefício do apoio judiciário (arts. 150.º-A, n.º 1, do CPC e 6.º, n.º 1, e 13.º, n.º 1, do RCP).

Cada uma das partes não pode produzir mais de três testemunhas sobre cada facto, nem pode oferecer um número de testemunhas superior a oito.

A falta de resposta do exequente implica a confissão dos factos alegados pelo executado, a não ser que estejam em oposição com os expressamente alegados por aquele no requerimento executivo.

Suspende-se a execução, na sequência da admissão do incidente e somente quanto aos bens a que a oposição respeita, se o executado prestar caução (art. 863.º-B, n.º 3). Havendo suspensão, pode a penhora ser reforçada ou substituída [art. 834.º, n.º 3, alínea d)].

---

585 Nos termos da tabela II anexa à RCP, a taxa de justiça, na oposição à execução, é do montante de 3 UC se a base tributária não ultrapassar o valor de € 300 000 e de 6 UC se for igual ou superior a esse valor.

O incidente termina, após a realização das diligências instrutórias necessárias, com a decisão do juiz, mantendo a penhora ou ordenando o seu levantamento (art. 863.º-B, n.º 4).

Como resulta do art. 809.º, n.º 1, alínea b), é da competência exclusiva do juiz de execução o julgamento da oposição à penhora, sem interferência do agente de execução, devendo o julgamento ocorrer no prazo máximo de três meses contados da oposição.

55. EFEITOS DA PENHORA

Para Liebman o efeito da penhora é meramente processual, consistindo em a coisa ficar sujeita à execução, independentemente dos actos realizados pelo executado a seu respeito. "O direito do executado sobre ela coexiste, intacto em sua essência, com o vínculo público processual que o acto da penhora impôs sobre a mesma; qualquer forma de exercício daquele direito é permitido, enquanto praticamente possível, mas não altera este vínculo"[586].

No mesmo sentido, diz-nos Faustino Cordón Moreno que "a penhora se limita a um acto processual de natureza executiva que cria uma especial situação jurídica sobre o bem penhorado, consistente em o mesmo ficar afectado à execução e, em consequência, vinculado aos subsequentes actos que a integram, em especial, a realização forçosa"[587].

Não é esta, contudo, a doutrina geralmente seguida, que atribui à penhora efeitos de natureza substancial[588], uma vez que modifica o direito do executado. A penhora, segundo Carnelutti, enfraquece o direito do executado, na medida em que lhe liga as mãos, limitando-lhe a liberdade de dispor dos bens.

Não deixa, todavia, de continuar a pertencer ao executado o direito de propriedade sobre os bens penhorados; só o perderá, mais tarde, aquando da venda ou da adjudicação. Mas os poderes do executado são menores, dado não poder dispor dos bens em termos de prejudicar o exequente e os credores concorrentes.

---

586 Ob. cit., pp. 90 e seg.

587 Ob. cit., p. 294.

588 Cf., por todos, que seguiremos no texto, Alberto dos Reis, ob. cit., p. 98.

Para melhor compreendermos esta realidade, distingamos os efeitos da penhora em relação ao executado e em relação ao exequente[589].

a) Efeitos da penhora em relação ao executado

Diz-nos o art. 819.º do CC, na redacção do DL n.º 38 /2003, de 8 de Março, que são *inoponíveis* à execução os actos de disposição, oneração ou arrendamento dos bens penhorados, sem prejuízo das regras do registo[590].

"Parece, refere Vaz Serra[591], que a alienação voluntária dos bens penhorados só deve considerar-se inadmissível enquanto ofender os interesses da execução. Se os bens penhorados ficam afectados aos fins de uma execução e a sua indisponibilidade se destina a garantir tal afectação, não deve ela ir mais longe do que é aconselhado pela sua razão de ser. Para tanto, basta que a alienação dos bens penhorados seja havida como ineficaz em relação ao penhorante e aos demais credores intervenientes na execução. Quanto ao resto, nenhum motivo existe para que se lhe negue eficácia".

Não é necessária a *nulidade* de tais negócios, por a penhora não determinar a *incapacidade* do executado para dispor dos seus bens. É suficiente a sua ineficácia, e uma *ineficácia relativa* — uma ineficácia que só opera na direcção da execução, mantendo-se o negócio eficaz em qualquer outra direcção[592] [593].

Sendo o bem penhorado vendido fora da execução, transfere-se para o terceiro, mas a translação é irrelevante para os credores, que não têm sequer necessidade de impugná-la[594].

---

[589] Seguindo, assim, a sistematização adoptada por Pereira Coelho (ob. cit., pp. 238 e segs.).

[590] Na redacção anterior, dizia-se que os actos em causa eram ineficazes em relação ao exequente, o que levava certa doutrina, mas não a dominante, a sustentar que a ineficácia não operava igualmente a favor dos credores reclamantes. Cf., neste sentido, Pires de Lima e Antunes Varela, ob. cit., vol. II, p. 92.

[591] Ob. cit., p. 147.

[592] Cf.: Luigi Paolo Comoglio e outros, ob. cit., pp. 776 e seg.; Andrea Lugo, ob. cit., pp. 329 e seg.; e Girolamo Monteleone, ob. cit., pp. 413-415.

[593] Nesta linha, decidiu-se no Acórdão do STJ de 2.11.2004 (CJ — Acórdãos do STJ, ano XII, tomo III, p. 98) que a dação em cumprimento, pelo executado ao exequente, do imóvel penhorado é ineficaz em relação à execução, nomeadamente ao Estado credor de custas e ao adquirente em execução, ainda que esta tenha prosseguido apenas para cobrança das custas devidas.

[594] Cf. Satta e outro, ob. cit., p. 726.

Donde, no caso de o terceiro, comprador dos bens penhorados ao executado, pagar ao exequente e aos credores com garantia real sobre os bens o que lhes é devido, cessa a ineficácia relativa da transferência dos bens que comprou, por a compra ser válida. E o mesmo acontece nos demais casos de extinção da execução e nos casos de a execução ser anulada ou ficar sem efeito por qualquer motivo. Também a mesma situação se verifica se a penhora for levantada, independentemente da extinção da execução.

A ineficácia não precisa de ser declarada pelo tribunal.

"Tem-se aqui, escreve Zanzucchi[595], a mesma situação que se tem no processo de cognição no caso de alienação da coisa litigiosa: o processo continua em face do alienante, mas com efeito para o terceiro adquirente: o alienante fica em juízo como substituto processual do adquirente. O executado alienante continua a ser sujeito passivo da execução. A *res pignorata*, de que o devedor executado dispôs, é tratada em relação ao disponente e ao adquirente do mesmo modo que a *res litigiosa*, de que a parte tenha disposto" (art. 271.º)[596].

Diz-se no art. 2914.º do CC Italiano que "não têm efeito, em prejuízo do credor penhorante e dos credores que intervenham na execução, embora anteriores à penhora (...) as alienações de bens imóveis ou de bens móveis inscritos nos registos públicos que forem transcritos posteriormente à penhora".

Não vale, todavia, este regime entre nós, por no n.º 4 do art. 5.º do CRPredial, aditado pelo DL n.º 533/99, de 11 de Dezembro, se ter adoptado o conceito restrito de terceiro, segundo a definição de Manuel de Andrade[597], dizendo-se ali que "terceiros, para efeitos de registo, são aqueles que tenham adquirido de um autor comum direitos incompatíveis entre si".

Com esta inovação legislativa pôs-se termo a profundas divergências doutrinais e jurisprudenciais que levaram mesmo à prolação de dois

---

595 *Apud* Vaz Serra, ob. cit., p. 173.

596 Em concretização desta doutrina, disse-se no Acórdão do STJ de 25.03.2004 (CJ — Acórdãos do STJ, ano XII, tomo I, p. 139) que o devedor pode livremente alienar ou onerar os bens penhorados, sem que tal obste ao prosseguimento do curso normal da execução, como se esses bens continuassem a pertencer ao executado, dado o princípio da ineficácia, em relação ao credor, dos actos de disposição ou oneração dos bens penhorados; acrescentou-se ainda que essa ineficácia opera *ope legis*, não necessitando de ser declarada *ex professo* pelo tribunal e não se encontrando dependente da intervenção do executado no acto da penhora.

597 Cf. "Teoria Geral da Relação Jurídica", vol. II, cit., p. 19.

acórdãos de fixação de jurisprudência contraditórios por parte do STJ, separados no tempo por um período inferior a dois anos, os acórdãos n.os 15/97, de 20 de Maio[598], e 3/99, de 18 de Maio[599].

Optou-se, todavia, e em má hora, pelo conceito anacrónico de terceiro, em arrepio da modernidade e da garantia da segurança e certeza do comércio jurídico, transformando-se o registo predial "num sistema de mera publicidade-notícia, contra todos os princípios que o regem" (instância, prioridade, especialidade, legalidade, trato sucessivo, legitimação e fé pública registral)[600]. Mais: olvidou-se que o princípio da segurança jurídica e o princípio da confiança que decorrem do princípio do Estado de direito democrático, contido no art. 2.º da CRP, credenciam a prevalência registral, na medida em que o registo, enquanto publicita o facto a ele sujeito, torna este digno de crédito e permite às pessoas confiar nele, na base da presunção que o direito existe e pertence ao titular inscrito[601].

Não é, assim, de considerar como terceiro o exequente que, por intermédio do agente de execução, efectuou o registo da penhora, em face de um adquirente anterior que não registou o seu direito, porquanto terceiros, para efeitos de registo predial, são apenas os que do mesmo autor ou transmitente adquiram direitos incompatíveis sobre a mesma coisa, onde se não incluem os beneficiários da penhora, do arresto ou da hipoteca judicial, por os seus direitos não resultarem de um acto do dono do bem.

[598] Publicado no DR, I Série, de 4.07.97, com a seguinte regra interpretativa: "Terceiros, para efeitos de registo predial, são todos os que, tendo obtido registo de um direito sobre determinado prédio, veriam esse direito ser arredado por qualquer facto jurídico anterior não registado ou registado posteriormente".

[599] Publicado no DR, I Série, de 10.07.99, com a seguinte prescrição: "Terceiros, para efeitos do disposto no artigo 5.º do Código do Registo Predial, são os adquirentes de boa fé, de um mesmo transmitente comum, de direitos incompatíveis sobre a mesma coisa".

[600] Cf. Isabel Pereira Mendes, "Estudos sobre Registo Predial", 1999, pp. 167 e segs.

[601] Assim, Acórdão do TC n.º 215/2000, de 5 de Abril (DR, II Série, de 13.10.2000). Todavia, o mesmo Tribunal através do seu infeliz Acórdão n.º 345/2009, de 8 de Julho (DR, II Série, de 18.08.2009), dissentindo da sua doutrina anterior, não julgou inconstitucional a norma do n.º 4 do art. 5.º do CRPredial, por não violar qualquer regra ou princípio constitucional. Vale-nos a declaração de vencido do Conselheiro Carlos Fernandes Cadilha que com desassombro nos diz que "a interpretação normativa sindicada poderá pôr em causa o princípio da segurança jurídica na vertente material da confiança, no ponto em que afecta expectativas legítimas do interessado no tocante à previsibilidade do sistema jurídico de registo predial e à conformidade dos actos praticados sob a égide da autoridade pública".

Contudo, por efeito da venda executiva, face ao disposto no art. 824.º, n.º 2, do CC, extinguem-se os direitos reais de gozo não registados antes da penhora, com excepção dos que, constituídos em data anterior, produzam efeitos em relação a terceiros independentemente de registo. Daí o direito real de gozo constituído anteriormente mas não registado pelo terceiro (v.g., propriedade de imóvel) ser presentemente oponível à penhora, mas não à venda executiva do bem penhorado. Resulta, assim, inexplicável, como refere Teixeira de Sousa[602], que um direito possa ser oposto ao acto preparatório (ou seja, à penhora) e não ao acto final (isto é, à venda executiva)[603].

Os actos inoponíveis a que se refere o art. 819.º do CC são apenas os que procedem da vontade do executado, e não os originados em atitudes de terceiro, como os actos constitutivos de direito real de garantia sobre os bens penhorados em que o seu proprietário não intervenha (v.g., a penhora, o arresto, a hipoteca legal ou judicial)[604].

Mas, por proceder da vontade do executado, já é inoponível o arrendamento por ele celebrado depois do registo da penhora, como hoje expressamente se refere no art. 819.º do CC. Outrossim é inoponível a terceiros a duração superior a seis meses de arrendamento não registado, nos termos do n.º 5 do art. 5.º do CRPredial, na redacção da Lei n.º 6/2006, de 27 de Fevereiro.

Também é inoponível ao exequente e aos credores concorrentes a extinção do crédito penhorado do devedor, por causa dependente da vontade do executado ou do seu devedor, verificada depois da penhora

---

[602] "Sobre o Conceito de Terceiros para Efeitos de Registo", *in* ROA, ano 59, pp. 44 e seg.

[603] Em acórdão do STJ, datado de 11.11.2003, proferido na revista n.º 2980, que confirmou o julgado nas instâncias, decidiu-se, com base no art. 5.º, n.º 4, do CRPredial, no sentido de os compradores de uma fracção autónoma numa venda judicial não se integrarem no conceito de "terceiros", para efeitos de registo, relativamente a anteriores compradores da mesma fracção ao executado, que não registaram a aquisição. No mesmo sentido se pronunciaram os Acórdãos da RG de 26.05.2204 (CJ, ano XXIX, tomo III, p. 280) e do STJ de 25.11.2008 (CJ — Acórdãos do STJ, ano XVI, tomo III, p. 139.

Trata-se de um equívoco, por não estar em causa um conflito entre direitos de aquisição sobre a mesma fracção autónoma, mas diversamente a *extinção* do direito de propriedade dos primitivos adquirentes, que não procederam ao registo, no momento da venda executiva, face ao disposto no art. 824.º, n.º 2, do CC.

[604] Cf.: Lebre de Freitas, "A Acção Executiva..." cit., p. 268; Anselmo de Castro, ob. cit., p. 160; e Teixeira de Sousa, "Acção Executiva Singular", cit., p. 245.

(art. 820.º do CC). É o que ocorre com formas de extinção diversa do cumprimento, como a compensação, a novação e a remissão[605].

Por as rendas e alugueres se encontrarem abrangidos pela penhora (art. 842.º, n.º 1), é inoponível à execução a sua liberação ou cessão, antes da penhora, desde que tais rendas ou alugueres respeitem a períodos de tempo não decorridos à data da penhora (art. 821.º do CC).

Refira-se ainda que em consequência da penhora o executado não só vê afectado o seu *poder de disposição*, nos termos expostos; perde, outrossim, o *poder de fruição* que integra o direito de propriedade. Com efeito, os bens penhorados são apreendidos e entregues a um depositário. Mesmo que o executado fique depositário dos bens, o seu poder de fruição já não é o que lhe pertencia como proprietário, por ficar sujeito às limitações e responsabilidades impostas aos depositários[606].

Nos termos do art. 22.º, n.º 1, do DL n.º 54/75, a penhora e o arresto do veículo automóvel envolvem a proibição dele circular.

Se o veículo automóvel for penhorado como parte integrante de um estabelecimento comercial e não se verificar a hipótese prevista no n.º 4 do art. 862.º-A, poderá continuar a circular, no interesse da execução, sob pena de resultar prejudicada a exploração normal do estabelecimento. Está-se perante a penhora do estabelecimento e não do veículo automóvel, apesar de o exequente dever promover o registo da oneração deste, a fim de evitar que sobre ele possa recair penhora ulterior (art. 862.º-A, n.ºs 1 e 6).

No que concerne a navio penhorado, o depositário pode fazê-lo navegar, precedendo autorização judicial, estando de acordo o executado e o exequente (art. 852.º). Ainda o exequente, ou qualquer credor com garantia real sobre o navio penhorado, pode requerer que ele continue a navegar até ser vendido, desde que preste caução e faça o seguro usual contra riscos (art. 853.º). Em ambos os casos deverá ser informada a capitania do porto.

b) Efeitos da penhora em relação ao exequente

A penhora atribui ao exequente um direito real de garantia sobre os bens penhorados.

---

[605] Cf.: Pires de Lima e Antunes Varela, ob. cit., vol. II, p. 93; e Mandrioli, ob. cit., vol. III, p. 66, em comentário ao correspondente art. 2917.º do CC italiano.

[606] Cf.: Alberto dos Reis, ob. cit., pp. 101 e seg.; e Pereira Coelho, ob. cit., p. 241.

Daí o atributo da *preferência* que lhe é conferido pelo n.º 1 do art. 822.º do CC: o exequente adquire pela penhora o direito de ser pago com preferência a qualquer outro credor que não tenha garantia real anterior.

Esta garantia real anterior, se for a hipoteca ou a consignação de rendimentos, precisa de estar registada para ser oponível à preferência resultante da penhora [art. 2.º, alínea h), do CRPredial].

A anterioridade da penhora reporta-se à data do arresto, se os bens do executado tiverem sido previamente arrestados (art. 822.º, n.º 2, do CC)[607].

Cessa, contudo, a preferência resultante da penhora (como a resultante da hipoteca judicial) se sobrevier a insolvência do executado, por não ser atendida na graduação de créditos (art. 140.º, n.º 3, do CIRE).

Faltando a *preferência* quando o activo do devedor é inferior ao passivo, ou seja, quando poderia ser relevante (se os bens do devedor chegarem para pagar ao exequente e aos credores concorrentes, a preferência resultante da penhora, e também a que advém da hipoteca judicial, não têm utilidade), podemos concluir ser de escasso sentido o benefício concedido ao exequente. Mas, mesmo quando os bens do devedor cheguem para pagar ao exequente e a todos os credores reclamantes, a preferência resultante da penhora tem algum significado, como se infere do disposto no art. 887.º, que dispensa o exequente ou qualquer credor que adquira bens pela execução de depositar a parte do preço que não seja necessária para pagar a credores graduados antes dele e não exceda a importância do seu crédito. Donde, quanto maior for a precedência na ordem de graduação, menor será a importância que o credor terá de depositar.

56. **EMBARGOS DE TERCEIRO**

Face ao princípio geral de apenas estarem sujeitos à execução os bens do executado (art. 821.º, n.º 1), impõe-se conferir a terceiro um

[607] No que concerne ao privilégio geral, refere-nos Miguel Lucas Pires ("Dos Privilégios Creditórios: Regime Jurídico e sua Influência no Concurso de Credores", p. 166) que "a penhora marca a data com base na qual se deve aferir da preferência do crédito por si garantido no confronto com os demais, uma vez que apenas nesta data ficarão indicados os concretos bens que servirão de garantia ao respectivo crédito", para, de seguida, acrescentar que, no caso do credor munido de privilégio especial, a preferência resultante da penhora nada acrescenta àquela de que ele já goza sobre os bens penhorados, por o privilégio se constituir no momento do surgimento do crédito que garante, ficando desde esse momento identificados os bens sobre os quais recai a garantia.

meio processual de defesa dos seus bens contra execuções alheias. Este meio cognomina-se *embargos de terceiro.*

Até à RPC95-96, que eliminou as acções possessórias do elenco dos processos especiais, através da revogação dos arts. 1033.º a 1043.º, a função dos embargos estava limitada à defesa da *posse*, ofendida por qualquer diligência ordenada judicialmente (art. 1037.º, n.º 1). Isto em consonância com o regime substantivo do art. 1285.º do CC, onde os embargos de terceiro se apresentam como um meio de defesa possessória revestido de características especiais, por se destinar à defesa da posse contra a penhora ou diligência ordenada judicialmente.

Hoje, os embargos de terceiro não se apresentam, no sistema da lei processual, como um *meio possessório*, mas antes como um incidente da instância, como uma verdadeira subespécie da oposição espontânea, sob a denominação de *oposição mediante embargos de terceiro* (arts. 351.º e segs.)[608]. E assim, como é do conceito de oposição (art. 342.º, n.º 1), encontramo-nos perante um incidente que permite a um terceiro intervir numa causa para fazer valer, no confronto de ambas as partes, um direito próprio, total ou parcialmente incompatível com as pretensões por aquelas deduzidas.

O cônjuge do executado, que tenha a posição de terceiro, pode também socorrer-se dos embargos de terceiro, para defender os bens próprios e os bens comuns que hajam sido indevidamente atingidos pela diligência de cariz executório (art. 352.º): no caso dos bens próprios, com o fundamento de não ser parte na acção executiva; e, no caso dos bens comuns, por não ter sido citado para requerer a separação de bens (art. 825.º, n.º 1)[609].

E isto por aquela diligência se dever efectivar sobre os bens próprios do cônjuge executado e, subsidiariamente, sobre a sua meação nos bens comuns (art. 1696.º, n.º 1 do CC), mesmo estando em causa uma dívida da responsabilidade de ambos os cônjuges, por não figurarem os dois como executados nem ter sido citado ou notificado o cônjuge do executado para declarar se aceita a comunicabilidade da dívida (art. 825.º, n.ºs 2 e 6).

---

[608] Também os embargos de terceiro, a deduzir junto do órgão da execução fiscal, no respectivo processo de execução, na sequência de arresto, penhora ou qualquer outro acto judicialmente ordenado de apreensão ou entrega de bens, se patenteiam como um incidente da instância (arts. 166.º, n.º 1, e 237.º, n.ºs 1 e 2, do CPPT).

[609] Na disposição paralela do § 774 da ZPO, refere-se que, se a execução incidir sobre o património comum, o cônjuge pode formular oposição de terceiro, quando a sentença não produza efeitos contra ele, considerando o património comum.

Tenha-se, todavia, em conta que, por força do n.º 2 do art. 1696.º do CC, respondem ao mesmo tempo que os bens próprios do cônjuge devedor, embora possam ser bens comuns:

a) Os bens por ele levados para o casal ou posteriormente adquiridos a título gratuito, bem como os respectivos rendimentos;
b) O produto do trabalho e os direitos de autor do cônjuge devedor;
c) Os bens sub-rogados no lugar dos referidos na alínea a)[610].

Indicando-se à penhora estes bens, não há que proceder à citação do cônjuge do executado para requerer, querendo, a separação de bens, por a lei permitir "a sua penhora sem reconhecer o eventual interesse do cônjuge do executado em fazer incluir esses bens na sua própria meação"[611] [612].

Tratando-se da casa de morada da família, também o cônjuge não arrendatário, que não tenha intervindo na causa, assinado documento particular que importe a obrigação de entrega da casa (v.g., comunicações dirigidas ao senhorio), subscrito o acordo de revogação do contrato de arrendamento ou recebido separadamente a comunicação do senhorio que integre o título executivo para efeitos de despejo, pode embargar de terceiros, como se infere dos arts. 1682.º-B do CC, 28.º-A, e 46.º, n.º 1, alínea c), do CPC e 12.º, n.º 1, e 15.º, n.º 1, do NRAU, numa interpretação conforme a Constituição, onde o direito à habitação e a protecção da família são valores fundamentais (art. 65.º e 67.º da CRP)[613].

---

[610] Dizem-nos, em justificação deste alargamento, Pereira Coelho e Guilherme de Oliveira (ob. cit., p. 425): "a lei sacrificou neste caso o património comum do casal em favor das expectativas do credor que confiara na solvabilidade do devedor tendo em conta os bens que ele levara para o casamento, os que adquirira mais tarde por herança ou doação ou os proventos, porventura muito elevados, que auferia do seu trabalho ou de direitos de autor".

[611] Cf. Pereira Coelho e Guilherme de Oliveira, ob. cit., p. 426.

[612] Assim, Acórdão da RC de 13.11.2007, CJ, ano XXXII, tomo V, p. 12.

[613] Cf., neste sentido, Nuno de Salter Cid, "A Protecção da Casa de Morada da Família no Direito Português", 1996, pp. 262 e segs., e Pais de Sousa, "Anotações ao Regime do Arrendamento Urbano", 6.ª edição, p. 183. Contra: a jurisprudência do STJ, documentada, entre outros, nos Acórdãos de 6.03.86 (embora não se tratasse da casa de morada da família), 15.04.86, 28.05.86 e 29.06.89, BMJ, 355, p. 346, 356, p. 291, 357, p. 345, e 388, p. 467, respectivamente; Aragão Seia, "Arrendamento Urbano Anotado e Comentado", 7.ª edição, pp. 396 e segs.; Miguel Mesquita, "Apreensão de Bens em

Refira-se que a situação se torna mais evidente se o regime dos bens do casal for de comunhão, por então o direito do arrendatário se comunicar ao cônjuge, passando o contrato a ter dois arrendatários (art. 1068.º do CC).

Deve, assim, o art. 352.º ser objecto duma interpretação extensiva, por no seu espírito se conter a situação que analisamos[614]. O legislador, ao referir na sua letra os bens próprios do cônjuge que não foi parte na causa e os bens comuns do casal, atingidos pela diligência de cariz executório, pretende aludir, no fundo, a todos os bens que só podem ser alienados e a todos os direitos que só podem ser exercidos com intervenção de ambos os cônjuges, não verificada no caso que determinou o acto lesivo[615].

No caso de arrendamento para fim não habitacional e por a posição do arrendatário se comunicar igualmente nos regimes de comunhão (art. 1068.º do CC), pode também o cônjuge não arrendatário, casado sob um desses regimes, que não tenha intervindo na acção de despejo ou na formação do título executivo extrajudicial que suporte a execução de despejo, deduzir embargos de terceiro contra a ordem de entrega do locado[616].

Não é, contudo, permitida a dedução de embargos de terceiro quando a apreensão de bens ocorre no processo especial de insolvência (art. 351.º, n.º 2). Aqui o terceiro tem à sua disposição a *reclamação,* destinada a separar da massa insolvente os bens indevidamente apreendidos dos quais o insolvente não é proprietário ou é um mero possuidor em nome alheio [art. 141.º, n.º 1, alíneas a) e c), do CIRE]; caso se

---

Processo Executivo e Oposição de Terceiro", 2.ª edição, pp. 282 e segs.; e Salvador da Costa, "Os Incidentes da Instância", 5.ª edição, pp. 217 e segs. Todavia, no sentido do texto, pronunciaram-se os Acórdãos do STJ de 28.01.97, BMJ. 463, p. 508, e de 27.04.2004, CJ — Acórdãos do STJ, ano XII, tomo II, p. 52.

614 Para Nuno de Salter Cid, (ob. cit., pp. 263 e segs.) e para os Acórdãos do STJ de 28.01.97 (BMJ, 463, p. 508) e de 27.04.2004 (CJ — Acórdãos do STJ, ano XII, tomo II, p. 52), o caso deve resolver-se, antes, pelo recurso à integração, nos termos do art. 10.º, n.º 3, do CC, por se tratar duma lacuna da lei.

615 Apercebendo-se o juiz de que o autor e o réu (senhorio e arrendatário) se serviram do processo de declaração para conseguirem um fim proibido por lei, qual seja a cessação da situação jurídica de arrendamento da *casa de morada da família* à revelia do cônjuge não interveniente no contrato de arrendamento, em infracção ao disposto no art. 1682.º-B, alínea a), do CC e 12.º, n.º 1, e 14.º, n.º 1, do NRAU, deve obstar a esse objectivo anormal (art. 665.º), provocando, oficiosamente, a intervenção do cônjuge (art. 265.º, n.º 2), sob pena de ilegitimidade passiva.

616 Cf., neste sentido, Salvador da Costa, "Os Incidentes...", cit., p. 220 e seg.

encontre findo o prazo das reclamações, o terceiro deve lançar mão da *acção para a verificação de outros créditos, bem como do direito à separação ou restituição de bens,* a propor contra a massa insolvente, os credores e o devedor (art. 146.º, n.º 1, do CIRE).

Os embargos podem ser deduzidos depois de efectuada a penhora ou a diligência judicial — *embargos repressivos* ou *de restituição* —, ou depois de simplesmente requerida ou ordenada — *embargos preventivos* — (art. 359.º) e correspondem, nas suas linhas gerais, quando se trata da ofensa da posse, respectivamente, às acções de *restituição* e de *manutenção da posse* (art. 1278.º, n.º 1 do CC).

Os *embargos repressivos* ou *de restituição* ocorrem depois da privação da posse ou da agressão do direito. Os *embargos preventivos* têm lugar depois de requerida ou ordenada a diligência ofensiva da posse ou do direito, mas antes da sua realização e respondem a uma ameaça iminente de lesão.

Vejamos, de seguida, os fundamentos e a tramitação dos embargos de terceiro, os seus efeitos no andamento da acção executiva, para terminarmos com uma referência à força de caso julgado de que se reveste a sentença neles proferida.

a) Fundamentos

A legitimidade para deduzir embargos de terceiro somente compete, nos dias de hoje, a *terceiro*, ou seja, a quem não é parte na causa nem como demandante nem como demandado ou, tratando-se de processo de execução, nem como exequente nem como executado (art. 351.º, n.º 1)[617]. E devem ser deduzidos contra as partes primitivas (art. 357.º, n.º 1). O primeiro chama-se *embargante*; as segundas, *embargadas*.

Como fundamentos, segundo o n.º 1 do art. 351.º, a ofensa da posse ou de qualquer direito incompatível com a realização ou o âmbito da diligência, na sequência de penhora ou de qualquer acto judicial de apreensão (v.g., arresto, arrolamento) ou entrega de bens (v.g., entrega judicial da coisa, na execução para entrega de coisa certa)[618 619].

[617] Cf.: Valentín Cortés Dominguez e outros, ob. cit., p. 495; Faustino Córdon Moreno, ob. cit., pp. 268 e segs.; e Andrés de la Oliva Santos e outros, ob. cit., p. 153.

[618] Na situação de arresto, ulteriormente convertido em penhora, só se depara um momento em que há ofensa da posse, por apreensão de bens. E este acontece quando, em cumprimento do despacho judicial que decreta o arresto, se procede à efectivação da diligência, que consiste, de harmonia com as disposições relativas à penhora, como nos

Em confronto com o revogado n.º 1 do art. 1037.º, constata-se que se ampliaram os pressupostos de admissibilidade dos embargos de terceiro, que deixaram de estar necessariamente ligados à defesa da posse do embargante, para abrangerem todos os actos de agressão patrimonial.

Disse-se no preâmbulo do DL 329-A/95, de 12 de Dezembro:

"Permite-se, deste modo, que os direitos 'substanciais' atingidos ilegalmente pela penhora ou outro acto de apreensão judicial de bens possam ser invocados, desde logo, pelo lesado no próprio processo em que a diligência ofensiva da posse teve lugar, em vez de o orientar necessariamente para a propositura da acção de reivindicação — por esta via se obstando, no caso de a oposição de embargos se revelar fundada, à própria venda dos bens e prevenindo a possível necessidade de ulterior anulação desta, no caso de procedência da reivindicação".

Do exposto resulta que, para a penhora ou diligência judicialmente ordenada poder basear a oposição mediante embargos de terceiro, se torna necessária a verificação dum dos seguintes requisitos:

a) ofensa da posse;
b) ofensa de qualquer direito incompatível com a realização ou o âmbito da diligência.

No que concerne ao primeiro requisito, relacionado com o art. 1285.º do CC, o direito de embargar pertence ao *possuidor em nome próprio*, por este gozar da presunção de titularidade do direito correspondente à

---

diz o n.º 2 do art. 406.º, na apreensão judicial dos bens, com a sua entrega a um depositário, formalizando-se a diligência por meio de *auto* (arts. 838.º, n.º 3, e 849.º, n.º 1). Não haverá lugar a qualquer apreensão em caso de penhora precedida de arresto. Neste caso, incidindo o arresto sobre bens imóveis ou sobre bens móveis sujeitos a registo, é ele convertido em penhora, não já por despacho, como anteriormente à RPC2003, mas mediante comunicação electrónica do agente de execução à conservatória do registo competente para proceder ao registo por averbamento à respectiva inscrição [arts. 846.º e 851.º, n.º 1, do CPC e e 101.º, n.º 2, alínea a), do CRPredial]. Se o arresto incidir sobre bens móveis não sujeitos a registo, a conversão efectua-se mediante simples notificação do agente de execução ao executado, igualmente sem dependência de despacho judicial. E mesmo, diversamente do sustentado por Alberto dos Reis ("Processos Especiais", vol. I, pp. 435 e seg.), quando a conversão do arresto em penhora se encontrava dependente de despacho judicial, não se podia admitir a possibilidade deste ser passível de embargos de terceiro repressivos, por não se seguir à sua prolação qualquer apreensão de bens; e, sem esta, falta, no caso concreto, o fundamento para embargar.

[619] Igualmente os embargos de terceiro só podem ser admitidos no processo de execução fiscal com fundamento na ofensa da posse ou de qualquer outro direito incompatível com a realização ou o âmbito da diligência (art. 237.º, n.º 1, do CPPT).

sua posse (art. 1268.º, n.º 1, do CC)[620]. Mas já não pertence, em princípio, ao detentor ou possuidor precário (art. 1253.º do CC).

No que concerne ao segundo requisito, o conceito de direito incompatível apura-se em referência à finalidade da diligência que o lesa. E esta é, no processo executivo, a entrega de dinheiro, a adjudicação ou a venda executiva, na execução para pagamento de quantia certa, ou a entrega da coisa, na execução para entrega de coisa certa.

Olhando à primeira finalidade, no que tange à entrega de dinheiro, é incompatível com ela a penhora de depósito bancário respeitante a conta comum pertencente a vários titulares, na parte em que excede a quota-parte do executado, atento o disposto no n.º 2 do art. 861.º-A.

Tendo em conta a referida finalidade, mas agora no que concerne à adjudicação ou venda executiva, é incompatível com ela a penhora do direito de propriedade de terceiro, por o seu direito não poder ser transferido para outrem, em satisfação de dívida por que não é responsável.

Levando em consideração ainda a mesma finalidade, também é com ela incompatível a penhora de uma parte especificada de bens indivisos, em execução proposta apenas contra algum dos contitulares, com infracção do disposto no art. 826.º, n.º 1; daí a legitimidade dos restantes contitulares para embargarem de terceiro.

Penhorando-se o direito de propriedade plena sobre determinado imóvel quando na titularidade do executado se encontrava apenas ou o direito de usufruto ou a nua propriedade, pode igualmente o terceiro, titular da nua propriedade ou do usufruto, embargar, por o seu direito ser incompatível com o *âmbito* (e agora não com a *realização*) da diligência efectuada, como o permite igualmente o n.º 1 do art. 351.º.

Como refere Castro Mendes[621], "havendo sobre a mesma coisa dois direitos reais de gozo (propriedade e usufruto, superfície e fundo, etc...) pode em regra penhorar-se *cada um*, mas este acto de penhora não se alarga ao outro; senão, o respectivo titular pode usar de embargos de terceiro".

---

[620] O TC, no seu Acórdão n.º 503/2004, de 13 de Julho (DR, II Série, de 2.11.2004), julgou inconstitucional, por violação do disposto nos art. 20.º, n.os 1 e 4, da CRP, a norma constante do art. 1037.º, n.º 2, do CPC, na redacção anterior à RPC95-96, interpretada no sentido de não considerar terceiro, para efeito da dedução de embargos, quem, arrogando-se a propriedade do bem penhorado, não foi demandado na acção executiva, ainda que tenha tido intervenção na escritura de constituição de hipoteca em que esse bem foi dado como garantia de uma dívida de terceiro.

[621] Ob. cit., p. 366.

Em situação paralela, pode a entidade gestora dum centro comercial embargar a penhora de estabelecimento comercial nele incorporado na parte em que abranja o *local* onde o estabelecimento esteja instalado, sempre que no contrato de instalação do lojista-executado se faça depender a transmissão desse *local* do consentimento da entidade administradora do centro.

Também, por incompatibilidade com o *âmbito da diligência*, pode embargar de terceiro o credor que tiver intentado e registado acção pauliana tendo por objecto determinado bem imóvel, antes do registo da penhora sobre ele, por o registo da sentença que julgar aquela acção procedente retroagir os seus efeitos à data do registo da acção [arts. 3.º, n.º 1, alíneas a) e c), 6.º, n.º 3, e 92.º, n.º 1, alínea a), do CRPredial]. Mas os embargos só operam até à quota-parte do bem necessária a acautelar os interesses do credor (art. 616.º, n.º 1, do CC) e se este não tiver anteriormente requerido arresto sobre o bem em causa; neste caso, deverá o seu crédito ser satisfeito no próprio processo de execução, pela via da reclamação, face à garantia real que o suporta[622] [623].

Outrossim é incompatível com a adjudicação ou a venda executiva, o direito à execução específica do terceiro promitente comprador, quando à promessa de transmissão tenha sido atribuída eficácia real (art. 413.º do CC)[624], ou, quando tendo esta promessa eficácia meramente obrigacional, a acção de execução específica tenha sido registada antes da penhora [arts. 3.º, n.º 1, alínea a) e 5.º, n.º 1 do CRPredial][625] [626].

---

[622] No Acórdão da RC de 2.11.2004 (CJ, ano XXIX, tomo V, p. 13), decidiu-se no sentido de o tribunal, sem ir além do pedido, poder apreciar a impugnação pauliana, quando tenha sido invocada pelo impetrante, em embargos de terceiro, a qualidade de proprietário do bem penhorado e o embargado tenha questionado a eficácia quanto a ele da partilha dos bens, através da qual o imóvel fora adjudicado.

[623] No Acórdão da RL de 20.01.2005, confirmativo de decisão da 1.ª instância, proferido na apelação n.º 6774-04, julgou-se, em embargos de terceiro apensos a uma execução, a procedência da impugnação pauliana, deduzida sob a forma de pedido reconvencional por parte do embargado-exequente, sendo aqueles embargos deduzidos pelo proprietário de uma fracção autónoma penhorada na execução, anteriormente adquirida ao executado.

[624] Cf. Miguel Mesquita, ob. cit., pp. 187 e seg.. Diversamente, Teixeira de Sousa ("Acção Executiva...", cit., pp. 309 e seg.) entende que a promessa com eficácia real não confere ao promitente comprador o direito de deduzir embargos de terceiro, mas apenas a faculdade de adquirir o bem através da venda executiva, nos termos do art. 903.º.

[625] Cf. Miguel Mesquita, ob. cit., pp. 166 e seg..

[626] Cf., em sentido diverso, o Acórdão uniformizador de jurisprudência do STJ n.º 4/98, de 5.11.98 (DR, I Série, de 18.12.98 e BMJ, 481, p. 112) onde se decidiu que

Na segunda situação, e tendo em conta que a sentença que determina a execução específica é registável, por implicar a aquisição dum direito de propriedade [art. 2.º, n.º 1, alínea a), do CRPredial], também se encontra sujeita a registo a acção que essa sentença ultima [art. 3.º, n.º 1, alínea a), do CRPredial]. Justificável por se tratar duma *acção constitutiva*, que visa a transmissão da propriedade sobre a coisa, em substituição do contrato de compra e venda que o promitente vendedor estava obrigado a celebrar e não celebrou.

Ora, sendo o registo da acção provisório por natureza e convertendo-se em definitivo em face da certidão da sentença, transitada em julgado, que julgue procedente o pedido, necessariamente o registo da sentença conserva a prioridade do registo provisório da acção, consequentemente do acto de transmissão de propriedade que esta visa [arts. 6.º, n.º 3, 92.º, n.º 1, alínea a), e 101.º, n.º 2, alínea c), do CRPredial]. Donde serem inoponíveis ao promitente comprador os actos a favor de terceiro que não se mostrem registados ou só o hajam sido após o registo da acção, quer esses actos ocorram antes ou depois deste registo[627].

Não há razão para distinguir entre a transmissão ou oneração ocorrida antes ou depois do registo da acção, para só na segunda hipótese se conferir ao promitente comprador o direito à execução específica[628]. Isto porque o registo da aquisição da propriedade ocorre na sequência do trânsito em julgado da sentença, recuperando esta a situação existente no momento do registo da acção, como se neste momento tivesse sido proferida.

Assim, a penhora incidente sobre a coisa objecto do contrato-promessa, mesmo que ocorrida antes do registo da acção, mas registada posteriormente a esse registo, é incompatível com o direito reconhecido ao promitente comprador na sentença que puser termo à acção de execução específica, como se o registo da penhora tivesse sido efectuado após o registo da sentença.

Também o terceiro promitente comprador pode embargar de terceiro na execução para entrega de coisa certa, desde que tenha registado a

---

a execução específica do contrato-promessa sem eficácia real não é admitida no caso de impossibilidade de cumprimento por o promitente vendedor haver transmitido o seu direito real sobre a coisa objecto do contrato prometido antes do registo da acção de execução específica, ainda que o terceiro adquirente não haja obtido o registo da aquisição antes do registo da acção.

[627] Cf. Inocêncio Galvão Telles, "Direito das Obrigações", 7.º edição, pp. 146 e seg..

[628] Assim, precisamente, M. J. Almeida Costa, RLJ, ano 131.º, pp. 244-246.

promessa dotada de eficácia real ou a acção de execução específica antes do registo de aquisição da propriedade por parte do exequente.

Ainda o promitente comprador que goze do direito de retenção, nos termos da alínea f) do n.º 1 do art. 755.º do CC, pode embargar de terceiro, *maxime* se o direito de execução específica não puder ser afastado pelos contraentes, ou seja, se se tratar de contratos-promessa relativos à transmissão ou constituição de direitos reais sobre edifícios, ou fracções autónomas deles (arts. 410.º, n.º 3, e 830.º, n.º 3, do CC).

Isto por o direito de retenção, na situação analisada, garantir não só o pagamento da indemnização devida por incumprimento, mas também o cumprimento contratual em espécie, ante o estatuído nos n.os 2 e 3 do art. 442.º do CC[629]. E o direito à execução específica é incompatível com a adjudicação ou a venda da coisa retida, na sequência da penhora que sobre ela tenha incidido.

Como princípio geral, o direito em que se funda o embargante deve ser anterior à penhora, de forma a que, ao realizar-se esta, aquele já fosse titular do direito em causa. Se, no momento da penhora, os bens pertenciam ao executado, nenhum adquirente posterior pode ver coroado de êxito os embargos de terceiro que deduzir, por falta do pressuposto básico daqueles que não é outro senão o erro na atribuição da titularidade dos bens aquando da penhora[630].

Tendo em conta a segunda finalidade da diligência judicialmente ordenada — entrega da coisa —, não podem ser apreendidas as coisas sob o *uso* e *fruição* do locatário[631], do parceiro pensador, do comoda-

---

[629] Cf., neste sentido, Acórdão do STJ de 20.01.99, BMJ, 483, p. 195. Contra, sustentando que, perante uma venda em execução, o direito de retenção do beneficiário da promessa de transmissão de direito real apenas lhe confere o direito de ser pago com preferência em relação aos demais credores reconhecidos do executado, ver os Acórdãos do STJ de 9.11.2000 (CJ — Acórdãos do STJ, ano VIII, tomo III, p. 114) e de 12.02.2004 (CJ — Acórdãos do STJ, ano XII, tomo I, pág. 57). Neste último aresto, somos citados como propugnadores da tese que logrou vencimento, o que não corresponde à realidade, uma vez que defendemos a solução oposta, como se verifica do texto, no seguimento do já sustentado na pág. 239 e nota 455 da 4.ª edição, invocada no referido acórdão. Ainda, neste último sentido, implicitamente, Maria Olinda Garcia, "A Responsabilidade do Exequente...", cit., pp. 32 e 35.

[630] Cf. Andrés de la Oliva Santos e outros, ob. cit., p. 156.

[631] Face ao disposto no art. 661.º, n.º 1, alínea b), do CC, na consignação de rendimentos, o credor considera-se equiparado ao locatário, desde que se convencione que os bens passam para o seu poder.

tário e do depositário, visto se encontrarem na sua disponibilidade, para o caso de privação ou perturbação no exercício dos seus direitos, os meios facultados ao possuidor, meios esses que podem mesmo ser dirigidos contra o locador, o parceiro proprietário, o comodante e o depositante, nos termos, respectivamente, dos arts. 1037.º, n.º 2, 1125.º, n.º 2, 1133.º, n.º 2, e 1188.º, n.º 2, do CC[632].

Mas já nada obsta que os bens que se achem em poder do locatário, do parceiro pensador, do comodatário e do depositário, desde que nomeados depositários judiciais dos bens penhorados, como expressamente se prevê no art. 839.º, n.º 1, alínea b), para o primeiro, sejam adjudicados ou vendidos, na execução para pagamento de quantia certa, por tais actos, que não implicam a entrega material dos bens, não interferirem com os poderes de *uso* e *fruição* daqueles e ser insusceptível de levar à caducidade dos seus contratos a substituição das suas contrapartes (arts. 1051.º, 1123.º, 1141.º e 1201.º do CC, *a contrario sensu*)[633].

Em reforço do afirmado, e quanto à locação, é ainda de invocar o disposto no art. 1057.º do CC, onde se estipula, em conformidade com o princípio *emptio non tollit locatio*, que o adquirente do direito com

---

[632] Os direitos do locatário, do parceiro pensador, do comodatário e do depositário pertencem à categoria dos *direitos pessoais de gozo* (cf. arts. 407.º e 1682.º-A do CC), que, na essência, se apresentam como direitos de crédito, mas com a particularidade de os seus titulares não necessitarem de recorrer à outra parte para obter a satisfação dos seus direitos, iniciando-se o gozo da coisa a partir do momento da sua entrega (cf. Menezes Leitão, ob. cit., pp. 96 e segs). O que distingue os direitos pessoais de gozo dos demais direitos de natureza creditória, nos ensinamentos de Manuel Henrique Mesquita, "é apenas a circunstância de possibilitarem ao titular, com vista à satisfação do seu interesse, o gozo directo e autónomo de determinada coisa — gozo que ele poderá defender, enquanto não se provar que é ilegítimo, contra todas as agressões que o impeçam ou perturbem (isto é, contra actos de esbulho ou turbação), quer sejam cometidas por terceiros, quer pelo sujeito do direito (proprietário, usufrutuário, etc.) que se vinculou a consenti-lo" ("Obrigações Reais e Ónus Reais", 1990, p. 51).

[633] Diverge-se consequentemente de Lebre de Freitas quando procede à distinção entre os direitos do locatário, do parceiro pensador, do comodatário e do depositário derivados do executado e derivados de terceiro, para só a estes atribuir o direito de embargar ("A Acção Executiva", cit., pp. 280 e segs). E também não se aceita o apelo à figura da *substituição processual* para legitimar o uso dos embargos de terceiro, por aqueles contraentes embargarem no uso de um direito próprio (um *direito pessoal de gozo* sobre uma coisa) e não em nome de outrem (cf., neste sentido, Alberto dos Reis, "Processo de Execução", vol. I, pp. 405 e seg.).

Refira-se que após a RPC95-96 o titular de um direito pessoal de gozo passou expressamente a poder lançar mão do embargo de obra nova, sempre que uma obra, trabalho ou serviço novo lhe cause ou ameace causar-lhe prejuízo (art. 412.º, n.º 1).

base no qual foi celebrado o contrato sucede nos direitos e obrigações do locador, sem prejuízo das regras do registo. Donde, em caso de venda executiva de uma casa arrendada pelo executado antes do registo da penhora sobre ela incidente, o seu adquirente suceder ao executado como senhorio na titularidade dos respectivos direitos e obrigações, sem poder invocar a ignorância do contrato de locação para se desobrigar do seu cumprimento.

O credor pignoratício pode também, através dos embargos de terceiro, obter a restituição da coisa empenhada, se o dono desta não for o executado, em defesa do seu direito de retenção, caso a penhora o prive dele, como resulta da alínea a) do art. 670.º do CC[634]. Caso o dono da coisa empenhada seja o executado, o credor pignoraticio fará valer, no processo de execução, a sua garantia real (art. 604.º, n.º 2 do CC), de harmonia com o disposto no art. 864.º, n.º 3, alínea b). Se o executado for o credor pignoratício, a penhora do seu crédito implica a apreensão do objecto do penhor, nos termos do n.º 7 do art. 856.º, como atrás vimos.

Não podem embargar de terceiro todos aqueles a quem a lei confere a possibilidade de fazerem valer os seus direitos, por outra via, na acção executiva.

Assim, o titular de um direito de preferência legal ou de preferência convencional com eficácia real, por poder exercer o seu direito na sequência da notificação para preferir (art. 892.º, n.º 1); igualmente, o titular de um direito real de garantia, por a sua pretensão poder ser satisfeita, através de reclamação, na execução pendente [arts. 864.º, n.º 3, alínea b), e 865.º, n.º 1][635].

Tendo em conta que na execução para entrega de coisa certa não há concurso de credores, tanto o credor pignoratício como o retentor podem

---

[634] Atento o disposto neste preceito legal, aplicável ao direito de retenção por força do disposto nos arts. 758.º e 759.º, n.º 3, do CC, o nosso legislador exclui do conceito de posse as garantias reais. Mas, de *iure condendo*, seria possível admitir a posse nos direitos reais de garantia que conferem um poder de facto sobre uma coisa, como no caso do penhor e do direito de retenção, nanja na hipoteca e nos privilégios creditórios, onde tal poder de facto não é conferido. Cf.: Mota Pinto, ob. cit., p. 196; e Manuel Henrique Mesquita, "Direitos Reais" cit., pp. 79 e seg.

No sentido de haver posse no penhor e no direito de retenção: Manuel Rodrigues, "A Posse", 3ª edição; Orlando de Carvalho, "Introdução à Posse", *in* RLJ, ano 122.º, pp. 106 e seg.; e António Menezes Cordeiro, "A Posse: Perspectivas Dogmáticas", 1997, p. 71.

[635] Cf.: Salvador da Costa, "Os Incidentes...", cit., p. 209; e Acórdão do STJ de 26.06.2001, CJ — Acórdãos do STJ, ano IX, tomo II, p. 135.

nela embargar de terceiro, quer o dono da coisa seja ou não o executado, o que impedirá o empossamento efectivo do exequente [arts. 670.º, alínea a), 758.º e 759.º, n.º 3, do CC). Depois, quer um quer outro podem promover a venda judicial da coisa, com observância da tramitação da execução para pagamento de quantia certa (arts. 675.º, 758.º e 759.º do CC), começando a penhora pelo bem sobre que incidir a garantia (art. 835.º, n.º 1)[636].

b) Tramitação

Não obstante classificados como incidente da instância, a estrutura dos embargos de terceiro é a de uma acção declarativa a processar por apenso à causa em que haja ocorrido ou tenha sido ordenado o acto ofensivo do direito do embargante (art. 353.º, n.º 1). Tem, todavia, esta acção a particularidade de ser precedida duma fase introdutória, destinada a apurar a verosimilhança da pretensão deduzida.

Distinguem-se na tramitação dos embargos de terceiro os seguintes momentos:

a) Petição de embargos;
b) Despacho liminar;
c) Produção da prova meramente informatória;
d) Despacho de recebimento ou de rejeição dos embargos;
e) Contestação;
f) Termos subsequentes.

A *petição de embargos* deve ser apresentada nos 30 dias subsequentes àquele em que a diligência foi efectuada ou em que o embargante teve conhecimento da ofensa, com o limite temporal da venda executiva ou da adjudicação dos bens (art. 353.º, n.º 2). A partir deste momento sobrará para o terceiro apenas a acção comum de propriedade[637].

Pode ainda a petição de embargos ser apresentada antes da realização da diligência, mas depois desta ter sido requerida ou ordenada (art. 359.º, n.º 1).

Na parte respeitante aos factos que interessem à fundamentação do pedido, deve a petição ser deduzida por artigos, visto a providência se configurar como uma acção (art. 151.º, n.º 2).

---

[636] Cf. Augusta Ferreira Palma, "Embargos de Terceiro", 2001, pp. 97 e seg.

[637] A transmissão electrónica de dados implica a apresentação por esta via da petição de embargos e dos documentos que a acompanham, com dispensa da remessa dos respectivos originais (art. 150.º, n.º 3).

Por os embargos terem valor processual próprio, correspondente ao dos bens que constituem o seu objecto (art. 311.º, n.º 1), deve o mesmo ser declarado na petição [art. 467.º, n.º 1, alínea f)]. A esse valor se atenderá igualmente para efeito de custas (arts. 305.º, n.º 3, do CPP e 11.º do RCP).

Com a petição deve o embargante oferecer prova informatória de que tem a posse ou é titular de qualquer direito incompatível com a realização da diligência sobre os bens a que os embargos respeitam. Para o efeito, além do mais, pode juntar documentos e oferecer testemunhas (art. 353.º, n.º 2, *in fine*), estas em número não superior a oito (art. 304.º, n.º 1).

Autuada a petição por apenso e comprovado o pagamento prévio da taxa de justiça ou da sua isenção (arts. 150.º-A, n.º 1, do CPC e 6.º, n.º 1, e 13.º, n.os 1 e 2, do RCP)[638], será o processo presente ao juiz para o *despacho liminar*. Este será de indeferimento, se o embargante carecer de legitimidade, por não ser terceiro, se a petição for apresentada fora de tempo, ou se dos factos articulados não resultar que tenha a posse ou seja titular de qualquer direito incompatível com a realização da diligência sobre os bens penhorados pertinentes (art. 354.º, 1.ª parte).

Não havendo lugar a indeferimento, deve o juiz ordenar a inquirição das testemunhas oferecidas e a produção da demais prova requerida (art. 354.º).

Produzida a prova, tem lugar o *despacho de recebimento* ou *de rejeição dos embargos*[639].

Estes devem ser rejeitados quando, após uma apreciação sumária, o juiz conclua não haver a probabilidade séria da existência do direito invocado pelo embargante (art. 354.º, *in fine*). Caso contrário, o juiz receberá os embargos, ordenando a notificação do exequente e do executado para os contestarem, no prazo de 30 ou 20 dias, consoante a forma de processo a seguir, em dependência do seu valor (arts. 357.º, n.º 1, 486.º, n.º 1, e 783.º).

---

[638] Nos termos da tabela II anexa ao RCP, a taxa de justiça, nos embargos de terceiro, é do montante de 3 UC se a base tributária não ultrapassar o valor de € 300 000 e de 6 UC se for igual ou superior a esse valor.

[639] Caso o processo seja tramitado electronicamente, tanto o despacho liminar como o despacho de recebimento ou de rejeição dos embargos são praticados em suporte informático através do sistema informático CITIUS — Magistrados Judiciais, com aposição de assinatura electrónica ou avançada, que substitui e dispensa para todos os efeitos a assinatura autógrafa em suporte de papel (art. 17.º, n.os 1 e 3, da Portaria n.º 114/2008, de 6 de Fevereiro, na redacção da Portaria n.º 457/2008, de 20 de Junho).

Diversamente do que ocorria no âmbito da revogada alínea a) do art. 1042.º, não apenas a parte que tiver promovido a diligência ofensiva do direito invocado pelo embargante é notificada para contestar. Hoje, após a RPC95-96, ambas as partes primitivas são notificadas para o efeito.

E compreende-se que o contraditório seja também garantido ao executado, mesmo que não tenha sido ele o responsável pela penhora que provocou os embargos, porquanto, por terem sido estes recebidos, outros bens da titularidade daquele serão, em substituição dos visados pelos embargos, indicados à penhora [art. 834.º, n.º 3, alínea d)][640].

Na contestação, que deve ser articulada (art. 151.º, n.º 2), podem os embargados defenderem-se quer por impugnação quer por excepção (art. 487.º). Com a contestação deve ser junto documento comprovativo do prévio pagamento da taxa de justiça ou da concessão do benefício do apoio judiciário (arts. 150.-A, n.º 1, do CPC e 6.º, n.º 1, e 13.º, n.º 1, do RCP].

Sendo invocada alguma excepção, poderá o embargante a ela replicar, no prazo de 15 dias (art. 502.º, n.os 1 e 3) ou a ela responder, no prazo de 10 dias (art. 785.º), segundo a forma de processo observada for a ordinária ou a sumária.

Se os embargos se fundarem na invocação da posse, pode qualquer dos embargados pedir o reconhecimento quer do seu direito de propriedade sobre os bens, quer de que tal direito pertence à pessoa contra quem a diligência foi requerida que é, no caso da penhora, o executado (art. 357.º, n.º 2). É a dedução da chamada *exceptio domminii*.

A invocação desta excepção, apesar da sua denominação tradicional, equivale à formulação de um pedido reconvencional contra o embargante[641].

Logrando os embargados o reconhecimento da propriedade, fica ilidida a presunção do n.º 1 do art. 1268.º do CC a favor do possuidor, pelo que os embargos terão de improceder. Pense-se no terceiro que, não obstante ter uma posse manutenível, adquiriu o prédio a quem não era dono dele ou praticou uma usurpação, não tendo a posse ainda a duração suficiente para conduzir à usucapião. No conflito entre as duas pretensões, é justo que o domínio prefira à mera posse[642].

---

640 Cf. Lopes do Rego, "Comentários...", I, cit., p. 330.

641 Cf. Teixeira de Sousa, "Acção Executiva...", cit., p. 304.

642 Cf. Alberto dos Reis, ob. cit., p. 407.

Mas a propriedade pode também ser reconhecida a favor do embargante na sentença que julgue os embargos, mediante o suprimento da declaração negocial do promitente vendedor faltoso, quando o embargante formule um pedido de execução específica para uma promessa de transmissão sobre bens imóveis a que tenha sido atribuída eficácia real ou para uma promessa com eficácia meramente obrigacional, desde que o registo da primeira e o registo dos embargos na segunda [com base numa interpretação extensiva dos arts. 3.º, n.º 1, alínea a), e 53.º do CRPredial] tenham ocorrido antes do registo da penhora, o que, na segunda situação, se verificará com dificuldade no âmbito dos embargos repressivos, mas seguramente no dos embargos preventivos[643]. E o registo anterior à penhora nem sequer se tornará necessário quando o promitente comprador goze do direito de retenção previsto na alínea f) do n.º 1 do art. 755.º do CC e se sirva dos embargos de terceiro para a execução específica.

Encontrando-se já pendente, aquando da dedução dos embargos, a acção de execução específica, devem aqueles ser suspensos até ao julgamento desta, ao abrigo do n.º 1 do art. 279.º[644]. E conforme a procedência ou improcedência da acção, assim os embargos também serão julgados procedentes ou improcedentes.

Também deverão aguardar o julgamento da acção pauliana os embargos deduzidos pelo credor impugnante, com o registo da acção anterior ao da penhora, para então, em caso de procedência daquela, se apurar que quota do bem penhorado deverá ser subtraída à penhora, a fim de ser restituída ao credor na medida do seu interesse (art. 616.º, n.º 1, do CC).

Seguindo o processo de embargos de terceiro os termos do processo ordinário, compete ao tribunal colectivo o seu julgamento e ao presidente deste proferir a decisão final [arts. 137.º, alínea b), e 139.º, n.º 1, alínea c), da LOFTJ], se ambas as partes tiverem requerido a intervenção daquele tribunal, a menos que os embargos não tenham sido contestados e prossigam para julgamento, todas as provas tenham

---

[643] Segundo o parecer do Conselho Técnico da da antiga Direcção-Geral dos Registos e do Notariado, *in* Boletim dos Registos e do Notariado n.º 6/99, p. 30, os embargos de terceiro, por terem a natureza de uma verdadeira acção declarativa, estão sujeitos a registo quando tenham por fim o reconhecimento de algum dos direitos referidos no art. 2.º do CRPredial. Cf., neste sentido, Marco Carvalho Gonçalves, "Embargos de Terceiro na Acção Executiva", 2010, pp. 324 e seg.

[644] Cf. Miguel Mesquita, ob. cit., p. 185.

sido registadas ou reduzidas a escrito antes do início da audiência final, ou tenha sido requerida a gravação desta audiência (art. 646.º, n.os 1 e 2)[645] [646].

Sendo os embargos rejeitados na fase introdutória, pode o embargante propor acção, pedindo a declaração da titularidade do direito que obsta à realização ou ao âmbito da diligência, ou reivindicando a coisa apreendida ou penhorada (art. 355.º). Isto por, diferentemente da sentença de mérito (art. 358.º), "o despacho de recebimento ou de rejeição de embargos não forma caso julgado: a prova que o permite é sumária e o juízo emitido é um juízo de **probabilidade**, mesmo quando de rejeição"[647].

Trata-se de um regime sintonizado com o contido nos arts. 909.º, n.º 1, alínea d), 910.º, n.º 1, e 911.º, onde se prevê que a venda fique sem efeito, quando a coisa vendida não pertença ao executado e seja reivindicada pelo dono, e sobre as cautelas a observar quanto à entrega dos bens ou ao produto da venda, sempre que, antes dessa entrega, um terceiro invoque um direito próprio incompatível com a transmissão[648].

c) Efeito dos embargos de terceiro no andamento da acção executiva

Quanto aos efeitos no andamento da acção executiva, há que distinguir entre os *embargos repressivos* ou *de restituição* e os *embargos preventivos.*

No que toca aos primeiros, refere o art. 356.º que o recebimento dos embargos suspende a execução "quanto aos bens a que dizem respeito". Mas o agente de execução, verificada esta situação, pode reforçar ou substituir a penhora [art. 834.º, n.º 3, alínea d)].

A simples dedução dos embargos, bem como a sua rejeição, não determinam a suspensão.

Do recebimento dos embargos resulta também a restituição provisória da posse ao embargante, se este a requerer. Mas o juiz poderá condicionar a restituição à prestação de caução pelo requerente (art. 356.º).

---

[645] Cf. Acórdão da RP de 6.02.2007 (CJ, ano XXXII, tomo I, p. 185).

[646] A sentença será apresentada em suporte informático, através do sistema informático CITIUS — Magistrados Judiciais, caso as peças processuais e documentos tenham sido oferecidos por transmissão electrónica de dados (art. 17.º, n.º 1, da Portaria n.º 114/2008, de 6 de Fevereiro).

[647] Lebre de Freitas e outros, ob. cit., p. 623. Cf., no mesmo sentido, Acórdão do STJ de 8.01.2009 (CJ — Acórdãos do STJ, ano XVII, tomo I, p. 35).

[648] Cf. Salvador da Costa, "Os Incidentes...", cit., p. 231.

A caução há-de ser prestada nos termos do art. 990.º, por meio de qualquer garantia real ou pessoal, face ao disposto no art. 624.º do CC.

No que respeita aos *embargos preventivos*, não há que pôr a questão da restituição da posse, por o embargante ainda não ter sido desapossado do que quer que seja. A sua dedução, independentemente do recebimento, suspende a execução quanto aos respectivos bens, ao menos enquanto não forem rejeitados (art. 359.º, n.º 2).

O juiz, em seu prudente arbítrio, pode condicionar a subsistência da suspensão à prestação de caução pelo embargante. Esta caução, uma vez prestada, funciona como uma compensação ao exequente pelo acto de suspensão da penhora, a fim de o proteger de um possível desaparecimento do bem ou bens a apreender[649].

A procedência dos embargos em processo executivo determina o levantamento da penhora e da caução porventura prestada pelo embargante; diversamente, a improcedência dos embargos conduz à manutenção da penhora e ao prosseguimento do processo quanto aos bens sobre que ela incidir, bens esses que para o efeito são entregues ao administrador, depois de apreendidos ao embargante, caso a ele tenham sido provisoriamente restituídos.

d) Caso julgado

Diz-se no art. 358.º que a sentença de mérito proferida nos embargos constitui caso julgado quanto à existência e titularidade do direito invocado pelo embargante ou por algum dos embargados, ou seja, quanto ao *thema decidendum*[650] [651].

---

[649] Cf. Acórdão do STJ de 20.01.2000, BMJ, 493, p. 340.

[650] Daí, como se decidiu no Acórdão do STJ de 8.01.2009 (CJ — Acórdãos do STJ, ano XVII, tomo I, p. 35), se, nos embargos de terceiro, foi proferida decisão de mérito, fica precludido o direito de o vencido propor acção de reivindicação.

[651] No que concerne ao processo de execução fiscal, é circunscrita a ele a eficácia do caso julgado da decisão de mérito proferida nos embargos de terceiro quanto à existência e titularidade dos direitos invocados por embargante e embargado (art. 238.º do CPPT). Igualmente, em Espanha, nos termos do art. 603, I, da LEC, a resolução sobre a *tercería de dominio* só tem efeitos na respectiva execução e não produz efeitos de coisa julgada no que concerne à titularidade do bem. Donde, como se lê em Faustino Cordón Moreno (ob. cit., p. 290), "desatendida a tercería, o autor pode recorrer a um juízo declarativo exercitando a acção declarativa de domínio ou a reivindicatória; e, ao inverso, atendida a tercería, pode o executado exercitar por esse motivo a mesma acção declarativa de domínio e o exequente a pretensão da nulidade do título". No mesmo sentido, se pronunciam Andrés de la Oliva Santos e outros (ob. cit., pp. 160 e seg.).

O que se compreende por as partes terem, no processo de embargos de terceiro, as mesmas garantias e as mesmas possibilidades que em qualquer acção declarativa com processo comum, onde nem sequer falta a tramitação própria desta.

Donde:

— se os embargos se circunscreverem à esfera da posse, ficará apurado se o embargante era ou não possuidor do bem penhorado no momento da penhora;

— se o embargante basear o seu pedido no uso e fruição de direitos a que a lei concede a protecção possessória, ou em quaisquer outros direitos incompatíveis com a diligência, ficará ou não determinado se é titular desses direitos;

— se for pedido o reconhecimento da propriedade pelos embargados, ficará decidido se algum deles é ou não proprietário do bem penhorado;

— se o embargante basear a sua pretensão em direito de fundo, como por exemplo o direito de propriedade, mesmo que a concretizar pela via da execução específica, ficará reconhecido ou não o direito invocado.

4.ª SECÇÃO

CITAÇÕES E CONCURSO DE CREDORES

57. CITAÇÃO DO EXECUTADO

A citação do executado pode ocorrer antes ou depois da penhora.

Verifica-se a primeira situação quando haja lugar a despacho liminar e, mesmo quando o não haja, quando a citação prévia pelo agente de execução tenha sido requerida pelo exequente (arts. 812.º-E, n.º 5, e 812.º-F, n.º 1).

A citação também é previamente efectuada, mas agora sem necessidade de despacho judicial: quando, em execução apenas movida contra o devedor subsidiário, o exequente não tenha pedido a dispensa de citação prévia; na sequência da apresentação de requerimento para liquidação que não dependa de simples cálculo aritmético e a execução não se funde em sentença; nas execuções fundadas em título extrajudicial de empréstimo contraído para aquisição de habitação própria hipotecada em garantia; e quando, no registo informático de execuções, conste a menção da frustração, total ou parcial, de anterior acção executiva movida contra o executado (art. 812.º-F, n.º 2).

Não havendo citação prévia, a citação do executado ocorre no acto da penhora, sempre que ele esteja presente ou, não estando, no prazo de 5 dias contados da notificação da última penhora (art. 864.º, n.º 2). Para além da citação do executado ou executados a quem se penhorarem bens, devem também ser citados os demais para se oporem à execução, querendo, por a todos ser conferido o direito de defesa.

Caso sejam penhorados abonos, vencimentos ou salários, a citação ocorre ao mesmo tempo que a notificação ao empregador do executado de que deve reter determinada quantia a penhorar (art. 864.º, n.º 5). Apesar de a citação ocorrer na mesma altura que a notificação ao empregador do executado, esta, por representar a penhora, precede aquela, o que também evita a citação, na hipótese de se apurar que o executado já não trabalha para o empregador requestado.

A citação do executado, quer seja prévia quer não, é levada a efeito pelo agente de execução, nos termos do art. 27.º da Portaria n.º 331-B/2009, de 30 de Março, podendo ter lugar editalmente (arts. 864.º, n.º 1, do CPC e 28.º e 29.º da Portaria n.º 331-B/2009)[652]. No acto da citação, devem ser entregues ao executado os elementos exigidos pelo art. 235.º, com as necessárias adaptações, e ainda, caso a citação não seja prévia, cópia do auto de penhora (art. 864.º, n.º 6).

Na sequência da realização da penhora, é comunicado ao executado que deve indicar, no prazo da oposição e sob pena de condenação como litigante de má fé, nos termos gerais, os direitos, ónus e encargos não registáveis que recaiam sobre o bem penhorado, bem como os respectivos titulares, e ainda que pode requerer a substituição dos bens penhorados ou a substituição da penhora por caução (art. 864.º, n.º 7).

Tendo em conta que a *citação* serve para dar conhecimento ao réu ou ao executado de que foi proposta contra ele determinada acção e para o chamar ao processo para se defender e que, uma vez no processo, o conhecimento dos factos que nele ocorrem lhe são transmitidos através de *notificação* (art. 228.º, n.os 1 e 2), justifica-se que, no n.º 8 do art. 864.º, se refira que a citação do executado é substituída por notificação quando tenha tido lugar a citação prévia, bem como quando, citado o executado para a execução de determinado título, se cumule depois a execução de outro título, devendo, neste último caso, aplicar-se o art. 235.º, devidamente adaptado.

Havendo lugar a citação prévia, pode o executado opor-se à execução no prazo de 20 dias a contar dela (art. 813.º, n.º 1); ainda nessa oposição integrará a contestação à liquidação, quando esta não dependa de simples cálculo aritmético e o título executivo não seja uma sentença (art. 805.º, n.º 4). Também no mesmo prazo, a menos que o requerimento inicial materialize um pedido de liquidação, pode o executado, desde que não queira opor-se à execução, pagar o devido ao exequente (art. 812.º-E, n.º 5).

---

[652] Isto sem prejuízo de também poder ser realizada pelo mandatário do exequente (arts. 233.º, n.º 3, e 245.º). Cf. Teixeira de Sousa, "A Reforma...", cit., p. 120. Diversamente, Ramos Pereira, ob. cit., pp. 598 e seg.

Ulteriormente, na sequência da notificação da penhora, pode o executado opor-se a esta no prazo de 10 dias [art. 863.º-B, n.º 1, alínea b), com referência ao art. 864.º, n.º 8].

Não havendo lugar a citação prévia, e como a citação só ocorre depois da penhora, cumulam-se a oposição à execução com a oposição à penhora, devendo o executado apresentar as duas oposições ou apenas uma no prazo de 20 dias a contar da citação [arts. 813.º, n.os 1 e 2, e 863.º-B, n.º 1, alínea a), e 864.º, n.º 2].

Se o agente de execução não encontrar bens no local onde se deslocar para efectuar a penhora, mas encontrar nele o executado, deve proceder à citação deste, notificando-o ulteriormente da realização da penhora, se localizar bens penhoráveis. Numa situação destas, os prazos para a oposição à execução e para a oposição à penhora correm separadamente[653].

58. EXECUÇÃO SINGULAR E EXECUÇÃO COLECTIVA

Consoante a execução, promovida por um só credor, se mantém com essa estrutura ou, a partir de certo momento, se alarga a outros credores, será de qualificar como *execução singular* ou *execução colectiva*. Esta ainda se subdivide em *execução colectiva universal* e *execução colectiva especial*.

Execução singular é a que se realiza em benefício de um único credor. *Execução colectiva universal* é a que se efectiva em benefício de todos os credores pela liquidação de todos os bens do devedor, como ocorre no processo de insolvência[654]. *Execução colectiva especial* é a que aproveita somente aos credores que se apresentarem na execução, com liquidação apenas dos bens penhorados[655].

Dois princípios reclamam aplicação no concurso de credores, como execução colectiva especial: *o princípio da igualdade* e *o princípio da prioridade*.

---

653 Cf. Gabinete de Auditoria e Modernização, ob. cit., p. 31.

654 Refere-se, com efeito, no art. 1.º do CIRE, que "o processo de insolvência é um processo de execução universal que tem como finalidade a liquidação do património de um devedor insolvente e a repartição do produto obtido pelos credores..."

655 Cf.: Liebman, ob. cit., p. 135; e Alberto dos Reis, ob. cit. II, pp. 243 e 251.

O princípio da igualdade ou da *par conditio creditorum*, predominante nos sistemas latinos, como a França[656] e a Itália[657], coloca todos os credores, exceptuados os preferentes, ou sejam, os credores comuns ou *quirografários*, em pé de igualdade, suprimindo a preferência resultante da penhora. Baseado na regra de que o património do devedor é garantia comum de todos os credores, assegura-se a estes o direito de participar em igualdade de circunstâncias na distribuição do produto da execução[658].

O princípio da prioridade ou do *prior in tempore, potior in jure,* próprio do sistema germano-austríaco e seguido pelos nossos Códigos de Processo Civil de 1876 e de 1939, atribui ao exequente o direito de se pagar pelo produto da venda dos bens penhorados, de preferência aos credores comuns ou aos credores que tiverem penhora ou garantia real registada ou constituída ulteriormente. Diz-nos Alberto dos Reis, ao referir os argumentos que se costumam alinhar em defesa deste princípio[659], que ele "representa um prémio e um estímulo à diligência (...); parece justo que o credor diligente recolha o benefício da sua actividade e afigura-se injusto que os credores concorrentes venham a aproveitar-se do esforço, do trabalho, do zelo do exequente e das despesas e incómodos a que ele se sujeitou".

Mesmo os propugnadores deste princípio não deixam de acentuar que ele deve ceder perante o da *igualdade* em caso de insolvência do devedor[660].

Acentue-se que, em caso de *execução colectiva especial*, nenhuma mudança ocorre no que concerne ao sujeito passivo da relação processual;

---

[656] Cf. arts. 50.º da Lei n.º 91-650, de 9 de Julho de 1991, e 118.º do Decreto n.º 92-755, de 31 de Julho de 1992.

[657] Diz-se no art. 2741.º do CC italiano:

"Os credores têm iguais direitos de ser satisfeitos pelos bens do devedor, salvas as causas legítimas de preferência.

São causas legítimas de preferência os privilégios, o penhor e as hipotecas".

[658] Em França, denomina-se *processo de distribuição por contribuição* o que ocorre entre os credores *quirografários*. O que caracteriza este processo é a circunstância de cada credor não receber senão uma parte do seu crédito, se o quantitativo apurado na execução for insuficiente para o pagamento do total devido ("contribuindo" cada credor pela mesma forma na perda). A distribuição opera-se *au marc le franc*, ou seja, pagando-se aos credores proporcionalmente às sua dívidas (cf. Gérard Couchez, ob. cit., pp. 221 e seg.).

[659] Ob. cit. II, p. 247.

[660] Cf., entre nós, o art. 140.º, n.º 3, do CIRE.

mas, já no que respeita ao lado activo, a relação processual abre-se "em forma de leque", na sugestiva imagem de Liebman[661].

Vejamos os traços essenciais da *execução colectiva especial* recebida no CPC39, em ordem a melhor compreender o tipo de execução acollhido pelo actual Código:

a) A execução estava aberta a todos os credores do executado, quer preferentes quer comuns;
b) Os credores eram admitidos à execução mesmo que se não encontrassem munidos de título exequível, devendo então obtê-lo no próprio processo de execução;
c) Os credores comuns só eram admitidos à execução se os seus créditos se encontrassem vencidos, diversamente do que acontecia quanto aos credores preferentes;
d) Não era obstáculo à reclamação dos créditos o facto de não ser certa ou não ser líquida a obrigação correspondente;
e) Os credores (comuns e preferentes) cujos créditos tivessem sido verificados ou reconhecidos podiam nomear à penhora outros bens, além dos que se encontrassem penhorados no momento em que interviessem no processo;
f) O exequente adquiria pela penhora o direito de se fazer pagar pelo produto da venda dos bens penhorados, antes dos credores comuns e dos credores que tivessem penhora ou garantia real registada ou constituída posteriormente;
g) Se os bens penhorados sobre que tinham garantia não chegassem para pagar o montante dos seus créditos, podiam os credores preferentes, agora nas vestes de credores comuns, obter pagamento através do produto dos demais bens penhorados.

O sistema da *execução colectiva especial* do Código de 1939 não foi seguido pelo actual CPC. Entendeu-se que, ao abrir as portas aos credores comuns, se transformava a acção executiva num verdadeiro processo de falência, com todas as delongas e todas as ruínas que a falência sempre acarreta e que não era justo e razoável fazer prevalecer um interesse de pura comodidade dos credores negligentes ou retardatários perante o do exequente, que assumira a inciativa de accionar o executado, arcando sozinho com o odioso, com as despesas e com os incómodos. Perante o perigo de na acção executiva se distribuir todo o património do executado apenas pelos credores presentes, disse-se que

[661] Ob. cit., p. 135.

subsistia para os credores não convocados o direito de instaurarem, no foro competente, o processo de falência[662].

Optou-se em conformidade, no actual Código, pelo esquema da *execução singular com uma componente concursual*: a execução é somente impulsionada por determinado credor (exequente) em satisfação do seu crédito, ao lado do qual apenas podem intervir os credores com garantia real sobre os bens penhorados, por estes bens serem transmitidos livres dos direitos de garantia (art. 824.º, n.º 2, do CC).

Resulta assim que estes credores, que também só podem pagar-se através do produto dos bens onerados, como adiante veremos, são convocados à execução, não para obterem pagamento do seu crédito, em situação paralela à do exequente, como acontecia na vigência do Código de 1939, mas diversamente para fazerem valer os seus direitos de garantia sobre os bens penhorados[663].

Os demais credores comuns com título exequível e créditos vencidos só poderão intervir na execução pela via indirecta da penhora dos mesmos bens em execução separada, mas em situação de desigualdade perante o primeiro exequente que tem penhora anterior, nos termos decorrentes dos arts. 865.º, n.º 5, e 871.º [664].

59. CITAÇÃO DOS TITULARES DE DIREITOS REAIS CADUCÁVEIS

Feita a penhora, seguem-se as citações de outros interessados para intervirem na execução, ao lado do exequente ou do executado, como prescreve o art. 864.º, n.ºs 3 e 4.

Em primeiro lugar, o cônjuge do executado, nas condições que analisaremos no número seguinte.

Em segundo lugar, os credores que sejam titulares de direito real de garantia, registado ou conhecido, para reclamarem o pagamento dos seus créditos[665].

---

[662] Cf. Relator Lopes Cardoso, *in* "Projectos de Revisão do Código de Processo Civil", I, 1958, pp. 7 e segs.

[663] Cf.: Castro Mendes, ob. cit. p. 435; Lebre de Freitas, "A Acção Executiva", cit., pp. 302 e seg.; e Remédio Marques, "Curso de Processo Executivo Comum", cit., pp. 353 e seg.

[664] Cf. Anselmo de Castro, ob. cit., pp. 176 e segs.

[665] Com a RPC2003 deixaram de ser citados na execução os credores desconhecidos; donde, a citação dos credores não poder ter lugar editalmente, ficando este tipo

Em terceiro lugar, as entidades referidas nas leis fiscais, com vista à defesa dos possíveis direitos da Fazenda Nacional.

Em quarto lugar, o ISS e o IGFSS, com vista à defesa dos direitos da segurança social.

Sempre que a penhora seja reforçada ou substituída, nos termos do art. 834.º, n.º 3, proceder-se-á novamente à citação dos credores do executado, após a realização da última das novas penhoras[666].

Face ao disposto no n.º 2 do art. 604.º do CC, são de considerar como garantias reais das obrigações, por implicarem a afectação dc determinados bens ou os seus rendimentos, do devedor ou de terceiro, ao pagamento preferencial de certos créditos: a consignação de rendimentos (arts. 656.º e segs. do CC), o penhor (arts. 666.º e segs. do CC), a hipoteca, quer a legal (arts. 704.º e segs. do CC), quer a judicial (arts. 710.º e seg. do CC), quer a voluntária (arts. 712.º e segs. do CC), o privilégio creditório (arts. 733.º e segs. do CC) e o direito de retenção (arts. 754.º e segs. do CC).

A estas devem ainda acrescer o arresto, enquanto não convertido em penhora (arts. 622.º e 822.º, n.º 2, do CC)[667] e a penhora (art. 822.º, n.º 1, do CC)[668]. Não se convertendo o arresto em penhora, nomeada-

---

de citação reservado ao executado, nos termos do n.º 1 do art. 864.º. Isto sem prejuízo de ser admitida a reclamação espontânea do credor não citado até à transmissão dos bens penhorados (art. 865.º, n.º 3).

Estabelece, todavia, a lei uma compensação parcial para a supressão da citação dos credores desconhecidos. Assim: no requerimento executivo, deve o exequente indicar, sempre que possível, os bens de que seja titular o executado, bem como os ónus e encargos que sobre eles incidam [art. 810.º, n.º 1, alínea i)]; em caso de penhora de bens em poder de terceiro, deve o agente de execução perguntar a este se tem os bens em seu poder por via de penhor ou de direito de retenção e, em caso afirmativo, procede de imediato à sua citação, a menos que esta se não possa fazer regular e imediatamente, anotando o agente de execução, neste caso, o domicílio daquele para efeito de posterior citação (art. 831.º, n.os 2 e 3); aquando da citação do executado, deve este ser notificado para, no prazo da oposição, e sob pena de condenação como litigante de má fé, "indicar os direitos, ónus e encargos não registáveis que recaiam sobre o bem penhorado, bem como os respectivos titulares" (art. 864.º, n.º 7). Cf. Elsa Sequeira Santos, "Reclamação, Verificação e Graduação de Créditos", pp. 95 e seg.

[666] Cf. Elsa Sequeira Santos, *in* Themis, ano V, n.º 9, ob. cit., p. 93.

[667] Apoiado em doutrina que está longe de se considerar dominante, pronunciou-se, por maioria, no sentido de o arresto, não convertido em penhora, não conferir ao arrestante preferência na graduação do seu crédito, o Acórdão da RP de 7.11.2002 (CJ, ano XXVII, tomo V, p. 163).

[668] Para Teixeira de Sousa a penhora e o arresto não são direitos reais de garantia, mas apenas fontes de uma preferência sobre o produto da venda dos bens penhorados

mente por o credor o deixar caducar (arts. 389.º e 410.º), falece a este qualquer causa legítima de preferência resultante do decretamento da providência.

Finalmente, para adjectivação integral do disposto nos n.os 2 e 3 do art. 824.º do CC, devem também ser citados para a execução os titulares de direitos reais de gozo que caducam e que vão ser pagos pelo produto da venda dos bens penhorados.

Esta citação só se impôs após a entrada em vigor do actual Código Civil, porquanto, tanto perante o CPC39 (art. 907.º) como perante o primitivo texto do actual CPC (também o art. 907.º), apenas se transferiam para o produto da venda os direitos reais de garantia e não os direitos reais de gozo, também caducáveis.

Há presentemente uma lacuna na lei processual que deve ser preenchida através de uma redacção diversa para a alínea b) do n.º 3 do art. 864.º, nos seguintes termos:

"Os titulares de direiros reais caducáveis nos termos do n.º 2 do art. 824.º do Código Civil, relativamente aos bens penhorados"[669].

O titular do direito real de gozo caducável deve ser citado para requerer a extensão da penhora ao objecto do seu direito (v.g., usufruto)[670] [671]. Se o não fizer, a extensão da penhora pode ser solicitada

---

("Acção Executiva...", cit., pp. 250 e seg.). Para Rui Pinto Duarte, a penhora é um direito real de garantia, enquanto o arresto "não consubstancia um direito real (de garantia) completo, mas apenas um direito real *in faciendo*" ("Curso de Direitos Reais", cit., pp. 245-247).

[669] Cf. Miguel Lucas Pires, ob. cit., pp. 172 e seg.

[670] Estando o titular do direito real de gozo equiparado aos credores com garantia real, no art. 824.º, n.os 2 e 3, do CC, deve o mesmo intervir no lado activo da relação processual executiva, e não no seu lado passivo, igualado ao executado, como defendem Lebre de Freitas (ob. cit., p. 340) e Teixeira de Sousa (ob. cit., p. 353).

[671] Elsa Sequeira Santos (ob. cit., p. 94 e seg., nota 9) discorda da citação do titular do direito real de gozo caducável, por não ver "qual o interesse que o usufrutuário possa ter em fazer penhorar o seu direito". A esta questão respondemos algumas páginas adiante (cf. ponto n.º 62), onde dizemos que referentemente à nova penhora incidente sobre o usufruto deve ocorrer uma graduação em separado "à qual apenas serão chamados os credores com garantia real anterior (por constituição ou registo) à limitação resultante do surgimento do novo direito real de gozo e o titular deste direito, este exercitando o direito de sequela, próprio dos direitos reais". E assim, em completa actuação do regime constante dos n.os 2 e 3 do art. 824.º do CC, o bem (plena propriedade) será transmitido livre do direito real de gozo registado ulteriormente ao de qualquer garantia, sendo pago o titular desse direito (usufrutuário) pelo produto da venda do respectivo bem (usufruto).

pelo titular do direito real de garantia com registo ou constituição anterior (v.g., para ficar a abranger, ao lado da penhora da nua propriedade já efectuada nos autos, igualmente a penhora do usufruto, tendo em conta que a sua garantia real abrange tanto aquela com este).

Se algum deles o fizer, será ordenada uma nova penhora, agora sobre este direito (v.g., usufruto) e, na sua sequência, proceder-se-á a avaliação por um perito escolhido pelo agente de execução (art. 849.º, n.º 2, por analogia), para destrinça dos valores sobre que recaíu cada uma das penhoras (nua propriedade e usufruto)[672].

Se nenhum requerer a extensão da penhora, o processo prosseguirá apenas quanto à primeira penhora, subsistindo o direito real de gozo do terceiro e conservando o credor com registo anterior a sua garantia real quanto a este direito. No processo de execução, este credor fará valer apenas a sua garantia em relação ao direito real limitado (nua propriedade), tal como foi penhorado, dada a existência do direito real do terceiro (usufruto) anterior à penhora. Mas sempre se imporá proceder à avaliação dos dois direitos reais onerados, a fim de se apurar em que proporção cada um deles responde pelo crédito com garantia real anterior.

As entidades referidas nas leis fiscais, que devem ser citadas para a execução em vista à defesa dos possíveis direitos da Fazenda Nacional (art. 864.º, n.º 4, 1.ª parte), são as referidas no art. 80.º, n.º 1, do CPPT, ou sejam, os dirigentes dos serviços centrais da administração tributária que procedam à liquidação de tributos e os serviços periféricos locais da área do domicílio ou sede do executado, dos seus estabelecimentos comerciais e industriais e da localização dos bens penhorados.

Tenha-se em conta que são liquidados pelos serviços centrais da Direcção-Geral dos Impostos o IRS (art. 75.º do CIRS), o IRC, quando não liquidado pelo próprio contribuinte (art. 82.º do CIRC), o IVA, nos casos de liquidação oficiosa (art. 83.º, n.º 1, do CIVA), o IMI (art.º 113.º, n.º 1, do CIMI), o IMT (art. 21.º, n.º 1, do CIMT) e o imposto do selo devido pelas transmissões gratuitas (art. 25.º, n.º 1, do CIS).

As entidades a que nos estamos referindo são também citadas para reclamarem apenas créditos com garantia real sobre os bens penhorados, como a hipoteca legal e o privilégio creditório [arts. 705.º, alíneas a) e b), 736.º, 738.º, n.º 2, e 744.º do CC][673].

---

[672] Cf. Anselmo de Castro, ob. cit., p. 232.

[673] Também nas execuções fiscais só os credores que gozem de garantia real sobre os bens penhorados podem reclamar os seus créditos (art. 240.º, n.º 1, do CPPT).

Também o ISS e o IGFSS são citados (art. 864.º, n.º 4, 2.ª parte) somente para reclamarem créditos com garantia real sobre os bens penhorados, como o privilégio creditório e a hipoteca legal (arts. 10.º a 12.º do DL n.º 103/80, de 9 de Maio).

O credor devidamente citado que não reclame o seu crédito na execução fica em situação de revelia, a implicar a perda da garantia real do seu crédito, embora subsistindo este como crédito simples e isto por, nos termos do n.º 2 do art. 824.º do CC, os bens serem transmitidos na execução livres dos direitos de garantia que os onerarem[674]. Poderá ulteriormente instaurar execução contra o devedor e penhorar o bem sobre que teve garantia real, que já não poderá invocar; apenas poderá basear a sua preferência no pagamento na penhora então efectuada, que cederá perante a penhora anterior.

Os titulares de direitos reais caducáveis devem ser citados pessoalmente, de harmonia com o disposto no n.º 2 do art. 233.º: os sujeitos a registo, no domicílio que conste do registo, a menos que tenham outro domicílio conhecido, designadamente apurado aquando da primeira tentativa de citação naquele domicílio (art. 864.º, n.º 9); os não sujeitos a registo, no domicílio que tenha sido indicado no acto da penhora ou que seja indicado pelo executado (art. 864.º, n.º 10).

As entidades referidas nas leis fiscais são também citadas pessoalmente, mas somente na modalidade *postal* (art. 42.º do CPPT).

As consequências da falta de citação de qualquer dos interessados referidos estão contempladas no n.º 11 do art. 864.º.

Há falta de citação, segundo o n.º 1 do art. 195.º: a) quando o acto tenha sido completamente omitido; b) quando tenha havido erro de identidade do citado; c) quando se tenha empregado indevidamente a citação edital; d) quando se mostre efectuada depois do falecimento do citando; e) quando se demonstre que o destinatário da citação pessoal não chegou a ter conhecimento do acto, por facto que lhe não seja imputável.

A falta de citação, por adaptação da posição do cônjuge e dos titulares de direitos reais caducáveis ao regime do art. 194.º, não produz quaisquer efeitos sobre o que se tiver processado até à penhora; apenas determina a anulação do que se tiver processado após ela[675].

---

[674] Cf.: Anselmo de Castro, ob. cit., p. 186; e José João Baptista, ob. cit., p. 148.

[675] Cf. Alberto dos Reis, ob. cit., vol. II, pp. 239 e seg.

Da regra da anulação de tudo o que se processar após a penhora exceptua a lei, no art. 864.º, n.º 11, as vendas, adjudicações, remições ou pagamentos já efectuados, dos quais o exequente não haja sido o exclusivo beneficiário. "Tal não sucederá, nos ensinamentos de Lopes Cardoso[676], quando seja comprador outra pessoa, quando seja adjudicatário outro credor, quando os bens adquiridos pelo exequente forem remidos ou quando for reconhecido direito de preferência doutra pessoa na aquisição feita pelo exequente. Então, haverá dois beneficiários: — imediatamente o comprador, adjudicatário, remidor ou preferente; mediatamente o exequente, que virá a ser pago pelo produto da alienação".

Segundo o mesmo autor, o exequente só será exclusivo beneficiário da venda ou adjudicação quando seja ele o comprador ou adjudicatário, sem que sobrevenha preferência ou remição, ou quando lhe caiba em pagamento todo o preço da coisa adquirida[677] [678].

As vendas ou adjudicações não se anulam, em regra, por a lei querer proteger os que adquirem bens na execução, que não se podem considerar responsáveis pela falta de citações. Com essa protecção os bens são também vendidos por melhor preço e com menor dificuldade[679].

Subsistindo as vendas, adjudicações, remições ou pagamentos, a pessoa que devia ter sido citada fica com o direito de ser indemnizada, pelo exequente ou outro credor pago em vez dela, segundo as regras do enriquecimento sem causa, sem prejuízo da responsabilidade civil, nos termos gerais, da pessoa a quem seja imputável a falta de citação (art. 864.º, n.º 11, *in fine*). Isto por a pessoa não citada, se o tivesse sido, podia ter recebido parte do produto da venda, que acabou assim por reverter para os demais.

---

[676] Ob. cit., p. 501.

[677] Ob. cit., p. 502.

[678] Sendo o exequente o único beneficiário da venda ou de qualquer outro modo de pagamento, anular-se-á este acto, por falta das necessárias citações.

[679] O TC, pelo seu Acórdão n.º 77/2002, de 26 de Fevereiro (DR, II Série, de 18.07.2002), não julgou inconstitucional, máxime por se inverificar violação do disposto nos arts. 13.º, n.º 1, e 20.º, n.ºs 1, 4 e 5, da CRP, a interpretação conferida à norma do n.º 3 (hoje, n.º 11) do art.º 864.º, nos termos da qual a omissão do acto judicial destinado à convocação de credores e subsequente verificação de créditos, nos termos do n.º 1 (hoje, n.º 3) do mesmo preceito, em execução hipotecária cuja instância fora julgada extinta mas que prosseguira sob o impulso do Ministério Público, para cobrança de custas em dívida, não importa a anulação da venda nesse interim efectuada do imóvel sobre o qual recaía o ónus real, entretanto caducado, de que o primitivo exequente era titular.

Arguida e julgada procedente a falta de citação, depois da venda mas antes de efectuados os pagamentos, a venda mantém-se, mas os pagamentos já não podem ser efectuados, devendo antes ser ressarcido o lesado através do produto daquela. Tendo em conta que o exequente ou qualquer outro credor ainda não viram satisfeita a sua pretensão, seria injustificado que contra eles se instaurasse uma acção de indemnização para reparação do dano da pessoa que deveria ter sido citada[680].

Civilmente responsável, nos termos gerais, ou seja, de harmonia com o disposto no art. 483.º do CC, pela falta de citação, é o agente de execução, por ser a ele que compete efectuá-la (art. 808.º, n.º 1), cabendo ao lesado o ónus da prova no concernente à verificação dos requisitos da responsabilidade civil.

Preenchendo-se tanto os pressupostos da responsabilidade civil do agente de execução como aqueles de que depende a indemnização segundo as regras do enriquecimento sem causa por parte do exequente ou de outro credor beneficiado pelo pagamento, pode o lesado lançar mão dos dois meios ressarcitórios contra cada um dos respectivos obrigados[681].

Não há lugar à citação dos credores, se o exequente requerer a consignação judicial de rendimentos antes da convocação daqueles e o executado não requerer a venda dos bens (art. 879.º, n.º 3). A razão da dispensa filia-se na desnecessidade de se proceder à expurgação de ónus ou encargos, por não haver lugar nem a venda nem a adjudicação.

No foro laboral, nos termos do n.º 1 do art. 98.º do CPT, não é admitida a reclamação de créditos nas execuções para pagamento de quantia certa em que o seu valor não exceda a alçada do tribunal de 1.ª instância e a penhora recaia sobre bens móveis ou direitos que não tenham sido dados de penhor, com excepção do estabelecimento comercial. Deste regime estão excluídos, ante o estatuído no n.º 2 do mesmo preceito: os créditos que gozem de direito de retenção sobre os bens penhorados, desde que o titular o invoque no acto da penhora; e os créditos que sobre os mesmos bens gozem de garantia real, com registo anterior ou posterior ao registo da penhora.

---

[680] Cf.: Alberto dos Reis, ob. cit., II vol., p. 241; e Acórdão da RL de 10.03.2002 (CJ, ano XXVII, tomo II, p. 84).

[681] Cf. Maria Olinda Garcia, "A Responsabilidade do Exequente...", cit., p. 35.

Aqui a dispensa da reclamação de créditos "destina-se a garantir a satisfação de créditos, cuja natureza reveste, as mais das vezes, carácter alimentício, constituindo para a grande maioria dos trabalhadores fonte (exclusiva) de subsistência económica"[682].

60. CITAÇÃO DO CÔNJUGE DO EXECUTADO

O cônjuge do executado é citado para a execução em três casos, como se verifica da alínea a) do n.º 3 do art. 864.º[683]:

a) quando a penhora tenha recaído sobre bens imóveis ou estabelecimento comercial que o executado não possa alienar livremente;
b) quando a penhora tenha recaído sobre bens comuns do casal;
c) para declarar, sendo caso disso, se aceita a comunicabilidade da dívida.

Tendo já sido examinados os segundo e terceiro casos[684], fixemos agora a nossa atenção no primeiro.

Segundo o n.º 1 do art. 1682.º-A do CC, depende do consentimento de ambos os cônjuges, salvo se entre eles vigorar o regime da separação de bens, a alienação, oneração, arrendamento ou constituição de outros direitos pessoais de gozo sobre imóveis próprios ou comuns e a alienação, oneração ou locação de estabelecimento comercial, próprio ou comum[685].

De acordo com o n.º 2 do mesmo artigo, a alienação, oneração, arrendamento ou constituição de outros direitos pessoais de gozo sobre a casa de morada da família carece sempre do consentimento de ambos

---

[682] Cf. Albino Mendes Baptista, "Código de Processo do Trabalho Anotado", 2000, p. 192.

[683] Com a RPC2003, suprimiu-se não só a citação edital dos credores como igualmente a do cônjuge do executado; tal tipo de citação apenas se manteve para o executado (art. 864.º, n.º 1).

[684] Cf. ponto n.º 42.

[685] Equipara-se, assim, a alienação e locação do estabelecimento comercial, que é uma universalidade de direito, ao regime da alienação e locação de imóveis, apesar daquele, segundo o quadro classificativo dos arts. 204.º e seg. do CC, ser de considerar uma coisa móvel. Cf. Pires de Lima e Antunes Varela, ob. cit., vol. IV, 2.ª edição, p. 304.

os cônjuges, quer ela pertença a um dos cônjuges ou a ambos, mesmo que o regime seja o da separação de bens, dado o interesse comum da sociedade familiar a sobrepujar os interesses individuais de cada um dos cônjuges[686].

Em adjectivação deste regime substantivo, diz-se no art. 28.º-A que só podem ser propostas por ambos ou contra ambos os cônjuges as acções de que possa resultar a perda ou a oneração de bens que só por ambos possam ser alienados ou a perda de direitos que só por ambos possam ser exercidos, incluindo as acções que tenham por objecto a casa de morada da família.

Tendo em conta que a penhora de bens visa o fim último da sua alienação, também no processo de execução se devem encontrar ambos os cônjuges, sempre que os bens *imóveis* penhorados só por ambos possam ser alienados. Daí haver necessidade de chamar à execução o cônjuge não demandado, na sequência da penhora de tal tipo de bens. Eis a razão de ser da 1.ª parte da alínea a) do n.º 3 do art. 864.º: penhorados bens imóveis de que o executado não possa dispor livremente, convoca-se o seu cônjuge para acompanhar todo o ritual que conduza ou dificulte a perda desses bens a favor da execução. Mas não só no caso de penhora de bens imóveis deve intervir o cônjuge do executado. Atenta a equiparação aos imóveis levada a efeito pela lei substantiva, ele também deve ser citado em caso de penhora de estabelecimento comercial, vigorando um regime de comunhão de bens entre os cônjuges, como hoje se admite expressamente na alínea a) do n.º 3 do art. 864.º, na redacção resultante do DL n.º 38/2003, apesar do estabelecimento, perante o nosso sistema legal, dever ser considerado como coisa móvel.

O caso que analisamos abarca primordialmente a situação de penhora de bem imóvel e de estabelecimento comercial próprios do executado. Tratando-se de penhora de bem imóvel e de estabelecimento comercial comuns, o meio a implementar será preferentemente o do art. 825.º[687]. Não sendo este meio utilizado, o cônjuge, depois de

---

[686] Cf.: Antunes Varela, "Direito da Família" cit., pp. 391-393; e Pereira Coelho e Guilherme de Oliveira, ob. cit., p. 389.

[687] Ocorrendo a penhora da casa de morada da família e vigorando entre os cônjuges o regime da separação de bens, a citação do cônjuge do executado contempla, e sempre, a hipótese prevista na 1.ª parte da alínea a) do n.º 3 do art. 864.º, nanja a da 2.ª parte, por não poder haver bens comuns a separar.

citado, pode embargar de terceiro, de harmonia com o que se dispõe no art. 352.º[688], ficando fora da execução; ou então, prescindindo de reagir contra a penhora ilegal por esta via, pode optar por intervir na execução ao lado do executado, no uso dos poderes conferidos pelo art. 864.º-A, n.º 1.

A partir da citação, o cônjuge assume todos os direitos que a lei confere ao executado (art. 864.º-A, n.º 1). Pode, assim, designadamente:

— deduzir oposição à execução, no prazo de 10 dias, ou até ao termo do prazo concedido ao executado, se terminar depois daquele[689];

— deduzir oposição à penhora, também no prazo de 10 dias, ou até ao termo do prazo concedido ao executado, se terminar depois daquele, nos termos do art. 863.º-A (fazendo-o, não pode depois embargar de terceiro relativamente aos bens comuns que hajam sido indevidamente atingidos, por ter optado por ser parte principal no processo de execução[690]);

— impugnar os créditos dos credores concorrentes, quer os garantidos pelos bens imóveis cuja penhora justificou a sua citação, quer os garantidos pelos demais bens penhorados[691];

— pronunciar-se sobre a modalidade da venda e o valor base dos bens penhorados;

— impugnar as irregularidades da venda executiva, quer da venda por meio de propostas em carta fechada quer da venda em estabelecimento de leilões;

— reclamar contra a liquidação do produto da venda.

Do exposto resulta que para o cônjuge do executado ser chamado à execução torna-se necessária a penhora de bens que só com o seu

[688] Cf. ponto n.º 42.

[689] Tendo em conta que os credores reclamantes podem impugnar o crédito exequendo (art. 866.º, n.º 3), o que poderá vir a ocorrer depois de ultrapassado o prazo do executado para se opor à execução, também ao cônjuge do executado é concedida a possibilidade de se opor à execução, se for citado depois de decorrido o prazo para o executado se opor, devendo fazê-lo no prazo autónomo de 10 dias, estabelecido n.º 1 do art. 864.º-A. Cf. Paula Costa e Silva, ob. cit., p. 101.

[690] Cf. ponto n.º 9.

[691] Já antes do art. 864.º-B, introduzido pela RPC95-96, presentemente substituído pelo art. 864.º-A, na versão do DL n.º 226/2008, de 20 de Novembro, pronunciavam-se neste sentido Alberto dos Reis, ob. cit., pp. 230 e seg., e Castro Mendes, ob. cit., p. 444; em sentido contrário, opinavam, todavia, Lopes Cardoso, ob. cit., p. 496, e Anselmo de Castro, ob. cit., p. 182.

consentimento possam ser alienados, mas depois de aí se encontrar assume todos os poderes do executado, em defesa do património conjugal. Opção legislativa discutível, por a razão de ser da intervenção do cônjuge justificar que a sua actuação se restringisse aos bens que determinaram a sua citação, sem extensão aos demais[692].

Sendo a dívida considerada comum, na sequência da citação do cônjuge do executado para declarar se aceita a comunicabilidade da dívida, e por a execução prosseguir também contra o referido cônjuge, nos termos do n.º 3 do art. 825.º, adquire este igualmente todos os direitos que a lei confere ao executado, de harmonia com o disposto no n.º 1 do art. 864.º-A.

Os poderes conferidos ao cônjuge do executado não prejudicam a possibilidade de ele requerer a separação dos bens do casal, quando a penhora recair sobre bens comuns, ante o estatuído no n.º 2 do citado art. 864.º-A. Se o fizer, nenhuma intervenção terá no processo de execução; donde não assumir nenhum dos direitos do executado.

61. ARTICULADOS NO CONCURSO DE CREDORES

O apenso da verificação e graduação de créditos respeitante ao concurso de credores segue os termos do processo sumário de declaração (art. 868.º, n.º 1), por apenso ao processo de execução (art. 865.º, n.º 8). A marcha deste apenas se suspende no decurso do prazo para apresentação das reclamações de créditos; findo este, a execução retoma a sua marcha normal com as diligências necessárias para a realização do pagamento (art. 873.º, n.º 1).

O credor que pretenda reclamar um crédito na execução deve gozar de garantia real sobre os bens penhorados e dispor de título exequível (art. 865.º, n.ºs 1 e 2). Se a obrigação não for certa ou líquida, deve o credor torná-la certa ou líquida, actuando da mesma forma que o exequente em situação idêntica (art. 865.º, n.º 7, 2.ª parte).

O credor que aguarda a liquidação de sentença de condenação genérica, nos termos dos arts. 378.º a 380.º, pode requerer, por aplicação analógica do art. 869.º, n.º 1, que a graduação dos créditos relativamente

---

692 Maria José Capelo ("Pressupostos Processuais...", cit., p. 93) defende que os poderes do cônjuge do executado se devem circunscrever "aos actos executivos que envolvam ou afectem os bens penhorados, causa legal da sus convocação".

aos bens abrangidos pela sua garantia, aguarde a liquidação, no respectivo incidente, da obrigação em causa[693].

Diversamente do que ocorre com o crédito exequendo, não necessita de se encontrar vencido o crédito do credor concorrente (art. 865.º, n.º 7, 1.ª parte)[694].

A verificação doutra situação de inexigibilidade da obrigação, não identificada com a da falta de vencimento[695], não autoriza a reclamação do crédito.

Assim, não pode o Estado (administração fiscal) reclamar o seu crédito de impostos quando firmou um acordo com o devedor (executado) para pagamento das dívidas fiscais deste em prestações mensais, enquanto tal acordo estiver a ser pontualmente cumprido, nos termos do DL n.º 124/96, de 10 de Agosto (Plano Mateus)[696].

A reclamação deve ser apresentada no prazo de 15 dias, a contar da citação do reclamante (art. 865.º, n.º 2)[697].

Nos termos do n.º 3 do art. 865.º, podem reclamar espontaneamente o seu crédito até à transmissão dos bens penhorados os titulares de direitos reais de garantia que não tenham sido citados.

E, segundo o n.º 4 do mesmo artigo, em satisfação do n.º 2 do art. 749.º do CC, aditado pelo DL n.º 38/2003, não é admitida a recla-

---

693 Cf. Lebre de Freitas e Ribeiro Mendes, ob. cit., p. 506.

694 A dispensa do requisito da *exigibilidade* funda-se na caducidade dos direitos reais de garantia com a venda executiva, nos termos do n.º 2 do art. 824.º do CC, a justificar que todos os credores com garantia real reclamem os seus créditos no respectivo concurso, mesmo que eles não se encontrem vencidos. Cf. José João Baptista, ob. cit., p. 149, nota 70.

695 Cf. ponto n.º 22, alínea b).

696 Cf. Acórdãos do STJ de 1.06.99, 11.11.99 e 4.04.2000, BMJ, 488, p. 293, 491, p. 214, e 496, p. 199, respectivamente.

697 A legitimidade para reclamar os créditos da Fazenda Nacional, em processo executivo a correr nos tribunais comuns, pertence ao agente do Ministério Público junto deles, a quem deve ser remetida a respectiva certidão pelas entidades fiscais (art. 80.º, n.os 1 e 3, do CPPT); no que concerne aos créditos da segurança social, a legitimidade para reclamar pertence ao Instituto de Solidariedade e Segurança Social, nos termos do art. 4.º, n.º 2, alínea n), dos respectivos Estatutos, na redacção do art. 3.º do DL n.º 112/ /2004, de 13 de Maio. Dado o DL n.º 38/2003, de 8 de Março, ter eliminado o decêndio previsto na 2.ª parte do n.º 2 do art. 865.º e tendo em conta o disposto nos mencionados preceitos do CPPT, devem os serviços fiscais citados enviar impreterivelmente, no prazo de 10 dias, ao agente do Ministério Público competente as certidões de dívidas, para que este as possa reclamar nos 5 dias sobrantes.

mação do credor com privilégio creditório geral, mobiliário ou imobiliário, quando:

a) A penhora tenha incidido sobre bem só parcialmente penhorável, nos termos do art. 824.º, renda, outro rendimento periódico, ou veículo automóvel; ou
b) Sendo o crédito do exequente inferior a 190 UC, a penhora tenha incidido sobre moeda corrente, nacional ou estrangeira, depósito bancário em dinheiro; ou
c) Sendo o crédito do exequente inferior a 190 UC, este requeira procedentemente a consignação de rendimentos, ou a adjudicação, em dação em cumprimento, do direito de crédito no qual a penhora tenha incidido, antes de convocados os credores[698].

Tenha-se presente que a restrição vale somente para a *reclamação*. Se for o crédito do exequente a beneficiar de privilégio mobiliário geral, não de verifica qualquer limitação[699].

Apesar de não se aludir, como no art. 864.º-A, n.º 1, na redacção anterior ao DL n.º 38/2003, de 8 de Março, à dispensa da convocação ou do concurso de credores, não haverá lugar às citações previstas no art.º 864.º, n.ºs 3 e 4, nas hipóteses previstas no n.º 4 do art. 865.º[700], a menos que a penhora tenha incidido sobre veículo automóvel em que se procederá à citação das entidades referidas nas leis fiscais, por sobre aquele poder incidir privilégio mobiliário especial para garantia do pagamento de certos impostos[701]. E a citação dos credores do executado não se efectuará, em geral, visto tal se traduzir na prática de acto inútil, logo proibido pelo art. 137.º, por na sequência dessa citação não poder

[698] Justificando este regime, diz-nos Miguel Lucas Pires (ob. cit., p. 199) que o facto de um dos bens abrangido pelo privilégio geral "ser apreendido e vendido num processo no qual o credor privilegiado não foi admitido a reclamar os seus créditos, não impede que a garantia subsista relativamente aos demais bens do devedor, forçando o credor privilegiado a intentar uma execução para aí penhorar os bens objecto da sua garantia".

[699] Cf. L. Miguel Pestana de Vasconcelos, "Direito das Garantias", 2010, p. 344.

[700] Cf., neste sentido: Teixeira de Sousa, "A Reforma..., cit., p. 182; e Ramos Pereira, ob. cit., p. 965. Diversamente, admitindo a citação das entidades públicas, Lopes do Rego, "Comentários...", II, cit., p. 109; e Salvador da Costa, "O Concurso…", cit., pp. 236 e seg., reponderando posição anterior.

[701] Assim: nos termos do art. 22.º, n.º 3, do Anexo II à Lei n.º 22-A/2007, de 29 de Junho, a Fazenda Pública goza de privilégio mobiliário especial sobre o veículo tributável para satisfação do imposto único de circulação e despesas relacionadas com a sua cobrança.

seguir-se a apresentação de reclamação relevante. Se bem que a penhora sobre os mesmos bens noutra execução confira uma garantia real ao credor beneficiário, não se justifica a citação da Administração Fiscal e da Segurança Social apenas para virem à execução comum reclamar o seu crédito com base na garantia real da penhora, uma vez que as execuções fiscais e as execuções das dívidas à segurança social não se sustam por virtude de penhora anterior em execução judicial (arts. 218.º, n.º 3, do CPPT e 6.º do DL n.º 42/2001, de 9 de Fevereiro)[702].

Face ao disposto no n.º 6 do art. 865.º, a ressalva constante do n.º 4 não se aplica aos privilégios creditórios dos trabalhadores, que assim podem sempre reclamar os seus créditos, que disponham daquele direito real de garantia sobre os bens penhorados.

Quem tenha obtido penhora sobre os mesmos bens em outra execução pode reclamar espontaneamente o seu crédito até à transmissão dos bens penhorados, ficando aquela execução sustada quanto a esses bens, a menos que a sustação já tenha ocorrido nos termos do art. 871.º (art. 865.º, n.º 5).

Nas execuções do foro laboral, segundo os n.os 3 e 4 do art. 98.º do CPT, na redacção do DL n.º 38/2003, os credores com garantia real com registo anterior ao da penhora são citados para reclamar os seus créditos, enquanto os titulares dos créditos que registem a garantia real depois do registo da penhora podem reclamá-los, independentemente de citação, no prazo de 15 dias, contado da junção aos autos da certidão dos direitos, ónus ou encargos inscritos.

Vale como reclamação a remessa de um requerimento executivo, se o processo se encontrar na fase do concurso de credores, assumindo o exequente a posição de reclamante, desde que seja titular de um direito real de garantia, exceptuado o privilégio creditório geral, sobre o bem penhorado e no processo ainda não tenha sido proferida a sentença de graduação; se, no momento da remessa do requerimento executivo, ainda não se encontrar aberto o concurso de credores, constitui-se coligação de exequentes (art. 832.º, n.os 4 e 5).

Por vezes, o credor, na altura da abertura do concurso, não se encontra munido de título exequível, apesar de o seu crédito gozar de garantia real sobre os bens penhorados. É o que ocorre quando o

---

702 No sentido da admissibilidade da reclamação do credor com privilégio creditório geral, fundado em penhora sobre os mesmos bens numa outra execução, pronuncia-se Armindo Ribeiro Mendes, no estudo "Reclamação de Créditos no Processo Executivo; *in* Themis, ano IV, n.º 7, p. 235.

crédito é privilegiado ou se encontra assegurado mediante arresto ou direito de retenção. Num quadro destes, deve o credor, dentro do prazo facultado para a reclamação de créditos, requerer que a graduação dos créditos, relativamente aos bens abrangidos pela sua garantia, aguarde até que ele obtenha o título em falta (art. 869.º, n.º 1).

Recebido o requerimento do credor em que este solicita a sustação da graduação dos créditos, a secretaria notifica o executado para, no prazo de 10 dias, se pronunciar sobre a existência do crédito invocado (art. 869.º, n.º 2).

Caso o executado reconheça a existência do crédito ou nada diga e não esteja pendente acção declarativa para a respectiva apreciação, considera-se formado o título executivo (parajudicial) e reclamado o crédito nos termos do requerimento do credor, sem prejuízo da sua impugnação pelo exequente e restantes credores (art. 869.º, n.º 3).

Se o executado negar a existência do crédito, o credor obtém na acção própria sentença exequível, reclamando seguidamente o crédito na execução (art. 869.º, n.º 4). Se a acção estiver pendente à data do requerimento, o requerente provocará a intervenção principal do exequente e dos credores interessados, nos termos dos arts. 325.º e seguintes; se tiver de ser intentada ulteriormente, o requerente deve propô-la, não só contra o executado, mas também contra o exequente e os credores interessados (art. 869.º, n.º 5).

Recebido o requerimento, fica sustada a graduação de créditos sobre os bens pertinentes e consequentemente o pagamento sobre o produto desses bens.

No mais, prossegue o apenso da verificação e graduação de créditos (art. 869.º, n.º 6).

Donde não se suspender:

a) a verificação e o reconhecimento dos créditos já reclamados;
b) a graduação de créditos a satisfazer pelo produto dos bens penhorados estranhos à garantia do requerente;
c) a venda ou adjudicação dos bens penhorados, incluindo os que garantem o crédito do requerente;
d) a distribuição do produto dos bens sobre que foram graduados créditos, restando o respeitante aos bens com graduação sustada[703].

---

[703] Cf. Lopes Cardoso, ob. cit., p. 520.

Na sequência do requerimento, o requerente é admitido a exercer no processo os mesmos direitos que a lei confere aos demais credores reclamantes (art. 869.º, n.º 6[704]), incluindo os de impugnar os créditos garantidos pelos bens sobre os quais tenha referido existir o seu direito real de garantia.

Enunciam-se no n.º 7 do art. 869.º cinco casos em que os efeitos do requerimento caducam, a saber:

a) não junção de certidão comprovativa da pendência da acção dentro de 20 dias a contar da notificação de que o executado negou a existência do crédito;
b) sendo caso disso, não propositura da acção contra o executado, exequente e credores interessados ou, estando ela já pendente, não provocação da intervenção principal do exequente e dos credores interessados (e não também do executado por já se encontrar na acção desde o início, na qualidade de devedor);
c) improcedência da acção declarativa por decisão transitada em julgado (enquanto o trânsito não ocorrer, a suspensão deve subsistir);
d) paragem da acção declarativa durante 30 dias, por negligência do autor, depois de requerida a suspensão da graduação;
e) não apresentação, dentro de 15 dias a contar do trânsito em julgado, de certidão da decisão proferida na acção.

Enquanto no primeiro caso a caducidade é automática, nos demais depende da prova dos fundamentos por parte do exequente, seguramente através da correspondente certidão judicial extraída da acção declarativa. Mas nada obsta a que essa prova seja feita pelos credores reclamantes, prejudicados pelo requerimento de sustação[705].

Caducando os efeitos do requerimento, proceder-se-á à graduação dos créditos verificados e reconhecidos no apenso da verificação e graduação de créditos sobre os bens abrangidos pela sustação.

Julgada procedente a acção declarativa e independentemente do seu trânsito, desde que ao recurso dela interposto tenha sido atribuído o efeito meramente devolutivo (art. 47.º, n.º 1), deve o requerente da suspensão, com base na certidão da sentença condenatória, reclamar o seu

---

[704] É de considerar revogada a parte final deste preceito, uma vez que com a RPC2003 desapareceu o despacho liminar de admissão ou rejeição de reclamações.

[705] Cf.: Lopes Cardoso, ob. cit. p. 523; e Salvador da Costa, "O Concurso...", cit., p. 294.

crédito (art. 869.º, n.º 4), reproduzindo, na circunstância, o conteúdo do requerimento-reclamação apresentado nos termos do art. 869.º, n.º 1[706], a fim de se proceder à graduação sobre os bens abrangidos pela sua garantia, na qual se incluirá o seu crédito. Enquanto a sentença estiver pendente de recurso, não pode o requerente da suspensão da graduação obter pagamento sem prestar caução (art. 47.º, n.º 3).

Baseando a petição da reclamação de créditos um processo cível enxertado na execução, deve obedecer aos requisitos de forma e de conteúdo de uma petição incial, incluindo a articulação, em consonância com o que se dispõe no n.º 2 do art. 151.º.

Não tem contudo necessidade de ser subscrita por advogado, mesmo que o crédito seja de valor superior ao da alçada do tribunal de 1.ª instância, por não se tratar ainda da sua apreciação (art. 60.º, n.º 2).

Previamente à apresentação da petição inicial em juízo, deve o credor reclamante pagar a respectiva taxa de justiça (arts. 150.º-A, n.º 1, do CPC e 13.º, n.º 1, do RCP)[707].

Estão todavia isentos de custas o exequente e os reclamantes, quando tenham que deduzir reclamação de créditos junto da execução fiscal, desde que comprovem já ter pago taxa de justiça em processo de execução cível referente aos mesmos créditos [art. 4.º, n.º 1, alínea s), do RCP], sem que isso dispense o reclamante, quando ficar totalmente vencido, de responder, a final, pelos encargos a que tiver dado origem no processo (art. 4.º, n.º 6, do RCP).

Com a RPC2003 eliminou-se o despacho liminar de admissão ou rejeição das reclamações, anteriormente exigido (cf. art. 866.º, n.º 1, na redacção anterior), em consonância, aliás, com o que já ocorria na acção declarativa com processo comum, onde houvera sido eliminado esse tipo de despacho (art. 234.º, n.º 1). Isto sem prejuízo de, no despacho saneador, as reclamações serem rejeitadas, não só por serem inexistentes ou inválidas as garantias reais invocadas, como por se verificar algum dos fundamentos elencados no n.º 1 do art. 812.º-E, como justificativos do indeferimento liminar do requerimento executivo (art. 868.º, n.ºs 1, 2 e 4).

---

[706] Cf. Salvador da Costa, "O Concurso... ", cit., p. 295.

[707] Nos termos da tabela II anexa ao RCP, a taxa de justiça, na reclamação de créditos, é de 2 UC se o montante reclamado não exceder a quantia de € 300 000 e de 4 UC se esse montante for igual ou superior a € 300 000,01.

Findo o prazo para a reclamação de créditos, ou apresentada reclamação nos termos do n.º 3 do art. 865.º, dela são notificados, pela secretaria do tribunal, o executado, o exequente, os credores reclamantes e o cônjuge do executado, caso se tenha oposto à execução ou à penhora nos termos do n.º 1 do art. 864.º-A, aplicando-se à notificação do primeiro o art. 235.º, devidamente adaptado (art. 866.º, n.º 1).

As reclamações podem ser impugnadas pelo exequente e pelo executado no prazo de 15 dias, a contar da respectiva notificação (art. 866.º, n.º 2). Igualmente o cônjuge do executado pode impugnar as reclamações, em posição idêntica à do executado (art. 864.º-A, n.º 1).

Também dentro do prazo de 15 dias, a contar da respectiva notificação, podem os restantes credores impugnar os créditos garantidos por bens sobre os quais tenham invocado igualmente qualquer direito real de garantia, incluindo o crédito exequendo, bem como as garantias reais invocadas quer pelo exequente, quer pelos outros credores (art. 866.º, n.º 3). Os credores concorrentes não podem impugnar os restantes créditos por falta de interesse processual, uma vez que só podem ser pagos na execução pelos bens sobre que tiverem garantia e conforme a graduação do seu crédito (art. 873.º, n.º 2).

Face ao que se dispõe nos n.os 4 e 5 do art. 866.º, os fundamentos da impugnação, tal como acontece com os fundamentos da oposição à execução, dependem do título executivo que suporta a pretensão do reclamante: se for sentença, apenas os mencionados nos arts. 814.º, n.º 1, ou 815.º, consoante aquela emana de um tribunal judicial ou de um tribunal arbitral; se for título extrajudicial, qualquer causa que extinga ou modifique a obrigação ou que impeça a sua existência. Todavia, tanto num caso como noutro, e como fundamento específico, a inexistência ou a invalidade da garantia real.

A RPC2003, pondo termo a controvérsia existente na doutrina e na jurisprudência, esclareceu que, tratando-se de crédito reconhecido por sentença, o impugnante não abrangido pela força do caso julgado pode defender-se nos termos amplos do art. 816.º (art. 866.º, n.º 5, *a contrario*)[708].

À semelhança da reclamação, a impugnação terá se ser deduzida por artigos, mas, diferentemente dela, deverá ser subscrita por advogado

---

[708] Cf.: Lebre de Freitas e Ribeiro Mendes, ob. cit., p. 515; e Rui Pinto, ob. cit., pp. 185 e seg.

se o valor do crédito impugnado exceder o da alçada do tribunal de 1.ª instância, dado a impugnação envolver uma apreciação do crédito (art. 60.º, n.º 2)[709].

O impugnante está obrigado ao pagamento prévio de taxa de justiça ou a juntar documento comprovativo da concessão do apoio judiciário ou da apresentação de requerimento para obtenção deste apoio (arts. 150.º-A, n.º 1 do CPC e 6.º, n.º 1, e 13.º, n.º 1 do RCP). Na falta de junção de documento comprovativo do pagamento da taxa de justiça no prazo de 10 dias a contar do oferecimento da oposição, tem também o impugnante a possibilidade de efectuar esse pagamento com multa, no prazo de 10 dias, mediante notificação da secretaria e ainda ulteriormente a convite do juiz; neste último caso sob a cominação do desentranhamento da oposição (art. 486.º-A, n.ºs 3, 5 e 6).

A falta de impugnação implica o reconhecimento dos créditos e das respectivas garantias, sem prejuízo das excepções ao efeito cominatório da revelia vigentes em processo declarativo, ou do conhecimento das questões que, a ser admitido despacho liminar, permitiriam a rejeição liminar da reclamação (art. 868.º, n.º 4)[710]. Aquelas excepções são as previstas no art. 485.º e estas questões são as enunciadas no n.º 1 do art. 812.º-E, para efeitos do indeferimento liminar do requerimento executivo[711], e ainda a inexistência ou a invalidade da garantia real invocada.

Ainda pode haver uma resposta à impugnação, desde que esta inclua defesa por excepção, a apresentar no prazo de 10 dias a contar da notificação da impugnação apresentada (at.º 867.º). Trata-se de um articulado paralelo ao previsto no art. 785.º para o processo sumário de declaração, o que se justifica por o apenso de verificação e graduação de créditos seguir a tramitação própria daquele processo, como atrás vimos. A falta de resposta envolve a admissão por acordo dos factos que suportam a excepção, a menos que estejam em oposição com a reclamação considerada no seu conjunto, não seja admissível confissão sobre eles ou só possam provar-se por documento escrito (arts. 463.º, n.º 1, 466.º, n.º 1, 490.º, n.º 2, e 505.º).

---

[709] Diversamente do que ocorre no processo de execução fiscal (parte final do art. 246.º do CPPT), a prova a apresentar com a impugnação não se circunscreve à documental.

[710] Antes da RPC95-96, a falta de impugnação implicava um efeito cominatório pleno; dizia-se, com efeito, no então n.º 4 do art. 868.º: "Haver-se-ão como reconhecidos os créditos que não forem impugnados".

[711] Cf. José João Baptista, ob. cit., p. 153.

A resposta deve ser deduzida por artigos, tal como os articulados anteriores, e subscrita por advogado, como a impugnação, desde que o crédito a que se reporte seja de valor superior à alçada do tribunal de 1.ª instância (art. 60.º, n.º 2).

Se, na sequência da impugnação do crédito do exequente, este vier a ser declarado inexistente ou extinto, tal implicará a extinção da execução e, consequentemente, o fim do procedimento do concurso de credores.

Sempre que o juiz preveja que o produto da venda dos bens penhorados não chega para pagar as custas da execução, que saem precípuas (art. 455.º), pode, por uma razão de economia processual, suspender os termos do apenso de verificação e graduação de créditos, posteriores aos articulados, até à realização da venda (art. 868.º, n.º 5).

Realizada a venda, se o seu produto for insuficiente para pagar as custas da execução, ou apenas bastar para o seu pagamento, será a execução considerada extinta por impossibilidade superveniente da lide [arts. 287.º, alínea e), e 919.º, n.º 1, alínea d)]; se o referido produto ultrapassar o montante das custas, será levantada a suspensão decretada a fim de se proceder à verificação e graduação dos créditos reclamados. Nesta situação, a verificação e graduação de créditos ocorrerá após a venda executiva.

62. VERIFICAÇÃO E GRADUAÇÃO DOS DIREITOS REAIS CADUCÁVEIS

Findos os articulados do concurso de credores, segue-se a tramitação necessária à verificação dos créditos reclamados, para ulteriormente se proceder à sua graduação, como resulta dos n.ºs 1 e 2 do art. 868.º.

Se nenhum dos créditos tiver sido impugnado ou, se tal tiver ocorrido, a sua verificação não depender de prova a produzir, proferir-se-á logo sentença reconhecendo-os ou não como existentes, para depois se graduarem os verificados juntamente com o crédito do exequente.

Refira-se, contudo, que só serão reconhecidos, por não impugnados, os créditos e as respectivas garantias reais se não ocorrerem quaisquer excepções ao efeito cominatório da revelia, vigentes em processo declarativo, enumeradas no art. 485.º com as devidas adaptações, ou se não se verificar nenhum dos fundamentos justificativos do indeferimento liminar, caso este pudesse ocorrer (ar. 868.º, n.º 4)[712].

[712] Cf. Salvador da Costa, "O Concurso...", cit., p. 258 e seg.

Se a verificação de algum dos créditos impugnados estiver dependente de produção de prova, seguir-se-ão os termos do processo sumário de declaração, com audiência preliminar, se necessária[713], despacho saneador, se as circunstâncias o impuserem, onde se seleccionará a matéria de facto considerada como assente e como controvertida (esta para ser incluída na base instrutória), audiência de julgamento e, finalmente, a sentença.

Não haverá, contudo, lugar à selecção da matéria de facto, quer na audiência preliminar, quando ocorra, quer, na falta desta, no despacho saneador, quando tenha de ser elaborado, se essa selecção se revestir, *maxime* na parte controvertida, de simplicidade (n.os 1 e 2 do art. 787.º, na redacção do DL n.º 375-A/99, de 20 de Setembro).

Mas se, no termo dos articulados, alguns dos créditos já puderem ser apreciados, ou por não terem sido impugnados ou por, apesar de o terem sido, a sua verificação não depender da produção de prova, o juiz declará-los-á reconhecidos ou não no despacho saneador, prosseguindo o processo até julgamento para verificação dos demais. Contudo, a graduação dos créditos reconhecidos no despacho saneador ficará para a sentença final (art. 868.º, n.º 1, 2.ª parte).

Se, no momento da prolação da sentença de graduação de créditos, algum dos créditos graduados não se encontrar vencido, deve o juiz determinar, em concessão do *interusurium*, que, na conta final para pagamento, se proceda ao desconto correspondente ao benefício da antecipação (art. 868.º, n.º 3).

A sentença de graduação de créditos, mesmo transitada, é susceptível de ser alterada, por ter sido admitida a reclamação de créditos do credor que obteve penhora sobre os mesmos bens em outra execução, que por isso ficou sustada (art. 868.º, n.º 6).

Tendo-se a penhora ampliado devido à existência de um direito real de gozo, por constituído ou registado posteriormente a qualquer garantia real[714], o referido direito real não fica sujeito a qualquer acto de verificação. Mas deve proceder-se a uma graduação em separado sobre o novo bem abrangido pela penhora, à qual apenas serão chamados os credores com garantia real anterior (por constituição ou registo)

---

[713] Esta só se realizará quando a complexidade da causa ou a necessidade de actuar o princípio do contraditório o determinem, ante o estatuído no art. 787.º, n.º 1, 1.ª parte.

[714] Cf. ponto n.º 59.

à limitação resultante do surgimento do novo direito real de gozo e o titular deste direito, este exercitando o direito de sequela, próprio dos direitos reais. Isto sem prejuízo daqueles credores também intervirem na graduação sobre o bem tal como foi inicialmente penhorado. A graduação será feita proporcionalmente sobre ambos os bens, ou seja, sobre aquele que foi objecto da primitiva penhora e sobre o novo bem resultante da sua ampliação[715].

A graduação faz-se em separado para os bens móveis e imóveis, de acordo com as regras do direito substantivo; ainda em relação a algum ou alguns desses bens individualmente considerados, se sobre eles incidirem garantias de tipo diferente.

O crédito exequendo exclusivamente baseado na penhora deve ser graduado em relação a todos os bens penhorados.

Face à residualidade do conceito de coisa móvel resultante do disposto no n.º 1 do art. 205.º do CC, os créditos penhorados são de considerar, para efeitos de reclamação e graduação, como coisas móveis[716].

Fora da graduação encontram-se as custas da execução que saem precípuas do produto dos bens penhorados, de harmonia com o que se estabelece no art. 455.º, por se configurarem como despesas de justiça realizadas para conservar ou liquidar os bens, no interesse comum dos credores (arts. 738.º, n.º 1, e 743.º do CC); nas custas da execução, incluem-se as dos apensos bem como os honorários e as despesas suportadas pelo agente de execução (art. 455.º, 1.ª parte). Também saem precípuas do produto dos bens penhorados as custas da acção em que foi proferida a decisão exequenda (art. 455.º, 2.ª parte)[717].

---

[715] Se o bem a que respeita a primeira penhora (v.g., nua propiedade) tiver um valor duplo do bem a que respeita a segunda (v.g., usufruto), as graduações em separado a eles respeitantes determinarão que pelo produto da venda do primeiro serão pagos 2/3 do crédito do credor com garantia real anterior e pelo produto da venda do segundo o restante 1/3.

[716] Cf. Acórdão do STJ de 22.04.99, BMJ, 486, p. 270.

[717] O DL n.º 47 690, de 11 de Maio de 1967, retirou a precipuidade às custas da acção declarativa, por os arts. 738.º, n.º 1, e 743.º do CC, com entrada em vigor no dia 1 do mês seguinte, ao disporem sobre os privilégios creditórios por despesas de justiça para a conservação, execução ou liquidação de bens móveis ou imóveis, limitarem estas às feitas "directamente no interesse comum dos credores", ou seja, no que concerne às custas, apenas às da execução, como expressamente constava do art. 455.º, na redacção anterior ao DL n.º 38/2003, de 8 de Março. E isto por só estas terem sido úteis a todos os credores, a quem é oposto o privilégio, como justificava Vaz Serra ("Privilégios", *in* BMJ, n.º 64, p. 228). É assim inexplicável a alteração do art. 455.º levada e efeito pelo

A regra da precipuidade das custas envolve, em caso de alienação de bens de espécies diversas, a oneração proporcional dos diferentes segmentos em que se dividiu o produto da venda, em virtude das várias graduações a que houve necessidade de proceder.

Na ordem de graduação assume especial importância a baseada na existência de privilégio creditório que concede a certos credores, desde o momento da constituição da obrigação, preferência no pagamento em relação a outros, independentemente do registo (art. 733.º do CC): se for geral, não vale contra terceiros, titulares de direitos que sejam oponíveis ao exequente (art. 749.º, n.º 1, do CC)[718], estabelecendo as leis de processo os limites ao objecto e à oponibilidade ao exequente e à massa insolvente, bem como os casos em que ele não é invocável ou se extingue na execução ou perante a declaração da insolvência (art. 749.º, n.º 2, do CC, aditado pelo DL n.º 38/2003, de 8 de Março)[719]; se for mobiliário especial, em caso de conflito com um direito de terceiro, prevalece o que mais cedo se houver adquirido (art. 750.º do CC); se for imobiliário especial é oponível a terceiros que adquiram o prédio ou um direito real sobre ele e prefere à consignação de rendimentos, à hipoteca e ao direito de retenção, ainda que estas garantias sejam anteriores (art. 751.º do CC)[720].

---

citado DL n.º 38/2003, e mantida, no que ora interessa, pelo DL n.º 34/2008, de 26 de Fevereiro, porquanto, sem qualquer cobertura no âmbito do direito civil, veio estender a regra da precipuidade a custas só da responsabilidade de algum ou alguns dos credores.

[718] Diz-nos Salvador da Costa ("O Concurso...", cit., p. 157) que "são oponíveis ao exequente os direitos que não possam ser afectados pelo acto de penhora, designadamente os direitos reais de gozo adquiridos por terceiro e os direitos reais de garantia constituídos pelo devedor antes daquele acto". E dois parágrafos adiante prossegue o mesmo autor: "A razão de ser deste regime deriva do facto de o privilégio mobiliário geral não constituir um poder específico sobre os bens e, consequentemente, só assumir relevo na altura do concernente acto de penhora e no quadro do concurso de credores e de créditos. Inexiste obstáculo legal à alienação pelo devedor das coisas móveis objecto de privilégio creditório mobiliário geral, sem prejuízo de o credor titular do direito de privilégio poder impugnar o acto, verificados que sejam os pressupostos do art. 610.º [do CC] relativos à impugnação pauliana".

[719] Em implementação do art. 749.º, n.º 2, do CC, prevêem-se no art. 865.º, n.º 4, do CPC três situações em que não é admitida a reclamação do credor com privilégio creditório geral, mobiliário ou imobiliário.

[720] Daí, como explicita Miguel Lucas Pires (ob. cit., pp. 188 e seg.), "sempre que num concurso de credores um deles goze de privilégio imobiliário especial será esse o primeiro a ser pago, sendo absolutamente irrelevante a data de constituição, não só dessa mesma garantia, como também de todas as demais então invocadas".

Do exposto resulta que, enquanto o privilégio geral é inoponível a terceiro que à data da penhora seja titular de qualquer direito real de gozo ou de garantia sobre o bem penhorado, o privilégio especial, mobiliário ou imobiliário, é eficaz mesmo que o bem sobre que incida se encontre no património de terceiro para onde tenha sido transmitido após o seu surgimento, ou seja, após a constituição do crédito que garanta[721] [722].

Por constituírem uma derrogação ao princípio da igualdade dos credores estabelecido no art. 604.º, n.º 1, do CC, são de considerar excepcionais as disposições legais que estabelecem os privilégios creditórios, que aliás só podem ser concedidos por lei.

Face à redacção conferida ao art. 751.º do CC pelo DL n.º 38/2003 (apenas com a inclusão do adjectivo "especial"), os privilégios imobiliários gerais reconhecidos fora do CC ficaram fora do seu âmbito, passando agora a sujeitar-se ao regime do art. 749.º, n.º 1, do mesmo diploma[723].

---

[721] Cf. Pires de Lima e Antunes Varela, ob. cit., vol. I, pp. 769 e seg.

[722] Procurando interpretar o n.º 2 do art. 735.º do CC, onde se diz que os privilégios gerais abrangem o valor de todos os bens existentes no património do devedor à data da penhora ou acto equivalente, em conexão com o regime legal dos privilégios especiais, diz-nos Miguel Lucas Pires (ob. cit., p. 437) que tanto aqueles privilégios como estes se constituem no mesmo momento (o do surgimento do crédito que garantem), mas "os segundos — por definirem, *ab initio*, os concretos bens que aquela garantia compreende e, por isso, poderem ser qualificados, desde essa data, como direitos reais de garantia — tornam-se imediatamente oponíveis a todos aqueles que venham constituir, daí para a frente, quaisquer direitos sobre os bens em causa (cfr. arts. 750.º e 751.º), enquanto que os privilégios gerais, por não serem verdadeiros direitos reais de garantia aquando do seu surgimento — por lhes faltar a característica da especialidade — apenas abrangem os bens existentes no património do devedor no momento em que se tornam operativos: o da efectivação da penhora ou acto equivalente, por só nessa data se individualizarem os concretos bens cujo produto da venda servirá para satisfação do credor privilegiado".

[723] Já anteriormente a esta alteração legislativa, autores como M.J. Almeida Costa ("Direito das Obrigações", cit., pp. 908 e seg.) e Miguel Lucas Pires (ob. cit., pp. 193 e seg.) defendiam a aplicação do regime previsto no art. 749.º do CC aos privilégios imobiliários gerais.

Posteriormente à alteração legislativa, lê-se em Salvador da Costa ("O Concurso...", cit., p. 269): "... aos privilégios imobiliários gerais é aplicável, pelo facto de serem gerais, o regime do artigo 749.º do Código Civil, pelo que os direitos de crédito por eles garantidos cedem na ordem de graduação perante os direitos de crédito garantidos por hipoteca, direito de retenção ou consignação de rendimentos. Nesta perspectiva, no caso de alienação ou de oneração, pelo devedor, dos bens sobre que incidam privilégios imobiliários gerais, estes cedem perante o direito de propriedade do terceiro adquirente ou de garantia constituída a favor de outrem, certo que são oponíveis ao exequente".

Havendo créditos igualmente privilegiados, proceder-se-á a rateio entre eles, na proporção dos respectivos montantes (art. 745.º, n.º 2, do CC).

Tendo em conta que os créditos privilegiados são pagos segundo a ordem que for estabelecida por lei (art. 745.º, n.º 1, do CC), atentemos na que vem fixada no Código Civil para os privilégios mobiliários e para os privilégios imobiliários, ressalvados os privilégios por despesas de justiça, quer sejam mobiliários, quer imobiliários, por terem preferência não só sobre os demais privilégios, como sobre as outras garantias, mesmo anteriores (art. 746.º).

Para os privilégios mobiliários regula o art. 747.º que estabelece a seguinte ordem: os créditos por impostos, pagando-se em primeiro lugar o Estado e só depois as autarquias (cf. arts. 736.º, n.º 1,[724] e 738.º, n.º 2); os créditos por fornecimentos destinados à produção agrícola [cf. art. 739.º, alínea a)]; os créditos da vítima de um facto que dê lugar a responsabilidade civil (cf. art. 741.º); os créditos do autor de obra intelectual (cf. art. 742.º); e os créditos com privilégio mobiliário geral, pela ordem por que são enumerados no art. 737.º.

Refira-se que os créditos respeitantes ao imposto do selo nas transmissões gratuitas e ao imposto único de circulação gozam de privilégio mobiliário especial sobre os bens móveis transmitidos (art. 738.º, n.º 2, do CC e 47.º do CIS) e sobre o respectivo veículo (art. 22.º, n.º 3, do Anexo II à Lei n.º 22-A/2007, de 29 de Junho), respectivamente, e que os créditos do Estado e das autarquais locais gozam de privilégio mobiliário geral para garantia dos créditos por impostos indirectos[725], e também pelos impostos directos inscritos para cobrança no ano corrente na data da penhora, ou acto equivalente, e nos dois anos anteriores (art. 736.º, n.º 1, do CC)[726].

---

[724] O privilégio mobiliário geral não compreende o IMT, o imposto do selo relativo a transmissões gratuitas e o IMI, por estes gozarem de privilégio especial (arts. 736.º, n.º 2, 738.º, n.º 2, e 744.º do CC, 19.º, n.º 1, e 69.º da Lei n.º 26/2003, de 30 de Julho, 39.º do CIMT, 47.º, n.º 2, do CIS e 122.º, n.º 1, do CIMI). Ainda para garantia do IMI, a alínea a) do art. 705.º do CC confere às autarquias locais uma hipoteca sobre os bens respectivos, que deve ser registada para produzir efeitos (art. 687.º do CC), competindo ao chefe de finanças da área da situação do prédio promover esse registo (art. 19.º, n.º 2, da Lei n.º 26/2003 e 122.º, n.º 2, do CIMI).

[725] O TC, através do seu Acórdão n.º 153/2002, de 17 de Abril (DR, II Série, de 31.05.2002), não julgou inconstitucional a norma da primeira parte do n.º 1 do art. 736.º do CC, que outorga ao Estado um privilégio mobiliário geral, para garantia de créditos fiscais provenientes de IVA e respectivos juros compensatórios.

[726] Servindo-nos dos ensinamentos de Teixeira Ribeiro ("Lições de Finanças Públicas", 5ª edição, pp. 309 e segs.), com base num critério financeiro, *impostos directos*

Para os privilégios imobiliários, sempre especiais os estabelecidos no CC (art. 735.º, n.º 3), dispõe o art. 748.º que fixa a seguinte ordem: os créditos do Estado pelo imposto do selo referente a transmissões gratuitas de bens (arts. 744.º, n.º 2, do CC e 28.º, n.º 2, do DL n.º 287//2003, de 12 de Novembro)[727]; os créditos das autarquias locais, pelo imposto municipal sobre imóveis e pelo imposto municipal sobre as transmissões onerosas de imóveis (arts. 744.º do CC e 28.º do DL n.º 287/2003).

Para além destes privilégios contidos no Código Civil[728], muitos outros se encontram estabelecidos em legislação diversa[729].

---

são os que incidem sobre o património possuído ou sobre o rendimento obtido por cada contribuinte e *impostos indirectos* os que incidem sobre o património ou o rendimento utilizado. No que concerne ao património, são assim de considerar como directos o imposto do selo relativo a transmissões gratuitas e o IMI e como indirecto o IMT; no que respeita ao rendimento, são de reputar como directos os impostos sobre o rendimento das pessoas singulares (IRS) e sobre o rendimento das pessoas colectivas (IRC) e como indirectos os impostos especiais de consumo, regulados no respectivo Código, aprovado pelo DL n.º 566/99, de 22 de Dezembro (imposto sobre o álcool e as bebidas alcoólicas, imposto sobre os produtos petrolíferos e imposto sobre o tabaco), o imposto sobre veículos, o imposto do selo não liquidado nas transmissões gratuitas e o imposto sobre o valor acrescentado (IVA).

Também os impostos referidos são de considerar, em princípio, directos ou indirectos se se adoptar, na sua distinção, um critério jurídico ou jurídico-administrativo, atendendo-se ao respectivo método de cobrança: *impostos directos* são os impostos periódicos em que a obrigação fiscal se renova automaticamente (em geral, todos os anos); *impostos indirectos* são os impostos instantâneos ou de obrigação única, incidindo sobre actos ou factos isolados, sem qualquer carácter de continuidade (cf.: Cardoso da Costa, "Curso de Direito Fiscal", 2.ª edição, pp. 35 e segs.; e Acórdão do STA, 2.ª Secção, de 16.01.74, AD, ano XIII, p. 1076). O imposto do selo relativo a transmissões gratuitas, segundo esta óptica, é de classificar como imposto indirecto, por ser de obrigação única.

No que concerne ao imposto único de circulação, é de considerar, em conformidade com ambos os critérios, um imposto directo, porquanto não só incide sobre o património possuído como também se renova periodicamente.

Na Lei Geral Tributária, aprovada pela Lei n.º 398/98, de 17 de Dezembro, distingue-se, designadamente para efeitos de contagem dos prazos de caducidade do direito à liquidação e de prescrição da prestação tributária (arts. 45.º, n.º 4, e 48.º, n.º 1, respectivamente) entre *impostos periódicos* e *impostos de obrigação única.*

[727] Hoje a contribuição predial, denominada imposto municipal sobre imóveis, e a sisa, denominada imposto municipal sobre as transmissões onerosas de imóveis, também incluídas na alínea a) do art. 748.º do CC como impostos devidos ao Estado, são impostos municipais [cf. art. 10.º, alínea a), da Lei n.º 2/2007, de 15 de Janeiro – a Lei das Finanças Locais].

[728] O art. 8.º do DL n.º 47 344, de 25 de Novembro de 1966, que aprovou o CC, deixou de reconhecer para o futuro os privilégios e hipotecas legais que ele não conce-

A título de exemplo, destacamos os seguintes:

— os créditos da Fazenda Nacional para pagamento do IRS e do IRC, relativo aos três últimos anos, gozam de privilégio mobiliário geral e de privilégio imobiliário sobre os bens existentes no património do sujeito passivo à data da penhora ou outro acto equivalente (arts. 111.º do CIRS e 108.º do CIRC)[730] [731].

— os créditos da Segurança Social por dívidas de contribuições e respectivos juros de mora gozam de privilégio mobiliário geral, a graduar após os créditos previstos na alínea a) do n.º 1 do art. 747.º do CC (art. 10.º, n.º 1, do DL n.º 103/80, de 9 de Maio)[732] [733] e de privi-

---

desse, exceptuados os privilégios e hipotecas legais concedidos ao Estado ou a outras pessoas colectivas públicas, desde que não se destinassem à garantia de débitos fiscais.

[729] Para uma análise destes privilégios, ver Lebre de Freitas, "A Acção Executiva", cit., p. 319, nota 44.

[730] Registe-se que o período de três anos susceptível de conferir este privilégio creditório se reporta à data do nascimento do facto tributário e não à data da inscrição para cobrança do imposto, no seguimento da sua liquidação, como se verifica nas situações previstas nos arts. 736.º, n.º 1, e 744.º, n.º 1, ambos do CC. Cf. Acórdão do STJ de 31.10.2000 (CJ — Acórdãos do STJ, ano VIII, tomo III, p. 102).

No que concerne ao IMI, o art. 122.º, n.º 1, do CIMI estabelece que ele "goza das garantias especiais previstas no Código Civil para a contribuição predial".

[731] Pelo Acórdão n.º 362/2002, de 17 de Setembro, do TC (DR, I Série, de 16.10.2002), foi declarada a inconstitucionalidade, com força obrigatória geral, por violação do art. 2.º da CRP, da norma constante do art. 111.º do CIRS, na interpretação segundo a qual o privilégio imobiliário geral nela conferido à Fazenda Pública prefere à hipoteca, nos termos do art. 751.º do CC. Com a nova redacção conferida ao art. 751.º do CC pelo DL n.º 38/2003, de 8 de Março, ficou prejudicada aquela declaração de inconstitucionalidade, dado o art. 751.º passar a valer somente para os privilégios imobiliários especiais, ficando o privilégio imobiliário contemplado no art. 111.º do CIRS sujeito ao regime constante do art. 749.º, n.º 1, do CC.

[732] Este privilégio prevalece sobre qualquer penhor, ainda que de constituição anterior (n.º 2 do mesmo art. 10.º).

Esta prevalência, aliada à da Fazenda Nacional sobre a Segurança Social, determina a preferência da Fazenda Nacional sobre o crédito pignoratício, no que concerne aos créditos de impostos que gozem de privilégio geral, quer a Segurança Social entre ou não no respectivo concurso, em desvio do regime geral constante dos arts. 666.º, n.º 1, e 749.º, n.º 1, do CC. Cf. Acórdãos do STJ de 26.09.95 (BMJ, 449, p. 339) e de 29.04.99 (CJ — Acórdãos do STJ, ano VII, tomo II, p. 76) e da RC de 16.05.2000 (CJ, ano XXV, tomo III, p. 9).

[733] Segundo o Acórdão do TC n.º 688/98, de 15 de Dezembro (DR, II Série, de 5.03.99), não é de considerar inconstitucional o privilégio consagrado no art. 10.º do DL n.º 103/80, por a Constituição instituir, de entre os direitos sociais, o direito à segurança social (n.º 1 do art. 63.º), incumbindo o Estado de organizar, coordenar e subsidiar um

légio imobiliário geral sobre os bens imóveis pertencentes à entidade patronal à data da instauração da acção executiva (art. 11.º do citado diploma)[734] [735] [736] [737];

— os créditos do trabalhador emergentes de contrato de trabalho, ou da sua violação ou cessação, gozam de privilégio mobiliário geral, a graduar antes dos créditos referidos no n.º 1 do art. 747.º do CC [art. 333.º, n.os 1, alínea a), e 2, alínea a), do CT] e de privilégio imobiliário especial sobre o bem imóvel do empregador onde o trabalhador presta a sua actividade, a graduar antes dos créditos referidos no art. 748.º do CC e dos créditos de contribuições devidas à segurança social [art. 333.º, n.os 1, alínea b), e 2, alínea b), do CT].

— os créditos pelas despesas de remoção e depósito de veículo penhorado gozam de privilégio mobiliário especial, na respectiva execução, sobre o veículo (art. 168.º, n.º 3, do Cód. da Estrada);

---

sistema de segurança social unificado (n.º 2 do mesmo artigo); ora, tendo em conta que os recursos do Estado não são ilimitados, não se afigura como irrazoável ou injustificado que os créditos respeitantes à não satisfação das dívidas da responsabilidade das entidades que contribuem para a segurança social, designadamente as patronais, sejam "dotados de uma mais vincada garantia de cumprimento das obrigações subjacentes". No mesmo sentido, se pronunciou o mesmo Tribunal, através do seu Acórdão n.º 64/2009, de 10 de Fevereiro (DR, II Série, de 23.03.2009).

[734] Não tem assim aplicação aos juros de mora dos créditos da Segurança Social a limitação temporal de dois anos estabelecida no art. 734.º do CC quanto aos juros abrangidos pelo privilégio creditório. Cf. Acórdão da RP de 4.04.2005, CJ, ano XXX, tomo II, p. 232.

[735] É de considerar revogada a parte final do art. 11.º do DL n.º 103/80, onde se diz que os créditos nele incluídos devem ser graduados logo após os créditos referidos no art. 748.º do CC, dado da nova redacção conferida ao n.º 3 do art. 735.º do mesmo Código pelo DL n.º 38/2003, de 8 de Março, resultar que o citado art. 748.º se refere apenas aos privilégios imobiliários especiais.

[736] Também o pagamento das contribuições é garantido por hipoteca legal sobre os imóveis existentes no património das entidades patronais (art. 12.º do referido DL n.º 103/80).

[737] O TC pelo seu Acórdão n.º 363/2002, de 17 de Setembro (DR, I Série, de 16.10.2002), declarou a inconstitucionalidade, com força obrigatória geral, por violação do princípio da protecção da confiança, ínsito no princípio do Estado de direito democrático, consagrado no art. 2.º da CRP, das normas constantes dos arts. 2.º do DL n.º 512/76, de 3 de Julho, e 11.º do DL n.º 103/80, de 9 de Maio, interpretadas no sentido de que o privilégio imobiliário geral nelas conferido prefere à hipoteca, nos termos do art. 751.º do CC. Tornou-se irrelevante para o futuro esta declaração de inconstitucionalidade, por o art. 751.º do CC, na redacção conferida pelo DL n.º 38/2003, passar a incluir no seu âmbito apenas o privilégio imobiliário especial.

— os créditos sobre o navio são graduados pela ordem por que são enunciados no art. 578.º do CCom (ora na redacção do DL n.º 8/2009, de 7 de Janeiro)[738], que se mantém em vigor, por os privilégios extintos pelo art. 8.º do DL n.º 47 344, de 25.11.66, serem apenas os de natureza civil, não os de natureza comercial[739];

— Os créditos do transportador resultantes do contrato de transporte rodoviário nacional gozam de privilégio sobre as mercadorias transportadas, privilégio esse que cessa com a entrega das mercadorias ao destinatário (art. 15.º do DL n.º 239/2003, de 4 de Outubro);

— os créditos por prestações ou indemnizações devidas pelos titulares dos direitos reais de habitação periódica e respectivos juros moratórios gozam de privilégio imobiliário sobre estes direitos, a graduar após os créditos mencionados nos arts. 746.º e 748.º do CC e os previstos em legislação especial (art. 23.º, n.º 1, do DL n.º 275/93, de 5 de Agosto, na redacção do DL n.º 180/99, de 22 de Maio).

Não só os privilégios creditórios relevam para a graduação dos créditos.

Assim, no que concerne aos móveis penhorados são de referir as preferências resultantes da consignação de rendimentos de bens móveis sujeitos a registo (art. 656.º, n.º 1, do CC), do penhor (art. 666.º do CC), da hipoteca de coisas móveis sujeitas a registo (art. 686.º, n.º 1, do CC), do direito de retenção sobre coisas móveis (art. 758.º do CC), da penhora e arresto (art. 822.º do CC), a graduar, em princípio, segundo a ordem da sua antiguidade[740].

No respeitante aos imóveis penhorados, mencionam-se as preferências provenientes da consignação de rendimentos de bens imóveis (art. 656.º, n.º 1, do CC), da hipoteca (art. 686.º, n.º 1, do CC), do direito de retenção sobre imóveis (art. 759.º do CC), da penhora e arresto (art. 822.º do CC), também a graduar, em princípio, de acordo com a ordem

[738] Segundo o Acórdão n.º 470/2001, de 24 de Outubro, do TC (DR, II Série, de 17.07.2002), "não se afigura como solução arbitrária e carecida de suporte material bastante a que resulta da aplicação do artigo 578.º do Código Comercial, traduzindo-se na preferência no pagamento das taxas de estacionamento e acostagem, face aos créditos laborais, e que são contrapartida dos serviços e despesas originados com a permanência do navio no porto, inerentes à sua normal utilização".

[739] Cf.: Fernando Olavo, CJ, ano IX, tomo V, pp. 15-17; e Acórdão do STJ de 25.01.2000, CJ — Acórdãos do STJ, ano VIII, tomo I, p. 49.

[740] Como vimos atrás, o privilégio geral não prevalece sobre o direito de terceiro constituído anteriormente ao acto da penhora; daí só levar vantagem ao crédito do exequente garantido pela penhora.

de antiguidade (a do registo), mas com o direito de retenção a preferir às demais garantias (art. 759.º do CC), logo a seguir aos privilégios por despesas de justiça (art. 746.º do CC) e imobiliários especiais (art. 751.º do CC)[741].

No que concerne aos juros abrangidos pela garantia, o penhor abrange-os sem limitação de tempo (art. 666.º, n.º 1, do CC), enquanto a hipoteca apenas alcança os relativos a três anos (art. 693.º, n.º 2, do CC) e o privilégio creditório os dos últimos dois anos (art. 734.º)[742].

---

[741] Através do seu Acórdão n.º 356/2004, de 19 de Maio (DR, II Série, de 28.06.2004), o TC não julgou inconstitucional a norma do art. 755.º, n.º 1, alínea f), do CC, articulada com o disposto no art. 759.º, n.º 2, do mesmo diploma, onde se atribui preferência ao direito de retenção sobre a hipoteca registada anteriormente, justificando a prevalência do legislador pelo direito dos consumidores à protecção dos seus específicos interesses económicos (associado, em muitos casos, à aquisição de habitação própria) e à reparação dos danos.

[742] Diversamente do que se passa com a hipoteca, que assegura os acessórios do crédito que constem do registo (art. 693.º, n.º 1, do CC), não abrange o privilégio creditório esses acessórios, tais como os juros moratórios ou a cláusula penal, "porque se trata, segundo Vaz Serra ("Privilégios", cit., p. 83, nota 62) de prestações derivadas de circunstâncias alheias à causa do crédito determinadora do privilégio... O privilégio não compreende também as multas ou outras penalidades legais pela inobservância de algumas obrigações de direito público, visto que tais penalidades são devidas a causa diversa da do crédito principal e os privilégios têm carácter excepcional".

Igualmente no sentido de apenas os juros remuneratórios serem abrangidos pelo privilégio, e não também os juros moratórios, pronunciam-se Pires de Lima e Antunes Varela, ob. cit., vol. I, pp. 755 e seg., e Miguel Lucas Pires, ob. cit., p. 69. Mas já Salvador da Costa, "O Concurso..., cit., p. 136, opina no sentido de os juros abrangidos pelo privilégio creditório serem não só os remuneratórios como ainda os moratórios.

Constituem excepção ao regime referido os juros de mora por dívidas ao Estado e a outras pessoas colectivas públicas provenientes, designadamente, de contribuições, impostos, taxas, outros rendimentos pagos depois do prazo de pagamento voluntário e custas contadas em processos de qualquer natureza, que, nos termos do art. 8.º do DL n.º 73/99, de 16 de Março, "gozam dos mesmos privilégios que por lei sejam atribuídos às dívidas sobre que recaírem". Donde não se encontrarem sujeitos ao limite temporal a que alude o art. 734.º do CC, como sustenta Miguel Lucas Pires (ob. cit., p. 70), mas antes ao prazo pelo qual goza de privilégio a própria dívida a que os juros de mora se reportam, como se entendeu no Acórdão da RP de 12.02.2004 (CJ, ano XXIX, tomo I, p. 184). Isto sem prejuízo do prazo máximo da sua contagem que não pode ultrapassar cinco anos, face ao disposto nos arts. 4.º do DL n.º 73/99 citado e 44.º, n.º 2, da Lei Geral Tributária, aprovada pelo DL n.º 398/98, de 17 de Dezembro. Decidiu-se, todavia, por maioria, no Acórdão do STJ de 22.11.2005 (CJ — Acórdãos do STJ, ano XIII, tomo III, p. 134) no sentido de ao crédito por juros de mora respeitantes ao capital das contribuições em dívida à Segurança Social se aplica a limitação temporal fixada no art. 734.º do CC.

As custas do concurso de credores são da responsabilidade do executado. Todavia, se for julgada, total ou parcialmente, improcedente alguma reclamação de crédito, as custas, nessa parte, são da responsabilidade do credor vencido, na proporção em que o for (art. 446.º, n.os 1 e 2).

Tenha-se ainda em conta que, nas execuções emergentes de processos do foro laboral, o crédito exequendo que represente o pagamento do trabalho prestado por conta de outrem tem preferência, mesmo no âmbito do concurso de credores, sobre os créditos de contribuições de instituições de segurança e previdência social (art. 6.º, n.º 4, da Portaria n.º 419-A/2009, de 17 de Abril)[743].

63. SUSPENSÃO DA EXECUÇÃO NOS CASOS DE INSOLVÊNCIA

A fim de evitar que todo o património do executado seja apenas distribuído pelos credores que intervêm na execução, em infracção ao princípio da *par conditio creditorium*, permite-se a qualquer credor, mesmo que não convocado para a execução, que obtenha a suspensão da execução, mostrando que foi requerida a recuperação de empresa ou a insolvência do executado (art. 870.º)[744] [745].

E fará esta demonstração quer por certidão judicial, quer através do anúncio publicado na II Série (Parte Especial) do Diário da República[746], ou ainda por meio do registo da declaração de insolvência efectuado oficiosamente pela secretaria no registo informático de execuções estabelecido pelo CPC [art. 38.º, n.º 5, alínea a), do CIRE]. Também o juiz pode, oficiosamente ou a requerimento de algum interessado,

---

[743] Cf. Salvador da Costa, "Regulamento das Custas Processuais", 2ª edição, pp. 458 e seg.

[744] Sustenta Teixeira de Sousa, mas sem razão, face ao teor literal do art. 870.º e seus antecedentes históricos, que o tribunal pode suspender oficiosamente a acção executiva, e não somente a pedido de qualquer credor ("Acção Executiva...", cit., p. 114).

[745] Nos termos do Acórdão do TC n.º 345/2006, de 23 de Maio (DR, II Série, de 30.06.2006), não são de julgar inconstitucionais as normas dos arts. 180.º, n.º 1, e 85.º, n.º 3, do CPPT, na interpretação segundo a qual afastam a aplicação do art. 870.º do CPC às execuções fiscais.

[746] Face ao disposto no art. 11.º do DL n.º 116 C/2006, de 16 de Junho, e por ter sido extinta a 3.ª série do DR, o anúncio é agora publicado na 2.ª série do referido Diário.

determinar as formas de publicidade adicional que julgue indicadas (art. 38.º, n.º 6, do CIRE).

Refira-se que nos termos dos arts. 85.º, n.º 2, e 88.º, n.º 1, do CIRE, a declaração de insolvência determina a suspensão de quaisquer diligências executivas ou providências requeridas pelos credores da insolvência que atinjam os bens integrantes da massa insolvente e obsta à instauração ou ao prosseguimento de qualquer acção executiva contra o insolvente, devendo o juiz requisitar ao tribunal ou entidade competente, para efeitos de apensação aos autos de insolvência, todos os processos em que se tenha efectuado qualquer acto de apreensão ou detenção de bens compreendidos na massa insolvente[747].

Configurando-se o processo de insolvência como *execução colectiva universal* por se efectivar em benefício de todos os credores pela liquidação de todos os bens do devedor, como atrás vimos[748], apraz destacar algumas das regras que o confirmam, extraídas do CIRE, ao qual pertencem os artigos a seguir indicados:

— todos os credores do insolvente, quer "garantidos" e "privilegiados", quer "subordinados", quer "comuns", podem reclamar os seus créditos dentro do prazo fixado na sentença declaratória de insolvência (arts. 47.º, n.ºs 1 e 4, e 128.º, n.º 1);

— com a declaração de insolvência extinguem-se os privilégios creditórios e as garantias reais constantes do art. 97.º, n.º 1;

— na graduação de créditos, não é atendida a preferência resultante de hipoteca judicial, nem a proveniente da penhora (art. 140.º, n.º 3)[749];

— a graduação é geral para os bens da massa insolvente e é especial para os bens a que respeitem direitos reais de garantia e privilégios creditórios (art. 140.º, n.º 2, do CIRE).

Nos termos do n.º 2 do art. 749.º do CC, na redacção do DL n.º 38/2003, de 8 de Março, compete às leis de processo estabelecer os limites ao objecto e à oponibilidade do privilégio geral à massa insolvente, bem como os casos em que ele não é invocável ou se extingue perante a declaração de insolvência.

---

[747] Por a lei apenas obstar ao prosseguimento da execução já intentada, a declaração de insolvência não impõe a extinção duma execução requerida contra o insolvente por impossibilidade superveniente da lide. Cf. Acórdão da RC de 22.09.2009, CJ, ano XXXIV, tomo IV, p. 26.

[748] Cf. ponto n.º 58.

[749] Quanto à penhora, é a concretização da excepção prevista na parte incial do n.º 1 do art. 822.º do CC:

64. PLURALIDADE DE EXECUÇÕES SOBRE OS MESMOS BENS

Tendo em conta que em processos diferentes se não deve permitir a adjudicação ou venda dos mesmos bens, por a liquidação dever ser única e fazer-se no processo em que os bens forem penhorados em primeiro lugar[750], diz-se no n.º 1 do art. 871.º que se sustará a execução em que a penhora tiver sido posterior, aferindo-se a antiguidade da penhora pelo registo, se a penhora a ele estiver sujeita[751]. Daí não poder o exequente da segunda execução obter nela o pagamento do seu crédito através desses bens, tendo de ir reclamá-lo à execução com penhora anterior. Mas a segunda execução pode prosseguir sobre outros bens penhorados que não tenham sido objecto de penhora anterior.

A sustação da execução com penhora posterior ocorrerá, segundo os n.os 2 e 3 do citado art. 871.º:

a) mediante informação do agente de execução ao processo à ordem do qual se realizou a penhora anterior enviada nos 10 dias imediatos à realização da segunda penhora ou ao conhecimento da primeira; ou
b) a requerimento do exequente, do executado ou de credor citado para reclamar o seu crédito, a todo o tempo.

O n.º 1 do art. 871.º é igualmente aplicável quando a penhora sobre os mesmos bens ocorre numa execução judicial e numa execução fiscal, sendo esta a mais antiga[752]. Numa situação destas, pode o credor reclamar

---

[750] Cf. Alberto dos Reis, ob. cit., vol. II, p. 287.

[751] Não vigora, assim, no nosso direito, o princípio do direito francês "não é válida a penhora sobre penhora" (*saisie sur saisie ne vaut*), onde apenas se permite aos credores associarem-se às operações da penhora já efectuada por meio de um processo de oposição, nos termos dos arts. 50.º da Lei de 9 de Julho de 1991 e 118.º do Decreto de 31 de Julho de 1992. Cf.: Emmanuel Blanc, ob. cit., p. 31; Gérard Couchez, ob. cit., pp. 86 e seg.; e Roger Perrot e outro, ob. cit., pp. 164 e seg.

[752] Sendo a penhora mais antiga a da execução judicial, não se susta a execução fiscal, por no art. 218.º, n.º 3, do CPPT se dispor: "Podem ser penhorados pelo órgão da execução fiscal os bens apreendidos por qualquer tribunal, não sendo a execução, por esse motivo, sustada nem apensada.". Esta disposição não autoriza, diversamente do sustentado por Miguel Lucas Pires (ob. cit., pp. 213 e segs.) a defender que, uma vez penhorados bens numa execução fiscal, *todas* as execuções pendentes nos tribunais judiciais, onde se tenham penhorados os mesmos bens, se sustam, a fim de os credores reclamarem os seus créditos no processo do foro tributário. Tal situação só ocorrerá, como se diz no texto,

o seu crédito na execução fiscal, nos mesmos termos em que o poderia fazer numa execução judicial, como resulta do estabelecido nos arts. 2.º, alínea e), e 246.º do CPPT, onde se refere que o CPC é não só de aplicação supletiva ao procedimento e processo judicial tributário como as suas disposições se observarão na tramitação das reclamações de créditos[753] [754].

Encontrando-se a execução fiscal suspensa, na sequência da autorização para pagamento da dívida em prestações, deve a mesma prosseguir se o credor reclamante o solicitar em vista à satisfação do seu crédito, ante o estatuído no art. 885.º[755].

Também o disposto no art. 871.º se aplica às penhoras ordenadas pelos tribunais de trabalho em confronto com as efectuadas pelos demais tribunais judiciais ou tribunais de ordem diferente (art. 98.º-A do CPT).

É esdrúxulo sustentar-se, como o fez o Acórdão do STJ de 10.12.96[756], que a situação que analisamos se caracteriza como litispendência, por este conceito ter em linguagem processual um significado rigoroso, identificável com o preenchimento dos três requisitos a que alude o

---

quando a penhora mais antiga for a do foro tributário, mas não quando for a do foro judicial; neste último caso, as execuções (judicial e tributária) correm simultaneamente, sem nenhuma se sustar.

[753] Cf. Acórdãos do STJ de 20.10.98 e 20.01.99, BMJ, 480, p. 374, e 483, p. 173, respectivamente.

[754] A interpretação do n.º 1 do art. 871.º, no sentido de dever ser sustada a execução judicial em que se penhorem bens já anteriormente penhorados numa execução fiscal, não é inconstitucional, não só por não haver nenhuma diminuição da garantia do credor à satisfação do seu crédito, garantia que é de considerar abrangida pelo direito de propriedade previsto no n.º 1 do art. 62.º da CRP, mas também por essa satisfação não se tornar desproporcionadamente mais difícil ou onerosa, em desrespeito do n.º 2 do art. 18.º da lei fundamental, como se decidiu nos Acórdãos do TC n.os 51/99, de 19 de Janeiro, 281/99, de 5 de Maio, e 283/99, de 5 de Maio, publicados no DR, II Série, de 5.04.99, 1.03.2000 e 14.07.99, respectivamente. E hoje a não inconstitucionalidade vê-se reforçada com a circunstância de a convocação de credores ocorrer, na execução fiscal, tal como na execução judicial, a seguir à penhora (arts. 239.º e segs. do CPPT), e não, como anteriormente, depois da venda dos bens penhorados (arts. 329.º e segs. do Cód. de Processo Tributário de 1991). Hoje, na execução fiscal, a venda realiza-se após o termo do prazo da reclamação de créditos (art. 244.º, n.º 1, do CPPT).

Segundo o Acórdão da RC de 18.03.2003 (CJ, ano XXVIII, tomo II, p. 15), não obsta à reclamação do crédito na execução fiscal com penhora mais antiga o facto desta se encontrar suspensa, em virtude de ter sido concedido ao executado a faculdade de proceder ao pagamento da quantia exequenda em prestações.

[755] Cf., em sentido contrário, Salvador da Costa, "O Concurso...", cit., p. 307.

[756] Publicado no BMJ, 462, p. 365.

n.º 1 do art. 498.º, aos quais é estranho a penhora nos mesmos bens em processos diferentes; e sempre a identidade dos sujeitos da relação processual, dos pedidos e respectivas causas de pedir nas duas execuções.

O exequente da segunda execução reclamará o seu crédito na primeira, no prazo normal de 15 dias, se tiver sido citado pessoalmente, nos termos da alínea b) do n.º 3 do art. 864.º, face à preferência resultante da penhora; se esta citação não tiver ocorrido, designadamente por a segunda penhora, quando sujeita a registo, ainda não constar do registo predial no momento da passagem da certidão dos ónus destinada à primeira execução, apresentará a sua reclamação espontaneamente até à transmissão dos bens penhorados, de harmonia com o que se dispõe no art. 865.º, n.os 3 e 5.

Tenha-se presente que o credor com garantia real sobre o bem penhorado, que não reclamou o seu crédito na execução onde a penhora ocorreu em primeiro lugar, apesar de citado para o efeito, não pode, com base em nova execução onde obteve penhora posterior que conduziu à sustação da execução, reclamar o seu crédito, na primeira execução, invocando a garantia já caducada, sem prejuízo de poder beneficiar da penhora efectuada[757].

Sendo reconhecido o crédito reclamado, será refeita a graduação anteriormente efectuada (art. 868.º, n.º 6).

Pode também o exequente, na execução sustada, desistir da penhora quanto aos bens apreendidos no outro processo e indicar outros em sua substituição [art. 834.º, n.º 3, alínea e)].

Não prosseguindo a execução noutros bens, as custas da execução sustada saem precípuas do produto dos bens penhorados na execução anterior (art. 455.º).

No caso de a execução não ter sido suspensa totalmente, por ter prosseguido noutros bens, pelo produto destes hão-de ser pagas as custas da segunda execução, em conformidade com o disposto na 1.ª parte do art. 455.º [758].

Registe-se ainda que, em certas circunstâncias, pode ser levantada a penhora no processo onde foi deduzida a reclamação, como, por exemplo, em virtude da anulação ou revogação da sentença que se executa ou da procedência da oposição à execução ou à penhora. Em situações destas, ficará sem efeito a reclamação deduzida e terá de prosseguir a execução sustada, uma vez que se mantém a penhora nela feita.

---

757 Cf. Acórdão do STJ de 3.10.95, CJ — Acórdãos do STJ, ano III, tomo III, p. 41.

758 Cf. Lopes Cardoso, ob. cit. p. 528.

Tenha-se também em conta, face ao disposto nos n.os 4 e 5 do art. 832.º, que, depois de efectuada a penhora em determinada execução para pagamento de quantia certa, não prosseguirá uma nova execução contra o mesmo executado, se o exequente desta for titular de um direito real de garantia sobre o bem penhorado naquela execução, que não seja um privilégio creditório geral, desde que nesse processo ainda não tenha sido proferida a sentença de graduação. Preenchido este condicionalismo, o novo requerimento executivo será remetido para o processo com penhora realizada, assumindo o exequente a posição de reclamante, se o processo já se encontrar na fase do concurso de credores, e a de coligado activo, se o processo ainda não tiver atingido essa fase. Se a graduação de créditos já tiver ocorrido ou se a garantia sobre o bem penhorado na anterior execução for o privilégio creditório geral, resta ao credor a possibilidade de reclamar directamente naquela execução, caso ainda não tenha ocorrido a transmissão do bem penhorado, nos termos do n.º 3 do art. 865.º.

5.ª SECÇÃO

PAGAMENTO

65. MODALIDADES DE PAGAMENTO

Finalmente, a última fase do processo executivo: a fase do pagamento.

Penhoraram-se os bens, convocaram-se os titulares de direitos reais caducáveis, verificaram-se os créditos reclamados, graduaram-se os direitos de terceiros que se irão transferir para o produto da venda dos respectivos bens, chegou então a altura de dar satisfação coerciva ao direito do exequente e aos direitos de garantia dos credores reclamantes, mas a satisfação do direito destes só através dos bens sobre que tiverem garantia e conforme a graduação dos seus créditos (art. 873.º, n.º 2)[759].

Para além da exclusão do n.º 4 do art. 865.º, e a fim de assegurar o pagamento de 50% do crédito do exequente, até que ele receba o valor correspondente a 250 UC, a quantia a receber pelo credor com privilégio creditório geral, mobiliário ou imobiliário, é reduzida até 50% do remanescente do produto da venda, deduzidas as custas da execução e as quantias a pagar aos credores que devam ser graduados antes do exequente (art. 873.º, n.º 3)[760]. Não se aplica, todavia, este regime aos privilégios creditórios dos trabalhadores (art. 873.º, n.º 4).

---

[759] E não também, como por equívoco refere Miguel Lucas Pires (ob. cit., p. 180), em concorrência *pro rata* com os credores comuns no respeitante "ao remanescente dos respectivos créditos que não tenha sido satisfeito através do produto da venda dos bens sobre que incidia a garantia".

[760] Em explicitação do ambíguo n.º 3 do art. 873.º e pouco contribuindo para a sua compreensão, lê-se em Lebre de Freitas e Ribeiro Mendes (ob. cit., p. 532):

"Quando concorram ao produto da venda apenas o exequente e o credor privilegiado, o pagamento a este é reduzido na medida necessária ao pagamento de 50% do crédito do exequente, mas com a garantia mínima de 50% do remanescente do produto

As diligências necessárias ao pagamento do exequente e dos titulares de direitos reais caducáveis não têm que aguardar pela sentença de verificação e graduação destes direitos. Com efeito, segundo o n.º 1 do art. 873.º, essas diligências iniciam-se logo após o fim do prazo para a reclamação de créditos[761]. Mais: a consignação de rendimentos pode mesmo ser requerida pelo exequente e deferida logo em seguida à penhora.

Diz-nos o art. 872.º que o pagamento pode ser feito:

a) pela entrega de dinheiro;

b) pela adjudicação dos bens penhorados;

c) pela consignação dos seus rendimentos;

d) pelo pagamento em prestações[762];

e) pelo produto da venda dos bens penhorados.

Consideremos cada uma destas modalidades de pagamento.

66. ENTREGA DE DINHEIRO

Prevê o art. 874.º, n.º 1, três casos em que o pagamento pode ser feito através da entrega de dinheiro:

a) Quando a penhora tenha recaído sobre moeda corrente;

b) Quando a penhora tenha recaído sobre depósito bancário em dinheiro;

---

da venda após a dedução das custas. Assim, por exemplo, se o produto líquido da venda (após a dedução das custas) for 100 ou mais, o crédito privilegiado for de 1000 e o exequente for credor de 100, o exequente terá a receber 50 e o credor privilegiado o remanescente (50, se a venda render apenas 100; 1000, se render 1050 ou mais); mas o produto líquido da venda que seja inferior a 100 reparte-se por igual ente o exequente e o credor privilegiado. Se, ao invés, o crédito do exequente for de 1000 e o do credor privilegiado for de 300, o produto líquido da venda será distribuído entre ambos em partes iguais até atingir 600, cabendo o excesso, a partir deste valor e até 1300, inteiramente ao exequente. Logo, porém, que o exequente atinja o *plafond* de 250 UC, a limitação para o credor privilegiado deixa de se aplicar".

Ver ainda, em mais exemplificações, Lebre de Freitas, "A Acção Executiva...", cit., p. 312, notas 27-D e 27-E, e Teixeira de Sousa, "A Reforma...", cit., pp. 204-208, que chega a socorrer-se de uma fórmula e de algumas hipóteses práticas.

[761] No processo de execução fiscal, a venda realiza-se também após o termo do prazo da reclamação de créditos (art. 244.º, n.º 1, do CPPT).

[762] A modalidade do pagamento em prestações foi introduzida pela RPC95-96, constando a sua disciplina dos arts. 882.º a 885.º

c) Quando a penhora tenha recaído sobre outro direito de crédito pecuniário cuja importância tenha sido depositada.

Nos termos do n.º 2 do mesmo preceito, constitui entrega de dinheiro o pagamento por cheque ou transferência bancária.

Para além dos casos expressamente previstos, o art. 874.º, n.º 1, aplica-se igualmente aos casos em que haja dinheiro à ordem da execução[763].

Assim:

1) Quando hajam rendas, abonos, vencimentos, salários ou outros rendimentos periódicos depositados em instituição de crédito (art. 861.º, n.º 1);

2) Quando haja saldo de contas de depositário apurado em prestação de contas (art. 843.º, n.º 1);

3) Quando, por meio de depósito em dinheiro, o executado haja prestado caução para obter a suspensão da execução (art. 818.º, n.º 1) e a oposição à execução tenha sido julgada improcedente.

O pagamento em dinheiro ao exequente e aos credores que sobre ele tiverem garantia será feito por transferência bancária sempre que eles indiquem o respectivo número de identificação bancária, o que é obrigatório para as pessoas colectivas (art. 32.º, n.º 3, do RCP), pela ordem da respectiva graduação. Mas antes desses pagamentos serão satisfeitas as custas da execução, apensos e respectiva acção declarativa, referidas no art. 455.º.

Todavia, findo o prazo da oposição, se esta não tiver sido deduzida, ou tiver sido julgada improcedente, o agente de execução entrega ao exequente as quantias penhoradas que não garantam crédito reclamado, até ao valor da dívida exequenda, depois de descontado o montante relativo às despesas previsíveis da execução (arts. 861.º, n.º 3, e 861.º-A, n.º 13).

67. ADJUDICAÇÃO DE BENS

Consiste a adjudicação em atribuir ao credor a propriedade de bens penhorados suficientes para o seu pagamento. Diferentemente da

[763] Cf.: Alberto dos Reis, ob. cit., vol. II, p. 295; e Lopes Cardoso, ob. cit., p. 541.

venda executiva, não visa obter dinheiro para com ele pagar ao credor, mas satisfazê-lo directamente mediante a entrega de determinados bens do executado, anteriormente penhorados.

Por levar à exoneração do devedor mediante a prestação de coisa diversa da devida, a adjudicação de bens reconduz-se a uma *dação em cumprimento* (art. 837.º do CC). Mas, se o valor dos bens adjudicados ultrapassar o montante do crédito, teremos um negócio misto de dação em cumprimento e compra.

Podem pretender a adjudicação não só o exequente como qualquer credor reclamante em relação aos bens sobre os quais haja invocado garantia. Havendo já sentença de graduação de créditos, a pretensão do requerente só é atendida se o seu crédito tiver sido reconhecido e graduado (art. 875.º, n.ºs 1 e 2).

Todos os bens penhorados são adjudicáveis, quer sejam imóveis, quer móveis ou direitos. De fora ficam apenas os bens que, de harmonia com o disposto nos arts. 902.º e 903.º, tenham necessariamente de ser vendidos nas bolsas de capitais ou de mercadorias ou a determinadas entidades (art. 875.º, n.º 1).

Sob pena de não atendimento, deve o requerente da adjudicação indicar o preço que oferece, não podendo a oferta ser inferior a 70% do valor base dos bens, que é o valor a anunciar para a venda mediante propostas em carta fechada (art. 875.º, n.º 3). E o preço terá que ser esse para a adjudicação não redundar em prejuízo do executado, do exequente ou dos outros credores, interessados em que o adjudicatário receba os bens por preço não inferior ao que poderia ser conseguido naquela venda[764].

Cabe ao agente de execução fazer a adjudicação; mas, se à data do requerimento já estiver anunciada a venda por propostas por carta fechada, esta não se sustará e a pretensão só será considerada se não houver interessados que ofereçam preço superior (art. 875.º, n.º 4). Não se apresentando, neste caso, qualquer proponente, adjudicar-se-ão de imediato os bens ao requerente (art. 877.º, n.º 3). Se aparecerem proponentes que ofereçam preço superior, procede-se à abertura de propostas como se o pedido de adjudicação não tivesse sido feito (art. 877.º, n.º 2).

Se a venda por propostas em carta fechada ainda não tiver sido anunciada, é publicitada a adjudicação requerida, em conformidade com o disposto no 890.º, com a menção do preço oferecido (art. 876.º, n.º 1).

---

[764] Cf. Alberto dos Reis, ob. cit., p. 303.

O dia, a hora e o local para a abertura de propostas serão notificados ao executado e às pessoas que podiam ter requerido a adjudicação, estas seguramente para oferecerem preço superior ao indicado pelo requerente, de forma a evitar que a adjudicação se faça por preço inadequado ao real valor dos bens.

Outrossim serão notificados os titulares de qualquer direito de preferência, legal ou convencional com eficácia real, na alienação dos bens, para o poderem exercer, querendo (art. 876.°, n.° 2),

A abertura das propostas tem lugar perante o juiz, se se tratar de bem imóvel, ou, tratando-se de estabelecimento comercial de valor superior a 500 UC, se o juiz, solicitado para tanto, o determinar; sendo o bem de outra natureza, as funções reservadas ao juiz na venda de imóvel são desempenhadas pelo agente de execução, aplicando-se, devidamente adaptadas, as normas da venda por propostas em carta fechada (art. 876.°, n.° 3). E isto por se aplicar o regime desta modalidade de venda à adjudicação de bens móveis penhorados[765].

No dia designado para a abertura de propostas podem verificar-se duas hipóteses:

A) não aparecer nenhuma proposta e ninguém se apresentar a exercer o direito de preferência (art. 877.°, n.° 1);

B) haver proposta de maior preço (art. 877.°, n.° 2).

Na primeira hipótese, aceita-se a proposta do requerente da adjudicação e pelo preço por ele oferecido, devendo no auto a elaborar proceder-se à sua notificação para, com a cominação prevista nos n.os 1 e 2 do art. 898.° (art. 878.°), no prazo de 15 dias, depositar numa instituição de crédito (arts. 878.° e 897.°, n.° 2) a parte do preço excedente ao seu crédito, se os créditos ainda não estiverem graduados, ou também a necessária para pagar aos credores graduados antes dele, se a graduação já tiver acontecido (arts. 878.° e 887.°). Em ambos os casos, deve também depositar a importância correspondente às custas prováveis da execução, de acordo com o cálculo prévio a fazer pelo agente de execução.

Na segunda hipótese, ou seja, havendo proposta de maior preço, não há adjudicação, mas antes venda, a efectuar em conformidade com o disposto nos arts. 893.° e 894.° (art. 877.°, n.° 2), isto é, segundo as regras da venda por meio de propostas em carta fechada.

---

[765] Cf. Mariana França Gouveia, "Penhora e Alienação de Bens Móveis na Reforma da Acção Executiva", *in* Themis, ano IV, n.° 7, pp. 195 e seg.

De igual modo não há lugar à adjudicação, sempre que o titular de um direito de preferência, legal ou convencional com eficácia real, se apresente a exercê-lo.

Atentemos, de seguida, na forma por que se procede à adjudicação de certos tipos de bens penhorados.

No que concerne a *rendas*, *abonos*, *vencimentos*, *salários* ou outros *rendimentos periódicos*, a adjudicação faz-se mediante a entrega directa das quantias ao adjudicatário, nos termos do n.º 3 do art. 861.º (art. 875.º, n.º 8)[766].

No respeitante a *direito de crédito pecuniário não litigioso*, a adjudicação é feita pelo valor da prestação devida, depois de efectuado o desconto correspondente ao período a decorrer até ao vencimento, à taxa legal de juros de mora; se for distante a data do vencimento, o requerente pode optar pela via das propostas em carta fechada, indicando o preço que oferece (art. 875.º, n.º 5).

No relativo a *direito de crédito*, a adjudicação é feita a título de dação *pro solvendo*, se o requerente o pretender e os restantes credores não se opuserem, extinguindo-se a execução, por inutilidade superveniente da lide, caso a execução não prossiga sobre outros bens [arts. 875.º, n.º 6, e 919.º, n.º 1, alínea c)].

Os credores podem acordar, ou o agente de execução determinar, a suspensão da execução sobre o crédito penhorado até ao vencimento se for próxima a data do seu vencimento (art. 875.º, n.º 7).

68. CONSIGNAÇÃO DE RENDIMENTOS

A consignação de rendimentos, no nosso ordenamento jurídico, reveste não só a natureza de *garantia especial* das obrigações (arts. 656.º e segs. do CC) mas também a de causa da sua extinção, por prestação de coisa diversa da devida, como uma *dação em cumprimento* (art. 837.º do CC).

---

[766] Não se confundem as situações previstas nos arts. 861.º, n.º 3, e 875.º, n.º 8: além, entrega-se ao exequente, e só a ele, *quantia já depositada*; aqui, adjudica-se ao exequente ou a outro credor, a sua solicitação, um direito de *crédito ainda não satisfeito*, em vista ao pagamento directo da dívida ao adjudicatário, sem o depósito intercalar à ordem do agente de execução.

Funcionando como *garantia especial* das obrigações tanto pode ser invocada, na execução, pelo exequente como por outro credor. Se o for pelo exequente, a penhora começará pelos rendimentos dos bens consignados e só poderá incidir sobre outros bens se aqueles se revelarem manifestamente insuficientes (art. 835.º, n.º 1); na ausência de reclamação de créditos, o exequente, sem contestação admissível por parte do executado, deverá pagar-se, prioritariamente, através desses rendimentos e pelo tempo que for considerado necessário até ser embolsado da importância do seu crédito (art. 880.º, n.º 3). Se a *garantia* for invocada por outro credor, a satisfação do crédito do exequente implica a venda do bem penhorado cujos rendimentos estão consignados, a fim de através do seu produto ambos os créditos serem satisfeitos, em situação paralela à regulada no art. 881.º, n.º 2[767].

Sendo tanto a adjudicação de bens como a consignação de rendimentos actos de desapropriação, diferenciam-se por, na primeira, se transferir para o credor a propriedade dos bens do devedor ou de terceiro e, na segunda, apenas o direito de lhe perceber os frutos até ao pagamento da dívida.

Torna-se conveniente a consignação de rendimentos quando o valor dos bens penhorados excede em muito o montante do crédito do exequente[768] e destina-se a evitar a sua venda ruinosa[769].

A consignação de rendimentos só pode ser requerida pelo exequente, em pedido dirigido ao agente de execução (art. 879.º, n.º 1). Diversamente da adjudicação de bens, que também pode ser solicitada pelos credores reclamantes, a consignação não pode ser por estes requerida, mesmo que seja pedida depois das suas reclamações serem entregues. Mais: nem sequer sobre o pedido do exequente são ouvidos. Sobre este, com efeito, é apenas ouvido o executado. Se ele nada disser, no prazo de 10 dias (art. 153.º), é a consignação de rendimentos efectuada; se ele requerer que se proceda à venda dos bens, não se implementa a consignação (art. 879.º, n.º 2)[770].

Tendo em conta que o requerimento do exequente solicitando a consignação é entregue ao agente de execução e que a venda, em caso

---

[767] Cf. Teixeira de Sousa, "Acção executiva...", cit., p. 357.

[768] Cf. Liebman, ob. cit., p. 119.

[769] Cf.: Lopes Cardoso, ob. cit., p. 552; e Antunes Varela, "Das Obrigações em geral", vol. II, 6.ª edição, p. 515.

[770] Não ocorrerá a citação dos credores sempre que a consignação seja requerida antes dela e o executado não requeira a venda dos bens (art. 879.º, n.º 3).

de oposição do executado, é também da competência daquele, é de concluir ser o agente de execução o órgão com competência funcional para tramitar a consignação[771].

O pedido de consignação deve ser formulado entre o momento da realização da penhora e o da venda ou adjudicação dos bens penhorados (art. 879.º, n.º 1).

Em conformidade com o que se dispõe no n.º 1 do art. 656.º e no n.º 2 do art. 660.º do CC, são consignáveis os rendimentos de imóveis e de móveis sujeitos a registo e de títulos de crédito nominativos (arts. 879.º, n.º 1, e 881.º, n.º 3).

A consignação de rendimentos de imóveis e de móveis sujeitos a registo efectua-se por comunicação ao serviço de registo competente, sendo o registo respectivo feito por averbamento ao registo da penhora (art. 879.º, n.os 4 e 5).

Uma vez realizada a consignação de rendimentos, os bens sobre que ela incidir serão locados, se ainda o não estiverem. A locação será ajustada pelo agente de execução, mediante propostas em carta fechada ou por meio de negociação particular, com observância das formalidades prescritas para a venda de bens penhorados (art. 880.º, n.º 2). Caso os bens já se encontrem locados, procede-se simplesmente à notificação da consignação aos locatários (art. 880.º, n.º 1).

Tornando-se eficaz a consignação, o consignatário fica na posição de locador. Mas como não é dono dos bens, que continuam a pertencer ao executado, e apenas tem direito a receber as rendas ou alugueres, não pode resolver o contrato, nem tomar qualquer decisão relativa aos bens, sem anuência do executado, seu proprietário; na falta de acordo, decidirá o juiz (art. 880.º, n.º 4).

As rendas ou alugueres consignados destinam-se, em primeiro lugar, ao pagamento das custas e serão recebidos pelo depositário dos bens penhorados que os depositará, à medida que se vençam ou se cobrem. Pagas as custas, as rendas ou alugueres serão recebidos pelo consignatário até que esteja embolsado da importância do seu crédito (art. 880.º, n.º 3), e não por determinado número de anos, nos termos da outra alternativa incluída no n.º 1 do art. 659.º do CC. Assim, as locações determinadas pelas consignações de rendimentos são celebradas sob condição resolutiva, por caducarem com a extinção da consignação, nos termos do art. 1051,º, n.º 1, alínea b) do CC[772].

---

[771] Cf. Paula Costa e Silva, "A Reforma...", cit., p. 111.

[772] Cf. Maria Olinda Garcia, "Arrendamento Urbano...", cit., p. 100.

Começando as rendas ou alugueres a ser recebidos pelo exequente, na sequência do pagamento das custas, extingue-se a execução e ordena-se o levantamento das penhoras que incidam sobre outros bens (art. 881.º, n.º 1). Apesar de extinta a execução, subsiste a penhora sobre os bens a que se reporta a consignação, enquanto o consignatário não se encontrar completamente reembolsado do seu crédito.

Por extinta a execução, cessa a apreensão judicial do bem penhorado por parte do tribunal, como igualmente a actuação do depositário. Apenas se mantém a garantia real constituída pela penhora (art. 822.º, n.º 1, do CC).

Outrossim, deixam de ser inoponíveis à execução, nos termos do art. 819.º do CC, os actos ulteriores de disposição, oneração ou de arrendamento do bem penhorado, por a acção executiva ter terminado. Donde poder o proprietário do bem vendê-lo, fora do processo executivo, com o ónus da consignação a incidir sobre ele, por o saldo do crédito do consignatário se encontrar por satisfazer (art. 881.º, n.º 2).

No caso de os bens vierem a ser vendidos ou adjudicados pela raiz, em outra execução, o consignatário será pago do saldo do seu crédito, desde que o reclame, pelo produto da venda ou adjudicação, preferentemente aos credores com garantia real posterior à penhora a cujo registo a consignação foi averbada (art. 881.º, n.º 2). E com a venda ou adjudicação o ónus da consignação caducará, quer o consignatário, desde que citado, reclame ou não oportunamente o seu crédito, atento o disposto nos arts. 824.º, n.º 2, e 826.º do CC.

Existindo credor com garantia real anterior à da penhora do consignatário, que não tenha sido citado para reclamar o seu crédito, por se verificar a situação prevista no n.º 3 do art. 879.º, o consignatário pode ter de instaurar uma nova execução para penhora de outros bens, caso o valor alcançado, na execução instaurada pelo credor preferente, com a venda executiva do bem cujos rendimentos lhe estão consignados, não chegue para pagar o que resta do seu crédito.

Ocorrendo a extinção da execução após a reclamação de créditos para serem pagos pelo produto dos bens cujos rendimentos foram consignados, podem os credores cujos créditos se encontrem vencidos requerer o prosseguimento da execução para efectiva verificação, graduação e pagamento dos seus créditos, nos termos do art. 920.º, n.º 2.

"Não é natural que isso suceda relativamente a créditos com garantia sobre os bens cujos rendimentos foram adjudicados, pois não é natural, como nos diz Lopes Cardoso[773], que o exequente peça a adjudicação de rendimentos de bens onerados com a garantia de créditos vencidos, dado que a renovação da acção executiva, autorizado por aquele artigo 920.º, n.º 2, viria a inutilizar a dita adjudicação".

O regime da consignação judicial que analisamos vale igualmente, com as necessárias adaptações, para a consignação de rendimentos de títulos de crédito nominativos. Esta não está sujeita a registo, devendo ser mencionada nos títulos e averbada nos termos da respectiva legislação (arts. 660.º, n.º 2, do CC e 881.º, n.º 3, do CPC, com remissão para os arts. 102.º e 103.º do CVM).

69. PAGAMENTO EM PRESTAÇÕES

Tal como inovou nas disposições gerais sobre a instância, ao permitir que as partes acordassem na suspensão do processo (art. 279.º, n.º 4), outrossim a RPC95-96 veio possibilitar, no âmbito da instância executiva, que as partes ajustassem a sua suspensão, em vista ao pagamento da dívida exequenda em prestações (art. 882.º, n.º 1).

Em situação paralela à que se depara no art. 781.º do CC, onde se determina que, nas dívidas liquidáveis em prestações, a falta de realização de uma delas importa o vencimento de todas, por quebra da confiança em que se baseava o plano de pagamento escalonado no tempo, também a falta de pagamento de qualquer das prestações, nos termos acordados no processo de execução, implica o vencimento imediato das seguintes, com a possibilidade de o exequente requerer o prosseguimento da execução sustada para satisfação do remanescente do seu crédito (art. 884.º).

O requerimento para pagamento em prestações, dirigido ao agente de execução, deve conter o plano de pagamento acordado entre exequente e executado e ser subscrito por ambos (art. 882.º, n.ºs 1 e 2, 1.ª parte). Quanto ao momento para a sua apresentação, pode sê-lo entre o início da instância executiva[774] e a transmissão do bem penhorado ou, no caso de venda mediante propostas em carta fechada, a aceitação de proposta apresentada (art. 882.º, n.º 2, 2.ª parte).

---

[773] Ob. cit., p. 556.

[774] Cf. Remédio Marques, ob. cit., p. 379.

A sustação da execução, na sequência da apresentação de requerimento para pagamento em prestações, depende de decisão do agente de execução, a quem compete averiguar se se encontram preenchidos os requisitos previstos no n.º 2 do art. 882.º; a ele igualmente cumpre dar sem efeito a sustação, nos termos dos arts. 884.º e 885.º, n.º 1.

É aqui inaplicável o disposto no art. 279.º, n.º 4, pelo que a suspensão da instância executiva pode ocorrer por prazo superior a seis meses. O acordo formalizado no plano de pagamento deixa ao critério das partes o estabelecimento do prazo adequado para o fim em vista, seguramente levando em conta as disponibilidades económicas e financeiras do executado[775].

Na falta de convenção em contrário, e ocorrendo o pedido de suspensão da execução após efectivação da penhora, passa esta a garantir o crédito exequendo, mantendo-se até integral pagamento, sem prejuízo de as partes convencionarem outras garantias adicionais ou substituirem a resultante da penhora, ou por esta ainda não se ter realizado ou por ser considerada insuficiente (art. 883.º)[776].

Foi todavia estabelecido um esquema de protecção dos restantes credores para a hipótese da sustação da execução ser posterior à penhora. Nesta emergência, a sustação fica sem efeito, se algum credor reclamante, com crédito vencido, requerer o prosseguimento desta para satisfação do seu crédito. No caso de pluralidade de execuções sobre os mesmos bens, também o exequente da execução onde a penhora foi posterior pode requerer o prosseguimento da execução com penhora anterior, mesmo que esta seja uma execução fiscal, face ao disposto no art. 2.º, alínea e), do CPPT[777] [778].

Presente o requerimento do credor reclamante, será notificado o exequente para se pronunciar, no prazo de 10 dias (art. 885.º, n.º 2), sob

---

[775] Cf. Acórdãos da RL de 18.05.2000 (CJ, ano XXV, tomo III, p. 95) e da RC de 2.02.2001 (CJ, ano XXVI, tomo II, p. 6).

[776] O agente de execução deve sobrestar na realização da penhora (e sequente citação) se, no momento em que se prepara para efectivá-la, é esclarecido pelos exequente e executado que chegaram a acordo para o pagamento em prestações da dívida exequenda.

[777] Cf. Acórdão do STJ de 20.01.99, BMJ, 483, p. 173.

[778] Se a suspensão da instância executiva acontecer antes da realização da penhora, não podem os credores usar do meio previsto no art. 885.º, n.º 1, por ainda não terem sido citados para a execução.

a cominação de, nada dizendo, ser entendido que desiste da penhora já efectuada (art. 885.º, n.º 3).

Duas são as atitudes que pode assumir o exequente, nos termos das alíneas a) e b) do n.º 2 do art. 885.º:

1) Requerer o prosseguimento da execução para pagamento do remanescente do seu crédito, o que implica a denúncia do acordo firmado para o pagamento em prestações;

2) Desistir da penhora, designadamente por se ter acautelado com garantias adicionais, retirando-se da execução, o que envolve a continuação da observância do plano de pagamento escalonado para liquidação da dívida exequenda.

Verificando-se a segunda hipótese, o credor requerente assume a posição de exequente, mas prosseguindo a execução somente quanto aos bens sobre que incida a garantia real por ele invocada, para satisfação do seu crédito e dos demais credores reclamantes também com garantia real sobre aqueles bens (art. 885.º, n.º 4).

70. **ASPECTOS GERAIS DO REGIME DA VENDA**

Nos aspectos gerais do regime da venda, analisaremos, em separado, as modalidades de venda, a fixação da modalidade de venda e do valor base dos bens, a instrumentalidade da venda, a venda antecipada de bens, a dispensa de depósito aos credores e a suspensão da venda.

a) Modalidades de venda

Com a RPC2003 deixou de distinguir-se entre a venda judicial, quando realizada directamente pelo tribunal, por meio dos seus funcionários, e a venda extrajudicial, quando realizada por pessoas estranhas ao tribunal. E isto por ter havido uma desjudicialização da venda executiva.

Hoje, segundo o n.º 1 do art. 886.º, a venda dos bens penhorados pode revestir as seguintes modalidades:

a) Venda mediante propostas em carta fechada;
b) Venda em bolsas de capitais ou de mercadorias;
c) Venda directa a pessoas ou entidades que tenham direito a adquirir os bens;
d) Venda por negociação particular;
e) Venda em estabelecimento de leilões;

f) Venda em depósito público ou equiparado;
g) Venda em leilão electrónico.

b) Fixação da modalidade de venda e do valor base dos bens

A fim de acautelar os direitos do exequente, do executado e dos credores com garantia sobre os bens a vender, estabelece-se que cabe ao agente de execução, quando a lei não disponha diversamente, como sucede com a venda em bolsas de capitais e de mercadorias e com a venda directa, ouvidos aqueles interessados, determinar quer a modalidade da venda, quer o valor base dos bens a vender, quer a eventual formação de lotes, com vista à venda em conjunto de bens penhorados (art. 886.º-A, n.os 1 e 2).

O valor de base dos bens imóveis é igual ao seu valor patrimonial tributário, nos termos da avaliação efectuada há menos de três anos, ou, nos restantes casos, ao seu valor de mercado (art. 886.º-A, n.º 3). Não se tratando de bens imóveis, o agente de execução fixa o seu valor de base de acordo com o valor de mercado (art. 886.º-A, n.º 4).

Sempre que o valor de base dos bens coincide com o valor de mercado, o agente de execução pode promover as diligências necessárias à obtenção desse valor, quando o considere vantajoso ou algum dos interessados o solicite (art. 866.º-A, n.º 5).

A decisão que fixe a modalidade da venda, o valor base dos bens a vender e a eventual formação de lotes há-de ser notificada, pelo agente de execução, ao exequente, ao executado, ao cônjuge deste quando citado e aos credores reclamantes com garantia sobre os bens a vender, preferencialmente por meios electrónicos[779] [780] (arts. 864.º-A, n.º 1, e 886.º-A, n.º 6).

[779] E também aos titulares de direitos reais de gozo caducáveis sobre os bens a vender desde que a penhora se tenha estendido aos seus direitos (cf. ponto n.º 59). Aliás, estes titulares devem também ser ouvidos para efeitos do disposto no n.º 1 do art. 886.º-A.

[780] O TC, através do seu Acórdão n.º 166/2010, de 28 de Abril (DR, II Série, de 28.05.2010), julgou inconstitucional, por violação do princípio do Estado de Direito, consagrado no art. 2.º da CRP, a norma que resulta das disposições conjugadas da alínea e) do n.º 1 do art. 2.º e do n.º 3 do art. 252.º do CPPT e dos arts. 201.º, 904.º e 909.º, n.º 1, alínea c), do CPC, quando interpretada "no sentido de dispensar a audição dos credores providos com garantia real nas fases de venda ordenada pelos Serviços de Finanças e, fundamentalmente, quando é ordenada a venda por negociação particular e feita a adjudicação consequente".

Caso o executado, o exequente ou um credor reclamante discorde da decisão, cabe ao juiz resolver, sem possibilidade de recurso (art. 886.º-A, n.º 7).

c) Instrumentalidade da venda

Visando a execução o pagamento das despesas nela ocorridas e os créditos do exequente e dos credores com garantia real sobre os bens penhorados, não deve prosseguir logo que o produto de alguns dos bens vendidos seja suficiente para asssegurar esses pagamentos. Servindo a execução de *instrumento* a esse fim, uma vez ele alcançado, justifica-se a sustação da venda sobre os demais bens penhorados, a requerimento do executado, como se encontra previsto no n.º 1 do art. 886.º-B.

A mesma razão, aliada à desnecessidade de sacrificar desmesuradamente o património do executado, justifica as regras contidas nos n.os 2 e 3 do mesmo artigo. Assim, verificando-se, num caso de *subsidiariedade real*, também a penhora de bens que não respondem prioritariamente, por insuficiência manifesta dos que respondem em primeiro lugar, nos termos do n.º 7 do art. 828.º[781], iniciar-se-á sempre a venda por estes, só se passando à venda daqueles se o produto da venda dos que respondem prioritariamente for exíguo. Depois, se se tiver procedido à divisão de um imóvel penhorado, de acordo com o disposto no art. 842.º-A, a venda limitar-se-á, a pedido do executado, a algum dos prédios resultantes da divisão por ele indicados, cujo valor seja suficiente para o pagamento, só se vendendo os demais prédios se o produto da primeira venda se revelar insuficiente[782].

d) Venda antecipada de bens

Prevê-se no art 886.º-C a venda antecipada de bens (móveis ou imóveis), ou seja, antes do momento processual próprio, em duas situações:

a) Não poderem os bens conservar-se, por se encontrarem sujeitos a deterioração ou depreciação;
b) Haver manifesta vantagem na venda.

A venda antecipada é realizada ou autorizada pelo agente de execução, a requerimento do exequente, do executado ou do depositário.

[781] Cf. ponto n.º 45.
[782] Cf. ponto n.º 50.

Sobre o pedido são ouvidas ambas as partes ou aquela que não for a requerente, salvo se a urgência da venda impuser uma decisão imediata (art. 886.º-C, n.os 1 e 2). Verificada esta situação, a autorização da venda compete ao juiz (art. 866.º-C, n.º 3).

A não ser que os bens devam ser vendidos em bolsas ou a determinadas pessoas ou entidades, a venda será feita pelo depositário, de harmonia com o que se estabelece para a venda por negociação particular, ou pelo agente de execução, nos casos em que o executado ou o detentor dos bens tenha assumido as funções de depositário (art. 886.º-C, n.º 4).

c) Dispensa do depósito aos credores

Como o produto da venda dos bens penhorados se aplica no pagamento ao exequente e aos credores com garantia real sobre esses bens, justifica-se que, quando forem eles os compradores, fiquem dispensados de depositar as quantias que ulteriormente iriam receber.

"Opera-se aqui — como escreve Alberto dos Reis[783] — uma espécie de compensação. O arrematante (leia-se, hoje, o proponente) *deve* à execução o preço por que arrematou (leia-se, hoje, adquiriu) os bens; mas por outro lado é *credor* da execução por determinada quantia: tem direito a receber do produto dos bens arrematados (leia-se, hoje, vendidos) certa importância fixada na sentença de verificação e graduação dos créditos. Em vez de depositar a totalidade do preço para depois levantar todo ou parte dele, faz-se o encontro entre as duas verbas — a da dívida e a do crédito — e só deposita aquilo que excede o montante do que tem direito a receber"[784].

Não obstante o art. 887.º se integrar numa subsecção respeitante a disposições gerais sobre a venda, não se aplica só à venda nem se aplica a todas as formas de venda. Com efeito, como se verifica do art. 878.º e atrás referimos[785], o seu âmbito de aplicação estende-se à adjudicação de bens; *ex adverso*, não contempla as vendas em bolsas e em estabelecimento de leilões, por a disciplina destas ser incompatível

[783] Ob. cit., vol. II, p. 392.

[784] Por serem diferentes os interesses visados nos arts. 887.º, n.º 1 (compensação ou encontro de contas) e 818.º, n.º 4 (protecção do executado contra a falta de bens nos patrimónios do exequente ou de qualquer outro credor, no caso de procedência da oposição à execução), em caso de concorrência prevalece a disciplina do último preceito. Cf. Acórdão da RP de 13.03.2001 (CJ, ano XXVI, tomo II, p. 169).

[785] Cf. ponto n.º 67.

com a dispensa de depósito a título de compensação. No que toca à venda directa a que alude o art. 903.º, a dispensa de depósito só pode ocorrer se a pessoa ou a entidade a quem os bens têm de ser entregues assumir a posição de credora na acção executiva[786].

Uma vez que a tramitação da venda executiva não depende do andamento do concurso de credores, mas só do fim do prazo para a reclamação de créditos (art. 873.º, n.º 1), pode ela efectivar-se antes ou depois da graduação dos créditos. Daí contemplar o art. 887.º duas situações.

Sendo os bens adquiridos pelo exequente ou pelo credor com garantia real sobre eles, depois da graduação dos créditos, ficam obrigados a depositar não só a importância que exceda o que têm direito a receber como também a parte do preço necessária para pagar a credores graduados antes deles (art. 887.º, n.º 1). Caso o adquirente dos bens tenha sido graduado em paridade com outros credores, diz-nos Lopes Cardoso[787] que ele "deve depositar, além da importância necessária para pagamento aos graduados antes dele, a parte excedente à sua quota no preço dos bens adquiridos, calculada em rateio com os créditos que tenham a mesma graduação".

Se os bens forem adquiridos antes da graduação de créditos, o exequente é dispensado de depositar fracção igual à quantia exequenda e o credor reclamante é dispensado de depositar quinhão igual ao montante do crédito reclamado, mas só no que toca ao preço dos bens sobre os quais tenha garantia (art. 887.º, n.º 2).

Em qualquer das situações analisadas, o montante das custas prováveis da execução, bem como o das demais previstas no art. 455.º, deve também ser depositado pelo exequente ou credor que adquira os bens penhorados, por as custas serem pagas, dada a regra da precipuidade, antes dos seus créditos[788].

Em defesa dos outros credores reclamantes, a dispensa do depósito é *provisória* quando ocorra antes da sentença de graduação de créditos. Com efeito, nesta sentença, o crédito do adquirente pode não ser reconhecido ou sê-lo por montante inferior à quantia dispensada; ainda, podem ser graduados antes do crédito do adquirente outros créditos que exaurem, total ou parcialmente, o produto dos bens cujo preço não foi depositado.

---

[786] Cf. Alberto dos Reis, ob. cit. vol. II, p. 392.

[787] Ob. cit., p. 617.

[788] Cf., em sentido contrário, Lopes Cardoso, ob. cit., p. 616, por a lei se não referir às custas.

Se, na sequência da graduação de créditos, o adquirente não tiver direito à quantia que deixou de depositar ou a parte dela, deverá efectuar o depósito nos 10 dias seguintes à notificação que para o efeito lhe será feita, sob pena de ser executado, iniciando-se a execução pelos próprios bens adquiridos ou pela caução que foi obrigado a prestar para poder receber os bens (art. 887.º, n.º 4).

Para que esta execução não resulte infrutífera, impõe a lei certas cautelas para o caso de a dispensa de depósito ocorrer antes da graduação de créditos (art. 887.º, n.º 3). Assim:

a) Se os bens adquiridos forem imóveis, ficam hipotecados à parte do preço não depositada, consignando-se a garantia no título de transmissão e não podendo esta ser registada sem a hipoteca, salvo se o adquirente prestar caução bancária em valor correspondente;
b) Se os os bens adquiridos não forem imóveis, não são entregues ao adquirente sem que este preste caução correspondente ao respectivo valor.

Esta caução é prestada por um dos meios previstos no n.º 1 do art. 623.º do CC, segundo o processo do art. 988.º, *ex vi* do art. 990.º, não revestindo o incidente a natureza de urgente.

f) Suspensão da venda

Prevê-se no art. 27.º da Lei n.º 105/2009, de 14 de Setembro, a suspensão da venda executiva de bens penhorados ou dados em garantia, com base na falta de pagamento de dívidas relacionadas com a aquisição desses bens, sempre que o executado prove que o incumprimento se ficou a dever ao facto de ter retribuições em mora por período superior a 15 dias.

Refira-se, contudo, que a suspensão só abrange o imóvel que constitui a residência permanente do trabalhador e os bens que nela se encontrem, desde que imprescindíveis a qualquer economia doméstica.

71. **VENDA POR PROPOSTAS EM CARTA FECHADA**

Os bens imóveis penhorados são vendidos por meio de propostas em carta fechada, sempre que não hajam de ser vendidos de outra forma (art. 889.º, n.º 1).

No que tange ao valor a anunciar para a venda, será igual a 70% do valor base dos bens (art. 889.º, n.º 2).

Optou-se por esta modalidade de venda para os bens imóveis e, como adiante veremos, para o estabelecimento comercial de valor superior a 500 UC, para assegurar uma maior seriedade e transparência na venda destes bens, atento o subido preço que a sua alienação é susceptível de alcançar.

Com a RPC2003 a venda por propostas em carta fechada passou novamente a fazer-se, como anteriormente à RPC95-96, no tribunal da execução, a menos que o juiz, oficiosamente, ou a requerimento dos interessados, ordene que tenha lugar no tribunal da situação dos bens (art. 889.º, n.º 3).

Assente que a venda se fará por meio de propostas em carta fechada, o juiz designa dia e hora para a abertura das propostas. Esta abertura deve ser publicitada, com a antecipação de 10 dias, pelo agente de execução, mediante anúncio em página informática de acesso público[789] e mediante edital a afixar na porta dos prédios urbanos a vender (art. 890.º, n.º 1). Ainda podem ser utilizados outros meios de divulgação, por iniciativa do agente de execução ou sugestão dos interessados na venda (art. 890.º, n.º 2), como através do recurso a diários ou semanários diversos daqueles onde se publicam os anúncios, a notas informativas impressas em grande formato e em páginas relevantes (estranhas às de publicidade) dos periódicos, à rádio e à televisão[790].

Por meio da publicidade pretende-se que a venda seja o mais rendosa possível, mediante a maior concorrência praticável na apresen-

---

[789] Nos termos dos n.os 1 e 2 do art. 35.º da Portaria n.º 331-B/2009, de 30 de Março, aliás em conformidade com o determinado no art.º 890.º. n.os 1, 3 e 5 do CPC, este anúncio será feito no endereço electrónico http://www.tribunaisnet.mj.pt e deverá conter: a identificação do processo de execução; o nome do executado; a identificação do agente de execução; as características do bem; a modalidade da venda; o valor para a venda; o dia, hora e local de abertura das propostas; o local e horário fixado para facultar a inspecção do bem; e a menção, sendo caso disso, ao facto de a sentença que serve de título executivo estar pendente de recurso ou de oposição à execução ou à penhora. Ainda, de harmonia com o disposto no n.º 3 do mesmo artigo da referida portaria, também o anúncio deve conter quaisquer outras informações relevantes, designadamente ónus ou encargos que incidam sobre o bem, bem como, sempre que possível, fotografia que permita identificar as características exactas do bem e o seu estado de conservação.

[790] Ver, a este propósito, para as execuções fiscais, a Portaria n.º 353/2002, de 3 de Abril.

tação de propostas, em vista à adjudicação dos bens pelo preço mais elevado que se possa obter[791].

A decisão que designa o dia e a hora para a abertura das propostas é notificada, pelo agente de execução, ao exequente, ao executado e aos credores reclamantes de créditos com garantia sobre os bens a vender (art. 886.º-A, n.º 6), bem como aos titulares do direito de preferência, legal ou convencional com eficácia real, na alienação dos bens, estes para poderem exercer o seu direito no próprio acto, caso alguma proposta seja aceite (art. 892.º, n.º 1).

Do anúncio a publicitar a abertura das propostas deve constar o nome do executado, a identificação do agente de execução, o dia, hora e local da abertura, a identificação sumária dos bens e o valor a anunciar para a venda (art. 890.º, n.º 3).

Caso a sentença que se executa estiver pendente de recurso ou estiver pendente oposição à execução ou à penhora, deve fazer-se menção do facto no edital e no anúncio (art. 890.º, n.º 5).

Para se fazer a prova de que se acataram as regras sobre a publicidade da venda, age-se em conformidade com o que se dispõe no art. 252.º, com as devidas adaptações: junção ao processo de uma cópia do edital, na qual o agente de execução declarará os dias e lugares em que fez a afixação; e junção de uma folha em branco com os anúncios extraídos dos jornais nela colados[792], indicando-se na folha o título destes e as datas das publicações.

Até o dia de abertura das propostas, é o depositário obrigado a mostrar os bens a quem pretenda examiná-los (art. 891.º), para os possíveis compradores ajuizarem dos preços que devem propor, atendendo à natureza, às qualidades, ao estado de conservação e ao valor dos bens exibidos. Para esta obrigação não se tornar demasiado onerosa para o depositário, permite a lei que ele fixe as horas em que, durante o dia, facultará a inspecção, desde que o agente de execução as indique no anúncio e no edital da venda (art. 891.º, 2.ª parte)[793].

---

[791] Cf. Alberto dos Reis, ob. cit., vol. II, p. 334.

[792] Isto para a hipótese de ter sido divulgada a abertura das propostas por meio de anúncios em jornais, nos termos do n.º 2 do art. 890.º

[793] O *dever de mostrar os bens* aos interessados na sua aquisição, face ao disposto no art. 886.º, n.º 2, aplica-se igualmente, com as devidas adaptações, às restantes modalidades de venda; donde ser também um dever a cargo do depositário de bens móveis (em regra, não vendidos mediante propostas em carta fechada).

As propostas hão-de ser apresentadas em cartas fechadas, referindo-se no exterior destas a venda a que respeitam, e devem ser entregues na secretaria do tribunal até ao momento da abertura[794]. Depois de apresentadas as propostas não podem ser retiradas, a não ser que a sua abertura seja adiada por mais de 90 dias (art. 893.º, n.º 4); e, sendo uma delas aceite, fica o proponente obrigado a pagar o preço, sob pena de se sujeitar às sanções do art. 898.º.

À sua proposta devem os proponentes juntar, como caução, um cheque visado, à ordem do agente de execução ou, nos casos em que as diligências de execução são realizadas por oficial de justiça, da secretaria, no montante correspondente a 5% do valor anunciado para a venda, ou garantia bancária no mesmo valor (art. 897.º, n.º 1). A prestação desta caução é condição de admissibilidade da proposta apresentada[795].

A abertura das propostas efectua-se perante o juiz, com assistência obrigatória do agente de execução, e a ela podem assistir, além dos proponentes, o executado, o exequente e os reclamantes de créditos com garantia sobre os bens a vender (art. 893.º, n.º 1).

Abertas as propostas, podem verificar-se duas situações (art. 893.º, n.ºs 2 e 3):

a) Um único proponente oferece o preço mais elevado;
b) Vários proponentes oferecem o preço mais elevado.

Na 1.ª situação, passa-se de imediato à deliberação, nos termos do art. 894.º; na 2.ª, procede-se logo a licitação entre os respectivos proponentes se estiverem presentes e não declararem querer adquirir os bens em compropriedade. Estando presente só um dos proponentes do maior preço pode ele cobrir a proposta dos ausentes; não estando presente nenhum ou não querendo nenhum dos presentes cobrir a proposta dos outros procede-se a sorteio para determinar a proposta que deve prevalecer.

À fase da abertura segue-se a da deliberação sobre as propostas que o CPC39, no seu art. 894.º, remetia para uma conferência de inte-

[794] Dizia-se no art. 1248.º do Projecto do CPC39 que nos editais e anúncios para a venda por propostas se devia declarar que seriam recebidas as apresentadas ou enviadas até ao momento da abertura. No Código nada se disse a tal respeito por se ter considerado desnecessário. E comentava Alberto dos Reis (ob. cit., vol. II, p. 345): "desde que se designa dia e hora para a abertura das propostas e não se marca prazo para a sua apresentação, segue-se naturalmente que as propostas podem ser entregues ou enviadas até à última hora, até ao instante em que hão-de ser abertas".

[795] Cf. Acórdão da RG de 4.06.2009, CJ, ano XXXIV, tomo III, p. 23.

ressados a reunir dentre os oito dias seguintes, para possibilitar ao executado encontrar um comprador que oferecesse preço superior ao mais elevado das propostas.

No actual Código, a deliberação acontece logo a seguir à abertura, se um único proponente ofereceu o preço mais elevado, ou depois de efectuada a licitação ou o sorteio, se vários proponentes ofereceram o preço mais elevado.

Na apreciação das propostas intervêm o executado, o exequente e os credores que tenham comparecido. Caso nenhum se encontre presente, considera-se aceite a proposta de maior preço, desde que superior ao valor anunciado para a venda (art. 894.º, n.º 1).

Comparecendo alguns ou todos os interessados a eles compete aceitar ou rejeitar a proposta mais alta; em caso de desacordo, prevalece o voto dos credores que, entre os presentes, tenham a maioria de créditos sobre os bens a que a proposta se refere (art. 894.º, n.º 2). E agora à aceitação deliberada pelos credores deixou o executado, com a RPC95-96, de poder opor o seu veto, oferecendo pretendente que se responsabilize por preço superior (anterior art. 894.º, n.º 2, 2.ª parte).

De qualquer forma, não serão aceites propostas de valor inferior ao anunciado para a venda, a menos que o exequente, o executado e todos os credores com garantia real sobre os bens a vender acordem na sua aceitação (art. 894.º, n.º 3).

Será lavrado, pelo agente de execução, auto de abertura e aceitação das propostas, com identificação de todas as propostas apresentadas e, no que concerne a cada proposta aceite, com menção do nome do proponente, dos bens a que respeita por referência à penhora respectiva e do seu preço (art. 899.º)[796].

As irregularidades relativas à abertura, licitação, sorteio, apreciação e aceitação das propostas só podem ser arguidas no próprio acto (art. 895.º, n.º 1), em excepção à regra geral estabelecida no art. 205.º.

Não sendo a arguição deduzida no próprio acto, a nulidade fica sanada; daí não poder servir de fundamento à anulação da venda, nos termos da alínea c) do n.º 1 do art. 909.º. Havendo reclamação, deve o juiz apreciá-la de imediato e mandar suprir a irregularidade, se ela se verificar.

---

[796] Sendo o auto não só de *aceitação* como de *abertura* das propostas, deve necessariamente identificar todas estas (a "outras ocorrências" alude também o art. 899.º) e não somente as que forem aceites, como sustentam Lopes Cardoso (ob. cit., p. 590) e Jacinto Bastos ("Notas...", vol. IV, cit., p. 139). Depois, só pela menção no auto de todas as propostas apresentadas será possível apreciar as irregularidades que venham a ser assacadas à sua abertura, nos termos do n.º 1 do art. 895.º.

Pode acontecer que nenhum proponente acorra à venda, ou acorrendo um ou vários nenhuma proposta seja aceite. Verificando-se uma destas situações, tem lugar a venda por negociação particular (art. 895.º, n.º 2).

Aceite alguma proposta e se nenhum preferente se apresentar a exercer o seu direito, é o proponente (ou os proponentes que declararam pretender adquirir os bens em compropriedade) notificado para, no prazo de 15 dias, depositar numa instituição de crédito, à ordem do agente de execução, a totalidade ou a parte do preço em falta. Sendo as diligências de execução realizadas por oficial de justiça, o depósito é feito à ordem da secretaria (art. 897.º, n.º 2). Nesta última situação, o depósito é efectuado em conta bancária do IGFIJ, por meio do DUC (art. 9.º, n.º 2, da Portaria n.º 419-A/2009, de 17 de Abril)[797].

Não tendo o proponente ou preferente depositado o preço, no prazo atrás referido, pode o agente de execução, ouvidos os interessados na venda, em conformidade com o disposto no n.º 1 do art. 898.º:

a) Determinar que a venda fique sem efeito e aceitar a proposta de valor imediatamente inferior; ou

b) Determinar que a venda fique sem efeito e efectuar a venda dos bens através da modalidade mais adequada, não podendo ser admitido o proponente ou preferente remisso a adquirir novamente os mesmos bens e perdendo o valor da caução constituída nos termos do n.º 1 do art. 897.º; ou

c) Liquidar a responsabilidade do proponente ou preferente remisso, para de seguida promover perante o juiz o arresto em bens suficientes para garantir o valor em falta, acrescido das custas e despesas, sem prejuízo de procedimento criminal e com execução simultânea daquele no próprio processo para pagamento do valor apurado.

Efectuado o pagamento do devido, o arresto é levantado (art. 898.º, n.º 2). Diversamente, se a execução prosseguir, o arresto será convertido em penhora (art. 846.º).

Nesta execução *sui generis* para pagamento de quantia certa, enxertada numa outra execução correndo termos, a posição de demandante será desempenhada pelo exequente desta acção executiva e pelos credores reclamantes com créditos graduados para serem pagos pelo produto

---

[797] No prazo de 30 dias, deve o proponente pagar o IMT (art. 36.º, n.º 3, do CIMT), a menos que beneficie de isenção (arts. 6.º e segs. do mesmo Código), para de seguida comprovar o seu pagamento ou justificar a sua isenção, nos autos (art. 900.º, n.º 1).

da venda cujo preço não foi depositado, que não têm todavia de indicar bens à penhora, por tal missão competir ao agente de execução, pela via preliminar do arresto[798].

Também a venda de estabelecimento comercial de valor superior a 500 UC efectua-se mediante propostas em carta fechada, nos termos do regime exposto, devidamente adaptado, sob proposta do exequente, do executado ou de um credor que sobre ele tenha garantia real (art. 901.º-A, n.os 1 e 3). Cabe ao juiz resolver se as propostas devem ser abertas na sua presença, sem que nunca se prescinda da presença do agente de execução (art. 901.º-A, n.º 2).

Se o estabelecimento comercial tiver valor igual ou inferior a 500 UC, será o mesmo vendido ou por negociação particular (art. 905.º) ou em estabelecimento de leilão (art. 906.º) ou em leilão electrónico (art. 907.º-B).

Reafirme-se que a venda por propostas em carta fechada está hoje circunscrita aos imóveis e ao estabelecimento comercial de valor superior a 500 UC, jamais podendo essa modalidade de venda aplicar-se aos bens móveis.

72. **OUTRAS MODALIDADES DE VENDA**

Como atrás vimos[799], a venda executiva, para além de poder ser efectuada por meio de propostas em carta fechada, pode revestir outras seis modalidades [art. 886.º, alíneas b) a g)].

Analisemos cada uma de per si.

a) Venda em bolsas

São de dois tipos as bolsas previstas no art. 902.º: bolsas de capitais e bolsas de mercadorias.

Nas bolsas de capitais, terão sempre de ser vendidos os valores mobiliários que nelas tenham cotação (art. 902.º, n.º 1), como acções,

---

[798] Cf. Maria Olinda Garcia, "A Responsabilidade do Exequente...", cit., pp. 57 e seg.

[799] Cf. ponto n.º 70.

obrigações, títulos de participação e outros (art. 1.º, n.º 1, do CVM). Se, na área da comarca por onde corre a execução, não houver bolsa, não terá que se expedir carta precatória para a comarca mais próxima, para aí se proceder à venda, como antigamente; hoje, face ao disposto no n.º 4 do art. 176.º, a venda é solicitada directamente à bolsa de capitais pelo agente de execução.

As mercadorias deverão também ser vendidas nas bolsas de mercadorias onde forem cotadas, mas só quando as haja na área de jurisdição do tribunal da execução (art. 902.º, n.º 2).

Não obstante não haver na área da comarca da execução bolsa de mercadorias, a dispensar a venda obrigatória nela, nada impede que, a requerimento do executado, do exequente ou de algum dos credores com garantia sobre as mercadorias a vender e, ouvidos os restantes interessados, possa ser determinada a venda em uma bolsa de mercadorias situada em comarca diversa.

Os bens sujeitos à venda em bolsas são insusceptíveis de adjudicação (art. 875.º, n.º 1).

b) Venda directa

A venda directa tem lugar sempre que os bens tenham de ser entregues a certas entidades (art. 903.º) para salvaguarda de determinados interesses. Da sua realização será incumbido o depositário que a ela procederá pelo preço estabelecido na lei.

É hoje difícil admitir, entre nós, situações de venda directa por incompatíveis com a proibição de monopólios comerciais no seio da União Europeia[800].

Anteriormente à nossa adesão à Comunidade Europeia, podemos apontar a Empresa Pública de Abastecimento de Cereais (EPAC) e a Casa do Douro como exemplos de *exclusivos* de aquisição, respectivamente, do trigo e do vinho da região demarcada do Douro[801].

Segundo a nova redacção conferida ao art. 903.º pelo DL n.º 38/2003, também poderá haver venda directa a favor de quem queira exercer o direito de execução específica quando os bens lhe tiverem sido prometidos vender, com eficácia real.

---

[800] De harmonia com o disposto nos arts. 49.º e segs. do TFUE, estabelece-se no DL n.º 214/86, de 2 de Agosto, o princípio do *livre estabelecimento* a nacionais e estrangeiros em todos os sectores económicos abertos à iniciativa privada.

[801] Cf. Lebre de Freitas, "A Acção Executiva...", p. 327, nota 3, 2ª parte.

A propósito desta inovação, escrevemos em edições anteriores:

"Há quem sustente haver venda directa a favor do promitente comprador sempre que o bem penhorado haja sido objecto de um contrato-promessa com eficácia real (art. 413.º, n.º 1 do CC)[802], mas tal entendimento é inaceitável.

Com efeito, o direito real de aquisição do promitente comprador concretiza-se, não por meio de uma forma especial de venda, mas do direito de execução específica, através do qual aquele comprador obtém do tribunal sentença (constitutiva) que produz os efeitos da declaração negocial do promitente vendedor (art. 830.º, n.º 1 do CC).

A *realidade* que acompanha este direito de execução específica, em confronto com o que detém mera eficácia *obrigacional*, implica a possibilidade dele sempre se efectivar, ainda que haja sinal passado ou cláusula penal, para além de se manter, mesmo que o promitente vendedor tenha disposto da coisa a favor de terceiro, desde que a promessa tenha sido registada antes de o ser esse acto de alienação[803]. Mas a *realidade* não tem qualquer projecção no âmbito da venda executiva, porquanto a coisa só pode transferir-se para o património do promitente comprador, quando o promitente vendedor se recusa a celebrar o contrato prometido, através da sentença constitutiva que ponha termo à acção de execução específica".

Infelizmente, contra o que escrevemos, o inacreditável aconteceu e agora temos, em flagrante violação da norma substantiva contida no n.º 1 do art. 830.º do CC, a declaração negocial do promitente vendedor substituída, não por uma sentença, a ultimar uma acção constitutiva, mas por um acto material (a venda), a fazer padecer a norma que possibilita tal comportamento de inconstitucionalidade, por desrespeito da regra da *reserva de juiz*, que impõe que os conflitos de interesses entre privados, na circunstância entre promitente comprador e promitente vendedor, sejam dirimidos por um tribunal, ante o estatuído no n.º 2 do art. 202.º da CRP.

E provavelmente uma outra inconstitucionalidade é susceptível de ser assacada à inovação legislativa, por desrespeito do princípio da igualdade recebido no n.º 1 do art. 13.º da CRP. Com efeito, havendo penhora do bem prometido vender, com eficácia real, o promitente vendedor não tem possibilidade de questionar o direito que se arroga o

---

[802] Assim: Lebre de Freitas, ob. cit., p. 327; e Teixeira de Sousa, "Acção Executiva...", cit., p. 363.

[803] Cf. Inocêncio Galvão Teles, ob. cit., pp. 148 e seg.

promitente comprador; mas, se essa penhora não ocorrer, já assiste ao promitente vendedor, no âmbito da acção de execução específica, a possibilidade de amplamente se defender da pretensão formulada pelo promitente comprador.

Esqueceu também o legislador que o promitente comprador de bem penhorado, com eficácia real atribuída à promessa, tem à sua disposição, como atrás referimos[804], os embargos de terceiro, onde todos os interessados têm a possibilidade de defender os seus direitos sob a supervisão do juiz que, a final, decidirá.

Ainda, no reformulado art. 903.º, não se diz por que preço são os bens vendidos ao promitente comprador, designadamente se deve ser abatido o sinal passado, caso o haja, e de que forma podem o exequente e os credores reclamantes, estes se tiverem garantia real sobre os bens a vender, questionar o valor fixado pelo agente de execução[805] [806] [807].

Não considerando os nossos argumentos decisivos, refere Teixeira de Sousa[808] que não interessa suprir a falta de uma declaração de vontade do executado por uma decisão judicial, por, na venda executiva, aquela vontade ser necessariamente irrelevante e quanto à possibilidade de o promitente comprador deduzir embargos de terceiro diz não perceber como ele "pode obstar à penhora de um bem com o argumento de que (...) tem direito a adquiri-lo".

Com muita facilidade se responde a tal tipo de contestação.

Em primeiro lugar, reafirmando que o beneficiário da promessa com eficácia real fica apenas "titular de um direito dirigido a exigir do promitente a realização do contrato definitivo e que pode fazer valer perante terceiros" e, caso ele falte à promessa assumida, resta-lhe a pos-

---

[804] Cf. ponto n.º 56.

[805] A situação nem se *salva* com a intervenção de um interessado com melhor preferência, por, na venda directa, diversamente do defendido por Paula Costa e Silva ("A Reforma...", cit., p. 113), e como a seguir se diz no texto, não ser admissível o exercício do direito de preferência na alienação dos bens, atento o disposto no n.º 2 do art. 886.º.

[806] Face ao que se diz no texto é para nós insustentável, diversamente do defendido por Rui Pinto (ob. cit., pp. 204 e seg.), considerar a venda directa como um modo alternativo à execução específica e que o promitente comprador tem o ónus de adquirir, na execução, a coisa prometida, sob pena de ver absolvido do pedido o promitente vendedor, por verificação de um facto extintivo do direito real de aquisição, na acção de execução específica que contra ele ulteriormente intentasse.

[807] Em defesa da solução ora legalmente consagrada, ver Lebre de Freitas e Ribeiro Mendes, ob. cit., pp. 596 e seg.

[808] "A Reforma...", cit., p. 195.

sibilidade de obter uma sentença que produza os efeitos do contrato não concluído, nos termos do n.º 1 do art. 830.º do CC[809].

Em segundo lugar, a possibilidade do beneficiário da promessa com eficácia real de deduzir embargos de terceiro funda-se no art. 351.º, n.º 1, por o seu direito real de aquisição ser incompatível com a adjudicação ou venda executiva. E só através desta via é possível, sob pena de improcedência da acção, notificar o requerente para consignar em depósito a sua prestação no prazo que lhe for fixado pelo tribunal, se for o caso, e apenas por meio da sentença que ultima a execução específica pode ser ordenada, a requerimento do faltoso, a modificação do contrato por alteração anormal das circunstâncias em que as partes basearam a resolução de contratar (art. 830.º, n.os 3 e 5, do CC).

Os bens sujeitos a venda directa não podem ser adjudicados em pagamento (art. 875.º, n.º 1). E como só as pessoas ou entidades determinadas na lei podem adquirir os bens, não pode também neste tipo de venda ser exercido nem o direito de preferência nem o direito de remição (art. 886.º, n.º 2).

c) Venda por negociação particular

Nos termos do art. 904.º, a venda por negociação particular tem lugar nos seguintes casos:

a) Quando o exequente propõe um comprador ou um preço que é aceite pelo executado e demais credores;
b) Quando o executado propõe um comprador ou um preço, que é aceite pelo exequente e demais credores;
c) Quando haja urgência na realização da venda, reconhecida pelo juiz;
d) Quando se fruste a venda por propostas em carta fechada, por falta de proponentes, não aceitação das propostas ou falta de depósito do preço pelo proponente aceite;
e) Quando se fruste a venda em depósito público ou equiparado, por falta de proponentes ou não aceitação das propostas, e, atenta a natureza dos bens, tal seja aconselhável;
f) Quando se frustre a venda em leilão electrónico, por falta de proponentes.

[809] M. J. Almeida Costa, "Direito das Obrigações", cit., pp. 375 e seg.

A decisão que ordene a venda por negociação particular, da autoria do agente de execução (art. 886.º-A, n.º 1), deve ser notificada aos interessados referidos no n.º 6 do art. 886.º-A.

Face ao disposto no n.º 1 do art. 905.º, a venda por negociação particular é realizada pela pessoa expressamente incumbida dela no despacho que ordena a venda (o denominado *encarregado da venda*), ou pelo depositário no caso de venda antecipada (art. 886.º-C, n.º 4), que procederá como mandatário.

Havendo acordo de todos os credores e sem oposição do executado, ou, na falta de acordo ou havendo oposição, por determinação do juiz, pode ser encarregado da venda o agente de execução (art. 905.º, n.º 2). Fora deste condicionalismo, para a venda de imóveis é preferencialmente designado mediador oficial (art. 905.º, n.º 3)[810].

Para o encarregado da venda desempenhar cabalmente o seu mister, deve ser notificado o depositário, caso não coincidam, para entregar àquele os bens a vender, sob a cominação do art. 854.º.

A entidade que tiver em seu poder os bens a vender — depositário ou encarregado da venda —, no período compreendido entre a data da decisão que determine a venda por negociação particular e a sua efectivação, deve mostrá-los a quem pretenda examiná-los (arts. 886.º, n.º 2, e 891.º).

Diversamente do que se verifica com a venda por propostas em carta fechada (art. 889.º, n.º 3), não diz a lei em que lugar deve acontecer a venda por negociação particular. Fica assim ao critério do encarregado da venda a sua escolha, seguramente levando em conta a sua comodidade e a do comprador e a vantagem de conseguir o melhor preço[811].

Quanto à forma que há-de revestir a transacção, aplicam-se as regras gerais da venda. Assim, pode ser celebrada por qualquer das formas admitidas para a declaração negocial (arts. 217.º e 219.º do CC), exceptuados a venda de imóveis [arts. 875.º do CC e 22.º, alínea a), do DL n.º 116/2008, de 4 de Julho] e o trespasse do estabelecimento comercial ou industrial (art. 1112.º, n.º 3, do CC), que só são válidos se forem celebrados, respectivamente, por escritura pública ou documento particular autenticado e por documento escrito[812].

---

[810] Sobre a actividade de mediação imobiliária regula o DL n.º 77/99, de 16 de Março, alterado pelo DL n.º 258/2001, de 25 de Setembro.

[811] Cf. Alberto dos Reis, ob. cit., vol. II, pp. 325 e seg.

[812] A liquidação do IMT precede o acto ou facto translativo dos bens, não podendo os notários e outros funcionários ou entidades que desempenhem funções

O encarregado da venda assina como mandatário a escritura pública e o documento escrito, bem como os outros documentos que os titulem ou a eles respeitem mas não pode receber o preço. Com efeito, este deve ser depositado directamente pelo comprador numa instituição de crédito, à ordem do agente de execução ou, nos casos em que as diligências de execução sejam realizadas por oficial de justiça, da secretaria, antes de lavrado o instrumento da venda (art. 905.º, n.º 4). Neste último caso, o depósito é efectuado em conta bancária do IGFIJ, por meio do DUC (art. 9.º, n.º 2, da Portaria n.º 419-A/2009, de 17 de Abril).

A venda de imóvel em que tenha sido, ou esteja sendo, feita construção urbana, ou de tracção dele, pode efectuar-se no estado em que se encontre, com dispensa da licença de utilização ou de construção, devendo a entidade com competência para a formalização do acto fazer consignar no documento a falta de apresentação dessa licença, e com obrigação para o adquirente de proceder à respectiva legalização (art. 905.º, n.º 6).

Estando a sentença exequenda pendente de recurso (ordinário ou extraordinário) ou encontrando-se pendente oposição à execução ou à penhora, deve o encarregado da venda dar conta dessas circunstâncias ao comprador e mencioná-las no título de venda (art. 905.º, n.º 5). E isto por a anulação ou revogação da sentença e a procedência da oposição à execução ou à penhora justificarem a anulação da venda, nos termos do art. 909.º, n.º 1, alínea a).

O encarregado da venda tem direito a uma remuneração a fixar pelo tribunal com base no valor por ele indicado, desde que não ultrapasse os limites impostos pela tabela IV, nos termos do n.º 4 do art. 17.º do RCP de que a referida tabela é parte integrante.

---

notariais lavrar as escrituras, quaisquer outros instrumentos notariais ou documentos particulares que operem transferências de bens imóveis, sem que lhe seja apresentada a declaração relativa à liquidação do IMT acompanhada do correspondente comprovativo da cobrança, a menos que aquele imposto não seja devido do que se fará menção [arts. 6.º e segs., 22.º e 49.º do CIMT e 46.º, n.º 1, alínea f), do CN]. No respeitante a documentos particulares que titulem actos sujeitos a registo predial, não podem ser autenticados enquanto não se encontrar pago ou assegurado o IMT e o imposto do selo liquidados, devendo constar do termo de autenticação o valor dos impostos e a data da liquidação, ou a disposição legal que prevê a sua isenção (art. 25.º, n.os 1 e 2, do DL n.º 116/2008, de 4 de Julho).

d) Venda em estabelecimento de leilão

Atento o disposto no n.º 1 do art. 906.º, a venda é feita em estabelecimento de leilão, quando:

a) O exequente, o executado ou credor reclamante com garantia sobre o bem em causa, proponha a venda em determinado estabelecimento e não haja oposição de qualquer dos restantes; ou
b) Tratando-se de coisa móvel, o agente de execução entenda que, atentas as características do bem, se deve preterir a venda por negociação particular em caso de se frustrar a venda em depósito público ou equiparado.

Verificando-se a última situação, o agente de execução, ao determinar a modalidade da venda, deve indicar o estabelecimento de leilão incumbido de a realizar (art. 906.º, n.º 2).

A RPC2003 veio permitir, e pela primeira vez no nosso ordenamento processual, que no estabelecimento de leilão se venda qualquer bem ou direito penhorado, mesmo que seja um imóvel, quando até então apenas era ali permitida a venda de bens móveis.

A decisão que ordene a venda em estabelecimento de leilão deve ser notificada aos interessados referidos no n.º 6 do art. 886.º-A.

A venda é feita pelo pessoal do estabelecimento segundo as regras que estiverem em uso, aplicando-se o n.º 5 do art. 905.º e, quando o objecto da venda seja uma coisa imóvel, o disposto no n.º 6 do mesmo artigo (art. 906.º, n.º 3).

O pessoal do estabelecimento é obrigado a mostrar os bens a quem pretenda examiná-los, antes da concretização da venda (arts. 886.º, n.º 2, e 891.º).

Nos cinco dias posteriores à realização da venda, o gerente do estabelecimento depositará o preço líquido em instituição de crédito, à ordem do agente de execução ou, nos casos em que as diligências de execução são realizadas por oficial de justiça, da secretaria, fazendo juntar ao processo o respectivo conhecimento. Se o não fizer, incorre nas sanções aplicáveis ao infiel depositário, previstas no art. 854.º (art. 906.º, n.º 4).

Também o estabelecimento de leilão tem direito a uma remuneração a fixar nos mesmos termos que a do encarregado da venda por negociação particular, como resulta do art. 17.º, n.º 4, do RCP.

Contra as irregularidades cometidas no acto do leilão podem reclamar os credores, o executado e qualquer dos licitantes.

A reclamação deve ser apresentada no processo de execução para decisão do juiz. Este, para fundamentar o seu juízo, pode examinar ou mandar examinar a escrituração do estabelecimento, ouvir o respectivo pessoal, incluindo o dono ou gerente, inquirir as testemunhas que se oferecerem e proceder a quaisquer outras diligências (art. 907.º, n.º 1).

Uma vez produzidas as provas, se o juiz concluir que as irregularidades praticadas viciaram o resultado final da licitação, deve anular o leilão e condenar o dono do estabelecimento a repor o que tiver embolsado, bem como a indemnizar as pessoas prejudicadas pelos danos causados (art. 907.º, n.º 2).

Anulada a venda, o leilão pode repetir-se, mas noutro estabelecimento; não o havendo, tem de proceder-se à venda por propostas em carta fechada, se for caso disso, por negociação particular ou por venda em leilão electrónico [arts. 907.º, n.º 3, e 907.º-B, n.º 1, alínea b)].

e) Venda em depósito público ou equiparado

São vendidos em depósito público ou equiparado, segundo o n.º 1 do art. 907.º-A, n.º 1, os bens que tenham sido para aí removidos e não devam ser vendidos por outra forma.

Estas vendas têm periodicidade mensal e são publicitadas mediante anúncios e editais, contendo a relação dos bens a vender: os anúncios obedecem às regras de publicação estabelecidas para a venda por propostas em carta fechada; quanto aos editais, são afixados no armazém (art. 907.º-A, n.º 2). No decurso da publicidade, o pessoal do depósito público ou equiparado é obrigado a mostrar os bens a quem pretenda examiná-los (arts. 886.º, n.º 2, e 891.º).

Se a sentença que se executa estiver pendente de recurso ou estiver pendente oposição à execução ou à penhora, faz-se menção do facto nos editais e anúncios (art. 907.º-A, n.º 2, *in fine*).

É objecto de regulamentação própria, tendo em conta a natureza dos bens a vender, o modo de realização da venda em depósito público ou equiparado (art. 907.º-A, n.º 3). Essa regulamentação consta dos arts. 40.º a 44.º da Portaria n.º 331-B/2009, de 30 de Março, onde surgem, entre outras, as seguintes regras;

a) Os bens que se encontrem em depósito público são vendidos logo que a venda seja processualmente possível;
b) Cabe ao depositário disponibilizar aos agentes de execução, por escrito ou em formato electrónico que permita um registo tem-

porário da informação, todas as informações relativas à periodicidade das vendas, datas em que devem ser realizadas e modo de realização de cada venda;

c) Cabe ao agente de execução informar o depositário, por escrito ou em formato electrónico que permita um registo temporário da informação, dos bens que devem ser vendidos e o respectivo valor base;

d) A venda em depósito público só pode ser realizada mediante regime de leilão electrónico, regime de leilão, negociação particular e venda directa a pessoas ou entidades que tenham um direito reconhecido a adquirir bens, sendo preferencialmente vendidos em leilão electrónico os bens removidos para depósito público ou equiparado;

e) Frustrando-se a venda em leilão electrónico, os bens são colocados em venda na modalidade de leilão e, se também esta se frustrar, os bens podem ser vendidos mediante negociação particular;

f) A venda deve ser realizada em local aberto ao público, preferencialmente no próprio local do depósito, a menos que a natureza da venda ou dos bens aconselhe um outro local específico, e na presença do agente de execução;

g) A venda deverá ser sempre publicitada, para além dos termos previstos no n.º 2 do art. 907.º-A do CPC, na página electrónica do depositário;

h) Os potenciais interessados têm o direito de inspeccionar os bens a vender, no local onde eles se encontrem, entre a data da publicitação e a data da realização da venda;

i) No caso de venda periódica em leilão, os interessados na aquisição de bens devem inscrever-se junto do depositário até ao início da realização da venda, sendo o bem ou lote de bens vendido a quem apresente proposta mais elevada e o seu preço imediatamente entregue ao depositário ou seu representante;

j) Pago o preço dos bens vendidos em leilão, são estes entregues ao adquirente até cinco dias após a comunicação ao depositário do acordo do agente de execução.

Frustrando-se a venda em depósito público, cabe ao agente de execução decidir, atentas as características do bem, se ele deve ser vendido por negociação particular, em estabelecimento de leilão ou em leilão electrónico [arts. 904.º, alínea e), 907.º, n.º 3, e 907.º-B, n.º 1, alínea b)].

f) Venda em leilão electrónico

Refere-se no n.º 1 do art. 907.º-B que, exceptuados os casos em que os bens tenham de ser vendidos nas bolsas e os de venda directa, a venda de bens penhorados é sempre feita em leilão electrónico, em termos a definir por portaria, quando:

a) Ouvidos o exequente, o executado e os credores com garantia sobre os bens a vender, estes não se oponham no prazo de cinco dias;
b) O agente de execução entenda preferível a venda em leilão electrónico à venda por negociação particular ou à venda por propostas em carta fechada, sempre que esta e a venda em depósito público ou equiparado se frustrem ou na sequência da anulação da venda em estabelecimento de leilão, não havendo outro estabelecimento deste tipo.

A venda em leilão electrónico encontra-se sujeita às regras relativas à venda em estabelecimento de leilão em tudo que não se disponha em contrário na portaria que a disciplina (art. 709.º-B, n.º 3).

Também a venda em leilão electrónico deve ser publicitada, pelo agente de execução, através dos meios mais adequados, por sua iniciativa ou por sugestão dos interessados na venda, devendo constar do anúncio da venda o nome do executado, a identificação do agente de execução, o dia e a hora do leilão, a identificação sumária dos bens e o seu valor; ainda, na publicidade da venda, deve mencionar-se expressamente, se for o caso, que a sentença que se executa está pendente de recurso ou que se encontra pendente oposição à execução ou à penhora (art. 907.º-B, n.º 2).

73. DIREITO DE PREFERÊNCIA

Os titulares do direito de preferência na alienação dos bens devem ser notificados do dia, hora e local designados para a abertura das propostas, tanto no caso da venda por propostas em carta fechada (art. 892.º, n.º 1) como no da adjudicação dos bens penhorados (art. 876.º, n.º 2), a fim de poderem exercer o seu direito no próprio acto[813].

[813] No Acórdão do TC n.º 225/2000, de 5 de Abril (DR, I Série, de 31.10.2000), doutrinou-se, a propósito do direito de preferência do arrendatário de prédio urbano, no

E igualmente devem ser notificados para preferir nas outras modalidades de venda, exceptuada a venda directa (art. 886.º, n.º 2).

No silêncio da lei, compete, em princípio ao exequente, por sobre ele incidir o principal ónus do impulso processual, a indicação das pessoas que hão-de ser notificadas como preferentes. Mas também os credores reclamantes de créditos com garantia sobre os bens a vender poderão requerer a notificação das pessoas que reputem titulares do direito de preferência[814]. Igualmente tal faculdade não deve ser recusada ao executado como parte no processo e o próprio agente de execução pode ordenar o suprimento da omissão, caso ela ocorra, em conformidade com os poderes que lhe são conferidos pelo n.º 1 do art. 808.º.

No art. 848.º do CPC de 1876, apresentava-se uma relação de oito preferentes que se mandavam citar para assistir à praça, a fim de aí exercerem, querendo, o seu direito.

Tanto o CPC39 como o actual deixaram de o fazer, remetendo tal indicação para o direito substantivo, para evitar omissões, por busca incompleta, e constantes desactualizações, por eliminação ou surgimento ulterior de outros direitos de preferência no âmbito do direito material.

Resulta do art. 422.º do CC que, no processo executivo, são reconhecidos o *direito de preferência legal* e o *direito de preferência convencional que goze de eficácia real*, com prevalência do primeiro sobre o segundo, tendo em conta os interesses de ordem pública que subjazem à atribuição das preferências legais.

Se o direito de preferência convencional não gozar de eficácia real, o seu titular não pode exercê-lo na alienação efectuada em processos de execução, insolvência ou casos análogos, para não afastar possíveis interessados na aquisição dos bens, em prejuízo dos credores, e

---

sentido de a fixação na lei de direitos de preferência não afectar, só por si, o conteúdo do direito de propriedade, tal como se encontra reconhecido no art. 62.º, n.º 1 da CRP, designadamente na componente do direito de transmissão, que não é atingido no seu conteúdo essencial. "É que o estabelecimento de um direito de preferência no caso de alienação do prédio não obriga o proprietário a vender, nem o impede de vender, mas apenas o obriga a, caso decida vender, atribuir preferência nessa alienação, em igualdade de circunstâncias, no caso ao arrendatário do prédio". E acrescenta o aresto não constituir uma restrição arbitrária ou materialmente infundada a limitação à liberdade de escolha da outra parte do negócio, tendo em conta que, face ao disposto no art. 65.º, n.º 2, da CRP, compete ao Estado, além do mais, adoptar uma política de acesso à habitação própria.

[814] Cf. Alberto dos Reis, ob. cit. vol. II, pp. 344 e seg.

também para não desviar os próprios preferentes da luta com os outros interessados[815].

Aplicando-se o art. 892.º somente às preferências legais e às preferências convencionais com eficácia real (como, aliás, hoje dele expressamente consta), e jamais às preferências meramente obrigacionais, exemplifiquemos, a pretexto das primeiras, com os seguintes titulares:

a) o proprietário de terrenos confinantes, desde que um deles tenha área inferior à unidade de cultura (arts. 1380.º, n.º 1, do CC e 18.º, n.º 1, do DL n.º 384/88, de 25 de Outubro);
b) o comproprietário (art. 1409.º, n.º 1, do CC);
c) o proprietário do solo, no que respeita ao direito de superfície (art. 1535.º, n.º 1, do CC);
d) o proprietário do prédio onerado com a servidão legal de passagem quanto ao prédio dominante (art. 1555.º, n.º 1, do CC);
e) o co-herdeiro em relação ao quinhão hereditário (art. 2130.º, n.º 1, do CC);
f) o arrendatário de prédio urbano ou de fracção autónoma, em relação ao local arrendado há mais de três anos, com o seu direito a ser graduado imediatamente acima do direito de preferência conferido ao proprietário do solo pelo art. 1535.º do CC [art. 1091.º, n.os 1, alínea a), e 3, do mesmo diploma][816] [817];
g) o membro sobrevivo de união de facto em relação ao imóvel, durante o tempo em que o habitar a qualquer título (art. 5.º, n.º 9, da Lei n.º 7/2001, de 11 de Maio, na redacção da Lei n.º 23/2010, de 30 de Agosto);
h) o arrendatário de prédio rústico, com pelo menos 3 anos de vigência do contrato, em relação ao prédio arrendado (art. 28.º, n.º 1, do DL n.º 385/88, de 25 de Outubro);

---

[815] Cf. Pires de Lima e Antunes Varela, ob. cit., vol. I, p. 399.

[816] A notificação do projecto de venda e das cláusulas do respectivo contrato deve ser feita, nos regimes de comunhão, tanto ao titular do direito de preferência como ao seu cônjuge, por a posição de arrendatário se comunicar a este, face ao disposto no art. 1068.º do CC.

[817] No Acórdão do TC n.º 225/2000, de 5 de Abril (DR, II Série, de 31.10.2000), não se julgou inconstitucional o art. 47.º, n.º 1, do RAU, [com correspondência, mediante alteração de regime, ao art. 1091.º, n.º 1, alínea a), do CC, na redacção da Lei n.º 6/2006, de 27 de Fevereiro, que aprovou o NRAU], quando interpretado em termos de atribuir ao arrendatário de parte de um prédio urbano, que não está constituído em propriedade horizontal, o direito de preferência na alienação da totalidade do prédio.

i) o senhorio do prédio arrendado em relação ao estabelecimento comercial, a menos que haja convenção em contrário (art. 1112.º, n.º 4, do CC);

j) os sócios, a sociedade ou uma pessoa por esta designada quanto às quotas da respectiva sociedade por quotas (art. 239.º, n.º 5, do CSC);

l) os sócios da sociedade em nome colectivo, em relação ao direito aos lucros e à quota de liquidação (art. 183.º, n.º 5, do CSC).

A notificação dos preferentes é feita de acordo com as regras da citação pessoal, nos termos do art. 256.º (art. 892.º, n.º 3). A partir da RPC95-96 não se aplicarão as regras da citação edital, por esta ter desaparecido no chamamento dos preferentes (parte final do n.º 3 do art. 892.º, em confronto com a redacção anterior).

Frustrando-se a notificação do preferente, mantém este o direito de propor a acção de preferência (art. 892.º, n.º 4).

Se, apesar de notificado pessoalmente, o preferente não comparecer no momento próprio a fim de exercitar o seu direito, presume-se que renuncia a ele com a consequente perda do direito de preferir na venda em causa; daí não poder invocá-lo posteriormente em ulterior acção de preferência.

O titular do direito de preferência deve exercê-lo, na adjudicação, no próprio acto dela (art. 877.º, n.º 1), e, na venda por propostas em carta fechada, no momento da aceitação de alguma proposta (art. 896.º, n.º 1).

Apresentando-se a preferir mais de uma pessoa com igual direito, abre-se licitação entre elas, sendo aceite o lance de maior valor (art. 896.º, n.º 2).

O preferente que pretenda exercer o seu direito deve apresentar, como caução, um cheque visado, à ordem do agente de execução ou, nos casos em que as diligências de execução são realizadas por oficial de justiça, da secretaria, no montante correspondente a 5% do valor anunciado para a venda, ou garantia bancária no mesmo valor (arts. 896.º, n.º 3, e 897.º, n.º 1).

Aceite a pretensão do preferente, é este notificado para, no prazo de 15 dias, depositar numa instituição de crédito a totalidade ou a parte do preço em falta (art. 897.º, n.º 2).

Se não depositar o preço no prazo fixado, fica o preferente sujeito às sanções estabelecidas nos n.ºs 1 e 2 do art. 898.º, em situação idêntica à do proponente remisso, na venda por propostas em carta fechada.

Na falta de depósito do preço por parte do proponente ou preferente cuja proposta fora aceite, pode o preferente que não tenha exercido o seu direito no acto de abertura e aceitação das propostas, efectuar, no prazo de 5 dias, contados do termo do prazo do proponente ou preferente faltoso, o depósito do preço por este oferecido, independentemente de nova notificação, a fim de lhe ser feita a adjudicação (art. 898.º, n.º 4).

No que concerne à venda por negociação particular, nada diz o art. 905.º quanto ao modo de os respectivos titulares exercerem o seu direito de preferência. A omissão justifica-se por a venda por negociação particular se encontrar submetida ao regime da venda particular, salvas as especialidades referidas no citado art. 905.º.

Logo, como em qualquer venda particular, deve o encarregado da venda, por meio de notificação judicial ou de carta registada com aviso de recepção, comunicar aos titulares dos direitos de preferência, legal ou convencional com eficácia real, eventualmente existentes, o projecto de venda quando se lhe depare uma oferta de preço que tencione aceitar, em obediência ao que se determina no n.º 1 do art. 416.º do CC[818].

Se não for dado conhecimento da venda ao preferente, pode este depois propor acção de preferência, nos termos do art. 1410.º do CC.

Tudo o que acaba de se dizer vale igualmente para a venda em estabelecimento de leilões.

Também o preferente que não for notificado, na venda por propostas em carta fechada, para a abertura das propostas, pode intentar oportunamente acção de preferência, em situação paralela à do preferente a quem não foi comunicada a efectivação da venda por negociação particular ou em estabelecimento de leilões. Dizendo-se no n.º 2 do art. 892.º que a falta de notificação tem a mesma consequência que a falta de notificação na venda particular, qual seja a de possibilitar ao preferente não chamado a propositura de acção de preferência, não implica aquela falta de notificação, diversamente do que acontecia perante o § 5.º do art. 848.º do CPC de 1876, nulidade processual, traduzida na anulação de tudo o que se processasse a partir do momento em que a notificação deveria ter ocorrido[819].

---

[818] Também aplicável, como os dois artigos seguintes, a todos os casos em que exista um direito legal de preferência, por força de remissão expressa (a título de exemplo, os arts.1091.º, n.º 4, 1380.º, n.º 4, 1409.º, n.º 2, 1535.º, n.º 2, e 1555.º, n.º 2, do CC) ou de remissão implícita (a título de exemplo, o art. 28 do DL n.º 385/88, de 25 de Outubro e o Acórdão do STJ de 2.03.99, *in* RLJ, ano 132.º, p. 183).

[819] Cf.: Alberto dos Reis, ob, cit., vol. II, p. 344; e Lopes Cardoso, ob. cit., p. 585. Diversamente, admitindo a figura da nulidade processual no caso de falta de

74. DIREITO DE REMIÇÃO

O direito de remição é o direito que a lei confere a certas pessoas da família do executado (cônjuge, descendentes e ascendentes) de haverem para si, na acção executiva, os bens adjudicados ou vendidos pelo preço da adjudicação ou da venda (art. 912.º).

Reveste algumas semelhanças com o antigo direito de avoenga, que era um direito de preferência a favor dos irmãos e outros parentes, quanto aos bens herdados dos ascendentes.

Através da concessão deste direito pretende-se proteger o património da família do devedor, obstando a que dele saiam os bens penhorados.

É um benefício ou favor ao executado e seus familiares próximos, por razões de ordem económica e moral, sem que daí resulte qualquer prejuízo para a execução[820].

O direito de remição constitui um verdadeiro direito de preferência[821], se bem que tenha na sua base uma relação de carácter *familiar*, enquanto o verdadeiro direito de preferência se funda numa relação de carácter *patrimonial*. Depois, enquanto o direito de preferência é exercitável sempre que ocorra uma venda ou dação em cumprimento, o direito de remição só cabe na adjudicação ou na venda em processo executivo[822].

O direito de remição pertence, segundo o art. 915.º:

a) Em primeiro lugar, ao cônjuge do executado;

b) Em segundo lugar, aos descendentes do executado;

c) Em terceiro lugar, aos seus ascendentes.

Os descendentes e ascendentes de grau mais próximo preferem aos de grau mais remoto.

Apresentando-se a remir vários descendentes ou ascendentes, em igualdade de grau, abre-se licitação entre eles e a remição será concedida ao que oferecer maior preço.

---

notificação dos titulares de direito de preferência, Acórdão do STJ de 28.05.96, BMJ, 457, p. 302. Mas, no sentido do texto, pronunciou-se expressamente o Acórdão da RP de 23.11.2006, CJ, ano XXXI, tomo V, p. 181.

[820] Cf. Rezende Filho, ob. cit., p. 267.

[821] Enquanto Lebre de Freitas ("A Acção Executiva", cit., p. 333) o denomina *direito de preferência qualificado*, Remédio Marques (ob. cit., p. 401) prefere classificá-lo como *direito de preferência reforçado*.

[822] Também o direito de remição é reconhecido no processo de execução fiscal, nos termos previstos no CPC (art. 258.º do CPPT).

Quem pretenda remir os bens adjudicados ou vendidos deve provar o seu casamento ou parentesco com o executado, pelos meios por que se provam os factos sujeitos ao registo civil, na circunstância por meio de certidão de casamento ou de nascimento ou pela exibição do bilhete de identidade ou do cartão de cidadão, nos termos do art. 211.º do CRC. Se o remidor não tiver em seu poder nenhum desses documentos, conceder-se-lhe-á prazo razoável para a respectiva junção ou exibição (art. 915.º, n.º 3).

Diversamente do que ocorre com os titulares do direito de preferência, os titulares do direito de remição não são notificados para o exercer na execução. Dependerão assim para o exercício do seu direito do conhecimento que lhes advirá da publicidade que rodear a venda ou da informação que lhes prestar o executado seu familiar, que é sempre notificado do despacho determinativo da venda (art. 886.º-A, n.º 6)[823].

O n.º 1 do art. 913.º regula o momento até quando pode ser exercido o direito de remição.

Assim:

a) No caso de venda por propostas em carta fechada, até à emissão do título da transmissão dos bens para o proponente ou no prazo e nos termos do n.º 4 do art. 898.º;
b) Nas outras modalidades de venda, até ao momento da entrega dos bens ou da assinatura do título que a documenta.

Antes da RPC95-96, permitia-se, na segunda parte da alínea b) do art. 913.º, que, na venda por negociação particular, o direito de remição se pudesse também exercer dentro de 10 dias a contar da data em que o remidor tivesse conhecimento da venda, e isto seguramente por esta venda não estar sujeita à mesma forma de publicidade que a venda por propostas em carta fechada.

Pelas grandes perturbações que o exercício de tal faculdade trazia ao destino dos bens adquiridos em execução, que poderiam ser reclamados mesmo ao fim de vários anos pelo remidor, a implicar quebra de interesse por parte de possíveis compradores e o aviltamento do preço da venda, em boa hora a RPC95-96 fez cessar essa possibilidade.

Exercendo o remidor o seu direito no acto de abertura e aceitação das propostas em carta fechada, deve apresentar, como caução, um cheque visado, à ordem do agente de execução ou, nos casos em

[823] Cf. Acórdão da RC de 20.01.2009, CJ, ano XXXIV, tomo I, p. 19.

que as diligências de execução são realizadas por oficial de justiça, da secretaria, no montante correspondente a 5% do valor anunciado para a venda, ou garantia bancária no mesmo valor. Reconhecido o direito, é o remidor notificado para, no prazo de 15 dias, depositar numa instituição de crédito a totalidade ou a parte do preço em falta, sob pena de ficar sujeito às sanções estabelecidas nos n.ºs 1 e 2 do art. 898.º, em situação idêntica à dos proponente e preferente remissos, na venda por propostas em carta fechada (art. 913.º, n.º 2, 1.ª parte).

Exercendo o remidor o seu direito depois do acto de abertura e aceitação das propostas em carta fechada, deve depositar integralmente o preço devido, com o acréscimo de 5% para indemnização do proponente que já tenha pago integralmente o preço, na sequência da aceitação da sua proposta (art. 913.º, n.º 2, 2.ª parte).

Mostrando-se integralmente pago o preço pelo remidor e satisfeitas as obrigações fiscais, são-lhe entregues os bens, emitindo o agente de execução a seu favor o título de transmissão, para seguidamente o mesmo agente comunicar a venda ao serviço de registo competente, juntando o respectivo título (art. 913.º, n.º 2, *in fine*).

O direito de remição prevalece sobre o direito de preferência (art. 914.º, n.º 1).

A remição tem de ser feita pelo preço correspondente ao lanço mais elevado, se houver vários preferentes e se abrir licitação entre eles (art. 914.º, n.º 2).

75. **EFEITOS DA VENDA EXECUTIVA**

Os efeitos da venda executiva constam dos art. 824.º do CC e 900.º, 901.º e 905.º, n.º 4, do CPC.

Da sua disciplina impõe-se destacar os seguintes aspectos:

a) Transferência de direitos para o adquirente;
b) Caducidade dos direitos reais de garantia e dos direitos reais de gozo;
c) Transferência dos direitos de terceiro para o produto da venda;
d) Cancelamento dos registos.

a) Transferência de direitos para o adquirente

Cuida o n.º 1 do art. 824.º do CC dos direitos do adquirente sobre a coisa, por força da venda executiva, independentemente da modalidade que esta revista, dizendo que para ele se transferem os direitos do executado, independentemente da sua natureza; daí, tanto poderem ser transferidos *direitos reais* como *obrigacionais*[824][825].

O direito do adquirente, em processo de execução, filia-se no direito do executado, dele dependendo quer quanto à sua existência quer quanto à sua extensão (*nemo plus juris in alium transferre potest quam ipse habet*)[826].

Diversamente do que ocorre na venda voluntária, a venda forçada não envolve nenhuma obrigação para o devedor (executado), por nenhuma responsabilidade se poder afirmar contra ele; no respeitante ao credor, nenhuma obrigação de entrega fica a seu cargo para com o adquirente (sem prejuízo de ulteriormente, como em caso de evicção, poder ter de proceder à restituição do produto da venda); e, no que concerne ao órgão executivo, são-lhe completamente estranhos os efeitos do acto que leva a cabo[827].

Por a transferência dos bens ter como contrapartida o pagamento do preço, aplica-se à venda executiva, sempre que as circunstâncias o não desaconselhem, designadamente se nada se encontrar especialmente determinado no CPC, o regime do contrato de compra e venda (arts. 874.º e segs. do CC). Mas sem jamais olvidar que a obrigação de pagamento do preço surge para o adquirente no desenvolvimento do processo, onde encontra a sua disciplina.

Segundo o art. 900.º, no caso de venda por propostas em carta fechada, e o n.º 4 do art. 905.º, no caso de venda por negociação particular, a propriedade da coisa ou do direito não se transfere por mero efeito da venda, como é próprio desta no direito substantivo, dada a sua natureza *real*, e não obrigacional [arts. 408.º, n.º 1, 874.º, 879.º, alínea a), e 578.º, n.º 1, do CC].

---

[824] A possibilidade de venda ou adjudicação de créditos é expressamente contemplada no n.º 2 do art. 860.º.

[825] Diz-se no art. 717, I, do NCPC francês que "a adjudicação (...) não transmite ao adjudicatário outros direitos de propriedade senão os pertencentes ao executado". E, na primeira parte do art. 2919 do CC italiano, que "a venda forçada transfere para o adquirente os direitos que sobre a coisa pertenciam àquele que sofreu a expropriação, salvo os efeitos da posse de boa fé".

[826] É a concepção do direito romano, mas contestada por alguns que reclamam para o adquirente, em certos aspectos, uma *melhor* propriedade ou uma *nova* propriedade (cf.: Jean Vincent e outro, ob. cit., p. 287; e Marc Donnier, ob. cit., p. 390).

[827] Cf. Satta e outro, ob. cit., p. 749.

Quer numa quer noutra daquelas vendas, a transmissão da propriedade da coisa ou da titularidade do direito só ocorre com a emissão do título de transmissão por parte do agente de execução, no que toca à venda por propostas em carta fechada, e com a outorga do instrumento da venda, no que respeita à venda por negociação particular[828]. E para que aquele título seja emitido[829] e esta outorga se efective, terá o adquirente de pagar previamente o preço devido e satisfazer as obrigações fiscais inerentes à transmissão (arts. 900.º, n.º 1, e 905.º, n.º 4).

Pode, contudo, o interessado solicitar o registo provisório da aquisição por venda, antes de passado o título de transmissão [art. 92.º, n.º 1, alínea h), do CRPredial]. Este registo provisório é efectuado com base em comunicação electrónica do agente de execução, com indicação da identificação do proponente, remidor ou preferente e dos bens a que respeitam (art. 48.º-A do CRPredial).

São assim as vendas sobre que nos debruçamos de classificar como *vendas sujeitas a condição suspensiva do pagamento do preço*. Realizada a compra, defere-se a aquisição para o momento da satisfação do preço[830] [831].

Tendo em conta que a transmissão da propriedade não envolve necessariamente a transmissão da posse e que esta se funda em alguns dos factos referidos no art. 1263.º do CC, designadamente na tradição

---

[828] Também em Itália, perante o art. 586.º do seu CPC, se sustenta que o efeito translativo apenas ocorre com a emanação do despacho (*decreto*) de transferência (cf. Luigi Paolo Comoglio e outros, ob. cit., p. 783).

[829] No título de transmissão emitido a favor do proponente, preferente ou remidor (ver, quanto a este, o art. 913.º, n.º 2, *in fine*), identificam-se os bens, certifica-se o pagamento do preço ou a dispensa do depósito do mesmo, declara-se o cumprimento ou a isenção das obrigações fiscais e a data em que os bens foram adjudicados (art. 900.º, n.º 1).

[830] A este respeito, lê-se em Lebre de Freitas e Ribeiro Mendes (ob. cit., p. 582): "O depósito do preço não constitui uma simples *conditio iuris* (condição de eficácia de um negócio já perfeito), mas um elemento constitutivo da venda executiva por propostas em carta fechada. Até ele ter lugar, o proponente está ligado ao tribunal por um contrato preliminar (...), constituído com os elementos já verificados da fatispécie complexa do contrato definitivo em formação, com eficácia semelhante à do contrato promessa e, como este, susceptível de execução específica (art. 898-1) ou de resolução com perda do valor da caução prestada (art. 897-1), a título de indemnização (art. 898-3). Só com a conclusão da venda se produzem os efeitos desta (art. 824 CC)".

[831] Solução semelhante se defende em França, face à jurisprudência constante do Tribunal de Cassação, perfilhada pela maioria da doutrina (cf. Marc Donnier, ob. cit., p. 393).

material ou simbólica da coisa, pode o adquirente, no caso de venda executiva, independentemente da modalidade que ela revista, com base no título de transmissão ou do instrumento de venda, requerer contra o detentor, na própria execução, a entrega dos bens, pela forma prescrita no art. 930.º (arts. 901.º e 886.º, n.º 2). É o que ocorrerá quando o detentor seja arrendatário por força de arrendamento celebrado depois da penhora do imóvel e não o desocupe voluntariamente, atento o disposto no art. 819.º do CC.

Diversamente do que ocorria anteriormente, no âmbito da RPC95-96, na medida em que remetia para o regime da execução para entrega de coisa certa[832], o texto do art. 901.º, saído da RPC2003, não prevê a possibilidade dos ocupantes alegarem e provarem o que considerarem conveniente a respeito da sua situação, como, em caso paralelo, se admite no art. 675. da LEC. Mas mal, porquanto o detentor pode ser um terceiro com título legítimo de ocupação (por exemplo, um arrendatário com contrato celebrado antes da penhora), a quem consequentemente se deveria garantir, através de incidente com natureza sumária, o direito de defesa, para depois o tribunal apreciar, segundo as características da detenção, se esta devia subsistir[833].

A lei não sujeita o adquirente dos bens a nenhum prazo, a fim de requerer a sua entrega; daí poder fazê-lo mesmo depois de extinta a execução[834].

A transmisssão de valores mobiliários titulados nominativos, resultante de venda executiva, concretiza-se por meio de declaração de transmissão, escrita no título, a favor do transmissário, a efectuar pelo agente de execução [art. 102.º, n.os 1 e 2, alínea b), do CVM].

---

[832] Discorda-se assim de Rui Pinto (ob. cit., p. 201), ao sustentar que, no actual texto do art. 901.º, se confere ao adquirente a possibilidade de lançar mão, contra o detentor, da execução para entrega de coisa certa, porquanto aquele preceito apenas prevê que a entrega dos bens (e nada mais que isso) se realize em conformidade com o disposto no art. 930.º. No sentido do texto, Lebre de Freitas e Ribeiro Mendes, ob. cit., pp. 593 e seg., e Lopes do Rego, "Comentários...", II, cit., p. 141.

[833] Para uma análise do art. 675. da LEC, Faustino Cordón Moreno, ob. cit., pp. 375-377.

[834] Sem qualquer fundamento legal, decidiu-se no acórdão da RC de 15.01.2008 (CJ, ano XXX, tomo I, p. 7) que, na entrega do imóvel, o detentor pode opor-se à apreensão de harmonia com o disposto no incidente de oposição à penhora, com fundamento em que o bem apreendido ou a extensão da apreensão não corresponde à obrigação exequenda.

b) Caducidade dos direitos reais de garantia e dos direitos reais de gozo

Face ao princípio recebido no art. 819.º do CC, de harmonia com o atrás definido[835], são de considerar inoponíveis à execução os direitos reais, de gozo ou de garantia, posteriores à penhora (ou ao seu registo), a menos que se trate de direitos de garantia não procedentes da vontade do executado[836], como a penhora posterior nos mesmos bens noutra execução (art. 871.º).

Com a venda executiva, aqueles direitos tornam-se *totalmente ineficazes*, restando ao adquirente dos bens ao executado repetir o que pagou e pedir uma indemnização, nos termos gerais[837].

A esta situação é de equiparar a falta de reclamação por parte do credor com garantia real, determinante da extinção desta, não obstante o crédito se manter, mas na qualidade de comum[838].

Também se torna totalmente ineficaz, com a venda, o arrendamento celebrado pelo executado após a penhora do imóvel objecto do contrato. O arrendamento que, aquando da sua celebração, era inoponível à execução, como hoje expressamente consta do art. 819.º do CC, continua a sê-lo em relação ao adquirente do imóvel na execução[839]. Daí poder ele reivindicá-lo, nos termos do art. 1311.º do CC, e exigir do responsável a indemnização correspondente aos rendimentos que deixou de auferir pela privação do uso do bem[840].

Os *direitos reais de garantia* anteriores à penhora (em data ou registo), de harmonia com o disposto no n.º 2 do art. 824.º do CC, caducam *sempre*, tenham registo ou não tenham, qualquer que seja a garantia, das previstas no n.º 2 do art. 604.º do mesmo Código[841].

---

[835] Cf. ponto n.º 55.

[836] Cf. ponto n.º 55.

[837] Cf. Castro Mendes, ob. cit., p. 463.

[838] Cf. Alberto dos Reis, ob. cit, vol. II, p. 409.

[839] Cf., neste sentido: Vaz Serra, RLJ., ano 109.º, p. 377; Manuel Januário da Costa Gomes, "Constituição da Relação de Arrendamento Urbano", 1980, pp. 278 e seg.; e Acórdãos do STJ de 11.04.2000 (CJ-Acórdãos do STJ, ano VIII, tomo II, p. 29) e de 27-03-2007 (CJ — Acórdãos do STJ, ano XV, tomo I, p. 146).

[840] Cf. Acórdão do STJ de 7.04.2005, CJ — Acórdãos do STJ, ano XIII, tomo II, p. 36.

[841] Diversamente se passam as coisas na venda voluntária, onde a saída dos bens do património do devedor não acarreta a extinção do privilégio creditório especial, mobiliário ou imobiliário, atento o atributo da sequela que exorna a garantia real e a sua

Quanto aos *direitos reais de gozo* anteriores à penhora estabelece o n.º 2 do art. 824.º do CC o seguinte regime:

a) Caducam os constituídos ou registados posteriormente a qualquer arresto, penhora ou garantia[842];
b) Subsistem os registados anteriormente ao primeiro arresto, penhora ou garantia;
c) Subsistem igualmente os não registados que, tendo sido constituídos antes de qualquer arresto, penhora ou garantia, produzem efeitos em relação a terceiros independentemente do registo[843].

"Assim, dizem-nos Pires de Lima e Antunes Varela[844], não caduca um usufruto sobre os bens imóveis vendidos, se o direito estiver registado antes do registo de qualquer arresto, penhora ou garantia. Também não caduca um usufruto sobre bens móveis, constituído antes do arresto, penhora ou garantia, visto esse usufruto não estar sujeito a registo".

Os direitos reais de gozo não caducam, nas duas últimas situações enunciadas, por não ser lícito ao credor, que tem a seu favor uma garantia real, pretender que se extinga um direito real já constituído (e registado), ao tempo em que ele adquiriu a sua garantia, direito esse que, consequentemente, já reduzira o valor do bem respectivo[845].

Refira-se, contudo, que também caducam os direitos reais de gozo anteriores ao direito real de garantia do exequente, mas posteriores ao direito real de garantia invocado por um credor reclamante, se, na execução, for requerida a extensão da penhora quanto àquele direito e ela se realizar.

Quando subsistem, os direitos reais de gozo acompanham os bens vendidos ou adjudicados.

Caducam os direitos reais que oneram os bens, nos termos sobreditos, por ser imperioso valorizar os bens a alienar, em benefício tanto

---

oponibilidade a terceiros que adquiram direitos reais sobre aqueles bens em momento ulterior ao da constituição do privilégio. Diferentemente, tratando-se de privilégio creditório geral, mobiliário ou imobiliário, a venda voluntária impossibilita o exercício do direito conferido pela garantia, sempre que a venda se realize antes da apreensão de bens em processo executivo ou outro de natureza semelhante. Cf. Miguel Lucas Pires, ob. cit., pp. 61 e seg. e nota 118.

[842] Tendo sido o imóvel dado de arrendamento por um usufrutuário e caducando o direito deste, também caducará o arrendamento, ante o estatuído no art. 1051.º, n.º 1, alínea c), do CC.

[843] Cf. Alberto dos Reis, ob. cit., p. 399.

[844] Ob. cit., vol. II, p. 97.

[845] Cf. Alberto dos Reis, ob. cit., pp. 400 e seg.

dos titulares dos direitos como do exequente e do executado e por aqueles direitos se transferirem para o produto da venda.

Por o contrato de arrendamento não conferir ao locatário um direito real, mas antes um direito de crédito, não caduca o referido contrato por via da venda executiva, quando outorgado pelo executado anteriormente ao registo da penhora. Daí o bem vendido ser transmitido ao adquirente sem afectar o direito do arrendatário, em aplicação da regra *emptio non tollit locatum* estabelecida no art. 1057.º do CC, que vale tanto para a venda voluntária como para a venda executiva[846].

E o mesmo se diga, *mutatis mutandis*, quanto aos demais *direitos pessoais de gozo* constituídos antes da penhora, que igualmente não caducam[847], a menos que algum preceito de direito substantivo o determine em relação a um ou outro. Assim, e por falta de disposição legal em contrário, também não caduca o arrendamento celebrado após o registo da hipoteca[848].

Uma correcta interpretação do art. 824.º, n.º 2, do CC, em conexão com a que se retira, *a contrario*, da segunda parte do art. 422.º do mesmo Código, permite-nos concluir que os direitos reais de aquisição não caducam com a venda executiva[849].

c) Transferência dos direitos de terceiro para o produto da venda

Por o dinheiro pago, na sequência da venda, tomar o lugar dos bens vendidos, com sujeição ao vínculo da penhora, deverá o mesmo ser distribuído entre os titulares dos direitos reais que oneram aqueles

---

[846] Cf. neste sentido: Acórdãos do STJ de 25.02.93, de 20.09.2005 e de 27.03.2007, CJ-Acórdãos do STJ, ano I, tomo I, p. 147, ano XIII, tomo III, p. 29, e ano XV, tomo I, p. 146, respectivamente; Satta e outro, ob. cit., pág. 752; Teixeira de Sousa, "Acção Executiva...", cit., pp. 390 e seg.; e Pedro Romano Martinez, "Venda Executiva", *in* "Aspectos do Novo Processo Civil", 1997, p. 334. Em contrário: Acórdão do STJ de 3-12-98, BMJ, 482, p. 219; e Manuel Henrique Mesquita, "Obrigações Reais ...", cit., p. 140.

Para Maria Olinda Garcia ("Arrendamento Urbano...", cit., pp. 24 e seg. e 48-60), o disposto no art. 824.º, n.º 2, do CC não deva aplicar-se ao arrendamento constituído antes da penhora, "quer não exista qualquer ónus sobre o imóvel à data da celebração do arrendamento, quer sobre esse imóvel incida uma garantia real (nomeadamente uma hipoteca)"; daí dever esse arrendamento subsistir em caso de venda executiva, por força do art. 1057.º do CC.

[847] Cf., em sentido contrário, Remédio Marques, ob. cit., p. 408.

[848] Cf., nesta linha, Acórdão da RL de 16.09.2008 (CJ, ano XXXIII, tomo IV, p. 80); em sentido contrário, Acórdãos da RL de 26.06.2008 e da RE de 19.06.2008 (CJ, ano XXXIII, tomo III, pp. 117 e 250, respectivamente),

[849] Cf. Rui Pinto Duarte, "Curso de Direitos Reais", cit., pp. 257 e seg.

bens, depois de pagas as custas[850]. E essa distribuição far-se-á em conformidade com a ordem fixada na sentença de verificação e graduação dos direitos de terceiro caducáveis.

Daí declarar-se no n.º 3 do art. 824.º do CC que os direitos reais de terceiro que caducam, quer os de gozo quer os de garantia, por força da venda executiva, se transferem para o produto da venda[851].

Concebendo uma situação em que haja um usufruto registado depois de uma hipoteca de terceiro (não do exequente), mas anteriormente à penhora, o produto da venda distribuir-se-á pela seguinte forma: em primeiro lugar, será pago o credor com registo de hipoteca pelo produto da venda do usufruto, na respectiva proporção (em referência ao valor da nua propriedade); em segundo lugar, o titular do direito de usufruto pelo remanescente do valor que corresponde ao seu direito; por fim, o exequente e os outros credores com garantias posteriores ao direito real. Obviamente o direito destes últimos só poderá incidir sobre o produto da nua propriedade, na parte em que não seja absorvido pelo pagamento, na parte proporcional, ao credor hipotecário[852 853].

Tudo isto evidentemente para o caso de a penhora se ter igualmente estendido ao usufruto; se isto não acontecer, não caducará o usufruto, por não ter sido penhorado, e o credor hipotecário apenas se satisfará, na execução, na parte proporcional, através da nua propriedade, sem prejuízo de conservar a sua garantia, pelo remanescente, quanto ao usufruto[854].

Há quem sustente[855] que igualmente são de transferir para o produto da venda os direitos pessoais de gozo que caducam. Nada de menos

---

[850] Cf. Liebman, ob. cit., p. 112.

[851] "Ainda que a aquisição seja feita pelo promitente-comprador, disse-se no Acórdão da RL de 17.02.2004 (CJ, ano XXIX, tomo I, p. 120), a garantia real do seu crédito decorrente do extinto direito de retenção transfere-se para o produto da venda, sendo a preferência considerada na sentença de graduação de créditos".

[852] Cf.: Anselmo de Castro, ob. cit., p. 232; e Vaz Serra, RLJ, ano 103.º, p. 164, nota 3.

[853] Se, por exemplo, o crédito hipotecário for do montante de 3000 euros e o produto da venda da nua propriedade e do usufruto renderem, respectivamente, 5000 e 2500 euros, o credor hipotecário será satisfeito, através do produto da venda da nua propriedade pelo montante de 2000 euros (2/3) e através do produto da venda do usufruto pelo montante de 1000 euros (1/3). Os sobrantes 1500 euros da venda do usufruto serão atribuídos ao titular deste direito; por sua vez, os sobrantes 3000 euros da venda da nua propriedade serão atribuídos ao exequente e demais credores com garantias posteriores ao direito real.

[854] Cf. Lebre de Freitas, "A Acção Executiva", cit., pp. 337 e seg.

[855] Assim, Remédio Marques, ob. cit., pp. 413 e seg.

exacto por esses direitos serem insusceptíveis de reclamação ou de apreciação no processo de execução; daí não poderem ser incluídos na sentença de graduação e só esta suporta a liquidação, onde se discriminam os pagamentos a efectuar com o produto da venda.

O que vem de ser exposto para a venda em execução, baseado no art. 824.º do CC, vale igualmente, ante o estatuído no art. 826.º do mesmo diploma, para a adjudicação e para a remição, o que é compreensível, por à primeira ser aplicável, com as necessárias adaptações, o regime da venda (art. 878.º), e por a segunda se reconduzir a uma substituição de pessoas, sem alteração da natureza do acto.

d) Cancelamento dos registos

Com a entrada em vigor do DL n.º 116/2008, de 4 de Julho, que revogou o art. 888.º e deu nova redacção ao n.º 2 do art. 886.º, uniformizou-se o regime de todas as modalidades de venda no respeitante ao registo da venda executiva e ao cancelamento das inscrições que tenham caducado.

Consta esse regime do n.º 2 do art. 900.º, que recebeu também nova redacção pelo citado DL n.º 116/2008.

Segundo este preceito, concluída a venda, o agente de execução comunica a sua realização ao serviço de registo competente, juntando o respectivo título, procedendo este ao registo do facto e ao cancelamento das inscrições relativas aos direitos que tenham caducado, nos termos do n.º 2 do art. 824.º do CC.

A comunicação da venda ao serviço de registo por parte do agente de execução vale como pedido do seu registo, em obediência ao *princípio da instância* que faz depender o registo do pedido de quem tenha legitimidade para o apresentar, salvo nos casos excepcionados na lei em que se impõe ao serviço de registo a sua efectivação oficiosa (art. 41.º do CRPredial). É o que ocorre, no caso em apreciação, com o cancelamento das inscrições relativas aos direitos que tenham caducado, que deve ser efectuado oficiosamente.

O pedido do registo da venda pode ser solicitado, pelo agente de execução, pessoalmente, por via electrónica, pelo correio, por telecópia e por via imediata (art. 41.º-B do CRPredial).

Na situação que analisamos, atento o disposto no art. 58.º, n.º 3, do CRPredial, havendo adjudicação ou venda executiva, só após o registo destes factos se pode proceder ao cancelamento da penhora ou arresto.

Justifica-se que o registo da penhora só seja cancelado após o registo da aquisição, a fim de o adquirente aproveitar do regime do *trato sucessivo* (art. 34.º, n.º 4, do CRPredial) e da *prioridade* resultante da data em que ocorreu o registo da penhora, com a sequente ineficácia dos actos de disposição ou oneração registados após esse registo[856].

Terminando a execução sem que tenha havido transmissão de bens, condição necessária à promoção do cancelamento previsto no n.º 2 do art. 900.º, deve o agente de execução, na sequência da extinção da execução, promover apenas o cancelamento do registo da penhora, cujo levantamento deve ser previamente ordenado por despacho judicial. E também depende de decisão judicial o levantamento da penhora decorrente da procedência da oposição à execução ou à própria penhora, da paragem da execução por negligência do exequente durante o prazo de seis meses ou na sequência da rejeição oficiosa da execução[857]. O pedido de cancelamento da penhora nestas circunstâncias deve ser feito com base em certidão passada pelo tribunal competente que comprove o facto e a sua causa, mas, se a apreensão ainda não tiver ocorrido, o registo da penhora é cancelado com base em comunicação electrónica do agente de execução, ou em pedido por ele subscrito, de que conste declaração expressa daquele facto (art. 58.º, n.os 1 e 2, do CRPredial).

Quanto aos valores mobiliários escriturais, a extinção dos ónus determina igualmente o seu cancelamento, a lavrar oficiosamente ou a requerimento do interessado (art. 76.º do CVM). E o mesmo se passa com o direito real de habitação periódica, com o cancelamento dos ónus a ser efectuado, no certificado predial, pelo agente de execução.

76. **INVALIDADE DA VENDA**

Vejamos os casos *especiais* que à luz do CPC determinam a invalidade da venda, sem descurar que outras disposições legais podem conduzir ao mesmo efeito e que o próprio mecanismo do processo de execução também a isso pode levar[858].

---

[856] Cf. Remédio Marques, "A Penhora e a Reforma do Processo Civil" cit., pp. 40 e segs.

[857] Cf. Ribeiro Mendes, "Execução e Registo", *in* Themis, ano V, n.º 9, p. 217.

[858] Cf: Alberto dos Reis, ob. cit. pp. 473 e segs.; Vaz Serra, "Realização coactiva..." cit., pp. 337 seg.; e Anselmo de Castro, ob. cit. pp. 239 e 254.

São eles os constantes dos arts. 908.º, 909.º (também aplicáveis à adjudicação de bens por determinação expressa do art. 878.º) e 864.º, n.º 11, a saber:

a) anulação fundada na existência de algum ónus ou limitação que não fosse tomado em consideração e que exceda os limites normais inerentes aos direitos da mesma categoria;
b) anulação baseada em erro sobre a coisa transmitida, por falta de conformidade com o que foi anunciado;
c) anulação ou revogação da sentença que se executou ou procedência da oposição à execução ou à penhora;
d) anulação do processo da acção executiva por falta ou nulidade de citação do executado, que tenha sido revel;
e) anulação do processo por falta de citação do cônjuge do executado e dos titulares de direitos reais caducáveis, quando a venda ou a adjudicação tiverem sido em exclusivo benefício do exequente;
f) anulação do acto da venda, nos termos do art. 201.º;
g) reivindicação da coisa vendida por terceiro.

Deixando de lado o caso contemplado na alínea e), previsto no n.º 11 do art. 864.º, por já atrás analisado[859], debrucemo-nos sobre os demais.

Os dois primeiros constam do art. 908.º e reportam-se a anulabilidades a favor do comprador e do adjudicatário[860].

Estes podem pedir a anulação e simultaneamente a indemnização a que tenham direito, desde que, depois da venda:

— verifiquem a existência de algum ónus ou limitação que não fosse tomado em consideração e que exceda os limites normais inerentes aos direitos da mesma categoria;

— constatem ter havido erro sobre a identidade da coisa transmitida ou sobre as suas qualidades, por falta de conformidade com o que foi anunciado.

Como resulta da história do art. 908.º, proveniente do CPC39, e da sua comparação com o art. 905.º do CC, não tem o comprador de alegar nem de provar os pressupostos gerais da relevância do erro, designada-

[859] Cf. ponto n.º 59.

[860] E não também do consignatário, como defende Jacinto Bastos ("Notas...", vol. IV, cit., p. 147), por para este não se transferir a propriedade dos bens do devedor ou de terceiro, mas somente o direito de lhe receber os frutos.

mente o requisito da essencialidade (arts. 247.º, 251.º e 254.º do CC)[861]. Daí ser a venda anulável "mesmo que o destinatário da declaração desconhecesse que as caracerísticas do bem constituíram um elemento essencial da formação da vontade do comprador"[862].

Os *limites normais* inerentes aos direitos da mesma categoria, a que se refere o n.º 1 do art. 908.º, são, como nos dizem Pires de Lima e Antunes Varela[863], as limitações legais ao direito de propriedade e as servidões legais ainda não constituídas, mas já não o são, por integrarem *vícios do direito*, um usufruto, uma hipoteca, um penhor, etc. Tendo em conta que na venda executiva, face ao disposto no n.º 2 do art. 824.º do CC, os bens são transmitidos livres dos direitos de garantia que os onerarem, bem como dos demais direitos reais constituídos posteriormente a qualquer arresto, penhora ou garantia, estes direitos não podem considerar-se compreendidos nos *ónus* transmitidos ao adquirente; diversamente, os direitos em causa são transferidos para o produto da alienação dos respectivos bens (art. 824.º, n.º 3, do CC)[864].

Há erro sobre a coisa transmitida quando o comprador (ou o adjudicatário), perante o anunciado, supõe adquirir o prédio A e adquire o prédio B ou quando adquire a coisa pretendida mas ela tem qualidades diversas das conjecturadas[865].

Mas a venda pode *convalescer*, de harmonia com o estabelecido no art. 906.º do CC, para onde remete a parte final do n.º 1 do art. 908.º, se desaparecerem os ónus ou limitações a que o direito estava sujeito, como, por exemplo, havendo um usufruto, o usufrutuário renunciar ao seu direito. Contudo, a anulabilidade persiste se o comprador já tiver pedido em juízo a anulação da venda ou se a existência dos ónus ou limitações já tiver causado prejuízo àquele. Cogitemos, nesta última hipótese, o caso de o comprador já não poder reaver os rendimentos a que se julgava com direito, quando adquiriu a coisa, percebidos pelo usufutuário acima referido[866].

---

[861] Cf., neste sentido: Alberto dos Reis, ob. cit., pp. 417 e segs.; e Lebre de Freitas, "A Acção Executiva", cit., pp. 341 e seg. Em sentido diverso: Pereira Coelho, ob. cit., p. 287; e Anselmo de Castro, ob. cit., pp. 235 e seg.

[862] Cf. Teixeira de Sousa, "Acção Executiva...", cit., p. 396.

[863] Ob. cit., vol. II, p. 197.

[864] "Quanto a outras limitações, lê-se em Jacinto Bastos ("Notas...", vol. IV, cit., p. 148), podemos pensar na defesa dos interesses históricos e artísticos sujeitos a disciplina legal administrativa, assim como razões de ordem hidrológica".

[865] Cf. Alberto dos Reis, ob. cit., p. 422.

[866] Cf. Pires de Lima e Antunes Varela, ob. cit., vol. II, p. 197 e seg.

O pedido de anulação da venda e de indemnização por parte do comprador (ou do adjudicatário) é feito na execução, no prazo do art. 287.º do CC (dentro do ano subsequente ao conhecimento do vício), por falta de preceito especial, mediante requerimento em que aquele indique o erro de que foi vítima e os danos sofridos resultantes da existência do ónus ou da falta de conformidade entre o anunciado e o transmitido e ofereça as provas. Ouvidos o exequente, o executado e os credores interessados e produzidas as provas, o juiz decide (art. 908.º, n.º 2).

Para além do erro, pode o comprador (ou o adjudicatário) basear o seu pedido de anulação da venda executiva nos demais motivos de anulação do negócio jurídico (incapacidade, dolo, coacção), nos termos da lei geral, à semelhança do comprador na compra e venda privada[867].

Como consequência do pedido de anulação da venda e de indemnização do comprador (ou do adjudicatário), o produto da venda ainda não levantado já não será entregue aos credores a quem, segundo a graduação, haja cabido, a menos que eles caucionem o respectivo valor. Sendo o comprador (ou o adjudicatário) remetido para os meios ordinários, a caução será levantada, se a acção competente não for proposta dentro de 30 dias ou estiver parada, por negligência do autor, durante três meses (art. 908.º, n.º 3).

Os casos em que a venda fica sem efeito a que aludem as alíneas c), d) e f) da seriação atrás feita constam das alíneas a), b) e c) do n.º 1 do art. 909.º e justificam-se por razões de protecção ao executado e o último também aos credores.

A primeira hipótese respeita à anulação ou revogação da sentença exequenda e à procedência da oposição à execução ou à penhora. E compreende-se se tivermos presente, face ao disposto nos arts. 47.º, n.os 1 e 4, 818.º, n.º 1, e 863.º-B, n.º 3, que pode ser dada à execução uma sentença não transitada, quando o recurso contra ela interposto for recebido no efeito meramente devolutivo, e que o recebimento da oposição à execução ou a dedução do incidente de oposição à penhora nem sempre suspendem a execução.

Ora, prosseguindo a execução, pode acontecer que a venda ou a adjudicação ocorram antes do julgamento do recurso interposto da sentença exequenda ou do julgamento da oposição à execução ou à penhora.

---

[867] Cf. Lebre de Freitas e Ribeiro Mendes, referindo vária doutrina e jurisprudência, ob. cit., p. 612.

E, se quer um quer outro julgamento demonstrarem que a execução foi *injusta*, impõe-se que se desfaçam as consequências por ela produzidas.

Por isso, tanto na venda por propostas em carta fechada como nas vendas por negociação particular, em estabelecimento de leilão, em depósito público ou equiparado e em leilão electrónico se publicita, quando for o caso, que se encontra pendente de recurso a sentença que se executa ou que se encontra pendente oposição à execução ou à penhora (arts. 890.º, n.º 5, 905.º, n.º 5, 906.º, n.º 3, 907.º-A, n.º 2, *in fine*, e 907.º-B, n.º 2).

Mas a venda não pode ser declarada sem efeito quando, sendo parcial a revogação da sentença ou a procedência da oposição à execução ou à penhora, a subsistência da venda ou da adjudicação forem compatíveis com a decisão tomada [art. 909, n.º 1, alínea a), *in fine*].

Na alínea b) do n.º 1 do art. 909.º, contempla-se o caso de invalidade da venda derivado da execução ter corrido à revelia do executado e que foi anulada por falta ou nulidade da citação.

Trata-se de nulidade arguida depois do acto da venda, com sujeição ao limite temporal do n.º 4 do art. 921.º, ou seja, até ao decurso do tempo necessário para a usucapião.

Aqui a venda fica sem efeito em consequência da anulação da execução e como efeito directo dela.

Na alínea c) do n.º 1 do art. 909.º, alude-se à anulação da venda, nos termos do art. 201.º, quer por vício que atinja directamente a venda quer por vício que atinja acto anterior de que ela dependa absolutamente. É o que se verifica, por exemplo, com a falta de audição do exequente, do executado e dos credores com garantia sobre os bens a vender sobre a modalidade da venda e o valor base dos bens (art. 886.º-A, n.ºs 1 e 2)[868], com a falta de notificação do despacho ordenatório da venda àqueles mesmos sujeitos processuais (art. 886.º-A, n.º 6) e com a omissão do anúncio e edital para a venda por propostas em carta fechada (art. 890.º, n.º 1)[869]. No que concerne à venda propriamente dita,

---

[868] Nesta linha, decidiu-se no Acórdão do STJ de 14.03.2006 (CJ — Acórdãos do STJ, ano XIV, tomo I, p. 122) que a autorização de venda por negociação particular de bem penhorado sem que ao credor com garantia real e respectivo crédito verificado e graduado tenha sido dada a possibilidade de se pronunciar sobre o preço proposto pelo encarregado da venda, inferior ao preço base fixado, integra nulidade susceptível de determinar a anulação do processado posterior, incluindo a venda assim realizada.

[869] Cf.: Lopes Cardoso, ob. cit., p. 642; Lebre de Freitas, "A Acção Executiva", cit., p. 345, nota 42, e Teixeira de Sousa, "Acção Executiva...", cit., p. 401.

mediante propostas em carta fechada, tem a alínea que estamos analisando um campo de aplicação limitado, dado neste tipo de venda as irregularidades relativas à abertura, licitação, sorteio, apreciação e aceitação das propostas só podem ser arguidas no próprio acto (art. 895.º, n.º 1), e não muito depois da venda.

Nos casos das alíneas a), b) e c) do n.º 1 do art. 909.º, a venda fica sem efeito para o executado pedir a restituição dos bens vendidos[870]. E este deve fazê-lo, no prazo de 30 dias a contar da decisão definitiva. Mas o comprador terá de ser embolsado previamente do preço e das despesas de compra (IMT, escritura, etc.), gozando do direito de retenção sobre os bens até o recebimento do que lhe é devido (art. 909.º, n.º 3, 1.ª parte). O preço há-de ser satisfeito ao comprador pelo exequente ou pelos credores que o hajam recebido, a menos que o produto da venda se encontre depositado à ordem do tribunal, como pode ocorrer nas situações previstas nos arts. 47.º, n.º 3, e 818.º, n.º 4, caso em que o tribunal deve proceder à sua restituição.

Se o executado não pedir a restituição dos bens no prazo de 30 dias, a venda já não ficará sem efeito, restando àquele apenas o direito de receber o preço por que ela tenha sido efectuada (art. 909.º, n.º 3, 2.ª parte). E o preço também terá de ser entregue pelo exequente ou pelos credores a quem tenha sido atribuído, salvo se ainda se encontrar depositado à ordem do tribunal, em situação paralela à do comprador, quando a este caiba o direito ao preço, nos termos sobreditos.

Apesar de a lei o não dizer, também o exequente, à semelhança do que expressamente consta do art. 533.º, n.º 1, da LEC, deve "restituir ao executado as custas da execução que este tiver satisfeito e ressarci-lo dos danos e prejuízos que a dita execução lhe tiver causado".

Diversamente do que acontecia com o CPC39, o actual deixou de considerar como causas de insubsistência da venda o facto de os bens terem sido remidos ou houver vencimento em acção de preferência proposta por algum preferente, que não tenha sido notificado para a execução. E correctamente por tanto numa como noutra das situações a alienação subsistir, embora com substituição do comprador[871].

---

[870] Sem prejuízo de o funcionário ou agente de execução que originou a anulação de actos do processo responder pelo prejuízo causado, nos termos fixados pelo regime da responsabilidade civil extracontratual do Estado (art. 448.º, n.º 3).

[871] Cf. Lopes Cardoso, ob. cit., p. 646.

Hoje, diz-se no n.º 2 do art. 909.º que a procedência de qualquer acção de preferência ou o deferimento da remição de bens, quando posteriores à venda, determinam somente a substituição do comprador pelo preferente ou remidor, desde que pago o preço e as despesas da compra.

A acção de preferência é uma acção autónoma (não dependente do processo de execução), que deve ser intentada contra o adquirente dos bens na execução, no prazo de seis meses a contar da data em que o preferente teve conhecimento dos elementos essenciais da alienação (art. 1410.º, n.º 1, do CC).

Após a RPC95-96, com a nova redacção que recebeu a alínea b) do n.º 1 do art. 913.º, no caso de venda diversa da venda por propostas em carta fechada, o direito de remição já não pode ser exercido nos dez dias seguintes ao conhecimento da venda por parte do remidor, mas somente até ao momento da entrega dos bens ou da assinatura do título que a documenta[872]. Daí o n.º 2 do art. 909.º, na parte em que se refere à remição, abranger, agora, apenas o período de tempo que medeia entre a venda e a adjudicação de bens ao proponente ou o termo do prazo previsto no n.º 4 do art. 898.º, no caso de venda por propostas em carta fechada, e o momento da entrega dos bens ou da assinatura do título que a documenta, nas outras modalidades de venda (art. 913.º, n.º 1).

Apreciemos, finalmente, o último caso em que a venda fica sem efeito, qual seja o da reivindicação pelo dono da coisa vendida, não pertencente ao executado [art. 909.º, n.º 1, alínea d)].

No caso de execução de coisa alheia, o dono da coisa, como atrás vimos[873], pode embargar de terceiros em reacção à penhora. Se o não fizer, designadamente por ter deixado decorrer o prazo para embargar ou por só ter tido conhecimento da ofensa do seu direito depois de os bens terem sido vendidos ou adjudicados (art. 353.º, n.º 2), pode, em qualquer altura, antes ou depois da venda ou da adjudicação dos bens penhorados, servir-se da acção de reivindicação (art. 1311.º do CC), que proporá em separado, sem dependência da acção executiva. E da mesma faculdade goza na hipótese de os embargos terem sido rejeitados na fase introdutória (art. 355.º). Refira-se ainda que, por a venda ou a adjudicação não ter a menor eficácia jurídica perante o verdadeiro proprietário, dado a coisa vendida ou adjudicada não se encontrar no

---

[872] Cf. ponto n.º 74.

[873] Cf. ponto n.º 56.

património do devedor, pode aquele, sem necessidade de pedir a anulação do acto, cingir-se a reivindicar a coisa, "como está legitimado a fazer em todos os casos em que coisas suas estejam em poder de terceiro sem título que justifique essa detenção"[874].

Vencida a acção, o comprador ou adjudicatário perde o direito aos bens que adquirira, para serem restituídos ao seu legítimo proprietário.

Todavia, o comprador tem sempre o direito a haver o preço que pagou, a restituir por aqueles a quem tiver sido atribuído (art. 825.º, n.º 1, do CC). Também poderá o comprador pedir a restituição do preço ao devedor, por sub-rogação nos direitos dos credores (art. 825.º, n.º 3, do CC), nomeadamente por o preço já ter sido consumido, sem que daí resulte prejuízo para o devedor, por o pagamento ter sido feito, não à custa dos seus bens, mas à custa dos bens alheios[875].

Tem ainda o comprador direito a exigir uma indemnização pelos danos sofridos aos credores e ao executado que hajam procedido com culpa (art. 825.º, n.º 1, do CC), a não ser que o terceiro tenha protestado pelo seu direito, com conhecimento do comprador. Mesmo neste caso, se manterá o direito à reparação dos danos, caso os credores ou o devedor se tenham responsabilizado pela indemnização (art. 825.º, n.º 2, do CC), seguramente a solicitação do comprador que poderá ter posto, como condição para adquirir os bens, a inclusão dessa responsabilidade no título de transmissão[876].

Se, antes de efectuada a venda, algum terceiro tiver protestado pela reivindicação da coisa, invocando direito próprio incompatível com a transmisssão, lavrar-se-á termo de protesto. Ocorrendo tal circunstância, o produto da venda não será levantado sem se prestar caução (art. 910.º, n.º 1), que garanta ao comprador o embolso do que depositou como preço, caso proceda a acção de reivindicação.

Respeitando o protesto a bens imóveis, não se tomam quaisquer cautelas quanto a eles, por o reivindicante poder confiar na sua entrega, em caso de triunfo da acção, dado ser difícil ocultar ou fazer desaparecer bens desta natureza. No que concerne a outros adquirentes, sujeitando-se a acção de reivindicação obrigatoriamente a registo, a prioridade deste acautela devidamente os interesses do reivindicante (arts. 3.º, 6.º e 7.º do CRPredial)[877].

---

[874] Cf. Jacinto Bastos, "Notas...", vol. IV, cit., pp. 151 e seg.

[875] Cf. Pires de Lima e Antunes Varela, ob. cit. vol. II, p. 98.

[876] Cf. Alberto dos Reis, ob. cit., vol. II, pp. 457 e seg.

[877] Cf. Acórdão da RP de 10.05.2001, CJ, ano XXVI, tomo III, p. 183.

Diversamente, se o protesto respeitar a bens móveis, algumas providências haverá que tomar em benefício do reivindicante (art. 910.º, n.º 1, 2.ª parte).

Assim:

— os papéis de crédito sujeitos a averbamento são averbados pela entidade competente com a declaração de que o interessado não pode dispor deles enquanto a sentença a proferir na acção de reivindicação não passar em julgado [art. 1384.º, n.º 1, alínea b)];

— quaisquer outros bens só são entregues se o interessado prestar caução [art. 1384.º, n.º 1, alínea c)].

Esta caução destina-se a garantir a restituição dos bens ao proprietário, caso a acção seja julgada procedente.

As garantias referidas extinguem-se, se o autor do protesto não propuser a acção de reivindicação dentro de 30 dias, se a acção estiver parada, por negligência sua, durante três meses (art. 910.º, n.º 2), ou se a acção for julgada improcedente.

Tratando-se da caução referida na parte final do n.º 1 do art. 910.º compete ao exequente ou credor, por ela onerados, pedir a sua extinção.

Tratando-se das cautelas estabelecidas nas alíneas b) e c) do n.º 1 do art. 1384.º, compete ao comprador requerer a sua extinção, pedindo o cancelamento, no averbamento, da declaração de que o interessado não pode dispor dos papéis de crédito enquanto a sentença a proferir na acção de reivindicação não passar em julgado, ou solicitando o levantamento da caução, se for esta a garantia.

A circunstância de as garantias terem sido julgadas extintas não obsta a que a acção de reivindicação proposta depois de decorridos 30 dias sobre o protesto, ou já proposta, mas negligentemente parada durante três meses, siga a sua tramitação normal e acabe por ser julgada procedente. Se tal acontecer, o comprador fica com o direito de retenção sobre a coisa comprada até lhe ser restituído o preço, podendo o proprietário reavê-lo dos responsáveis, se houver de o satisfazer para obter a entrega da coisa reivindicada (art. 910.º, n.º 2, 2.ª parte).

Diz-se no art. 911.º que o disposto no artigo anterior rege igualmente, com as necessárias adaptações, para o caso de a acção ser proposta, sem protesto prévio, antes da entrega dos bens móveis ou do levantamento do produto da venda.

Assim, se antes da entrega dos bens móveis ou do levantamento do preço, o proprietário fizer constar no processo de execução que tem pendente acção em que reivindica os bens penhorados, têm de adoptar-se as cautelas indicadas no n.º 1 do art. 910.º. E as garantias serão igualmente extintas se a acção estiver parada, durante três meses, por negligência do reivindicante[878], ou se a acção for julgada improcedente.

Extintas as garantias, por paragem negligente do processo durante três meses, pode a acção vir a ser julgada procedente; se tal ocorrer, aplica-se o disposto na segunda parte do n.º 2 do art. 910.º.

[878] Por inaplicável, não tem cabimento a extinção das garantias baseada no facto de a acção não ser intentada no prazo de 30 dias a contar do protesto, precisamente por a situação analisada ter como pressuposto a falta de protesto prévio. Cf., sobre o dito no texto e nesta nota, Alberto dos Reis, ob. cit., vol. II, pp. 466 e seg.

6.ª SECÇÃO

EXTINÇÃO E ANULAÇÃO DA EXECUÇÃO

77. MODOS DE EXTINÇÃO DA INSTÂNCIA EXECUTIVA

Tendo em conta o disposto no n.º 1 do art. 919.º e nos artigos que o antecedem, a execução extingue-se:

a) pelo pagamento coercivo;
b) pelo pagamento voluntário feito pelo executado ou por terceiro no próprio processo executivo;
c) pelo pagamento realizado fora do processo executivo ou por outra causa de extinção das obrigações;
d) pela desistência do exequente;
e) por inutilidade superveniente da lide, nos casos referidos no n.º 3 do art. 832.º, no n.º 6 do art. 833.º-B e no n.º 6 do art. 872.º;
f) por qualquer outra causa de extinção da execução.

O *pagamento coercivo*, fim natural da acção executiva, realiza-se pelas formas previstas no art. 872.º, de que já nos ocupámos[879].

O pagamento tem a precedê-lo a liquidação do devido a cada credor, de harmonia com a sentença de verificação e graduação de créditos, pela qual se terá de aguardar, desde que haja créditos reclamados.

Nos termos do n.º 2 do art. 873.º, o credor não exequente só pode ser pago pelos bens sobre que tiver garantia real e conforme a graduação do seu crédito.

O eventual remanescente será entregue ao executado[880].

---

[879] Cf. ponto n.º 65.

[880] De harmonia com o disposto no n.º 3 do art. 81.º do CPPT, se tiver havido transmissão do direito ao remanescente, deverá o adquirente, para o poder receber, provar que está pago ou garantido o tributo que for devido em consequência da transmissão.

O *pagamento voluntário* feito no próprio processo executivo pelo executado ou por terceiro denomina-se *remição da execução*[881].

Não devemos confundir esta *remição*, a que alude o n.º 1 do art. 916.º, com a *remição de bens*, prevista nos arts. 912.º a 915.º, atrás analisada[882].

E isto por enquanto esta consiste num direito de adquirir os bens adjudicados ou vendidos, por parte do cônjuge e de certos parentes do executado (mas não por este), aquela é uma forma de extinção da execução pelo pagamento voluntário da dívida, que pode ser levado a efeito pelo executado ou qualquer outra pessoa.

De que forma deve actuar a pessoa que pretende *remir a execução*?

Entrega dinheiro ou cheque ao agente de execução ou deposita a importância devida em instituição de crédito à ordem daquele (art. 916.º, n.º 2). O dinheiro ou cheque recebido pelo agente de execução deve ser por ele obrigatoriamente depositado na conta-cliente dos executados de que seja titular em instituição de crédito [art. 124.º, n.os 2 e 3, alínea b), do ECS].

Sendo as diligências de execução realizadas por oficial de justiça, o remidor solicita na secretaria, ainda que verbalmente, guias para depósito da parte líquida ou já liquidada do crédito exequendo, que não esteja solvida pelo produto da venda ou adjudicação de bens (art. 916.º, n.º 3). A emissão de guias é acompanhada do DUC (art. 21.º, n.º 1, da Portaria n.º 419-A/2009, de 17 de Abril).

A "parte líquida" compreende tanto o capital como os juros incluídos pelo exequente no requerimento executivo, nos termos do art. 805.º, n.º 1. A parte "já liquidada" reporta-se à quantia liquidada liminarmente, em conformidade com o disposto nos arts. 378.º, n.º 2, e 805.º, n.º 4.

"Note-se bem — como salienta Lopes Cardoso — que o depósito inicial respeita unicamente ao crédito do exequente, não tendo de ser

---

881 No CPC de 1876, chamava-se ao acto de pagar a dívida e as custas, *remir a execução*; no CPC de 1939, como no actual, no art. 916.º, n.º 1, substituiu-se o verbo *remir* pela expressão *fazer cessar*, mas tudo aconselha, face à expressividade do termo, continuar a adoptar-se a denominação tradicional *remição da execução* (cf. Lopes Cardoso, ob. cit., p. 671). Não tem assim razão de ser a confusão estabelecida, no Acórdão da RG de 30.11.2006, CJ, ano XXXI, tomo V, p. 287, entre *remição da execução*, no sentido de pagamento voluntário da dívida exequenda no próprio processo executivo, e *direito de remição*, entendido como um direito de preferência conferido a determinadas pessoas da família do executado aquando da adjudicação ou venda de bens penhorados.

882 Cf. ponto n.º 74.

considerados, para ele, os créditos que hajam sido reclamados por outros credores, mesmo que já graduados"[883].

Mas ao próprio crédito do exequente há-de deduzir-se o produto da venda ou o preço da adjudicação de bens, quiçá ocorridas. Verificada esta hipótese, o remidor não terá de depositar preliminarmente a parte do mencionado crédito que esteja coberta por esse produto ou preço. Sendo a cobertura total, não terá o remidor de efectuar nenhum depósito preliminar para obter a suspensão da execução e a liquidação da sobrante responsabilidade do executado.

Feito o depósito, susta-se a execução, sem dependência de despacho judicial nesse sentido, a menos que o depósito seja manifestamente insuficiente, e tem lugar a liquidação de toda a responsabilidade do executado (art. 916.º, n.º 4).

Quanto à forma de se proceder à liquidação, podem ocorrer duas situações, consoante a remição seja requerida antes ou depois de serem vendidos ou adjudicados bens.

Na primeira situação, a liquidação abrange unicamente as custas, incluindo as dos levantamentos a fazer, e o que faltar do crédito do exequente, designadamente os juros que se vencerem na pendência da acção executiva, segundo a previsão do n.º 2 do art. 805.º (art. 917.º, n.º 1).

Na segunda situação, a liquidação abrangerá igualmente os créditos reclamados para serem pagos pelo produto dos bens que foram vendidos ou adjudicados, conforme a graduação, a menos que o remidor exiba título extintivo de algum deles, que então não será considerado. Caso ainda se não encontre feita a graduação dos créditos reclamados que tenham de ser atendidos, a liquidação aguardará que ela se efective (art. 917.º, n.º 2).

Compreende-se que assim seja, por o depósito preliminar incluir apenas a parte do crédito do exequente que ultrapasse o produto das vendas ou o preço das adjudicações realizadas. Há, consequentemente, que apurar a parte que do referido produto ou preço cabe ao exequente e a que deve ser afectada aos direitos de terceiro que caducam.

Como na situação anterior, a liquidação compreende as custas dos levantamentos a sair precípuas do produto dos bens penhorados, nos termos do art. 455.º, porquanto o exequente e os credores reclamantes devem receber os seus créditos sem encargo de custas a que só o executado deu causa, por não ter satisfeito oportunamente as suas obrigações[884].

---

[883] Ob. cit., p. 672.

[884] Cf. Lopes Cardoso, ob. cit., p. 670.

Em ambas as situações, a liquidação engloba as custas de parte, devendo para o efeito o exequente remeter para o tribunal e para a parte vencida a respectiva nota discriminativa e justificativa, donde devem constar as quantias por ele efectivamente pagas a título de taxa de justiça, de encargos ou de despesas previamente suportadas pelo agente de execução e de honorários de mandatário ou de agente de execução [art.os 25.º, n.os 1 e 2, alíneas b), c) e d), do RCP e 31.º da Portaria n.º 419-A/2009, de 17 de Abril].

Feita a liquidação, será a mesma notificada ao exequente, aos credores interessados, ao executado e ao requerente, se for pessoa diversa (art. 917.º, n.º 3).

O remidor, na falta de reclamação da liquidação, deve depositar o saldo que for apurado, sob pena de ser condenado nas custas do incidente a que deu causa e de a execução prosseguir. Verificando-se esta hipótese, pode voltar a ser requerida a remição, mas então o depósito inicial terá de ser o da quantia liquidada para a remição anterior, deduzido o produto das vendas ou adjudicações feitas posteriormente e deduzidos os créditos cuja extinção se prove por documento (art. 917.º, n.º 4). Uma vez feito este depósito, segue-se nova liquidação do acrescido (art. 917.º, n.º 5).

Se a remição for efectuada por terceiro, este fica sub-rogado nos direitos do exequente, desde que demonstre que os adquiriu nos termos da lei substantiva (art. 917.º, n.º 6).

Por conseguinte, o terceiro remidor da execução só fica sub-rogado nos direitos do exequente se ocorrer uma das situações contempladas nos arts. 589.º e segs. do CC.

A *extinção da obrigação exequenda fora do processo executivo* pode acontecer quer pelo pagamento quer por qualquer outra causa prevista na lei civil (arts. 837.º a 873.º do CC): dação em cumprimento, consignação em depósito, compensação, novação, remissão e confusão.

O facto extintivo, que estamos considerando neste momento, deve ser posterior à instauração da acção executiva. Se anterior, deve ser invocado como fundamento de oposição à execução [art. 814.º, n.º 1, alínea g)].

Junto ao processo qualquer título extintivo da obrigação, designadamente documento comprovativo de quitação, perdão ou renúncia por parte do exequente, e depois de a este ser dada a possibilidade de se pronunciar sobre o aludido documento, ante o estatuído nos arts. 526.º e 544.º, n.º 1, suspende-se logo a execução e liquida-se a responsabilidade do executado (art. 916.º, n.º 5)[885]. Seguir-se-á o mesmo procedimento sempre que o exequente o requeira, com base no recebimento da quantia exequenda.

Diversamente da remição da execução, não há aqui lugar a dois depósitos, mas apenas a um — o que ocorre depois de feita a liquidação — a menos que se verfique a hipótese do n.º 4 do art. 917.º.

Tanto à liquidação como às consequências do não pagamento do saldo que for liquidado aplica-se, talqualmente à remição da execução, o regime contido nos n.os 1 a 5 do art. 917.º, já analisado.

A *desistência* do exequente também extingue a execução (art. 918.º, n.º 1). Esta pode respeitar ao pedido ou à instância, conduzindo no primeiro caso à extinção da obrigação exequenda e no segundo unicamente ao fim do processo.

Enquanto a desistência do pedido é inteiramente livre, a da instância depende da concordância do executado, se estiver pendente oposição à execução (arts. 296.º, n.º 2, e 918.º, n.º 2).

Ocorrendo a desistência depois da venda ou adjudicação de bens sobre cujo produto hajam sido graduados outros credores, a estes será paga a parte que lhes couber nesse produto (art. 918.º, n.º 1).

Se ainda não estiver feita a graduação dos créditos reclamados com garantia real sobre os bens vendidos ou adjudicados, por analogia com o disposto no n.º 2 do art. 917.º, só deve ser julgada a desistência depois de verificados e graduados aqueles créditos, tendo em conta o que se dispõe no n.º 3 do art. 824.º do CC e a circunstância de a desistência posterior às vendas ou adjudicações não determinar a invalidade destas[886].

À desistência seguir-se-á a liquidação para apuramento do que cabe a cada credor. Quanto às custas há que distinguir: as da execução são da responsabilidade do exequente, nos termos do n.º 1 do art. 451.º; as do concurso de credores, bem como as dos levantamentos a fazer pelos titulares dos créditos reclamados, por da responsabilidade do

---

[885] A consignação em depósito na pendência da execução tem o alcance dum incidente e segue os trâmites fixados no art. 1032.º.

[886] Cf., neste sentido, Lopes Cardoso, ob. cit., p. 682.

executado, que não pagou voluntariamente aos seus credores a fim de libertar os bens onerados, saem precípuas do produto dos bens liquidados (art. 455.º).

A *extinção da execução por inutilidade superveniente da lide* ocorre, nos termos da alínea c) do n.º 1 do art. 919.º, quando, na sequência das consultas e diligências prévias à penhora efectuadas pelo agente de execução, não sejam encontrados bens nem os mesmos sejam indicados à penhora quer pelo exequente quer pelo executado, consoante os casos (arts. 832.º, n.º 3[887], e 833.º-B, n.º 6) e depois da adjudicação de direitos de créditos se a execução não prosseguir sobre outros bens (art. 875.º, n.º 6)[888].

Nas *outras causas de extinção da execução* a que alude a alínea d) do n.º 1 do art. 919.º, podem destacar-se as seguintes:

a) Despacho de indeferimento previsto nos n.os 1 e 4 do art. 812.º-E;
b) Despacho de rejeição oficiosa da execução, nos termos do art. 820.º;
c) Transacção, nomeadamente no decurso do processo de oposição à execução, homologada por sentença, em conformidade com o que se dispõe no n.º 3 do art. 300.º;
d) Anulação ou revogação da sentença exequenda de que houvera sido interposto recurso com efeito meramente devolutivo;
e) Procedência de oposição à execução que compreenda toda a execução (a menos que se trate de procedência baseada em

[887] No caso previsto nas disposições conjugadas dos arts. 919.º, n.º 1, alínea c), e 832.º, n.º 3, só haverá lugar à extinção da execução, por inutilidade superveniente da lide, se antes já tiver corrido, contra o executado, uma execução terminada sem integral pagamento. Cf. Acórdão da RL de 16.03.2010, CJ, ano XXXV, tomo II, p. 89.

[888] Extinta a execução e após o decurso do prazo legal para reclamação da decisão de extinção, o executado é imediatamente notificado pelo agente de execução de que dispõe do prazo de 30 dias para pagar a quantia em dívida ou para aderir a um plano de pagamento dela, com a cominação de que a não observância de qualquer dos mencionados procedimentos implica a sua inclusão na lista pública de execuções, de que se encarregará o agente de execução, inserindo os dados respectivos na referida lista de forma automática e electrónica (arts. 2.º, 3.º e 4.º da Portaria n.º 313/2009, de 30 de Março). A lista pública de execuções é uma lista electrónica de dados, disponível na Internet através do endereço electrónico de acesso público http://tribunaisnet.mj.pt., com acesso livre e assegurado a todo o tempo, sendo públicos os dados nela contidos (arts. 5.º, n.º 1, e 7.º da citada Portaria n.º 313/2009).

incompetência relativa, a determinar a remessa do processo para o tribunal competente);

f) Integral pagamento das prestações da dívida exequenda, nos termos do plano de pagamento acordado no decurso da execução;

g) Deserção da instância, por interrupção durante dois anos (art. 291.°, n.° 1), verificando-se a interrupção se "o processo estiver parado durante mais de um ano por negligência das partes em promover os seus termos" (art. 285.°). Daí a deserção só se verificar se o processo estiver parado, por inércia das partes, durante mais de três anos.

Ocorrendo qualquer causa de extinção, a execução extingue-se, como se refere no art. 919.°, n.° 1. Apesar deste preceito o não dizer expressamente, à semelhança do que se refere no art. 261.° do CPPT, deve o agente de execução declarar formalmente essa extinção[889] [890]. Dado esta declaração não se configurar como um acto jurisdicional, por se basear na mera constatação de ocorrências materiais, despida de qualquer valoração, não se afigura de constitucionalidade duvidosa, como há quem sustente[891].

A extinção é notificada ao executado, ao exequente e aos credores reclamantes (art. 919.°, n.° 2) e comunicada, por via electrónica, ao tri-

---

[889] Para Jacinto Bastos ("Notas...", vol. IV, cit., p. 160) o efeito da extinção da execução produz-se hoje *ope legis*, "pela só verificação de alguma das causas que lhe põem termo, *depois de pagas as custas*".

[890] No sentido de que é ao agente de execução que compete verificar a extinção da execução, pronunciam-se igualmente Lebre de Freitas e Ribeiro Mendes, ob. cit., p. 634, e Paula Costa e Silva, "Reforma...", cit., p. 117. Diversamente, Teixeira de Sousa, "A Reforma...," cit., p. 210, e Rui Pinto, ob. cit., p. 216: para o primeiro, a verificação da extinção da execução compete ou à secretaria (por exemplo, no caso de alguém solicitar as guias para o depósito da quantia líquida ou já liquidada do crédito do exequente e ulteriormente demonstrar perante a secretaria o depósito da quantia em dívida) ou ao agente de execução (por exemplo, na hipótese de o pagamento do crédito do exequente ser feito mediante entrega directa ao agente ou ser satisfeito através da quantia depositada pelo adquirente dos bens penhorados à ordem do agente de execução); para o segundo, a verificação da extinção da execução compete sempre à secretaria. Em discordância destas posições, afirma-se não poder aceitar-se que a secretaria, mero órgão de apoio logístico à execução, intervenha para constatar se o agente de execução, o verdadeiro órgão dirigente da execução, já realizou todas as operações necessárias à sua extinção. O nosso ponto de vista acabou por ser confirmado pelo n.° 3 do art. 919.°, aditado pelo DL n.° 226/2008, de 20 de Novembro.

[891] Assim, Paula Costa e Silva, "Reforma...", cit., p. 117 e seg.

bunal, competindo ao sistema informático, sem necessidade de intervenção judicial ou da secretaria, o arquivo automático e electrónico do processo (art. 919.º, n.º 3).

A extinção da execução, por agora deixar de se basear em decisão judicial, é insusceptível de levar à formação de caso julgado, face ao disposto nos arts. 671.º e 672.º, como diversamente alguma doutrina vinha sustentando perante a redacção anterior do art. 919.º [892].

Na acção executiva, o balanço da conta de custas deve ser efectuado 10 dias após o pagamento voluntário, a obtenção do produto da penhora ou a verificação de qualquer dos casos de extinção da obrigação exequenda [art. 29.º, n.º 1, alínea b), do RCP].

Diversamente do que ocorre com a sentença que põe termo à acção declarativa, a extinção da execução, quando baseada no pagamento coercivo, no pagamento voluntário ou noutra causa de extinção das obrigações, só deve ter-se como verificada depois de pagas as custas (art. 919.º, n.º 1).

78. **RENOVAÇÃO DA ACÇÃO EXECUTIVA**

A renovação da acção executiva, como resulta do art. 920.º, pode ocorrer:

a) por iniciativa do exequente, para pagamento de prestações entretanto vencidas ou para penhora de bens entretanto localizados;
b) por inciativa de credor reclamante que pretenda prosseguir com a execução.

Analisemos cada um de per si.

Face ao atrás referido, a renovação da execução por iniciativa do exequente pode acontecer em dois casos.

Verifica-se o primeiro quando o credor se encontra munido de *título com trato sucessivo* ou *com execução aparelhada* (art. 920.º, n.º 1). E este título executivo tanto pode ser judicial como extrajudicial.

Atente-se na sentença proferida com base em pedido formulado nos termos do art. 472.º (condenação em prestações vincendas) ou no

[892] Cf.: Lebre de Freitas e Ribeiro Mendes, ob. cit., p. 634; Carlos Oliveira Soares, ob. cit., pp. 247-252; e Lebre de Freitas, "A Acção Executiva...", cit., pp. 355-357.

título emitido em conformidade com o disposto no art. 50.º (convenção de prestações futuras).

Mas não só os títulos extrajudiciais da previsão deste último artigo estão munidos de trato sucessivo; têm-no igualmente os demais em que se convencionem prestações periódicas, como aqueles em que se estipule o pagamento de juros, rendas, frutos, etc., a vencer em determinados períodos de tempo.

Movida execução para pagamento de determinada prestação vencida ou de determinada factura de fornecimento efectuado, é declarada extinta a execução logo que se mostre realizada a prestação ou a importância da factura. Mas esta extinção não faz desaparecer o *trato sucessivo* do título no tocante a prestações ou fornecimentos futuros. Daí a possibilidade de a acção executiva se renovar no mesmo processo, sempre que, posteriormente, deixe de ser paga uma prestação que se vencer ou de ser liquidado um fornecimento que se efectuar[893].

Face ao disposto no art. 54.º, n.º 1, e por argumento *a fortiori*, pode o exequente cumular na execução pendente, sem necessidade de aguardar pela sua extinção, para proceder à sua renovação, a realização coactiva de prestações que se vençam ou de pagamentos respeitantes a fornecimentos efectuados na pendência da execução, alicerçados quer aquelas quer estes no *título com trato sucessivo* que serviu de base à execução[894].

Diversa é a situação contemplada no art. 884.º, respeitante à falta de pagamento de qualquer das prestações em que se fraccionou a dívida exequenda na pendência da execução, a determinar o vencimento imediato das seguintes, por aqui a execução não se encontrar extinta, mas apenas suspensa, e ir agora prosseguir.

A renovação da acção executiva, por virtude do trato sucessivo, traduz-se na instauração de uma nova execução, se bem que processada nos mesmos autos da execução anterior e no seu seguimento.

Há assim lugar ao pagamento de nova taxa de justiça pelo impulso processual da nova execução, correspondendo o valor desta ao do novo pedido.

O segundo caso de renovação da acção executiva por iniciativa do exequente verifica-se quando ele indique bens penhoráveis, em execução extinta por inutilidade superveniente da lide devido à não locali-

---

[893] Cf. Pereira Coelho, ob. cit., p. 328.

[894] Cf., neste sentido, Teixeira de Sousa, "Acção Executiva...", cit., pp. 158 e seg. e 417.

zação de bens penhoráveis pelo agente de execução ou à não indicação de bens para penhora pelas partes, nas situações previstas nos n.º 3 do art. 832.º e no n.º 6 do art. 833.º-B (art. 920.º, n.º 5).

O último caso de renovação da acção executiva ocorre a solicitação do credor, cujo crédito esteja vencido e haja sido reclamado para ser pago pelo produto de bens penhorados que não chegaram entretanto a ser vendidos nem adjudicados.

Deve o credor requerer, no prazo de 10 dias contados da notificação da extinção da execução, o seu prosseguimento para efectiva verificação, graduação e pagamento do seu crédito (art. 920.º, n.º 2).

Com a RPC2003, e por a renovação da acção executiva por parte do credor reclamante já não depender da prolação de sentença de extinção, pode também aquele requerer a renovação se a instância for julgada extinta por deserção, ao fim de dois anos de interrupção [arts. 287.º, alínea c), e 291.º, n.º 1]. O credor reclamante só não poderá requerer o prosseguimento da execução se esta for declarada extinta em virtude de ser declarado inexistente ou extinto o crédito exequendo, na sequência da sua impugnação por parte de qualquer credor concorrente ou da oposição à execução por parte do cônjuge do executado.

O respectivo requerimento faz prosseguir a execução, mas somente quanto aos bens sobre que incida a garantia real do requerente, que assumirá a posição de exequente (art. 920.º, n.º 3). Não podem penhorar-se outros bens.

Diversamente do primeiro caso, aqui aproveita-se tudo o que relevantemente tiver sido processado antes da extinção da execução. Daí não se repetirem as citações, devendo, contudo, os outros credores e o executado serem notificados do requerimento (art. 920.º, n.º 4). E o mesmo regime, devidamente adaptado vale para a situação contemplada no n.º 5 do art. 920.º, dado o que nele se dispõe na sua parte final.

Há quem sustente que a faculdade de requerer o prosseguimento da execução não pode ser utilizada pelo credor que tenha reclamado o seu crédito com base numa segunda penhora (art. 865.º, n.º 5), acrescentando que ele deve requerer o levantamento da suspensão da execução onde se realizou a segunda penhora e procurar nela a satisfação do seu crédito, caso não tenha sido pago na execução em que reclamou[895].

---

[895] Assim, Teixeira de Sousa, ob. cit., p. 417, e Jacinto Bastos, "Notas...", vol. IV, cit., p. 161.

Não pode perfilhar-se tal ponto de vista: por um lado, por a lei não estabelecer qualquer distinção, encontrando-se todos os credores em pé de igualdade, com possibilidade de o credor da segunda execução invocar, para impulsionar a primeira, a segunda penhora como garantia real (art. 920.º, n.ºs 2 e 3); por outro lado, uma razão de economia processual aconselha a que se aproveite um concurso de credores já aberto, senão concluído, em vez de se começar um outro na execução onde a penhora ocorreu em segundo lugar.

Vendidos os bens sobre que prosseguiu a execução, proceder-se-á a nova liquidação e a nova conta de custas, onde se incluirão as dos levantamentos, a saírem precípuas do produto dos bens vendidos.

79. ANULAÇÃO DA EXECUÇÃO

O processo de execução pode ser anulado, a requerimento do executado, se, correndo à sua revelia, ele não tiver sido citado para ele, devendo sê-lo, ou houver fundamento para declarar nula a citação (art. 921.º, n.º 1).

O processo corre à revelia do executado quando nele não há qualquer intervenção do executado, por si ou por mandatário[896].

Há falta de citação quando o acto é completamente omitido ou se verifica qualquer outra das situações contempladas no art. 195.º, n.º 1.

Há nulidade de citação quando, fora do âmbito do art. 195.º, n.º 1, não hajam sido, na sua realização, observadas as formalidades prescritas na lei (art. 198.º, n.º 1).

A nulidade da citação encontra-se equiparada à falta de citação, podendo como esta ser arguida a todo o tempo (desde que o processo tenha corrido à revelia do executado), sem as limitações dos n.ºs 2 e 4 do art. 198.º. A falta de citação, mas não a sua nulidade[897], é de conhecimento oficioso (art. 202.º).

Arguida a falta ou a nulidade da citação, na pendência da execução, sustam-se os termos desta, a fim de se conhecer a reclamação. Caso esta seja julgada procedente, anula-se tudo o que na execução se tenha praticado (art. 921.º, n.º 2), salvando-se apenas o requerimento

---

[896] Cf. Lopes Cardoso, ob. cit., p. 694.

[897] Diferentemente, defende Jacinto Bastos ("Notas...", vol. IV, p. 162) que a nulidade de citação é também de conhecimento oficioso, mas tal entendimento é rejeitado pela segunda parte do art. 202.º.

executivo (art. 194.º). As consequências da procedência da reclamação são as mesmas no caso dela ser apresentada depois de finda a execução, sem prejuízo de, neste caso, o executado poder igualmente lançar mão do recurso de revisão [art. 771, n.º 1, alínea e)][898].

A anulação da execução envolve a de todas as entregas, adjudicações ou vendas de bens, como quanto a estas se pronuncia expressamente o art. 909.º, n.º 1, alínea b), aplicável igualmente às adjudicações, face ao disposto no art. 878.º, como atrás vimos[899].

Contudo, se a partir das referidas vendas ou adjudicações tiver decorrido o tempo necessário para a usucapião, os bens não serão restituídos ao executado, que fica apenas com o direito de exigir ao exequente, no caso de dolo ou má fé deste, a indemnização pelo prejuízo sofrido, salvo se este direito tiver entretanto prescrito (art. 921.º, n.º 4).

---

[898] Contra, Teixeira de Sousa, ob. cit., pp. 412 e seg.

[899] Cf. ponto n.º 76.

TÍTULO III

EXECUÇÃO PARA ENTREGA DE COISA CERTA

80. REGIME DA EXECUÇÃO PARA ENTREGA DE COISA

A acção executiva para entrega de coisa certa ocorre quando, por virtude de título com força executiva, uma pessoa está obrigada a entregar a outrem coisa certa[900], mesmo que esta já não exista.

Esta forma de execução permite ao credor obter a entrega de uma coisa (móvel ou imóvel) a que o devedor foi condenado ou se comprometeu a entregar-lhe.

Não obsta ao emprego da execução para entrega de coisa certa, a circunstância de se tornar necessário proceder a operações de contagem, pesagem ou medição visando a determinação exacta da prestação do devedor, e não a individualização do objecto da sua obrigação (art. 930.º, n.º 2)[901].

O processo de execução para entrega de coisa certa aplica-se quer se trate de tornar efectivo um direito de crédito (v.g., devolução da coisa entregue por força de um contrato de depósito) quer um direito real (v.g., restituição de uma coisa na sequência de uma acção de reivindicação)[902].

Baseado no receio do extravio da coisa a que se considera com direito, pode o exequente requerer o seu arrolamento (art. 421.º), como acto preparatório da acção declarativa a que haja de seguir-se a execução para entrega de coisa certa ou da própria execução, neste caso quando ela se funda em título extrajudicial[903].

---

[900] Ou uma universalidade de coisas, incluindo o estabelecimento comercial: Lebre de Freitas, "A Acção Executiva", cit., p. 367, nota 2; e Remédio Marques, ob. cit., p. 431.

[901] Cf. ponto n.º 22.

[902] Cf.: Alberto dos Reis, ob. cit., vol. I, p. 46; Anselmo de Castro, ob. cit., p. 363; Lebre de Freitas, "A Acção Executiva", cit., p. 369; e Andrea Lugo, ob. cit., p. 369.

[903] Por falta de suporte legal, discordamos de Lebre de Freitas e Ribeiro Mendes (ob. cit., p. 646) e de Teixeira de Sousa ("A Reforma..., cit., p. 213) quando defendem,

Aplicando-se por analogia o disposto no art. 410.º, o arrolamento ficará sem efeito sempre que, obtida na acção de cumprimento sentença com trânsito em julgado, o credor não promova a execução para entrega da coisa arrolada dentro dos dois meses subsequentes[904].

Se for incerta a obrigação cujo objecto de prestação é uma coisa, actuar-se-á previamente em conformidade com o disposto no art. 803º, a fim ser determinada a coisa devida[905].

Como resulta do art. 827.º do CC, a execução para entrega de coisa configura-se como uma execução específica (*in natura*), visando a apreensão da coisa que o devedor está obrigado a prestar ao credor; donde este não fazer valer nesta execução, num primeiro momento, a garantia patrimonial do seu crédito[906]. Só se a coisa não puder ser entregue, se procederá à execução por equivalente, transformando-se a execução para entrega de coisa certa em execução para pagamento duma indemnização pecuniária (art. 931.º).

E a impossibilidade da entrega pode ficar a dever-se a *causas naturais* (perda ou destruição da coisa que devia ser entregue) ou *jurídicas* (a coisa a entregar, apesar de existir, encontra-se em poder de terceira pessoa alheia ao processo)[907].

Mas, se se efectuar a entrega da coisa, quer por acto voluntário do executado, quer por acto do agente de execução, lavrar-se-á auto de posse e entrega judicial e, uma vez pagas as custas, extingue-se a execução, nos termos do art. 919.º. Verificada esta situação, não há lugar a penhora, nem a concurso de credores nem a venda[908].

À semelhança do processo executivo para pagamento de quantia certa, inicia-se o processo executivo para entrega de coisa certa com o requerimento executivo, onde o exequente, para além de designar o agente de execução, pede a citação do executado para, no prazo de 20

---

no âmbito da execução para entrega de coisa certa, a aplicação subsidiária do art. 812.º-B, n.os 2 e 3, (hoje, correspondendo ao art. 812.º-F, n.os 3 e 4), de forma a permitir neste tipo de execução, à semelhança do que ocorre na execução para pagamento de quantia certa, a apreensão da coisa antes da citação do executado, desde que o exequente alegue e prove o receio de desaparecimento da coisa devida.

904 Cf. Anselmo de Castro, "Direito Processual Civil Declaratório", vol. I, 1981, pp. 137 e seg.

905 Cf. ponto n.º 23.

906 Cf. Lebre de Freitas, "A Acção Executiva", cit., p. 368.

907 Cf. Juan Montero Aroca e outros, "Derecho Jurisdiccional, II". cit., pp. 497, 508 e seg.

908 Cf. Acórdão do STJ de 29.10.98, BMJ, 480, p. 409.

dias, fazer a entrega da coisa devida, nanja para pagar (art. 928.º). E isto quer a execução se funde em título executivo extrajudicial ou em sentença, face à eliminação do n.º 2 do art. 928.º, que a esta se referia, pelo DL n.º 38/2003, de 8 de Março, na sequência da unificação das formas do processo comum de execução. O juiz, quando haja lugar a despacho liminar, se não indeferir liminarmente nem mandar aperfeiçoar o requerimento executivo, ordenará a citação do executado para fazer a entrega da coisa ou opor-se à execução.

A citação do executado será efectuada sem despacho liminar nas execuções baseadas nos seguintes títulos executivos: decisão judicial ou arbitral; documento exarado ou autenticado, por notário ou por outras entidades ou profissionais com competência para tal, ou documento particular com reconhecimento presencial da assinatura do devedor, desde que, caso o valor da execução não exceda a alçada do tribunal da relação, se apresente documento comprovativo da interpelação do devedor, quando necessária ao vencimento da obrigação, e, caso o valor da execução exceda a alçada do tribunal da relação, o exequente mostre ter exigido o cumprimento por notificação judicial avulsa ou equiparada [art. 812.º-C, alíneas a) e c), devidamente adaptado, *ex vi* do art. 466.º, n.º 2].

Não obstante o art. 864.º, n.º 3, alínea a), só se referir à penhora, o art. 28.º-A impõe, contudo, que o cônjuge do executado seja citado para a acção executiva quando ela tenha por fim a entrega de imóvel ou de estabelecimento comercial que o executado não possa dispor livremente[909]. E esta citação deve ocorrer logo no início do processo, em simultâneo com a do executado.

81. TÍTULOS QUE SERVEM DE BASE À EXECUÇÃO PARA ENTREGA DE COISA ARRENDADA

À execução para entrega de coisa arrendada, contemplada no art. 930.º-A, servem de base sentenças condenatórias e títulos executivos extrajudiciais.

As sentenças são proferidas em acções em que se aprecia a cessação, a validade ou a subsistência dos contratos de arrendamento: as

[909] Cf.: Lopes Cardoso, ob. cit., p. 714; Alberto dos Reis, ob. cit., vol. II, p. 539; Teixeira de Sousa "Acção Executiva...", cit., p. 47; Jacinto Bastos, "Notas...", vol. IV, cit., pp. 165 e seg.; e Lebre de Freitas, "A Acção Executiva", cit., pp. 374 e seg., mas numa perspectiva diversa.

acções em que se aprecia a *cessação* dos contratos de arrendamento são as denominadas *acções de despejo*, enquanto as acções em que se aprecia a *validade* e a *subsistência* desses contratos são as *acções equivalentes às de despejo*, como a de reivindicação a que alude o art. 1311.º do CC, onde o proprietário, para além de solicitar o reconhecimento do seu direito, requer a entrega do prédio alegadamente arrendado[910].

A *acção de despejo* que, nos termos do n.º 1 do art. 14.º do NRAU, visa fazer cessar a situação jurídica do arrendamento, sempre que a lei imponha o recurso à via judicial para promover tal cessação, tem hoje um âmbito de aplicação mais restrito que o da acção de despejo prevista no revogado art. 55.º do RAU, por terem diminuído os casos em que o senhorio tem de se socorrer deste tipo de acção para fazer cessar a relação de arrendamento. Estes casos são presentemente os seguintes: resolução do arrendamento com fundamento numa das causas previstas no n.º 2 do art. 1083.º, *ex vi* do n.º 2 do art. 1084.º do CC; e denúncia do arrendamento pelo senhorio com qualquer dos fundamentos previstos nas alíneas a) e b) do art. 1101.º, *ex vi* do n.º 1 do art. 1103.º do CC.

Como títulos executivos extrajudiciais são de referir os documentos particulares assinados pelo devedor e os previstos no n.º 5 do art. 14.º e no n.º 1 do art.º 15.º do NRAU.

Documentos particulares susceptíveis de servirem de base à execução para entrega de coisa arrendada são os assinados pelo devedor que importem a obrigação de entrega de coisa [art. 46.º, n.º 1, alínea c)], na sequência da extinção do arrendamento. Assim, a título de exemplo: a comunicação feita pelo arrendatário ao senhorio a fim de impedir a renovação automática do contrato, nos arrendamentos com prazo certo, de harmonia com o disposto no art. 1098.º do CC; e a comunicação de denúncia do contrato feita pelo arrendatário ao senhorio, nos arrendamentos de duração indeterminada, em conformidade com o art. 1100.º do CC[911].

O título executivo previsto no n.º 5 do art. 14.º do NRAU consiste numa certidão judicial comprovativa da extinção do arrendamento, baseada na falta de pagamento por parte do arrendatário, na pendência da acção de despejo, das rendas e demais encargos vencidos, por período superior a três meses, depois de notificado para, em 10 dias, efectuar esse pagamento.

[910] Cf. Aragao Seia, ob. cit., p. 374.

[911] Cf. Maria Olinda Garcia, "A Acção Executiva para Entrega de Imóvel Arrendado", 2006, pp. 52 e seg.

Os títulos executivos extrajudiciais incluídos no n.º 1 do art. 15.º do NRAU são os seguintes:

a) O contrato de arrendamento, acompanhado do acordo previsto no n.º 2 do art. 1082.º do CC, em caso de cessação por revogação;
b) O contrato escrito donde conste a fixação do prazo, em caso de caducidade pelo decurso do prazo, não sendo o contrato renovável por ter sido celebrado para habitação não permanente ou para fim especial transitório;
c) O contrato de arrendamento, acompanhado do comprovativo da comunicação prevista no art. 1097.º do CC, em caso de cessação por oposição à renovação;
d) O contrato de arrendamento, acompanhado dos comprovativos das comunicações previstas na alínea c) do art. 1101.º do CC e no art. 1104.º do mesmo diploma, em caso de denúncia por comunicação;
e) O contrato de arrendamento, acompanhado do comprovativo da comunicação prevista no n.º 1 do art. 1084.º do CC[912], bem como, quando aplicável, do comprovativo, emitido pela autoridade competente, da oposição à realização da obra, em caso de resolução por comunicação[913];
f) O comprovativo da comunicação da iniciativa do senhorio e o documento de resposta do arrendatário, em caso de denúncia pelo arrendatário, nos termos do n.º 5 do art. 37.º do NRAU ou do n.º 5 do art. 43.º do mesmo diploma.

Sendo o local arrendado a casa de morada de família, as comunicações que constituam ou integrem o título executivo para efeitos de despejo devem ser dirigidas separadamente a cada um dos cônjuges (art. 12.º, n.º 1, do NRAU).

[912] Cf. Acórdão da RC de 17.02.2009, CJ, ano XXXIV, tomo I, p. 51.

[913] Nos termos dos n.os 3 e 4 do art. 1084.º do CC, a resolução por comunicação fica sem efeito: quando fundada na falta de pagamento da renda, se o arrendatário puser fim à mora no prazo de três meses; quando fundada na oposição pelo arrendatário à realização de obra ordenada por autoridade pública, se no prazo de três meses cessar essa oposição.

82. FUNDAMENTOS E EFEITOS DA OPOSIÇÃO À EXECUÇÃO

A oposição à execução para entrega de coisa certa, a deduzir no prazo de 20 dias a contar da citação (art. 928.º), baseia-se nos motivos indicados nos arts. 814.º, n.º 1, 815.º e 816.º, na parte em que puderem adaptar-se a este tipo de execução, e ainda num fundamento específico: as benfeitorias a que o executado tenha direito (art. 929.º, n.º 1).

Contudo, não será admitida a oposição com fundamento em benfeitorias se o executado não tiver feito valer oportunamente o seu direito a elas no processo de declaração, caso a execução se baseie em sentença condenatória (art. 929.º, n.º 3)[914].

Nos termos do art. 216.º do CC, são *benfeitorias* todas as despesas feitas para conservar ou melhorar a coisa. Subdividem-se em três categorias: *necessárias, úteis* e *voluptuárias.*

Necessárias são as que têm por fim evitar a perda, destruição ou deterioração da coisa; *úteis* as que não sendo indispensáveis para a conservação da coisa, lhe aumentam, todavia, o valor; *voluptuárias* as que servem apenas para recreio do benfeitorizante, não sendo indispensáveis para a conservação da coisa nem lhe aumentando o valor.

Segundo o art. 1273.º do CC, tanto o possuidor de boa fé como o de má fé têm direito a ser indemnizados das benfeitorias necessárias que hajam feito. Quanto às benfeitorias úteis, tanto um como outro as podem levantar desde que se não dê detrimento da coisa; ocorrendo esse detrimento, não haverá lugar ao levantamento das benfeitorias, mas aqueles possuidores terão direito ao seu valor, de harmonia com as regras do enriquecimento sem causa.

No que concerne às benfeitorias voluptuárias, face ao que se dispõe no art. 1275.º do CC, não dão direito a qualquer indemnização ou

---

[914] "Porém, esta ressalva, como refere José João Baptista (ob. cit., p.187), deverá entender-se como sendo aplicável apenas ao caso de benfeitorias já realizadas até ao momento em que na acção declarativa o réu, ora executado, podia, na contestação, formular pedido reconvencional do seu pagamento e não a benfeitorias diferentes só posteriormente realizadas, as quais, portanto, só agora, na acção executiva, poderão ser invocadas".

Nos termos do Acórdão do STJ de 31.01.2006 (CJ — Acórdãos do STJ, ano XIV, tomo I, p. 50), caso o executado, quer no inventário quer na acção de divisão de coisa comum, não tenha suscitado a questão de benfeitorias efectuadas no prédio cuja entrega é pedida, não pode depois levantá-la em oposição à execução.

compensação, apenas podendo o possuidor de boa fé proceder ao seu levantamento, desde que não se dê o detrimento da coisa.

O art. 1273.º do CC só se aplica à posse propriamente dita, e não à mera detenção ou posse precária, a menos que seja mandado aplicar a outras situações (v.g., os casos do locatário e do comodatário equiparados, respectivamente, nos arts. 1046.º, n.º 1, e 1138.º, n.º 1, do mesmo Código, ao possuidor de má fé quanto às benfeitorias que realizem)[915].

Em regra, o direito a benfeitorias confere direito de retenção, ante o estatuído no art. 754.º do CC; contudo, as alíneas a) e b) do art. 756.º restringem esse direito ao possuidor que esteja de boa fé aquando da realização das despesas.

Tendo em conta que a invocação do fundamento específico de oposição à execução para entrega de coisa certa só tem lugar quando as benfeitorias autorizem a retenção, porque apenas neste caso o executado pode legitimamente recusar a entrega da coisa pedida na execução[916], somente o possuidor de boa fé o pode invocar, quer para ser pago pelas benfeitorias necessárias quer pelas benfeitorias úteis que não pode levantar sem detrimento.

No que concerne ao possuidor de má fé, que, como vimos, não goza do direito de retenção e, consequentemente, não pode fundamentar a oposição à execução nas benfeitorias realizadas, somente conseguirá pagar-se delas através do recurso a uma acção autónoma, se voluntariamente não lhe for satisfeito o devido, e isto por em processo executivo não haver lugar à dedução de pedido reconvencional[917].

Os efeitos do recebimento da oposição, na execução para entrega de coisa certa, variam consoante os fundamentos que a suportam.

Se se tratar dos fundamentos dos arts. 814.º; n.º 1 e 815.º, também na execução para entrega de coisa certa, onde ocorre sempre a citação prévia do executado, o recebimento da oposição não suspende, em princípio, a execução; só a suspenderá se o opoente prestar caução que garanta a entrega da coisa, ou se, tendo o opoente impugnado a assinatura do documento particular e apresentado documento que constitua

---

[915] Cf. Pires de Lima e Antunes Varela, ob. cit., vol. III, p. 44.

[916] A defesa do executado revestirá a forma de *excepção peremptória*, por se reportar à invocação de um facto que *impede* a entrega da coisa ao exequente, defesa essa que se mantém apenas até ao embolso da importância das benfeitorias (cf. Lebre de Freitas, "A Acção Executiva", cit., p. 374).

[917] Cf. Lebre de Freitas, "A Acção Executiva", cit., p. 373.

princípio de prova, o juiz, ouvido o exequente, entenda que se justifica a suspensão, nos termos do n.º 1 do art. 818.º, aplicável por força do n.º 2 do art. 466.º.

Se se tratar dos fundamentos do art. 816.º, e por a execução se basear em título executivo extrajudicial, o recebimento da oposição implica a suspensão da execução [art. 930.º-B, n.º 1, alínea a)][918].

Se se tratar do fundamento de benfeitorias, o recebimento da oposição suspende a execução até o opoente ser pago da importância apurada quanto ao valor daquelas. Todavia o exequente pode fazer seguir a execução, caucionando a quantia pedida a título de benfeitorias (art. 929.º, n.º 2). E isto por a prestação de caução suficiente excluir o direito de retenção, face ao disposto na alínea d) do art. 756.º do CC.

Caso o exequente preste caução, pode o executado obstar a que a execução prossiga, prestando, por sua parte, caução ao valor da coisa cuja entrega é pedida, como resulta do disposto no n.º 1 do art. 818.º e no n.º 2 do art. 466.º.

"Se assim acontecer, diz-nos Alberto dos Reis[919], ficam existindo duas cauções: caução prestada pelo exequente, destinada a garantir o pagamento das benfeitorias; caução prestada pelo executado, destinada a garantir a entrega da coisa, objecto da execução".

Na execução para entrega de coisa arrendada por falta de pagamento de renda, baseada em título executivo extrajudicial, o pagamento ou depósito das somas devidas efectuado pelo locatário até ao termo do prazo para a oposição à execução leva a que fique sem efeito a resolução do contrato anteriormente operada (art. 1048.º, n.º 1, do CC)[920].

---

[918] Sempre que proceda a oposição à execução que se funde em título extrajudicial, estabelece-se no art. 930.º-E um regime punitivo idêntico ao do art. 819.º. Assim, caso o exequente não tenha agido com a prudência normal, e sem prejuízo da responsabilidade criminal a que possa também ficar sujeito, responde pelos danos culposamente causados ao executado e incorre em multa correspondente a 10% do valor da execução, mas não inferior a 10 UC nem superior ao dobro do máximo da taxa de justiça.

[919] Ob. cit., vol. II, p. 542.

[920] Cf. Maria Olinda Garcia, "A Nova Disciplina do Arrendamento Urbano", 2006, p. 11.

83. ENTREGA DA COISA

Se o executado não entregar voluntariamente a coisa, no prazo de 20 dias a contar da citação, a *entrega* é feita coercivamente, procedendo-se à sua *apreensão*, depois de realizadas as buscas e outras diligência necessárias para o efeito (art. 930.º, n.º 1)[921]. Mas a *apreensão* referida não produz os efeitos da penhora nem tem a sua função[922]; somente lhe são aplicáveis as disposições referentes à sua realização.

Assim, se a a coisa é *móvel*, procede-se à entrega efectiva dela ao exequente, depois de o agente de execução proceder às diligências necessárias à sua descoberta, solicitando directamente o auxílio das autoridades policiais, caso seja oposta alguma resistência, ou a intervenção do juiz, a fim deste determinar o auxílio das autoridades policiais se se tornar necessário o arrombamento de portas ou haja receio justificado de oposição de resistência (arts. 848.º, n.º 3, 850.º, n.º 1 e 840.º, n.os 2 e 3).

Tratando-se de coisas móveis a determinar por conta, peso ou medida, o agente de execução manda fazer, na sua presença, as operações indispensáveis e entrega ao exequente a quantidade devida (art. 930.º, n.º 2).

Se a coisa é *imóvel,* o agente de execução investe o exequente na posse, entregando-lhe os documentos e as chaves, se os houver; também procederá à notificação do executado, dos arrendatários e de quaisquer detentores para que respeitem e reconheçam o direito do exequente (art. 930.º, n.º 3). Se os arrendatários após a notificação pagarem a renda ao executado, não se exoneram, podendo o exequente exigir-lhes de novo o pagamento. Tratando-se de execução de despejo, terá de haver efectiva desocupação da coisa, por esta ter de ser entregue ao exequente livre de pessoas e bens, à semelhança do que teria ocorrido à data da extinção do arrendamento, se o imóvel tivesse sido voluntariamente restituído[923].

Se a coisa pertencer em *compropriedade* a outros interessados, o exequente é investido na posse da sua quota-parte (art. 930.º, n.º 4), notificando-se o administrador dos bens, se o houver, e os comproprietários (art. 862.º, n.º 1).

---

[921] A entrega pode ter por objecto bem do Estado ou outra pessoa colectiva referida no n.º 1 do art. 823.º (art. 930.º, n.º 1, *in fine*).

[922] Cf.: Lebre de Freitas, "A Acção Executiva", cit., pp. 368 e seg.; Lopes Cardoso, ob. cit., p. 720; e Remédio Marques, "Curso de Processo Executivo Comum", cit., p. 435. Em sentido contrário: Castro Mendes, ob. cit., p. 504.

[923] Cf. Maria Olinda Garcia, "A Acção Executiva...", cit., p. 95.

Visando a execução a entrega da *casa de habitação principal* do executado, é aplicável, por força do art. 930.º, n.º 6, 1.ª parte, por razões humanitárias, o disposto nos n.os 3 a 6 do art. 930.º-B. Daí dever sobrestar-se na entrega da casa, se esta puser em risco, por razões de doença aguda, a vida da pessoa que nela se encontre, desde que tal se demonstre por atestado médico, que deve de modo fundamentado indicar o prazo durante o qual se deve sustar a entrega[924].

Resultando da entrega do imóvel sérias dificuldades para o realojamento do executado, o agente de execução comunica antecipadamente o facto à câmara municipal e às entidades assistenciais competentes (art. 930.º, n.º 6, 2.ª parte). Decorrido um prazo considerado razoável para estas entidades providenciarem (poderá ser um prazo de 10 meses, por analogia com o que se dispõe no n.º 5 do art. 930.º-D), proceder-se-á à entrega do imóvel, mesmo que o realojamento do executado se não tenha efectivado, por não competir ao exequente, mas ao Estado, assegurar habitação condigna a todos, sob reserva do possível, nos termos do art. 65.º da CRP[925] [926].

A entrega, à semelhança da venda no processo de execução para pagamento de quantia certa, pode ficar sem efeito se, por qualquer motivo, o anterior possuidor recuperar o direito a ela. É o que ocorre se for anulada ou revogada a sentença exequenda, se for julgada procedente a oposição à execução ou se a coisa entregue não pertencia ao executado e foi reivindicada pelo dono. Verificada uma situação destas,

---

[924] Se a doença invocada for de natureza crónica, não é possível deferir a sustação do despejo, atenta a impossibilidade de fixar qualquer prazo para essa sustação, aliada à circunstância de o direito do exequente não poder ficar indefinidamente paralisado. Cf. Acórdão da RC de 19.10.2004, CJ, ano XXIX, tomo IV, p. 36.

[925] O art. 930.º, n.º 6, inspirou-se no art. 62.º da Lei (francesa) n.º 91-650, de 9 de Julho de 1991. Disposições paralelas são as do § 721 da ZPO, onde se prevê que o tribunal conceda ao devedor um prazo adequado para desocupar a habitação, de acordo com as circunstâncias, mas sem ultrapassar um ano, e do art. 704., n.º 1, da LEC, onde se estipula que ao executado será concedido o prazo de um mês para o desalojamento, com possibilidade de prorrogação por mais um mês, se existir motivo fundado. Trata-se de um prazo que, em terminologia clássica, seria adequado denominar-se *de humanidade*.

[926] No sentido de as incumbências constantes dos n.os 2, 3 e 4 do art. 65.º da CRP terem fundamentalmente como destinatário o Estado, e não, em princípio e em primeira linha, os titulares dos direitos de propriedade ou de gozo das habitações, tem-se pronunciado o TC, como se verifica, entre outros, do seu Acórdão n.º 60/99, de 2 de Fevereiro (DR, II Série, de 30.03.99). Cf., no mesmo sentido, Jorge Miranda e Rui Medeiros, "Constituição Portuguesa Anotada", tomo I, cit., pp. 669 e segs.

o anterior possuidor pode requerer que se proceda à respectiva restituição (art. 930.º, n.º 5). E seguramente também poderá reclamar as rendas, frutos ou produtos, ou o valor pecuniário da utilização da coisa[927].

Há quem defenda poder o executado opor-se à apreensão da coisa por meio do incidente a que aludem os arts. 863.º-A e 863.º-B[928]. Mas sem razão, por as questões respeitantes à dessintonia entre a coisa solicitada ou entregue e a obrigação exequenda tal como consta do título executivo basearem o fundamento de oposição à execução da previsão da alínea a) do n.º 1 do art. 814.º, caso o juiz, havendo lugar a despacho liminar, não indefira liminarmente, pela totalidade ou parcialmente, o requerimento executivo, apoiado no art. 812.º-E, n.os 1, alínea a), e 4[929].

Se por erro do agente de execução se proceder à entrega de coisa diversa da indicada no título executivo, o *requerimento* é o meio indicado para pôr a realidade em conformidade com o título.

84. **SUSPENSÃO DA EXECUÇÃO DE DESPEJO**

São as seguintes as situações especiais em que pode ocorrer a suspensão da execução de despejo:

a) quando o detentor da coisa, que não tenha sido ouvido e convencido na acção declarativa, exiba ao agente de execução algum dos seguintes títulos, com data anterior ao início da execução:

— título de arrendamento ou de outro gozo legítimo do prédio, emanado do exequente;

— título de subarrendamento ou de cessão da posição contratual emanado do executado.

Este último título para ser eficaz deve ainda ser acompanhado: 1) ou de documento comprovativo de haver sido requerida no prazo de 15 dias a respectiva notificação ao exequente; 2) ou de documento que demonstre ter o exequente especialmente autorizado o subarrendamento ou a cessão; 3) ou de documento que testemunhe ter o

---

[927] Assim, se diz expressamente, para situação idêntica, no art. 534., n.º 1, da LEC.

[928] Assim, Teixeira de Sousa, "Acção Executiva...", cit., p. 47, e Lebre de Freitas e Ribeiro Mendes, ob. cit., pp. 649 e seg.

[929] Cf. Rezende Filho, ob. cit., p. 294.

exequente reconhecido o subarrendatário ou cessionário como tal (art. 930.º-B, n.º 2)[930] [931];

b) quando, tratando-se de arrendamento para habitação, seja exibido ao agente de execução atestado médico que justifique o prazo durante o qual se deve suspender a execução e refira que a diligência põe em risco a vida da pessoa que se encontra no local, por razões de doença aguda (art. 930.º-B, n.º 3)[932] [933];

c) quando o executado, por razões sociais imperiosas, dentro do prazo de oposição à execução, requeira o deferimento da desocupação do local arrendado para habitação, oferecendo logo as provas disponíveis, incluindo testemunhas, até ao limite de três [arts. 930.º-B, n.º 1, alínea b), e 930.º-C, n.º 1];

d) quando, fundando-se a execução na falta de pagamento das rendas, o executado prove que a mesma se ficou a dever a retribuições em mora por período superior a 15 dias (art. 28.º da Lei n.º 105/2009, de 14 de Setembro).

Nas situações referidas nas alíneas a) e b), o agente de execução lavra certidão das ocorrências, junta os documentos apresentados e adverte o detentor ou a pessoa que se encontre no local para, no prazo de 10 dias, sob pena de a execução prosseguir, pedir ao juiz a confirmação da suspensão, juntando ao requerimento os documentos disponíveis; depois o agente de execução dará imediato conhecimento do facto ao exequente ou ao seu representante (art. 930.º-B, n.º 4). Requerida a confirmação, compete ao juiz de execução, no prazo de 15 dias, depois de ouvido o exequente, decidir se é de manter a execução suspensa ou de ordenar o seu prosseguimento (art. 930.º-B, n.º 5).

---

[930] Em conformidade com o regime substantivo resultante dos arts. 1038.º, alíneas f) e g), 1049.º, 1059.º, n.º 2 (com remissão para os arts. 424.º e segs.), 1061.º, 1083.º, n.º 2, alínea e), e 1088.º do CC.

[931] Concorda-se com Maria Olinda Garcia ("A Acção Executiva...", cit., p. 90, nota 22) quando afirma que, apesar de o proémio do n.º 2 do art. 930.º-B "se referir apenas à hipótese de o detentor do imóvel não ter sido ouvido nem convencido na acção declarativa, o que significa que a execução tem por título uma sentença, a mesma solução deverá valer na hipótese de a execução se fundar num dos títulos executivos previstos no artigo 15.º da Lei n.º 6/2006, por identidade das razões que justificam essa solução".

[932] Não basta assim um estado de doença crónica, mesmo que seja grave, como se decidiu no Acórdão da RP de 12.02.2008 (CJ, ano XXXIII, tomo I, p. 190).

[933] A suspensão prevista no n.º 3 do art. 930.º-B pode verificar-se quer a execução se funde em título judicial quer em título extrajudicial. Cf. Maria Olinda Garcia, "A Nova Disciplina...", cit., p. 85.

Em caso de doença aguda, o juiz pronuncia-se equitativamente sobre a suspensão, se o exequente requerer o exame do doente por dois médicos (art. 930.º-B, n.º 6).

Na situação da alínea c), face ao disposto no n.º 2 do art. 930.-C, o diferimento de desocupação do local arrendado para habitação, a decidir de acordo com o prudente arbítrio do tribunal, deve basear-se em algum dos seguintes fundamentos:

1) Que a desocupação imediata do local causa ao executado um prejuízo muito superior à vantagem conferida ao exequente;

2) Que, tratando-se de resolução por não pagamento de rendas, a falta do mesmo se deve a carência de meios do executado, presumido-se esta relativamente ao beneficiário de subsídio de desemprego ou de rendimento social de inserção;

3) Que o executado é portador de deficiência com grau comprovado de incapacidade superior a 60%.

No diferimento decidido com base no primeiro fundamento, a pedido do exequente, pode o executado ser obrigado a caucionar as rendas vincendas, sob pena de perda de benefício; e no decidido com base no segundo fundamento, cabe ao Fundo de Socorro Social do Instituto de Gestão Financeira da Segurança Social indemnizar o exequente pelas rendas não pagas, acrescidas de juros de mora, ficando sub-rogado nos direitos daquele.

Da tramitação do diferimento da desocupação, que tem carácter de urgência, cuida o art. 930.º-D.

São de destacar como notas relevantes desta tramitação as seguintes:

— A petição de diferimento da desocupação é indeferida liminarmente quando: tiver sido deduzida fora do prazo, ou seja, depois de findo o prazo de oposição à execução[934]; o fundamento não se ajustar a algum dos três atrás mencionados; e for manifestamente improcedente;

— Na sequência do recebimento da petição, o exequente é notificado para contestar, no prazo de 10 dias, devendo logo oferecer as provas de que dispuser e indicar as testemunhas, a apresentar, até ao limite de três;

— A decisão deve ser proferida no prazo máximo de 30 dias a contar da apresentação da petição e comunicada oficiosamente, com a

[934] Havendo fundamento para o executado se opor à execução, pode cumular a oposição com o pedido de diferimento da desocupação, caso lhe assista razão para formular este. Cf. Maria Olinda Garcia, "A Nova Disciplina...", cit., p. 86.

sua fundamentação, ao Fundo de Socorro Social do Instituto de Gestão Financeira da Segurança Social;

— O juiz deve ter em conta, na decisão, as exigências da boa fé, a circunstância de o executado não dispor imediatamente de outra habitação, o número de pessoas que habitam com o executado, a sua idade, o seu estado de saúde e, em geral, a situação económica e social das pessoas envolvidas;

— o diferimento não pode exceder o prazo de 10 meses a contar do trânsito em julgado da decisão que o conceder.

Na situação da alínea d), o tribunal notifica o Fundo de Socorro Social do IGFSS da decisão que ordene a suspensão da execução da sentença de despejo, bem como da identidade do credor e do montante das prestações ou rendas em mora, para ele assegurar o respectivo pagamento; sempre que o Fundo não garanta o pagamento das prestações ou rendas, a suspensão da instância cessa oito dias após o recebimento, pelo trabalhador, das retribuições em mora (arts. 29.º e 30.º, n.º 1, da Lei n.º 105/2009).

Caso o trabalhador não tenha recebido as retribuições em mora, a suspensão cessa decorrido um ano sobre o seu início, a menos que prove que se encontra pendente acção judicial destinada ao pagamento dessa retribuições, circunstância em que a suspensão cessa na data em que ocorra o pagamento coercivo das mesmas ou a impossibilidade do pagamento (art. 30.º, n.º 2, da Lei n.º 105/2009).

O serviço responsável pelas prestações de desemprego e o Fundo de Socorro Social do IGFSS ficam sub-rogados nos direitos do trabalhador perante o empregador no montante correspondente às prestações que tiverem pago, acrescidas dos juros de mora, não sendo liberatório o pagamento da quantia correspondente a entidade diferente, designadamente o trabalhador (art. 31.º, n.º 1, da Lei n.º 105/2009, de 14 de Setembro).

85. CONVERSÃO DA EXECUÇÃO

Mesmo que o exequente saiba que a execução específica se frustrará, não poderá deixar de instaurar execução para entrega de coisa certa. Ao agente de execução compete apurar que se tornou impossível a execução específica.

Essa impossibilidade pode ocorrer por algum dos seguintes motivos:

a) a coisa ter deixado de existir;

b) a coisa não ser encontrada, apesar de continuar a existir[935];
c) sobre a coisa incidir direito de terceiro que, por oponível ao exequente, obsta ao investimento material ou jurídico na posse[936].

Perante a impossibilidade de o exequente receber a prestação a que tinha direito, resta-lhe a oportunidade de receber uma prestação equivalente, ou seja, uma indemnização compensatória. Donde a execução só se tornar efectivamente impossível se o executado não tiver bens para satisfação da indemnização.

Compete, todavia, ao exequente, uma vez constatado no processo que a coisa não foi encontrada, requerer o prosseguimento da execução a fim de obter a indemnização respectiva, designadamente depois de averiguar que no património do executado existem bens suficientes para assegurar o pagamento do devido. Mas a iniciativa jamais pertencerá ao tribunal[937]. Só mediante impulso processual do exequente pode acontecer a conversão da execução para entrega de coisa certa em execução para pagamento de quantia certa[938].

A indemnização a estabelecer, nos termos do n.º 1 do art. 931.º, compreende duas parcelas: o valor da coisa devida; e o prejuízo resultante da falta da entrega.

O quantitativo desta indemnização fixa-se por meio de liquidação a que se procederá em conformidade com o que se dispõe nos arts. 378.º, 380.º e 805.º, com as necessárias adaptações. A execução convertida corre *no mesmo processo* da execução para entrega de coisa certa, enxertando-se nela, daí resultando uma execução unitária.

Liquidada a indemnização compensatória, procede-se, de imediato, à penhora dos bens necessários para o pagamento da quantia apurada, à qual se pode opor o executado (art. 863.º-A). Realizada a penhora, seguem-se os demais termos do processo de execução para pagamento de quantia certa (art. 931.º, n.º 2).

---

935 Numa situação destas, e a fim de garantir o cumprimento *in natura*, à semelhança do regime constante do art. 701., n.º 2, da LEC, deveria o tribunal, a solicitação do agente de execução, interrogar o executado ou terceiros, com a advertência de incorrerem no crime de desobediência, para informarem se a coisa se encontra ou não em seu poder ou se sabem onde se encontra.

936 Cf.: Anselmo de Castro, "A Acção Executiva...". cit., p. 368; Lebre de Freitas, "A Acção Executiva", cit., pp. 379 e seg.; e Teixeira de Sousa, ob. cit., p. 51.

937 Cf. Alberto dos Reis, ob. cit., vol. II, p. 547.

938 Apenas depois desta conversão é viável o registo da hipoteca judicial (art. 710.º, n.º 3, do CC).

Tendo em conta que o ciclo processual para a oposição à execução decorreu na fase da execução para entrega de coisa certa, apenas será atendida, na fase da execução para pagamento de quantia certa, a oposição por motivo superveniente, como o permite o n.º 3 do art. 813.º[939].

Depois de convertida a execução, pode o exequente e enquanto ela não se extinguir, requerer, *em cumulação*, a execução de outro título executivo para pagamento de quantia certa, em conformidade com o n.º 2 do art. 54.º, aditado pela RPC95-96.

[939] Cf. Lebre de Freitas, "A Acção Executiva", cit., p. 379; em sentido contrário, Castro Mendes, ob. cit., p. 508.

TÍTULO IV

EXECUÇÃO PARA PRESTAÇÃO DE FACTO

86. GENERALIDADES

A acção executiva para prestação de facto ocorre quando o título executivo impõe ao devedor a obrigação de prestar um facto.

A ela aludem os arts. 828.º e 829.º do CC e 933.º e segs. do CPC.

Duas modalidades fundamentais se podem considerar neste tipo de execução, a saber:

a) Prestação de *facto positivo*;

b) Prestação de *facto negativo*.

Enquanto a primeira tem por objecto uma actividade do devedor (*facere*), a segunda tem por objecto uma abstenção do mesmo (*non facere*).

Exemplificando o primeiro tipo, pense-se na obrigação de levantar um muro, de pintar um quadro, de escrever um livro, de apanhar os frutos de certo pomar. Exemplificando o segundo, cogite-se na obrigação de não abrir uma janela numa parede, de não exercer certa espécie de comércio ou indústria susceptível de fazer concorrência, de não gravar durante um determinado prazo com outra editora discográfica, de não colocar um garnisé em quintal próximo, por o seu canto desrespeitar os direitos à saúde e ao repouso essencial à existência física de outrem, como direitos de personalidade (art. 70.º, n.º 1, do CC)[940].

No âmbito das prestações de facto, tem especial relevo a distinção entre *prestação de facto fungível* e *prestação de facto infungível*.

A prestação diz-se *fungível* quando pode ser realizada por pessoa diferente do devedor, sem que daí resulte prejudicado o interesse do

---

[940] Cf., neste sentido, Vaz Serra, RLJ, ano 103.º, pp. 374 e segs., em anotação desfavorável ao Acórdão do STJ de 6.05.69 (BMJ, 187, p. 121).

credor (construir um muro, fazer uma mobília, lavrar um terreno). Considera-se *infungível* a prestação sempre que o devedor não possa ser substituído no cumprimento por terceiro. Como flui do n.º 2 do art. 767.º do CC, a *infungibilidade* pode resultar da própria natureza do facto a prestar (*infungibilidade natural*) ou do acordo dos contraentes (*infungibilidade convencional*). No primeirio caso, o facto só pode ser prestado pelo obrigado face às suas aptidões e qualidades pessoais ou à sua posição como único responsável (a pintura de um quadro ou de um retrato por parte de um pintor famoso, uma intervenção cirúrgica altamente especializada da responsabilidade de um cirurgião de renome ou a reintegração de um trabalhador ilicitamente despedido numa determinada empresa); no segundo caso, o credor pretende que seja somente o devedor a realizar a prestação, por nele apreciar os cuidados e a perfeição técnica com que cumpre a sua profissão (a condução automóvel numa longa viagem, o arranjo dum jardim numa residência de luxo). Na ausência do acordo que suporta a *infungibilidade convencional,* o credor não podia erguer qualquer obstáculo à substituição do devedor, dado a sua prestação ser naturalmente fungível.

Refira-se ainda, no seguimento de doutrina autorizada, que a *fungibilidade* é um conceito relativo, ficando ao critério do exequente avaliar se a prestação por terceiro é susceptível de proporcionar-lhe satisfação ou, pelo menos, maior satisfação que a resultante da conversão em dinheiro[941].

A distinção de que ora cuidamos vale outrossim no domínio da prestação de facto negativo. No que concerne à *prestação fungível* atente-se, por exemplo, que a destruição da obra irregularmente efectuada tanto pode ser levada a efeito pelo devedor como por terceiro, com igual satisfação do credor, e que o encerramento do estabelecimento aberto com violação da obrigação de não fazer concorrência, pode acontecer a despeito da inacção do obrigado. No que toca à *prestação não fungível*, não pode também aqui ocorrer a exequibilidade específica da obrigação. Pense-se no incumprimento das obrigações por parte do tenor ou da soprano de não ensaiarem durante a noite na sua fracção autónoma ou por parte do professor célebre de não continuar a dar aulas, de acordo com o compromisso assumido aquando do trespasse do seu estabelecimento de ensino.

---

[941] Cf. Chantal Català Comas, "Ejecución de Condenas de Hacer y no Hacer", 1998, pp. 241 e seg. e 251.

No âmbito da prestação de facto negativo, a diferença entre prestação fungível e prestação não fungível reporta-se à actuação executiva que é necessário implementar na sequência do incumprimento do executado. Mas a obrigação que sobre este impende é por sua natureza infungível, porquanto apenas ele pode satisfazer o exequente; somente a omissão do executado implica a execução, sendo juridicamente irrelevante a abstenção levada a efeito por outra pessoa distinta.

A *fungibilidade* aparece consagrada como regra no art. 767.º do CC.

Sendo coactivamente inexequíveis as obrigações de *prestação de facto infungível*, positivo ou negativo, em alguns sistemas jurídicos surgem meios, como as *astreintes* do direito francês, o *contempt of court* anglo americano[942], e as medidas coercivas previstas na lei processual alemã (a ZPO), tendentes a constranger o devedor ao cumprimento da obrigação em forma específica[943].

É o que passou a acontecer igualmente entre nós com a entrada em vigor do DL 262/83, de 16 de Junho, que, ao introduzir, no CC, o art. 829.º-A, criou a *sanção pecuniária compulsória*.

Desde então pode o credor requerer ao tribunal, no caso de obrigações de prestação de facto infungível, salvo nas que exigem especiais qualidades científicas ou artísticas do obrigado, a condenação do devedor no pagamento de uma quantia pecuniária por cada dia de atraso no cumprimento ou por cada infracção, conforme mais conveniente às circunstâncias do caso. O montante da sanção, a fixar segundo critérios de razoabilidade, destina-se, em partes iguais, ao credor e ao Estado[944].

"Assim, como nos dizem Pires de Lima e Antunes Varela[945], se o médico, o advogado, o arquitecto ou o engenheiro se tiverem obrigado a realizar determinado serviço ao cliente até certa data e faltarem ao prometido, deverá o juiz, a requerimento do cliente, condenar o médico,

---

[942] Consiste o *civil contempt of court*, por vezes denominado *contempt in procedure*, na desobediência ao julgamento ou ordem do tribunal ou na infracção ao compromisso assumido expressa ou implicitamente perante ele. Cf. Terence Ingman, "The English Legal Process", 8ª edição, pp. 132 e seg. e 158 e seg.

[943] Para uma análise destes meios coercivos em direito comparado, ver Català Comas, ob. cit., pp. 126 e segs.

[944] Diversamente da posição intermédia seguida pelo nosso sistema jurídico, a *multa* é paga em França e nos países do Benelux ao credor, enquanto na Alemanha e na Áustria reverte para o Estado. Cf. Maria José Capelo, "Enforcement of judgments", *in* European Review of Private Law, 2, 1997, p. 393.

[945] Ob. cit, vol. II, pp. 102 e seg.

o advogado, o arquitecto ou o engenheiro a realizar imediatamente a prestação devida, sob pena de uma multa de 5, 10, 20 ou mais contos, por cada dia de atraso"[946].

O fim da sanção pecuniária compulsória não é o de indemnizar o credor pelo atraso no cumprimento da obrigação, mas o de *forçar* o devedor a cumprir, triunfando da sua resistência, oposição, indiferença ou desleixo, como se infere do n.º 2 do art. 829.º-A do CC. A referida sanção é independente da existência e da extensão do dano que resultem do não cumprimento pontual[947].

Segundo a definição dada pelo Tribunal de Cassação francês, no seu aresto de 17.02.76, "a *astreinte* é uma medida destinada a vencer a resistência oposta à execução duma condenação"[948].

Vejamos, de seguida, que tipo de pretensões podem ser formuladas pelo exequente na execução para prestação de facto.

Se a prestação tiver por objecto um *facto fungível*, o credor pode requerer que o facto seja prestado por outrem à custa do devedor (art. 828.º do CC), bem como a indemnização moratória a que tenha direito; em alternativa, pode solicitar a indemnização (compensatória) do dano sofrido com a não realização da prestação (art. 933.º, n.º 1).

---

[946] A sanção pecuniária compulsória foi introduzida no contencioso administrativo com o CPTA de 2002.

Diz-se, de forma genérica, no art.º 3.º, n.º 2, como todos os a seguir indicados nesta nota, do citado CPTA, que os tribunais administrativos, em vista a assegurar a efectividade da tutela, podem fixar oficiosamente um prazo para cumprimento dos deveres que imponham à Administração e aplicar, quando tal se justifique, sanções pecuniárias compulsórias. Este poder de impor sanções pecuniárias compulsórias é depois reafirmado nos arts. 44.º (aqui, também em termos gerais), 66.º, n.º 3 (no âmbito da condenação à prática de acto devido), 84.º, n.º 4 (na hipótese de o processo administrativo não ser atempadamente enviado ao tribunal), 108.º, n.º 2, e 110.º, n.º 5 (no caso do incumprimento de intimações), 127.º, n.º 2 (no campo das providências cautelares), 168.º, n.º 1 (no domínio do processo de execução para prestação de facto infungível) e 179.º, n.º 3 (no âmbito do processo de execução de sentenças de anulação dos actos administrativos).

Nos termos do art. 169.º, n.º 1, a imposição de sanção pecuniária compulsória consiste na condenação dos titulares dos órgãos incumbidos da execução ao pagamento de uma quantia pecuniária por cada dia de atraso que se possa vir a verificar na execução da sentença. E, segundo o n.º 2 do mesmo preceito, essa sanção é fixada segundo critérios de razoabilidade, podendo o seu montante diário oscilar entre 5% e 10% do salário mínimo nacional mais elevado em vigor no momento.

[947] Cf. Calvão da Silva, "Cumprimento e sanção pecuniária compulsória", 4.ª edição, p. 410.

[948] *Apud* Marc Donnier, ob. cit., p. 85.

Se o *facto fungível* respeitar a uma obrigação que tenha por objecto um facto negativo, tem o credor o direito de exigir que a obra, se obra feita houver, seja demolida à custa do que se obrigou a não a fazer, a menos que o prejuízo da demolição para o devedor seja consideravelmente superior ao prejuízo sofrido pelo credor (art. 829.º do CC). Se não houver lugar a demolição ou destruição, pode o exequente solicitar a reposição das coisas no estado anterior à violação, desde que materialmente exequível, como, por exemplo, o encerramento do estabelecimento indevidamente aberto em infracção à obrigação de não fazer concorrência ou a retirada do garnisé do quintal próximo, dado o seu canto insuportável[949]. Da iniciativa das partes e do bom critério do julgador depende a descoberta da medida mais apta à maior efectividade da execução no caso concreto, medida essa que passa, sem dúvida, em primeira linha, pela cessação da actividade proibida[950]. Além da exequibilidade específica das obrigações de não fazer, tem o credor o direito de exigir simultaneamente a indemnização devida pelo prejuízo sofrido.

Se a reposição das coisas no estado anterior não for exequível, por envolver coerção sobre a pessoa do devedor ou atentado à sua liberdade individual[951], o credor tem apenas direito à indemnização por equivalente; também só a esta tem direito na hipótese contemplada no n.º 2 do art. 829.º do CC[952]. Compete ao juiz da execução velar pelo equilíbrio e

---

[949] Cf., neste sentido: Vaz Serra, "Realização coactiva...", cit., pp. 351 e seg.; Teixeira de Sousa, "Acção Executiva...", cit., pp. 59 e seg.; e Remédio Marques, ob. cit., p. 443. Diversamente, Pires de Lima e Antunes Varela (ob. cit.,vol. II, p. 101), Lebre de Freitas ("A Acção Executiva", cit., pp. 394 e seg.), Anselmo de Castro (ob. cit., p. 384) e José João Baptista (ob. cit., p. 197, nota 97) sustentam que a execução específica só ocorre quando há *obra feita*.

No Acórdão da RC de 21.09.2004 (CJ, ano XXIX, tomo IV, p. 11), depois de se referir que no art. 1351.º do CC se consagra o princípio do escoamento natural das águas dos prédios superiores para os prédios inferiores, decidiu-se no sentido de que o proprietário do prédio inferior, que seja prejudicado com as obras levadas a efeito pelo proprietário do prédio superior, ou por desviarem o curso normal das águas, ou por o tornarem mais gravoso para o seu prédio, pode reagir contra esta situação, exigindo ao último não só a destruição ou remoção de tais obras como também uma indemnização pelos prejuízos sofridos.

[950] Cf. Català Comas, ob. cit., pp. 348 e 367.

[951] Não é assim susceptível de execução forçada a não observância da obrigação por parte de um actor de não representar num teatro ou por parte de um *cartoonista* de não desenhar fotografias ofensivas de determinada pessoa.

[952] Continua assim a valer o antigo princípio: *nemo ad factum praecise cogi potest* (ninguém pode ser coagido a fazer alguma coisa).

adequação das medidas, respeitando os princípios gerais da execução e os direitos de personalidade do executado, evitando que para ele resultem situações vexatórias e a ofensa dos direitos constitucionalmente fixados[953].

Tratando-se de obrigação de *prestação de facto infungível*, quer positivo quer negativo, o credor apenas poderá exigir o cumprimento por parte do devedor (art. 817.º do CC) e, na hipótese de este não cumprir, terá de satisfazer-se com a indemnização do dano sofrido com a não realização da prestação, sendo o facto positivo, ou com a indemnização pelo prejuízo sofrido, sendo o facto negativo. Esta indemnização contempla não só o valor da prestação não satisfeita como os eventuais danos resultantes do incumprimento, desde que se provem e se verifique nexo causal entre o incumprimento e o resultado danoso[954]. Tanto numa hipótese como noutra, pode igualmente o credor exigir o pagamento da quantia eventualmente devida a título de sanção pecuniária compulsória em que o devedor tenha já sido condenado ou cuja fixação o credor pretenda obter no processo executivo (arts. 933.º, n.º 1, e 939.º, n.º 1, partes finais, e 941.º, n.º 1, alínea c)][955]. Na segunda situação, deve o juiz, antes de ordenar a citação do devedor, proceder à fixação da sanção pecuniária compulsória. Esta sanção, quer estabelecida na acção declarativa quer na acção executiva, será liquidada, a final, pelo agente de execução (art. 805.º, n.º 3).

87. EXECUÇÃO PARA PRESTAÇÃO DE FACTO POSITIVO

Na execução para prestação de facto positivo, o prazo pode já estar fixado ou ser necessário fixá-lo.

Analisemos cada uma das situações.

---

953 Cf. Català Comas, ob. cit., p. 80.

954 Cf. Català Comas, ob. cit., pp. 230 e seg.

955 Com a nova redacção dada pelo DL n.º 38/2003 aos preceitos que no texto surgem entre parêntesis, pôs-se termo à controvérsia existente na jurisprudência e na doutrina sobre a aplicabilidade ou inaplicabilidade de sanção pecuniária compulsória em processo executivo, optando o legislador pela sua aplicabilidade.

No sentido da solução que ora vingou, pode, a título de exemplo, referir-se o Acórdão do STJ de 19.04.2001, onde expressamente se julgou no sentido de a sanção pecuniária compulsória, não incluída na sentença de condenação, poder ser requerida na fase executiva da execução para prestação de facto infungível. Pode consultar-se este acórdão, com anotação favorável, em Calvão da Silva, ob. cit., pp. 513 e segs.

a) Prestação de facto com prazo certo

Da execução da prestação com prazo certo cuidam os arts. 933.º-938.º. Aqui é ainda necessário distinguir entre o caso em que o credor requer o pagamento de uma indemnização compensatória e aquele em que ele opta pela prestação do facto por outrem.

Independentemente do pedido solicitado, nas execuções para prestação de facto positivo com prazo certo, e desde que o credor não pretenda obter a fixação de sanção pecuniária compulsória no processo executivo, a citação do executado será efectuada sem despacho liminar nas execuções baseadas em decisão judicial ou arbitral e em documento exarado ou autenticado por notário ou por outras entidades ou profissionais com competência para tal [arts. 812.º-C, n.º 1, alíneas a) e c), 1.ª parte, *ex vi* do art. 466.º, n.º 2].

I) *Pedido de indemnização compensatória* (arts. 933.º e 934.º)

O pedido de indemnização compensatória ocorre necessariamente nas prestações de facto infungíveis e facultativamente nas prestações de facto fungíveis. Verificando-se a primeira hipótese, pode também o credor requerer o pagamento da quantia devida a título de sanção pecuniária compulsória, em que o devedor tenha sido já condenado ou cuja fixação o credor pretenda obter no processo executivo[956].

A instância executiva principia com o requerimento do exequente, desde que o executado se encontre em mora. Aí deverá ele declarar que pretende obter a indemnização a que tem direito pelo incumprimento da prestação e a quantia eventualmente devida ou pretendida a título de sanção pecuniária compulsória e requerer a citação do devedor para, em 20 dias, deduzir oposição à execução.

Findo o prazo para a oposição, ou julgada esta improcedente, tendo a execução sido suspensa, segue-se a liquidação da indemnização compensatória. Feita a liquidação, com observância do disposto no art. 931.º, n.º 1, procede-se à penhora dos bens que forem necessários para se obter o pagamento da quantia liquidada, seguindo-se depois os termos prescritos para a execução para pagamento de quantia certa (arts. 934.º e 931.º, n.º 2).

---

[956] Tenha-se em conta que o registo da hipoteca judicial só é permitido depois da conversão da prestação de facto numa indemnização pecuniária (art. 710.º, n.º 3, do CC).

II) *Pedido de prestação do facto por outrem* (arts. 935.º-938.º)

O pedido de prestação do facto por outrem apenas ocorre nas prestações de facto fungíveis[957]. Com ele deve cumular-se o pedido de indemnização moratória.

A tramitação inicial é igual à do caso anterior. O exequente declarará, no requerimento executivo, que quer fazer prestar o facto por outrem e ser indemnizado pelo atraso no cumprimento da prestação, solicitando a citação do executado.

Prosseguindo a execução, ou porque não houve oposição, ou porque esta não triunfou, ou porque a oposição não teve efeito suspensivo, deve o exequente solicitar a nomeação de perito a fim de avaliar o custo da prestação (art. 935.º, n.º 1). Determinado este livremente pelo juiz, sem audiência do executado, com base no relatório pericial e em quaisquer outros elementos, incluindo esclarecimentos ou aditamentos prestados pelo perito (arts. 389.º do CC e 587.º do CPC), procede-se à penhora dos bens necessários para se obter a quantia que se tiver apurado e o montante das custas. Seguem-se depois os termos da execução para pagamento de quantia certa (art. 935.º, n.º 2).

O exequente pode aguardar o fim da execução destinada a obter a quantia necessária para as obras e trabalhos em que consiste a prestação ou dar logo início a essas obras e trabalhos.

Optando pela primeira alternativa, e uma vez excutidos todos os bens do executado sem se obter a importância da avaliação, o exequente pode desistir da prestação do facto e levantar o produto da execução (art. 938.º). Depois, pode pedir a indemnização compensatória não coberta pelo produto levantado.

Se a insuficiência dos bens do executado se apurar depois de iniciada a obra, o exequente já não tem senão o direito ao facto em espécie.

Optando pela segunda alternativa, e mesmo antes de terminada a avaliação, o exequente faz ou manda fazer *extrajudicialmente*, sob a sua direcção e vigilância, as obras e trabalhos necessários para a prestação do facto, ficando com a obrigação de prestar contas, ao agente de execução, das despesas que tenha efectuado. Juntamente com a prestação de contas, ocorrerá a liquidação da indemnização moratória devida, caso tenha sido pedida (art. 936.º, n.º 2).

---

[957] Também o tribunal administrativo pode determinar a prestação do facto devido por outrem, se o facto for fungível, sendo aplicáveis, na circunstância, com as necessárias adaptações, as disposições correspondentes do CPC (art. 167.º, n.º 5, do CPTA).

O executado pode contestar as contas, no prazo de 30 dias, alegando não serem exactas as verbas de despesa e que houve excesso na prestação do facto, para além de poder impugnar a liquidação da indemnização moratória, se esta tiver sido peticionada (art. 936.º, n.º 3).

Aprovadas as contas pelo agente de execução[958], o crédito do exequente é pago pelo produto da venda dos bens penhorados. Se este produto não chegar, o exequente pode requerer novas penhoras até obter a quantia em que foi avaliado o custo da prestação (art. 937.º).

O executado pode opor-se à execução, no prazo de 20 dias, a contar da citação, podendo aqui provar, por qualquer meio, o cumprimento posterior da obrigação, mesmo que a execução se funde em sentença (art. 933.º, n.º 2).

Quando o exequente peça a prestação de facto por outrem, o executado pode basear a sua oposição na ilegalidade do pedido, por do título executivo resultar ser aquela prestação infungível (art. 940.º, n.º 2)[959].

Tendo em conta que na execução para prestação de facto há sempre lugar à citação prévia do executado, o recebimento da oposição só suspende o processo de execução quando o opoente preste caução ou quando, tendo o opoente impugnado a assinatura do documento particular, em que se funda a execução, e apresentado documento que constitua princípio de prova, o juiz, ouvido o exequente, entenda que se justifica a suspensão (art. 933.º, n.º 3, com referência ao art. 818.º, n.º 1).

Não obstante o executado não ser citado para a execução para cumprir, como acontece nas execuções para entrega de coisa certa (art. 928.º), nada obsta, atento o disposto no art. 916.º, n.º 1, que ele faça, no decurso do prazo para a oposição, cessar a execução, prestando o facto e pagando as custas, quer o pedido seja de prestação de facto por

[958] Não obstante no n.º 1 do art. 937.º se dizer expressamente que as contas são aprovadas pelo agente de execução, isto não significa que a este compita o julgamento sobre o montante da indemnização, por este ser necessariamente da responsabilidade do juiz. Cf., neste sentido, Lebre de Freitas, "A Acção Executiva", cit., p. 391.

[959] Apesar do art. 940.º, n.º 2, pela sua posição sistemática se reportar directamente à prestação de facto sem prazo determinado, é igualmente de aplicar ao caso de prestação de facto com prazo certo, por não haver razão para regimes diferenciados. Neste sentido, cf. Lopes Cardoso, ob. cit., p. 736.

outrem quer seja do pagamento de indemnização compensatória[960]. Não se encontrando o facto completamente prestado, aquando do termo do prazo da oposição, exequente e executado, mesmo solicitados pelo juiz, podem acordar na suspensão da execução até que o facto se realize integralmente (art. 279.º, n.º 4).

Sendo a sentença exequenda revogada ou a oposição que não suspendeu a execução julgada procedente, há que distinguir:

a) Se o facto tiver sido prestado por outrem, pode o executado pedir que se desfaça o mal feito e uma indemnização pelos danos e prejuízos causados[961];
b) Se tiver havido lugar ao pagamento de indemnização compensatória, pode o executado pedir a sua restituição e uma indemnização pelos danos e prejuízos sofridos, para além da devolução do que satisfez a título de sanção pecuniária compulsória, caso tal tenha ocorrido[962].

b) Prestação de facto sem prazo determinado

Para hipótese de o título não indicar o prazo dentro do qual deve ser prestado o facto, regem os arts. 939.º e 940.º.

De acordo com estes preceitos, a uma fase preliminar que se ultimará com a fixação do prazo, seguir-se-á a fase executiva propriamente dita, a iniciar depois de se verificar que o facto não foi prestado dentro do prazo fixado.

O processo começará com o requerimento do exequente, indicando o prazo que reputa suficiente e pedindo a citação do devedor para, em 20 dias, dizer o que se lhe oferecer; ainda o exequente deve requerer a aplicação da sanção pecuniária compulsória, desde que a prestação seja infungível, nos termos da 2.ª parte do n.º 1 do art. 933.º (art. 939.º, n.º 1).

Não havendo razão para indeferimento liminar, ordenará o juiz a citação do executado a fim dele se pronunciar sobre o prazo indicado pelo exequente.

Tendo fundamento para se opor à execução, o executado, no referido prazo de 20 dias, deve logo deduzir-la e pronunciar-se sobre o

---

[960] Sobre a possibilidade dessa prestação, cf. Alberto dos Reis, ob. cit., pp. 557 e seg., e Lebre de Freitas, "A Acção Executiva", cit., pp. 388 e seg.

[961] Neste sentido, se pronuncia expressamente, para a hipótese de revogação de sentença de condenação a uma obrigação de fazer, o art. 532., n.º 2, da LEC.

[962] Cf. Andrés de la Oliva Santos e outros, ob. cit., p. 381.

prazo (art. 939.º, n.º 2). Não deduzindo oposição, pode o executado, por simples requerimento, dizer o que achar conveniente sobre o prazo proposto pelo exequente.

No caso de ser deduzida oposição e o seu recebimento suspender a execução, o juiz só fixará o prazo se e depois daquela ter sido julgada improcedente. Não tendo o recebimento da oposição efeito suspensivo, deve o juiz fixar logo o prazo[963].

A fixação do prazo pelo juiz, com ou sem oposição do executado, ocorrerá depois de efectuadas as diligências necessárias (art. 940.º, n.º 1).

Se o executado prestar o facto no prazo fixado, não chega a iniciar-se a execução propriamente dita[964].

Se ele o não prestar, seguem-se os termos da execução da prestação de facto com prazo certo, que arrancará com o requerimento executivo, onde o exequente declarará que pretende ou a prestação do facto por outrem ou a indemnização compensatória (art. 940.º, n.º 2).

Tendo em conta que o executado já houvera sido citado no processo, será ele agora notificado para o prosseguimento da execução.

No prazo de 20 dias, poderá o executado opor-se à execução ou com fundamento na ilegalidade do pedido da prestação por outrem ou com base em facto ocorrido posteriormente à citação para a fixação judicial do prazo, desde que reconduzível a um dos motivos constantes dos arts. 814.º a 816.º (art. 940.º, n.º 2).

Compreendem-se as limitações a esta oposição, porquanto o momento normal para a sua apresentação é o que ocorre a seguir à citação, face ao disposto no n.º 2 do art. 939.º. Esta segunda oposição só pode, assim, fundar-se em circunstâncias supervenientes à citação, como sejam o pedido de prestação do facto por outrem, sendo o facto *infungível*, por natureza ou por convenção, ou a extinção da obrigação por o facto ter sido devidamente prestado dentro do prazo fixado judicialmente. Se a extinção da obrigação acontecer na pendência da execução propriamente dita, ocorrerá a extinção da execução (arts. 916.º e 466.º, n.º 2).

---

[963] Cf. Alberto dos Reis, ob. cit., p. 572.

[964] Cf., neste sentido, Alberto dos Reis, ob. cit., p. 572; diversamente, referindo que a execução se extingue, Lopes Cardoso, ob. cit., p. 728, Lebre de Freitas, "A Acção Executiva", cit., p. 392, e Teixeira de Sousa, "Acção executiva...", cit., p. 55.

88. EXECUÇÃO PARA PRESTAÇÃO DE FACTO NEGATIVO

A execução de uma obrigação que tenha por objecto uma prestação de facto negativo rege-se pelos arts. 941.º e 942.º.

Diferentemente da execução para prestação de facto positivo, a execução aqui, ante o disposto no art. 829.º n.º 1, em conjugação com o art. 566.º, n.º 1, ambos do CC, é sempre execução específica, quando se trata de eliminar, desde que materialmente possível, nos termos atrás expostos, o que se fez em contravenção da obrigação de omissão[965].

Os momentos relevantes neste tipo de execução são os seguintes:

1.º A verificação da existência da infracção;

2.º A reposição das coisas no estado anterior à violação, se for caso disso;

3.º A indemnização do credor pelo prejuízo sofrido.

A indemnização tem lugar não só quando se verifica a reposição e cumulativamente com ela, como igualmente quando não há lugar a essa reposição, constituindo, então, a única forma de satisfação do direito do credor. A esta indemnização acrescerá, caso a prestação seja infungível, o pagamento da quantia devida a título de sanção pecuniária compulsória, em que o devedor tenha sido já condenado ou cuja fixação o credor pretenda obter no processo executivo.

No requerimento executivo, o exequente, depois de alegar que o executado praticou o facto que estava obrigado a abster-se, solicitará:

a) Que se verifique a violação, por meio de perícia, com indicação do objecto desta, nos termos e sob a sanção do n.º 1 do art. 577.º;
b) Tratando-se de execução específica, que se reponham as coisas no estado anterior, ordenando-se, se for o caso, a demolição da obra que porventura tenha sido feita;
c) Que seja indemnizado do prejuízo sofrido e o executado pague a quantia devida a título de sanção pecuniária compulsória em que tenha sido anteriormente condenado ou que lhe venha a ser aplicada no processo executivo.

Não havendo motivo para indeferimento, ordenará o juiz a citação do executado para, no prazo de 20 dias:

---

[965] A demolição da obra era uma alternativa no CC de 1867, atento o que se dispunha no seu art. 713.º.

a) Se pronunciar sobre o objecto proposto para a perícia, com possibilidade de requerer a sua ampliação ou restrição ou de simplesmente aderir a ele, de harmonia com o que consta do n.º 1 do art. 578.º

b) Deduzir oposição à execução.

Por analogia com o que se dispõe no n.º 2 do art. 939.º, havendo oposição à execução, deve o executado dizer nela o que se lhe oferecer sobre a perícia. Se não, deve pronunciar-se sobre esta através de simples requerimento.

Quanto à oposição, além dos fundamentos gerais dos arts. 814.º e segs., há um fundamento específico, que consiste na alegação de que o prejuízo resultante da modificação do que se fez, designadamente a demolição da obra, representa para o executado um prejuízo consideravelmente superior ao sofrido pelo exequente (art. 941.º, n.º 2). É a adjectivação do princípio contido no n.º 2 do art. 829.º do CC, em consonância com a regra geral expressa no n.º 1 do art. 566.º do mesmo Código, onde se estabelece que a indemnização será fixada em dinheiro sempre que a reconstituição natural seja excessivamente onerosa para o devedor.

A oposição baseada neste fundamento específico suspende a execução, em seguida à perícia, mesmo que o executado não preste caução (art. 941.º, n.º 4).

Não sendo recebida oposição à execução ou não suspendendo o seu recebimento a execução, o juiz, após a audição das partes, nomeará o perito (arts. 568.º, n.ºs 1 e 2, e 941.º, n.º 3), que encarregará da realização da perícia.

Concluindo o perito pela existência da violação, indicará logo a importância provável das despesas a fazer para reparação do mal feito, designadamente o custo da demolição, se esta tiver sido requerida (art. 941.º, n.º 3).

Reconhecida a falta de cumprimento da obrigação, ordenará o juiz que se proceda à reconstituição da situação material anterior à prática do acto lesivo (v.g, a demolição do muro, a tapagem da janela, o encerramento do estabelecimento, a retirada do garnisé do quintal) e à indemnização do exequente. Se não for caso de reposição da situação anterior, na sequência da verificação do incumprimento da obrigação, o juiz determinará que o exequente seja indemnizado (art. 942.º, n.º 1).

Se, diversamente, o juiz decidir no sentido de que o executado não cometeu a infracção indicada pelo exequente, julgará extinta a execução, condenando nas custas o exequente.

Prosseguindo a execução por ter havido infracção, seguir-se-ão, com as necessárias adaptações, os termos prescritos nos arts. 934.º a 938.º (art. 942.º, n.º 2).

A indemnização compensatória será, assim, liquidada de acordo com o disposto nos arts. 378.º, 380.º e 805.º, com as necessárias adaptações; finda a liquidação, proceder-se-á à penhora dos bens necessários para o pagamento da quantia apurada, seguindo-se os demais termos do processo de execução para pagamento de quantia certa.

No que toca à *reposição natural*, e uma vez que já se encontra calculado o seu custo, compete ao exequente fazer ou mandar fazer, sob sua direcção e vigilância, o que for necessário para a eliminação do facto ilícito, antes ou depois da penhora dos bens necessários à garantia daquele custo, apresentando oportunamente as contas das despesas efectuadas. Juntamente com as contas, procederá o exequente à liquidação da indemnização devida pelo prejuízo sofrido, quando pedida.

Se a sentença que condenou na obrigação de não fazer for revogada ou a oposição que não suspendeu a execução for julgada procedente, deve o executado ser indemnizado pelos danos e prejuízos sofridos e ainda abonado da importância paga a título de sanção pecuniária compulsória, caso a tenha satisfeito[966].

---

966 Cf. Andrés de la Oliva Santos e outros, ob. cit., p. 381.

TÍTULO V
RECURSOS ORDINÁRIOS

89. REGIME ANTERIOR

Tal como ocorria no processo de declaração, também no processo de execução eram admissíveis, no sistema anterior ao DL n.º 303/2007, de 24 de Agosto, atento o regime dual de recursos cíveis vigente e por força do disposto no n.º 1 do art. 466.º, os recursos de apelação e de agravo para o tribunal de 2.ª instância e de revista e de agravo, se bem que este a título excepcional, para o STJ.

O recurso de apelação competia da sentença final e do despacho saneador que decidissem do mérito da causa (art. 691.º), o de revista, do acórdão da Relação que decidisse do mérito da causa, com fundamento na violação de norma de direito substantivo (art. 721.º), e o de agravo, das decisões, susceptíveis de recurso, a que não coubesse nenhum dos outros (arts. 733.º e 754.º, n.º 1)[967].

Apenas dois preceitos contemplavam, em sede de processo de execução para pagamento de quantia certa, a matéria dos recursos, quais fossem os arts. 922.º e 923.º, com a redacção resultante do DL n.º 38/ /2003, prevendo, respectivamente, os casos de admissibilidade da apelação e do agravo. Isto sem prejuízo de ser igualmente admissível, nos termos gerais, recurso de revista nas acções declarativas que dependessem do processo de execução.

---

[967] Os artigos do CPC referidos neste ponto respeitam à redacção anterior ao DL n.º 303/2007, de 24 de Agosto.

90. REGIME ACTUAL

Segundo o art. 922.º-A são aplicáveis as disposições reguladoras do processo de declaração aos recursos de apelação e de revista de decisões proferidas no processo executivo, com as especificidades constantes dos dois artigos seguintes[968].

Não há ali qualquer referência ao recurso de agravo por ele ter sido banido do nosso sistema processual, uma vez que, na reforma levada e efeito pelo DL n. 303/2007, de 24 de Agosto, se adoptou um regime monista de recursos cíveis, com eliminação da distinção entre apelação e agravo, no respeitante a recursos interpostos na 1.ª instância, e entre revista e agravo, quando o recurso se interpõe na 2.ª instância.

Não obstante os arts. 922.º-A, 922.º-B e 922.º-C respeitarem directamente à execução para pagamento de quantia certa, aplicam-se ainda, sempre que possível, às execuções para entrega de coisa certa e para prestação de facto, atento o que se dispõe no n.º 2 do art. 466.º.

Por os recursos em processo de execução se encontrarem, em princípio, sujeitos às disposições reguladoras do processo de declaração, impõe-se fazer referência às contidas no n.º 1 do art. 678.º. Daí também no processo de execução só ser admissível recurso ordinário em causa de valor superior à alçada do tribunal de que se recorre, desde que a decisão impugnada seja desfavorável ao recorrente em valor também superior a metade da alçada desse tribunal. Assim, tendo em conta que, neste momento, a alçada dos tribunais da Relação é de € 30 000 e a dos tribunais de 1.ª instância é de € 5000 (art. 31.º, n.º 1, da LOFTJ), mesmo que o valor da causa seja superior ao das alçadas, em referência aos tribunais respectivos, a admissibilidade do recurso fica dependente duma sucumbência que exceda os € 15 000, na Relação, e € 2500, na 1.ª instância. Será todavia sempre admissível recurso, independentemente do valor da causa e da sucumbência, nos termos do n.º 2 do art. 678.º, aplicável *ex vi* do art. 922.º-A, das decisões que violem as regras

---

[968] Em caso de recurso, o processo é remetido electronicamente através do sistema informático CITIUS ao tribunal superior, só podendo ser enviados em suporte de papel os documentos relevantes para a decisão material da causa constantes do processo em suporte físico, mas o tribunal superior tem acesso ao processo em suporte físico que inclui as peças e documentos relevantes para a decisão material da causa, bem como à restante informaçao sobre o processo, que é remetida electronicamente através do sistema informático CITIUS (art. 14.º-C, n.os 1 e 4, da Portaria n.º 114/2008. de 6 de Fevereiro, aditado pela Portaria n.º 1538/2008, de 30 de Dezembro).

de competência internacional ou em razão da matéria e da hierarquia, ou que ofendam o caso julgado, das respeitantes ao valor da causa ou dos incidentes, com o fundamento de que o seu valor excede a alçada do tribunal de que se recorre, e das proferidas, no domínio da mesma legislação e sobre a mesma questão fundamental de direito, contra jurisprudência uniformizada do STJ.

Atentemos, de seguida, nos aspectos mais relevantes dos recursos de apelação e de revista, no processo de execução, tal como foram configurados pela RPC2007.

I) Recurso de apelação

De harmonia com o que se estabelece no n.º 1 do art. 691.º, onde se refere que cabe recurso de apelação da decisão do tribunal de 1.ª instância que ponha termo ao processo, seja ela de mérito ou de forma, diz-se no n.º 1 do art.º 922.º-B, no concernente ao processo de execução, ser o recurso de apelação o adequado às decisões que ponham termo: à verificação e graduação de créditos; à oposição deduzida contra a execução; e à oposição deduzida contra a penhora.

Qualquer dos enxertos declarativos referidos, exceptuado o incidente de oposição à penhora, segue, a partir da apresentação da contestação ou do decurso do prazo para o efeito, sendo a revelia de considerar inoperante, a tramitação própria do processo sumário de declaração, como resulta do art. 817.º, n.º 2, quanto à oposição à execução, e do art. 868.º, n.º 1, quanto à verificação e graduação de créditos.

E o mesmo ocorre com a liquidação de título executivo extrajudicial feita pelo tribunal, no início da execução, nos termos dos n.os 4 e 5 do art. 805.º[969]. Da decisão que lhe puser termo cabe também recurso de apelação, apesar de ter sido revogada pela alínea a) do art. 21.º do DL n.º 226/2008, de 20 de Novembro, por inabilidade do legislador, a alínea a) do n.º 1 do art. 922.º-B, onde expressamente se admitia esse recurso[970].

A liquidação de sentença de condenação genérica, a processar como incidente no próprio processo onde foi proferida, sem intervenção

---

[969] Cf. ponto n.º 25.

[970] Também Ribeiro Mendes ("Recursos em Processo Civil — Reforma de 2007", 2009, p. 54, nota 45) considera censurável a eliminação da recorribilidade, por apelação, da decisão final da liquidação não dependente de simples cálculo aritmético. E no mesmo sentido se pronuncia Lebre de Freitas ("A Acção Executiva", cit., p. 363, nota 1).

do juízo de execução, segue igualmente, na sequência da contestação ou de revelia inoperante, os termos do processo sumário de declaração, como se refere no art. 380.º, n.º 3. E da decisão que conheça do objecto da liquidação cabe também recurso de apelação.

A decisão da liquidação realizada por árbitros, caso as partes não tenham renunciado aos recursos, é recorrível para a Relação, sob a espécie de apelação, de harmonia com o disposto no art. 29.º da LAV.

No respeitante à decisão que conhecesse da oposição à execução, com a RPC2003 e em coerência com o que se estabelecia no art. 691.º, apenas originava o recurso de apelação a oposição ao mérito da acção executiva; baseando-se a oposição em questões de natureza processual, como as contempladas nas alíneas a) a f) do art. 814.º, já o recurso adequado seria o de agravo. Com a RPC2007 e independentemente dos fundamentos da oposição deduzida contra a execução, o recurso da decisão que lhe põe termo é sempre de apelação, por o sistema unitário de recursos cíveis, que levou à extinção da espécie do recurso de agravo, assim o impor[971].

Por revestir a natureza de verdadeira acção, a oposição de mérito à execução de despejo fundada em título executivo extrajudicial cai no âmbito da alínea a) do n.º 3 do art. 678.º; daí haver sempre recurso para a Relação, independentemente do valor da causa e da sucumbência, da decisão que julgue improcedente a oposição e mantenha a ordem de desocupação do locado.

Cabe também recurso de apelação da sentença que conheça da oposição à execução alicerçada em decisão arbitral quando baseada nos motivos que justificam a anulação judicial da mesma decisão (art. 27.º, n.º 1, da LAV). E isto por igualmente caber recurso de apelação da sentença que conhece da acção de anulação da decisão dos árbitros.

Constituindo os embargos de terceiro, em similitude com a oposição à execução, uma acção declarativa, por a sua tramitação ser a do processo ordinário ou sumário de declaração após a contestação (art. 357.º), a sentença neles proferida é igualmente passível de recurso de apelação. Refira-se ainda que os embargos de terceiro só não aparecem incluídos na lista do n.º 1 do art. 922.º-B por não dependerem apenas da acção executiva, diversamente dos outros enxertos declarativos que nessa lista figuram.

---

[971] Disse-se no despacho do Presidente da RL de 17.06.2009 (CJ, ano XXXIV, tomo III, p. 70) que, por a petição de oposição a uma execução mais não ser do que a contestação do requerimento executivo, é aplicável ao recurso da sentença proferida na oposição o regime legal vigente à data da instauração da execução.

Face ao disposto no n.º 1 do art. 691.º e por porem termo ao processo são também passíveis de recurso de apelação: o despacho que indefira liminarmente o requerimento executivo (art. 812.º-E, n.º 1); e o despacho do juiz que conheça da recusa de recebimento do requerimento executivo por parte do agente de execução, com base na insuficiência do título ou na falta de exposição dos factos (art. 811.º n.º 2). Em ambas as situações o recurso é sempre admissível até à Relação, com subida nos próprios autos, ainda que o valor da execução não ultrapasse a alçada dos tribunais de 1.ª instância (arts. 234.º-A, n.º 2, 466.º, n.os 1 e 2, e 475.º n. 2). Nestes casos, o despacho que admita o recurso ordenará a citação do executado, tanto para os termos do recurso como para os da execução (arts. 234.º-A, n.º 3, 466.º, n.os 1 e 2, e 475.º, n.º 2).

Vale o mesmo regime, atento o carácter geral das disposições dos n.os 2 e 3 do art. 234.º-A, para os despachos que indefiram liminarmente a petição de embargos de terceiro (art. 354.º) e a petição de oposição à execução (art. 817.º, n.º 1).

A extinção da execução a que alude o art. 919.º, por já não revestir a forma de sentença, deixou de ser passível de recurso, como acontecia anteriormente à RPC2003.

Nos termos do n.º 2 do art. 922.º-B, em caso de recurso da decisão que põe termo à oposição deduzida contra a penhora, o prazo para interposição de recurso (e apresentação de alegações) é reduzido para 15 dias, enquanto nas demais situações contempladas no n.º 1 do mesmo preceito, esse prazo é de 30 dias (art. 685.º, n.º 1).

As decisões interlocutórias proferidas no decurso dos procedimentos de verificação e graduação de créditos, oposição à execução e oposição à penhora devem ser impugnadas no recurso que venha a ser interposto da decisão final (art. 922.º-B, n.º 3). E o mesmo ocorre com as decisões interlocutórias emitidas no âmbito dos procedimentos de liquidação judicial de título executivo extrajudicial e de oposição mediante embargos de terceiro (art. 691.º, n.º 3).

Não havendo recurso da decisão final, as decisões interlocutórias que tenham interesse para o apelante devem ser impugnadas num único recurso no prazo de 15 dias a contar da notificação prevista no n.º 2 do art. 919.º, no caso dos enxertos declarativos do processo de execução (art. 922.º-B, n.º 4), ou a contar do trânsito em julgado da decisão final, se o procedimento for o de embargos de terceiro (art. 691.º, n.os 4 e 5).

Independentemente das decisões finais que ponham termo aos procedimentos atrás enunciados, outras há susceptíveis de recurso de apelação.

Assim, das constantes do n.º 2 do art. 691.º, com projecção no processo de execução, podemos destacar, entre outras, as seguintes:

a) Decisão que aprecie o impedimento do juiz;
b) Decisão que aprecie a competência do tribunal;
c) Decisão que aplique multa;
d) Decisão que ordene o cancelamento de qualquer registo;
e) Decisão que ordene a suspensão da instância;
f) Decisão proferida depois da decisão final;
g) Decisão cuja impugnação com o recurso da decisão final seria absolutamente inútil.

Diversamente do que ocorria antes da RPC2003, não se pronuncia presentemente o art. 922.º-B, como igualmente o anterior 922.º (hoje revogado), sobre o efeito da apelação interposta nos enxertos declarativos, sem que tal envolva alteração do regime anterior quanto a este aspecto.

E, assim, o efeito do recurso continua a ser o meramente devolutivo, por tal resultar do regime fixado no n.º 1 do art. 692.º, onde se diz que "a apelação tem efeito meramente devolutivo".

Se bem que à primeira vista possa parecer que deixou de ter efeito suspensivo o recurso da oposição à execução em que o opoente tenha prestado caução, uma análise mais atenta da situação conduz-nos a solução diversa. Com efeito, nos termos do n.º 4 do art. 692.º, a parte vencida pode requerer que à apelação seja atribuído o efeito suspensivo quando a execução lhe cause prejuízo considerável e preste caução; e esta, sem prejuízo de ser reforçada, pode bastar-se com a anteriormente prestada em vista à suspensão da execução (art. 818.º n.º 1) ou com a penhora efectuada[972].

Face ao disposto na alínea b) do n.º 3 do art. 692.º e por a oposição à execução de despejo fundada em título executivo extrajudicial pertencer às acções referidas na alínea a) do n.º 3 do art. 678.º, como atrás vimos, tem efeito suspensivo a apelação interposta da decisão que a julgue improcedente; havendo recurso de revista para o STJ, por os valores da causa e da sucumbência o permitirem, ele terá efeito meramente devolutivo, nos termos do disposto no n.º 1 do art. 723.º.

---

[972] Cf. ponto n.º 35, alínea a).

No que concerne ao modo de subida da apelação e por os enxertos declarativos, incluindo o da liquidação feita pelo tribunal, quando tramitado nos autos de acção executiva, por processado conjuntamente com a oposição à execução (art. 805.º, n.º 4), sobem, da decisão final, no respectivo apenso, caso o haja. E igualmente sobem da decisão final, nos processos onde as liquidações ocorreram, as respeitantes a sentenças de condenação genérica e as levadas a cabo por árbitros para o efeito de execuções fundadas em título diverso de sentença (arts. 378.º, n.º 2, 380.º, n.º 3, 380.º-A, n.º 1, e 805.º, n.º 6).

A subida dos autos em que ocorreu a liquidação levará o exequente a requerer a extracção do traslado, com indicação das peças que ele deva abranger (art. 693.º, n.º 1), a fim de a execução prosseguir na 1.ª instância.

No respeitante aos recursos de decisões diversas das previstas no n.º 1 do art. 922.º-B, sobem nos próprios autos as apelações das decisões que ponham termo ao processo, as das decisões que suspendam a instância e as das decisões que indefiram o incidente processado por apenso, subindo em separado as demais apelações (art. 691.º-A, n.os 1 e 2). As apelações que subam conjuntamente, em separado dos autos principais, formam um único processo (art. 691.º-A, n.º 3).

II) Recurso de revista

Segundo a RPC2007, o recurso de revista continua a delimitar-se simultaneamente pelo *objecto* e pelos *fundamentos.*

No que concerne ao *objecto* da revista, em processo de execução, identifica-se ele, nos termos do art. 922.º-C, com os acórdãos da Relação, sejam de mérito ou de forma, proferidos em recurso das decisões da 1.ª instância que ponham termo: à verificação e graduação de créditos e à oposição deduzida contra a execução. Mas já não com os acórdãos da Relação que conheçam da decisão da 1.ª instancia que ponha termo à oposição deduzida contra a penhora.

No entanto, apesar de não referenciado no citado art. 922.º-C, também são passíveis de revista, nos termos do n.º 1 do art. 721.º, os acórdãos da Relação proferidos em recurso das decisões do tribunal de 1.ª instância que ponham termo à liquidação feita pelo tribunal e aos embargos de terceiro. Isto, quanto à primeira, por ser infundada a revogação da alínea a) do n.º 1 do art. 922.º-B, como atrás referimos, e, quanto aos segundos, por se incluírem, como incidentes da instância, nas disposições gerais do processo, não dependendo, consequentemente, apenas da acção executiva.

Contudo, as decisões interlocutórias impugnadas com a sentença final, nos termos do disposto no n.º 3 do art. 691.º, e que integram o objecto da apelação, não podem ser objecto do recurso de revista (art. 721.º, n.º 5).

No respeitante aos acórdãos proferidos na pendência do processo na Relação, apenas podem ser impugnados no recurso de revista que venha a ser interposto do acórdão que conheça da decisão da 1.ª instância que pôs termo ao processo, se bem que o possam ser imediatamente os acórdãos proferidos sobre incompetência relativa da Relação e aqueles cuja impugnação com o recurso de revista seria absolutamente inútil (art. 721.º, n.º 2).

Para além das situações resultantes do valor da causa ser inferior à alçada da Relação ou do valor da sucumbência ser inferior a metade dessa alçada, também não é admitida revista do acórdão da Relação que confirme, sem voto de vencido e ainda que por diverso fundamento, a decisão proferida na 1.ª instância (art. 721.º, n.º 3). Esta regra da "dupla conforme" comporta as três excepções previstas no n.º 1 do art. 721.º-A, segundo as quais é permitido o recurso de revista do acórdão da Relação quando: a) esteja em causa uma questão cuja apreciação, pela sua relevância jurídica, seja claramente necessária para uma melhor aplicação do direito; b) estejam em causa interesses de particular relevância social; c) o acórdão da Relação esteja em contradição com outro, já transitado em julgado, proferido por qualquer Relação ou pelo STJ, no domínio da mesma legislação e sobre a mesma questão fundamental de direito.

Fundamentos da revista são hoje de três tipos e não, como anteriormente à RPC2007, apenas de um só. Com efeito, nos termos do n.º 1 do art. 722.º, a revista pode fundar-se não só na violação de lei substantiva, como antes, mas também na violação ou errada aplicação da lei de processo ou nas nulidades previstas nos arts. 668.º e 716., que eram antes os fundamentos do absorvido agravo interposto na 2.ª instância. E compreende-se que assim seja por os acórdãos da Relação passíveis de revista serem presentemente tanto os que contêm decisões de mérito como os que contêm decisões de forma.

Tendo em conta que o recurso de revista só tem efeito suspensivo em questões sobre o estado das pessoas que são estranhas ao processo de execução, a revista interposta nas execuções tem sempre efeito meramente devolutivo (art. 723.º, n.º 1).

Quanto ao *modo de subida*, face ao que se dispõe nos n.os 1 e 2 do art. 722.º-A, sobem nos próprios autos as revistas interpostas dos acórdãos da Relação proferidos em recurso das decisões que ponham termo à verificação e graduação de créditos, à oposição deduzida contra à execução, à liquidação feita pelo tribunal e aos embargos de terceiro e sobem em separado as revistas dos acórdãos proferidos na pendência do processo na Relação sobre competência relativa da Relação ou cuja impugnação com o recurso de revista do acórdão que conheça da decisão do tribunal de 1.ª instância que pôs termo ao processo seria absolutamente inútil.

As revistas que subam conjuntamente, em separado dos autos principais, formam um único processo (art. 722.º-A, n.º 3).

Registe-se que na apreciação do recurso de revista o STJ só conhece de matéria de direito (art. 33.º da LOFTJ). Não fiscaliza a matéria de facto nem revoga por erro na sua fixação; compete-lhe antes controlar a aplicação do direito aos factos materiais fixados pelo tribunal recorrido (arts. 722.º, n.º 3, e 729.º, n.os 1 e 2).

TÍTULO VI
EXECUÇÃO DAS PROVIDÊNCIAS CAUTELARES

91. GENERALIDADES

Tendo em vista assegurar o princípio da tutela jurisdicional efectiva, em tempo útil, contra ameaças ou violações dos direitos, liberdades e garantias, através de procedimentos judiciais céleres e prioritários (art. 20.º, n.º 5, da CRP), criou a legislação processual, ao lado dos processos de declaração e de execução, os meios necessários a acautelar os efeitos úteis das decisões a proferir nesses processos (art. 2.º, n.º 2).

Denominam-se estes meios de tutela do direito *procedimentos cautelares* e encontram-se regulados, quanto ao processo civil, nos arts. 381.º e segs. e, quanto ao processo laboral, nos arts. 32.º e segs. do CPT.

Na peugada dos ensinamentos de Calamandrei, vêm a doutrina e a jurisprudência afirmando que as providências cautelares assentam em dois pressupostos: 1.º *a aparência do direito*; 2.º *perigo de insatisfação desse direito*.

Para a verificação do 1.º requisito, basta um juízo de *probabilidade* ou de *verosimilhança*, uma *summaria cognitio*, ficando o *juízo de certeza* reservado para a acção onde se averigua a existência do direito, ou donde ele emerge através da decisão a proferir (art. 381.º, n.º 2). Como costuma também referir-se, é suficiente à providência cautelar uma prova informatória, um *fumus boni iuris*. Satisfaz ao juiz do procedimento uma simples "opinião de credibilidade" sobre o direito, com o único fim de conceder ou negar a tutela cautelar, não envolvendo o seu juízo, positivo ou negativo, qualquer influência sobre a averiguação que o juiz da acção principal deve efectuar na plenitude dos seus poderes cognitivos.

No que concerne ao segundo requisito, se bem que alguns defendam que para a sua verificação se torna necessário um juízo de certeza ou de realidade, outros sustentam que a demonstração do perigo de dano invocado se pode também alicerçar num juízo de *probabilidade*, maior ou menor, conforme as circunstâncias[973].

Mesmo verificando-se os dois pressupostos aludidos, a providência deve ser recusada pelo tribunal se o prejuízo dela resultante para o requerido for consideravelmente superior ao dano que o requerente pretende evitar (art. 387.º, n.º 2). Este requisito — o da *proporcionalidade* — só vale para as providências cautelares não especificadas, face ao disposto no n.º 1 do art. 392.º. Mas, nas demais providências cautelares, a lei, ao enumerar os seus requisitos, não deixa também de sopesar a *espécie de lesão* que se pretende evitar com o *dano* susceptível de ser causado ao requerido[974].

Ainda, a pedido do requerido, a providência decretada pode ser substituída por caução apropriada, sempre que se mostre suficiente para prevenir a lesão ou repará-la integralmente, uma vez ouvido o requerente (art. 387.º, n.º 3).

Fundamento das medidas cautelares é o *periculum in mora*, ou seja, a necessidade de se impedir que, durante a pendência das acções declarativas ou executivas, a situação de facto se altere de modo a torná-las parcial ou totalmente ineficazes, não obstante umas e outras se manifestarem ulteriormente em sentido favorável ao demandante. Isto tendo em conta a possibilidade do demandado praticar actos que impeçam ou dificultem a efectividade da pretensão que a sentença venha, a final, a reconhecer ao demandante, impedindo que este nem sequer obtenha uma satisfação tardia do seu direito[975]. Pense-se, por exemplo, nas manobras fraudulentas que o demandado, aproveitando a duração do processo, pode levar a efeito, ocultando os seus bens com a finalidade de não responderem no eventual processo de execução; "ou na exploração, por parte do demandado, de uma actividade ilícita de reprodução de uma marca comercial durante o tempo que dura o processo em que se declare a sua ilicitude e se ordene a cessação da mesma"[976].

---

[973] Cf.: Alberto dos Reis, "Código de Processo Civil Anotado", vol. I, pp. 620 e segs.; Antunes Varela e outros, ob. cit., pp. 23 e segs.; Inocêncio Galvão Teles, "Introdução ...", vol. II, cit., pp. 51 e seg.; Anselmo de Castro, "Direito Processual Civil ...", cit. pp. 139 e seg.; José Lebre de Freitas, A. Montalvão Machado e Rui Pinto, "Código de Processo Civil Anotado", vol. 2.º, 2001, pp. 35 e seg.; e Rita Barbosa da Cruz, "O Arresto", *in* O Direito, ano 132.º, I-II, pp. 115 e seg.

[974] Cf. Rita Barbosa da Cruz, ob. cit., p. 116.

[975] Cf. Manuel Ortells Ramos, "Las Medidas Cautelares", 2000, p. 36.

[976] Cf. Andrés de la Oliva Santos e outros, ob. cit., pp. 383 e seg.

O desenvolvimento lento e vagaroso dos processos de declaração e de execução é susceptível de causar ao titular do direito sérios prejuízos; para evitá-los admite-se a prolação de providências *provisórias* ou *interinas*, com vigência limitada no tempo, por durararem somente até ser tomada a decisão definitiva ou até serem convertidas noutras com carácter executivo.

Característica essencial das *medidas cautelares* é a sua natureza *instrumental* por não constituirem, no âmbito da tutela jurisdicional das situações jurídicas, uma finalidade em si mesma, mas um meio para assegurarem a efectividade das decisões a obter ulteriormente nas acções de que dependem[977]. "Resolvem *provisoriamente* um litígio, que há de ter a sua solução *definitiva* na causa principal que se vai seguir"[978].

Face à sua *instrumentalidade*, a providência caduca, nos termos do art. 389.º: se o requerente não propuser a acção de que ela for dependência dentro de 30 dias contados da data em que lhe tiver sido notificada a decisão[979]; se proposta a acção, o processo estiver parado mais de 30 dias, por negligência do requerente; se o réu for absolvido da instância e o requerente não propuser nova acção em tempo de aproveitar os efeitos da proposição da anterior; e se o direito que o requerente pretende acautelar se tiver extinguido.

A *instrumentalidade* da providência também significa que ela se extingue com o fim do processo principal, quer a sentença nele proferida seja desfavorável ao demandante (donde, a providência se mostrar infundada), quer a sentença lhe seja favorável (donde, a providência haver cumprido a sua função).

Não obstante serem instrumentais de um processo de declaração ou de execução, as medidas cautelares detêm uma certa *substantividade*, que se manifesta, designadamente, na sua sujeição à lei nova quando solicitadas

---

[977] Neste enquadramento, diz-se no art. 726., 1, 1ª, da LEC de 2000 que as medidas cautelares se destinam exclusivamente a tornar possível "a efectividade da tutela judicial que poderá outorgar-se numa eventual sentença de mérito, de modo a que não possa ver-se impedida ou dificultada por situações produzidas durante a pendência do processo correspondente".

[978] Alberto dos Reis, ob. cit., p. 629.

[979] Caso o requerido não tenha sido ouvido antes do decretamento da providência, o prazo para a propositura da acção é de 10 dias, contados da notificação ao requerente de que foi efectuada ao requerido a notificação prevista no n.º 6 do art. 385.º (art. 389.º, n.º 2). Enquanto estas notificações (expressas) se não mostrarem feitas, o prazo de propositura da acção principal não poderá começar a correr. Cf. Acórdão do STJ de 3.06.2004, CJ — Acórdãos do STJ, ano XII, tomo II, p. 83.

depois da entrada daquela em vigor, não obstante o processo principal seguir a tramitação da lei antiga[980]. E igualmente às disposições da lei nova se submeterão a revisão e modificação dessas medidas (cf. Disposição Transitória 7ª da LEC de 2000).

Marca igualmente as medidas cautelares a sua *variabilidade*, por susceptíveis de modificação e levantamento, a solicitação da parte, segundo o princípio *rebus sic stantibus*, desde que se altere a situação de facto que determinou a sua adopção[981] [982].

Diz-se expressamente no n.º 1 do art. 381.º que o procedimento cautelar pode ter uma dupla função:

a) *Conservatória*, quando visa manter o "statu quo", assegurando os meios necessários à eficácia da execução da sentença a proferir na acção declarativa ou da execução baseada em título extrajudicial, como acontece com o arresto e o arrolamento;

b) *Antecipatória*, quando regula provisoriamente a relação litigiosa, antecipando no tempo os efeitos da decisão a proferir sobre o fundo da causa, como sucede com os alimentos provisórios, a restituição provisória de posse, a entrega da coisa objecto de locação financeira e a suspensão de deliberações sociais, ou, no processo laboral, com a suspensão de despedimento[983] [984].

O procedimento cautelar é sempre dependente da causa que tenha por fundamento o direito acautelado e pode ser instaurado como pre-

---

[980] Nesta linha, o despacho do Presidente da RL de 27.05.2009 (CJ, ano XXXIV, tomo III, p. 69) que decidiu no sentido de a data da instauração da providência cautelar ser factor decisivo na determinação do regime de recursos aplicável à providência, sendo-lhe inaplicável o regime de recursos da acção principal.

[981] Cf.: Juan Montero Aroca e outros, "El Nuevo Proceso Civil ..." cit., pp. 740 e 767-769; Manuel Ortells Ramos, ob. cit., pp. 373 e segs.; e Andrés de la Oliva Santos e outros, ob. cit., pp. 408 e segs.

[982] Nesta conformidade, refere-se, no n.º 1 do art. 124.º do CPTA, que a decisão tomada pelo tribunal administrativo no sentido de adoptar ou recusar a adopção de providências cautelares pode ser revogada, alterada ou substituída na pendência da causa principal, com fundamento na alteração das circunstâncias inicialmente existentes.

[983] Também revestem a natureza de *antecipatórias* as medidas que o juiz, caso o considere conveniente, pode decretar, a título provisório, nos termos do n.º 7 do art. 1407.º, em qualquer altura dos processos de divórcio e de separação sem consentimento do outro cônjuge, por iniciativa própria ou a requerimento de alguma das partes, a saber: alimentos, regulação do exercício do poder paternal dos filhos e utilização da casa de morada da família.

[984] Para uma caracterização das *providências conservatórias* e *antecipatórias*, ver Lebre de Freitas e outros, vol. 2.º, cit., pp. 8 e seg.

liminar ou como incidente da acção (art. 383.º, n.º 1). Se for requerido antes de proposta a acção, é apensado aos autos desta, logo que a acção seja instaurada (art. 383.º, n.º 2); se for requerido no decurso da acção, é instaurado no tribunal onde esta corre e processado por apenso (art. 383.º, n.º 3). Se a acção for da competência do tribunal arbitral, e por este só possuir competência declarativa, a providência cautelar deve ser instaurada no tribunal judicial[985].

Tenha-se em conta que as medidas cautelares, para além de assegurarem a execução das sentenças de condenação, podem igualmente proteger as pretensões constitutivas e declarativas, sempre que a estas estejam acumuladas pretensões de condenação ou se torne necessário preservar os efeitos práticos e úteis das sentenças que sobre elas venham a incidir[986].

Não apenas os direitos subjectivos beneficiam da tutela jurisdicional consubstanciada em medidas cautelares. Igualmente destas beneficiam os interesses colectivos, ou interesses difusos e outros interesses juridicamente relevantes, como a defesa da saúde, do ambiente, da qualidade de vida, do património cultural e do domínio público, e a protecção do consumo de bens ou serviços (art. 26.º-A).

Face à amplitude do art. 2.º, são de admitir providências cautelares apropriadas por dependência das acções populares reguladas pela Lei n.º 83/95, de 31 de Agosto, quando estão em causa as infracções previstas no n.º 3 do art. 52.º da CRP.

A circunstância de um determinado comportamento configurar um crime ou uma contra-ordenação não obsta ao decretamento de medida cautelar que impeça a sua prática[987], porquanto, paralelamente às normas

---

[985] Cf. Acórdão da RE de 16.12.2003, CJ, ano XXVIII, tomo V, p. 263.

[986] Cf.: Manuel Ortells Ramos, ob. cit., pp. 136 e segs.; e Andrés de la Oliva Santos, ob. cit., pp. 385 e seg.

[987] A título de exemplo, a proibição de espectáculos tauromáquicos com touros de morte, a fazer incorrer em contra-ordenação os infractores, nos termos da Lei n.º 12-B/ /2000, de 8 de Julho, e DL n.º 196/2000, de 23 de Agosto. Mas, ao lado destes diplomas punitivos, perfila-se a Lei n.º 92/95, de 12 de Setembro — a Lei de Protecção aos Animais —, que estabelece no n.º 1 do seu art. 1.º: "são proibidas todas as violências injustificadas contra animais, considerando-se como tais os actos consistentes em, sem necessidade, se infligir a morte, o sofrimento cruel e prolongado ou graves lesões a um animal". A tutela dos animais deve ser assumida em juízo pelos seus donos ou pelas associações protectoras pertinentes sempre que ocorram ou se prevejam maus tratos sobre aqueles, quiçá a morte desnecessária, por vezes em espectáculos prolongados e cruentos. Daí o STJ, através do seu Acórdão de 27.09.2001 (CJ – Acórdãos do STJ, ano IX, tomo III, p. 41) ter reconhecido legitimidade às associações zoófilas para requererem uma providência cautelar visando a não realização de corridas com touros de morte.

punitivas que enquadram aquelas infracções, podem existir outras que perspectivam para o mesmo comportamento outro tipo de ilicitude, conferindo, em correspondência, direitos subjectivos de raiz privatística ou a protecção jurídica a outros interesses[988].

Tendo em conta que a providência cautelar é susceptível de ser requerida quando ainda se não encontra pendente nenhuma acção, pode acontecer que esta nunca venha a ser proposta, por, através daquela providência, o requerente atingir o objectivo pretendido[989]. Pense-se na medida que decreta a proibição de um concerto em determinado dia e local, por o seu ruído ser excessivo, em desrespeito do direito à tranquilidade. Basta a providência para o direito ficar assegurado. Todavia, se a acção não for instaurada, o requerente da providência responde pelos danos que culposamente causar ao requerido (art. 390.º, n.º 1).

Dada a instrumentalidade da medida cautelar, torna-se necessário que exista uma *adequação* entre a medida cautelar solicitada e o objecto do processo principal (já instaurado ou a instaurar), de modo a que a medida possa realmente cumprir a sua finalidade de "assegurar a efectividade da tutela judicial que puder outorgar-se na sentença de procedência que se ditar", como se diz no art. 721.º, n.º 1, *in fine*, da LEC.

Ao lado do procedimento cautelar comum, englobando as diversas *providências cautelares não especificadas* (arts. 381.º e segs.), que respondem à necessidade de tutela provisória das mais variadas situações de *periculum in mora*, contempla a nossa lei processual civil as seguintes *providências nominadas* ou *especificadas* (arts. 393.º e segs.): restituição provisória de posse, suspensão de deliberações sociais, alimentos provisórios, arbitramento de reparação provisória, arresto, embargo de obra nova e arrolamento. Adite-se a estas a apreensão de veículo automóvel, regulada nos arts. 15.º e 16.º do DL n.º 54/75, de 12 de Fevereiro, e a entrega da coisa objecto de locação financeira, contemplada no art. 21.º do DL n.º 149/95, de 24 de Junho, alterado pelos DLs n.os 265/97, de 21 de Outubro, e 30/2008, de 25 de Fevereiro.

Refira-se que, através da Lei n.º 19/2002, de 31 de Julho, que deu nova redacção ao art. único da Lei n.º 12-B/2000 e ao art. 3.º da Lei n.º 92/95, a realização de espectáculos com touros de morte passou a ser excepcionalmente autorizada desde que sejam de atender tradições locais que se tenham mantido de forma ininterrupta, pelo menos, nos 50 anos anteriores à entrada em vigor daquela lei, como expressão de cultura popular, nos dias em que o evento histórico se realize.

[988] Cf. Abrantes Geraldes, "Temas da Reforma do Processo Civil", vol. III, 2.ª edição, pp. 103 e seg.

[989] Cf. Teixeira de Sousa, "Estudos..." cit., pp. 246 e seg.

Na lei processual laboral, prevê-se igualmente a possibilidade não só de recurso ao procedimento cautelar comum (art. 32.º do CPT), como também aos procedimentos cautelares especificados regulados no CPC, desde que ajustáveis às características das relações jurídico-laborais (art. 47.º do CPT)[990].

Ainda na lei processual laboral, e dela exclusiva, contemplam-se os seguintes *procedimentos cautelares especificados*: suspensão de despedimento e protecção da segurança, higiene e saúde no trabalho (arts. 34.º e segs. do CPT)[991] [992].

---

[990] Dentre estes, são seguramente admissíveis, no foro laboral, o arresto, o arrolamento e o arbitramento de reparação provisória, mas são de excluir dele, sem margem para dúvidas, a restituição provisória de posse, os alimentos provisórios e o embargo de obra nova. Cf. Abrantes Geraldes, "Temas da Reforma do Processo Civil", vol. IV, 2001, pp. 345 e segs.

[991] Nos arts. 227.º e 228.º, prevê o CPP duas medidas cautelares de natureza patrimonial, visando, em caso de fundado receio, garantir o pagamento da pena pecuniária, das custas do processo ou de qualquer outra dívida para com o Estado relacionada com o crime e ainda o pagamento da indemnização ou de outras obrigações civis derivadas do crime, a saber: *caução económica* e *arresto preventivo*.

Quer uma medida quer outra só podem ser decretadas pelo juiz, a requerimento do Ministério Público ou do lesado, e a ela podem ser sujeitas tanto o arguido como os terceiros responsáveis pelas multas e pelo pagamento da indemnização ou de outras obrigações derivadas do crime.

Subsistem até à decisão final absolutória ou até à extinção das obrigações.

A caução económica prestada a requerimento do Ministério Público aproveita também ao lesado.

O arresto preventivo tem natureza subsidiária relativamente à caução económica. Daí não poder ser decretado se a caução económica anteriormente imposta já tiver sido prestada e ficar sem efeito a partir do momento em que ela seja prestada.

Tendo sido fixada previamente a caução económica que não foi prestada, o requerente do arresto preventivo fica dispensado de provar o fundado receio de perda da garantia patrimonial.

Tem sido entendido na jurisprudência que só pode ser pedido o arresto preventivo se tiver sido arbitrada caução económica, que o requerido não tenha prestado. Donde, não ter o requerente do arresto preventivo de alegar factos que justifiquem o receio da perda da garantia patrimonial, mas apenas que o requerido não prestou a caução económica (Cf. Acórdãos da RC de 13.07.94 e da RL de 19.10.2000, CJ, anos XIX, tomo IV, p. 50, e XXV, tomo IV, p. 150, respectivamente).

Também pode ser decretado o arresto, na totalidade ou em parte, dos bens do arguido, caso se mostre necessário para desmotivar a situação de contumácia (art. 337.º, n.º 3 do CPP).

O arresto preventivo do processo penal segue os termos dos art. 406.º e segs. do CPC.

Cf. sobre estas medidas cautelares: Germano Marques da Silva, "Curso de Processo Penal", II, 2ª edição, pp. 307 e segs; Simas Santos e Leal Henriques, "Código de Processo

Note-se que só é admissível o recurso às providências cautelares não especificadas se não houver uma providência especificada que previna especialmente o risco de lesão que se pretenda acautelar (art. 381.º, n.º 3).

Em implementação do princípio *iura novit curia*, não está o juiz adstrito à providência concretamente requerida, podendo convolá-la para a que considere legalmente adequada (art. 392.º, n.º 3).

Não vale na instância cautelar a regra que impõe ao juiz, no procedimento declarativo, em desenvolvimento do princípio da demanda, a probição de conceder mais do que tenha sido pedido pela parte ou uma coisa diversa (art. 660.º, n.º 2).

O juiz cautelar tem o poder discricionário de escolher a providência mais idónea, para assegurar provisoriamente os efeitos da decisão de mérito, na perspectiva do direito que a parte visa precaver.

Penal Anotado", vol. I, 2ª edição, pp. 1095 e segs.; Maia Gonçalves, "Código de Processo Penal Anotado e Comentado", 11.º edição, pp. 467 e segs.; e Rita Barbosa da Cruz, ob. cit., pp. 171 e segs.

[992] Com o CPTA procedeu-se a uma transformação profunda da tutela cautelar. Com efeito, em cumprimento, aliás, do que se determina na parte final do n.º 4 do art. 268.º da CRP e em vista a efectivar o amplo leque de pretensões substantivas permitidas pelo novo contencioso administrativos, o art. 112.º daquele Código veio agora estabelecer que os tribunais administrativos podem adoptar toda e qualquer providência cautelar, antecipatória ou conservatória, que se mostre adequada a assegurar a utilidade da sentença a proferir no processo principal.

Mais se diz no mesmo artigo que, além das providências especificadas no CPC, com as adaptações que se justificarem, podem ainda ser adoptadas, entre outras, as seguintes: suspensão da eficácia de um acto administrativo ou de uma norma; admissão provisória em concursos e exames; atribuição provisória da disponibilidade de um bem; autorização provisória ao interessado para iniciar ou prosseguir uma actividade ou adoptar uma conduta; regulação provisória de uma situação jurídica, designadamente através da imposição à Administração do pagamento de uma quantia; e intimação para a adopção ou abstenção de uma conduta por parte da Administração ou de um particular.

Prevê-se, além disso, no art. 131.º do CPTA a possibilidade de um *decretamento provisório da providência cautelar*, se ela se destinar a tutelar direitos, liberdades e garantias que de outro modo não possam ser exercidos em tempo útil ou quando haja especial urgência. A providência requerida ou a que julgue mais adequada será decretada pelo juiz ou relator no prazo de 48 horas, com base nos elementos a que tenha acesso imediato e depois da audição da entidade requerida, se as circunstâncias o impuserem. A decisão provisória não é susceptível de qualquer meio impugnatório, se bem que deva ser obrigatoriamente revista, num prazo curto, a fim de ser confirmada ou alterada, depois de um contraditório urgente.

Como adiante veremos, nem todas as providências cautelares são susceptíveis de ser desrespeitadas. Se o forem, todo aquele que infrinja a providência decretada incorrerá na pena do crime de desobediência qualificada, previsto no art. 348.º, n.º 2, do CP (art. 391.º). Isto sem prejuízo de ser exigida a sanção pecuniária compulsória que tenha sido fixada para assegurar a efectividade da providência decretada, quando esta consista na obrigação de prestação de facto infungível para a qual se não exijam especiais qualidades científicas ou artísticas (arts. 384.º n.º 2, e 829.º-A, este do CC)[993].

Mas a lei pressupõe que pode igualmente ocorrer a *execução coerciva* (art. 391.º, *in fine*) sem nos indicar, de uma forma geral, em que termos ela se processará.

De modo diverso se passam as coisas em Itália onde, depois de longo debate na doutrina e na jurisprudência, o art. 74.º da Lei n.º 353 de 1990 aditou o art. 669.º *duodecies* ao CPC, estabelecendo um triplo regime para a *actuação do procedimento cautelar*, consoante o mesmo respeite ao sequestro, a somas de dinheiro ou a obrigações de entrega de coisa, de fazer ou não fazer[994].

Em Espanha, no n.º 2 do art. 738.º da LEC, estabelecem-se meios executivos específicos para as seguintes medidas cautelares: embargo preventivo, administração judicial e assentos registrais. Para as demais medidas, segundo o n.º 1 do mesmo preceito, empregar-se-ão "os meios que forem necessários, incluso os previstos para a execução das sentenças". Isto não significa que se aplique integralmente o regime da execução forçosa previsto no mesmo diploma, porquanto as modalidades de actividade executiva legalmente previstas revelam-se inadequadas ao conteúdo do título executivo com base no qual se actua em matéria cautelar, para além das disposições gerais da

---

[993] Entendeu-se no Acórdão do STJ de 27.09.2001 (CJ – Acórdãos do STJ, ano IX, tomo III, p. 41) que uma associação zoófila requerente de uma providência cautelar deve ser considerada, para efeitos do art. 829.º-A do CC, como credora dos requeridos de quem exige a prestação de facto negativo consistente na não organização de uma corrida com touros de morte.

[994] Mas esta *actuação*, como a doutrina mais atenta vem salientando, não se identifica com a *execução*, por a medida cautelar não constituir um título executivo. "Nos procedimentos cautelares, refere Girolamo Monteleone (ob. cit., pp. 502 e seg.), não é certo cindir, se não de forma totalmente empírica e juridicamente irrelevante, uma fase cognitiva e uma executiva, porque ambas entram a pleno título nas suas estrutura e função e ambas valem na constituição da medida cautelar".

execução contrastarem com a regulação da execução do auto que concede uma medida cautelar[995].

Também entre nós é legítimo afirmar existirem diversidades, sob as perspectivas conceptual, estrutural e funcional, entre a execução comum e a execução cautelar. Importa para o efeito salientar que o ciclo de actuação-execução da providência cautelar não goza de nenhuma autonomia, por se encontrar instrumentalmente ligado à constituição da medida, não sendo aqui hipotizável uma fase de cognição distinta da de execução. O procedimento cautelar não se destina, em regra, à emissão de um acto jurisdicional que sirva de título executivo a ulterior actuação coerciva, por esse acto, para além de criar uma especial obrigação cautelar, se configurar ele próprio como acto de execução forçada.

Há todavia alguns procedimentos em que as fases da concessão e da actuação da medida cautelar se distinguem com nitidez, só ocorrendo a segunda, em momento ulterior, quando se desrespeita o conferido na primeira. Assim: nas providências cautelares respeitantes a prestações pecuniárias, a um primeiro momento em que se fixam as prestações devidas ou se reconhece a ilegalidade da suspensão do pagamento de salários, pode seguir-se um outro, tempos após, destinado à cobrança coactiva do que voluntariamente se não satisfez, em desrespeito do judicialmente ordenado no primeiro momento; na providência do embargo de obra nova, a uma primeira fase em que o embargo é decretado, pode seguir-se uma outra visando a destruição da obra indevidamente prosseguida.

Sustenta-se, nesta linha de pensamento, que, tendencialmente, a *actuação* das medidas cautelares deve ocorrer em consonância com o determinado pelo juiz que editar a medida, e não segundo as normas por que se regula a execução comum, sem prejuízo de o juiz se socorrer dessas normas como "parâmetro operativo"[996] [997].

Se o juiz omitir as medidas de carácter coactivo da providência cautelar aquando do seu decretamento, não poderá posteriormente, a pedido da parte interessada, deixar de dispor sobre a forma como deverá ocorrer a efectivação daquela providência. E o juiz pode ainda ser solicitado a pronunciar-se sobre a modalidade executiva sempre que surjam

[995] Cf. Manuel Ortells Ramos, ob. cit., p. 321.

[996] Cf. Satta e outro, ob. cit., p. 696, nota 14.

[997] Diversamente, no que concerne às providências cautelares decretadas pelo tribunal administrativo, diz-se, no n.º 1 do art. 127.º do CPTA, que elas podem ser objecto de execução forçada pelas formas previstas no Código para o processo executivo.

situações críticas em sede de actuação-execução ou quando o sujeito passivo da providência impetrar um meio menos gravoso de actuação, desde que assegurados os efeitos da futura decisão de mérito. Nada impede que o juiz modifique o conteúdo das medidas já determinadas em presença de dificuldades e de obstáculos surgidos no momento da sua execução[998].

Iremos de seguida analisar os meios de que se pode servir o juiz para dar execução prática às providências cautelares que decretar, sem olvidar que para alguns casos o próprio legislador se encarrega de os enunciar.

Seguramente que o problema da execução cautelar não se suscita quando a providência tiver sido substituída por caução adequada, a pedido do requerido, o que o tribunal só fará, uma vez ouvido o requerente, se a caução oferecida se mostrar suficiente para prevenir a lesão ou repará-la integralmente (art. 387.º, n.º 3).

92. **PROVIDÊNCIAS CAUTELARES PERFEITAS**

Sob a designação de *providências cautelares perfeitas* incluímos todas aquelas que, após decretadas, são de imediato realizadas pelo funcionário judicial, com ou sem o auxílio da força pública, ou pela autoridade policial. Face à tramitação para elas prevista, o procedimento só se considera findo depois de a decisão judicial ser cumprida; daí não poder o requerido obstar à sua actuação, o que significa ser aqui inviável a implementação de medidas de execução coerciva[999]. Acresce que nelas, o requerido, por não ser, em princípio, ouvido, só após a realização da providência é notificado da decisão que a decretar (art. 385.º, n.º 6), podendo então em alternativa: recorrer dessa decisão; ou deduzir oposição, quando pretenda alegar factos ou produzir meios de prova não tidos em conta pelo tribunal (art. 388.º, n.º 1).

---

[998] Cf. Giovanni Arieta, "I Provvedimenti d' Urgenza", 2.ª edição, pp. 322 e seg., e 342 e seg.

[999] Não se acompanha assim Abrantes Geraldes ("Temas...", vol. III, cit., pp. 240 e seg.) quando sustenta que, na restituição provisória de posse, no arresto e no arrolamento, o cumprimento da decisão judicial respeita à execução da providência cautelar. E também se discorda de Lebre de Freitas e outros (vol. 2.º, cit., p. 65), quando consideram medidas de tipo executivo as que integram a própria realização da providência, com lugar nos autos do respectivo procedimento, como ocorre com a apreensão de bens no arresto, no arrolamento e na restituição provisória de posse.

Nas *providências cautelares perfeitas,* são de incluir a restituição provisória de posse, o arresto, o arrolamento, a entrega da coisa objecto de locação financeira, a apreensão de veículo automóvel e algumas variedades de providências cautelares não especificadas.

Vejamos em que consistem estas providências e como a sua efectivação integra o próprio procedimento.

a) Restituição provisória de posse

O procedimento da restituição provisória de posse encontra-se regulado nos arts. 393.º e seg., em adjectivação do art. 1279.º do CC, onde se estabelece que "o possuidor que for esbulhado com violência tem o direito de ser restituído provisoriamente à sua posse, sem audiência do esbulhador".

São assim três os requisitos de que depende o decretamento da providência: a posse, o esbulho e a violência.

O facto que dá causa ao procedimento da restituição provisória de posse é o *esbulho*, mas este só releva se levado a efeito mediante violência. A medida ancora-se precisamente na violência cometida pelo esbulhador: é, por assim dizer, a punição da violência[1000]. Esta tanto pode ser exercida sobre pessoas como sobre coisas, sendo evidente a praticada sobre a coisa quando esta era em si um obstáculo ao esbulho que teve de ser vencido[1001].

O despacho do juiz que decrete a providência será depois cumprido pelo respectivo funcionário judicial, que para o efeito se deslocará ao local da situação da coisa, com auxílio da autoridade policial, se houver oposição pela força à satisfação do determinado, lavrando auto donde conste a restituição provisória do bem devidamente identificado ao requerente.

b) Arresto

Segundo o n.º 1 do art. 619.º do CC, "o credor que tenha justo receio de perder a garantia patrimonial do seu crédito, pode requerer o arresto de bens do devedor, nos termos da lei de processo". E ela regula este meio de conservação da garantia patrimonial dos credores nos arts. 406.º e segs.

[1000] Cf.: Alberto dos Reis, ob. cit., pp. 667 e seg.; e Anselmo de Castro, ob. cit., p. 134.

[1001] Cf. Acórdão do STJ de 7.07.99, BMJ, 489, p. 338. Para uma análise da questão de saber se a *violência* pode consistir num acto directamente perpetrado contra pessoas ou também sobre coisas que constituam obstáculo ao esbulho, Lebre de Freitas e outros, 2.º vol., cit., pp. 72 e seg.

São dois os requisitos legais do arresto: probabilidade da existência do crédito do requerente; e justo receio da perda da garantia patrimonial.

"Para que haja justo receio de perda da *garantia* patrimonial — nos ensinamentos de Pires de Lima e Antunes Varela[1002] — basta que, com a expectativa da alienação de determinados bens ou a sua transferência para o estrangeiro, o devedor torne consideravelmente difícil a realização coactiva do crédito (...), ficando no seu património só com bens que, pela sua natureza, dificilmente encontrem comprador, numa venda judicial".

Decretado o arresto, procede-se à realização da diligência, que consiste, de harmonia com as disposições relativas à penhora, como nos diz o n.º 2 do art. 406.º, na apreensão dos bens, com o que entrega a um depositário, formalizando-se a diligência por meio de *auto* (arts. 838.º, n.º 3, e 849.º, n.º 1). A diligência é levada a efeito pelo funcionário judicial e não pelo agente de execução, por a RPC2003 não ter procedido a qualquer alteração neste domínio. A remissão para as disposições relativas à penhora reporta-se somente aos actos de execução da diligência.

O arresto será convertido em penhora na execução que ulteriormente se instaurar ou, se for o caso, naquela em que o procedimento correu por apenso (art. 846.º), a fim de oportunamente os bens abrangidos pela providência serem coactivamente vendidos, satisfazendo-se, com o produto da venda, o crédito do arrestante e dos demais credores com créditos reconhecidos na execução.

Tal como ocorre com os actos de disposição dos bens penhorados (art. 819.º do CC), também os actos de disposição dos bens arrestados são inoponíveis ao requerente do arresto (art. 622.º, n.º 1, do CC).

c) Arrolamento

Nos termos do art. 421.º, o arrolamento pode ser requerido quando houver justo receio de extravio, ocultação ou dissipação de bens, móveis ou imóveis, ou de documentos, na dependência da acção a que interesse a especificação dos bens ou a prova da titularidade dos direitos relativos às coisas arroladas.

Para o decretamento do arrolamento, que funciona como meio de obter a *conservação dos bens*, e não como *garantia do pagamento de dívidas*, impõe-se a prova sumária por parte do requerente dos seguintes requisitos: direito relativo aos bens; e factos que fundamentem o receio do seu extravio ou dissipação (art. 423.º, n.º 1).

No despacho que decreta a providência, o juiz fará logo a nomeação de um depositário e de um avaliador (art. 423.º, n.º 2, parte final).

[1002] Ob. cit., vol. I, p. 637.

Em cumprimento da decisão judicial, lavrará o oficial de justiça o auto de arrolamento dos bens, integrado por três operações: descrição, avaliação e depósito (art. 424.º, n.º 1). Assim, no auto serão descritos os bens, em verbas numeradas, indicar-se-á o valor a eles atribuído pelo louvado e certificar-se-á a sua entrega ao depositário ou o destino diverso que tiverem (art. 424.º, n.º 2). Por razões óbvias, a avaliação não ocorrerá com o arrolamento de documentos (art. 424.º, n.º 4).

Face aos deveres e responsabilidades que impendem sobre o depositário resulta do arrolamento a indisponibilidade jurídica dos bens[1003]. O efeito do arrolamento subsiste até que seja dado aos bens o destino devido no processo de que aquele seja dependência[1004].

d) Entrega da coisa objecto de locação financeira

A providência cautelar de entrega da coisa que tenha sido objecto de locação financeira ocorre, nos termos do n.º 1 do art. 21.º do DL n.º 149/95, de 24 de Junho, com a redacção resultante do DL n.º 30/2008, de 25 de Fevereiro, se o locatário não proceder à restituição do bem ao locador, uma vez findo o contrato por resolução ou pelo decurso do prazo sem que tenha sido exercido o direito de compra. De harmonia com a mesmo comando legal, antes de requerer a providência cautelar, deve o locador pedir o cancelamento do registo da locação financeira, a efectuar por via electrónica sempre que as condições técnicas o permitam.

Com o requerimento da providência cautelar, deve o locador oferecer prova sumária do requisito que a fundamenta, mas com dispensa da prova do pedido de cancelamento do registo, com obrigação para o tribunal de proceder à consulta deste registo, a efectuar, sempre que as condições técnicas o permitam, por via electrónica (n.º 2 da mesma disposição legal, também na redacção do DL n.º 30/2008, de 25 de Fevereiro).

Revelando a prova produzida no procedimento a probabilidade séria de verificação dos requisitos supra referidos, o tribunal ordenará a pro-

---

[1003] Cf. Anselmo de Castro, ob. cit., p. 132.

[1004] Outrossim, no processo judicial tributário, ao lado de outras providências cautelares não especificadas, são admitidos, de forma avulsa, o *arresto* e o *arrolamento*, a cujo regime são subsidiariamente aplicáveis as disposições pertinentes do CPC (arts. 135.º, 139.º e 142.º do CPPT). O arresto de bens do devedor de tributos ou do responsável solidário ou subsidiário só pode ser requerido pelo representante da Fazenda Pública junto do tribunal tributário de 1ª instância, desde que haja fundado receio da diminuição de garantia de cobrança de créditos tributáveis e o tributo se encontre liquidado ou em fase de liquidação (art. 136.º, n.º 1, do CPPT). O arrolamento, igualmente da exclusiva iniciativa do representante da Fazenda Pública, justifica-se pelo fundado receio de extravio ou de dissipação de bens ou de documentos conexos com obrigações tributárias (art. 140.º do CPPT).

vidência requerida, podendo, no entanto, exigir que o locador preste caução adequada (n.º 4 da citada disposição legal). Não se torna aqui necessária a alegação e prova dos requisitos legalmente exigidos para as providências cautelares não especificadas reguladas no CPC.

Ordenada a medida cautelar e independentemente da interposição de recurso pelo locatário, o locador pode dispor do bem, nomeadamente vendendo-o ou dando-o em locação ou locação financeira (n.º 6 da referida disposição legal).

Todavia, antes de o fazer, terá o bem de ficar na sua disponibilidade. Donde, na sequência do decretamento da providência, dever a secretaria lavrar *termo de entrega* da coisa ao locador.

Sabe-se que, no respeitante a imóveis, estão sujeitos ao registo predial a locação financeira e as suas transmissões, o extracto da sua inscrição deve mencionar o prazo e a data do seu início e o cancelamento do seu registo se faz por averbamento à respectiva inscrição [arts. 2.º, n.º 1, alínea l), 95.º, n.º 1, alínea o), e 101.º, n.º 2, alínea g), do CRPredial].

Igualmente, no que concerne a veículos automóveis, estão sujeitos a registo automóvel obrigatório a locação financeira e a transmissão dos direitos dela emergentes [art. 5.º, n.ºs 1, alínea d), e 2, do DL n.º 54/75, de 12 de Fevereiro, na redacção do DL n.º 461/82, de 26 de Novembro].

No que não estiver especialmente regulado no DL n.º 149/95, são subsidiariamente aplicáveis à providência de que tratamos, nos termos do n.º 8 do art. 21.º deste diploma, as disposições gerais sobre providências cautelares, previstas no CPC.

Presentemente, não existe a obrigatoriedade de intentar uma acção declarativa para prevenir a caducidade da providência da entrega da coisa objecto de locação financeira. Com efeito, permite-se agora ao juiz decidir a causa principal, depois de ouvidas as partes, na sequência do decretamento da providência cautelar, a menos que não tenham sido trazidos ao procedimento os elementos necessários à resolução definitiva do caso (n.º 7 do citado art. 21.º, na redacção do DL n.º 30/2008, de 25 de Fevereiro)[1005] [1006].

[1005] Por falta de cobertura legal e por o DL n.º 30/2008, de 25 de Fevereiro, se reportar apenas à locação financeira, não é extensível este regime ao procedimento cautelar de apreensão de veículo automóvel, como erradamente se decidiu no Acórdão da RL de 24.09.2009 (CJ, ano XXXIV, tomo IV, p. 89).

[1006] Doutrinou-se no Acórdão do TC n.º 62/2010, de 4 de Fevereiro (DR, II Série, de 8.03.2010) no sentido de não existir impedimento constitucional a que se conheça da acção principal no procedimento cautelar regido pelo DL n.º 149/95, de 24 de Junho,

e) Apreensão de veículo automóvel

O procedimento cautelar da apreensão de veículo automóvel ocorre, nos termos do art. 15.º, n.º 1, do DL n.º 54/75, de 12 de Fevereiro, para garantir duas situações: crédito hipotecário sobre o veículo, vencido e não pago; e incumprimento de obrigações que originaram a reserva de propriedadade.

Provados os registos e o vencimento do crédito ou, tratando-se de reserva de propriedade, o não cumprimento do contrato por parte do adquirente, o juiz ordenará a imediata apreensão do veículo (art. 16.º, n.º 1, do DL n.º 54/75).

A medida cautelar decretada pelo juiz será de imediato realizada, sempre por meio de auto, quer directamente pelo tribunal ou, a requisição deste, por qualquer autoridade administrativa ou policial (art. 17.º, n.º 1, do DL n.º 54/75). A autoridade que efectuar a apreensão fará recolher a viatura a uma garagem ou a outro local apropriado e nomeará um depositário (art. 17.º, n.º 2, do DL n.º 54/75).

A apreensão, quer seja efectuada pelo tribunal quer pela autoridade administrativa, não deve ser registada no certificado de matrícula do veículo [art. 10.º, n.º 1, alínea a), do DL n.º 54/75, na redacção do DL n.º 20/2008, de 31 de Janeiro].

Diversamente do que acontece com os demais procedimentos cautelares, o de apreensão de veículo automóvel apenas pode ser instaurado como preliminar da acção e não como incidente dela (art. 383.º, n.º 1, em confronto com o art. 18.º, n.º 1, do DL n.º 54/75). E, sob pena de caducidade da providência, tanto a acção de resolução do contrato de alienação como o processo para venda de veículo devem ser instaurados, não dentro do prazo de 10 dias (art. 389.º, n.º 2), mas no de 15 dias a contar da data da apreensão (art. 18.º, n.º 1, do DL n.º 54/75).

No caso de crédito hipotecário, a acção será a executiva para pagamento de quantia certa, enquanto no caso de incumprimento das obrigações que originaram a reserva de propriedade será a declarativa para resolução do contrato de alienação (art. 18.º, n.º 1, do DL n.º 54/75).

A medida cautelar de apreensão será substituída pela penhora sobre o veículo apreendido, se a acção que se lhe seguir for a executiva[1007].

---

contanto que seja observado o princípio do contraditório e o processo contenha os elementos necessários à resolução definitiva da causa.

[1007] Cf. L. P. Moitinho de Almeida, "O Processo Cautelar de Apreensão de Veículos Automóveis", 5ª edição, p. 14.

f) Providências cautelares não especificadas

As providências cautelares não especificadas visam a tutela provisória de um certo tipo de perigo não previsto no regime de qualquer procedimento cautelar nominado. Sabe-se que os procedimentos cautelares podem ser solicitados para os fins mais diversos; daí lhes corresponderem uma vasta gama de medidas cautelares, com o conteúdo mais diversificado, sem possibilidade de todas elas serem espartilhadas nas categorias especificadas.

E, seguramente dentre elas, podem surgir algumas a caracterizar como *perfeitas*.

A título de exemplo, a entrega dos bens móveis ou imóveis, que constituem objecto da acção, a um terceiro como depositário, que figurava como modelo de providência cautelar não especificada no elenco do art. 399.º, na redacção anterior à RPC95-96. Medida essa que pode ser requerida na dependência de acções, como a de resolução do contrato de renda perpétua (art. 1235.º do CC) ou de restituição de posse (art. 1278.º do CC), na sequência de esbulho não violento (art. 395.º).

Decretada a providência, e em seu cumprimento, será lavrado *termo de entrega* de bens a depositário. Em virtude desta entrega, a administração dos bens é retirada ao requerido e cometida a um depositário que, em conformidade com o que se dispõe no art. 843.º, n.º 1, os administrará com a diligência e zelo de um bom pai de família e com a obrigação de prestar contas.

Trata-se no fundo de uma apreensão judicial semelhante à que se verifica nos casos de arresto, arrolamento e apreensão de veículo automóvel.

Também nas *providências cautelares perfeitas* é de incluir, noutra perspectiva, a *suspensão de deliberações sociais*, não por o procedimento cautelar só se considerar findo depois de a decisão que lhe põe termo ser cumprida, mas antes por a partir da citação, e enquanto não for julgado em 1.ª instância o pedido de suspensão, não ser lícito à associação ou sociedade executar a deliberação impugnada (art. 397.º, n.º 3).

Julgado procedente, em 1.ª instância, o pedido de suspensão, e uma vez que o recurso interposto do despacho que assim decida tem efeito meramente devolutivo [art. 692.º, n.ºs 1 e 3, alínea d), o último por argumento *a contrario sensu*], a menos que o tribunal de 2.ª instância indefira aquele pedido, a associação ou sociedade não poderão executar a deliberação reputada ilegal enquanto não for julgada a acção de anulação de que o procedimento cautelar de suspensão depende[1008]. Se a acção for julgada procedente, a impossibilidade de execução da deliberação social passa a basear-se na sentença com que culmina essa acção, e não na providência de suspensão, que com o trânsito em julgado daquela sentença caduca.

Três são os requisitos de que depende a suspensão de deliberações sociais: justificação da qualidade de sócio por parte do requerente; deliberação contrária à lei, aos estatutos ou ao contrato; e poder resultar da execução da deliberação dano apreciável (art. 396.º, n.º 1)[1009].

Implicará nulidade a execução da deliberação depois de decretada a sua suspensão (*rectius*, após a citação da requerida para o procedimento cautelar) e enquanto ela se mantiver. E também serão inválidas as deliberações ou negócios jurídicos subsequentes, que se apoiem na deliberação que desrespeitou a ordem de suspensão. Assegurada a efectividade da providência decretada, nestes termos, é inidónea a fixação de sanção pecuniária compulsória para o efeito[1010].

Imaginemos que, em infracção ao disposto no n.º 2 do art. 403.º do CSC, a assembleia geral de uma sociedade anónima destituíu sem justa causa um administrador eleito ao abrigo das regras especiais estabelecidas no art. 392.º do mesmo diploma, não obstante contra a deliberação terem votado accionistas que representavam, pelo menos, 20% do capital social.

Suspensa esta deliberação por decisão judicial, a sociedade não a acatou, procedendo à eleição de um novo administrador para a vaga do substituído. E este, em representação da sociedade, por delegação do conselho de administração, nos termos do contrato de sociedade, vendeu um imóvel a ela pertencente, o que, em princípio, vincularia a sociedade (art. 408.º, n.º 2, do CSC). Todavia, por aplicação do regime da nulidade dos negócios jurídicos, tal como o define o art. 286.º do CC, qualquer interessado, e a todo o tempo, pode invocar não só a nulidade da eleição

---

[1008] Não sendo a suspensão decretada, mesmo que tenha sido interposto recurso pelo requerente, fica a associação ou a sociedade com total liberdade para executar a deliberação impugnada.

[1009] No foro laboral, na petição inicial da acção de declaração de nulidade de deliberações e outros actos de órgãos de instituições de previdência, associações sindicais, associações de empregadores ou comissões de trabalhadores, pode o autor requerer a suspensão de eficácia dos actos ou disposições impugnados, demonstrando que da sua execução pode resultar dano apreciável (art. 168.º do CPT).

[1010] Defende a aplicação desta sanção, Abrantes Geraldes, "Temas...", vol. IV, cit., p. 82.

do novo administrador como a do contrato de compra e venda em que ele interveio, em representação da sociedade[1011].

93. PROVIDÊNCIAS CAUTELARES RESPEITANTES A PRESTAÇÕES PECUNIÁRIAS

Sob a designação de *providências cautelares respeitantes a prestações pecuniárias* incluímos as que conduzem, se bem que a título provisório, ao pagamento periódico de uma determinada importância em dinheiro. São, no sistema da lei processual civil, os alimentos provisórios e o arbitramento de reparação provisória e, no da lei processual laboral, a suspensão de despedimento.

Atentemos no condicionalismo que justifica estas providências, no conteúdo das respectivas medidas cautelares e na tramitação a seguir, se ocorrer a falta de pagamento voluntário das quantias provisoriamente fixadas.

No que concerne aos *alimentos provisórios*, a concessão da medida depende de dois requisitos: ter o requerente direito a alimentos; e não se encontrar em condições de esperar pelos alimentos *definitivos*.

A medida condenará o requerido no pagamento a favor do requerente de uma determinada quantia mensal, a fixar em função do estritamente necessário para o sustento, habitação e vestuário deste[1012]; incluirá igualmente uma importância para as despesas da acção, quando o requerente não possa beneficiar do apoio judiciário (art. 399.º)[1013].

[1011] Cf. Vasco da Gama Lobo Xavier, "Anulação de Deliberação Social e Deliberações Conexas", 1976, pp. 106 e segs., 284 e segs. e *passim*.

[1012] Como se doutrinou no Acórdão da RE de 19.03.2009 (CJ, ano XXXIV, tomo II, p. 275), "o perímetro do conceito de alimentos provisórios é mais reduzido que o dos alimentos definitivos, fixando-se em função do estritamente necessário para o sustento, habitação e vestuário do requerente, permitindo, porém, abarcar tudo quanto se revele imprescindível a uma vida condigna".

[1013] Para além do meio previsto nos arts. 399.º e segs., o cônjuge, que pretenda obter do outro alimentos provisórios na pendência da acção de divórcio ou de separação sem consentimento do outro cônjuge, pode requerê-los através do procedimento cautelar previsto no art. 1407.º, n.º 7. Este procedimento configura-se como um incidente da instância, por versar matéria distinta da questão principal, estando consequentemente sujeito ao regime previsto nos arts. 302.º a 304.º Cf. Acórdão da RC de 19.10.2004, CJ, ano XXIX, tomo IV, p. 34.

No respeitante ao *arbitramento de reparação provisória*, a providência é concedida ao que invocar um dano decorrente de morte ou lesão corporal, ao que pudesse exigir alimentos ao lesado ou àquele a quem o lesado os prestava no cumprimento de uma obrigação natural (art. 403.º, n.º 1) e ao que pretenda ser indemnizado por dano susceptível de pôr seriamente em causa o seu sustento ou habitação (art. 403.º, n.º 4).

O decretamento da providência depende da verificação de dois requisitos: situação de necessidade em consequência dos danos sofridos; e indiciação de obrigação de indemnizar a cargo do requerido (art. 403.º, n.º 2)[1014].

A medida cautelar estabelecerá uma quantia certa, sob a forma de renda mensal, como reparação provisória do dano (art. 403.º, n.º 1).

O não pagamento de alguma prestação mensal vencida quer nos *alimentos provisórios* quer no *arbitramento de reparação provisória* determinará a instauração de execução que seguirá os termos da execução especial por alimentos (art. 404.º, n.º 2), regulada nos arts. 1118.º e segs.

Remete-se para a parte III deste Curso a análise da tramitação deste processo executivo especial.

Do confronto dos arts. 402.º e 405.º verificam-se as seguintes diferenças entre as duas providências que analisamos:

a) Em caso de caducidade da providência, nos alimentos provisórios, não há lugar, em caso algum, à sua restituição, enquanto no arbitramento de reparação provisória deve o requerente restituir todas as prestações recebidas;
b) Nos alimentos provisórios, o requerente só responde pelos danos causados com a improcedência ou caducidade da providência se tiver actuado de má fé, enquanto no arbitramento de reparação provisória a decisão final, proferida na acção de indemnização, quando não arbitre qualquer reparação ou atribua reparação inferior à provisoriamente estabelecida, condenará sempre o lesado a restituir o que for devido[1015].

Vejamos, de seguida, os pressupostos do decretamento da *suspensão de despedimento* e o comportamento a seguir no caso de não pagamento dos salários em dívida.

[1014] Cf. Acórdão do STJ de 14.04.99, BMJ, 486, p. 239.

[1015] Cf. Lopes do Rego, "Comentários...", I, cit., p. 371.

A suspensão preventiva do despedimento deve ser requerida pelo trabalhador despedido no prazo de 5 dias úteis a contar do recebimento da comunicação da decisão da entidade patronal, face ao disposto no art. 386.° do CT, dependendo o seu decretamento da verificação de uma das seguintes situações: não junção de procedimento, no prazo da oposição, por parte do requerido, se for invocado despedimento precedido de procedimento disciplinar; não junção aos autos no prazo da oposição, por parte do requerido, dos documentos comprovativos do cumprimento das formalidades exigidas, nos casos de despedimento colectivo, por extinção do posto de trabalho e por inadaptação; e probabilidade séria de ilicitude do despedimento (arts. 38.°, n.° 1, e 39.°, n.° 1, do CPT).

A decisão que decrete a suspensão do despedimento, tem força executiva no que concerne às *retribuições em dívida*, não obstante se destinar primordialmente a garantir a continuidade do trabalhador no seu posto de trabalho (art. 39.°, n.° 2, do CPT). Mas o trabalhador não fica vinculado a regressar ao trabalho nem incorre em faltas injustificadas se o não fizer, se bem que o empregador lhe possa ordenar que retome o trabalho, notificando-o para o efeito, sob pena de as ausências ao serviço passarem, então, a ser injustificadas[1016]. Se o empregador não proceder à reintegração do trabalhador, a infungibilidade da prestação de facto positivo incumprida determina a sua condenação no pagamento de sanção pecuniária compulsória, caso o trabalhador o requeira (art. 384.°, n.° 2). Só assim não será se o trabalhador optar por uma indemnização até ao termo da discussão em audiência final de julgamento ou se o empregador, em caso de microempresa ou relativamente a trabalhador que ocupe cargo de administração ou de direcção, requerer ao tribunal que exclua a reintegração, justificando que o regresso do trabalhador é gravemente prejudicial e perturbador para a prossecução da actividade empresarial [art. 389.°, n.° 1, alínea b), do CT].

Deve o empregador, até ao último dia de cada mês subsequente à decisão, juntar documento comprovativo do seu pagamento. Se o não fizer, seguem-se os termos da execução de direitos irrenunciáveis, que será renovada para pagamento das retribuições que, entretanto vencidas, não forem satisfeitas (art. 39.°, n.os 2 e 3, do CPT).

Não é, contudo, aplicável este regime se ao recurso for atribuído o efeito suspensivo, o que ocorre quando, sendo interposto da decisão que decrete a providência, o recorrente, no acto de interposição, deposite

---

[1016] Cf. Abílio Neto, "Código de Processo do Trabalho Anotado", 4.ª edição, p. 92.

no tribunal a quantia correspondente a seis meses de retribuição do recorrido, acrescida das pertinentes contribuições para a segurança social. Neste caso, o trabalhador apenas pode receber a retribuição até esse limite temporal, correspondente ao montante do depósito, e isto enquanto subsistir a situação de desemprego (art. 40.º, n.os 2 e 3, do CPT).

O procedimento cautelar extingue-se e, quando decretada, a providência caduca, caso o trabalhador não proponha a acção de impugnação de despedimento colectivo da qual a providência depende dentro de 30 dias, contados da data em que lhe tenha sido notificada a decisão que a tenha ordenado, e nos demais casos previstos no CPC que não sejam incompatíveis com a natureza do processo laboral (art. 40.º-A do CPT).

94. PROVIDÊNCIAS CAUTELARES RESPEITANTES A OBRIGAÇÕES DE FAZER E NÃO FAZER

As *providência cautelares respeitantes a obrigações de fazer e não fazer* abrangem a vasta gama das providências cautelares não especificadas.

Só caso a caso se poderão indicar as medidas que o juiz deve adoptar em vista à execução coerciva das providências cautelares que haja decretado. Tendo presente que poderá ser solicitado a enunciar essas medidas, deve o juiz, ao ordenar a providência cautelar que lhe pareça adequada, fazê-lo levando logo em conta que ela pode ser infringida. Isto para, na fase executiva do procedimento, não sentir dificuldades em fazer respeitar o que ordenou na fase declarativa.

Num Estado de direito democrático, as decisões dos tribunais devem ser integralmente acatadas por todas as autoridades públicas e privadas (art. 205.º, n.º 2, da CRP). E, se o não forem ou na previsão de o não serem, devem ser implementadas as medidas que pela força as façam cumprir. Só em casos extremos, como sejam aqueles que envolvam meios de actuação exorbitantes e/ou por um período temporal excessivamente longo, poderão as autoridades policiais ou administrativas encontrar uma justificação para não responderem ao pedido do tribunal. Daí dever o tribunal, em casos-limite, depois de pormenorizadamente esclarecido pelo requerente, sugerir um plano de actuação à autoridade policial ou administrativa solicitada, sem prejuízo desta, pelo seu posicionamento no terreno e pelos conhecimentos de natureza técnico-policial que detém, poder cumprir o seu dever através de uma táctica que lhe pareça mais operacional. Não se esqueça que "no exercício das suas funções os tribunais têm direito à coadjuvação das outras autoridades" (art. 202.º, n.º 3, da CRP). E não se invoque, em contrário, o princípio da separação de poderes por as autoridades policiais dependerem funcionalmente do poder executivo. Diversamente, é o princípio da unidade do Estado que impõe àquelas autoridades o dever de fazerem cumprir as decisões emanadas de todos os órgãos de soberania, incluindo as dos tribunais. Não fora assim, e a função jurisdicional, que não prescinde da *força*, não seria actuada na maioria dos casos[1017].

Exemplifiquemos com alguns casos que têm sido submetidos aos tribunais.

Proibição da realização de um corrida de touros, numa pequena povoação, no dia da sua festa anual, por as reses tradicionalmente serem mortas no decurso da lide.

Decretada a proibição, o juiz, no seu despacho, pode sugerir à autoridade policial da localidade que impeça a realização da corrida, através de uma tríplice actuação, pela seguinte ordem: controlo das viaturas de transporte de gado que acedam à localidade; fiscalização das entradas de gado no recinto onde ocorrerá a corrida; e bloqueio das saídas dos curros[1018].

Suspensão, durante todas as noites, dos trabalhos para construção do Metropolitano, numa das ruas de Lisboa.

Decretada a suspensão, e se a ordem não for acatada, deverá o juiz solicitar à respectiva autoridade policial que faça deslocar durante as noites, que forem consideradas suficientes, alguns dos seus agentes para o local, a fim de impedirem a passagem de trabalhadores e de máquinas.

Proibição da inauguração e exploração de um estabelecimento comercial, por o comerciante se ter obrigado, aquando de anterior trespasse, a não abrir outro do mesmo ramo no espaço de três anos, na mesma cidade do trespassado.

No despacho em que decrete a proibição, deverá o juiz desde logo solicitar à autoridade policial que desloque alguns dos seus agentes para

---

[1017] A este propósito, diz-se, nos n.os 3 e 4 do art. 167.º do CPTA, que os tribunais administrativos, em ordem à execução das suas sentenças, podem requerer, não só a colaboração das autoridades e agentes da autoridadc administrativa obrigada, como, se necessário, de outras entidades administrativas e que todas as entidades públicas estão obrigadas a prestar a colaboração que, para este efeito, lhes for requerida, sob pena de incorrerem no crime de desobediência.

[1018] A publicação da Lei n.º 19/2002, de 31 de Julho, não prejudica o constante do texto, por este diploma legal só ter vindo autorizar, a título excepcional, a realização de espectáculos com touros de morte caso sejam de atender tradições locais com, pelo menos, 50 anos, em referência à data da entrada em vigor da lei.

junto do estabelecimento no dia aprazado para a inauguração, a fim de obstar a esta. Posteriormente, em novo despacho, ao ser informado que o estabelecimento se encontra em funcionamento, deverá o juiz pedir à autoridade policial que proceda ao seu encerramento, com imposição de selos nas portas.

Retirada de cães de fracções autónomas, a pedido de um condómino do mesmo edifício, que invoca ofensa do direito ao repouso e prejuízo para a saúde (art. 70.º, n.º 1, do CC).

Se a retirada dos cães não for levada a efeito, em cumprimento da decisão judicial, deverá o juiz remeter à autoridade policial o respectivo mandado para entrada, mas apenas durante o dia, nas fracções dos donos dos cães (art. 34.º, n.os 2 e 3, da CRP), para recolha e condução dos animais para o canil municipal.

Também nas obrigações de fazer e não fazer se inclui a nova providência cautelar nominada surgida no CPT, sob a denominação de *protecção da segurança, higiene e saúde no trabalho* (arts. 44.º-46.º)[1019].

Para que seja decretada esta providência exige a lei que se verifique perigo, sério e iminente, de as instalações, locais e processos de trabalho afectarem a segurança, higiene ou a saúde dos trabalhadores. Sempre que o perigo se manifeste, os trabalhadores, individual ou colectivamente, ou os seus representantes, podem requerer ao tribunal a providência que, em função da gravidade da situação e das demais circunstâncias do caso, se mostre adequada a prevenir ou a afastar o perigo em causa (art. 44.º, n.º 1, do CPT).

O trabalhador tem direito à prestação de trabalho em condições de segurança e saúde, asseguradas pelo empregador, que deve aplicar as medidas necessárias, tendo em conta princípios gerais de prevenção (art. 281.º, n.os 1 e 2, do CT). Na aplicação das medidas de prevenção, incumbe ao empregador mobilizar os meios necessários, designadamente nos domínios da prevenção técnica, da formação, da informação e consulta dos trabalhadores e de serviços adequados, internos ou exteriores à empresa (art. 281.º, n.º 3, do CT).

[1019] Esta nova providência terá sido inspirada pela Directiva 89/391/CEE, relativa à aplicação de medidas destinadas a promover a melhoria da segurança e da saúde dos trabalhadores no trabalho. Ulteriormente estabeleceu-se, no art. 31.º, n.º 1, da Carta dos Direitos Fundamentais da União Europeia, que "todos os trabalhadores têm direito a condições de trabalho saudáveis, seguras e dignas".

Os modos de organização e funcionamento dos serviços de segurança e saúde no trabalho, que o empregador deve assegurar, serão regulados por lei (art. 281.º, n.º 5).

Os serviços de segurança, higiene e saúde no trabalho devem tomar as medidas necessárias para prevenir os riscos profissionais e promover a segurança e a saúde dos trabalhadores, implementando, designadamente, as seguintes actividades: informação técnica, na fase de projecto e de execução, sobre as medidas de prevenção relativas às instalações, locais, equipamentos e processos de trabalho; identificação e avaliação dos riscos para a segurança e saúde no local de trabalho e controlo periódico da exposição a agentes químicos, físicos e biológicos; planeamento da prevenção, integrando, a todos os níveis e para o conjunto das actividades da empresa, a avaliação dos riscos e as respectivas medidas de prevenção; elaboração de um programa de prevenção de riscos profissionais; promoção e vigilância da saúde, bem como a organização e manutenção dos registos clínicos e outros elementos informativos relativos a cada trabalhador; informação e formação sobre os riscos para a segurança e saúde, bem como sobre as medidas de prevenção e protecção; organização dos meios destinados à prevenção e protecção, colectiva e individual, e coordenação das medidas a adoptar em caso de perigo grave e iminente; afixação de sinalização de segurança nos locais de trabalho; análise dos acidentes de trabalho e das doenças profissionais; recolha e organização dos elementos estatísticos relativos à segurança e saúde na empresa; coordenação de inspecções internas de segurança sobre o grau de controlo e sobre a observância das normas e medidas de prevenção nos locais de trabalho (art. 240.º, n.ºs 1 e 2, da Lei n.º 35/2004, de 29 de Julho).

Deve o juiz por princípio, antes de decretar a providência cautelar adequada, solicitar à entidade com competência inspectiva em matéria laboral a realização de exame sumário às instalações, locais e processos de trabalho, com vista à detecção dos perigos alegados pelo requerente (art. 45.º, n.º 1, do CPT). O relatório a apresentar por esta entidade, que seguramente não deixará de sugerir as medidas convenientes para prevenir ou afastar os perigos denunciados, será um elemento importante para a fixação pelo juiz, depois de produzidas as provas que forem julgadas necessárias (art. 46.º, n.º 1, do CPT), da providência apropriada. Não sendo esta acatada, deverá o magistrado pedir a colaboração das autoridades policiais ou administrativas, nomeadamente para o encerramento, parcial ou total das instalações, até que se realizem as obras necessárias, se retirem ou modifiquem os meios mecânicos ou industriais poluentes ou perigosos ou se adquiram os equipamentos imprescindíveis à existência de um ambiente de trabalho seguro, higiénico e saudável.

Quando a obrigação de não fazer se reporta a *obra*, a demolição do indevidamente feito regula-se pelo preceito do art. 420.º, pertencente ao procedimento cautelar do *embargo de obra nova* (arts. 412.º e segs.).

O decretamento desta providência depende da verificação dos dois seguintes requisitos: ofensa do direito de propriedade ou de qualquer outro direito real ou pessoal de gozo ou da posse do requerente; e derivar essa ofensa de obra, trabalho ou serviço novo que cause ou ameace causar prejuízo ao requerente (art. 412.º, n.º 1). Mas já não depende da verificação de um fundado receio de lesão grave e dificilmente reparável de que, nos termos do art. 381.º, n.º 1, depende o procedimento cautelar comum, por no art. 412.º, n.º 1, se encontrarem especialmente previstos os requisitos do embargo de obra nova (art. 392.º, n.º 1, *in fine*). Este deve ser requerido no prazo de 30 dias, a contar do conhecimento do facto (art. 412.º, n.º 1, *in fine*).

Pense-se em alguém que, ao levantar edifício ou outra construção, no seu prédio, abre uma janela ou uma porta que deitam directamente sobre o prédio vizinho, sem deixar entre este e cada uma das obras o intervalo de metro e meio, em contravenção ao disposto no n.º 1 do art. 1360.º do CC; ou no dono do prédio onerado com servidão legal de passagem que, para impedir o exercício do direito de passagem do dono do prédio dominante, constrói, no seu prédio, um muro, apesar do regime do art. 1550.º do mesmo diploma legal. Tanto num caso como no outro, enquanto as obras não estiverem concluídas, pode o dono do prédio vizinho ou o dono do prédio dominante requererem a suspensão imediata das obras ou trabalhos, mas não a destruição dos que já tenham sido realizados, através do *embargo de obra nova*.

Ordenada a providência, procede a secretaria à realização do embargo, por meio de auto, onde se descreverá, minuciosamente, o estado da obra e a sua medição, quando possível. Seguidamente será notificado o dono da obra ou, na sua falta, o encarregado ou quem o substitua, para a não continuar (art. 418.º, n.º 1).

Mas o embargado, apesar da notificação e da subsistência do embargo, pode indevidamente continuar a obra. Se tal ocorrer, deve o embargante requerer que seja destruída a parte inovada (art. 420.º, n.º 1).

Confrontado o tribunal com essa pretensão, averiguará, de forma sumária (v.g., inspecção judicial, auto lavrado pela secretaria ou relatório elaborado pela autoridade policial[1020]), se a obra prosseguiu. Caso tal apure, é o embargado condenado a destruir a obra em determinado prazo (art. 420.º, n.º 2, 1.ª parte).

Se o embargado não proceder à demolição, repondo as coisas no estado anterior, promover-se-á execução para a prestação de facto devida, nos próprios autos do procedimento cautelar (art. 420.º, n.º 2, 2.ª parte).

Face à profunda diversidade, quer estrutural quer funcional, entre a fase de actuação do procedimento cautelar e a da execução em forma específica da prestação de facto negativo, constante dos arts. 941.º e 942.º, não pode esta execução servir de modelo à actuação da providência de embargo de obra nova[1021]

Donde dever o juiz cautelar implementar a destruição da parte inovadora da obra da forma mais expedita, encarregando o embargante de a ela proceder, após avaliação do seu custo, relegando para momento ulterior a penhora dos bens do embargado que garantam aquele custo[1022].

95. PROVIDÊNCIAS CAUTELARES INSUSCEPTÍVEIS DE EXECUÇÃO ESPECÍFICA

Existem, todavia, algumas providências, no domínio das *não especificadas*, insusceptíveis de execução específica, por impossibilidade de recurso a meios coactivos, em caso de não cumprimento voluntário por parte do requerido, para a sua satisfação pontual. Referem-se a intimações para comportamentos individuais que, a serem impostas pela força, representariam ofensas graves à integridada moral e física dos seus destinatários, inadmissíveis num Estado de direito.

A título de exemplo, as seguintes intimações: proibição de alienação de coisa litigiosa[1023]; proibição de desenhar e distribuir retratos de uma mulher em atitudes, trajos e posições incompatíveis com o seu decoro

---

[1020] Isto por a lei já não mandar averiguar a existência da inovação por meio de arbitramento ou por testemunhas, quando aquele meio não fosse suficiente, como o fazia anteriormente à RPC95-96, em preceito que já provinha do CPC39 (art. 428.º).

[1021] Cf. Giovanni Arieta, ob. cit., pp. 326 e seg.

[1022] Discorda-se assim de Lebre de Freitas e outros (2.º vol., cit., p. 155) quando sustentam que a execução da decisão, a requerimento do embargante, se faz nos termos dos arts. 935.º a 938.º, *ex vi* do art. 942.º, n.º 2.

[1023] Trata-se de um caso típico de *infungibilidade jurídica*, pois a obrigação de não emitir a declaração de vontade, que leve à transferência da propriedade da coisa, somente incide sobre o requerido, seu dono.

pessoal e dignidade profissional; proibição a um barítono de cantar durante a noite na sua fracção autónoma; abstenção de comportamentos que se identifiquem com actos de perturbação da posse de outrem (arts. 395.º e 1276.º, este do CC); imposição a um proprietário de prédio rústico de permitir o aproveitamento das águas sobrantes das suas nascentes ou reservatórios, para os gastos domésticos de um proprietário de prédio vizinho (art. 1557.º do CC).

Em casos como os descritos, e por se tratar de prestações de facto *infungiveis*, deve o juiz, a solicitação do requerente da providência, condenar o requerido, na previsão de que ele seja contumaz, no pagamento de uma quantia pecuniária por cada dia de atraso no cumprimento ou por cada infracção, conforme mais convenientes às circunstâncias do caso (arts. 384.º, n.º 2, e 829.º-A, este do CC). É uma forma indirecta de impor a *coercibilidade* às prestações de facto *não fungíveis*[1024] [1025].

Não sendo a medida cautelar cumprida, deve o infractor ser notificado para pagar, em prazo a fixar, o montante da sanção pecuniária

---

[1024] Disse-se no Acórdão da RC de 12.06.2001 (CJ, ano XXVI, tomo III, p. 27) que a sanção pecuniária compulsória tem que ser cominada na própria decisão que decretou a providência e nunca em momento posterior.

Segundo Lebre de Freitas e outros (vol. 2.º, cit., p. 22), é aplicável aos procedimentos cautelares a norma do art. 273.º, n.º 4, que permite a dedução superveniente do pedido de fixação de sanção pecuniária compulsória até ao encerramento da discussão em 1.ª instância, em ampliação do pedido primitivo.

Estabelece-se, no art. 33.º da Lei francesa n.º 91-650, de 9 de Julho de 1991, que todo o juiz pode, mesmo oficiosamente, ordenar uma *astreinte* para assegurar a execução da sua decisão e que o juiz da execução pode fazer acompanhar de uma *astreinte* uma decisão tomada por um outro juiz, se as circunstâncias o impuserem. Donde o juiz da execução poder ordenar uma *astreinte* para a execução das suas próprias decisões e também para as decisões doutro juiz, se se tornar necessário. É uma disposição legal de grande alcance prático, tendo em conta que, por vezes, só no momento de passar à execução se revela a oportunidade da aplicação de tal medida e ser inadequado solicitar de novo à jurisdição que pronunciou o seu julgamento a sua decretação (cf.: Roger Perrot e outro, ob. cit., pp. 89 e seg.; e Pierre Julien e outro, ob. cit., pp. 30 e segs.).

Presentemente, face à nova redacção conferida pelo DL n.º 38/2003, de 8 de Março, aos arts. 933.º, n.º 1, 939.º, n.º 1, e 941.º, n.º 1, a sanção pecuniária compulsória pode também ser fixada, entre nós, no processo executivo, a solicitação do credor. Daí, por analogia, poder também ser fixada aquando da execução da medida cautelar.

[1025] Também no contencioso administrativo, face ao disposto no n.º 2 do art. 127.º do CPTA, quando a medida cautelar decretada exija da Administração a adopção de providências infungíveis, de conteúdo positivo ou negativo, o tribunal pode condenar de imediato o titular do órgão ao pagamento da sanção pecuniária compulsória que se mostre adequada.

compulsória em dívida. Se o não fizer, e por impulso do requerente da providência, promover-se-á, nos próprios autos, execução para pagamento de quantia certa, efectuando-se a penhora sem citação prévia do requerido [arts. 48.º, n.º 1, 812.º-C, alínea a), e 812.º-F, n.º 1]. Sendo a sanção pecuniária compulsória estabelecida por cada dia de atraso, é possível renovar a execução, a solicitação do requerente, para pagamento das quantias liquidadas após a sua extinção (art. 920.º, n.º 1).

Haverá ainda outras providências cautelares não especificadas que, em caso de incumprimento, permitirão simultaneamente a aplicação de uma sanção pecuniária compulsória e o recurso à força para a sua integral satisfação.

Pense-se na providência cautelar que, em defesa do direito à privacidade, proibe a publicação das "memórias" por parte de uma antiga empregada de uma família ilustre.

Se, apesar da proibição, a publicação ocorrer, para além da sanção pecuniária compulsória a pagar pela autora do livro, deve o tribunal determinar a apreensão imediata da obra editada, a efectivar com a colaboração das autoridades policiais.

PARTE III

PROCESSOS EXECUTIVOS ESPECIAIS

96. A EXECUÇÃO POR CUSTAS

A execução por custas, regulada nos arts. 35.º e 36.º do RCP, apresenta-se como uma execução especial para pagamento de quantia certa[1026].

Constitui título executivo quanto a esta execução a certidão da liquidação da conta de custas, juntamente com a sentença transitada em julgado (art. 35.º, n.º 2, do RCP); no respeitante a custas de actos avulsos que não se venham a integrar em qualquer processo[1027], serve de suporte à execução a certidão de liquidação autónoma a emitir pela secretaria (art. 35.º, n.º 3, do RCP); finalmente, no que concerne a dívidas por custas da responsabilidade de devedores sedeados no estrangeiro, nos termos das disposições de direito comunitário aplicáveis, funda-se a execução em título executivo europeu, a obter previamente pelo Ministério Público (art. 35.º, n.º 7, do RCP).

A execução baseada em decisão judicial não se encontra sujeita a despacho liminar, ocorrendo a citação do executado na sequência da penhora [arts. 466,º, n.º 3, 812.º-C, alínea a), 812.º-F, n.º 1, e 864.º, n.º 2]. Dado o executado não ser previamente citado, com a oposição à execução deve cumular a oposição à penhora, a deduzir no prazo de 20 dias a contar da citação (arts. 466.º, n.º 3, e 813.º, n.ºs 1 e 2)[1028] [1029].

[1026] Por o RCP se aplicar tanto aos tribunais judiciais como aos tribunais administrativos e fiscais, a disciplina da execução por custas vale tanto para as custas, multas e outros valores contados nos processos cíveis, como nos processos administrativos, tributários e criminais. Igualmente para a execução patrimonial das multas penais e coimas não satisfeitas nos prazos legalmente estabelecidos se lança mão do processo de execução por custas (arts 491.º, n.ºs 1 e 2, e 510.º do CPP e 89.º, n.º 2, do DL n.º 433/82, de 27 de Outubro).

[1027] Estes actos avulsos são para Salvador da Costa ("Regulamento das Custas Processuais", cit., pág. 398) os previstos no art. 9.º do RCP, como, entre outros, "a citação mediante contacto pessoal, a notificação judicial avulsa e as respectivas despesas de transporte, a afixação de editais, as certidões, os traslados e as cópias ou extractos de peças processuais".

[1028] A menos que corram por apenso ao processo em que a notificação para pagamento teve lugar, como na situação contemplada na primeira parte do n.º 1 do art. 92.º,

Também aqui compete ao agente de execução efectuar as diligências que as realidades processuais determinarem. Porém, nas execuções por custas, e por ser o Estado o exequente, o agente de execução é sempre um oficial de justiça (art. 808.º, n.º 5).

Apresenta, todavia, em relação à execução comum que lhe serve de modelo um relevante número de desvios que permitem ainda hoje considerá-la um processo especial.

São esses desvios os seguintes:

a) A instauração da execução por custas só ocorre se o pagamento da quantia em dívida não for satisfeito na fase pré-executiva, através de algum depósito do responsável pelas custas ou multas à ordem de qualquer tribunal ou da conta constituída nos serviços prisionais, caso o responsável se encontre em cumprimento de pena ou medida privativa da liberdade, desde que solicitado o pertinente levantamento pelo titular daquele depósito ou desta conta (art. 32.º, n.os 4 e 6, do RCP)[1030], ou ainda pela retenção de quaisquer bens ou quantias do responsável pelas custas que se encontrem, respectivamente, na posse do tribunal ou depositadas à sua ordem (art. 34.º do RCP);

b) Outrossim é impeditivo da instauração de execução por custas o pagamento faseado, em seis ou doze prestações mensais, a requerimento fundamentado do responsável, quando o valor a pagar seja igual ou superior a 3 UC, implicando a falta de pagamento de uma prestação o vencimento das seguintes (art. 33.º do RCP);

c) A execução não será instaurada pelo Ministério Público se não forem conhecidos bens penhoráveis do devedor que garantam o

---

as execuções por custas, multas ou outras quantias contadas são distribuídas na 7.ª espécie (art. 222.º). É o que ocorre com as execuções previstas no n.º 3 do art. 35.º do RCP.

A distribuição é feita diariamente e de forma automática através do sistema informático, sem prejuízo de se proceder a uma classificação manual prévia dos processos quando tal classificação não seja efectuada de forma automática (art. 15.º, n.os 1 e 3 da Portaria n.º 114/2008, de 6 de Fevereiro, na redacção da Portaria n.º 195-A/2010, de 8 de Abril).

[1029] Na execução de decisões proferidas em processo de contra-ordenação rodoviária, não há lugar ao pagamento de taxa de justiça (art. 185.º, n.º 3, do Cód. da Estrada).

[1030] No respeitante às custas ou multas em dívida no TC, a execução só é instaurada se o responsável por elas não requerer, no prazo do pagamento voluntário, que o seu pagamento se faça através de algum seu depósito à ordem do tribunal no processo a que respeitar o recurso ou a reclamação (art. 11.º do DL n.º 303/98, de 7 de Outubro).

pagamento da quantia em causa e ainda, por razões de razoabilidade económica, quando a dívida seja de montante inferior aos custos da actividade e às despesas prováveis da execução (art. 35.º, n.º 4, do RCP);

d) Será dispensado o concurso de credores, a requerimento do Ministério Público, quando o executado não disponha de outros bens penhoráveis e os bens penhorados sejam insuficientes para o pagamento das custas (art. 35.º, n.º 5, do RCP);

e) A execução será arquivada condicionalmente se, depois de instaurada, se verificar que o executado não possui bens, sem prejuízo de ser retomada, logo que os mesmos lhe sejam conhecidos (art. 35.º, n.º 6, do RCP)[1031], mas com o limite temporal de cinco anos, correspondente ao prazo prescricional do crédito de custas, contado da data do despacho de arquivamento (art. 37.º, n.ºs 1 e 2, do RCP).

Sendo vários os processos ou apensos com custas em dívida, com possibilidade de as execuções correrem em simultâneo, instaurar-se-á uma só execução contra o mesmo responsável (art. 36.º, n.º 1, do RCP).

Enquanto a execução não se extinguir, pode o Ministério Público requerer, no mesmo processo, a execução de outro título, no âmbito da cumulação sucessiva, desde que não exista nenhuma circunstância que o impeça (art. 54.º, n.º 1, do CPC).

Sendo vários os responsáveis não solidários pela dívida de custas, deve ser instaurada uma execução contra cada um deles (art. 36.º, n.º 2, do RCP). Refira-se que, em regra, não é solidária a obrigação da dívida de custas, por apenas prevista, no n.º 3 do art. 446.º do CPC, para o caso de condenação por obrigação solidária.

A execução por custas de parte instaurada contra o seu responsável pela parte vencedora é apensada à execução por custas instaurada pelo Ministério Público, em qualquer estado do processo, desde que nenhuma das execuções se encontre já extinta, mesmo que não se verifiquem os requisitos previstos nos arts. 53.º e 54.º do CPC (art. 36.º, n.º 3, do RCP).

[1031] Face ao que se dispõe nos arts. 919.º, n.º 1, alínea c), e 920.º, n.º 5, do CPC, para situação paralela do processo comum de execução, a unidade do sistema jurídico impunha que, diferentemente, a execução se extinguisse por inutilidade superveniente da lide, para ulteriormente se renovar, uma vez conhecidos bens penhoráveis ao executado.

97. A EXECUÇÃO POR ALIMENTOS

O direito a alimentos, regulado nos arts. 2003.° e segs. do CC, pode resultar do casamento, do parentesco, da adopção, da união de facto e do negócio jurídico (arts. 2009.°, 2000.°, 2020.° e 2014.° do CC).

Os alimentos podem ser *provisórios* ou *definitivos*.

São *alimentos provisórios* os fixados no procedimento cautelar regulado nos arts. 399.° e segs., como dependência da acção em que se peça a prestação de alimentos. Estes *alimentos*, taxados segundo o prudente arbítrio do tribunal (art. 2007.°, n.° 1, do CC), em função do estritamente necessário para o sustento, habitação e vestuário do requerente e das despesas da acção, só valem até ao pagamento da primeira prestação definitiva (art. 399.°, n.° 1). Caducam, todavia, os *alimentos provisórios*, como qualquer providência cautelar, nos casos previstos no art. 389.°, designadamente se a acção de alimentos definitivos não for proposta dentro de 30 dias, contados da data da notificação da decisão que os tenha fixado ou, se, uma vez proposta, estiver parada mais de 30 dias, por negligência do requerente, ou se vier a ser julgada improcedente, por decisão transitada em julgado.

São *alimentos definitivos* os arbitrados em processo declarativo onde, principal ou acessoriamente[1032], se peça a sua fixação. Estes *alimentos*, abrangendo tudo o que é indispensável ao sustento, habitação e vestuário e, sendo o alimentado menor, também à instrução e educação, serão proporcionados aos meios daquele que houver de prestá-los e à necessidade daquele que houver de recebê-los, sem descurar a possibilidade de o alimentando prover à sua subsistência (arts. 2003.° e 2004.° do CC). Devem ser fixados em prestações pecuniárias mensais, salvo se houver acordo ou disposição legal em contrário ou as circunstâncias aconselharem medidas de excepção (art. 2005.°, n.° 1, do CC).

A execução especial por alimentos, quer provisórios quer definitivos, só pode ser instaurada depois de alguma prestação estar vencida e não paga. Antes do vencimento, a obrigação não é exigível. Esta execução especial pode fundar-se tanto em sentença como em título negocial, onde, por acordo das partes, se tenham fixado as prestações alimentícias[1033].

[1032] Os *alimentos definitivos* podem ser pedidos acessoriamente nos processos de divórcio ou separação sem consentimento do outro cônjuge (art. 470.°, n.° 2).

[1033] No caso de alimentos devidos a menores, o credor pode optar, para a sua cobrança coerciva, entre o processo do art. 189.° da OTM e a execução por alimentos

O processo de execução por alimentos é um processo de execução para pagamento de quantia certa, com as *especialidades* constantes dos arts. 1118.º a 1121.º-A[1034].

Estas *especialidades*, justificadas pelo carácter urgente das prestações alimentícias, são as seguintes:

a) A citação do executado só tem lugar depos de efectuada a penhora (art. 1118.º, n.º 5, 1.ª parte);
b) A oposição à execução ou à penhora não suspende a execução (art. 1118.º, n.º 5, 2.ª parte);
c) Independentemente de penhora, o exequente pode requerer a adjudicação de parte das quantias, vencimentos ou pensões que o executado esteja percebendo, ou a consignação de rendimentos pertencentes a este, para pagamento das *prestações vencidas e vincendas* (art. 1118.º, n.º 1);
d) O recebimento das prestações alimentícias não se encontra condicionado à prestação de caução, se a sentença exequenda estiver pendente de recurso (em sentido diverso, na execução comum, face ao disposto no n.º 3 do art. 47.º)[1035].

Atentemos, com algum desenvolvimento, nalgumas destas *especialidades*.

No requerimento executivo, deve o exequente indicar à penhora os bens necessários em vista ao pagamento das *prestações vencidas* (e não também das *vincendas*) e solicitar, querendo, a adjudicação de parte das quantias, vencimentos ou pensões que o executado esteja percebendo ou a consignação de rendimentos pertencentes a este para pagamento de *prestações vencidas*[1036] *e vincendas*. Tanto a adjudicação como a consignação se farão independentemente de penhora [art. 1118.º, n.º 1, alínea d), *in fine*].

Por a execução por alimentos estar sujeita a custas, deve ser autoliquidada a taxa de justiça própria das execuções, comprovando-se o

---

dos arts. 1118.º e segs. do CPC. Cf. Acórdão da RG de 30.10.2002, CJ, ano XXVII, tomo V, p. 267.

[1034] Salvo se correrem por apenso ao processo em que a decisão condenatória ocorreu, as execuções por alimentos são distribuídas na espécie 7.ª (art. 222.º).

[1035] Cf. Jacinto Bastos, "Notas ao Código de Processo Civil", vol. I, cit., p. 105.

[1036] A ajudicação e a consignação, nos termos do n.º 1 do art. 1118, só se tornou possível, no que concerne às *prestações vencidas*, depois da RPC95-96.

seu pagamento ou a concessão do benefício do apoio judiciário no momento da apresentação do requerimento executivo (arts. 150.º-A, n.º 1, do CPC e 7.º, n.º 3, e 13.º, n.ºs 1 e 2, do RCP).

Sendo requerida a adjudicação de quantias, vencimentos ou pensões, o agente de execução notifica a entidade encarregada de as pagar ou de processar as respectivas folhas para entregar a parte adjudicada directamente ao exequente (art. 1118.º, n.º 2).

Se for requerida a consignação de rendimentos, o exequente indicará os bens sobre que ela há-de recair, e o agente da execução efectua-a relativamente aos que considere bastantes para satisfazer as prestações solicitadas, podendo para o efeito ouvir o executado (art. 1118.º, n.º 3); a consignação processar-se-á nos termos dos arts. 879.º e segs., com as necessárias adaptações (art. 1118.º, n.º 4).

Decretada a adjudicação ou a consignação estabelece-se um *sistema de pagamento directo*, uma vez que o credor de alimentos recebe das mãos de terceiro, sem intermediação de quem quer que seja, o montante das prestações alimentícias a que tem direito.

Se o terceiro não fizer essa entrega, a execução prosseguirá contra ele, servindo de título executivo a notificação efectuada à entidade encarregada de pagar as quantias, vencimentos ou pensões ou ao locatário, por aplicação do disposto no n.º 3 do art. 860.º, ante o estatuído no n.º 3 do art. 466.º.

Quando, efectuada a consignação, se mostre serem insuficientes os rendimentos consignados, é lícito ao exequente indicar outros bens, para o mesmo efeito. Far-se-á então uma nova consignação, nos mesmos termos em que foi feita a primeira (art. 1119.º, n.º 1).

Se, diversamente, se mostrar que os rendimentos são excessivos, ou a consignação se mantém, com a obrigação do consignatário entregar o excesso ao executado, ou, a solicitação deste, a consignação feita é alterada, para ficar limitada a parte dos bens ou para ser transferida para outros (art. 1119.º, n.º 2).

Tendo havido penhora, o que sobrar da venda dos bens, depois de pagas as prestações vencidas, não será restituído ao executado sem se mostrar assegurado o pagamento das prestações vincendas até ao montante que o juiz, em termos de equidade, considere adequado, a menos que seja prestada caução ou outra garantia idónea (art. 1121.º-A).

Este novo regime, introduzido pela RPC95-96, aparece justificado pela seguinte forma no preâmbulo do DL 329-A/95, de 12 de Dezembro: "Pretende-se, deste modo, desencorajar comportamentos tão frequentes quanto condenáveis por parte de alguns devedores de alimentos que não hesitam em se colocar dolosamente em situação de não pagar, dissipando ou ocultando as sobras da execução que inicialmente originaram e frustrando irremediavelmente o direito do credor da prestação alimentar".

Especialidades apresenta também a execução por alimentos no que respeita à *cessação* ou *alteração dos alimentos.*

A prestação alimentícia, uma vez fixada, não é imutável, podendo ser aumentada ou reduzida e até cessar. Com efeito, se as circunstâncias determinantes da sua fixação se alterarem, depois da sua fixação pelo tribunal ou por convenção das partes, pode ela ser alterada, para mais ou para menos, conforme os casos (art. 2012.º do CC). E pode a obrigação de prestar alimentos cessar, pela morte do obrigado ou do alimentado, por aquele que os presta não poder continuar a prestá-los, por aquele que os recebe deixar de precisar deles ou por o alimentando violar gravemente os seus deveres para com o obrigado (art. 2013.º do CC).

Daí o n.º 2 do art. 671.º, em desvio à regra da *estabilidade do caso julgado*, autorizar expressamente a alteração da sentença transitada em julgado que fixe a obrigação de prestar alimentos e o quantitativo destes, desde que se modifiquem as circunstâncias que determinaram a condenação, quer se trate de alimentos provisórios, quer se trate de alimentos definitivos. O pedido será deduzido como dependência da causa principal, renovando-se a instância anteriormente extinta (art. 292.º, n.º 1).

Registe-se que "a execução por alimentos provisórios, segundo o preceituado no art. 1120.º, cessa sempre que a fixação deles fique sem efeito, por caducidade da providência, nos termos gerais", como atrás vimos, mas sem que haja lugar, em caso algum, à restituição dos alimentos provisórios recebidos (art. 2007.º, n.º 2, do CC).

Porém, o requerente dos alimentos provisórios, caso tenha actuado de má fé, responde pelos danos causados com a improcedência ou caducidade da providência, devendo a indemnização ser fixada equitativamente (art. 402.º).

O *pedido de cessação* ou *de alteração de alimentos* tem tramitação diferenciada para os alimentos provisórios e para os alimentos definitivos.

No caso de *alimentos provisórios,* recebida em juízo a petição de cessação ou de alteração de alimentos, é logo designado dia para julgamento, onde deverá ser apresentada a contestação; na audiência, o juiz procurará fixar os novos alimentos através do acordo das partes; se faltarem as partes ou se a tentativa de conciliação se frustrar, o juiz ordenará a produção da prova, decidindo seguidamente, por sentença oral, sucintamente fundamentada (arts. 400.º, 401.º, n.º 2, e 1121.º, n.º 2).

No caso de *alimentos definitivos*, uma vez apresentada a petição de cessação ou de alteração de alimentos, são os interessados convocados para uma conferência, que se realizará dentro de 10 dias. Conseguido o acordo, é este logo homologado por sentença; se ele se frustrar, deve o pedido ser contestado no prazo de 10 dias, seguindo-se os termos do processo sumário (art. 1121.º, n.os 3 e 4).

Vale esta tramitação tanto para o caso de haver como para o de não haver execução. Havendo execução, o pedido de cessação ou de alteração dos alimentos, quer provisórios quer definitivos, deve ser deduzido por apenso àquela (art. 1121.º, n.º 1). Não havendo execução, o pedido, se respeitar a alimentos provisórios, será deduzido no mesmo processo onde foram fixados os alimentos, mediante incorporação da petição (arts. 401.º, n.º 2, e 1121.º, n.º 2); caso o pedido respeite a alimentos definitivos, o pedido é deduzido por dependência da acção condenatória (art. 1121.º, n.º 4, 2.ª parte)[1037] [1038].

[1037] Face ao disposto no art. 250.º, n.º 1, do CP, na redacção da Lei n.º 61/2008, de 31 de Outubro, quem, estando legalmente obrigado a prestar alimentos e em condições de o fazer, não cumprir a obrigação no prazo de dois meses seguintes ao vencimento é punido com pena de multa até 120 dias. E, nos termos do n.º 4 do mencionado artigo, quem, com a intenção de não prestar alimentos, se colocar na impossibilidade de o fazer e violar a obrigação a que está sujeito criando o perigo da insatisfação das necessidades fundamentais de quem a eles tem direito é passível da pena de prisão até dois anos ou da pena de multa até 240 dias. Caso a obrigação venha a ser cumprida, pode o tribunal dispensar a pena ou declarar extinta, no todo ou em parte, a pena ainda não cumprida (n.º 6 do mesmo preceito).

[1038] O Regulamento (CE) n.º 4/2009, do Conselho, de 18 de Dezembro de 2008, trata, além do mais, do reconhecimento e da execução das decisões em matéria de obrigações alimentares, distinguindo entre as decisões proferidas nos Estados membros vinculados ou não pelo Protocolo da Haia de 2007.

As decisões proferidas num Estado membro vinculado pelo Protocolo são reconhecidas noutro Estado membro sem necessidade de recurso a qualquer processo e sem que seja possível contestar o seu reconhecimento; ainda essas decisões podem ser executadas noutro Estado membro, sem que seja necessária uma declaração de força executória (art. 17.º do Regulamento).

Também as decisões proferidas num Estado membro não vinculado pelo citado Protocolo são reconhecidas nos outros Estados membros, sem necessidade de recurso a qualquer processo, mas, em caso de impugnação, qualquer parte interessada pode pedir o seu reconhecimento (art. 23.º do Regulamento); contudo, estas decisões para poderem ser executadas em Estado membro diverso daquele que as proferiu precisam de neste serem declaradas executórias, a pedido de qualquer parte interessada (art. 26.º do Regulamento).

98. A EXECUÇÃO PARA VENDA DE NAVIO ABANDONADO

O navio é de considerar abandonado, segundo o n.º 1 do art. 17.º do DL n.º 202/98, de 10 de Julho, quando permaneça, por um período superior a 30 dias, sem capitão ou quem desempenhe as correspondentes funções de comando e sem agente de navegação, na área de jurisdição dos tribunais portugueses. O navio abandonado reputa-se património do Estado, nos termos do n.º 3 do citado preceito.

A execução especial de que ora nos ocupamos tem como requerente o titular de crédito sobre o navio abandonado ou de qualquer outro crédito de que fosse devedor o anterior proprietário do navio e como requerido o Estado.

Fundar-se-á em título executivo já formado ou em sentença proferida ou a proferir em acção declarativa intentada para obtê-lo (art. 18.º, n.º 1, do DL n.º 202/98).

Encontrando-se sujeita a custas, há lugar ao pagamento da taxa de justiça devida pelas execuções. Deve portanto o credor proceder à autoliquidação daquela e comprovar o seu prévio pagamento ou a concessão do benefício do apoio judiciário, no momento da apresentação do requerimento executivo (arts. 150.º-A, n.º 1, do CPC e 7.º, n.º 3, e 13.º, n.ºs 1 e 2, do RCP).

No requerimento com que se inicia a execução, o credor solicita desde logo a venda do navio abandonado, pedindo a nomeação de um depositário para o navio, a menos que este já o tenha (art. 18.º, n.ºs 1 e 3, do DL n.º 202/98). O credor pode sugerir o nome do depositário; fazendo-o, o juiz pode proceder à nomeação do indicado. Se tal sugestão não acontecer ou for rejeitada, o juiz colherá as informações necessárias para o efeito, designadamente junto da capitania do porto onde o navio se encontre ou junto do seu último agente de navegação[1039].

A requerida venda reger-se-á pelas normas aplicáveis à venda antecipada em processo de execução (art. 18.º, n.º 2, do DL n.º 202/98), ou seja, pelas normas contidas no art. 886.º-C, com as necessárias

---

[1039] Segundo a definição da alínea f) do art. 1.º do DL n.º 202/98, *agente de navegação* é "aquele que, em representação do proprietário, do armador, do afretador ou do gestor, ou de alguns destes simultaneamente, se encarrega de despachar o navio em porto e das operações comerciais a que o mesmo se destina, bem como de assistir o capitão na prática dos actos jurídicos e materiais necessários à conservação do navio e à continuação da viagem".

adaptações, mas sem intervenção de agente de execução, por não haver justificação para tal.

Assim, o juiz antes de deferir o pedido de venda procederá à audiência do requerido, ou seja, do Estado, excepto se a urgência da venda impuser uma decisão imediata (art. 886.º-C, n.os 2 e 3). Também o juiz pode fazer depender a venda da prestação de caução pelo requerente (art. 18.º, n.º 5, do DL n.º 202/98).

Da venda encarregar-se-á o depositário que a ela procederá nos termos da venda por negociação particular (art. 886.º-C, n.º 4).

Efectuada a venda, seguem-se os demais termos do processo de execução (art. 18.º, n.º 4, do DL n.º 202/98), com as citações ordenadas nos n.os 3 e 4 do art. 864.º, no que respeita aos credores, observando-se quanto à verificação dos créditos as disposições dos arts. 865.º e segs. (art. 463.º, n.º 3, 2.ª parte, devidamente adaptado). Daí só os credores com garantia real poderem ser admitidos ao concurso, devendo o requerente da execução, para o efeito, instruir o processo com a certidão de encargos inscritos sobre o navio[1040].

Também, depois de feita a venda, procede-se à citação do requerido (Estado) para deduzir, querendo, e por antes não ter tido oportunidade de o fazer, no prazo de 20 dias, oposição à execução (arts. 466.º, n.º 3, e 813.º, n.º 1).

Caso o requerente decaia na acção declarativa destinada a obter título executivo, que lhe possibilitou impetrar a venda do navio, ou não actue com a diligência normal, torna-se responsável pelos danos causados ao Estado (art. 19.º do DL n.º 202/98).

[1040] Discorde-se, assim, de Mário Raposo quando sustenta que a execução para a venda de navia abandonado abrange os créditos comuns, que não se transmitem com o navio ("Estudos sobre Novo Direito Marítimo", 1999, p. 260).

REFERÊNCIAS BIBLIOGRÁFICAS

Afonso, Ana Isabel Costa — *Os Contratos de Instalação de Lojistas em Centros Comerciais,* 2003.

Almeida, L. P. Moitinho — *O Processo Cautelar de Apreensão de Veículo Automóvel*, 5.ª edição.

Andrade, Manuel

——— *Noções Elementares de Processo Civil*, 1976.

——— *Teoria Geral das Obrigações*, I, 1958.

——— *Teoria Geral da Relação Jurídica*, II, 1960.

Arieta, Giovanni — *I Provvedimenti D'Urgenza*, 2.ª edição.

Aroca, Juan Montero / Manuel Ortells Ramos / Juan-Luis Gomez Colomer / / Alberto Monton Redondo — *Derecho Jurisdiccional, II, Proceso Civil*, 8.ª edição.

Aroca, Juan Montero / Juan Luis Gómez Colomer / Alberto Montón Redondo / Silvia Barona Vilar — *El Nuevo Proceso Civil (Ley 1/2000)*, 2000.

Ascensão, José Oliveira — *Direito Civil — Teoria geral*, vol. I, 1997.

Baptista, Albino Mendes — *Codigo de Processo do Trabalho Anotado*, 2000.

Baptista, José João — *Acção Executiva*, 9.ª edição.

Bastos, Jacinto Rodrigues — *Notas ao Código de Processo Civil*, vol. I, 3.ª edição, e vol. IV, 2.ª edição.

——— *Notas ao Código Civil*, vol. VI, 1998.

Bautista, José Becerra — *El Proceso Civil en México*, 1999.

Blanc, Emmanuel — *Les nouvelles procédures d' exécution*, 2.ª edição, 1994.

Caetano, Marcello — *Manual de Direito Administrativo*, vol. II, 9.ª edição.

——— *Princípios Fundamentais de Direito Administrativo*, 1977.

Canotilho, J.J. Gomes / Vital Moreira — *Constituição da República Portuguesa Anotada*, 3.ª e 4.ª (volume I) edições.

Capelo, Maria José — *Breves considerações sobre a legitimidade do terceiro garante e do possuidor de bens onerados pertencentes ao devedor*, in *Revista Jurídica da Universidade Moderna,* ano I, n.º 1.

——— *Enforcement of judgments*, in *European Review of Private Law*, 2, 1997.

——— *Pressupostos Processuais Gerais na Acção Executiva,* in *Themis*, ano IV, n.º 7.

Cardoso, Eurico Lopes — *Manual da Acção Executiva*, 3.ª edição.

——— *Projectos de Revisão do Código de Processo Civil*, I, 1958.

CARVALHO, Orlando — *Introdução à Posse*, in *Revista de Legislação e de Jurisprudência*, ano 122.º.

CASTRO, Artur Anselmo — *A Acção Executiva, Singular, Comum e Especial*, 3.ª edição.

——— *Direito Processul Civil Declaratório*, vol. I, 1981.

CASTRO, Leonardo Prieto — *Derecho Procesal Civil (Manual)*, tomo II, 1954.

CENTRO de Formação de Oficiais de Justiça — *A Nova Acção Executiva*, Agosto/ /2003.

CHIOVENDA, Giuseppe — *Instituciones de Derecho Procesal Civil (Istituzioni di Diritto Processuale Civile)*, tomo I, 2.ª edição, 1948, e tomo II, 1.ª edição, 1940.

CID, Nuno Salter — *A Protecção da Casa de Morada da Família no Direito Português*, 1996.

COELHO, Francisco Manuel Pereira — *Processo Civil*, 1957-1958, lições policopiadas, coligidas por Amâncio Ferreira, Fausto Morais e José Correia.

COELHO, Francisco Pereira / Guilherme de Oliveira — *Curso de Direito da Família*, vol. I, 4.ª edição.

COELHO, Gabriel Pinto — *Lições de Direito Comercial*, 2.º vol. (*As Letras*), 1.ª parte, fascículo I, 1955.

COMAS, Chantal Català — *Ejecución de Condenas de Hacer y non Hacer*, 1998.

COMOGLIO, Luigi Paolo / Corrado Ferri / Michele Taruffo — *Lezioni sul Processo Civile*, 1995.

CORDEIRO, Antonio Menezes — *Manual de Direito Bancário*, 1998.

——— *A Posse: Perspectivas Dogmáticas Actuais*, 1997.

CORREIA, A. Ferrer — *Lições de Direito Comercial*, vol. III (*Letra de Câmbio*), 1975.

——— *Lições de Direito Internacional Privado*, I, 2000.

CORREIA, Luis Brito — *Direito Comercial*, 2.º vol., 1989.

CORREIA, Miguel J. A. Pupo — *Direito Comercial*, 6.ª edição.

CORNU, Gérard / Jean Foyer — *Procédure Civile*, 3.ª edição.

CORTEZ, Francisco — *A Arbitragem Voluntária em Portugal*, in O Direito, ano 124.º, IV.

COSTA, José Manuel Cardoso — *Curso de Direito Fiscal*, 2.ª edição.

COSTA, Mário Júlio Almeida — *Direito das Obrigações*, 9.ª edição.

——— *Revista de Legislação e de Jurisprudência*, ano 131.º.

COSTA, Salvador — *O Concurso de Credores*, 4.ª edição.

——— *Os Incidentes da Instância*, 5.ª edição.

——— *A Injunção e as Conexas Acção e Execução*, 6.ª edição.

——— *Regulamento das Custas Processuais*, 2.ª edição.

COUCHEZ, Gérard — *Vois d' exécution*, 4.ª edição, 1996.

COUTURE, Eduardo J. — *Fundamentos del Derecho Procesal Civil*, 3.ª edição, 1962.

CRUZ, Rita Barbosa — *O Arresto*, in *O Direito*, ano 132.º, I-II.

Domínguez, Valentín Cortés / Vicente Gimeno Sendra / Victor Moreno Catena — *Derecho Procesal Civil*, 2.ª edição, 1997.

Donnier, Marc — *Voies d' Exécution et Procédures de Distribution*, 4.ª edição, 1996.

Duarte, Rui Pinto — *A Penhora e a Venda do Estabelecimento Comercial*, in *Themis*, ano V, n.º 9.

——— *Curso de Direitos Reais*, 2002.

Fernandes, José Pedro — *Domínio Público,* in *Dicionário Jurídico da Administração Pública*, vol. IV, 1991.

Fernandes, Luis A. Carvalho — *Teoria Geral do Direito Civil*, vol. II, 2.ª edição.

Figueiredo, Mário — *Caracteres Gerais dos Títulos de Crédito e seu Fundamento Jurídico*, 1919.

Filho, Gabriel José Rodrigues Rezende — *Curso de Direito Processual Civil*, III, 1960.

Freitas, José Lebre / João Redinha / Rui Pinto — *Código de Processo Civil Anotado*, vol. 1.º, 1999.

Freitas, José Lebre / A. Montalvão Machado / Rui Pinto — *Código de Processo Civil Anotado*, vol. 2.º, 2001.

Freitas, José Lebre / Armindo Ribeiro Mendes — *Código de Processo Civil Anotado*, vol. 3.º, 2003.

Freitas, José Lebre — *A Acção Executiva*, 5.ª edição.

——— *A Confissão no Direito Probatório*, 1991.

——— *A Acção Declarativa Comum*, 2000.

——— *Da Impenhorabilidade do Direito do Lojista de Centro Comercial* (separata da ROA, ano 59, I, Janeiro de 1999).

——— *A Penhora do Direito ao Arrendamento e Trespasse,* in *Estudos em Homenagem ao Prof. Doutor Inocêncio Galvão Telles*, III vol.

——— *Agente de Execução e Poder Jurisdicional*, in *Themis*, ano IV, n.º 7.

——— *O Primeiro Ano de uma Reforma Executiva Adiada*, in *Conselho Superior da Magistratura (Encontro Anual de 2004)*, 2005.

GABINETE de Auditoria e Modernização — *Perguntas Frequentes sobre a Reforma da Acção Executiva*, 2004.

Garcia, Maria Olinda — *A Responsabilidade do Exequente e de Outros Intervenientes Processuais — Breves Considerações*, 2004.

——— *Arrendamento Urbano e Outros Temas de Direito e Processo Civil*, 2004.

——— *A Acção Executiva para Entrega de Imóvel Arrendado*, 2006.

——— *A Nova Disciplina do Arrendamento Urbano*, 2006.

Geraldes, António Santos Abranches — *Temas da Reforma do Processo Civil*, vol. III, 2.ª edição, e vol. IV, 2001.

Gomes, M. Januário Costa — *Constituição da Relação de Arrendamento Urbano*, 1980.

——— *Assunção Fidejussória de Dívida*, 2000.

——— *Penhora de Direitos de Crédito — Breves Notas*, in *Themis*, ano IV, n.º 7.

GONÇALVES, Cunha — *Tratado de Direito Civil*, vol. III, 1930.

GONÇALVES, Manuel Lopes Maia — *Código de Processo Penal Anotado e Comentado*, 11.ª edição.

GONÇALVES, Marco Carvalho — *Embargos de Terceiro na Acção Executiva*, 2010.

GOUVEIA, Mariana França — *Penhora e Alienação de Bens Móveis na Reforma da Acção Executiva*, in *Themis*, ano IV, n.º 7.

INGMAN, Terence — *The English Legal Process*, 8.ª edição.

JAUERNIG, Othmar — *Direito Processual Civil* (tradução portuguesa da 25.ª edição alemã), 2002.

JULIEN, Pierre / Gilles Taormina — *Voies d' Exécution et Procédures de Distribution*, 2000.

LEITÃO, Luis Manuel Telles Menezes — *Direito das Obrigações*, vol. I, 2000.

LIEBMAN, Enrico Tullio — *Embargos do Executado*, 2.ª edição, 1968.

——— *Processo de Execução*, 2.ª edição, 1963.

LIMA, Fernando A. Pires — *Das coisas*, in *Boletim do Ministério da Justiça*, n.º 91.

LIMA, Fernando A. Pires / João M. Antunes Varela — *Código Civil Anotado*, vol. I, 4.ª edição, vol. II, 4.ª edição, vol. III, 2.ª edição, vol. IV, 2.ª edição, e vol. VI, 1.ª edição.

LUGO, Andrea — *Manuale di Diritto Processuale Civile*, 12.ª edição, 1996.

LUÍS, Antero — *Direito Bancário*, 1985.

LUISO, Francesco — *Diritto Processuale Civile*, III — *Il Processo Esecutivo*, 1997.

MAGALHÃES, Barbosa — *Estudos sobre o Novo Código de Processo Civil*, 1.º vol, 1940, e 2.º vol., 1947.

MANDRIOLI, Crisanto — *Corso di Diritto Processuale Civile*, 11.ª edição, 1997, 3 volumes.

MARQUES, J.P. Remédio — *Curso de Processo Executivo Comum à Face do Código Revisto*, 2000.

——— *A Penhora e a Reforma do Processo Civil*, 2000.

——— *A Penhora de Créditos na Reforma Processual de 2003*, in *Themis*, ano V, n.º 9.

MARTINEZ, Pedro Romano — *Venda Executiva*, in *Aspectos do Novo Processo Civil*, 1997.

MATIAS, Armindo Saraiva — *Direito Bancário*, 1998.

MENDES, Armindo Ribeiro — *Exercício da Impugnação Pauliana e a Concorrência entre Credores*, in *Estudos em Homenagem à Professora Doutora Isabel de Magalhães Collaço*, vol. II.

——— *Reclamação de Créditos no Processo Executivo*, in *Themis*, ano IV, n.º 7.

——— *Execução e Registo*, in *Themis*, ano V, n.º 9.

——— *Recursos em Processo Civil — Reforma de 2007*, 2009.

MENDES, Isabel Pereira

——— *Estudos sobre Registo Predial*, 1999.

MENDES, João Castro — *A Causa de Pedir na Acção Executiva*, 1965.

——— *Direito Processual Civil*, III, *Recursos e Acção Executiva*, 1989.

MESQUITA, Manuel Henrique — *Obrigações Reais e Ónus Reais*, 1990.

——— *Direitos Reais*, 1966-1967

MESQUITA, Miguel — *Apreensão de Bens em Processo Executivo e Oposição de Terceiro*, 2.ª edição.

MIRANDA, Jorge / Rui Medeiros — *Constituição Portuguesa Anotada*, tomo I, 2005, e tomo II, 2006.

MONTELEONE, Girolamo — *Compendio di Diritto Processuale Civile*, 2001.

MORENO, Faustino Cordón — *El Proceso de Ejecución*, 2002.

NETO, Abílio — *Código de Processo do Trabalho Anotado*, 4.ª edição.

OLAVO, Fernando — *Colectânea de Jurisprudência*, ano IX, tomo 5.

PALMA, Augusta Ferreira — *Embargos de Terceiro*, 2001.

PEREIRA, Joel Timóteo Ramos — *Prontuário de Formulários e Trâmites*, vol. IV, *Processo Executivo*, 2.ª edição.

PERROT, Roger / Philippe Théry — *Procédures Civiles d' Exécution*, 2000.

PIMENTA, Paulo — *Acções e Incidentes Declarativos na Dependência da Execução*, in *Themis*, ano V, n.º 9.

PINTO, Carlos Alberto Mota — *Direitos Reais*, 1970-71.

PINTO, Rui — *A Acção Executiva depois da Reforma*, 2004.

PIRES, Miguel Lucas — *Dos Privilégios Creditórios: Regime Jurídico e sua Influência no Concurso de Credores*, 2004.

RAMOS, Manuel Ortells — *Las Medidas Cautelares*, 2000.

RAPOSO, Mário — *Estudos sobre o Novo Direito Marítimo*, 1999.

REGO, Carlos Franciso Oliveira Lopes — *Comentários ao Código de Processo Civil*, 2 volumes, 2.ª edição.

REIS, José Alberto — *Código de Processo Civil Anotado*, vols. I e II.

——— *Comentário ao Código de Processo Civil*, vols. I e II.

——— *Processo de Execução*, 2 volumes.

——— *Processos Especiais*, vol. I.

RIBEIRO, António Costa Neves — *Processo Civil da União Europeia*, 2002.

——— *Processo Civil da União Europeia — II*, 2006.

RIBEIRO, José Joquim Teixeira — *Lições de Finanças Públicas*, 5.ª edição.

RODRIGUES, Manuel — *A Posse*, 3.ª edição.

RUBINAT, Luis Herrero — *El Juicio Ejecutivo Cambiario*, 1999.

SAMPAIO, J.M. Gonçalves — *A Acção Executiva e a Problemática das Execuções Injustas*, 2.ª edição.

SANTOS, Andrés de la Oliva / Ignacio Díez-Picazo Giménez / Jaime Vegas Torres — *Derecho Procesal Civil - Ejecución Forzosa, Procesos Especiales*, 2.ª edição.

SANTOS, Antonio Marques / Armindo Ribeiro Mendes / Dário Moura Vicente / / Helena Tomás Chaves / Isabel Alexandre / João Macedo Vitorino / José Lebre de Freitas / Paula Costa e Silva / Pedro Madeira de Brito / Pedro Romano Martinez e Rui Pinto — *Aspectos do Novo Processo Civil*, 1997.

SANTOS, Eduardo — *Convenção de Bruxelas de 1968*, 1992.

SANTOS, Elsa Sequeira — *Reclamação, Verificação e Graduação de Créditos*, in *Themis*, ano V, n.º 9.

SANTOS, M. Simas /M. Leal Henriques — *Código de Processo Penal Anotado*, vol. I, 2.ª edição.

SATTA, Salvatore / Carmine Punzi — *Diritto Processuale Civile*, 12.ª edição.

SEIA, Jorge Alberto Aragão — *Arrendamento Urbano Anotado e Comentado*, 7.ª edição.

SERRA, Adriano Vaz — *Realização Coactiva da Prestação*, in *BMJ*, n.º 73.

——— *Privilégios*, in *BMJ*, n.º 64.

——— *Revista de Legislação e Jurisprudência*, anos 99.º, 103.º e 109.º

SILVA, Germano Marques — *Curso de Processo Penal*, II, 2.ª edição.

SILVA, João Calvão — *Cumprimento e Sanção Pecuniária Compulsória*, 4.ª edição.

——— *Revista de Legislação e de Jurisprudência*, ano 136.º

SILVA, Paula Costa — *A Transmissão da Coisa ou Direito em Litígio*, 1992.

——— *A Reforma da Acção Executiva*, 2.ª edição.

——— *O Título Executivo Europeu*, 2005.

——— *Processo de Execução*, volume I (Títulos Executivos Europeus), 2006.

SOARES, Carlos Oliveira — *O Caso Julgado na Acção Executiva*, in *Themis*, ano IV, n.º 7.

SOUSA, Alfredo José / José da Silva Paixão — *Código de Procedimento e de Processo Tributário Comentado e Anotado*, 2000.

SOUSA, Antonio Pais — *Anotação ao Regime do Arrendamento Urbano*, 6.ª edição.

SOUSA, Miguel Teixeira — *A Competência e a Incompetência nos Tribunais Comuns*, 1989.

——— *Estudos sobre o Novo Processo Civil*, 2.ª edição.

——— *Acção Executiva Singular*, 1998.

——— *Sobre o Conceito de Terceiros para Efeitos de Registo*, in *ROA*, ano 59.

——— *A Reforma da Acção Executiva*, 2004.

SOUSA, Miguel Teixeira / Dário Moura Vicente — *Comentários à Convenção de Bruxelas*, 1994.

TELLES, Inocêncio Galvão — *Direito das Obrigações*, 7.ª edição.

— *Introdução ao Estudo do Direito*, vol. II, 10.ª edição.

VARELA, João Matos Antunes / J. Miguel Beleza / Sampaio e Nora — *Manual de Processo Civil*, 2.ª edição.

VARELA, João Matos Antunes — *Das Obrigações em geral*, vol. I, 10.ª edição, e vol. II, 6.ª edição.

——— *Direito da Família*, 1.º vol., 5.ª edição.

——— *Revista de Legislação e de Jurisprudência*, anos 115.º, 116.º, 121.º, 130.º e 131.º

VASCONCELOS, L. Miguel Pestana — *Direito das Garantias*, 2010.

VENTURA, Raul — *Sociedades por Quotas*, vol. I, 1987.

——— *Convenção de Arbitragem*, in *Revista da Ordem dos Advogados*, ano 46.

VINCENT, Jean / Jacques Prévault — *Voies d' exécution et procédures de distribution*, 18.ª edição, 1995

VINCENT, Jean / Serge Guinchard — *Procédure Civile*, 24.ª edição.

XAVIER, Vasco Gama Lobo — *Anulação de Deliberação Social e Deliberações Conexas*, 1976.

ÍNDICE

TÍTULO IV
A COMPETÊNCIA NA ACÇÃO EXECUTIVA

TÍTULO V
AS FORMAS DO PROCESSO DE EXECUÇÃO

PARTE II
PROCESSO COMUM DE EXECUÇÃO

TÍTULO I
DISCIPLINA GERAL DO PROCESSO COMUM DE EXECUÇÃO

TÍTULO II
EXECUÇÃO PARA PAGAMENTO DE QUANTIA CERTA

1.ª SECÇÃO
FASE INTRODUTÓRIA

2.ª SECÇÃO
OPOSIÇÃO À EXECUÇÃO

3.ª SECÇÃO
PENHORA

4.ª SECÇÃO
CITAÇÕES E CONCURSO DE CREDORES

5.ª SECÇÃO
PAGAMENTO

6.ª SECÇÃO
EXTINÇÃO E ANULAÇÃO DA EXECUÇÃO

TÍTULO IIII
EXECUÇÃO PARA ENTREGA DE COISA CERTA

TÍTULO IV
EXECUÇÃO PARA PRESTAÇÃO DE FACTO

TÍTULO V
RECURSOS ORDINÁRIOS

TÍTULO VI
EXECUÇÃO DAS PROVIDÊNCIAS CAUTELARES

PARTE III
PROCESSOS EXECUTIVOS ESPECIAIS